Christian Grüneberg

Die Bankenhaftung bei Kapitalanlagen

Die Bankenhaftung bei Kapitalanlagen

nach der Rechtsprechung des Bundesgerichtshofs

Von

Dr. Christian Grüneberg
Richter am Bundesgerichtshof

2017

C.H.BECK

www.beck.de

ISBN 978 3 406 71343 9

Wilhelmstr. 9, 80801 München
Druck und Bindung: Nomos Verlagsgesellschaft mbH & Co. KG
In den Lissen 12, D-76547 Sinzheim

Satz: Textservice Zink, Schwarzach

Gedruckt auf säurefreiem, alterungsbeständigem Papier
(hergestellt aus chlorfrei gebleichtem Zellstoff).

Meiner lieben Frau Barbara

Vorwort

Der Leitfaden möchte das für ein Tätigwerden auf dem Gebiet des Kapitalanlagerechts notwendige Praxis- und Verbundwissen vermitteln. Er wendet sich an Bankjuristen, Rechtsanwälte, Richter und Berater, die sich mit den systematischen Zusammenhängen dieser Materie vertraut machen wollen, aber auch an Studenten, die im Schwerpunktbereich Bankrecht Orientierung suchen. Die Leser sollen nicht durch die breite Darstellung von Meinungsunterschieden abgelenkt werden, sondern in erster Linie über den aktuellen Stand der höchstrichterlichen Rechtsprechung zuverlässig informiert werden. Das Buch bietet:

- einen zuverlässigen Überblick insbesondere über die Rechtsprechung des XI. Zivilsenats des BGH zur Haftung der Banken bei der Beratung, Vermittlung und Finanzierung von Kapitalanlagen,
- die Vermittlung des notwendigen Verbundwissens,
- zahlreiche Beispiele, die zum guten Verständnis beitragen.

Der Band bereitet die Rechtsprechung des Bundesgerichtshofs umfassend auf und informiert detailliert über die Themenkreise:

- Haftung bei der fehlerhaften Empfehlung von Kapitalanlagen,
- Haftung bei der Vermittlung von Kapitalanlagen,
- Haftung wegen Aufklärungsmängeln bei der Finanzierung von Kapitalanlagen,
- Kausalität,
- Vertretenmüssen und Mitverschulden,
- Schadenshöhe,
- Verjährungsfragen,
- Verwirkung und unzulässige Rechtsausübung,
- Darlegungs- und Beweislast,
- Prozessuale Besonderheiten.

Das Buch beruht auf dem Stand von Ende Mai 2017, vereinzelt konnten im Rahmen des Drucklaufs auch noch spätere Entscheidungen des BGH berücksichtigt werden.

Besonders danken möchte ich dem Verlag C.H. Beck und dem Leiter seines Lektorats Wirtschaftsrecht, Herrn Dr. Roland Klaes, für die Aufnahme des Projekts in das Verlagsprogramm sowie der zuständigen Lektorin, Frau Rechtsanwältin Astrid Stanke, für die ausgezeichnete Betreuung des Werks.

Anregungen, Kritik und Verbesserungsvorschläge sind stets willkommen.

Karlsruhe, im Mai 2017 *Christian Grüneberg*

Inhaltsverzeichnis

Abkürzungs- und Literaturverzeichnis

aA	anderer Ansicht
aaO	am angegebenen Ort
ABl.	Amtsblatt
ABl. EG	Amtsblatt der Europäischen Gemeinschaften (bis Februar 2003; nunmehr ABl. EU)
ABl. EU	Amtsblatt der Europäischen Union (seit Februar 2003)
Abs.	Absatz
AcP	Archiv für die civilistische Praxis (Zeitschrift, Band u Seite)
aE	am Ende
AEUV	Vertrag über die Arbeitsweise der Europäischen Union (konsolidierte Fassung des Vertrags zur Gründung der Europäischen Wirtschaftsgemeinschaft) vom 25.3.1957, BGBl. 1957 II S. 766, idF durch den Vertrag von Lissabon vom 13.12.2007, BGBl. 2008 II S. 1039, FNB II 1957
aF	alte Fassung
AG	Aktiengesellschaft, Amtsgericht, Ausführungsgesetz; Die Aktiengesellschaft (Zeitschrift)
AGB	Allgemeine Geschäftsbedingungen
AGBG	Gesetz zur Regelung des Rechts der Allgemeinen Geschäftsbedingungen idF vom 29.6.2000, BGBl. I S. 946 (seit 1.1.2002 außer Kraft)
AGB-Klauselwerke	Graf von Westphalen, Vertragsrecht und AGB-Klauselwerke, 2005 ff.
AGG	Allgemeines Gleichbehandlungsgesetz vom 14.8.2006, BGBl. I S. 1897, FNA 402–40
AktG	Aktiengesetz vom 6.9.1965, BGBl. I S. 1089, FNA 4121–1
allgM	allgemeine Meinung
Alt.	Alternative
AnfG	Anfechtungsgesetz vom 5.10.1994 (Art 1 EG-InsO), BGBl. I S. 2911, FNA 311–14–2
AnlEntG	Anlegerentschädigungsgesetz vom 28.5.2015, BGBl. I S. 786, FNA 7610–13 (vormals EAEG)
Anm.	Anmerkung
AO	Abgabenordnung idF vom 1.10.2002, BGBl. I S. 3866, FNA 610–1–3
Art.	Artikel (auch Mehrzahl)
Assmann/Schütze	Assmann/Schütze (Hrsg.), Handbuch des Kapitalanlagerechts, 4. Aufl. 2015
BaFin	Bundesanstalt für Finanzdienstleistungsaufsicht
BAG	Bundesarbeitsgericht
BAGE	Sammlung der Entscheidungen des BAG
BAnz	Bundesanzeiger
Bamberger/Roth	Bamberger/Roth (Hrsg.), Bürgerliches Gesetzbuch mit Nebengesetzen, Kommentar 3. Aufl. 2011; mit Zusatz OK: Online-Version des Kommentars (Stand: 1.7.2017)
Baumbach/Hopt	Handelsgesetzbuch mit Nebengesetzen, 37. Aufl. 2016
BB	Betriebs-Berater (Zeitschrift)
BDSG	Bundesdatenschutzgesetz idF vom 14.1.2003, BGBl. I S. 66, FNA 204–3
BeckOGK	beck-online.Großkommentar zum Zivilrecht, ab 2014 (Stand: 1.7.2017)
BeckRS	Beck-Rechtsprechung, Rechtsprechungssammlung in beck-online (Internet-Angebot des C.H. Beck-Verlags; Jahr und Nummer)

Abkürzungs- und Literaturverzeichnis

Beschl. .... Beschluss
Beschw. .... Beschwerde
BeurkG .... Beurkundungsgesetz vom 28.8.1969, BGBl. I S. 1513, FNA 303–13
BFH .... Bundesfinanzhof
BFHE .... Sammlung der Entscheidungen und Gutachten des BFH (Band u Seite)
BGB .... Bürgerliches Gesetzbuch idF vom 2.1.2002, BGBl. I S. 42, FNA 400–2
BGBl. I, II, III .... Bundesgesetzblatt, mit I = Teil I; mit II = Teil II; mit III = Teil III
BGH .... Bundesgerichtshof
BGHZ .... Sammlung der Entscheidungen des BGH in Zivilsachen (Band und Seite)
BKR .... Zeitschrift für Bank- und Kapitalmarktrecht
Baumgärtel ua .... Baumgärtel/Laumen/Prütting (Hrsg.), Handbuch der Beweislast im Privatrecht, 3. Aufl. ab 2007
BMJ (BMJV) .... Bundesministerium der Justiz (und für Verbraucherschutz)
BR, BR-Drucks. .... Bundesrat, Bundesratsdrucksache
Brüssel I-VO .... Verordnung (EG) Nr. 44/2001 vom 22.12.2000 über die gerichtliche Zuständigkeit und die Anerkennung und Vollstreckung von Entscheidungen in Zivil- und Handelssachen (Brüssel I), ABl. EG Nr. L 12/01 S 1 (Celex 32001R0044), außer Kraft; nunmehr Brüssel Ia-VO
Brüssel I a-VO .... siehe EuGVVO
BSG .... Bundessozialgericht
BStBl. .... Bundessteuerblatt
BT, BT-Drucks. .... Bundestag, Bundestagsdrucksache
BuB/*Bearbeiter* .... Hellner/Steuer, Bankrecht und Bankpraxis, Onlineausgabe
Bülow/Artz .... Verbraucherkreditrecht, 9. Aufl. 2016
BVerfG .... Bundesverfassungsgericht
BVerfGE .... Sammlung der Entscheidungen des Bundesverfassungsgerichts (Band und Seite)
BVerfG-Ka .... Kammer des Bundesverfassungsgerichts
BVerwG .... Bundesverwaltungsgericht
BVerwGE .... Sammlung der Entscheidungen des Bundesverwaltungsgerichts (Band u Seite)

c.i.c. .... culpa in contrahendo

DB .... Der Betrieb (Zeitschrift)
DepotG .... Depotgesetz idF vom 11.1.1995, BGBl. I S. 34, FNA 4130–1
Derleder ua .... Derleder/Knops/Bamberger (Hrsg.), Deutsches und europäisches Bank- und Kapitalmarktrecht, 2 Bände, 3. Aufl. 2017
dh .... das heißt
DNotZ .... Deutsche Notar-Zeitschrift
DStR .... Deutsches Steuerrecht (Zeitschrift)
DZWIR .... Deutsche Zeitschrift für Wirtschafts- und Insolvenzrecht

EAEG .... Einlagensicherungs- und Anlegerentschädigungsgesetz vom 16.7.1998,BGBl. I S. 1842, FNA 7610–13 (nunmehr AnlEntG und EinSiG)
EGBGB .... Einführungsgesetz zum Bürgerlichen Gesetzbuch idF vom 21.9.1994, BGBl. I S. 2494, FNA 400–1
EinSiG .... Einlagensicherungsgesetz vom 28.5.2015, BGBl. I S. 786, FNA 7610–20 (vormals EAEG)
Ellenberger/Schäfer/Clouth/Lang .... Ellenberger/Schäfer/Clouth/Lang (Hrsg.), Praktikerhandbuch Wertpapier- und Derivategeschäft, 4. Aufl. 2011
EU .... Europäische Union
EuGH .... Gerichtshof der Europäischen Union

EuGVVO	Verordnung (EU) Nr. 1215/2012 vom 12.12.2012 über die gerichtliche Zuständigkeit und die Anerkennung und Vollstreckung von Entscheidungen in Zivil- und Handelssachen, ABl. EU Nr. L 351 S. 1 (Celex 32012R1215); gleichbedeutend mit Brüssel Ia-VO
EUV	Vertrag über die Europäische Union vom 7.2.1992, BGBl. 1992 II S. 1251, idF des Vertrags von Lissabon vom 13.12.2007, BGBl. 2008 II S. 1039, FNB II 1992
EuZW	Europäische Zeitschrift für Wirtschaftsrecht
e.V.	eingetragener Verein
EWiR	Entscheidungen zum Wirtschaftsrecht (Entscheidungssammlung)
EZB	Europäische Zentralbank
FinVermV	Verordnung über die Finanzanlagenvermittlung vom 2.5.2012, BGBl. I 2012 S. 2006, FNA 7100–1–11
Fn.	Fußnote
FS	Festschrift
GbR	Gesellschaft bürgerlichen Rechts
GemO	Gemeindeordnung
GenG	Genossenschaftsgesetz idF vom 16.10.2006, BGBl. I S. 2230, FNA 4125–1
GG	Grundgesetz für die Bundesrepublik Deutschland vom 23.5.1949, BGBl. I S. 1, FNA 100–1
GKG	Gerichtskostengesetz idF vom 27.2.2014, BGBl. I S. 154, FNA 360–7
GmbHG	Gesetz betreffend die Gesellschaften mit beschränkter Haftung idF vom 20.5.1898, RGBl. S. 369, 846, FNA 4123–1
GmbHR	GmbH-Rundschau (Zeitschrift)
GNotKG	Gerichts- und Notarkostengesetz vom 23.7.2013, BGBl. I S. 2586, FNA 361–6
GVBl	Gesetz- und Verordnungsblatt
GVG	Gerichtsverfassungsgesetz idF vom 9.5.1975, BGBl. I S. 1077, FNA 300–2
GWB	Gesetz gegen Wettbewerbsbeschränkungen idF vom 26.6.2013, BGBl. I S. 1750, FNA 703–5
HGB	Handelsgesetzbuch vom 10.5.1897, RGBl. S. 219, FNA 4100–1
hL	herrschende Lehre
hM	herrschende Meinung
idF	in der Fassung
ieS	im engeren Sinne
iF, iFv	im Falle, im Falle von
iH, iHv	in Höhe, in Höhe von
InsO	Insolvenzordnung vom 5.10.1994, BGBl. I S. 2866, FNA 311–13
InvG	Investmentgesetz vom 15.12.2003, BGBl. I S. 2676, FNA 7612–2 (außer Kraft)
iS, iSv	im Sinne, im Sinne von
iVm	in Verbindung mit
juris-PK	juris Praxiskommentar BGB (derzeit 7. Aufl.; auch Online-Kommentar)
KAGB	Kapitalanlagegesetzbuch vom 4.7.2013, BGBl. I S. 1981, FNA 611–9–29
KapMuG	Gesetz über Musterverfahren in kapitalmarktrechtlichen Streitigkeiten (Kapitalanleger-Musterverfahrensgesetz – KapMuG) vom 16.8.2005, BGBl. I S. 2437, FNA 310–23 (bis 31. Oktober 2012) und (ab 1. November 2012) vom 19.10.2012, BGBl. I S. 2182, FNA 310–24

KG	Kammergericht Berlin; Kommanditgesellschaft
KGaA	Kommanditgesellschaft auf Aktien
KO	Konkursordnung idF vom 20.5.1898, RGBl. S. 612 (außer Kraft)
Langenbucher/Bliesener/ Spindler	Langenbucher/Bliesener/Spindler (Hrsg.), Bankrechts-Kommentar, 2. Aufl. 2016
LG	Landgericht
MDR	Monatsschrift für Deutsches Recht
MüKoBGB	Münchener Kommentar zum Bürgerlichen Gesetzbuch mit Nebengesetzen, 7. Aufl. 2015 ff.
MüKoHGB	Münchener Kommentar zum Handelsgesetzbuch, 3. Aufl. 2010 ff., 4. Aufl. ab 2016
MüKoZPO	Münchener Kommentar zur Zivilprozessordnung mit Gerichtsverfassungsgesetz und Nebengesetzen, 5. Aufl. ab 2016
mwN	mit weiteren Nachweisen
nF	neue Fassung, neue Folge
NJOZ	Neue Juristische Online-Zeitschrift (Jahr und Seite)
NJW	Neue Juristische Wochenschrift
NJW-RR	NJW-Rechtsprechungs-Report Zivilrecht
NZG	Neue Zeitschrift für Gesellschaftsrecht
NZI	Neue Zeitschrift für das Recht der Insolvenz und Sanierung
OHG	Offene Handelsgesellschaft
OLG	Oberlandesgericht
Palandt/*Bearbeiter*	Palandt, Bürgerliches Gesetzbuch mit Nebengesetzen, 76. Aufl. 2017
PartGG	Partnerschaftsgesellschaftsgesetz vom 25.7.1994, BGBl. I S. 1744, FNA 4127-1
pVV	positive Vertragsverletzung
PWW	Prütting/Wegen/Weinreich (Hrsg.), BGB-Kommentar mit Nebengesetzen, 12. Aufl. 2017
RBerG	Rechtsberatungsgesetz vom 13.12.1935, RGBl. I S. 1478 (außer Kraft, nunmehr RDG)
RDG	Rechtsdienstleistungsgesetz vom 12.12.2007, BGBl. I S. 2840, FNA 303-20
RG	Reichsgericht
RGBl.	Reichsgesetzblatt
RGRK	Das Bürgerliche Gesetzbuch mit besonderer Berücksichtigung der Rechtsprechung, des Reichsgerichts und des Bundesgerichtshofes, mit Nebengesetzen, Kommentar 12. Aufl. 1974 ff.
RGZ	Sammlung der Rechtsprechung des Reichsgerichts in Zivilsachen (Band u Seite)
RL	Richtlinie der Europäischen Union
Rn.	Randnummer
Rspr.	Rechtsprechung
S.	Satz, Seite
s.	siehe
Schimansky/Bunte/ Lwowski BankR-HdB	Schimansky/Bunte/Lwowski (Hrsg.), Bankrechts-Handbuch, 2 Bände, 5. Aufl. 2017

Seibert .... Seibert, Das Recht der Kapitalanlageberatung und -vermittlung, 2. Aufl. 2017
Soergel .... Soergel, Bürgerliches Gesetzbuch mit Einführungsgesetz und Nebengesetzen, Kommentar 12. Aufl. 1987–2008; 13. Aufl. ab 2000
sog. .... sogenannt
Staudinger .... Staudinger, Bürgerliches Gesetzbuch mit Nebengesetzen, Kommentar, erscheint seit 1993 in jeweils bandweisen Bearbeitungen mit Jahreszahl; mit Zusatz OK: Online-Version des Kommentars
StGB .... Strafgesetzbuch idF vom 13.11.1998, BGBl. I S. 3322, FNA 450–2
str. .... streitig
st. Rspr. .... ständige Rechtsprechung

Thomas/Putzo .... Thomas/Putzo, Zivilprozessordnung mit GVG und EG, Kommentar 38. Aufl. 2017
Tz. .... Textziffer

ua .... unter anderem, und andere
UmwG .... Umwandlungsgesetz vom 28.10.1994, BGBl. I S. 3210, FNA 4120–9–2
Urt. .... Urteil

VermAnlG .... Gesetz über Vermögensanlagen (Vermögensanlagengesetz – VermAnlG) vom 6.12.2011, BGBl. I S. 2481, FNA 4110–11
vgl. .... vergleiche
VO .... Verordnung
Vorbem. .... Vorbemerkung
Vortmann .... Vortmann, Aufklärungs- und Beratungspflichten der Banken, 11. Aufl. 2016
VuR .... Verbraucher und Recht (Zeitschrift)

WM .... Zeitschrift für Wirtschafts- und Bankrecht, Wertpapiermitteilungen Teil IV
WpDVerVO .... Verordnung zur Konkretisierung der Verhaltensregeln und Organisationsanforderungen für Wertpapierdienstleistungsunternehmen (Wertpapierdienstleistungs-Verhaltens- und Organisationsverordnung) vom 20.7.2007, BGBl. I S. 1432, FNA 4110–4–13
WpHG .... Wertpapierhandelsgesetz idF vom 9.9.1998, BGBl. I S. 2708, FNA 4110–4
WPO .... Wirtschaftsprüferordnung idF vom 5.11.1975, BGBl. I S. 2803, FNA 702–1
WuB .... Kommentierende Entscheidungssammlung zum Wirtschafts- und Bankrecht

ZBB .... Zeitschrift für Bankrecht und Bankwirtschaft
ZfIR .... Zeitschrift für Immobilienrecht
ZGR .... Zeitschrift für Unternehmens- und Gesellschaftsrecht
ZHR .... Zeitschrift für das gesamte Handels- und Wirtschaftsrecht
ZIP .... Zeitschrift für Wirtschaftsrecht; bis 1982: Zeitschrift für Wirtschaftsrecht und Insolvenzpraxis
Zöller/*Bearbeiter* .... Zivilprozessordnung mit Gerichtsverfassungsgesetz und Nebengesetzen, Kommentar, 31. Aufl. 2016
ZPO .... Zivilprozessordnung idF vom 5.12.2005, BGBl. I S. 3202, FNA 310–4
ZS .... Zivilsenat

I. Empfehlung von Kapitalanlagen

1. Rechtsgrundlagen

a) Beratungsvertrag

Haftungsgrundlage für ein Beratungsverschulden ist der Beratungsvertrag. Soweit der Bundesgerichtshof in früheren Entscheidungen alternativ zum Abschluss eines Beratungsvertrages auch den Abschluss eines Auskunftsvertrags erwogen hat,[1] ist dies überholt. Vielmehr sind nach der ständigen Rechtsprechung des BGH die Beratungspflichten als Hauptpflicht aus einem **gesondert geschlossenen** Anlageberatungsvertrag zu qualifizieren.[2] Soweit Teile der Literatur insoweit eine Nebenpflicht aus Kauf- oder eigenständigem allgemeinen Bankvertrag annehmen,[3] hat der BGH dem eine eindeutige Absage erteilt („überflüssige Rechtsfigur").[4] 1

Von dem gesondert abgeschlossen Beratungsvertrag zu trennen ist das daneben abgeschlossene Effektengeschäft **(Ausführungsgeschäft)**. Dieses ist in der Regel ein Kaufvertrag iSd §§ 433 ff. BGB (sog. Eigen- oder Festpreisgeschäft) oder ein Kommissionsvertrag iSd §§ 383 ff. HGB in Bezug auf den Erwerb bzw. Verkauf des empfohlenen Wertpapiers oder einer sonstigen Kapitalanlage. Insbesondere bei der Zeichnung eines Fondsanteils kann dem Ausführungsgeschäft aber auch nur ein (weiterer) Geschäftsbesorgungsvertrag iSd § 675 BGB zugrunde liegen, weil der Berater lediglich die Aufgabe hat, die von dem Kunden unterzeichnete Beitrittserklärung an die Fondsgesellschaft oder den Treuhandkommanditisten weiterzuleiten. 2

Die **Rechtsnatur** des Beratungsvertrages, der im Gesetz nicht ausdrücklich geregelt ist, ist im Schrifttum umstritten. Der BGH hat sich hierzu noch nicht abschließend geäußert. Nach der wohl überwiegenden Meinung in der Instanzrechtsprechung und im Schrifttum soll es sich beim Beratungsvertrag um einen Geschäftsbesorgungsvertrag iSd § 675 BGB (mit Dienst- oder Werkvertragscharakter), im Falle der Unentgeltlichkeit um einen Auftrag iSd § 662 BGB handeln.[5] Nach der Gegenauffassung handelt es sich beim Anlage- 3

---

[1] Vgl. etwa BGH Urt. v. 4.3.1987 – IVa ZR 122/85, BGHZ 100, 117, 118 f. = NJW 1987, 1815 = WM 1987, 495; BGH Urt. v. 6.3.1972 – II ZR 100/69, WM 1972, 583, 585.

[2] Vgl. nur BGH Urt. v. 4.3.1987 – IVa ZR 122/85, BGHZ 100, 117, 118 = NJW 1987, 1815 = WM 1987, 495; BGH Urt. v. 6.7.1993 – XI ZR 12/93, BGHZ 123, 126, 128 = NJW 1993, 2433; BGH Urt. v. 22.3.2011 – XI ZR 33/10, BGHZ 189, 13 Rn. 19 = NJW 2011, 1949 = WM 2011, 682.

[3] Vgl. nur Schimansky/Bunte/Lwowski BankR-HdB/*Hopt/Roth*, 5. Aufl., § 1 Rn. 60; *Baumbach/Hopt*, HGB, BankGesch Rn. A/6; Langenbucher/Bliesener/Spindler/*Spindler*, Bankrechts-Kommentar, 2. Aufl., Kap. 33 Rn. 13; *Krüger* NJW 2013, 1845.

[4] BGH Urt. v. 24.9.2002 – XI ZR 345/01, BGHZ 152, 114, 118 ff. = NJW 2002, 3695.

[5] Vgl. nur OLG Frankfurt NJW-RR 2012, 1075, 1076; OLG Koblenz BB 1989, 2001; Welter/Lang/*Balzer*, Handbuch der Informationspflichten im Bankverkehr, 2005, Rn. 7.3; *Harnos* BKR 2009, 316, 321; *Hopt* FS Fischer, 1979, S. 237, 239; Ellenberger/Schäfer/Clouth/Lang/*Kühne/Schulz*, Praktikerhandbuch Wertpapier- und Derivategeschäft, 4. Aufl., Rn. 16, 18; MüKoHGB/*Nobbe/Zahrte*, Anlageberatung Rn. 69; Staudinger/*Martinek*, BGB, Neubearbeitung 2006, § 675 Rn. B 7; *Musielak*, Gutachten und Vorschläge zur Überarbeitung des Schuldrechts, Band II, 1981, S. 1209, 1234; *Schick* AG 2011, R29, R30; *Schnauder* JZ 2013, 120, 126; *Sethe* AcP 212 (2012), 80,

ratungsvertrag, unabhängig von einem Entgelt, um einen dem Dienstvertrag nahekommenden, im Gesetz allerdings nicht geregelten Vertragstyp eigener Art.[6] Im Fall einer starken Erfolgsbezogenheit kann der Beratungsvertrag ausnahmsweise auch werkvertragliche Elemente aufweisen.[7]

b) Allgemeine Geschäftsbedingungen

4 Grundlage der Anlageberatungspflicht ist somit der Beratungsvertrag. Der Vertragsinhalt wird durch die üblicherweise zwischen Bank und Kunden einbezogenen **Sonderbedingungen für Wertpapiergeschäfte** konkretisiert.

c) Verbraucherschutzrecht

5 Kommt das Wertpapiergeschäft mit einem Verbraucher zustande, sind uU die Vorschriften des Verbraucherschutzrechts der §§ 312 ff. BGB anwendbar, weil es sich dabei um eine Finanzdienstleistung iSd § 312 Abs. 5 BGB handelt. Danach sind vor allem die Informationspflichten der §§ 312a, 312d BGB zu beachten. Soweit dem Verbraucher bei einem außerhalb von Geschäftsräumen geschlossenen Vertrag (§ 312b BGB) und bei einem – zB am Telefon oder per E-Mail oder SMS geschlossenen – Fernabsatzvertrag (§ 312c BGB) im Grundsatz ein **Widerrufsrecht** nach § 312g Abs. 1 BGB zusteht, ist allerdings die Bereichsausnahme des § 312g Abs. 2 Nr. 8 BGB zu beachten. Danach besteht ein Widerrufsrecht nicht bei Verträgen zur Erbringung von Finanzdienstleistungen, deren Preis von Schwankungen auf dem Finanzmarkt abhängt, auf die der Unternehmer (Bank) keinen Einfluss hat und die innerhalb der Widerrufsfrist (von 14 Tagen) auftreten können. Dazu gehören insbesondere Finanzdienstleistungen im Zusammenhang mit Aktien, mit Anteilen an offenen Investmentfonds iSd § 1 Abs. 4 KAGB und mit anderen handelbaren Wertpapieren (§ 2 Abs. 1 WpHG), Devisen, Derivaten (§ 2 Abs. 2 WpHG), wie Swaps, Futures und Optionen, oder Geldmarktinstrumenten (§ 2 Abs. 1a WpHG) sowie Hedgefonds,[8] aber auch finanzmarktabhängige Zertifikate[9] und an Börsen gehandelte Edelmetalle oder Rohstoffe. Dies gilt auch dann, wenn die Börseneinführung eines solchen Finanzmarktprodukts noch bevorsteht.[10] Dagegen gilt die Ausnahme des § 312g Abs. 2 Nr. 8 BGB nicht für die auf Dauer angelegte Beteiligung an einer Publikumsgesellschaft.[11]

93; Langenbucher/Bliesener/Spindler/*Spindler*, Bankrechts-Kommentar, 2. Aufl., Kap. 33 Rn. 52; Derleder/Knops/Bamberger/*Tonner*, Handbuch zum deutschen und europäischen Bankrecht, 2. Aufl., § 4 Rn. 2; *Weller* ZBB 2011, 191, 197 f.

[6] OLG Saarbrücken BKR 2012, 171 Rn. 42 aE; Prütting/Wegen/Weinreich/*Fehrenbacher*, BGB, 12. Aufl., § 675 Rn. 23 ff.; *Mülbert* ZHR 2008, 170, 200; Schimansky/Bunte/Lwowski BankR-HdB/*Hannöver/Walz*, 5. Aufl., § 110 Rn. 20; wohl auch *Hadding* ZIP 2008, 529, 530; vgl. auch *Nikolaus/d'Oleire* WM 2007, 2129, 2130 sowie allgemein zu Auskunfts- oder Beratungsverträgen Bürger, Rechtsfragen zur Bankauskunft, 1988, S. 151 f.; BGB-RGRK/*Denecke*, 11. Aufl., § 676 Anm. 1; *Dirichs*, Die Haftung der Banken für Rat und Auskunft, 1976, S. 35 f.; *Masch*, Die Dritthaftung von Banken bei fehlerhaften Eigenauskünften, 2005, S. 42 ff.; BGB-RGRK/*Steffen*, 12. Aufl., § 676 Rn. 15.

[7] Vgl. BGH Urt. v. 11.3.1999 – III ZR 292/97, NJW 1999, 1540 f. = WM 1999, 1170.

[8] *Kugler/Lochmann* BKR 2006, 41, 45.

[9] BGH Urt. v. 27.11.2012 – XI ZR 439/11, BGHZ 195, 375 = BKR 2013, 215 = WM 2013, 218; BGH Urt. v. 27.11.2012 – XI ZR 384/11, NJW 2013, 1223.

[10] OLG Hamburg WM 2014, 1538.

[11] *Armbrüster* ZIP 2006, 406, 412.

d) Aufsichtsrecht

Im Gegensatz zum Zivilrecht enthält das Aufsichtsrecht eine Vielzahl von detaillierten Regelungen über die Anlageberatung. Dies beruht vor allem auf vielfältigen Aktivitäten des europäischen Gesetzgebers. Zur Umsetzung der Wertpapierdienstleistungsrichtlinie 93/22/EWG ist zunächst das am 1. Januar 1995 in Kraft getretene **Wertpapierhandelsgesetz (WpHG)** erlassen worden und später – zur Umsetzung der Finanzmarktrichtlinie 2004/39/EG – durch das Finanzmarktrichtlinie-Umsetzungsgesetz (FRUG) vom 16. Juli 2007[12] und das Anlegerschutz- und Funktionsverbesserungsgesetz (AnsFuG) vom 5. April 2011[13] substantiell geändert worden. Für den Bereich der Honoraranlageberatung ist zudem als Spezialgesetz am 1. August 2014 das „Gesetz zur Förderung und Regulierung einer Honorarberatung über Finanzinstrumente (Honoraranlageberatungsgesetz)"[14] in Kraft getreten. 6

aa) Begriff der Anlageberatung

Der **Begriff der Anlageberatung** wird in § 2 Abs. 3 Satz 1 Nr. 9 WpHG – im Übrigen wörtlich übereinstimmend mit der Legaldefinition in § 1 Abs. 1a Satz 2 Nr. 1a KWG – definiert als 7

„die **Abgabe von persönlichen Empfehlungen** an Kunden oder deren Vertreter, die sich auf bestimmte Geschäfte mit bestimmten Finanzinstrumenten beziehen, sofern die Empfehlung auf eine Prüfung der persönlichen Umstände des Anlegers gestützt oder als für ihn geeignet dargestellt wird und nicht ausschließlich über Informationsverbreitungskanäle oder für die Öffentlichkeit bekannt gegeben wird."

Allgemeine Anlageberatung durch Kredit- oder Finanzdienstleistungsinstitute ist eine erlaubnispflichtige Finanzdienstleistung iSd § 1 Abs. 1a KWG und bezogen auf Wertpapiere iSd § 2 Abs. 1 und 2 WpHG eine erlaubnispflichtige Wertpapierdienstleistung iSd § 2 Abs. 3 Satz 1 Nr. 9 WpHG. 8

bb) Verhaltenspflichten

Für den Bereich der Anlageberatung enthalten die §§ 31 ff. WpHG **allgemeine Verhaltenspflichten**, die durch die Vorschriften der Wertpapierdienstleistungs-Verhaltens- und Organisationsverordnung (WpDVerOV) ergänzt werden. Die Einzelheiten können hier nicht alle im Einzelnen beschrieben werden. Hervorzuheben sind insbesondere die Pflicht des Wertpapierdienstleistungsunternehmens, Wertpapierdienstleistungen und Wertpapiernebendienstleistungen[15] mit der erforderlichen Sachkunde, Sorgfalt und Gewissenhaftigkeit im Interesse des Kunden zu erbringen (§ 31 Abs. 1 Nr. 1 WpHG), und die Verpflichtung zur Vermeidung von Interessenkonflikten oder zu deren eindeutiger Offenlegung (§ 31 Abs. 1 Nr. 2 WpHG). Ferner müssen nach § 31 Abs. 2 WpHG alle Informationen einschließlich Werbemitteilungen redlich und eindeutig sein und dürfen nicht irreführend sein; die näheren Einzelheiten sind in §§ 4 und 5 WpDVerOV geregelt. Die Informationen müssen dem Kunden rechtzeitig und in verständlicher Form zur Verfügung gestellt werden (§ 31 Abs. 3 WpHG). 9

[12] BGBl. I 2007 S. 1330.
[13] BGBl. I 2011 S. 538.
[14] BGBl. I 2013 S. 2390.
[15] Dies sind nach der Legaldefinition in § 1 Abs. 3a WpHG zB das Depotgeschäft oder die Erstellung von Finanzanalysen.

10 Darüber hinaus stellt § 31 Abs. 3a und 4 WpHG für den Fall einer Anlageberatung **besondere Verhaltenspflichten** auf. Nach § 31 Abs. 3a WpHG ist dem Kunden rechtzeitig vor dem Abschluss eines Geschäfts über Finanzinstrumente ein kurzes und leicht verständliches **Informationsblatt** über jedes Finanzinstrument zur Verfügung zu stellen, auf das sich eine Kaufempfehlung bezieht. Für freie Anlageberater ergeben sich die entsprechenden Pflichten aus § 15 FinVermV. Die Anforderungen an das Informationsblatt werden in § 5a WpDVerOV konkretisiert. Die Aushändigung des Informationsblatts kann durch Übermittlung in Papierform erfolgen, aber auch in elektronischer Form durch E-Mail-Versand (vgl. § 5a Abs. 2 WpDVerOV). Die Angaben in den Informationsblättern dürfen weder unrichtig noch irreführend sein und müssen mit den Angaben des Prospekts vereinbar sein. Nach § 31 Abs. 4 WpHG muss das Wertpapierdienstleistungsunternehmen von dem Kunden alle Informationen einholen über Kenntnisse und Erfahrungen des Kunden in Bezug auf Geschäfte mit bestimmten Arten von Finanzinstrumenten oder Wertpapierdienstleistungen, über die Anlageziele der Kunden und über ihre finanziellen Verhältnisse, die erforderlich sind, um den Kunden ein für sie geeignetes Finanzinstrument oder eine für sie geeignete Wertpapierdienstleistung empfehlen zu können.

11 Die **Geeignetheit** des Finanzinstruments oder der Wertpapierdienstleistung beurteilt sich danach, ob das konkrete Geschäft, das dem Kunden empfohlen wird, oder die konkrete Wertpapierdienstleistung im Rahmen der Finanzportfolioverwaltung

- den Anlagezielen des Kunden entspricht,
- die hieraus erwachsenden Anlagerisiken für den Kunden seinen Anlagezielen entsprechend finanziell tragbar sind und
- der Kunde mit seinen Kenntnissen und Erfahrungen die hieraus erwachsenden Anlagerisiken verstehen kann.

12 Bedeutsam ist schließlich das **Verbot des § 31d WpHG**, wonach ein Wertpapierdienstleistungsunternehmen im Zusammenhang mit der Erbringung von Wertpapier(neben)dienstleistungen keine ***Zuwendungen Dritter*** annehmen oder an Dritte gewähren darf, die nicht Kunden dieser Dienstleistung sind. Etwas anderes gilt nur dann, wenn die Zuwendung die Qualität der für den Kunden erbrachten Dienstleistung verbessern soll und der ordnungsgemäßen Erbringung der Dienstleistung im Interesse des Kunden nicht entgegensteht und wenn Existenz, Art und Umfang der Zuwendung dem Kunden vor Erbringung der Dienstleistung in umfassender, zutreffender und verständlicher Weise deutlich offen gelegt wird (§ 31d Abs. 1 Satz 1 Nr. 1 und 2 WpHG).

13 **Zuwendungen** sind nach der Legaldefinition des § 31d Abs. 2 WpHG Provisionen, Gebühren oder sonstige Geldleistungen sowie alle geldwerten Vorteile.

cc) Rechtsnatur

14 Nach der gefestigten Rechtsprechung des BGH sind die Verhaltens-, Organisations- und Transparenzpflichten der §§ 31 ff. WpHG allerdings ausschließlich **öffentlich-rechtlicher Natur** und wirken deshalb auf das zivilrechtliche Schuldverhältnis zwischen Wertpapierdienstleistungsunternehmen und Kunde nicht ein.[16] Dies ergibt sich insbesondere aus den Gesetzesmaterialien, wonach mit den Wohlverhaltensregeln der §§ 31 ff. WpHG „ausschließlich“ aufsichtsrechtliche Regelungen normiert werden sollten.[17] Der öffentlich-rechtliche Charakter der §§ 31 ff. WpHG wird ferner durch die Zuständigkeit

---

[16] BGH Urt. v. 27.9.2011 – XI ZR 182/10, BGHZ 191, 119 Rn. 45 ff. = NJW 2012, 66 = WM 2011, 2268; BGH Urt. v. 17.9.2013 – XI ZR 332/12, BKR 2014, 32 Rn. 16 ff. = WM 2013, 1983.

[17] Siehe BT-Drucks. 16/4028, S. 53 und BT-Drucks. 16/4899, S. 12; gegen einen zivilrechtlichen Gehalt von § 31 Abs. 8 ausdrücklich auch BT-Drucks. 16/4028, S. 65.

der Bundesanstalt für Finanzdienstleistungsaufsicht, mittels hoheitlichen Zwangs Aufsicht auszuüben (vgl. §§ 4, 35 WpHG), belegt. Zudem bestimmt § 4 Abs. 4 FinDAG, dass die Bundesanstalt ihre Aufgaben ausschließlich im öffentlichen Interesse wahrnimmt.[18]

dd) Ausstrahlungswirkung

Dagegen kommt den öffentlich-rechtlichen Wohlverhaltenspflichten in bestimmten 15
Grenzen eine gewisse Ausstrahlungswirkung auf das Zivilrecht zu. Nach der Rechtsprechung des BGH können die §§ 31 ff. WpHG, soweit ihnen eine anlegerschützende Funktion zukommt, für Inhalt und Reichweite (vor)vertraglicher Aufklärungs- und Beratungspflichten von Bedeutung sein. Ihr zivilrechtlicher Schutzbereich geht allerdings nicht über diese (vor)vertraglichen Pflichten hinaus. Ihnen kommt keine eigenständige, über die zivilrechtlichen Aufklärungs- und Beratungspflichten hinausgehende schadensersatzrechtliche Bedeutung zu.[19] Die aufsichtsrechtlichen Wohlverhaltenspflichten bewirken daher als solche weder eine Begrenzung noch eine Erweiterung der zivilrechtlich zu beurteilenden Haftung des Anlageberaters.[20]

Aufgrund dessen hat es der BGH bislang abgelehnt, die §§ 31 ff. WpHG als **Schutzgesetz** iSd § 823 Abs. 2 BGB anzusehen.[21] 16

Etwas anderes ergibt sich auch nicht aus dem Urteil des XI. Zivilsenats des BGH vom 17
3. Juni 2014.[22] Dort hat der BGH zwar eine Verpflichtung der beratenden Bank zur Aufklärung ihres Kunden über den Empfang versteckter Innenprovisionen von Seiten Dritter unabhängig von deren Höhe (ab dem 1. August 2014) damit begründet, dass der deutsche Gesetzgeber in neuer Zeit den provisionsbasierten Vertrieb von Kapitalanlagen zum Anlass mehrerer Gesetzesnovellen genommen und mittlerweile einem nahezu flächendeckenden – aufsichtsrechtlichen – Transparenzgebot unterworfen hat. Dadurch hat sich indes an dem Grundsatz, dass die aufsichtsrechtlichen Wohlverhaltensregeln ausschließlich öffentlich-rechtlicher Natur sind und auf das zivilrechtliche Schuldverhältnis zwischen Wertpapierdienstleistungsunternehmen und Kunde grundsätzlich nicht einwirken, nichts geändert.[23] Dies bedeutet aber nicht, dass selbst **tragenden Prinzipien des Aufsichtsrechts** keinerlei Bedeutung für das Zivilrecht beizumessen ist. Vielmehr sind diese jedenfalls dann, wenn sie Ausdruck eines allgemeinen – nahezu flächendeckenden – Rechtsprinzips sind, bei der Auslegung der (konkludenten) Vertragserklärungen zu berücksichtigen. Der Anleger kann zwar nicht erwarten, dass sich die beratende Bank im gesamten Umfang ihrer öffentlich-rechtlichen Pflichten ohne weiteres auch im individuellen Schuldverhältnis gegenüber dem jeweiligen Anleger verpflichten will. Er kann aber voraussetzen, dass die beratende Bank die tragenden Grundprinzipien des Aufsichtsrechts beachtet. Dies hat der BGH für das aufsichtsrechtliche Prinzip, dass Zuwendungen Dritter grundsätzlich verboten und allenfalls dann erlaubt sind, wenn diese offen gelegt werden, bejaht.[24]

---

[18] BGH Urt. v. 17.9.2013 – XI ZR 332/12, BKR 2014, 32 Rn. 19 = WM 2013, 1983.

[19] BGH Urt. v. 19.12.2006 – XI ZR 56/05, BGHZ 170, 226 Rn. 18 = NJW 2007, 1876 = WM 2007, 487; BGH Urt. v. 17.9.2013 – XI ZR 332/12, BKR 2014, 32 Rn. 20 = WM 2013, 1983.

[20] BGH Urt. v. 27.9.2011 – XI ZR 182/10, BGHZ 191, 119 Rn. 47 = NJW 2012, 66 = WM 2011, 2268; BGH Urt. v. 17.9.2013 – XI ZR 332/12, BKR 2014, 32 Rn. 20 = WM 2013, 1983.

[21] BGH Urt. v. 19.2.2008 – XI ZR 170/07, BGHZ 175, 276 Rn. 15 ff. = NJW 2008, 1734 = WM 2008, 825 (betr. § 32 Abs. 2 WpHG); BGH Urt. v. 17.9.2013 – XI ZR 332/12, BKR 2014, 32 Rn. 21 ff. = WM 2013, 1983 (betr. § 31d WpHG).

[22] BGH Urt. v. 3.6.2014 – XI ZR 147/12, BGHZ 201, 310 = NJW 2014, 2947 = WM 2014, 1382.

[23] So ausdrücklich BGH Urt. v. 3.6.2014 – XI ZR 147/12, BGHZ 201, 310 Rn. 35 = NJW 2014, 2947 = WM 2014, 1382.

[24] BGH Urt. v. 3.6.2014 – XI ZR 147/12, BGHZ 201, 310 Rn. 36 ff. = NJW 2014, 2947 = WM 2014, 1382.

18 Den Parteien des Beratungsvertrags bleibt es natürlich unbenommen, im Rahmen der Privatautonomie, dh innerhalb der Grenzen der §§ 138, 305 ff. BGB, eine **abweichende Vereinbarung** zu treffen.[25] Ein Verstoß gegen Vorschriften des WpHG begründet keine Nichtigkeit des Anlageberatungsvertrags nach § 134 BGB.[26]

2. Beratungsvertrag

a) Zustandekommen

19 Der Beratungsvertrag kann ausdrücklich oder – mangels (Schrift-)Formerfordernis – auch stillschweigend geschlossen werden. In der Praxis ist eher Letzteres der Fall. Die Wirksamkeit des Anlageberatungsvertrags unberührt lassen Formerfordernisse über die Vermittlung der Kenntnisse zur Risikoeinschätzung von Terminsoptionsgeschäften,[27] über die Protokollierung der Anlageberatung selbst (zB § 34 Abs. 2a WpHG) oder über die Aushändigung von Produkt- oder Vermögensanlagen-Informationsblättern (zB § 31 Abs. 3a WpHG, § 13 VermAnlG); diese Formerfordernisse betreffen nicht die Form des Vertragsschlusses, sondern die Form der Aufklärung (dazu → Rn. 334 ff.).

20 Ob zwischen Bank und Anlageinteressent **konkludent** ein Beratungsvertrag geschlossen wird, ist eine Frage des Einzelfalls. Die Rechtsprechung des BGH ist hier jedoch sehr weitgehend, dh die Anforderungen sind relativ niedrig. Nach ständiger Rechtsprechung des BGH kommt zwischen der Bank und ihrem Kunden konkludent ein Beratungsvertrag zustande, wenn – gleichgültig ob auf Initiative des Kunden oder aber der Bank – im Zusammenhang mit einer Anlageentscheidung tatsächlich eine Beratung stattfindet.[28] Tritt also ein Anlageinteressent an eine Bank oder der Anlageberater einer Bank an einen Kunden heran, um über die Anlage eines Geldbetrages beraten zu werden bzw. zu beraten, so wird das darin liegende Angebot zum Abschluss eines Beratungsvertrages stillschweigend durch die Aufnahme des Beratungsgesprächs angenommen.[29] Gegenstand einer Anlageberatung ist daher in der Regel die Investition von Finanzmitteln durch den Anleger.[30] Es genügt, wenn bei dem Gespräch Auskünfte erteilt oder Empfehlungen abgegeben werden, die für den Empfänger erkennbar von erheblicher Bedeutung sind und die dieser zur Grundlage wesentlicher Entschlüsse oder Maßnahmen machen will, zumal wenn der andere Teil – wie eine Bank – zur Abgabe der Empfehlung sachkundig ist oder wenn bei ihm ein eigenes wirtschaftliches Interesse im Spiel ist.[31] Die Bank kann das genannte Ver-

---

[25] Vgl. BGH Urt. v. 8.5.2001 – XI ZR 192/00, BGHZ 147, 343, 348 = NJW 2002, 62 = WM 2001, 1758 („ohne eine besondere vertragliche Regelung").

[26] MüKoHGB/*Nobbe/Zahrte* Anlageberatung Rn. 66.

[27] Vgl. nur BGH Urt. v. 9.3.2010 – XI ZR 93/09, BGHZ 184, 365 Rn. 25 mwN = NZG 2010, 550 = WM 2010, 749.

[28] BGH Urt. v. 6.7.1993 – XI ZR 12/93, BGHZ 123, 126, 128 = NJW 1993, 1659; BGH Urt. v. 13.1.2004 – XI ZR 355/02, NJW 2004, 1868, 1869 = WM 2004, 422; zur Kritik in Teilen des Schrifttums an dieser Rechtsprechung siehe MüKoHGB/*Nobbe/Zahrte* Anlageberatung Rn. 79 ff. mwN.

[29] BGH Urt. v. 6.7.1993 – XI ZR 12/93, BGHZ 123, 126, 128 = NJW 1993, 1659; BGH Urt. v. 19.3.2013 – XI ZR 431/11, BGHZ 196, 370 Rn. 17 = WM 2013, 789 = NJW 2013, 3293; BGH Urt. v. 13.1.2004 – XI ZR 355/02, NJW 2004, 1868, 1869 = WM 2004, 422.

[30] BGH Urt. v. 1.7.2014 – XI ZR 247/12, NJW 2014, 3360 Rn. 21 = WM 2014, 1621.

[31] BGH Urt. v. 22.3.1979 – VII ZR 259/77, BGHZ 74, 103, 106 = NJW 1979, 1449 = WM 1979, 530.

halten des Kunden bzw. Anlageinteressenten ebenso wenig als unverbindlich verstehen, wie umgekehrt der als Kunde auftretende Interessent das Handeln der Bank.

21 Ob dabei die Bank für ihre Beratungstätigkeit ein zusätzliches **Honorar** unmittelbar vom Kunden und nicht vom Vertreiber der Beteiligung erwartet, fordert oder bekommt, ist für die Frage des Vertragsabschlusses mit Haftungsfolgen von untergeordneter Bedeutung. Eine Entgeltvereinbarung zwischen der Bank und ihrem Kunden ist keine notwendige Voraussetzung für einen verbindlichen Beratungsvertrag.[32] Für den Bereich der Honoraranlageberatung ist als Spezialgesetz am 1. August 2014 das „Gesetz zur Förderung und Regulierung einer Honorarberatung über Finanzinstrumente (Honoraranlageberatungsgesetz)“[33] in Kraft getreten. Dadurch soll die unabhängige Anlageberatung gestärkt werden.

22 Es spielt keine Rolle, ob der Anlageinteressent bereits Kunde der Bank ist. Banken und Sparkassen sehen die Beratungs- und Auskunftstätigkeit in Bezug auf Geldanlagen auch bei **Dritten** als ihr Geschäft an, das zur Haftung führen kann.[34] Umgekehrt kann ein Beratungsvertrag auch zustande kommen, wenn die Bank das Produkt einer anderen Bank empfiehlt und der Kunde sodann unmittelbar mit dieser einen Vertrag schließt.[35] Dagegen dürfte mangels Rechtsbindungswillen der Bank ein Beratungsvertrag nicht zustande kommen, wenn sich ihr Kunde beraten lässt und dann ohne Wissen der Bank das empfohlene Produkt – etwa um Gebühren zu sparen – bei einer Direktbank oder einem anderen Dritten erwirbt.[36]

23 Wendet sich der Kunde mit seinem Anliegen an einen **bestimmten Bankangestellten**, so kommt der daraus resultierende Vertrag mit der Bank selbst zustande, wenn nicht besondere Umstände vorliegen, die zu dem Schluss zwingen, dass der Kunde ausschließlich mit dem Bankangestellten persönlich und nicht mit dem Bankinstitut selbst etwas zu tun haben wollte.[37] Dies gilt entsprechend für den Angestellten eines freien Beratungsunternehmens.[38] Dass der Beratungsvertrag grundsätzlich (nur) zwischen dem Anleger und der Bank bzw. dem Beratungsunternehmen zustande kommt, folgt aus den **Grundsätzen des unternehmensbezogen Geschäfts**. Danach geht der Wille der Beteiligten im Zweifel dahin, dass Vertragspartei der Inhaber des Unternehmens und nicht der für das Unternehmen Handelnde werden soll.[39] Ein unmittelbarer Anspruch gegen den Vertreter oder Verhandlungsgehilfen kann sich dann – außerhalb deliktsrechtlicher Vorschriften – nur aus § 280 Abs. 1, § 311 Abs. 3 BGB ergeben. Dies setzt aber nach allgemeinen Grundsätzen voraus, dass der Gehilfe wirtschaftlich betrachtet gleichsam in eigener Sache tätig wird oder für sich besonderes Vertrauen in Anspruch nimmt.[40] Ein nur mittelbares wirtschaftliches Interesse, wie etwa das Provisionsinteresse des handelnden Gehilfen, erfüllt diese Voraussetzung nicht.[41] Die Inanspruchnahme besonderen persönlichen Vertrauens setzt vor-

---

[32] BGH Urt. v. 4.3.1987 – IVa ZR 122/85, BGHZ 100, 117, 118 f. = NJW 1987, 1815 = WM 1987, 495.

[33] BGBl. I 2013 S. 2390.

[34] BGH Urt. v. 4.3.1987 – IVa ZR 122/85, BGHZ 100, 117, 119 = NJW 1987, 1815 = WM 1987, 495.

[35] BGH Urt. v. 20.1.2015 – XI ZR 316/13, NJW 2015, 1095 Rn. 15 ff. = WM 2015, 575.

[36] *Vortmann*, Aufklärungs- und Beratungspflichten der Banken, 11. Aufl., Rn. 746 ff.

[37] OLG Frankfurt/Main WM 1993, 1030.

[38] OLG Schleswig ZIP 2015, 1542, 1543.

[39] BGH Urt. v. 3.2.1975 – II ZR 128/73, BGHZ 64, 11, 14 = NJW 1975, 1166 = WM 1975, 441; BGH Urt. v. 27.10.2005 – III ZR 71/05, NJW-RR 2006, 109 Rn. 17; BGH Urt. v. 31.7.2012 – X ZR 154/11, NJW 2012, 3368 Rn. 10 mwN = WM 2013, 1142.

[40] BGH Urt. v. 27.10.2005 – III ZR 71/05, NJW-RR 2006, 109 Rn. 24.

[41] BGH Urt. v. 27.10.2005 – III ZR 71/05, NJW-RR 2006, 109 Rn. 25.

aus, dass der Gehilfe zu erkennen gibt, er werde persönlich mit seiner Sachkunde neben dem von ihm vertretenen Unternehmen die ordnungsgemäße Abwicklung des Geschäfts gewährleisten.[42]

24 Die **Dauer und Form der Beratung** ist für die Frage des Zustandekommens eines Beratungsvertrags nicht erheblich. Auch ein fünfminütiges Telefongespräch kann einen stillschweigenden Beratungsvertrag begründen.[43] Bei solchen kurzen Gesprächen, insbesondere wenn sie von Seiten der Bank ausgegangen sind, stellt sich allerdings in besonderem Maße die Frage, ob die Beratung inhaltlich den Anforderungen an eine anleger- und objektgerechte Beratung entsprochen hat.

25 Auch mit einem **Anlagevermittler** kann ein Beratungsvertrag geschlossen werden. In der Regel kommt zwischen Anlagevermittler und Kunde zwar nur eine Anlagevermittlung mit Auskunftsvertrag zustande (dazu → Rn. 42 ff. und → Rn. 351 ff.). Im Einzelfall kann aber zwischen ihnen auch ein Beratungsvertrag geschlossen werden. Dies ist insbesondere dann der Fall, wenn der Vermittler persönliches Vertrauen in Anspruch nimmt oder auf seine besondere Sachkunde hinweist. Das Zustandekommen eines Beratungsvertrags ist zB angenommen worden,

- wenn der Anlagevermittler den Kunden in Bezug auf dessen persönliche wirtschaftliche Verhältnisse betreut, für ihn eine individuelle Musterberechnung erstellt und eine Mehrzahl von Anlagen zur Auswahl anbietet;[44]
- wenn er gegenüber den Interessenten besonders vertrauenswürdig auftritt und diese erwarten durften, dass er die Angabe selbständig geprüft und für richtig befunden hat;[45]
- wenn er gegenüber den Anlegern für sich in Anspruch nimmt, über eingehende Informationen zu verfügen, wie sie ein Anlageberater üblicherweise nicht hat, und sich für seine Vermittlungstätigkeit mit einer „Bearbeitungsgebühr" entlohnen lässt.[46]

26 Ferner kann ein Beratungsvertrag auch dann zustande kommen, wenn ein (selbständiger) Erfüllungsgehilfe der Bank **weisungswidrig** Kapitalanlagen empfiehlt, die nicht in dem gültigen Produktplan der Bank enthalten sind. Im Ausgangspunkt steht einem Vertragsschluss zwar uU die Überschreitung der Vollmacht durch den Erfüllungsgehilfen entgegen. Anders verhält sich aber dann, wenn dessen Handeln der Bank nach den Grundsätzen der **Anscheins- oder Duldungsvollmacht** zuzurechnen ist. Eine Anscheinsvollmacht kann zB anzunehmen sein, wenn der Erfüllungsgehilfe bereits in der Vergangenheit entsprechende Kapitalanlagen empfohlen hat und diese Geschäfte über die Bank abgewickelt hat.[47]

27 Auch bei Verneinung eines Beratungsvertrags mit dem Anlagevermittler kann dieser nach allgemeinen Grundsätzen aus **Verschulden bei Vertragsschluss** auf Schadensersatz in Anspruch genommen werden, wenn er in besonderem Maße Vertrauen für sich in Anspruch genommen hat oder wenn er ein unmittelbares eigenes wirtschaftliches Interesse am Abschluss des Geschäfts hatte. Persönliches Vertrauen wird zB auch in Anspruch genommen, wenn eine eigene Sachkompetenz behauptet wird.[48]

---

[42] BGH Urt. v. 27.10.2005 – III ZR 71/05, NJW-RR 2006, 109 Rn. 26.

[43] OLG Frankfurt/Main WM 2010, 613 = ZIP 2010, 567.

[44] BGH Urt. v. 11.12.2014 – III ZR 365/13, NJW-RR 2015, 732 Rn. 11 = WM 2015, 128.

[45] BGH Urt. v. 22.3.1979 – VII ZR 259/77, BGHZ 74, 103, 106 ff. = NJW 1979, 1449 = WM 1979, 530.

[46] BGH Urt. 31.5.1990 – VII ZR 340/88, NJW 1990, 2461, 2463 = WM 1990, 1276.

[47] Vgl. BGH Urt. v. 5.3.1998 – III ZR 183/96, NJW 1998, 1854, 1855 = WM 1998, 819 (für Anlagevermittlung).

[48] BGH Urt. v. 10.4.1978 – II ZR 103/76, WM 1978, 611, 612.

b) Abgrenzungen

aa) Direktbank

Ein stillschweigend geschlossener Beratungsvertrag kommt nicht in Betracht, wenn die Bank – wie es **Discount-Broker** bzw. **Direktbanken** üblicherweise tun – bereits bei Aufnahme der Geschäftsbeziehung erklärt, sich nur an gut informierte und erfahrene Anleger zu wenden und zur Aufklärung nur durch Übersendung von Informationsbroschüren, nicht aber durch individuelle Hinweise bereit zu sein.[49] Ein Anleger, der der Bank in Kenntnis dessen ohne ein Aufklärungsbegehren eine gezielte Order erteilt, erklärt damit konkludent, dass er weitere Informationen durch die Bank nicht benötige, also nicht aufklärungsbedürftig sei.[50] Etwas anderes gilt natürlich dann, wenn die Direktbank tatsächlich beraten hat;[51] dann gelten die allgemeinen Grundsätze. Aufgrund dieser Möglichkeit dürfte die im Kontoeröffnungsantrag oder sonst in den AGB der Direktbank enthaltene Klausel, der Kunde verzichte im Interesse günstiger Konditionen auf jede Form der Beratung, gegen § 307 Abs. 1 BGB verstoßen, weil die Klausel generell auf eine Haftungsfreizeichnung abzielt und damit bei kundenunfreundlichster Auslegung neben den von der Bank aufgrund gesetzlicher Vorschrift zu erbringenden Informationsleistungen auch tatsächlich erbrachte Beratungsleistungen erfasst.[52] 28

(1) Gestaffelte Einschaltung. Bei einer **gestaffelten Einschaltung** mehrerer selbständiger Wertpapierdienstleistungsunternehmen ist grundsätzlich nur das kundennähere Unternehmen zur Befragung des Anlegers hinsichtlich seiner Erfahrungen, Kenntnisse, Anlageziele und finanziellen Verhältnisse verpflichtet. Eine Pflicht zur Überwachung des vorgeschalteten Beratungsunternehmens besteht in der Regel nicht.[53] Aufgrund dessen scheidet auch eine Zurechnung etwaiger Beratungsfehler durch den rechtlich selbständigen Anlageberater oder dessen Mitarbeiter zu Lasten der Direktbank über **§ 278 BGB** aus, weil diese mangels eigener Beratungspflicht der Direktbank nicht in deren Pflichtenkreis tätig werden.[54] Das kundenfernere Unternehmen (also die Direktbank) haftet auch nicht gemäß **§ 128 HGB analog** für ein Beratungsverschulden des kundennäheren Unternehmens, weil die Unternehmen auch bei Vorliegen von Vertriebsabsprachen keine Gesellschaft bürgerlichen Rechts bilden.[55] 29

(2) Unmittelbare Haftung der Direktbank. Eine **unmittelbare Haftung** der Direktbank auch bei gestaffelter Einschaltung mehrerer selbständiger Wertpapierdienstleis- 30

---

[49] BGH Urt. v. 19.3.2013 – XI ZR 431/11, BGHZ 196, 370 Rn. 17 = WM 2013, 789 = NJW 2013, 3293; BGH Urt. v. 4.3.2014 – XI ZR 313/12, BKR 2014, 203 Rn. 14.

[50] BGH Urt. v. 5.10.1999 – XI ZR 296/98, BGHZ 142, 345, 355 = NJW 2000, 359, 361 = WM 1999, 2300; BGH Urt. v. 11.11.2003 – XI ZR 21/03, NJW-RR 2004, 484 f. = WM 2004, 24; BGH Urt. v. 19.3.2013 – XI ZR 431/11, BGHZ 196, 370 Rn. 17 = WM 2013, 789 = NJW 2013, 3293.

[51] BGH Urt. v. 19.3.2013 – XI ZR 431/11, BGHZ 196, 370 Rn. 18 = WM 2013, 789 = NJW 2013, 3293.

[52] LG Köln WM 1997, 1479 = ZIP 1997, 1328.

[53] BGH Urt. v. 19.3.2013 – XI ZR 431/11, BGHZ 196, 370 Rn. 26 = WM 2013, 789 = NJW 2013, 3293.

[54] BGH Urt. v. 19.3.2013 – XI ZR 431/11, BGHZ 196, 370 Rn. 19 = WM 2013, 789 = NJW 2013, 3293; BGH Urt. v. 12.11.2013 – XI ZR 312/12, NJW-RR 2014, 367 Rn. 16 = WM 2014, 24.

[55] BGH Urt. v. 19.3.2013 – XI ZR 431/11, BGHZ 196, 370 Rn. 41 = WM 2013, 789 = NJW 2013, 3293; BGH Urt. v. 12.11.2013 – XI ZR 312/12, NJW-RR 2014, 367 Rn. 20 ff. = WM 2014, 24.

tungsunternehmen kommt allerdings nach allgemeinen Grundsätzen bei Verletzung einer Nebenpflicht (§ 241 Abs. 2 BGB) aus der zu dem Kunden bestehenden vertraglichen Geschäftsbeziehung in Betracht.

31 Eine solche Nebenpflicht kann insbesondere in Form einer **Warnpflicht** bestehen, wenn der Discount-Broker die tatsächliche Fehlberatung des Kunden bei dem in Auftrag gegebenen Wertpapiergeschäft entweder positiv kennt oder wenn diese Fehlberatung aufgrund massiver Verdachtsmomente objektiv evident ist.[56]

32 **Objektives Tatbestandsmerkmal** der Warnpflicht einer Direktbank als Nebenpflicht aus dem Depotvertrag ist die fehlerhafte Beratung des Anlegers im Einzelfall.[57] Wurde der Kunde fehlerfrei durch das kundennähere Unternehmen beraten, besteht keine Warnpflicht der kundenferneren Direktbank. Auch eine systematische Fehlberatung von Anlegern durch das kundennähere Unternehmen kann das Erfordernis der tatsächlichen Fehlberatung des jeweiligen Anspruchstellers nicht ersetzen.[58]

33 Die **subjektiven Voraussetzungen** der Warnpflicht sind erfüllt, wenn der Direktbank die tatsächliche Fehlberatung des Kunden im Einzelfall positiv bekannt ist. Ist dies nicht der Fall, kann die Kenntnis von der systematischen und damit regelmäßigen Fehlberatung der Anleger durch das kundennähere Unternehmen die tatsächliche Fehlberatung des Kunden im Einzelfall objektiv evident erscheinen lassen.[59] Eine Direktbank hat allerdings nicht bereits dann Kenntnis von der systematischen und damit regelmäßigen Fehlberatung der Anleger durch das kundennähere Unternehmen, wenn ein Prokurist oder sonstiger leitender Mitarbeiter der Direktbank zugleich Aufsichtsratsmitglied in dem kundennäheren Unternehmen ist und in dieser Funktion von der systematischen Fehlberatung der Kunden Kenntnis erlangt hat; diese Kenntnis ist der Direktbank im Hinblick auf die Verschwiegenheitspflicht des Aufsichtsratsmitglieds nach § 116 Satz 1 iVm § 93 Abs. 1 Satz 3 AktG nicht zurechenbar.[60] Anders liegt es natürlich, wenn das zuständige Organ des kundennäheren Unternehmens, dh in der Regel der Vorstand, das Aufsichtsratsmitglied von seiner Verschwiegenheitspflicht entbunden hat[61] oder wenn das Aufsichtsratsmitglied sein Wissen der Direktbank unter Verletzung seiner Verschwiegenheitspflicht tatsächlich offenbart hat.

34 Die **Darlegungs- und Beweislast** hierfür obliegt nach allgemeinen Grundsätzen dem Kapitalanleger. Die im Rahmen der Haftung der kreditgebenden Bank infolge eines konkreten Wissensvorsprungs entwickelte Beweiserleichterung bei institutionalisiertem Zusammenwirken ist auf die Zusammenarbeit zweier Wertpapierdienstleistungsunternehmen hinsichtlich der Erbringung von Wertpapierdienstleistungen nicht übertragbar.[62]

35 **(3) Sittenwidriges Geschäftsmodell.** Sofern eine Haftung des selbständigen Wertpapierdienstleistungsunternehmens wegen des Betreibens eines **sittenwidrigen Geschäftsmodells** im Sinne von § 826 BGB oder wegen einer arglistigen Täuschung des Anlegers nach §§ 826, 823 Abs. 2 BGB, § 263 StGB zu bejahen ist, setzt eine Haftung der

---

[56] BGH Urt. v. 19.3.2013 – XI ZR 431/11, BGHZ 196, 370 Rn. 27 = NJW 2013, 3293 = WM 2013, 789; BGH Urt. v. 12.11.2013 – XI ZR 312/12, NJW-RR 2014, 367 Rn. 25 = WM 2014, 24; BGH Urt. v. 26.4.2016 – XI ZR 108/15, NJW 2016, 2569 Rn. 26 = WM 2016, 1031.

[57] BGH Urt. v. 26.4.2016 – XI ZR 108/15, NJW 2016, 2569 Rn. 26 = WM 2016, 1031.

[58] BGH Urt. v. 26.4.2016 – XI ZR 108/15, NJW 2016, 2569 Rn. 27 = WM 2016, 1031.

[59] BGH Urt. v. 26.4.2016 – XI ZR 108/15, NJW 2016, 2569 Rn. 27 = WM 2016, 1031.

[60] BGH Urt. v. 26.4.2016 – XI ZR 108/15, NJW 2016, 2569 Rn. 29, 32 f. = WM 2016, 1031.

[61] BGH Urt. v. 26.4.2016 – XI ZR 108/15, NJW 2016, 2569 Rn. 36 = WM 2016, 1031.

[62] BGH Urt. v. 19.3.2013 – XI ZR 431/11, BGHZ 196, 370 Rn. 31 ff. = NJW 2013, 3293 = WM 2013, 789.

Direktbank voraus, dass sie sich an den Deliktstatbeständen gemäß **§ 830 BGB** vorsätzlich beteiligt hat.[63]

(4) Standardisierte Informationen. Soweit zwischen Direktbank bzw. Discount-Broker und dem Kunden – wie im Regelfall – kein Beratungsvertrag zustande gekommen ist, kann die Bank ihre Pflichten aus § 31 Abs. 3 WpHG dadurch erfüllen, dass sie ihrem Kunden geeignetes schriftliches Material mit **standardisierten Informationen** über die in Aussicht genommenen Wertpapiergeschäfte zur Verfügung stellt. Sie darf auf die Angaben des Kunden vertrauen und eine individuelle Aufklärung und Beratung für entbehrlich halten.[64] 36

Dies gilt auch für **kreditfinanzierte Wertpapiergeschäfte** des Kunden, wenn das standardisierte Informationsmaterial alle notwendigen Informationen und Warnhinweise über die Risiken der Kreditspekulation enthalten hat. Die Wertpapierspekulation auf Kredit bringt immer dann, wenn – wie in der Regel – die erworbenen Wertpapiere als Kreditsicherheit dienen, besondere Gefahren für den Spekulanten mit sich, weil sie dazu führen kann, dass bei fallenden Kursen die Sicherheit nicht mehr ausreicht und die kreditgebende Bank den Spekulanten zwingt, seine Papiere in die Baisse hinein zu verkaufen und dadurch erhebliche Verluste zu realisieren. Das kann zum völligen Verlust des eingesetzten Kapitals und darüber hinaus auch zur Überschuldung des Spekulanten führen.[65] 37

Ausnahmsweise kann auch ein Discount-Broker zu **besonderen Warnungen** verpflichtet sein, wenn Kundenaufträge von den zuvor erklärten Zielvorstellungen deutlich abweichen oder wenn erkennbar ist, dass Tragweite und Risiken eines Auftrags falsch eingeschätzt wurden.[66] Das kann zB bei kreditfinanzierten Wertpapiergeschäften der Fall sein, wenn die Kreditinanspruchnahme ein unvernünftiges Ausmaß erreicht.[67] Eine Aufklärungspflicht kommt ferner dann in Betracht, wenn der Discount-Broker eine tatsächlich bestehende Aufklärungsbedürftigkeit des Kunden erkannt oder infolge grober Fahrlässigkeit nicht erkannt hat.[68] 38

Tritt der Kunde mit einem bereits vorgefassten Plan an die Bank heran, bestimmte Wertpapiere aus seinem Privatdepot in das Depot eines faktisch von ihm geführten Unternehmens börslich zu übertragen und erweckt dies später bei der Bundesanstalt für Finanzdienstleistungsaufsicht den **Verdacht des Verstoßes gegen das Verbot der Marktmanipulationen** gemäß § 38 Abs. 3, § 39 Abs. 3d Nr. 2 WpHG, kommt eine Haftung der ausführenden Bank aus der Verletzung einer vertraglichen Nebenpflicht nur dann in Betracht, wenn der Kunde sich zum einen tatsächlich strafbar gemacht hat und dies der Bank entweder positiv bekannt oder für sie jedenfalls objektiv evident ist.[69] 39

bb) Kein Beratungswunsch

Die Annahme eines Beratungsvertrags scheidet auch aus, wenn der Kunde bzw. Anlageinteressent **keine Beratung wünscht**. Dies ist etwa der Fall, wenn ein Kunde gezielt 40

---

[63] BGH Urt. v. 19.3.2013 – XI ZR 431/11, BGHZ 196, 370 Rn. 39 mwN = NJW 2013, 3293 = WM 2013, 789.

[64] BGH Urt. v. 11.11.2003 – XI ZR 21/03, NJW-RR 2004, 484 f. = WM 2004, 24.

[65] BGH Urt. v. 11.11.2003 – XI ZR 21/03, NJW-RR 2004, 485 = WM 2004, 24.

[66] BGH Urt. v. 11.11.2003 – XI ZR 21/03, NJW-RR 2004, 485 = WM 2004, 24; BGH Urt. v. 19.3.2013 – XI ZR 431/11, BGHZ 196, 370 Rn. 25 = NJW 2013, 3293 = WM 2013, 789.

[67] Vgl. BGH Urt. v. 11.11.2003 – XI ZR 21/03, NJW-RR 2004, 485 = WM 2004, 24.

[68] vgl. BGH Urt. v. 5.10.1999 – XI ZR 296/98, BGHZ 142, 345, 358 = NJW 2000, 359 = WM 1999, 2300; BGH Urt. v. 19.3.2013 – XI ZR 431/11, BGHZ 196, 370 Rn. 25 = NJW 2013, 3293 = WM 2013, 789.

[69] OLG Karlsruhe BKR 2017, 167 Rn. 32.

den Auftrag zum Kauf bestimmter Wertpapiere gibt, die ihm von einem Dritten empfohlen worden sind oder auf die er durch Lektüre von Anlagetipps in Tageszeitungen oder Börseninformationsblättern aufmerksam gemacht worden ist.[70] Wie bei der Vermittlung von Kapitalanlagen[71] kann der Kunde in solchen Fällen die Bank nach Treu und Glauben auch nicht wegen Verletzung vorvertraglicher Aufklärungspflichten in Anspruch nehmen.[72] Entsprechendes gilt, wenn der Kunde über ein bestimmtes Anlageprodukt beraten werden möchte, der Berater aber seine Unkenntnis über dieses Produkt offenbart und damit eine Beratung darüber ausdrücklich oder konkludent ablehnt.[73]

cc) Börsentipps

41 Schließlich stellen auch Kauf-, Verkaufs- oder Halteempfehlungen an ein breites Publikum in einer **Tages- oder Börsenzeitung**, einem Kapitalanlagemagazin, im **Fernsehen oder Internet** keine Anlageberatung im zivilrechtlichen Sinne dar. Insoweit fehlt es bereits am Zustandekommen eines Beratungsvertrags. Aufgrund dessen ist eine Entscheidung des BGH aus dem Jahr 1978[74] überholt, wonach der Herausgeber eines periodisch erscheinenden Börsendienstes gegenüber einem Abonnenten wegen unsorgfältiger Erstellung einer Anlageempfehlung aus einer „im Gesetz nur unvollkommen geregelten, im Rahmen der schuldrechtlichen Vertragsfreiheit jedoch möglichen Übernahme einer entgeltlichen Beratungspflicht" haften soll. Unberührt bleiben kaufrechtliche Ansprüche oder eine Haftung aus Deliktsrecht (insbesondere § 826 BGB).

dd) Auskunftsvertrag

42 **(1) Zustandekommen.** Ein **Auskunftsvertrag** (nicht Anlagevermittlungsvertrag) kommt ausdrücklich oder konkludent zustande, wenn ein reiner Anlagevermittler ohne Beratung ein Anlageprodukt vertreibt und der Anlageinteressent erkennbar die besonderen Erfahrungen und Kenntnisse des Vermittlers in Anspruch nehmen will und der Anlagevermittler die gewünschte Tätigkeit beginnt.[75]

43 **(2) Person des Anlagevertreibers.** Maßgeblich für die Unterscheidung ist die **Person des Anlagevertreibers**. Mit dem Anlagevermittler kommt in der Regel ein Auskunftsvertrag zustande. Im Einzelfall kann aber zwischen ihnen auch ein Beratungsvertrag geschlossen werden, wenn der Anlagevermittler den Kunden in Bezug auf dessen persönliche wirtschaftliche Verhältnisse betreut, für ihn eine individuelle Musterberechnung erstellt und eine Mehrzahl von Anlagen zur Auswahl anbietet.[76] Mit dem Anlageberater kommt in der Regel ein Beratungsvertrag zustande. Nach der Rechtsprechung des BGH ist eine ***Bank regelmäßig Anlageberater*** und nicht lediglich reiner Anlagevermittler.[77]

44 Ansonsten bedarf es zur Abgrenzung der Anlageberatung von der Anlagevermittlung einer **Gesamtwürdigung** aller tatsächlichen Umstände. Die Grenzen sind fließend. Ein

---

[70] BGH Urt. v. 19.5.1998 – XI ZR 216/97, BGHZ 139, 36, 38 f. = NJW 1998, 2673 = WM 1998, 1441; BGH Beschl. v. 12.3.1996 – XI ZR 232/96, NJW 1996, 1744 = WM 1996, 906; BGH Urt. v. 28.5.2013 – XI ZR 420/10, juris Rn. 13.

[71] Siehe hierzu Kap. II.

[72] BGH Urt. v. 14.5.1996 – XI ZR 188/95, NJW-RR 1996, 947 = WM 1996, 1214.

[73] BGH Urt. v. 19.5.1998 – XI ZR 286/97, NJW 1998, 2675, 2676 = WM 1998, 1391.

[74] BGH Urt. v. 8.2.1978 – VIII ZR 20/77, BGHZ 70, 356, 360 = NJW 1978, 997 = WM 1978, 306.

[75] BGH Urt. v. 7.10.2008 – XI ZR 89/07, BGHZ 178, 149 Rn. 11 = NJW 2008, 3700 = WM 2008, 2166; BGH Urt. v. 8.4.2014 – XI ZR 341/12, NJW 2014, 2348 Rn. 14 = WM 2014, 1036.

[76] BGH Urt. v. 11.12.2014 – III ZR 365/13, NJW-RR 2015, 732 Rn. 11 = WM 2015, 128.

[77] BGH Urt. v. 8.4.2014 – XI ZR 341/12, NJW 2014, 2348 Rn. 14 = WM 2014, 1036.

Anlagevermittler hat meistens nicht nur ein einziges Objekt im Angebot, während es kaum einen Berater geben dürfte, der für seine Kunden die ganze Palette aller möglichen Anlageformen bereithält. Soweit das Anlageobjekt selbst bzw. die objektgerechte Aufklärung in Frage steht, kann allerdings in vielen Fällen die Frage, ob es der Anleger mit einem Anlagevermittler oder einem Anlageberater zu tun hat, dahinstehen, weil die streitgegenständliche Verletzung einer bestimmten Hinweis- oder Aufklärungspflicht im konkreten Einzelfall Berater und Vermittler gleichermaßen trifft.

(3) Stellung und Aufgaben eines Anlagevermittlers und eines Anlageberaters sind unterschiedlich. Ihre Pflichtenkreise decken sich nicht. Dabei sind Überschneidungen möglich. Der jeweilige Pflichtenumfang kann nicht allgemein bestimmt werden, sondern nur anhand der Besonderheiten des Einzelfalls.[78] Der Berater hat allerdings weitergehende Pflichten.[79] 45

Einen **Anlageberater** wird der Kapitalanleger im Allgemeinen hinzuziehen, wenn er selbst keine ausreichenden wirtschaftlichen Kenntnisse und keinen genügenden Überblick über wirtschaftliche Zusammenhänge hat. Er erwartet dann nicht nur die Mitteilung von Tatsachen, sondern insbesondere deren fachkundige Bewertung und Beurteilung. Häufig wünscht er eine auf seine persönlichen Verhältnisse zugeschnittene Beratung, die er unter Umständen auch besonders honoriert. In einem solchen Vertragsverhältnis hat der Berater regelmäßig weitgehende Pflichten gegenüber dem betreuten Kapitalanleger. Als unabhängiger individueller Berater, dem weitreichendes persönliches Vertrauen entgegengebracht wird, muss er besonders differenziert und fundiert beraten.[80] Der Anlageberater ist somit der Sachwalter der Interessen des Anlegers, steht also, wenn man so sagen will, im Lager des Anlegers. 46

Der **Anlagevermittler**, der für eine bestimmte Kapitalanlage im Interesse des Kapitalsuchenden und auch mit Rücksicht auf die ihm von diesem versprochene Provision den Vertrieb übernommen hat, tritt dem Anlageinteressenten dagegen selbständiger gegenüber. An ihn wendet er sich in der Regel in dem Bewusstsein, dass der werbende und anpreisende Charakter der Aussagen im Vordergrund steht. Der Anlagevermittler steht erkennbar im Lager des Kapitalsuchenden. Der zwischen dem Anlageinteressenten und einem solchen Anlagevermittler zustande gekommene Vertrag zielt lediglich auf Auskunftserteilung ab. Er verpflichtet den Vermittler zu richtiger und vollständiger Information über diejenigen tatsächlichen Umstände, die für den Anlageentschluss des Interessenten von besonderer Bedeutung sind.[81] Eine Bewertung dieser Umstände, die nur im Zusammenhang mit einer individuellen Beratung erbracht werden kann, wird vom Interessenten nicht erwartet und obliegt dem Vermittler nicht. Im Einzelfall kann mit dem Vermittler auch ein Beratungsvertrag zustande kommen (dazu → Rn. 25, 27). 47

Die **Grenzziehung** zwischen Anlageberatung und Anlagevermittlung ist **fließend**. Im Einzelfall kann der Umfang der Sorgfaltspflichten des Vermittlers größer sein. Dies ist insbesondere dann der Fall, wenn der Vermittler als Vertreter oder Sachwalter des Emittenten persönliches Vertrauen in Anspruch nimmt oder auf seine besondere Sachkunde hinweist. Dies zeigt eine Entscheidung des XI. Zivilsenats des BGH aus dem Jahr 1988.[82] Der Vermittler hatte nach dem Vertrag zwar nicht die Sorgfaltspflichten eines unabhängigen individuellen Beraters, dem weitreichendes persönliches Vertrauen entgegengebracht wird 48

[78] BGH Urt. v. 13.5.1993 – III ZR 25/92, NJW-RR 1993, 1114 = WM 1993, 1238.

[79] BGH Beschl. v. 9.3.2011 – XI ZR 191/10, NJW 2011, 3227 Rn. 31 mwN = WM 2011, 925.

[80] BGH Urt. v. 13.5.1993 – III ZR 25/92, NJW-RR 1993, 1114 = WM 1993, 1238.

[81] BGH Urt. v. 13.5.1993 – III ZR 25/92, NJW-RR 1993, 1114 = WM 1993, 1238; BGH Urt. v. 30.10.2014 – III ZR 493/13, NJW-RR 2015, 365 Rn. 23 = WM 2014, 2310.

[82] BGH Urt. v. 27.9.1988 – XI ZR 4/88, NJW-RR 1989, 150 = WM 1988, 1685.

und der deshalb besonders differenziert und fundiert beraten muss. Er trat auch dem Anleger gegenüber als der für „Beratung und Vertrieb" des Projekts zuständige Unternehmer auf und stand damit auf der Anbieterseite. Mit dem Hinweis darauf, dass er als der Vertriebsbeauftragte in besonderer Weise in die Durchführung des Projekts eingebunden sei, ein Hinweis, der insbesondere in dem als Gesprächsgrundlage verwendeten Prospekt in herausgehobener Form enthalten war, nahm er aber in Anspruch, erheblich eingehendere Informationen über das Projekt zu besitzen als üblicherweise ein Anlagevermittler. Darüber hinaus konnte der Anleger von dem Vermittler vertragsgemäß auch deshalb besondere Sorgfalt erwarten, weil für die Beratungs- und Vermittlungstätigkeit eine nicht unerhebliche „Beratungsgebühr" vereinbart war.

49 **(4) Bankauskunft.** Ein Auskunftsvertrag kann auch ausdrücklich oder stillschweigend mit einer Bank zustande kommen. Nach der Rechtsprechung des BGH kann ein Kreditinstitut, das einem Kunden durch Ausstellung einer unrichtigen Bescheinigung die Möglichkeit eröffnet, Dritte durch bestimmungsgemäße Vorlage der Bescheinigung zu einer Vermögensdisposition zu veranlassen, wegen schuldhafter Erteilung einer falschen Auskunft auf Schadensersatz haften. Zwischen dem Kreditinstitut und dem Dritten kommt mit der Vorlage einer solchen Bescheinigung ein Auskunftsvertrag zustande, wenn die dem Kunden zur Verfügung gestellte Bescheinigung für den Dritten bestimmt und der Bank bewusst ist, dass sie für ihn von erheblicher Bedeutung sein und er sie unter Umständen zur Grundlage wesentlicher Vermögensverfügungen machen werde.[83]

50 Mit der Auskunft kann sich die Bank auch an eine **Mehrzahl von Dritten** wenden. Zwar kann nach der Rechtsprechung des BGH bei Auskünften grundsätzlich nicht angenommen werden, dass sich eine Bank damit einer unbestimmten, unübersehbaren Vielzahl von Personen verpflichten will („Auskunft an den, den es angeht").[84] Anders ist dies aber, wenn sich die Bank mit der Auskunft an noch unbekannte Personen wendet, die von ihrem Interesse her **bestimmbar** sind und einen überschaubaren Personenkreis darstellen.[85] Der Auskunftsvertrag kommt dann zwischen der Bank und dem einzelnen Dritten zustande.

51 Eine Bankauskunft kann nach allgemeinen Grundsätzen auch Inhalt eines Auskunftsvertrags mit **Schutzwirkung für Dritte** sein (§ 328 BGB analog), wobei auch insoweit die Bestimmbarkeit der Dritten ein maßgebliches Kriterium ist.

52 War allerdings eine Bankauskunft von keinem der Gesprächspartner gewollt, so entfaltet der Inhalt der Gespräche – auch bei einer Weitergabe an Dritte – mangels **Rechtsbindungswillen** keine rechtsgeschäftlichen Wirkungen. Die Annahme eines Auskunftsvertrags mit dem, den es angeht, setzt voraus, dass wenigstens im Verhältnis zu diesem Dritten die Grundlagen für eine vertragliche oder vertragsähnliche Bindung gegeben sind, insbesondere also nach dem Willen der Gesprächspartner der Inhalt der Antwort die Grundlage für wesentliche Vermögensdispositionen desjenigen bilden soll, für den die Auskunft bestimmt ist.[86]

53 Nach diesen Maßgaben kommt ein Auskunftsvertrag zwischen Bank und Anlegern zB dadurch zustande, dass die Bank gegenüber dem Geschäftsführer eines Immobilienfonds deren **Bonität** ua mit der Formulierung *„Seine uns bekannten Vermögensverhältnisse sind wohlgeordnet. Eine Geschäftsverbindung kann sowohl mit Herrn G. persönlich als auch mit seiner Firma empfohlen werden."* bestätigt und dieses Schreiben in einem Emissionsprospekt abge-

[83] BGH Urt. v. 12.2.1979 – II ZR 177/77, NJW 1979, 1595, 1597 = WM 1979, 548; BGH Urt. v. 5.12.2000 – XI ZR 340/99, NJW-RR 2001, 768 = WM 2001, 134.

[84] BGH Urt. v. 12.2.1979 – II ZR 177/77, NJW 1979, 1595, 1597 = WM 1979, 548.

[85] BGH Urt. v. 12.2.1979 – II ZR 177/77, NJW 1979, 1595, 1597 = WM 1979, 548.

[86] BGH Urt. v. 16.10.1990 – XI ZR 165/88, NJW 1991, 352 = WM 1990, 1990.

druckt wird.[87] Eine Haftung der Bank ist auch nicht deshalb zu verneinen, weil das Schreiben die Klausel *„ohne unser Obligo"* enthält und gegen den Willen der Bank in den Werbeprospekt eingefügt worden war.[88]

Eine vertragliche Haftung der Bank wegen einer fehlerhaften Auskunft kommt auch in Betracht, wenn sie die Auskunft bewusst und gewollt zu dem Zweck verfasst und durch einen Finanzmakler in den Verkehr bringt, dass sie den als Darlehensgebern für ein Bauprojekt (hier: Luxushotel) in Betracht kommenden Personenkreis privater Geldanleger und damit einem **bestimmt umgrenzten Personenkreis** vorgelegt wird.[89] Die Auskunft war in dem konkreten Fall inhaltlich fehlerhaft, weil sie durch den Hinweis auf zwei Sanatorien des Bauträgers den Eindruck erweckte, als stünden diese als zusätzliche Haftungsgrundlage zur Verfügung, obwohl die Grundstücke tatsächlich bis an die Grenze des Möglichen dinglich belastet gewesen waren, und weil auch der Hinweis falsch war, die Bank gewähre dem Bauträger größere Kredite auf gedeckter Basis, obwohl sie den Kredit im Zeitpunkt der Auskunftsvorlage bereits gekündigt hatte.[90] Der Rechtsbindungswille der Bank gegenüber einem noch unbekannten, aber bestimmt umgrenzten Personenkreis war vorliegend auch deshalb zu bejahen, weil die Bank ein eigenes Interesse an der Behebung der Zahlungsschwierigkeiten des Bauträgers hatte.[91] 54

Ein Auskunftsvertrag mit der finanzierenden Bank kann auch zu der Frage zustande kommen, ob die **Sozialbindung** des erworbenen Hauses, dessen Bau mit öffentlichen Mitteln im Sinne des Wohnungsbindungsgesetzes gefördert worden war, fortdauert und den Erwerber im Falle der Eigennutzung einer Wohnung einer Fehlbelegungsabgabe aussetzt.[92] Im Falle einer Haftung der Bank ist hier allerdings zu beachten, dass der Haftungsumfang durch den Schutzzweck der verletzten Pflicht begrenzt wird. Dies bedeutet hier, dass die Bank den Darlehensnehmer nur von den nachteiligen Folgen einer fortdauernden Sozialbindung des Hauses freizustellen hat. Denn die erteilte Auskunft bezweckte nach den Umständen lediglich, dem Erwerber die Gewissheit zu verschaffen, insoweit keinen Beeinträchtigungen mehr ausgesetzt zu sein.[93] 55

Eine **Bankauskunft ist korrekt**, wenn sie dem tatsächlichen Informationsstand der Bank entspricht und das vorhandene Wissen bei der Formulierung der Auskunft zutreffend umgesetzt worden ist. Eine ins Einzelne gehende Angabe der zur Verfügung stehenden und berücksichtigten Informationsquellen ist nicht erforderlich.[94] 56

Der gesetzlichen Regelung in **§ 675 Abs. 2 BGB**, wonach die Erteilung eines Rats oder einer Empfehlung generell keine Verpflichtung zum Schadensersatz auslöst, kommt im Rahmen der Kapitalanlageberatung oder im Rahmen einer Bankauskunft keine praktische Bedeutung zu. Sie gilt nach ihrem eindeutigen Wortlaut („unbeschadet der sich aus einem Vertragsverhältnis, einer unerlaubten Handlung oder einer sonstigen gesetzlichen Bestimmung ergebenden Verantwortlichkeit") nur für Gefälligkeitsempfehlungen. 57

---

[87] BGH Urt. v. 5.12.2000 – XI ZR 340/99, NJW-RR 2001, 768 = WM 2001, 134.
[88] BGH Urt. v. 5.12.2000 – XI ZR 340/99, NJW-RR 2001, 768 = WM 2001, 134.
[89] BGH Urt. v. 12.2.1979 – II ZR 177/77, NJW 1979, 1595 = WM 1979, 548.
[90] BGH Urt. v. 12.2.1979 – II ZR 177/77, NJW 1979, 1595, 1596 = WM 1979, 548.
[91] BGH Urt. v. 12.2.1979 – II ZR 177/77, NJW 1979, 1595, 1596 = WM 1979, 548.
[92] Vgl. BGH Urt. v. 3.12.1991 – XI ZR 300/90, BGHZ 116, 209, 211 = NJW 1992, 555 = WM 1992, 133.
[93] BGH Urt. v. 3.12.1991 – XI ZR 300/90, BGHZ 116, 209, 214 = NJW 1992, 555 = WM 1992, 133.
[94] BGH Urt. v. 5.12.2000 – XI ZR 340/99, NJW-RR 2001, 768 = WM 2001, 134.

ee) Vermögensverwaltungsvertrag

58 Der Vermögensverwaltungsvertrag ist ein entgeltlicher Dienstvertrag in Form eines Geschäftsbesorgungsvertrages. Der Vermögensverwalter ist verpflichtet, das Vermögen seines Kunden in dessen Interesse zu verwalten. Er darf ohne Einholung von Weisungen im Einzelfall fortlaufend über das Vermögen des Kunden disponieren und selbständig Anlageentscheidungen treffen.[95] Ob der Verwalter dabei freies Ermessen genießt oder nicht, richtet sich danach, ob die Parteien Anlagerichtlinien vereinbart haben. Sind Anlagerichtlinien vereinbart, muss er sich in deren Rahmen halten. Denn Anlagerichtlinien haben üblicherweise den Sinn, den Ermessensspielraum des Vermögensverwalters einzuschränken und ihn bei seiner Tätigkeit an die Vorgaben des Kunden zu binden.[96] Der Vermögensverwalter hat sich um eine optimale Umsetzung der durch die Richtlinien vorgegebenen Ziele zu bemühen und eine produktive Vermögensverwaltung zu betreiben.[97] Im Gegensatz dazu erteilt der Anlageberater seinem Kunden ohne eigene Dispositionsbefugnis Ratschläge, aufgrund dessen der Anleger eine eigene Anlageentscheidung trifft, deren Ausführung er auch selbst – wenn im Regelfall auch über den Berater – in Auftrag gibt.

ff) Finanzierungsberatungsvertrag

59 Für die Abgrenzung des Kapitalanlageberatungsvertrags vom Finanzierungsberatungsvertrag ist entscheidend, ob das Produkt nach der gebotenen wirtschaftlichen Betrachtung der Anlage von Kapital dient (dann Kapitalanlageberatung) oder ausschließlich Teil eines Finanzierungskonzepts ist, auf das sich die Beratung der Bank bezieht (dann bloße Finanzierungsberatung).[98] Letzteres ist zB bei der Vermittlung einer Lebensversicherung zur Abdeckung des Todesfallrisikos im Rahmen einer Kreditvergabe der Fall. Dem steht auch nicht entgegen, dass die Versicherung des Todesfallrisikos für den Darlehensnehmer im Rahmen der Kreditaufnahme nur von untergeordneter Bedeutung ist. Entscheidend ist, dass die Lebensversicherung nicht der Anlage von Kapital dient.[99] Bei Annahme eines Finanzierungsberatungsvertrags bestehen zwar auch bestimmte Beratungspflichten. Insoweit können aber die Beratungspflichten des Kapitalanlageberaters nicht (ohne weiteres) übertragen werden. So ist der Finanzierungsberater zB nicht zur Aufklärung über ihm für die Vermittlung einer Lebensversicherung zufließende Provision verpflichtet.[100] Denn insoweit ist der Provisionsanspruch des Finanzierungsberaters als Versicherungsvermittler gegen den Versicherer offensichtlich und daher nicht aufklärungsbedürftig.[101] Eine solche Aufklärungspflicht besteht daher auch nicht für eine beratende Bank.[102]

---

[95] BGH Urt. v. 28.10.1997 – XI ZR 260/96, BGHZ 137, 69, 73 = NJW 1998, 449 = WM 1998, 21; BGH Urt. v. 23.10.2007 – XI ZR 423/06, NJW-RR 2008, 1269 Rn. 17 = WM 2008, 112.

[96] BGH Urt. v. 28.10.1997 – XI ZR 260/96, BGHZ 137, 69, 73 = NJW 1998, 449 = WM 1998, 21; BGH Urt. v. 23.10.2007 – XI ZR 423/06, NJW-RR 2008, 1269 Rn. 17 = WM 2008, 112.

[97] BGH Urt. v. 23.10.2007 – XI ZR 423/06, NJW-RR 2008, 1269 Rn. 17 = WM 2008, 112; zur Schadensberechnung bei Missachtung der vertraglich vereinbarten Anlagestrategie vgl. BGH Urt. v. 2.5.2002 – III ZR 100/01, NJW 2002, 2556 = WM 2002, 1177.

[98] BGH Urt. v. 1.7.2014 – XI ZR 247/12, NJW 2014, 3360 Rn. 23 = WM 2014, 1621.

[99] BGH Urt. v. 1.7.2014 – XI ZR 247/12, NJW 2014, 3360 Rn. 23 = WM 2014, 1621.

[100] BGH Urt. v. 1.7.2014 – XI ZR 247/12, NJW 2014, 3360 Rn. 20 = WM 2014, 1621.

[101] BGH Urt. v. 1.7.2014 – XI ZR 247/12, NJW 2014, 3360 Rn. 30 mwN = WM 2014, 1621; siehe dazu auch BGH Urt. v. 14.1.2015 – IV ZR 435/14, Rn. 10 und Urt. v. 23.9.2015 – IV ZR 496/14, r+s 2015, 538 Rn. 15.

[102] BGH Urt. v. 1.7.2014 – XI ZR 247/12, NJW 2014, 3360 Rn. 20 ff. = WM 2014, 1621.

gg) Depotvertrag

Aus einem zwischen der Bank und dem Kunden geschlossenen Depotvertrag folgt keine Verpflichtung der Bank zu einer vollumfänglichen Betreuung und laufenden Beratung.[103] Vielmehr bestehen insoweit lediglich Informationspflichten der Bank nach den Allgemeinen Geschäftsbedingungen „Sonderbedingungen für Wertpapiergeschäfte“. 60

hh) Kapitalbetreuungsvertrag

Bei einem Kapitalbetreuungsvertrag trifft den Betreuer die Verpflichtung, seinem Kunden Daten und **Informationen** von Anlagen (zB aus Termingeschäften) zu übermitteln. Dies muss sich – je nach Vertragsgestaltung – nicht auf die Unterrichtung über die Entwicklung der bereits getätigten Anlagen beschränken, sondern kann auch eine Aufklärung über die wirtschaftlichen Zusammenhänge und Risiken der Geschäfte beinhalten.[104] Die Grenzen zum Beratungsvertrag sind dann fließend. 61

Aus einem solchen Vertrag können sich **fortlaufende Aufklärungs- und Beratungspflichten** ergeben. Dies kann etwa der Fall sein, wenn es sich um die Anlage von Termingeldern für jeweils einen Monat handelt und der Vertrag nicht befristet ist. Eine solche Informationspflicht hat zum Inhalt, dass dem Kunden alle diejenigen Informationen geliefert werden müssen, die für die jeweilige Anlageentscheidung wesentliche Bedeutung haben oder haben können. Diese Informationen müssen wahrheitsgemäß und sorgfältig, insbesondere vollständig erteilt werden. Dabei handelt es sich aber nur um die Mitteilung von Tatsachen, grundsätzlich nicht um deren Wertung und Auswertung. Allerdings kann im Einzelfall die Informationspflicht auch dahin gehen, dem Kunden, der das nicht übersieht, die Bedeutung einzelner Fakten zu erläutern, damit der Kunde in die Lage versetzt wird, seine Anlageentscheidung zu treffen.[105] 62

ii) Familiäre Beratung

Die für die professionelle Anlageberatung geltenden Grundsätze sind nicht ohne weiteres und umfassend anwendbar, wenn es jemand innerhalb seines (erweiterten) Familienkreises auf Wunsch eines anderen gegen Gewinnbeteiligung übernimmt, einen größeren Geldbetrag in Aktien anzulegen. Dies ist zB dann anzunehmen, wenn der „Berater” zwar eine Banklehre abgeschlossen hat, er aber nicht im Bankgeschäft – weder gewerblich noch als Angestellter, geschweige denn als professioneller Vermögensverwalter, Anlageberater oder Anlagevermittler – tätig ist. Dies gilt auch dann, wenn der Anleger (zB die eigene Mutter) sich „als in Finanz- und Börsenfragen völlig unbedarft” bezeichnet.[106] In einem solchen Fall trifft das beratende Familienmitglied keine rechtliche Verpflichtung, etwa wie eine Bank das andere Familienmitglied näher nach seinen Vermögensverhältnissen, seinen Anlagezielen und seiner Risikobereitschaft zu befragen oder ihm sogar vom Erwerb von Aktien abzuraten. Dies gilt jedenfalls, solange nur Aktiengeschäfte in einem konservativen Rahmen beabsichtigt sind, also nicht für den Ankauf von hochspekulativen oder mit besonderen Risiken verbundenen Papieren. Insoweit genügt der Hinweis, dass Aktiengeschäfte auch zu Verlusten führen können.[107] 63

---

[103] BGH Urt. v. 23.11.2004 – XI ZR 137/03, NJW 2005, 1113, 1114 = WM 2005, 270.
[104] BGH Urt. v. 30.3.2004 – XI ZR 488/02, NJW-RR 2004, 1420 f. = WM 2004, 1132.
[105] BGH Urt. v. 4.2.1987 – IVa ZR 134/85, NJW-RR 1987, 936 f. = WM 1987, 531.
[106] BGH Urt. v. 19.4.2007 – III ZR 75/06, NJW-RR 2007, 1271 Rn. 11 ff. = WM 2007, 1020.
[107] BGH Urt. v. 19.4.2007 – III ZR 75/06, NJW-RR 2007, 1271 Rn. 12 = WM 2007, 1020.

c) Wesen des Beratungsvertrags

64 Der Anlageberatungsvertrag stellt **kein Dauerschuldverhältnis** dar. Er ist auf eine konkrete Anlageentscheidung bezogen. Mit der vollständigen und korrekten Erfüllung der diese Anlageentscheidung betreffenden Beratungspflichten sind die Leistungspflichten des Beraters erfüllt.[108] Fortdauernde Überwachungs- und Beratungspflichten folgen aus einem solchen Beratungsvertrag nicht.[109] Der **Vertrag endet** also in der Regel nach Durchführung der Beratung. Diese kann sich allerdings über mehrere Beratungsgespräche erstrecken, die bei natürlicher Betrachtungsweise einen einheitlichen Lebensvorgang darstellen, so dass nur ein (einheitlicher) Beratungsvertrag vorliegt.[110] Davon zu unterscheiden ist der Fall, dass zu unterschiedlichen Zeitpunkten jeweils selbständige Beratungsverträge geschlossen werden, wobei sich diese – sei es im Wege des Erwerbs weiterer Anteile, sei es im Wege einer Halteempfehlung des bereits erworbenen Produkts – auch auf dasselbe Anlageprodukt beziehen können.[111] Diese Unterscheidung ist wichtig für die Fragen des Verjährungsbeginns und des Umfangs der Rechtskraft einer gerichtlichen Entscheidung (dazu → Rn. 856 ff.). Nur ausnahmsweise kann ein Berater nach Beendigung des Beratungsvertrags nach Treu und Glauben (§ 242 BGB) verpflichtet sein, die nachträglich als fehlerhaft erkannte Information zu berichtigen.[112]

65 Die Beratung kann sich auf **Kauf**, **Halten** oder **Verkauf** einer Kapitalanlage beziehen. Aufgrund dessen können in Bezug auf dieselbe Anlage zu verschiedenen Zeitpunkten jeweils gesonderte Beratungsverträge zustande gekommen, dh zunächst anlässlich des Erwerbs der Anlage, dann im Rahmen einer Halteempfehlung und schließlich bei einer Verkaufsempfehlung.[113] Dies bedeutet aber nicht, dass dem Anlageberater über die Anlage- oder Halteentscheidung des Anlegers hinaus fortdauernde Überwachungs- oder Beratungspflichten in Bezug auf das erworbene Wertpapier obliegen würden.[114] Dies ist nicht der Fall. So ist eine Bank grundsätzlich nicht verpflichtet, einen Wertpapierkunden mit einem international ausgerichteten Depot bei einer internationalen politischen Krise vor möglicherweise bevorstehenden Kursrückgängen zu warnen.[115]

66 Davon zu unterscheiden ist ein **Dauerberatungsvertrag**. Dieser erlaubt es dem Kunden, Beratungspflichten wiederholt auf derselben vertraglichen Grundlage abzurufen. Ein Dauerberatungsvertrag kommt – anders als der Einzelberatungsvertrag – nicht stillschweigend zustande; er muss ausdrücklich geschlossen werden.[116]

---

[108] BGH Urt. v. 8.3.2005 – XI ZR 170/04, BGHZ 162, 306, 311 = NJW 2005, 1579 = WM 2005, 929; BGH Urt. v. 28.4.2015 – XI ZR 378/13, BGHZ 205, 117 Rn. 23 = NJW 2015, 2248 = WM 2015, 1273.

[109] BGH Urt. v. 28.4.2015 – XI ZR 378/13, BGHZ 205, 117 Rn. 23 = NJW 2015, 2248 = WM 2015, 1273.

[110] Vgl. BGH Urt. v. 22.10.2013 – XI ZR 42/12, BGHZ 198, 294 Rn. 17 = NJW 2014, 314 = WM 2013, 2216.

[111] Vgl. BGH Urt. v. 21.3.2006 – XI ZR 63/05, NJW 2006, 2041 Rn. 10 = WM 2006, 851; BGH Urt. v. 24.3.2015 – XI ZR 278/14, NJW-RR 2015, 1076 Rn. 26 = WM 2015, 1181; BGH Urt. v. 15.10.2013 – XI ZR 51/11, Rn. 21.

[112] MüKoHGB/*Nobbe/Zahrte*, Anlageberatung Rn. 288; allgemein: Palandt/*Grüneberg*, § 242 Rn. 29 und § 280 Rn. 7 jew. mwN.

[113] BGH Urt. v. 21.3.2006 – XI ZR 63/05, NJW 2006, 2041 Rn. 10 = WM 2006, 851; BGH Urt. v. 15.10.2013 – XI ZR 51/11, juris Rn. 21, 26.

[114] BGH Urt. v. 21.3.2006 – XI ZR 63/05, NJW 2006, 2041 Rn. 9 = WM 2006, 851.

[115] Vgl. OLG München WM 1994, 236; OLG Frankfurt/Main, WM 1994, 234.

[116] BGH Urt. v. 28.4.2015 – XI ZR 378/13, BGHZ 205, 117 Rn. 24 = NJW 2015, 2248 = WM 2015, 1273.

d) Rahmenvertrag

Berater und Kunde schließen zu Beginn ihrer Vertragsbeziehungen häufig einen Rahmenvertrag, wie zB einen Rahmenvertrag für Finanztermingeschäfte. Durch den Rahmenvertrag werden Beratungspflichten als Leistungspflichten in der Regel nicht begründet. Die Annahme einer (typisierten) Beratungspflicht als Nebenpflicht des Rahmenvertrags widerspräche dem Willen der vertragschließenden Parteien. So zieht etwa der von den Spitzenverbänden des Kreditgewerbes entwickelte Rahmenvertrag für Finanztermingeschäfte Bedingungen für solche Geschäfte, deren künftigen Abschluss die Vertragsparteien des Rahmenvertrags in Aussicht nehmen, insoweit „vor die Klammer", als sie als Standard für sämtliche Finanztermingeschäfte gelten sollen. Er verlagert dadurch die Einigung über den Inhalt von Finanztermingeschäften in bestimmtem Umfang vor. Zu einer Beratung verpflichtet er dagegen nicht. Das hängt wesentlich mit dem Umstand zusammen, dass der Rahmenvertrag für einen Markt entwickelt wurde, bei dem sich Parteien hoher Bonität – international tätige Kreditinstitute und Unternehmen – gegenüberstehen. In einem solchen Verhältnis besteht kein Bedürfnis nach Beratung. Entsprechend verhält sich der Rahmenvertrag nicht zu den Vorgaben einer anleger- oder objektgerechten Beratung durch den Verwender, so dass er nicht Grundlage eines Schadenersatzanspruchs wegen der Verletzung entsprechender Pflichten sein kann.[117] 67

e) Haftung für Dritte

aa) Erfüllungsgehilfe

Bedient sich eine Anlageberatungsgesellschaft bei der Erfüllung ihrer Aufklärungs- und Beratungspflichten eines Dritten als ihres Erfüllungsgehilfen (zB angestellter Mitarbeiter, aber auch selbständiger Handelsvertreter), hat sie gemäß **§ 278 BGB** dessen Verschulden in gleichem Umfang zu vertreten wie eigenes Verschulden. Dies setzt allerdings voraus, dass das Handeln des Dritten aus Sicht des Anlegers noch im Bereich des diesem von der Anlageberatungsgesellschaft übertragenen Aufgabenbereichs gelegen hat.[118] Dies kann zu verneinen sein, wenn zwar das von dem Dritten empfohlene Anlagemodell noch im Bereich seines Aufgabenbereichs lag, nicht aber – für den Anleger erkennbar – die von ihm unterzeichneten Anlageverträge.[119] 68

Die Einstandspflicht des Geschäftsherrn für **eigenmächtiges Verhalten seines Gehilfen** ist dann zu verneinen, wenn dessen Verfehlung sich von dem ihm übertragenen Aufgabenbereich so weit entfernt, dass aus der Sicht eines Außenstehenden ein innerer Zusammenhang zwischen dem Handeln der Hilfsperson und dem allgemeinen Rahmen der ihr übertragenen Aufgaben nicht mehr zu erkennen ist. Dies ist etwa der Fall, wenn der Gehilfe rein zufällig mit den Rechtsgütern des Geschädigten in einer Weise in Berührung gekommen ist, die ihm lediglich die Gelegenheit bot, wie ein deliktisch handelnder Dritter eine von den ihm übertragenen Aufgaben völlig losgelöste unerlaubte Handlung zu begehen. Ein allgemeiner Rechtssatz mit dem Inhalt, ein Geschäftsherr müsse sich strafbare Handlungen, die Hilfspersonen zu seinem Nachteil begehen, nicht nach § 278 BGB zurechnen lassen, besteht indes nicht. Voraussetzung für die Anwendung des § 278 Satz 1 BGB ist ein unmittelbarer sachlicher Zusammenhang zwischen dem schuldhaften 69

[117] BGH Urt. v. 28.4.2015 – XI ZR 378/13, BGHZ 205, 117 Rn. 27 = NJW 2015, 2248 = WM 2015, 1273.

[118] BGH Urt. v. 11.7.2013 – III ZR 31/12, NJW-RR 2013, 1513 Rn. 13; BGH Urt. v. 5.4.2017 - IV ZR 437/15, WM 2017, 846 Rn. 23.

[119] Vgl. BGH Urt. v. 11.7.2013 – III ZR 31/12, NJW-RR 2013, 1513 Rn. 14.

Verhalten der Hilfsperson und den Aufgaben, die ihr im Hinblick auf die Vertragserfüllung zugewiesen waren. In diesem Rahmen hat der Geschäftsherr auch für strafbares Verhalten seiner Hilfsperson zu haften. Das gilt selbst dann, wenn diese seinen Weisungen oder Interessen vorsätzlich zuwiderhandelt, um eigene Vorteile zu erzielen.[120] Dies kann etwa der Fall sein, wenn der Gehilfe (Untervermittler, selbständiger Handelsvertreter) die Kundendaten zum Zwecke der weiteren Beratung des Kunden erhält und er dadurch die Möglichkeit hat, Vermögensanlagen des Kunden aufzulösen und die freiwerdenden Gelder, statt sie für eine empfohlene Umschichtung zu verwenden, auf ein eigenes Konto umleitet.[121]

bb) Repräsentantenhaftung

70 Eine Haftung für einen Dritten kann auch unter dem Gesichtspunkt der Repräsentantenhaftung analog §§ 30, 31 BGB in Betracht kommen. Nach § 31 BGB ist die juristische Person für den Schaden verantwortlich, den ein Organ oder ein anderer verfassungsmäßig berufener Vertreter durch eine in Ausführung der ihm zustehenden Verrichtungen begangene, zum Schadensersatz verpflichtende Handlung einem Dritten zufügt. Über den Wortlaut der §§ 30, 31 BGB hinaus hat die Rechtsprechung eine Repräsentantenhaftung für solche Personen entwickelt, denen durch die allgemeine Betriebsregelung und Handhabung bedeutsame, wesensmäßige Funktionen der juristischen Person zur selbständigen, eigenverantwortlichen Erfüllung zugewiesen sind, so dass sie die juristische Person im Rechtsverkehr repräsentieren. Da es der juristischen Person nicht freisteht, selbst darüber zu entscheiden, für wen sie ohne Entlastungsmöglichkeit haften will, kommt es nicht entscheidend auf die Frage an, ob die Stellung des „Vertreters" in der Satzung der Körperschaft vorgesehen ist oder ob er über eine entsprechende rechtsgeschäftliche Vertretungsmacht verfügt. Entscheidend ist bei selbständigen ***Handelsvertretern*** vor allem, ob der Vertreter Abschlussvollmachten und Inkassobefugnisse besitzt oder sonst eine in der Hierarchie des Unternehmens herausgehobene Position als Führungskraft innehat.[122] Kein Repräsentant in diesem Sinne ist ein Regionalgeschäftsstellenleiter, der sich in der Hierarchie der Anlageberatungsgesellschaft erst auf der zweiten von sieben „Vermögensberater-Stufen" befindet.[123]

71 Neben der Repräsentantenstellung des Dritten erfordert die Haftung der juristischen Person, dass der Schaden durch eine Handlung des Dritten verursacht worden ist, die **„in Ausführung der ihm zustehenden Verrichtungen"** erfolgt ist. In Ausführung der zustehenden Verrichtungen geschieht eine Handlung, die noch in den Kreis der Maßnahmen fällt, welche die Ausführung der dem Vertreter zustehenden Verrichtungen darstellen. Es muss ein enger objektiver Zusammenhang mit diesen Maßnahmen bestehen. Auch eine vorsätzliche Überschreitung des Auftrags oder ein Missbrauch der Vollmacht schließen die Haftung nicht aus, solange der Handelnde sich aus Sicht des Außenstehenden nicht so weit von seinem Aufgabenkreis entfernt, dass der allgemeine Rahmen der ihm übertragenen Obliegenheiten überschritten erscheint.[124]

---

[120] BGH Urt. v. 15.3.2012 – III ZR 148/11, NZG 2012, 631 Rn. 19 = WM 2012, 837.

[121] BGH Urt. v. 15.3.2012 – III ZR 148/11, NZG 2012, 631 Rn. 20 = WM 2012, 837.

[122] BGH Urt. v. 14.3.2013 – III ZR 296/11, BGHZ 196, 340 Rn. 12 = NJW 2013, 3366 = WM 2013, 692.

[123] BGH Urt. v. 14.3.2013 – III ZR 296/11, BGHZ 196, 340 Rn. 14 = NJW 2013, 3366 = WM 2013, 692.

[124] BGH Urt. v. 14.3.2013 – III ZR 296/11, BGHZ 196, 340 Rn. 17 = NJW 2013, 3366 = WM 2013, 692.

Eine Repräsentantenhaftung eines Vermögensberatungs- oder Kapitalanlagevermittlungsunternehmens wird daher nicht begründet, wenn ein **selbständiger Handelsvertreter** beim Abschluss von Anlageverträgen im eigenen Namen und mit eigener Haftung handelt. Dann liegt ein Eigengeschäft des Handelsvertreters vor, das keinen inneren Zusammenhang mit dem allgemeinen Rahmen der ihm übertragenen Geschäfte mehr erkennen lässt. Es erfolgt nur bei Gelegenheit, nicht aber in Ausführung der ihm zustehenden Verrichtungen und begründet kein schützenswertes Vertrauen des Geschädigten in ein Handeln des Handelsvertreters als Repräsentant der Anlageberatungsgesellschaft.[125] Vielmehr kommt in solchen Fällen nach dem Rechtsgedanken des § 164 Abs. 2 BGB eine eigene Haftung des Repräsentanten für die von ihm im eigenen Namen erbrachten Beratungsleistungen in Betracht.[126] 72

cc) Auswahl- oder Überwachungsverschulden

Scheidet eine Haftung für den Dritten nach § 278 BGB oder analog §§ 30, 31 BGB aus, kommt noch eine Haftung der beratenden Bank wegen Verschuldens bei Vertragsverhandlungen aus § 311 Abs. 2 BGB in Betracht. 73

Zwischen Anlageberatungsgesellschaft (Bank) und Anleger entsteht ein **vorvertragliches Schuldverhältnis** bereits durch die Anbahnung eines Vertrags, bei welcher der eine Teil im Hinblick auf eine etwaige rechtsgeschäftliche Beziehung dem anderen Teil die Möglichkeit zur Einwirkung auf seine Rechte, Rechtsgüter und Interessen gewährt oder ihm diese anvertraut. Hierfür ist es ausreichend, wenn ein potenzieller Kunde zur Anbahnung geschäftlicher Kontakte das Geschäftslokal eines Unternehmens aufsucht. Dazu kann es genügen, dass der Dritte seine Tätigkeit im Einverständnis mit der Anlageberatungsgesellschaft nach außen durch Werbemaßnahmen, Beschilderungen, Briefpapier und Visitenkarten beworben hat.[127] 74

Ist ein solches (vorvertragliches) Schuldverhältnis zwischen Anlageberatungsgesellschaft und Anleger zustande gekommen, ist die Anlageberatungsgesellschaft zur Rücksicht auf die Rechte, Rechtsgüter und Interessen des Anlegers verpflichtet (§ 241 Abs. 2 BGB). Dies beinhaltet etwa auch, dass eine Anlageberatungsgesellschaft nur solche Handelsvertreter mit der Vermittlung von Anlageverträgen betrauen darf, von deren Zuverlässigkeit sie sich auf der Grundlage eines **polizeilichen Führungszeugnisses** überzeugt hat.[128] Denn die Anlagevermittlung und -beratung ist ein Bereich, der – im Hinblick auf das Vermögen der Anleger – ein erhöhtes Gefahrenpotenzial aufweist. Die Kunden des Anlageberaters sind angesichts des häufig zwischen ihnen und dem Anlageberater bestehenden großen Kompetenz- und Informationsgefälles in besonderem Maße auf die Seriosität der Beratung und die persönliche Zuverlässigkeit des Beraters angewiesen. Zugleich legen sie im Vertrauen hierauf nicht selten einen erheblichen Teil ihres Vermögens „in die Hände" des Beraters, indem sie seinem Rat folgen. Die damit gegebene besondere Vertrauensempfindlichkeit der Anlageberatung erfordert daher neben der notwendigen Sachkunde auch die Zuverlässigkeit und Integrität der hiermit betrauten Person.[129] 75

---

[125] BGH Urt. v. 14.3.2013 – III ZR 296/11, BGHZ 196, 340 Rn. 18 = NJW 2013, 3366 = WM 2013, 692.

[126] BGH Urt. v. 23.9.1999 – III ZR 214/98, NJW-RR 2000, 51, 52 = WM 1999, 2249.

[127] BGH Urt. v. 14.3.2013 – III ZR 296/11, BGHZ 196, 340 Rn. 21 = NJW 2013, 3366 = WM 2013, 692.

[128] BGH Urt. v. 14.3.2013 – III ZR 296/11, BGHZ 196, 340 Rn. 24 = NJW 2013, 3366 = WM 2013, 692.

[129] BGH Urt. v. 14.3.2013 – III ZR 296/11, BGHZ 196, 340 Rn. 27 = NJW 2013, 3366 = WM 2013, 692.

76 Die Schutzwirkung einer Pflicht zur Einholung eines polizeilichen Führungszeugnisses betreffend einen für die Vermögensberatung auszuwählenden Handelsvertreter und – daraus folgend – zur Ablehnung des vorbestraften Bewerbers besteht **zeitlich nicht unbegrenzt**. Anleger, die sich lange Zeit nach Begehung der Straftaten und Begründung des Handelsvertreterverhältnisses in dem Geschäftslokal der Beratungsgesellschaft in eine Vertragsanbahnungssituation begeben, sind nicht mehr von dem Schutzbereich der vorgenannten Pflicht umfasst.[130] Die Dauer der Schutzwirkung einer solchen Pflicht bestimmt sich nach den Umständen des Einzelfalls; sie endet spätestens mit Ablauf der Tilgungsfristen nach Maßgabe des Bundeszentralregistergesetzes.[131]

dd) Verrichtungsgehilfe

77 Schließlich kann auch eine Haftung der Anlageberatungsgesellschaft für den Dritten nach §§ 823, 831 BGB in Betracht kommen, wenn der Dritte Verrichtungsgehilfe der Anlageberatungsgesellschaft ist. Dies ist bei Handelsvertretern in der Regel zu verneinen. ***Handelsvertreter*** sind grundsätzlich selbständige Gewerbetreibende (§ 84 HGB) und nicht Verrichtungsgehilfen des Unternehmers, für den sie tätig werden. Die Eigenschaft eines Verrichtungsgehilfen kommt für sie nur ausnahmsweise in Betracht, wenn sie bei Ausübung der Tätigkeiten weisungsgebunden und von dem Unternehmer abhängig sind. Nicht ausreichend ist hingegen eine „gewisse" Abhängigkeit des Handelsvertreters vom Unternehmer.[132]

3. Inhalt der Beratung

78 Mit Abschluss des Beratungsvertrags übernimmt der Anlageberater die Verpflichtung, dem Kunden eine nach dessen persönlichen und wirtschaftlichen Verhältnissen geeignete Vermögensanlage zu empfehlen. Die grundlegende Entscheidung des BGH zu Inhalt und Umfang der Beratungspflichten einer Bank ist nach wie vor das sog. **Bond-Urteil**[133] aus dem Jahr 1993, dessen Grundaussagen der BGH bis heute in Bezug nimmt.[134]

79 Danach ist die beratende Bank zur **anleger- und objektgerechten Beratung** des Kapitalanlegers verpflichtet.[135] Inhalt und Umfang der Beratungspflichten hängen dabei von den Umständen des Einzelfalls ab. Maßgeblich sind einerseits der Wissensstand, die Risikobereitschaft und das Anlageziel des Kunden und andererseits die allgemeinen Risiken, wie etwa die Konjunkturlage und die Entwicklung des Kapitalmarktes, sowie die speziellen Risiken, die sich aus den Besonderheiten des Anlageobjekts erge-

[130] BGH Urt. v. 14.3.2013 – III ZR 296/11, BGHZ 196, 340 Rn. 34 = NJW 2013, 3366 = WM 2013, 692.

[131] BGH Urt. v. 14.3.2013 – III ZR 296/11, BGHZ 196, 340 Rn. 35 ff. = NJW 2013, 3366 = WM 2013, 692.

[132] BGH Urt. v. 11.7.2013 – III ZR 31/12, NJW-RR 2013, 1513 Rn. 19 mwN.

[133] BGH Urt. v. 6.7.1993 – XI ZR 12/93, BGHZ 123, 126 = NJW 1993, 2433 = WM 1993, 1455 (die Urteilsbezeichnung beruht darauf, dass streitgegenständlich eine DM-Anleihe der australischen *Bond*-Finance Ltd. aus dem Jahre 1988 war).

[134] Vgl. nur BGH Urt. v. 22.3.2011 – XI ZR 33/10, BGHZ 189, 13 Rn. 20 = NJW 2011, 1949 = WM 2011, 682; BGH Urt. v. 28.4.2015 – XI ZR 378/13, BGHZ 205, 117 Rn. 23 = NJW 2015, 2248 = WM 2015, 1273.

[135] BGH Urt. v. 6.7.1993 – XI ZR 12/93, BGHZ 123, 126, 128 f. = NJW 1993, 2433 = WM 1993, 1455.

ben.[136] Während die Aufklärung des Kunden über die für die Anlageentscheidung wesentlichen Umstände richtig und vollständig zu sein hat, muss die Bewertung und Empfehlung eines Anlageobjekts unter Berücksichtigung der genannten Gegebenheiten *ex ante* betrachtet lediglich vertretbar sein. Das Risiko, dass sich eine aufgrund anleger- und objektgerechter Beratung getroffene Anlageentscheidung im Nachhinein als falsch erweist, trägt der Anleger.[137] Daneben kann sich eine von der Frage der anleger- und anlagegerechten Beratung gelöste Verpflichtung des Beraters zur **Aufklärung wegen eines schwerwiegenden Interessenkonflikts** des Beraters ergeben.[138]

Danach lassen sich die Aufklärungspflichten **systematisch** in **drei Gruppen** gliedern: 80

- anlegergerechte Beratung (dazu → Rn. 81 ff.),
- anlage- oder objektgerechte Beratung (dazu → Rn. 105 ff.),
- Aufklärung über schwerwiegende Interessenkonflikte (dazu → Rn. 282 ff.).

a) Anlegergerechte Beratung

Nach der Rechtsprechung des BGH ist die beratende Bank verpflichtet, vor Abgabe ihrer Anlageempfehlung den Wissensstand, die Erfahrungen und die Anlageziele, zu denen der Anlagezweck und die Risikobereitschaft gehören, zu erfragen.[139] Diese Pflicht ist für Wertpapierdienstleistungsunternehmen – wie eine Bank oder Sparkasse – aufsichtsrechtlich auch normiert (§ 31 Abs. 4 WpHG) und in § 6 WpDVerOV konkretisiert. Diese **Erkundigungspflicht** hat ihren inneren Grund darin, dass es gerade die Aufgabe des Anlageberaters ist, ausschließlich Produkte zu empfehlen, die mit den Anlagezielen des Kunden – Anlagezweck und Risikobereitschaft – tatsächlich übereinstimmen. Erkundigt er sich nicht bereits – wie von der Rechtsprechung und aufsichtsrechtlich gefordert – vor seiner Anlageempfehlung nach der Risikobereitschaft des Kunden, so kann er seiner Pflicht zu einer anlegergerechten Empfehlung nur dadurch entsprechen, dass er sich noch vor der Anlageentscheidung seines Kunden die Gewissheit verschafft, dass dieser die von ihm geschilderten Risiken des Finanzprodukts in jeder Hinsicht verstanden hat. Andernfalls kann er nicht davon ausgehen, dass seine Empfehlung der Risikobereitschaft des Kunden entspricht.[140] 81

Keine Erkundigungspflicht besteht, wenn der beratenden Bank diese Umstände bereits zuverlässig bekannt sind, wie beispielsweise aus einer langjährigen Geschäftsbeziehung mit dem Kunden oder dessen bisherigem Anlageverhalten.[141] 82

[136] BGH Urt. v. 6.7.1993 – XI ZR 12/93, BGHZ 123, 126, 128 f. = NJW 1993, 2433 = WM 1993, 1455; BGH Urt. v. 7.10.2008 – XI ZR 89/07, BGHZ 178, 149 Rn. 12 = NJW 2008, 3700 = WM 2008, 2166; BGH Urt. v. 22.3.2011 – XI ZR 33/10, BGHZ 189, 13 Rn. 20 = NJW 2011, 1949 = WM 2011, 682.

[137] BGH Urt. v. 22.3.2011 – XI ZR 33/10, BGHZ 189, 13 Rn. 20 = NJW 2011, 1949 = WM 2011, 682; BGH Urt. v. 20.1.2015 – XI ZR 316/13, NJW 2015, 1095 Rn. 16 = WM 2015, 575.

[138] Vgl. nur BGH Urt. v. 22.3.2011 – XI ZR 33/10, BGHZ 189, 13 Rn. 32 = NJW 2011, 1949 = WM 2011, 682; BGH Urt. v. 28.4.2015 – XI ZR 378/13, BGHZ 205, 117 Rn. 33 ff. = NJW 2015, 2248 = WM 2015, 1273.

[139] BGH Urt. v. 6.7.1993 – XI ZR 12/93, BGHZ 123, 126, 129 = NJW 1993, 2433 = WM 1993, 1455; BGH Urt. v. 22.3.2011 – XI ZR 33/10, BGHZ 189, 13 Rn. 22 = NJW 2011, 1949 = WM 2011, 682; BGH Urt. v. 20.1.2015 – XI ZR 316/13, NJW 2015, 1095 Rn. 18 = WM 2015, 575.

[140] BGH Urt. v. 22.3.2011 – XI ZR 33/10, BGHZ 189, 13 Rn. 22 = NJW 2011, 1949 = WM 2011, 682.

[141] Dazu nachfolgend → Rn. 83 ff.

aa) Wissensstand und Erfahrungen

83 Die vom BGH angeführten Merkmale „Wissensstand" und „Erfahrungen" des Anlegers lassen sich nicht scharf trennen, weshalb sie hier zusammen behandelt werden. Allerdings dürfen **Erkundigungspflicht** und **Aufklärungspflicht** (zB über die Risiken der empfohlenen Anlage) nicht verwechselt werden. Im Grundsatz besteht die Erkundigungspflicht stets und ist insbesondere bei der Erstberatung unabdingbar. Ergibt die Erkundigung des Bankberaters, dass der Kunde über ausreichende Kenntnisse und Erfahrungen mit den empfohlenen Geschäften verfügt oder sich – nicht ersichtlich unglaubwürdig – als erfahren geriert, entfällt die Aufklärungspflicht über Chancen und Risiken der Anlage.[142] In der Rechtsprechung wird leider nicht immer zwischen Erkundigungspflicht und Aufklärungspflicht unterschieden, sondern im Falle eines ausreichenden Kenntnisstands des Anlegers dessen Aufklärungsbedürftigkeit oder – im Falle des Vorspiegelns eines entsprechenden Kenntnisstands durch den Kunden – auch dessen **Schutzbedürftigkeit** verneint.[143]

84 Allein aus der **Art des abzuschließenden Anlagegeschäfts** kann nicht auf das Nichtvorliegen oder das Vorliegen einer Schutzbedürftigkeit des Anlegers geschlossen werden. ***Keine Erkundigungspflicht*** besteht aber, wenn der beratenden Bank Wissensstand und Erfahrungen des Kunden bereits zuverlässig bekannt sind, wie beispielsweise aus einer langjährigen Geschäftsbeziehung mit ihm oder dessen **bisherigem Anlageverhalten**.[144] Dies muss sich allerdings auf die konkrete Anlageempfehlung beziehen. Aus dem früheren Erwerb von Aktien kann etwa nicht geschlossen werden, dass der Anleger auch ausreichendes Wissen und genügende Erfahrungen mit Derivaten oder Optionsscheinen hat. Verfügt der Anleger aufgrund einer früheren vergleichbaren Kapitalanlage tatsächlich über ausreichende Kenntnisse (zB über das allgemeine Emittentenrisiko), besteht somit auch kein – erneuter – Aufklärungsbedarf. Ob ein Anleger durch frühere Anlagegeschäfte ausreichende Kenntnisse bezüglich des betroffenen Anlageprodukts erworben hat, muss der Tatrichter aufgrund der ***Umstände des Einzelfalls*** würdigen. Der Anleger kann bei diesen Anlagegeschäften über das konkret in Frage stehende Risiko aufgeklärt worden sein. Die Feststellung einer konkreten früheren Beratung ist aber nicht erforderlich, wenn der Anleger das konkrete Risiko unmittelbar aus seinen bisherigen Anlagegeschäften kennt.[145] Unerheblich ist dagegen, ob sich der Anleger, der zB aus früheren Geschäften tatsächlich über ausreichende Kenntnisse zum allgemeinen Emittentenrisiko verfügt, dieses Wissen im Zeitpunkt der konkreten Anlageentscheidung erneut vergegenwärtigt. Ist dies nicht der Fall, geht das grundsätzlich zu seinen Lasten.[146] Er kann sich also nicht auf ein fehlendes „präsentes Wissen" berufen. Ein – erneuter – Aufklärungsbedarf des Anlegers besteht nicht.

---

[142] BGH Urt. v. 27.9.2011 – XI ZR 182/10, BGHZ 191, 119 Rn. 30 = NJW 2012, 66 = WM 2011, 2268; BGH Urt. v. 21.10.2003 – XI ZR 453/02, NJW-RR 2004, 203, 205; BGH Urt. v. 28.9.2004 – XI ZR 259/03, NJW 2004, 3628, 3629 = WM 2004, 2205; BGH Urt. v. 27.11.2012 – XI ZR 384/11, NJW 2013, 1223 Rn. 30 f.; BGH Urt. v. 24.2.2015 – XI ZR 202/13, WM 2015, 1055 Rn. 17.

[143] Vgl. dazu etwa BGH Urt. v. 24.9.1996 – XI ZR 244/95, NJW-RR 1997, 176 f. = WM 1997, 309.

[144] BGH Urt. v. 6.7.1993 – XI ZR 12/93, BGHZ 123, 126, 129 = NJW 1993, 2433 = WM 1993, 1455; BGH Urt. v. 22.3.2011 – XI ZR 33/10, BGHZ 189, 13 Rn. 22 = NJW 2011, 1949 = WM 2011, 682; BGH Urt. v. 20.1.2015 – XI ZR 316/13, NJW 2015, 1095 Rn. 19 = WM 2015, 575.

[145] BGH Urt. v. 28.6.2005 – XI ZR 363/04, BGHZ 163, 311, 329 = NJW 2005, 2917 = WM 2005, 1567; BGH Urt. v. 24.2.2015 – XI ZR 202/13, WM 2015, 1055 Rn. 22.

[146] BGH Urt. v. 24.2.2015 – XI ZR 202/13, WM 2015, 1055 Rn. 24.

Einer Ermittlung des Wissensstandes des Kunden und einer Erläuterung aller in Betracht zu ziehenden Anlagemöglichkeiten bedarf es auch dann nicht, wenn der **Kunde mit deutlichen Vorstellungen** von dem gewünschten Anlagegeschäft an das Kreditinstitut herantritt und von einem ***Vermögensberater betreut*** wird. In einem solchen Fall darf die Bank davon ausgehen, dass der Kunde sich über das von ihm angestrebte Anlagegeschäft bereits informiert hat und er nur insoweit noch der Beratung bedarf, als er dies ausdrücklich verlangt oder als dies aus sonstigen Umständen für die Bank erkennbar wird. Hier genügt die Bank ihren Beratungspflichten, wenn sie den Kunden über die von ihm in Betracht gezogenen Anlagemöglichkeiten richtig und vollständig informiert und auf sich etwa daraus ergebende Gefahren und Risiken hinweist.[147] 85

Im Rahmen der Exploration des Kunden hat der Anlageberater zunächst die **persönlichen und finanziellen Verhältnisse des Kunden** in Erfahrung zu bringen. Dies dient insbesondere der Abschätzung der persönlichen **Risikotragfähigkeit** des Anlegers. Zu den finanziellen Verhältnissen gehören Grundlage und Höhe seines regelmäßigen Einkommens, seine regelmäßigen Verpflichtungen sowie seine Vermögenswerte, insbesondere Barvermögen, Kapitalanlagen und Immobilienvermögen (vgl. § 6 Abs. 1 Nr. 1 WpDVerOV). Bei den persönlichen Verhältnissen sind ua Alter, Familienstand und unterhaltsberechtigte Kinder zu berücksichtigen. Die **berufliche Qualifikation** eines Kunden allein reicht nicht aus, um Kenntnisse und Erfahrungen im Zusammenhang mit bestimmten Anlagegeschäften zu unterstellen, solange keine konkreten Anhaltspunkte dafür bestehen, dass er solche Kenntnisse im Zusammenhang mit der Ausübung seiner beruflichen Tätigkeit tatsächlich erworben hat.[148] 86

Zu den Umständen in der Person des Kunden gehören ferner dessen **Wissensstand** über Anlagegeschäfte der vorgesehenen Art und dessen Risikobereitschaft; zu berücksichtigen ist also vor allem, ob es sich bei dem Kunden um einen erfahrenen Anleger mit einschlägigem Fachwissen handelt und welches Anlageziel der Kunde verfolgt. Die Kenntnis von solchen Umständen kann die Bank aus langjährigen Geschäftsbeziehungen mit dem Kunden gewonnen haben; verfügt sie nicht über entsprechendes Wissen, muss sie Informationsstand und Anlageziel des Kunden erfragen.[149] Die ***Kundenkategorisierung*** nach § 31a WpHG, dh zwischen professionellen Kunden (Abs. 2), Privatkunden (Abs. 3) und geeigneten Gegenparteien (Abs. 4), ist deshalb (nur) das Ergebnis der Exploration des Kunden und für die Frage des konkreten Umfangs der Beratungspflichten im Einzelfall nicht von ausschlaggebender Bedeutung. 87

Ob der Anleger über den für die Anlageempfehlung nötigen Wissensstand und ausreichende Erfahrungen verfügt, ist eine **Frage des Einzelfalls**, weil es hierbei entscheidend auf die Person des Anlageinteressenten und dessen Geschäftserfahrung ankommt. Von einer entsprechenden Erkundigung und – nachfolgend – einer Aufklärung über Chancen und Risiken des empfohlenen Produkts kann deshalb nicht abgesehen werden bei: 88

- einem im Anlagegeschäft unerfahrenen Vollkaufmann bzw. mittelständischen Unternehmer in Bezug auf Londoner Warenterminoptionen,[150]
- einem mittelständischen Unternehmer oder Diplom-Volkswirt in Bezug auf einen CMS Spread Ladder Swap-Vertrag,[151]

---

[147] BGH Urt. v. 20.1.2015 – XI ZR 316/13, NJW 2015, 1095 Rn. 19 = WM 2015, 575; BGH Urt. v. 27.2.1996 – XI ZR 133/95, NJW 1996, 1744 = WM 1996, 664.

[148] BGH Urt. v. 22.3.2011 – XI ZR 33/10, BGHZ 189, 13 Rn. 25 = NJW 2011, 1949 = WM 2011, 682; BGH Urt. v. 24.2.2015 – XI ZR 202/13, WM 2015, 1055 Rn. 20.

[149] BGH Urt. v. 6.7.1993 – XI ZR 12/93, BGHZ 123, 126, 128 f. = NJW 1993, 2433 = WM 1993, 1455.

[150] BGH Urt. v. 6.4.1981 – II ZR 84/80, NJW 1981, 1440 = WM 1981, 552.

[151] BGH Urt. v. 22.3.2011 – XI ZR 33/10, BGHZ 189, 13 Rn. 23 ff. = NJW 2011, 1949 = WM 2011, 682.

- einem Anleger, der früher einfache Zinsswap-Verträge zwecks Tauschs variabler Zinsen in einen Festzins abgeschlossen hat, in Bezug auf einen CMS Spread Ladder Swap-Vertrag,[152]
- einem Rechtsanwalt und Notar in Bezug auf Börsentermingeschäfte,[153]
- einem Rechtsanwalt in Bezug auf steuerbegünstigte Kapitalanlagemodelle,[154]
- einem Versicherungs- und Immobilienfinanzierungsmakler in Bezug auf Börsentermingeschäfte,[155]
- einem Wirtschaftsprüfer, der in seiner Dissertation ua Optionsanleihen und Termingeschäfte behandelt hat, in Bezug auf Börsenterminoptionsgeschäfte,[156]
- einem vermögenden Anleger, der in einem Beratungsprotokoll seine Kenntnisstufe mit der höchsten Stufe „F" angegeben und seine Anlagestrategie als „chancenorientiert" bezeichnet hat, in Bezug auf die ihm bis dahin noch unbekannte Anlageform eines Medienfonds.[157]

89 Dagegen hat die Rechtsprechung die Aufklärungsbedürftigkeit des Anlegers in folgenden Fallgestaltungen verneint:

- für einen in Spekulationsgeschäften erfahrenen Anleger, der an die Bank mit einem gezielten und ua mit der Wertpapierkennnummer spezifizierten Kaufauftrag für selbständige US-Dollar- und Lira-Optionsscheine herangetreten ist,[158]
- für einen Anleger, der auf Seiten des Prospektherausgebers mitgewirkt hat,[159]
- für einen in Anlagengeschäften erfahrenen Maschinenbaustudenten.[160]

90 Die Bank darf darauf vertrauen, dass der Kunde die Angaben **vollständig und richtig** abgibt (vgl. § 31 Abs. 6 WpHG). Das gilt zB auch bei der Beratung von Kommunen und Stiftungen, deren Satzung bestimmte Anlageformen ausschließen kann.[161] Etwas anderes gilt dann, wenn der Bank die Unrichtigkeit oder Unvollständigkeit der Kundenangaben bekannt ist oder sich deren Fehlerhaftigkeit aufdrängen musste.

91 Gleichzustellen sind die Fälle, in denen sich der Kunde – nicht ersichtlich unglaubwürdig – **als erfahren geriert**.[162] Dies hat der BGH zB im Falle eines Versicherungs- und Immobilienfinanzierungsmaklers angenommen, der nach seinen eigenen, nicht ersichtlich unglaubwürdigen Angaben umfangreiche Erfahrungen mit Termingeschäften gesammelt haben wollte, dies sogar schriftlich bestätigte und den Abschluss weiterer Geschäfte dieser Art wünschte.[163] Denn ein solcher Kunde kann nach Treu und Glauben berechtigterweise nicht erwarten, gleichwohl über die Funktionsweise und die besonderen Gefahren solcher ihm angeblich vertrauter Geschäfte eingehend aufgeklärt zu werden. Ein Kunde, der sich

---

[152] BGH Urt. v. 22.3.2011 – XI ZR 33/10, BGHZ 189, 13 Rn. 26 = NJW 2011, 1949 = WM 2011, 682.

[153] BGH Urt. v. 28.9.2004 – XI ZR 259/03, NJW 2004, 3628, 3629 = WM 2004, 2205.

[154] BGH Urt. v. 9.10.1989 – II ZR 257/88, NJW-RR 1990, 229 = WM 1990, 146.

[155] BGH Urt. v. 24.9.1996 – XI ZR 244/95, NJW-RR 1997, 176 = WM 1997, 309.

[156] BGH Urt. v. 21.10.2003 – XI ZR 453/02, NJW-RR 2004, 203, 205 = ZIP 2003, 2242.

[157] BGH Urt. v. 6.3.2008 – III ZR 298/05, NJW-RR 2008, 1365 Rn. 25 = WM 2008, 725.

[158] BGH Urt. v. 19.5.1998 – XI ZR 216/97, BGHZ 139, 36, 38 f. = NJW 1998, 2673 = WM 2008, 1441.

[159] OLG Düsseldorf ZIP 1990, 1959; OLG Koblenz, WM 2010, 1496.

[160] LG Darmstadt WM 1984, 332, 333.

[161] OLG Dresden WM 2004, 1278, 1279; OLG Naumburg, WM 2006, 969, OLG Bamberg, WM 2009, 1082.

[162] BGH Urt. v. 21.10.2003 – XI ZR 453/02, NJW-RR 2004, 203, 205 = ZIP 2003, 2242; BGH Urt. v. 28.9.2004 – XI ZR 259/03, NJW 2004, 3628, 3629 = WM 2004, 2205.

[163] BGH Urt. v. 24.9.1996 – XI ZR 244/95, NJW-RR 1997, 176 = WM 1997, 309.

als erfahren geriert, tut vielmehr kund, dass er Aufklärung nicht braucht und nicht wünscht. Diesen Wunsch darf sein Geschäftspartner grundsätzlich respektieren.

Im Falle einer **Vertretung des Anlegers** (zB minderjähriges Kind durch Elternteil oder Ehegatte durch den anderen, aber auch bei Vertretung durch Steuerberater oder Vermögensverwalter) kommt es nicht auf seine Kenntnisse und Erfahrungen in Wertpapiergeschäften an, sondern auf die seines Bevollmächtigten als Entscheidungsträger.[164] 92

bb) Anlageziele

Neben dem Wissensstand des Kunden über Anlagegeschäfte der vorgesehenen Art und dessen Risikobereitschaft muss die Bank auch erkunden, welches Anlageziel der Kunde verfolgt. Dazu gehören insbesondere der **Zweck der Anlage**, die **Anlagedauer** und die **Risikobereitschaft** des Kunden.[165] Soweit dem Kunden nicht bewusst ist, dass die unterschiedlichen Anlageziele in Wechselwirkung zueinander stehen, sich gegenseitig begrenzen oder gar zueinander widersprüchlich sind (wie zB Ziel einer hohen Rendite einerseits und geringes Risiko andererseits), hat der Berater ihn darauf hinzuweisen.[166] Die Beratung hat sich daran auszurichten, ob das beabsichtigte Anlagegeschäft der sicheren Geldanlage dienen soll oder spekulativen Charakter hat. Die empfohlene Anlage muss unter Berücksichtigung dieses Ziels auf die persönlichen Verhältnisse des Kunden zugeschnitten, also „anlegergerecht" sein.[167] Dies gilt auch für einen Anlagevermittler, wenn zwischen ihm und dem Kunden über eine Anlagevermittlung mit Auskunftsvertrag hinausgehend ein Anlageberatungsvertrag zustande kommt.[168] 93

Von besonderer Bedeutung ist die **Risikobereitschaft** des Kunden, weil der Berater nur Produkte empfehlen darf, die dieser Risikobereitschaft entsprechen.[169] In der Praxis gebräuchliche Kategorien von Anlegertypen sind etwa die Abstufungen „sicherheitsorientiert", „konservativ", „gewinnorientiert" und „risikobewusst".[170] Das Ankreuzen mehrerer oder gar sämtlicher Kategorien auf dem formularmäßigen Beratungsbogen spricht für eine fehlerhafte Gesprächsführung und Erkundung der Anlageziele des Kunden.[171] Die Risikobereitschaft des Kunden muss nicht bei jedem Beratungsgespräch erneut erfragt werden. Wenn eine Neuanlage der bei einer früheren Beratung ermittelten Risikobereitschaft entspricht, muss die Bank den Anleger nicht bei jedem neuen Geschäft zu seiner aktuellen Risikobereitschaft befragen.[172] Sinnvoll ist dies allerdings in regelmäßigen Abständen von vielleicht zwei bis drei Jahren. 94

Für die Risikobereitschaft des Kunden spielen spezifische **Fachkenntnisse des Kunden** (zB als Diplom-Volkswirt) keine Rolle. Fachkenntnisse oder sonstige Vorkenntnisse des Anlegers können im Rahmen der objektgerechten Aufklärung bedeutsam sein. Dagegen 95

---

[164] BGH Urt. 8.5.2001 – XI ZR 192/00, BGHZ 147, 343, 353 = NJW 2002, 62 = WM 2001, 1758; OLG Nürnberg, WM 2013, 2219, 2221 ff.

[165] BGH Urt. v. 22.3.2011 – XI ZR 33/10, BGHZ 189, 13 Rn. 24 = NJW 2011, 1949 = WM 2011, 682.

[166] MüKoHGB/*Nobbe/Zahrte*, Anlageberatung Rn. 98.

[167] BGH Urt. v. 6.7.1993 – XI ZR 12/93, BGHZ 123, 126, 129 = NJW 1993, 2433 = WM 1993, 1455.

[168] BGH Urt. v. 11.12.2014 – III ZR 365/13, NJW-RR 2015, 732 Rn. 13 mwN = WM 2015, 128.

[169] BGH Urt. v. 22.3.2011 – XI ZR 33/10, BGHZ 189, 13 Rn. 24 = NJW 2011, 1949 = WM 2011, 682.

[170] Vgl. BGH Urt. v. 25.10.2007 – III ZR 100/06, NZG 2008, 117 Rn. 13 = WM 2007, 2228.

[171] BGH Urt. v. 25.10.2007 – III ZR 100/06, NZG 2008, 117 Rn. 14 = WM 2007, 2228.

[172] OLG Frankfurt/Main WM 2011, 880, 881.

kann aus den Fachkenntnissen des Kunden nicht auf seine Risikobereitschaft geschlossen werden.[173]

96 Bei **hoch komplex strukturierten Finanzprodukten** (wie zB einem CMS Spread Ladder Swap-Vertrag) genügt es unter Umständen nicht, dass die beratende Bank die Risiken des Produkts anhand von Berechnungsbeispielen schildert und auf ein „theoretisch unbegrenztes" Verlustrisiko hinweist. Insoweit kann sie nämlich nicht ohne weiteres davon ausgehen, dass ein Kunde, der das Geschäft abschließt, auch bereit ist, hohe, möglicherweise ruinöse Risiken zu tragen. Anlagezweck und Risikobereitschaft müssen tatsächlich übereinstimmen. Der Berater muss sich daher noch vor der Anlageentscheidung seines Kunden die Gewissheit verschaffen, dass dieser die von ihm geschilderten Risiken des Finanzprodukts in jeder Hinsicht verstanden hat. Andernfalls kann er nicht davon ausgehen, dass seine Empfehlung der Risikobereitschaft des Kunden entspricht.[174]

97 Macht der Berater (im Prozess) geltend, der Anleger sei, etwa unter dem Eindruck entsprechender deutlicher Hinweise des Beraters, von seinem Anlageziel (zB „sichere" Anlage zur Altersvorsorge) abgerückt und habe sich letztlich bewusst auf eine diesem Anlageziel widersprechende Kapitalanlage (zB Medienfondsbeteiligung) eingelassen, muss der Berater dies substantiiert darlegen und ggfs. beweisen.[175] Ein Ausführungsverbot besteht nicht; ein ausreichend informierter Anleger darf auch eine – gemessen an seinen Einkommens- und Vermögensverhältnissen – **„unvernünftige" Kapitalanlage zeichnen**.[176]

cc) Auswahl und Empfehlung eines geeigneten Anlageobjekts

98 Auf der Grundlage des Wissensstands, der Erfahrungen, des Anlagezwecks und der Risikobereitschaft des Kunden hat der Berater eine **Anlageempfehlung** abzugeben. Die empfohlene Anlage muss unter Berücksichtigung des Anlageziels auf die persönlichen Verhältnisse des Kunden zugeschnitten sein.[177] Die Empfehlung einer Anlage, die nicht dem Anlageziel und der Anlagestrategie des Anlegers entspricht, ist pflichtwidrig.[178] Die Auswahl, Bewertung und Empfehlung der Anlage muss *ex ante* betrachtet vertretbar sein. Das Risiko, dass eine Anlageentscheidung sich im Nachhinein als falsch erweist, trägt dagegen der Anleger.[179]

99 Bei der Auswahl der für den Kunden geeigneten Anlage dürfen sich Banken auf das von ihnen zusammengestellte Anlagenprogramm und damit auf **haus-, konzern- oder institutsgruppeneigene Produkte** beschränken. Denn nach der Rechtsprechung des BGH kann ein Anlageinteressent, der die Beratung einer Bank in Anspruch nimmt, vernünftigerweise nicht erwarten, dass die Bank ihm von sich aus Produkte konkurrierender Ban-

[173] BGH Urt. v. 22.3.2011 – XI ZR 33/10, BGHZ 189, 13 Rn. 25 = NJW 2011, 1949 = WM 2011, 682.

[174] BGH Urt. v. 22.3.2011 – XI ZR 33/10, BGHZ 189, 13 Rn. 24 = NJW 2011, 1949 = WM 2011, 682.

[175] BGH Urt. v. 8.7.2010 – III ZR 249/09, BGHZ 186, 152 Rn. 19 = NJW 2010, 3292 = WM 2010, 1493.

[176] BGH Urt. v. 8.5.2001 – XI ZR 192/00, BGHZ 147, 343, 349 = NJW 2002, 62 = WM 2001, 1758; BGH Urt. v. 11.11.2003 – XI ZR 21/03, NJW-RR 2004, 484, 485 = WM 2004, 24.

[177] BGH Urt. v. 22.3.2011 – XI ZR 33/10, BGHZ 189, 13 Rn. 24 = NJW 2011, 1949 = WM 2011, 682; BGH Urt. v. 11.12.2014 – III ZR 365/13, NJW-RR 2015, 732 Rn. 13 = WM 2015, 128.

[178] BGH Urt. v. 6.7.1993 – XI ZR 12/93, BGHZ 123, 126, 129 = NJW 1993, 2433 = WM 1993, 1455.

[179] Dazu im Einzelnen → Rn. 121 ff.

ken oder Institutsgruppen empfiehlt.[180] Das gilt auch dann, wenn diese Produkte besser oder günstiger sind. Erst wenn die Bank gegenüber dem Kunden damit hervortritt, auch über die Produkte konkurrierender Banken zu beraten, oder aber wenn der Anlageinteressent von sich aus die Erwartung zum Ausdruck bringt, auch über solche, etwa von ihm angesprochenen Konkurrenzprodukte beraten zu werden, muss die Bank, wenn sie die Beratung insoweit nicht ablehnt, ihn auch darüber objektiv richtig und vollständig informieren und beraten und die Konkurrenzprodukte gegebenenfalls auch empfehlen.[181] Etwas anderes gilt für den **Honorarberater** iSd am 1. August 2014 in Kraft getretenen Honoraranlageberatungsgesetzes.[182] Dieser muss seiner Empfehlung eine hinreichende Anzahl von Finanzinstrumenten zu Grunde legen, die sich insbesondere nicht auf eigene Anlageprodukte oder solche von verbundenen oder nahestehenden Unternehmen beschränken darf (§ 31 Abs. 4c Satz 1 Nr. 1b WpHG, § 34h Abs. 2 GewO).

Auf der anderen Seite besteht keine allgemeine Pflicht des Beraters, den Kunden von 100
objektiv unvernünftigen Entscheidungen abzuhalten. Der Berater ist nur gehalten zu kontrollieren, ob die vom Kunden vorgenommene Zuordnung seinem bisherigen und künftigen Anlageverhalten entspricht und bei Widersprüchen eine Klärung herbeizuführen.[183] Ist ein Kunde ersichtlich nicht in der Lage, Risiken einer bestimmten, von ihm gewünschten Anlage richtig einzuschätzen, besteht ausnahmsweise eine **Warnpflicht**.[184] Eine Pflicht, den gewarnten Kunden von riskanten Geschäften abzuhalten oder gar den Abschluss solcher Geschäfte abzulehnen, besteht dagegen nicht.[185]

dd) Einzelfälle

Einen Beratungsfehler unter dem Gesichtspunkt des Verfehlens des Anlageziels stellt es 101
dar, wenn einem Kunden, der eine langfristige Anlage zum Zwecke der **Altersvorsorge** sucht und an einer **sicheren Geldanlage** mit guten Zinssätzen interessiert ist, eine unternehmerische Beteiligung oder eine andere spekulative Anlage empfohlen wird.[186]

Entsprechendes kann gelten, wenn der Erwerb eines Sparbriefs und die Anlage eines 102
Tagesgeldkontos bei einer nicht dem **Einlagensicherungsfonds** des Bundesverbandes Deutscher Banken e.V. angeschlossenen Bank empfohlen wird, obwohl der Anlagebetrag die von der gesetzlichen Einlagensicherung garantierten Entschädigungsleistung übersteigt.[187] Das Anlageziel der Altersvorsorge schließt zwar die Inkaufnahme von Verlustrisiken nicht generell aus, weil jedenfalls für jüngere Anleger eine Anlage in (Standard-)Aktienfonds für einen langfristigen Vermögensaufbau nach wie vor sinnvoll ist. Dies gilt erst recht, wenn mit der Kapitalanlage auch Steuervorteile erzielt werden sollen.[188] Der Wunsch des Anlegers nach einer „sicheren" Geldanlage kann aber nach den **Umständen**

[180] BGH Urt. v. 19.12.2006 – XI ZR 56/05, BGHZ 170, 226 Rn. 21 = NJW 2007, 1876 = WM 2007, 487.

[181] BGH Urt. v. 19.12.2006 – XI ZR 56/05, BGHZ 170, 226 Rn. 21 = NJW 2007, 1876 = WM 2007, 487.

[182] BGBl. I 2013 S. 2390.

[183] BGH Urt. v. 25.10.2007 – III ZR 100/06, NZG 2008, 117 Rn. 14 = WM 2007, 2228; vgl. etwa OLG Frankfurt/Main, WM 2011, 880, 881 (Überschreitung des festgelegten Aktienanteils aufgrund eines Kundenwunsches).

[184] MüKoHGB/*Nobbe/Zahrte*, Anlageberatung Rn. 107.

[185] BGH Urt. v. 8.5.2001 – XI ZR 192/00, BGHZ 147, 343, 349 = NJW 2002, 62 = WM 2001, 1758; BGH Urt. v. 11.11.2003 – XI ZR 21/03, NJW-RR 2004, 484, 485 = WM 2004, 24.

[186] BGH Urt. v. 24.4.2014 – III ZR 389/12, NJW-RR 2014, 1075 Rn. 27; BGH Urt. v. 11.12.2014 – III ZR 365/13, NJW-RR 2015, 732 Rn. 13 = WM 2015, 128.

[187] BGH Urt. v. 14.7.2009 – XI ZR 152/08, NJW 2009, 3429 Rn. 51 = WM 2009, 1647.

[188] BGH Urt. v. 24.4.2014 – III ZR 389/12, NJW-RR 2014, 1075 Rn. 28.

des Einzelfalls auch nur dahin verstanden werden, dass jedenfalls das eingezahlte Kapital erhalten bleiben soll. Dieses Anlageziel ist mit den vorgenannten Geldanlagen nicht zu erreichen, so dass dessen Empfehlung nicht dem Anlageziel des Anlegers entspricht und ihm daher gar nicht hätte angeboten werden dürfen. Dass die Bank in ihrem eigenen Portfolio über keine „passenden" Anlageprodukte verfügt, ist unbeachtlich; sie muss dann den Anlagewunsch schlichtweg abweisen, soweit sie – wozu sie allerdings nicht verpflichtet ist – nicht Anlageprodukte anderer Banken empfehlen will.[189]

103 Einen **Beratungsfehler** stellt es ebenfalls dar,

- wenn die Bank einem Kunden, der eine moderate Risikobereitschaft angegeben und sich damit für eine ausgewogene Mischung aus sicheren und spekulativen Anlageprodukten entschieden hat, den Erwerb nur von Aktien eines einzigen und zudem nicht börsennotierten Emittenten empfiehlt,[190]
- wenn die Bank einem Kunden, der an Stelle einer gekündigten Lebensversicherung eine adäquate zusätzliche Altersvorsorge erwerben will, ausschließlich spekulative Produkte empfiehlt,[191]
- wenn die Bank einem Anleger, der eine „konservative und sichere" Anlage zur Alterssicherung wünscht, eine DM-Auslands-Industrieanleihe (hier: die im August 1993 emittierte niederländische DM-Fokker-Anleihe, Beratungsgespräch im Oktober 1993) empfiehlt,[192]
- wenn eine Bank einem Anleger, der – was ihr aufgrund der langjährigen Geschäftsbeziehung bekannt war – seine Ersparnisse ausschließlich in sicheren Anlageformen wie Sparkonten, Bundesschatzbriefen und Sparkassenbriefen angelegt und bislang jedes Verlustrisiko vermieden hat, eine DM-Auslands-Industrieanleihe (hier: australische Bond-Finance Ltd.-Anleihe) empfiehlt,[193]
- wenn eine Bank einen unerfahrenen Kunden, der Ersparnisse anlegen will, zu einer Aktienspekulation auf Kredit verleitet,[194]
- wenn ein Berater einem sicherheitsorientierten Anleger, der eine „absolut sichere" Vermögensanlage oder eine „sichere Altersvorsorge" sucht, eine unternehmerische (Immobilien-)Fondsbeteiligung empfiehlt,[195]
- wenn einem Anleger, dem es um nominale Kapitalsicherheit geht, ein offener Immobilienfonds empfohlen wird,[196]
- wenn eine Bank einem Anleger, dem es auf einen langfristigen Vermögenszuwachs ankommt, risikobehaftete Aktien und Optionen empfiehlt,[197]

---

[189] BGH Urt. v. 14.7.2009 – XI ZR 152/08, NJW 2009, 3429 Rn. 51 = WM 2009, 1647.

[190] BGH Urt. v. 19.2.2008 – XI ZR 170/07, BGHZ 175, 276 Rn. 27 = NJW 2008, 1734 = WM 2008, 825.

[191] BGH Urt. v. 19.2.2008 – XI ZR 170/07, BGHZ 175, 276 Rn. 27 = NJW 2008, 1734 = WM 2008, 825.

[192] OLG Nürnberg WM 1998, 379; vgl. auch BGH Urt. v. 9.5.2000 – XI ZR 159/99, NJW-RR 2000, 1497 = WM 2000, 1441.

[193] BGH Urt. v. 6.7.1993 – XI ZR 12/93, NJW 1993, 2433, 2434 = WM 1993, 1455 (insoweit in BGHZ 123, 126 nicht abgedruckt).

[194] BGH Urt. v. 28.1.1997 – XI ZR 22/96, NJW 1997, 1361, 1362 = WM 1997, 662.

[195] BGH Urt. v. 8.7.2010 – III ZR 249/09, BGHZ 186, 152 Rn. 18 f. = NJW 2010, 3292 = WM 2010, 1493; BGH Urt. v. 19.11.2009 – III ZR 169/08, BKR 2010, 118 Rn. 20 ff.; BGH Urt. v. 11.12.2014 – III ZR 365/13, NJW-RR 2015, 732 Rn. 13 = WM 2015, 128.

[196] LG Nürnberg-Fürth WM 2012, 695, 697 f.; MüKoHGB/*Nobbe/Zahrte*, Anlageberatung Rn. 124.

[197] OLG Karlsruhe WM 2011, 805, 808.

- wenn einem konservativen Anleger eine Wandelanleihe empfohlen wird,[198]
- wenn einem Anleger, dessen Einkünfte seine monatlichen Belastungen nicht decken (monatliche Unterdeckung von 500 €) und der deshalb auf Entnahmen aus seinem Anlagevermögen angewiesen ist, ein spekulatives Zertifikat der Risikoklasse 4 empfohlen wird.[199]

Dagegen liegt – unter dem Blickwinkel des Anlageziels – **kein Beratungsfehler** vor: 104

- bei der Empfehlung einer DM-Auslands-Industrieanleihe mit guter Bonität und einer Notierung über pari (hier: die im August 1993 emittierte DM-Fokker-Anleihe, Beratungsgespräch im Oktober 1993) gegenüber einem begrenzt risikobereiten, renditeorientierten Anleger,[200]
- die Empfehlung der Beteiligung an einem geschlossenen Immobilienfonds, wenn die Kapitalanlage zwar der ergänzenden Altersvorsorge dienen soll, mit ihr aber zugleich auch Steuervorteile erzielt werden sollen,[201]
- wenn der Anleger den mit Risiken behafteten Anlagenanteil in seinem Depot nach einem Hinweis auf das erhöhte Risiko im Interesse einer höheren Rendite bewusst erhöht,[202]
- die Empfehlung eines offenen Immobilienfonds gegenüber einem Anleger, dem es um eine risikoarme, dh relativ sichere, mittel- oder langfristige Anlage mit relativ stetigen Erträgen geht,[203]
- die Empfehlung eines Zertifikats mit einem nicht unerheblichen Sicherheitspuffer für einen Kapitalverlust gegenüber einem Anleger, der bei vorrangiger Substanzerhaltung höhere Gewinne anstrebt und damit eine gewisse Risikobereitschaft zeigt.[204]

b) Objektgerechte Beratung

aa) Allgemeines

Nach der auch insoweit grundlegenden Bond-Entscheidung des BGH[205] hat sich in Bezug auf das Anlageobjekt die Beratung auf diejenigen Eigenschaften und Risiken zu beziehen, die für die jeweilige Anlageentscheidung wesentliche Bedeutung haben oder haben können. Dabei ist zwischen den **allgemeinen Risiken** (zB Konjunkturlage, Entwicklung des Börsenmarktes, generelles Verlustrisiko) und den **speziellen Risiken** zu unterscheiden, die sich aus den individuellen Gegebenheiten des Anlageobjekts (zB Kurs-, Zins- und Währungsrisiko) ergeben. 105

Für den Umfang der Beratung ist hier insbesondere von Bedeutung, ob die beratende Bank das Anlageobjekt in ein von ihr zusammengestelltes **Anlageprogramm** aufgenommen hat und sie dieses Anlageprogramm zur Grundlage ihrer Beratung macht. Inhalt und Umfang der objektgerechten Aufklärung sind nicht vom Wissensstand des Anlageberaters abhängig. 106

---

[198] OLG Nürnberg WM 1998, 378.

[199] OLG Hamm NJW-RR 2012, 1438.

[200] BGH Urt. v. 9.5.2000 – XI ZR 159/99, NJW-RR 2000, 1497 = WM 2000, 1441.

[201] BGH Urt. v. 24.4.2014 – III ZR 389/12, NJW-RR 2014, 1075 Rn. 28; BGH Urt. v. 11.12.2014 – III ZR 365/13, NJW-RR 2015, 732 Rn. 13 = WM 2015, 128.

[202] OLG Karlsruhe, WM 2011, 353, 354.

[203] BGH Urt. v. 29.4.2014 – XI ZR 477/12, BKR 2016, 35 Rn. 13; MüKoHGB/*Nobbe/Zahrte*, Anlageberatung Rn. 124.

[204] OLG Karlsruhe WM 2011, 883; aA OLG München WM 2011, 1897 f.

[205] BGH Urt. v. 6.7.1993 – XI ZR 12/93, BGHZ 123, 126, 129 = NJW 1993, 2433 = WM 1993, 1455.

107 Die Beratung der Bank muss **richtig** und **sorgfältig**, dabei für den Kunden **verständlich** und **vollständig** sein, die Bank muss zeitnah über alle Umstände unterrichten, die für das Anlagegeschäft von Bedeutung sind. Fehlen ihr derartige Kenntnisse, so hat sie das dem Kunden mitzuteilen und offenzulegen, dass sie zu einer Beratung zB über das konkrete Risiko eines Geschäfts mangels eigener Information nicht in der Lage ist.[206]

108 Die Beratung kann **mündlich**, auch fernmündlich,[207] in **schriftlicher** Form oder – was sich aufsichtsrechtlich aus § 5a Abs. 2 WpDVerOV ergibt und im Zivilrecht gleichermaßen gilt – in Textform erfolgen. Ob sich im Hinblick auf die Komplexität eines Anlageprodukts im Einzelfall zumindest eine bloß telefonische Beratung verbietet, hat der BGH bislang noch nicht entschieden. Im Rahmen der objektgerechten Beratung kann auch die rechtzeitige Aushändigung eines Prospekts, Produktflyers oder Produktinformationsblatts genügen, wobei die darin enthaltenen Informationen nicht bei dem Beratungsgespräch verharmlost werden. Ist der Prospekt unrichtig, muss der Berater die falschen Angaben richtig stellen. Zu den Einzelheiten → Rn. 139.

bb) Wahrheit

109 **(1) Wahrheitspflicht.** Bestandteil der Aufklärungs- und Beratungspflichten einer Bank ist die Verpflichtung zur wahrheitsgemäßen Darstellung der Chancen und Risiken sowie sonstigen Eigenschaften der empfohlenen Kapitalanlage. Daher ist bei (vor-)vertraglichen Beratungsgesprächen insbesondere jede ***Irreführung*** des Kunden zu vermeiden.[208] Legt der Anleger bei den Vertragsverhandlungen zB besonderen Wert auf eine gesicherte Rückgabemöglichkeit oder Wiederveräußerlichkeit der zu erwerbenden Kapitalanlage, darf ihm nicht verschwiegen werden, dass die empfohlene Anlage nicht zur schnellen Wiederveräußerung bestimmt ist.[209]

110 Die Wahrheitspflicht bezieht sich allerdings nicht auf jeden Umstand, mag er auch noch so unwichtig sein. Vielmehr bezieht sie sich nur auf die für die Anlageentscheidung **wesentlichen Umstände**, dh diejenigen Umstände, die für den Anlageentschluss des Kunden von besonderer Bedeutung sind.[210]

111 Um der Wahrheitspflicht zu genügen, hat der Berater (Bank) die **Pflicht zur (bank-)üblichen kritischen Prüfung** der empfohlenen Kapitalanlage; eine bloße Plausibilitätsprüfung des Emissionsprospekts oder sonstiger Unterlagen genügt nicht.[211] Eine solche Plausibilitätsprüfung kann allenfalls im Rahmen einer reinen Anlagevermittlung ausreichend sein, nicht aber im Rahmen eines Beratungsvertrags, bei dem sich die Beratung auf diejenigen Eigenschaften und Risiken zu beziehen hat, die für die jeweilige Anlageentscheidung wesentliche Bedeutung haben oder haben können. Denn im Falle einer Kapitalanlageberatung dürfen die anfragenden Interessenten eine konkrete Anlageempfehlung nach den gesamten Umständen und Treu und Glauben dahin verstehen, dass der Berater die empfohlene Anlage mit (bank-)üblichem kritischen Sachverstand geprüft und für in Ordnung befunden hat. Dass eine Bank eine Anlage nicht ohne eine solche Prüfung

---

[206] BGH Urt. v. 6.7.1993 – XI ZR 12/93, BGHZ 123, 126, 129 f. = NJW 1993, 2433 = WM 1993, 1455.

[207] MüKoHGB/*Nobbe/Zahrte*, Anlagenberatung, Rn. 205; aA Langenbucher/Bliesener/Spindler/*Spindler*, Bankrechts-Kommentar, 2. Aufl., Kap. 33 Rn. 192; *Podewils* EWiR 2010, 383, 384.

[208] BGH Urt. v. 9.10.1989 – II ZR 257/88, NJW-RR 1990, 229 = WM 1990, 146.

[209] BGH Urt. v. 9.10.1989 – II ZR 257/88, NJW-RR 1990, 229 = WM 1990, 146.

[210] BGH Urt. v. 22.3.2011 – XI ZR 33/10, BGHZ 189, 13 Rn. 20 = NJW 2011, 1949 = WM 2011, 682; BGH Urt. v. 12.7.2007 – III ZR 145/06, NJW-RR 2007, 1692 Rn. 8 = WM 2007, 1608.

[211] BGH Urt. v. 7.10.2008 – XI ZR 89/07, BGHZ 178, 149 Rn. 10, 12 = NJW 2008, 3700 = WM 2008, 2166; BGH Urt. v. 1.12.2011 – III ZR 56/11, NJW 2012, 380 Rn. 10 = WM 2012, 24.

befürwortet, wird vom Geschäftsverkehr, der Banken regelmäßig besonderes Vertrauen entgegenbringt, ohne weiteres vorausgesetzt.[212] Dies gilt auch für einen freien Anlagenberater. Aufgrund dessen ist ein Anlageberater zu mehr als nur zu einer Plausibilitätsprüfung verpflichtet. Er muss deshalb eine Anlage, die er empfehlen will, mit üblichem kritischem Sachverstand prüfen oder den Anlageinteressenten auf ein diesbezügliches Unterlassen hinweisen.[213]

Ein Berater, der sich in Bezug auf eine bestimmte Anlageentscheidung als kompetent 112
geriert, hat sich dabei **aktuelle Informationen** über das Objekt, das er empfehlen will, zu verschaffen.[214] Dazu gehört die Auswertung vorhandener Veröffentlichungen in der **Wirtschaftspresse**.[215] Die Bank muss auf Verschlechterungen der Einstufung in den Ratings und kritische Stimmen der Wirtschaftspresse, dh Börsen-Zeitung, Handelsblatt, Financial Times Deutschland und FAZ, hinweisen.[216] Dabei ist nach der Rechtsprechung des BGH insbesondere die zeitnahe (dh spätestens binnen dreier Werktage) Lektüre und Auswertung des Handelsblatts unverzichtbar.[217] Neben diesen Veröffentlichungen und Internetmeldungen sind auch Presseerklärungen der Bundesanstalt für Finanzdienstleistungsaufsicht (BaFin) zu beachten; zu einer Nachfrage bei der Aufsichtsbehörde ist der Berater dagegen nicht verpflichtet.[218] Wenig verbreitete Veröffentlichungen zweifelhafter oder zumindest nicht allgemein anerkannter Qualität (zB Gerlach-Report, Wirtschaftswoche) gehören aber nicht zur Pflichtlektüre, so dass das Übersehen vereinzelter kritischer Stimmen nicht notwendig pflichtwidrig ist.[219] Sind der Bank aber negative Berichte bekannt, muss sie diese bei der Prüfung der Kapitalanlage berücksichtigen.[220] Dies gilt allerdings nicht, wenn in dem Bericht keine zusätzliche Sachinformation enthalten ist, sondern lediglich eine negative Bewertung abgegeben wird. Solche Berichte sind nicht mitteilungspflichtig, wenn ihr Inhalt nicht über das hinausgeht, was ohnehin in dem Prospekt oder sonstigen Verkaufsunterlagen enthalten ist, die dem Anleger vom Berater bei der Erfüllung dessen Beratungspflichten übergeben wurden und dem Anleger eine hinreichende Information über Chancen und Risiken vermitteln.[221]

---

[212] BGH Urt. v. 5.5.1992 – XI ZR 242/91, NJW 1992, 2560, 2562 = WM 1992, 1355.

[213] BGH Urt. v. 16.9.2010 – III ZR 14/10, NJW-RR 2011, 329 Rn. 10 = WM 2010, 1932. Aufgrund dessen ist der Leitsatz zu dem Urteil des BGH vom 15.11.2012 (III ZR 55/12, NJW-RR 2013, 371 = WM 2012, 2375) „Zu den Anforderungen an die von einem Anlageberater geschuldete Plausibilitätsprüfung eines Prospekts" missverständlich; der Anlageberater schuldet – was aus den Gründen des Urteils auch hervorgeht – eben nicht nur eine Plausibilitätsprüfung, sondern eine Prüfung mit üblichem kritischem Sachverstand (BGH Urt. v. 15.11.2012 – III ZR 55/12, aaO Rn. 6).

[214] BGH Urt. v. 6.7.1993 – XI ZR 12/93, BGHZ 123, 126, 131 = NJW 1993, 2433 = WM 1993, 1455; BGH Urt. v. 7.10.2008 – XI ZR 89/07, BGHZ 178, 149 Rn. 25 = NJW 2008, 3700 = WM 2008, 2166.

[215] BGH Urt. v. 7.10.2008 – XI ZR 89/07, BGHZ 178, 149 Rn. 25 = NJW 2008, 3700 = WM 2008, 2166; BGH Urt. v. 16.9.2010 – III ZR 14/10, NJW-RR 2011, 329 Rn. 10 = WM 2010, 1932; BGH Urt. v. 1.12.2011 – III ZR 56/11, NJW 2012, 380 Rn. 10 = WM 2012, 24.

[216] BGH Urt. v. 7.10.2008 – XI ZR 89/07, BGHZ 178, 149 Rn. 25 = NJW 2008, 3700 = WM 2008, 2166; BGH Urt. v. 5.11.2009 – III ZR 302/08, NJW-RR 2010, 349 Rn. 16 = WM 2009, 2360.

[217] BGH Urt. v. 5.11.2009 – III ZR 302/08, NJW-RR 2010, 349 Rn. 17 = WM 2009, 2360.

[218] BGH Urt. v. 16.9.2010 – III ZR 14/10, NJW-RR 2011, 329 Rn. 13 ff. = WM 2010, 1932.

[219] BGH Urt. v. 7.10.2008 – XI ZR 89/07, BGHZ 178, 149 Rn. 26 = NJW 2008, 3700 = WM 2008, 2166; BGH Urt. v. 5.3.2009 – III ZR 302/07, NJW-RR 2009, 687 Rn. 17 = WM 2009, 688.

[220] BGH Urt. v. 7.10.2008 – XI ZR 89/07, BGHZ 178, 149 Rn. 27 = NJW 2008, 3700 = WM 2008, 2166.

[221] BGH Urt. v. 5.3.2009 – III ZR 302/07, NJW-RR 2009, 687 Rn. 18 = WM 2009, 688.

113 Die **Zulassung von Effekten zum amtlichen Handel an der Börse** hat auf diese Pflichten keinen Einfluss. Die Bank kann sich vor allem nicht damit begnügen, allein die Börsenzulassung und den Zulassungsprospekt zum Maßstab für ihre Beratung zu machen und vor Aufnahme in ihr Beratungsprogramm auf weitere Informationsbeschaffung zu verzichten. Da die im Rahmen des Zulassungsverfahrens vorgenommene Prüfung keine Bonitätsprüfung ist, muss sich eine Bank, die für ihre Anlageempfehlung das Vertrauen ihres Kunden in Anspruch nimmt und in Bezug auf eine konkrete Anlageentscheidung sich als kompetent geriert, selbst **aktuelle Informationen** über das Anlageobjekt verschaffen.[222] Ebenso wenig ersetzt der positive Prüfbericht einer Wirtschaftsprüfungsgesellschaft die kritische Prüfung durch den Anlageberater.[223]

114 Nimmt eine beratende Bank **ausländische Papiere** in ihr Programm auf, hat sie sich – auch anhand ausländischer Quellen – über die Güte dieser Papiere zu informieren und sie einer eigenen Prüfung zu unterziehen. Der Anlageinteressent darf davon ausgehen, dass seine ihn beratende Bank, der er sich aufgrund der von dieser in Anspruch genommenen Sachkunde anvertraut, die von ihr in das Anlageprogramm aufgenommenen Papiere selbst als „gut" befunden hat.[224] Dies erfordert – insbesondere bei Schuldverschreibungen und Zertifikaten – auch die Prüfung der Bonität des Emittenten oder Garantiegebers, die für die Risikobeurteilung von maßgeblicher Bedeutung ist.[225] Dazu gehört etwa die Information über vorhandene Ratings.[226]

115 Hat der Berater die gebotenen **Prüfungen unterlassen**, ist er grundsätzlich verpflichtet, den Anleger darauf hinzuweisen.[227]

116 **Fehlen** dem Berater entsprechende **Kenntnisse**, so dass er zu einer Beratung über ein konkretes Risiko nicht in der Lage ist, muss er den Anlageinteressenten darauf hinweisen.[228] Erweckt eine Bank Interessenten gegenüber den Eindruck, ein Anlageprogramm mit positivem Ergebnis geprüft zu haben, so hat sie die Interessenten über alle bei ordnungsgemäßer banküblicher Überprüfung erkennbaren Risiken der Anlage aufzuklären.[229]

117 Ob der Anlageberater diese Überprüfung ordnungsgemäß durchgeführt hat, ist eine **Frage des Einzelfalls**.

118 Zu prüfen sind zB:

- ***Bonität*** des ***Emittenten oder Garantiegebers*** (insbesondere bei Schuldverschreibungen und Zertifikaten), wenn dies für die Risikobeurteilung von maßgeblicher Bedeutung ist;[230]

---

[222] BGH Urt. v. 6.7.1993 – XI ZR 12/93, BGHZ 123, 126, 130 f. = NJW 1993, 2433 = WM 1993, 1455.

[223] BGH Urt. v. 13.1.2000 – III ZR 62/99, NJW-RR 2000, 998, 999 = WM 2000, 426.

[224] BGH Urt. v. 6.7.1993 – XI ZR 12/93, BGHZ 123, 126, 129 = NJW 1993, 2433 = WM 1993, 1455; BGH Urt. v. 16.9.2010 – III ZR 14/10, NJW-RR 2011, 329 Rn. 16 = WM 2010, 1932.

[225] BGH Urt. v. 27.9.2011 – XI ZR 182/10, BGHZ 191, 119 Rn. 24 = NJW 2012, 66 = WM 2011, 2268.

[226] BGH Urt. v. 6.7.1993 – XI ZR 12/93, BGHZ 123, 126, 131 = NJW 1993, 2433 = WM 1993, 1455.

[227] BGH Urt. v. 5.3.2009 – III ZR 302/07, NJW-RR 2009, 687 Rn. 13; BGH Urt. v. 5.11.2009 – III ZR 302/08, NJW-RR 2010, 349 Rn. 16 = WM 2009, 2360; BGH Urt. v. 16.9.2010 – III ZR 14/10, NJW-RR 2011, 329 Rn. 19 = WM 2010, 1932.

[228] BGH Urt. v. 7.10.2008 – XI ZR 89/07, BGHZ 178, 149 Rn. 14 = NJW 2008, 3700 = WM 2008, 2166.

[229] BGH Urt. v. 7.10.2008 – XI ZR 89/07, BGHZ 178, 149 Rn. 14 = NJW 2008, 3700 = WM 2008, 2166; BGH Urt. v. 5.5.1992 – XI ZR 242/91, NJW 1992, 2560, 2562 = WM 1992, 1355.

[230] BGH Urt. v. 27.9.2011 – XI ZR 182/10, BGHZ 191, 119 Rn. 24 = NJW 2012, 66 = WM 2011, 2268.

- ***Seriosität und Bonität*** des in Aussicht genommenen ***Erlös(ausfall)versicherers*** bei einem Filmfonds anhand von Veröffentlichungen in der Wirtschaftspresse, während eine Nachfrage bei dem Bundesaufsichtsamt nicht erforderlich ist;[231]
- Information über vorhandene ***Ratings***;[232] Überprüfung auf etwaige Verschlechterungen der Einstufung in den Ratings und/oder auf kritische Stimmen der Wirtschaftspresse, dh Börsen-Zeitung, Handelsblatt, Financial Times Deutschland und FAZ;[233]
- bei der Empfehlung von ***Immobilien*** muss der Anlageberater im Allgemeinen deren Lage, Größe, Zustand und Belastung überprüfen;[234]
- bei der Empfehlung einer ***Immobilienfondsbeteiligung*** muss der Berater auch das Mietausfallrisiko berücksichtigen und eine – *ex ante* vertretbare – Prognose über die voraussichtliche künftige Entwicklung des Anlageobjekts vornehmen;[235]
- bei der Empfehlung eines geschlossenen Immobilienfonds muss der Anlageberater die ***Modellberechnungen*** des Fondsinitiators einer Plausibilitätskontrolle unterziehen.[236]

Nicht näher zu hinterfragen sind dagegen – solange kein begründeter Anlass (nach Grund und Höhe) besteht – folgende Positionen: 119

- ***Kostenposition „Avale Bauzeit"*** bei dem Abschnitt „Investitionsplanung", die die während der Bau- bzw. Investitionsphase anfallenden Kosten für Bürgschaften und ähnliche Garantien betrifft;[237]
- ***Kostenposition „Finanzierungskosten"*** bei dem Abschnitt „Investitionsplanung", die die auf die Fremdfinanzierung entfallende Zinsverbindlichkeit betrifft.[238]

Nach allgemeinen Grundsätzen führt eine unterlassene oder fehlerhafte Prüfung nach 120 dem **Schutzzweck der verletzten Pflicht** jedoch nur dann zur Haftung, wenn bei einer ordnungsgemäßen Prüfung Risiken erkennbar geworden wären, über welche der Anleger hätte aufgeklärt werden müssen oder aber wenn erkennbar geworden wäre, dass eine Empfehlung der Kapitalanlage nicht anleger- und/oder anlagegerecht ist.[239]

(2) Prognosen. Die Wahrheitspflicht bezieht sich nicht nur auf tatsächliche Um- 121 stände, sondern auch auf ***Beurteilungen und Prognosen***. Denn zu den Umständen, über die der Berater ein zutreffendes und vollständiges Bild zu vermitteln hat, gehören auch die für die Anlageentscheidung wesentlichen Prognosen über die voraussichtliche künftige Entwicklung des Anlageobjekts.[240] Da deren Bewertung aber subjektiven Maßstäben unterliegt, können sie nicht – wie Tatsachen – wahr oder unwahr sein. Aufgrund dessen muss die Bewertung und Empfehlung unter Berücksichtigung der tatsächlichen Umstände und

[231] BGH Urt. v. 16.9.2010 – III ZR 14/10, NJW-RR 2011, 329 Rn. 11 ff. = WM 2010, 1932.
[232] BGH Urt. v. 6.7.1993 – XI ZR 12/93, BGHZ 123, 126, 131 = NJW 1993, 2433 = WM 1993, 1455.
[233] BGH Urt. v. 7.10.2008 – XI ZR 89/07, BGHZ 178, 149 Rn. 25 = NJW 2008, 3700 = WM 2008, 2166; BGH Urt. v. 5.11.2009 – III ZR 302/08, NJW-RR 2010, 349 Rn. 16 = WM 2009, 2360.
[234] BGH Urt. v. 8.2.1978 – VIII ZR 20/77, BGHZ 70, 356, 363 = NJW 1978, 997 = WM 1978, 306.
[235] BGH Urt. v. 27.10.2009 – XI ZR 338/08, WM 2009, 2306 Rn. 21 ff. = ZIP 2009, 2380.
[236] BGH Urt. v. 17.2.2011 – III ZR 144/10, NJW-RR 2011, 910 Rn. 10 = WM 2011, 505.
[237] BGH Urt. v. 15.11.2012 – III ZR 55/12, NJW-RR 2013, 371 Rn. 8 ff. = WM 2012, 2375.
[238] BGH Urt. v. 15.11.2012 – III ZR 55/12, NJW-RR 2013, 371 Rn. 18 ff. = WM 2012, 2375.
[239] BGH Urt. v. 7.10.2008 – XI ZR 89/07, BGHZ 178, 149 Rn. 14 = NJW 2008, 3700 = WM 2008, 2166; BGH Urt. v. 15.11.2012 – III ZR 55/12, NJW-RR 2013, 371 Rn. 6 = WM 2012, 2375; BGH Urt. v. 27.9.2011 – XI ZR 182/10, BGHZ 191, 119 Rn. 24 = NJW 2012, 66 = WM 2011, 2268.
[240] BGH Urt. v. 12.7.1982 – II ZR 175/81, NJW 1982, 2823 = WM 1982, 862; BGH Urt. v. 27.10.2009 – XI ZR 337/08, NJW-RR 2010, 115 Rn. 19 = WM 2009, 2303.

der sich abzeichnenden Risiken *ex ante* betrachtet lediglich vertretbar sein.[241] Denn der Berater übernimmt grundsätzlich keine Gewähr dafür, dass die von ihm prognostizierte Entwicklung tatsächlich eintritt. Das Risiko, dass sich eine Anlageentscheidung im Nachhinein als falsch erweist, trägt der Anleger.[242] Dies gilt insbesondere in Bezug auf Börsenkursentwicklungen über einen längeren Zeitraum.[243] Allerdings sind auch die aufsichtsrechtlichen Anforderungen nach § 4 Abs. 6 WpDVerOV zu beachten, denen insoweit eine Ausstrahlungswirkung auf das Zivilrecht zukommt. Danach dürfen Angaben zur künftigen Wertentwicklung nicht auf einer **simulierten früheren Wertentwicklung** beruhen oder auf eine solche Simulation Bezug nehmen. Ferner müssen die Angaben auf angemessenen, durch objektive Daten gestützten Annahmen beruhen und für den Fall, dass sie auf der **Bruttowertentwicklung** beruhen, deutlich angeben, wie sich Provisionen, Gebühren und andere Entgelte auswirken.

122 Die Bank darf einer Anlageempfehlung auch eine **optimistische Erwartung** der Entwicklung einer Kapitalanlage zugrunde legen, wenn die diese Erwartung stützenden Tatsachen sorgfältig ermittelt sind und die darauf gestützte Prognose der künftigen Entwicklung aus damaliger Sicht vertretbar ist. Darüber hinausgehende Risikoabschläge, die der einer Prognose innewohnenden Unsicherheit Rechnung tragen sollen und einer realistischen, kaufmännischen Erfahrungen entsprechenden vorsichtigen Kalkulation nachkommen würden, sind für eine angemessene Darstellung des Risikos der Anlage nicht erforderlich.[244]

123 Beispiele für **vertretbare Prognosen**:

- Erwartung eines Wiederanstiegs der Kurse von Aktienfonds- und Immobilienfondsanteilen innerhalb der nächsten drei Jahre für Halteempfehlung im Mai 2000,[245]
- Kalkulation eines Mietausfallrisikos von lediglich 2% anstatt 4% der Mieterträge für Geschäftshäuser in Berlin aufgrund der Erwartung im Dezember 1994, die Bevölkerungszahl Berlins und damit auch der Bedarf an Büroraum werde stark steigen,[246]
- nicht eingetroffene Prognose der Ausschüttung der berechneten Mieterträge aus einem wider Erwarten defizitären Mietpool infolge einer bei Vertragsschluss nicht absehbaren Entwicklung des Mietmarktes oder der Eigentumswohnanlage,[247]
- Höhe der Nettodurchschnittsverzinsung von 7% p.a. für einen im Jahr 1996 aufgelegten geschlossenen Immobilienfonds.[248]

124 **(3) Vergleich mit anderen Anlageprodukten.** Bei einem Vergleich der empfohlenen Kapitalanlage mit anderen Anlageprodukten müssen der Vergleich aussagekräftig und die Darstellung ausgewogen sein und die für den Vergleich herangezogenen Informationsquellen, wesentlichen Fakten und Hypothesen angegeben werden (vgl. § 4 Abs. 3 WpDVerOV). Aussagen zu der **früheren Wertentwicklung** eines Anlageprodukts dürfen

---

[241] BGH Urt. v. 21.3.2006 – XI ZR 63/05, NJW 2006, 2041 Rn. 12 = WM 2006, 851; BGH Urt. v. 27.10.2009 – XI ZR 337/08, NJW-RR 2010, 115 Rn. 19 = WM 2009, 2303; BGH Urt. v. 23.4.2012 – II ZR 75/10, NJW-RR 2012, 1312 Rn. 17 = WM 2012, 1293.

[242] BGH Urt. v. 21.3.2006 – XI ZR 63/05, NJW 2006, 2041 Rn. 12 = WM 2006, 851; BGH Urt. v. 23.4.2012 – II ZR 75/10, NJW-RR 2012, 1312 Rn. 17 = WM 2012, 1293.

[243] BGH Urt. v. 21.3.2006 – XI ZR 63/05, NJW 2006, 2041 Rn. 15 = WM 2006, 851.

[244] BGH Urt. v. 27.10.2009 – XI ZR 337/08, NJW-RR 2010, 115 Rn. 19, 22 = WM 2009, 2303.

[245] Vgl. BGH Urt. v. 21.3.2006 – XI ZR 63/05, NJW 2006, 2041 Rn. 15 = WM 2006, 851.

[246] Vgl. BGH Urt. v. 27.10.2009 – XI ZR 337/08, NJW-RR 2010, 115 Rn. 20 ff. = WM 2009, 2303.

[247] Vgl. BGH Urt. v. 18.7.2008 – V ZR 71/07, NJW 2008, 3059 Rn. 11 = WM 2008, 1798; BGH Urt. v. 18.7.2008 – V ZR 70/07, NJW 2008, 3060 Rn. 11 ff. = WM 2008, 1837.

[248] BGH Urt. v. 23.4.2012 – II ZR 75/10, NJW-RR 2012, 1312 Rn. 18 = WM 2012, 1293.

nicht im Vordergrund der Information stehen und müssen geeignete Angaben zur Wertentwicklung enthalten, die sich auf die unmittelbar vorausgegangenen Jahre beziehen, den Referenzzeitraum und die Informationsquelle eindeutig angeben und im Fall einer Bezugnahme auf die Bruttowertentwicklung angeben, wie sich Provisionen, Gebühren und andere Entgelte auswirken; bei Angaben in einer anderen Währung als in der Währung des Staates, in dem der Anleger ansässig ist, muss die Produktinformation die Währung eindeutig angeben und einen Hinweis enthalten, dass die Rendite in diesen Fällen infolge von Währungsschwankungen steigen oder fallen kann (vgl. § 4 Abs. 4 WpDVerOV). Bei **Simulationen** einer früheren Wertentwicklung sind die Anforderungen des § 4 Abs. 5 WpDVerOV zu beachten.

(4) Beratung in Rechtsfragen. Ob sich die Beratungs- und Ermittlungspflichten des Beraters auch auf Rechtsfragen erstrecken, bestimmt sich nach den Umständen des Einzelfalls. Dabei kommt es insbesondere darauf an, wie der Anlageberater gegenüber dem Anlageinteressenten auftritt und ob und inwieweit dieser die berechtigte Erwartung hegt, über bestimmte Umstände informiert zu werden.[249] Zu solchen Umständen zählen grundsätzlich zwar auch Gesetzesänderungen, sofern sie für die empfohlene Kapitalanlage erhebliche Auswirkungen haben können. ***Schwierigen und ungeklärten Rechtsfragen***, die etwa infolge einer Gesetzesänderung auftreten, muss der Anlageberater – anders als die Anlagegesellschaft[250] – ohne besondere Anhaltspunkte aber nicht nachgehen. Dies gilt insbesondere für solche Rechtsfragen, die er regelmäßig nur unter Inanspruchnahme sachkundiger Hilfe (Rechtsgutachten) abklären könnte.[251] Darüber hinaus schuldet der Berater auch keine umfassende steuerliche Prüfung und Beratung.[252] Gegebenenfalls muss der Anleger aber darauf hingewiesen werden, dass der Berater eine solche Prüfung nicht vorgenommen hat. 125

(5) Halte- oder Verkaufsempfehlung. Die vorstehenden Ausführungen gelten nicht nur für eine Kaufempfehlung, sondern auch für eine Halteempfehlung[253] oder für Verkaufs- und Kaufempfehlungen im Rahmen einer Depotumschichtung.[254] 126

cc) Klarheit und Verständlichkeit

Die Pflicht zur Wahrheit wird ergänzt durch die Pflicht zur Klarheit. Die beratende Bank muss dem Kunden **in verständlicher Weise** insbesondere die Risiken der empfohlenen Anlage klar vor Augen führen.[255] Dabei muss sich die Bank bei der Information des Anlegers auf die individuellen Eigenkenntnisse, die individuelle Vorbildung und Auffassungsgabe des Anlegers einstellen und ihn im Vergleich zu anderen Anlegern individuell ansprechen.[256] Von besonderer Bedeutung war dieses Kriterium in der ersten Swap-Entscheidung des BGH.[257] 127

---

[249] BGH Urt. v. 1.12.2011 – III ZR 56/11, NJW 2012, 380 Rn. 17 = WM 2012, 24.

[250] Vgl. dazu BGH Urt. v. 21.3.2005 – II ZR 149/03, WM 2005, 838 = ZIP 2005, 763, 765; BGH Urt. v. 3.12.2007 – II ZR 21/06, BKR 2008, 163 Rn. 8 ff. = WM 2008, 391.

[251] BGH Urt. v. 1.12.2011 – III ZR 56/11, NJW 2012, 380 Rn. 17 = WM 2012, 24.

[252] OLG München WM 2011, 1895, 1897.

[253] BGH Urt. v. 21.3.2006 – XI ZR 63/05, NJW 2006, 2041 Rn. 15 = WM 2006, 851.

[254] OLG Schleswig WM 2013, 2258.

[255] BGH Urt. v. 22.3.2011 – XI ZR 33/10, BGHZ 189, 13 Rn. 29 = NJW 2011, 1949 = WM 2011, 682.

[256] *Vortmann*, Aufklärungs- und Beratungspflichten der Banken, Rn. 773.

[257] BGH Urt. v. 22.3.2011 – XI ZR 33/10, BGHZ 189, 13 Rn. 20 = NJW 2011, 1949 = WM 2011, 682.

128 Die verwendete **Sprache** hat sich am Empfängerhorizont zu orientieren. ***Fachtermini*** dürfen dabei verwendet werden. Sie sind aber zu erläutern, sofern nicht davon auszugehen ist, dass sie dem Anleger geläufig sind. Fremdsprachige Begriffe sind in der Regel zu übersetzen, sofern sich ihre Bedeutung nicht aus dem Zusammenhang ergibt oder dem Anleger bekannt ist.[258]

dd) Vollständigkeit

129 Die Pflicht zur vollständigen Aufklärung besagt, dass die Bank alle Umstände mitzuteilen hat, die für die jeweilige Anlageentscheidung **wesentliche Bedeutung** haben oder haben können.[259] Ein Beratungsverschulden liegt damit nicht nur in einer unrichtigen Unterrichtung, sondern auch in einem Unterlassen gebotener Information.[260] Das Erfordernis der Vollständigkeit der Information verlagert nicht das typische Anlegerrisiko auf die Bank. Die wirtschaftliche Bedeutung und das Verlustrisiko einer Anlage sowie die Tatsache, dass der Anleger im Gegensatz zum Anlageberater zumeist selbst keine oder nur geringe Überprüfungsmöglichkeiten hat, rechtfertigen dieses Ausmaß der Aufklärungspflicht. Ihre Erfüllung nimmt dem Kunden das Risiko des Anlagegeschäftes nicht ab, sondern gibt ihm vielmehr erst die Möglichkeit, das wirkliche und ohnehin bestehende Risiko zu erkennen.[261]

130 Die Beschränkung der Aufklärung auf die für die Anlageentscheidung wesentliche Bedeutung hat allerdings zur Folge, dass eine vollständige **Darstellung aller Spezifika der Anlageform nicht geschuldet** ist. Dies wäre auch illusorisch. Die Aufklärung dient der Beseitigung von Informationsdefiziten beim Anleger.[262] Damit ist sie nur geschuldet, wenn und soweit der Anleger aufklärungsbedürftig ist und es sich um Umstände handelt, die für die Anlageentscheidung des Kunden wesentliche Bedeutung haben oder haben können.[263] Welche Umstände von wesentlicher Bedeutung sind oder sein können, ist eine Frage des Einzelfalls und letztlich eine Wertungsfrage. Die aufsichtsrechtlichen Vorgaben helfen dabei nur wenig weiter, weil sie – wie etwa die Anforderungen an die Kundeninformation über die Risiken der empfohlenen Kapitalanlage gemäß § 31 Abs. 3 Satz 3 Nr. 2 WpHG iVm § 5 Abs. 1 WpDVerOV – nur sehr allgemein und unspezifisch gehalten sind, so dass sie im Grunde nur Selbstverständliches enthalten.

ee) Beratung anhand des Prospekts

131 Nach der Rechtsprechung des BGH ist es in der Regel ausreichend, wenn der Bankberater dem Kunden als Mittel der Aufklärung statt einer mündlichen Erläuterung einen vollständigen und richtigen, dh den gesetzlichen Vorschriften entsprechenden Prospekt aushändigt.[264] Der Prospekt muss rechtzeitig übergeben werden; die Beweislast trägt allerdings der Anleger.[265]

---

[258] MüKoHGB/*Nobbe/Zahrte*, Anlageberatung, Rn. 210.

[259] BGH Urt. v. 6.7.1993 – XI ZR 12/93, BGHZ 123, 126, 129 = NJW 1993, 2433 = WM 1993, 1455.

[260] BGH Urt. v. 25.11.1981 – IVa ZR 286/80, NJW 1982, 1095 = WM 1982, 90.

[261] BGH Urt. v. 25.11.1981 – IVa ZR 286/80, NJW 1982, 1095 = WM 1982, 90.

[262] MüKoHGB/*Nobbe/Zahrte,* Anlageberatung Rn. 145.

[263] BGH Urt. v. 6.7.1993 – XI ZR 12/93, BGHZ 123, 126, 129 = NJW 1993, 2433 = WM 1993, 1455; BGH Urt. v. 27.9.2011 – XI ZR 182/10, BGHZ 191, 119 Rn. 22 = NJW 2012, 66 = WM 2011, 2268.

[264] BGH Urt. v. 12.7.2007 – III ZR 145/06, NJW-RR 2007, 1692 Rn. 9 = WM 2007, 1608; BGH Urt. v. 24.4.2014 – III ZR 389/12, NJW-RR 2014, 1075 Rn. 9.

[265] BGH Urt. v. 11.5.2006 – III ZR 205/05, NJW-RR 2006, 1345 Rn. 6 ff. = WM 2006, 1288; BGH Urt. v. 6.12.2012 – III ZR 66/12, NJW-RR 2013, 296 Rn. 16 = WM 2013, 68; BGH Urt. v. 24.4.2014 – III ZR 389/12, NJW-RR 2014, 1075 Rn. 9 f.

(1) Rechtzeitigkeit bedeutet, dass der Kunde den Prospekt noch vor der Anlageentscheidung intensiv zur Kenntnis nehmen und sich mit seinem Inhalt vertraut machen kann. Welcher Zeitraum dafür zu fordern ist, ist – weil abhängig vom Umfang des Prospekts und der Komplexität der Anlage – eine Frage des Einzelfalls.[266] Ihre Beantwortung hängt ua von den Kenntnissen und der Person des Anlageinteressenten und der Komplexität des Anlageprodukts ab. Die Übergabe im unmittelbaren Zusammenhang mit der Zeichnung ist regelmäßig nicht rechtzeitig.[267] Feste Zeitgrenzen bestehen nicht. Der BGH hat einen Zeitraum von zwei Wochen bei Zeichnung eines Immobilienfonds für ausreichend gehalten.[268] Er hat damit aber nicht entschieden, dass nicht auch eine kürzere Frist genügen könnte. Im Hinblick auf die – wenn auch die Prüfung des Beratungsprotokolls betreffende – Vorschrift des § 34 Abs. 2a Satz 4 WpHG dürfte auch eine Frist von einer Woche nicht zu kurz sein.[269] Im Einzelfall kann auch die Aushändigung des Prospekts einen Tag vor der Zeichnung der Anlage (hier: Medienfonds) ausreichend sein, wenn dem bereits mehrere persönliche Beratungsgespräche vorangegangen sind.[270] 132

Bei einer **rechtzeitigen Übergabe** des Prospekts darf von dem Kunden erwartet werden, dass er den Prospekt eingehend und sorgfältig liest.[271] Unterlässt er dies, geht dies zu seinen Lasten.[272] Dagegen darf der Anleger den Prospekt unbeachtet lassen, wenn er nicht rechtzeitig übergeben wird; er muss ihn insbesondere auch nicht mehr nach der getroffenen Anlageentscheidung durchlesen.[273] 133

(2) Mehrheit von Anlegern. Bei mehreren Anlegern, die eine Kapitalanlage gemeinsam zeichnen wollen (zB Eheleute oder Lebenspartner), genügt es, wenn ihnen ein Prospekt ausgehändigt wird. Bei einer nicht rechtzeitigen Übergabe des Prospekts stellt sich dann aber die Frage, ob der eine Partner, der den Prospekt deshalb nicht (mehr) gelesen hat, sich die Kenntnis des anderen Partners, der den Prospekt gleichwohl noch gelesen hat, zurechnen lassen muss. Die bei der Lektüre des Prospekts gewonnenen Erkenntnisse muss sich der Anleger nur dann zurechnen lassen, wenn der Ehegatte (Lebenspartner) als **Wissensvertreter** des Anlegers tätig geworden ist. Dies setzt insbesondere voraus, dass ihm im Zusammenhang mit der Verfolgung des Schadensersatzanspruchs gegen den Berater die Kenntnisnahme von bestimmten Tatsachen oder die Vornahme der erforderlichen Tatsachenfeststellungen übertragen worden ist. Nach der Rechtsprechung des BGH zu der im Rahmen der kenntnisabhängigen Verjährung in ähnlicher Weise auftretenden Frage darf Letzteres auch bei Ehegatten oder Lebenspartnern nicht schlicht vermutet, sondern muss vom Tatrichter auf der Grundlage hinreichend tragfähiger Anhaltspunkte festgestellt werden.[274] 134

---

[266] BGH Urt. v. 25.9.2007 – XI ZR 320/06, BKR 2008, 199 Rn. 17; BGH Beschl. v. 19.7.2011 – XI ZR 191/10, NJW 2011, 3229 Rn. 18 = WM 2011, 1506; ebenso BGH Urt. v. 21.3.2005 – II ZR 140/03, WM 2005, 833, 837; BGH Urt. v. 14.4.2011 – III ZR 27/10, NJW-RR 2011, 1139 Rn. 7; BGH Urt. v. 24.4.2014 – III ZR 389/12, NJW-RR 2014, 1075 Rn. 9.

[267] BGH Urt. v. 8.5.2012 – XI ZR 262/10, BGHZ 193, 159 Rn. 21 = NJW 2012, 2427 = WM 2012, 1337.

[268] BGH Urt. v. 12.7.2007 – III ZR 145/06, NJW-RR 2007, 1692 Rn. 9 = WM 2007, 1608.

[269] Vgl. auch *Radig/Schedensack* WM 2015, 506.

[270] BGH Beschl. v. 19.7.2011 – XI ZR 191/10, NJW 2011, 3229 Rn. 18 = WM 2011, 1506.

[271] BGH Urt. v. 31.3.1992 – XI ZR 70/91, NJW-RR 1992, 879, 881 = WM 1992, 901; BGH Urt. v. 26.2.2013 – XI ZR 345/10, BKR 2013, 283 Rn. 33.

[272] BGH Urt. v. 26.2.2013 – XI ZR 345/10, BKR 2013, 283 Rn. 33.

[273] BGH Urt. v. 8.5.2012 – XI ZR 262/10, BGHZ 193, 159 Rn. 21 = NJW 2012, 2427 = WM 2012, 1337.

[274] BGH Urt. v. 13.12.2012 – III ZR 298/11, NJW 2013, 448 Rn. 17 ff. = WM 2013, 155.

135 **(3) Inhaltliche Anforderungen.** Der Prospekt muss keinen schnellen Überblick über die Eigenschaften und Risiken der Investition bieten. Die Ausführungen müssen klar und verständlich sein. Der **Umfang** der Ausführungen kann dem Umstand geschuldet sein, dass ein Informationsinteresse des Anlegers zu erfüllen ist, dem gebührend Rechnung zu tragen ist. Etwas anderes gilt allerdings dann, wenn durch den Umfang der Ausführungen zB die mit der Beteiligung verbundenen wirtschaftlichen Risiken im Sinne eines Fehlers verschleiert würden.[275]

136 Neben dem Prospekt über ein konkretes Anlageobjekt kann die Aufklärung auch durch die – rechtzeitige – Aushändigung allgemein gehaltenen schriftlichen Materials, wie zB die sog. **Basisinformationen**, erfolgen, wenn dieses geeignet ist, über die allgemeinen Risiken – wie etwa das allgemeine Emittentenrisiko – aufzuklären.[276] Voraussetzung ist natürlich auch insoweit, dass die Informationsbroschüren inhaltlich richtig und widerspruchsfrei sind.[277] Eines ausdrücklichen Hinweises auf bestimmte Seiten der schriftlichen Informationen und einer Aufforderung zu deren Lektüre bedarf es dann auch in späteren Beratungsgesprächen nicht mehr.[278] Etwas anderes kann nur dann gelten, wenn der Berater dabei – ausdrücklich oder konkludent – den Eindruck erweckt hätte, den Anleger im Rahmen der Empfehlung der einzelnen Anlage erschöpfend mündlich aufgeklärt und beraten zu haben.[279]

137 Den Anforderungen an eine **hinreichende Prospektqualität** genügt dagegen nicht eine ***Produktbroschüre (Werbeschrift)*** mit einem nach Inhalt, Umfang und Darstellung erkennbar werblichen und weniger informativen Charakter, zumal dann, wenn die Broschüre nicht zusammen mit dem eigentlichen Prospekt als „Gesamtpaket" zur Gewinnung von Anlegern eingesetzt worden ist.[280] Auch eine solche – an sich unverbindliche – Werbebroschüre kann aber eine Haftung wegen Beratungsverschuldens begründen, wenn sie bei der Beratung eingesetzt wird und fehlerhafte Tatsacheninformationen enthält. Auch ein körperlich von dem ausdrücklich als Emissionsprospekt bezeichneten Druckwerk getrenntes Schriftstück, das zusammen mit diesem vertrieben wird, kann bei der gebotenen **Gesamtbetrachtung** Bestandteil eines Anlageprospekts im Rechtssinn sein.[281]

138 Nach den von der Rechtsprechung entwickelten Prospekthaftungsgrundsätzen hat der Prospekt über ein Beteiligungsangebot den Anleger über alle Umstände, die für seine Entschließung von **wesentlicher Bedeutung** sind, sachlich richtig und vollständig zu unterrichten. Dazu gehört eine Aufklärung über Umstände, die den Vertragszweck vereiteln oder den vom Anleger verfolgten Zweck gefährden können. Für die Beurteilung, ob ein Prospekt unrichtig oder unvollständig ist, ist auf das **Gesamtbild** abzustellen, das er dem

---

[275] BGH Beschl. v. 12.1.2006 – III ZR 407/04, NJW-RR 2006, 770 Rn. 7 = WM 2006, 522.

[276] BGH Urt. v. 11.11.2003 – XI ZR 21/03, NJW-RR 2004, 484, 485 = WM 2004, 24; BGH Urt. v. 27.9.2011 – XI ZR 178/10, NJW-RR 2012, 43 Rn. 32 = WM 2011, 2261; BGH Urt. v. 24.2.2015 – XI ZR 202/13, WM 2015, 1055 27; BGH Urt. v. 25.11.2014 – XI ZR 480/13, BKR 2015, 163 Rn. 32.

[277] BGH Urt. v. 24.2.2015 – XI ZR 202/13, WM 2015, 1055 Rn. 30; BGH Urt. v. 25.11.2014 – XI ZR 480/13, BKR 2015, 163 Rn. 32 (unzureichende Informationen über Voraussetzungen und Rechtsfolgen eines Sonderkündigungsrecht); siehe zu den damals unzureichenden „Basisinformationen über Börsentermingeschäfte" BGH Urt. v. 14.5.1996 – XI ZR 188/95, NJW-RR 1996, 947 = WM 1996, 1214; BGH Urt. v. 24.9.1996 – XI ZR 244/95, NJW-RR 1997, 176 = WM 1997, 309; BGH Urt. v. 28.9.2004 – XI ZR 259/03, NJW 2004, 3628, 3629 f. = WM 2004, 2205.

[278] BGH Urt. v. 24.2.2015 – XI ZR 202/13, WM 2015, 1055 Rn. 29.

[279] BGH Urt. v. 24.2.2015 – XI ZR 202/13, WM 2015, 1055 Rn. 29.

[280] BGH Urt. v. 21.3.2013 – III ZR 182/12, NJW 2013, 2343 Rn. 22 = WM 2013, 836.

[281] BGH Urt. v. 17.11.2011 – III ZR 103/10, BGHZ 191, 310 Rn.23 ff. = NJW 2012, 758 = WM 2012, 19.

Anleger unter Berücksichtigung der von ihm zu fordernden sorgfältigen und eingehenden Lektüre vermittelt.[282]

139 Ist der **Prospekt unrichtig**, hat der Anlageberater die falschen Angaben richtig zu stellen. Das gilt auch dann, wenn die Angabe bei Herstellung des Prospekts noch richtig war, im Zeitpunkt seiner Verwendung aber fehlerhaft geworden ist (zB Herabstufung des Ratings). Die Darlegungs- und Beweislast, dass dies erfolgt ist, trägt der Anlageberater.[283] Entsprechendes gilt bei widersprüchlichen Angaben im Prospekt, die ebenfalls zulasten des Beraters gehen.[284] Das gilt auch dann, wenn die mündliche Beratung lediglich anhand des Prospekts erfolgt ist, ohne dass dem Anleger zuvor oder anschließend der Prospekt ausgehändigt worden ist.[285]

140 Bei Übergabe eines Prospekts kann sich eine Haftung des Beraters aber auch daraus ergeben, dass er den Anleger durch **Abschwächung der angesprochenen Risiken** irreführt,[286] die Risikohinweise im Prospekt entwertet oder für die Entscheidung des Anlegers mindert[287] oder Prospektfehler nicht richtig stellt.[288] Dies beruht darauf, dass der Anleger, der bei seiner Entscheidung die besonderen Erfahrungen und Kenntnisse eines Anlageberaters oder -vermittlers in Anspruch nimmt, den Ratschlägen, Auskünften und Mitteilungen des Beraters oder Vermittlers, die dieser ihm in einem persönlichen Gespräch unterbreitet, besonderes Gewicht beimisst. Die notwendig allgemein gehaltenen und mit zahlreichen Fachbegriffen versehenen Prospektangaben treten dann regelmäßig in den Hintergrund.[289]

141 Ist der **Prospekt richtig**, kann er gleichwohl nicht zur Information über die aufklärungspflichtigen Tatsachen geeignet sein, so dass es insoweit einer **weiteren Information**, sei es mündlich, sei es durch ergänzendes schriftliches Informationsmaterial, bedarf. Dies beruht darauf, dass der Pflichtinhalt eines Prospekts nach den Grundsätzen der zivilrechtlichen Prospekthaftung ieS oder nach den spezialgesetzlichen Vorgaben und der Umfang der Aufklärungspflichten aus einem Beratungsvertrag unterschiedlich sein können. So genügt etwa im Prospekt die offene Ausweisung von Vertriebsprovisionen, ihrer Höhe und ihrer Empfänger, während der Umstand, dass die Provisionen teilweise an die beratende Bank rückvergütet werden, nach den zivilrechtlichen Prospekthaftungsgrundsätzen im Prospekt nicht ausgewiesen werden muss. Zu einer solchen Aufklärung ist allein die anlageberatende Bank verpflichtet, so dass sie hierauf – wenn sich dies nicht aus dem Prospekt ergibt – gesondert hinweisen muss.[290]

142 Wird der **Prospekt erst in dem Beratungsgespräch ausgehändigt**, in dessen Verlauf der Anleger die empfohlene Anlage auch zeichnet, kommt es für die Ordnungsgemäßheit der Beratung auf den Inhalt des Beratungsgesprächs an. Wurde dabei der Prospekt (nur) ausschnittsweise erörtert, ist eine Beratung auch nur zu diesen Punkten erfolgt; der Prospekt hat dann in seiner Gesamtheit als Mittel der Aufklärung gerade keine Verwendung gefunden.[291]

---

[282] BGH Urt. v. 24.4.2014 – III ZR 389/12, NJW-RR 2014, 1075 Rn. 12; BGH Urt. v. 16.3.2017 - III ZR 489/16, BeckRS 2017, 105998 Rn. 24 = WM 2017, 708.

[283] BGH Beschl. v. 17.9.2009 – XI ZR 264/08, BKR 2009, 471 Rn. 5; BGH Beschl. v. 19.7.2009 – XI ZR 191/10, NJW 2011, 3229 Rn. 15 = WM 2011, 1506.

[284] BGH Urt. v. 14.6.2007 – III ZR 300/05, NJW-RR 2007, 1329 Rn. 9 ff., 14 = WM 2007, 1507 (widersprüchliche Risikodarstellung); BGH Urt. v. 16.3.2017 - III ZR 489/16, BeckRS 2017, 105998 Rn. 21 ff. = WM 2017, 708 (irreführende Angaben zur Eignung eines Fonds für Altersvorsorge).

[285] BGH Urt. v. 3.12.2007 – II ZR 21/06, BKR 2008, 163 Rn. 17 f. = WM 2008, 391.

[286] BGH Urt. v. 14.4.2011 – III ZR 27/10, NJW-RR 2011, 1139 Rn. 7.

[287] BGH Urt. v. 24.4.2014 – III ZR 389/12, NJW-RR 2014, 1075 Rn. 23.

[288] BGH Beschl. v. 17.9.2009 – XI ZR 264/08, BKR 2009, 471 Rn. 5.

[289] BGH Urt. v. 14.4.2011 – III ZR 27/10, NJW-RR 2011, 1139 Rn. 7.

[290] BGH Urt. v. 26.2.2013 – XI ZR 240/10, juris Rn. 31.

[291] BGH Urt. v. 21.3.2005 – II ZR 140/03, WM 2005, 833, 837.

143 Ebenso liegt der Fall, wenn der Anleger den ihm angebotenen **Prospekt** als „Papierkram, mit dem ich nichts zu tun haben will" **zurückweist**, indes einige mündliche Erläuterungen des Anlageberaters entgegennimmt. In einem solchen Fall muss der Berater über die wesentlichen Anlagerisiken und -eigenschaften in vollem Umfang mündlich aufklären.[292]

144 **(4) Beweislast.** Die Beweislast für die Aushändigung des Prospekts trägt der Anleger.[293] Im Rahmen seiner sekundären Darlegungslast muss jedoch der Anlageberater darlegen, wann, wo oder auf welchem Wege und in welchem Umfang er den Prospekt dem Anleger übermittelt hat. Formularmäßige Quittungen oder Empfangsbekenntnisse mit der Folge einer Beweislastumkehr verstoßen gegen § 309 Nr. 12b BGB. Anders kann dies zu beurteilen sein, wenn das Empfangsbekenntnis vom übrigen (Vertrags-)Text besonders abgesetzt ist, keine anderen Erklärungen enthält und vom Anleger gesondert unterzeichnet ist.[294] In einem solchen Fall wird dem Empfangsbekenntnis zumindest indizielle Wirkung beizumessen sein.

ff) Aufklärung über Eigenschaften und Risiken des Anlageprodukts

145 Im Mittelpunkt der objektgerechten Beratung steht die Aufklärung über die Eigenschaften und Risiken des Anlageobjekts.

146 **(1) Risikoaufklärung.** Bei der Risikoaufklärung ist zwischen den **allgemeinen Risiken** (Konjunkturlage, Entwicklung des Kapitalmarktes), einerseits und den **speziellen Risiken**, die sich aus den Besonderheiten des Anlageobjekts ergeben (Kurs-, Zins- und Währungsrisiko, Emittenten- und Bonitätsrisiko), zu unterscheiden.[295] Allerdings muss nicht auf Selbstverständlichkeiten hingewiesen werden, die allgemein bekannt sind. Nicht erforderlich ist daher ein Hinweis darauf, dass die Börsenentwicklung auch von einem Fachmann nicht mit Sicherheit vorausgesehen werden kann,[296] oder der Hinweis auf das Risiko eines Kurseinbruchs infolge kriegerischer Ereignisse oder politischer Krisen.[297]

147 Das **Emittentenrisiko** umfasst das allgemeine und das spezielle Emittentenrisiko:

- Das ***allgemeine Emittentenrisiko*** betrifft die generelle Abhängigkeit der Rückzahlung des empfohlenen Anlageprodukts von der Bonität des Emittenten bzw. Garantiegebers. Der Anleger muss informiert sein, dass er im Falle der Zahlungsunfähigkeit des Emittenten bzw. Garantiegebers das angelegte Kapital vollständig verliert. Während bei Unternehmensanleihen davon ausgegangen werden kann, dass dem durchschnittlichen Anleger dieses Risiko bewusst ist, gilt dies etwa bei Zertifikaten nicht, so dass es insoweit einer Aufklärung über das allgemeine Emittentenrisiko bedarf.[298]
- Davon zu unterscheiden ist das konkrete oder ***spezielle Emittentenrisiko***. Dieses betrifft die Bonität des konkreten Emittenten bzw. Garantiegebers, die für die Risikobeurtei-

---

[292] OLG Celle ZIP 2017, 229.

[293] BGH Urt. v. 11.5.2006 – III ZR 205/05, NJW-RR 2006, 1345 Rn. 6 ff. = WM 2006, 1288; BGH Urt. v. 6.12.2012 – III ZR 66/12, NJW-RR 2013, 296 Rn. 16 = WM 2013, 68; BGH Urt. v. 24.4.2014 – III ZR 389/12, NJW-RR 2014, 1075 Rn. 9 f.

[294] Palandt/*Grüneberg*, § 309 Rn. 108 f.

[295] BGH Urt. v. 6.7.1993 – XI ZR 12/93, BGHZ 123, 126, 128 f. = NJW 1993, 2433 = WM 1993, 1455; BGH Urt. v. 7.10.2008 – XI ZR 89/07, BGHZ 178, 149 Rn. 12 = NJW2008, 3700 = WM 2008, 2166; BGH Urt. v. 22.3.2011 – XI ZR 33/10, BGHZ 189, 13 Rn. 20 = NJW 2011, 1949 = WM 2011, 682.

[296] BGH Urt. v. 21.3.2006 – XI ZR 63/05, NJW 2006, 2041 Rn. 16 = WM 2006, 851.

[297] OLG München ZIP 1994, 125 (Kuwait-Krise).

[298] BGH Urt. v. 27.9.2011 – XI ZR 182/10, BGHZ 191, 119 Rn. 26 f. = NJW 2012, 66 = WM 2011, 2268.

lung eines Anlageprodukts von maßgeblicher Bedeutung ist. Eine Haftung des Beraters kommt nach dem Schutzzweck der gegebenenfalls verletzten Prüf- und Offenbarungspflicht in Betracht, wenn bei dieser Prüfung ein Risiko im Hinblick auf die Bonität des konkreten Emittenten bzw. Garantiegebers erkennbar geworden wäre, über das ein Anleger hätte aufgeklärt werden müssen, oder wenn erkennbar geworden wäre, dass eine Empfehlung der Kapitalanlage nicht anleger- oder objektgerecht ist.[299] Aufgrund dessen vermittelt eine Risikoaufklärung über die Bedeutung der aktuellen Bonität des Emittenten einer Anleihe im Allgemeinen zugleich die zugrunde liegende Kenntnis, dass die Rückzahlung der Anleihe von der Zahlungsfähigkeit des Emittenten abhängt,[300] so dass mithin die Aufklärung über das spezielle Emittentenrisiko regelmäßig die Aufklärung über das allgemeine Emittentenrisiko einschließt (umgekehrt gilt dies natürlich nicht).

Für den Inhalt der Aufklärung über **spezielle Risiken** des empfohlenen Anlageprodukts können die in § 31 Abs. 3 Satz 3 Nr. 2 WpHG iVm § 5 Abs. 1 WpDVerOV geregelten Anforderungen an die Kundeninformation nutzbar gemacht werden, wenngleich die – aufsichtsrechtlichen – Vorschriften im Grunde nur Selbstverständliches regeln. Danach muss die Beschreibung der Risiken folgende Angaben und Informationen enthalten: 148

- über bestehende Risiken, einschließlich einer Erläuterung der ***Hebelwirkung*** und ihrer Effekte sowie des Risikos des Verlustes der gesamten Kapitalanlage,
- über das Ausmaß der Schwankungen des Preises ***(Volatilität)***,
- über den Umstand, dass jeder Anleger aufgrund von Geschäften mit den betreffenden Instrumenten möglicherweise ***finanzielle und sonstige Verpflichtungen*** einschließlich Eventualverbindlichkeiten übernehmen muss, die zu den Kosten für den Erwerb der Finanzinstrumente hinzukommen,
- über ***Einschusspflichten*** oder ähnliche Verpflichtungen, die für Instrumente der betreffenden Art gelten, und
- darüber, dass – sofern die Wahrscheinlichkeit besteht – die Risiken durch die Verknüpfung verschiedener Finanzinstrumente oder Wertpapierdienstleistungen in einem zusammengesetzten Finanzinstrument größer sind als die mit jedem der Bestandteile verbundenen Risiken; hier schuldet der Berater angemessene Informationen über die Bestandteile des betreffenden Instruments und die Art und Weise, in der sich das Risiko durch die ***gegenseitige Beeinflussung dieser Bestandteile*** erhöht.

(2) Kostentransparenz. Im Hinblick auf die Verständlichkeit und Vollständigkeit der Objektangaben sind insbesondere die Angaben über die Kosten zu prüfen. Dabei muss der Anleger dem Prospekt oder den sonstigen Angaben des Beraters ohne Weiteres entnehmen können, in welchem Umfang seine Beteiligung für die Anschaffung und Herstellung des Objekts (**sog. harte Kosten**) und in welchem Umfang seine Aufwendungen außerhalb der Anschaffungs- und Herstellungskosten verwendet werden (**sog. weiche Kosten**), also nicht in das Anlageobjekt selbst fließen.[301] Allerdings ist es nicht erforderlich, dass der Anteil der Weichkosten im Prospekt mit einer Prozentzahl vom Anlagebetrag angegeben wird. Vielmehr genügt es, wenn der Anleger diesen Anteil mittels eines einfachen Rechenschritts selbst feststellen kann.[302] Ein Prospekt ist dagegen fehlerhaft, wenn der Anleger dem Prospekt nicht ohne weiteres entnehmen kann, in welchem Umfang seine Beteiligung nicht in das Anlageobjekt fließt, sondern für Aufwendungen außerhalb der Anschaffungs- und Herstellungskosten verwendet wird. Mit den Anforderungen an 149

---

[299] BGH Urt. v. 27.9.2011 – XI ZR 182/10, BGHZ 191, 119 Rn. 24 = NJW 2012, 66 = WM 2011, 2268.

[300] BGH Urt. v. 24.2.2015 – XI ZR 202/13, WM 2015, 1055 Rn. 34.

[301] BGH Urt. v. 6.2.2006 – II ZR 329/04, NJW 2006, 2042 Rn. 9 = WM 2006, 905.

[302] BGH Urt. v. 21.6.2016 – II ZR 331/14, NZG 2016, 986 Rn. 16 mwN = WM 2016, 1487.

einen wahrheitsgemäßen, vollständigen und verständlichen Prospekt nicht zu vereinbaren ist es, wenn der Anleger zur Ermittlung des Anteils der Weichkosten erst verschiedene Prospektangaben vergleichen und anschließend eine Reihe von Rechenvorgängen durchführen muss.[303]

150 Es widerspricht daher dem **Gebot der Kostentransparenz**, wenn unter der Überschrift Investitions- und Finanzierungsplan der Anteil der Werbungskosten am Gesamtaufwand im Prospekt mit 17,91% angegeben wird, dieser aber tatsächlich 25,3% ausmacht, und sich dies nicht unmittelbar aus den Erläuterungen zu dem Investitions- und Finanzierungsplan ergibt, sondern zunächst den Abgleich verschiedener Prospektangaben über die Anschaffungs- und Herstellungskosten und anschließend eine Reihe von Rechengängen erfordert.[304]

151 Eine detaillierte **Aufschlüsselung** der einzelnen „Weichkostenpositionen" ist allerdings nicht geboten. Vielmehr genügt die Darstellung der Provisionen gemeinsam mit den anderen, ebenfalls den Vertrieb im weiteren Sinne betreffenden Weichkostenpositionen „Vertriebsvorbereitung", „Plazierungsgarantie" und „Prospektherstellung" in der Regel dem Informationsinteresse der Anleger, sofern sie zutreffend und nicht irreführend ist.[305] Ist in einem Prospekt (zB im Investitionsplan) zB für die Position „Eigenkapitalvermittlung, Vertriebsvorbereitung, Plazierungsgarantie, Prospektherstellung" ein fester Betrag ausgewiesen und ist daneben auch das Eigenkapital ersichtlich, muss beides nicht mehr ins Verhältnis gesetzt werden; vielmehr ist dann für den Anleger mittels eines einfachen Rechenschritts festzustellen, dass die sog. Weichkosten einen bestimmten Anteil (zB 26%) des Eigenkapitals bilden, so dass für den Anleger hinreichend deutlich ist, dass Beträge in dieser Größenordnung nicht in den Gegenwert an Immobilien, Schiffen oÄ investiert werden. Zur Einschätzung der Werthaltigkeit des Anlageobjekts ist eine solche Information ausreichend.[306] Dies gilt auch dann, wenn in dem Prospekt die Weichkosten nur ins Verhältnis zu den Gesamtinvestitionskosten (bestehend aus Fremd- und Eigenkapital) gesetzt werden, das Eigen- und Fremdkapital aber auf derselben Prospektseite angegeben wird, so dass der Anleger mittels eines einfachen Dreisatzes die Weichkosten selbst ins Verhältnis zu den Einlagen setzen kann.[307]

152 Etwas anderes gilt allerdings dann, wenn die **„Weichkosten"** einschließlich der Provisionen in dem Prospekt und dem dort wiedergegebenen Investitionsplan zwar in einer sehr ausdifferenzierten Weise dargestellt sind, aber dennoch mit den entsprechenden Budgets **beliebig** verfahren wird. Dies ist irreführend und daher aufklärungspflichtig.[308] Dies ist auch dann der Fall, wenn der Anteil der in das eigentliche Investitionsprojekt (zB Filmproduktion) fließenden Anlegergelder zutreffend angegeben wird (zB 78,36%). Ein aufklärungspflichtiger Prospektfehler liegt in einem solchen Fall daher vor, wenn im Prospekt als Kosten der Eigenkapitalbeschaffung nur 7% ausgewiesen sind, während tatsächlich für den Vertrieb einschließlich des Agios von 5% insgesamt 20% des Budgets ausgegeben werden, indem diese Kosten aus den weiteren Kostenpositionen „Produktauswahl und -absicherung", „Konzeption, Werbung, Prospekt, Gründung" oder „Haftung und Geschäftsführung" gezahlt werden.[309]

---

[303] BGH Urt. v. 21.6.2016 – II ZR 331/14, NZG 2016, 986 Rn. 16 mwN = WM 2016, 1487.
[304] BGH Urt. v. 6.2.2006 – II ZR 329/04, NJW 2006, 2042 Rn. 9 = WM 2006, 905.
[305] BGH Urt. v. 12.12.2013 – III ZR 404/12, NJW-RR 2014, 559 Rn. 15 = WM 2014, 118.
[306] BGH Urt. v. 12.12.2013 – III ZR 404/12, NJW-RR 2014, 559 Rn. 16 = WM 2014, 118.
[307] BGH Urt. v. 21.6.2016 – II ZR 331/14, NZG 2016, 986 Rn. 17 = WM 2016, 1487.
[308] BGH Urt. v. 12.2.2009 – III ZR 90/08, NJW-RR 2009, 613 Rn. 12 = WM 2009, 593 (betr. Treuhandkommanditist).
[309] BGH Urt. v. 29.5.2008 – III ZR 59/07, NJW-RR 2008, 1129 Rn. 17 ff. = WM 2008, 1205.

Als **Fazit** lässt sich daher ziehen, dass Weichkosten – jedenfalls wenn sie im Prospekt sehr ausdifferenziert dargestellt werden – nicht beliebig für Provisionszwecke verwandt bzw. umgeschichtet werden dürfen. Werden dagegen Provisionen mit anderen Weichkosten in bestimmten Kostengruppen zusammengefasst, bestehen durchaus – nicht aufklärungsbedürftige – „Bewegungsspielräume".[310] 153

(3) Sonstiges. Des Weiteren zu offenbaren sind beispielsweise: 154

- wesentliche ***kapitalmäßige und personelle Verflechtungen*** zwischen den Vermittlern, der Anlagegesellschaft, den Treuhändern und uU den sonstigen am Projekt Beteiligten, weil solche Verflechtungen die Gefahr einer Interessenkollision in sich bergen,[311]
- ***fehlende Seriosität und Zuverlässigkeit der Fondsverantwortlichen***; dazu gehört ein strafrechtliches Ermittlungsverfahren jedenfalls dann, wenn es um Taten geht, die aus der Sicht eines vernünftigen Anlegers geeignet sind, die Vertrauenswürdigkeit der Fondsverantwortlichen in Frage zu stellen,[312]
- ***Höhe der Prämie*** und deren wirtschaftliche Bedeutung bei Warentermingeschäft,[313]
- besondere Gefahren der Spekulation in amerikanische Billigaktien (sog. Penny Stocks im OTC-Handel, Over-the-Counter-Markt) aufgrund ihrer ***Marktenge***,[314]
- ***Besonderheiten des Aktienerwerbs*** über die NASDAQ-Computerbörse wegen der Möglichkeit fehlenden Handels in einer bestimmten Aktie und des damit einhergehenden Spread-Risikofaktors,[315]
- ***erschwerte Handelbarkeit*** beim Erwerb von nicht börsennotierten Aktien oder KG-Anteilen,[316]
- ***eingeschränkte Veräußerungsmöglichkeit (Fungibilität)*** von Anteilen an geschlossenen Immobilienfonds (KG, GbR) wegen Fehlens eines geregelten Zweitmarktes;[317] insoweit genügt aber der Hinweis, dass die Veräußerung der Beteiligung mangels eines institutionalisierten Zweitmarkts praktischen Schwierigkeiten begegnen kann und die Beteiligung langfristig ausgerichtet sein sollte bzw. eine Veräußerung nur „im Notfall" zu empfehlen sei;[318] soweit die Unterstützung bei etwaigen Verkaufswünschen angeboten wird, enthält dies (inzident) eine Bestätigung dafür, dass es keinen allgemein zugänglichen geregelten Zweitmarkt gibt,[319]
- ***Haftungsrisiko*** des Anlegers ***als GbR-Gesellschafter***;[320] dabei muss der Anleger allerdings nicht ungefragt auf das Risiko einer etwaigen Haftung nach den Grundsätzen der Duldungs- oder Anscheinsvollmacht hingewiesen werden, weil sich dieses Risiko nur bei einem pflichtwidrigen Handeln der Geschäftsführung verwirklicht und ein solches

---

[310] *Schlick* WM 2014, 261, 263.

[311] BGH Urt. v. 6.10.1980 – II ZR 60/80, BGHZ 79, 337, 345 = NJW 1981, 1449 = WM 1981, 483 (Initiatoren, Gründer und Gestalter der Gesellschaft); BGH Urt. v. 25.11.1981 – IVa ZR 286/80, NJW 1982, 1095 = WM 1982, 90 (Fondsgesellschaft und Ausfallbürge).

[312] BGH Urt. v. 10.11.2011 – III ZR 81/11, NJW-RR 2012, 283 Rn. 9 = WM 2011, 2353.

[313] BGH Urt. v. 7.2.1983 – II ZR 285/81, WM 1983, 300 = ZIP 1983, 421.

[314] BGH Urt. v. 22.1.1991 – XI ZR 151/89, NJW 1991, 1108, 1109 = WM 1991, 315.

[315] BGH Urt. v. 4.4.2002 – III ZR 237/01, NJW 2002, 1868, 1869 = WM 2002, 913.

[316] OLG Oldenburg ZIP 2002, 2252; OLG München BKR 2012, 435.

[317] BGH Urt. v. 19.11.2009 – III ZR 169/08, BKR 2010, 118 Rn. 20; BGH Urt. v. 24.4.2014 – III ZR 389/12, NJW-RR 2014, 1075 Rn. 14; BGH Urt. v. 11.12.2014 – III ZR 365/13, NJW-RR 2015, 732 Rn. 18 = WM 2015, 128; BGH Urt. v. 17.9.2015 – III ZR 385/14, NJW-RR 2015, 1522 Rn. 18 ff. = WM 2015, 1935 (Prospekt ordnungsgemäß); BGH Urt. v. 18.2.2016 – III ZR 14/15, NJW-RR 2016, 567 Rn. 25 ff. = WM 2016, 504 (Prospekt ordnungsgemäß).

[318] BGH Urt. v. 24.4.2014 – III ZR 389/12, NJW-RR 2014, 1075 Rn. 15.

[319] BGH Urt. v. 11.12.2014 – III ZR 365/13, NJW-RR 2015, 732 Rn. 21 = WM 2015, 128.

[320] BGH Urt. v. 11.12.2014 – III ZR 365/13, NJW-RR 2015, 732 Rn. 22 = WM 2015, 128.

Risiko (des pflichtwidrigen Handelns) als dem Anleger bekannt vorausgesetzt werden kann;[321] anders kann es allerdings liegen, wenn bestimmte Pflichtverletzungen aus strukturellen Gründen als sehr naheliegend einzustufen sind.[322]

155 Dagegen besteht **keine Offenbarungspflicht** über solche Umstände, die regelmäßig ***kein spezifisches Risiko der Kapitalanlage*** im eigentlichen Sinne sind. Dies ist zB der Fall:

- Die Frage der **Ordnungsmäßigkeit einer Widerrufsbelehrung** (zB bei der Zeichnung eines Fonds in einer Außer-Geschäftsraum-Situation iSd § 312b BGB) stellt kein wirtschaftliches Risiko im eigentlichen Sinne dar. Die Erteilung einer ordnungsgemäßen Widerrufsbelehrung ist eine echte Rechtspflicht des Unternehmers, auf deren Erfüllung der Verbraucher einen Rechtsanspruch hat. Die Erteilung einer nicht ordnungsgemäßen Widerrufsbelehrung stellt daher eine Pflichtverletzung der Fondsgesellschaft dar, die regelmäßig kein spezifisches Risiko der Kapitalanlage ist, so dass eine Aufklärungspflicht nicht besteht.[323] Dies gilt auch dann, wenn das Fondskonzept (wie zB bei einem Schiffsfonds) auf einer unkündbaren gesellschaftsvertraglichen Bindung für einen längeren Zeitraum (zB 10 Jahre ab Zeichnung) basiert und durch mehrfachen berechtigten Widerruf von Zeichnungserklärungen anderer Anleger gefährdet würde. Etwas anderes kann allerdings dann gelten, wenn dem Berater positiv bekannt ist, dass eine Vielzahl anderer Anleger ihre Beteiligungserklärung bereits widerrufen haben.
- Ebenso muss der Anleger einer Gesellschaft bürgerlichen Rechts nicht ungefragt auf das Risiko einer etwaigen **Haftung nach den Grundsätzen der Duldungs- oder Anscheinsvollmacht** hingewiesen werden, weil sich dieses Risiko nur bei einem pflichtwidrigen Handeln der Geschäftsführung verwirklicht und ein solches Risiko (des pflichtwidrigen Handelns) als dem Anleger bekannt vorausgesetzt werden kann;[324] anders kann es allerdings liegen, wenn bestimmte Pflichtverletzungen aus strukturellen Gründen als sehr naheliegend einzustufen sind.[325]

gg) Einzelne Anlagearten

156 **(1) Anleihen.** Anleihen, die auch als **Schuldverschreibungen**, **Obligationen** oder **Bonds** bezeichnet werden, sind langfristige Kreditaufnahmen am Kapitalmarkt durch einen Staat, öffentliche Körperschaften oder Wirtschaftsunternehmen. Zur Verbriefung der Anleiheforderungen werden Papiere mit in der Regel festem Zins und fester Laufzeit ausgegeben. Die Zinsen werden in der Regel jährlich, teilweise aber auch halb- oder vierteljährlich gezahlt. Die Rückzahlung des Kredits erfolgt am Laufzeitende zum Nennwert. Man unterscheidet öffentliche Anleihen (zB Bund, Länder und Kommunen, also Bundes- oder Kommunalobligationen), Industrieanleihen (Industrieobligationen) und Anleihen von Hypothekenbanken und öffentlich-rechtlichen Kreditanstalten (zB Pfandbriefe). Der **Kurswert** einer Anleihe ist ua abhängig von der Entwicklung des Zinsniveaus, so dass der Kurswert sinkt, wenn sich das Zinsniveau erhöht, und steigt, wenn das Zinsniveau absinkt; des Weiteren ist der Kurswert von der – veränderlichen – Einschätzung des Markts in Bezug auf die Bonität und Liquidität des Emittenten abhängig.

157 Aufgrund dessen ist der aufklärungsbedürftige Anleger über das **Bonitätsrisiko** des Emittenten, das **Zinsrisiko** und das daraus resultierende **Kursrisiko** aufzuklären.[326] Aller-

---

[321] BGH Urt. v. 11.12.2014 – III ZR 365/13, NJW-RR 2015, 732 Rn. 24 = WM 2015, 128.
[322] BGH Urt. v. 11.12.2014 – III ZR 365/13, NJW-RR 2015, 732 Rn. 24 = WM 2015, 128.
[323] BGH Beschl. v. 11.10.2016 – XI ZR 14/16, WM 2016, 2216 Rn. 3 (betr. Anlagevermittlung).
[324] BGH Urt. v. 11.12.2014 – III ZR 365/13, NJW-RR 2015, 732 Rn. 24 = WM 2015, 128.
[325] BGH Urt. v. 11.12.2014 – III ZR 365/13, NJW-RR 2015, 732 Rn. 24 = WM 2015, 128.
[326] BGH Urt. v. 6.7.1993 – XI ZR 12/93, BGHZ 123, 126, 129 = NJW 1993, 2433 = WM 1993, 1455; BGH Urt. v. 27.2.1996 – XI ZR 133/95, NJW 1996, 1744, 1745 = WM 1996, 664.

dings ist bei Anleihen in der Regel davon auszugehen, dass dem durchschnittlichen Anleger das sog. ***allgemeine Emittentenrisiko***, das die generelle Abhängigkeit der Rückzahlung einer Anleihe von der Bonität des Emittenten betrifft, bewusst ist.[327] Davon zu unterscheiden ist das ***spezielle Emittentenrisiko***. Dieses betrifft die Bonität des konkreten Emittenten, die für die Risikobeurteilung eines Anlageprodukts von maßgeblicher Bedeutung ist. Eine Haftung des Beraters kommt nach dem Schutzzweck der gegebenenfalls verletzten Prüf- und Offenbarungspflicht in Betracht, wenn bei dieser Prüfung ein Risiko im Hinblick auf die Bonität des konkreten Emittenten erkennbar geworden wäre, über das ein Anleger hätte aufgeklärt werden müssen, oder wenn erkennbar geworden wäre, dass eine Empfehlung der Anleihe nicht anleger- oder objektgerecht ist.[328]

Auch wenn bei Anleihen in der Regel keine Pflicht zur Aufklärung über das allgemeine 158
Emittentenrisiko besteht, weil die entsprechende Kenntnis bei einem durchschnittlichen Anleger erwartet werden darf, kann eine Haftung des Beraters bei **irreführenden Angaben** in Betracht kommen. So ist etwa die Antwort des Anlageberaters auf die Frage nach dem Risiko der Anleihe, dass ein Kursrisiko nicht bestehe, irreführend. Denn das Risiko einer Anleihe besteht in der möglichen Insolvenz des Emittenten. Eine solche Insolvenz hat nicht nur den Ausfall von Zinszahlungen, sondern auch den Verfall des Verkehrswertes der Anlage zur Folge.[329]

Hat sich der Emittent in den Anleihebedingungen das vertragliche Recht zur vorzeiti- 159
gen Tilgung der gesamten Schuldverschreibung oder eines Teils davon einräumen lassen, ist der Anleger über dieses **Kündigungs- oder Auslosungsrisiko** zu informieren. Denn bei einer Zeichnung der Anleihe über pari kann dies dazu führen, dass sich die anfangs erwartete Rendite nicht erfüllt.

Vor der Empfehlung von **privaten Anleihen** muss die beratende Bank sich zunächst 160
selbst über die für die Beurteilung des Risikos wesentliche Bonität des Emittenten informieren, und zwar unter Auswertung der dazu vorhandenen Veröffentlichungen in der Wirtschaftspresse (Börsenzeitung, Financial Times Deutschland, Handelsblatt und Frankfurter Allgemeine Zeitung).[330] Sie muss auch darauf hinweisen, dass ein externes Rating nicht vorhanden ist.[331]

Bei Schuldverschreibungen, die ein **beherrschtes Unternehmen** (§§ 304, 308 AktG) 161
emittiert hat, ist auf das Bestehen des Beherrschungs- und Gewinnabführungsvertrags und dessen Wirkungen und Risiken hinzuweisen. Dazu gehört insbesondere die Abhängigkeit der Rückzahlung auch von der Vermögenslage und dem Leistungswillen des herrschenden Unternehmens, aber auch die Möglichkeit der Erteilung nachteiliger Weisungen durch die beherrschende Konzernmuttergesellschaft an die beherrschte Konzerntochtergesellschaft und die damit verbundene – erhöhte – Gefahr für die Rückzahlung der an die Konzerntochtergesellschaft gezahlten Anlegergelder.[332] Der bloße Hinweis auf das allgemeine Emittentenrisiko des beherrschten Unternehmens genügt nicht.

---

[327] BGH Urt. v. 27.9.2011 – XI ZR 182/10, BGHZ 191, 119 Rn. 26 f. = NJW 2012, 66 = WM 2011, 2268.

[328] BGH Urt. v. 27.9.2011 – XI ZR 182/10, BGHZ 191, 119 Rn. 24 = NJW 2012, 66 = WM 2011, 2268; BGH Urt. v. 24.2.2015 – XI ZR 202/13, WM 2015, 1055 Rn. 34.

[329] BGH Urt. v. 6.7.1993 – XI ZR 12/93, NJW 1993, 2433, 2434 = WM 1993, 1455 (in BGHZ 123, 126 nicht abgedruckt).

[330] BGH Urt. v. 6.7.1993 – XI ZR 12/93, BGHZ 123, 126, 131 = NJW 1993, 2433 = WM 1993, 1455; BGH Urt. v. 5.11.2009 – III ZR 302/08, NJW-RR 2010, 349 Rn. 16 = WM 2009, 2360.

[331] OLG Nürnberg WM 1998, 378.

[332] BGH Urt. v. 18.9.2012 – XI ZR 344/11, BGHZ 195, 1 Rn. 29 = BKR 2012, 515 = WM 2012, 2147.

162 Bei der Empfehlung einer **Auslandsanleihe** sind die Anforderungen an die Prüfungspflicht der Bank nicht geringer; vielmehr ist der Beratungsbedarf des Kunden wegen der erschwerten Zugänglichkeit der Quellen sogar eher höher. Wenn eine Bank den mit der Informationsbeschaffung im Ausland verbundenen gesteigerten Aufwand und die Gefahren einer lückenhaften Unterrichtung scheut, muss sie auf eine Empfehlung verzichten und entsprechende Fragen des Kunden nach dieser Anleihe mit dem Hinweis auf das Risiko der von ihr nicht einzuschätzenden Bonität des Emittenten beantworten. Sie kann die Folgen ihrer eigenen Versäumnisse nicht auf den Kunden abwälzen, der auf ihre Beratung vertraut.[333] Bei Empfehlung einer Auslandsanleihe ist insbesondere auf das **Wechselkursrisiko** und damit einhergehende Verlustrisiken hinzuweisen.[334]

163 Auch bei einer Staatsanleihe darf das Bonitätsrisiko nicht verharmlost werden. Ein Anlageberater durfte jedenfalls im Jahr 2001 ihm bekannte Bedenken gegen das Bonitätsrisiko der **Republik Argentinien** (ua Herabstufung der Kreditwürdigkeit durch Rating-Agenturen) nicht dadurch verharmlosen, indem er seine Überzeugung von deren Zahlungsfähigkeit damit begründete, diese werde sich einen Zahlungsausfall im Hinblick auf den Internationalen Währungsfonds gar nicht leisten können.[335] Dagegen genügte gegenüber einem nicht unerfahrenen Anleger, der im November 2000 zum Kauf einer Argentinien-Anleihe entschlossen war, der knappe, aber prägnante Hinweis „Argentinien ist zahlungsunfähig, wenn es nicht am Tropf der Weltbank hinge", um ein Beratungsverschulden der Bank zu verneinen.[336]

164 **(2) Aktien.** Aktien sind Anteilsrechte an einer Aktiengesellschaft. Sie sind Mitgliedschaftsrechte. Zu unterscheiden sind Stammaktien und Vorzugsaktien. Während die **Stammaktie** berechtigt, alle im Aktiengesetz niedergelegten Rechte in Anspruch zu nehmen, vermitteln **Vorzugsaktien** kein Stimmrecht in der Hauptverhandlung, genießen dafür aber uU nach der Satzung bestimmte Sonderrechte, wie zB eine garantierte Mindestdividende. Aufgrund dessen weisen sie in der Regel im Vergleich zur Stammaktie einen Kursabschlag auf, haben dafür aber eine höhere Dividendenrendite. Der Anleger verspricht sich bei Erwerb einer Aktie eine Rendite durch die Dividendenzahlung und/oder durch eine positive Kursentwicklung.

165 Soweit der Kunde insoweit überhaupt aufklärungsbedürftig ist, ist er über das **Kursschwankungsrisiko**, das **Bonitätsrisiko** und das Fehlen einer garantierten oder gleichbleibenden Dividende, bei ausländischen, in einer Fremdwährung notierten Aktie auch über das Wechselkursrisiko aufzuklären.[337] Allerdings muss nicht auf Selbstverständlichkeiten hingewiesen werden, die allgemein bekannt sind. Dazu dürften in der Regel das Kursschwankungsrisiko und das Bonitätsrisiko gehören. Auf das Wechselkursrisiko ist aber jedenfalls dann hinzuweisen, wenn dem Anleger nicht klar ist, dass ein solches – gerade auch wenn die Aktie an einer deutschen Börse in Euro notiert ist – besteht, weil die Hauptnotierung an der Heimatbörse der im Ausland ansässigen Aktiengesellschaft erfolgt. Nicht erforderlich ist dagegen ein Hinweis darauf, dass die Börsenentwicklung auch von einem Fachmann nicht mit Sicherheit vorausgesehen werden kann,[338] oder der

---

[333] BGH Urt. v. 6.7.1993 – XI ZR 12/93, BGHZ 123, 126, 131 = NJW 1993, 2433 = WM 1993, 1455.

[334] BGH Urt. v. 27.2.1996 – XI ZR 133/95, NJW 1996, 1744, 1745 = WM 1996, 664.

[335] OLG Frankfurt/Main BKR 2005, 286 = VersR 2005, 797; LG Frankfurt/Main, NJW-RR 2004, 1053, 1054; LG Münster BKR 2003, 762, 764; siehe zur Frage des Staatsnotstands auch BVerfG, NJW 2007, 2605 und 2610.

[336] OLG Koblenz NJW-RR 2004, 1689.

[337] MüKoHGB/*Nobbe/Zahrte*, Anlagenberatung, Rn. 223.

[338] BGH Urt. v. 21.3.2006 – XI ZR 63/05, NJW 2006, 2041 Rn. 16 = WM 2006, 851.

Hinweis auf das Risiko eines Kurseinbruchs infolge kriegerischer Ereignisse oder politischer Krisen.[339]

166 Auch ein erfahrener Anleger ist ungefragt stets aufzuklären über **risikoerhöhende besondere Umstände**, die erkennbar für seinen Kaufentschluss von wesentlicher Bedeutung sind, etwa weil sie die Erfolgsaussichten der beabsichtigten Spekulation erheblich beeinträchtigen können, und über die er nach Treu und Glauben und der Verkehrsauffassung eine Aufklärung erwarten darf.[340] Dazu gehören etwa eine dem Kunden nicht bekannte Zahlungseinstellung oder Unstimmigkeiten im Geschäftsmodell.[341] Dagegen besteht keine Aufklärungspflicht über einen Kapitalerhöhungsbeschluss oder einen Beschluss zur Ausgabe von Gratisaktien, weil dies in der Regel bereits im Börsenkurs seinen Niederschlag gefunden hat.[342] Bei Aktien mit einem sog. engen Markt, bei denen also Kauf- oder Verkaufsorder zu nicht unerheblichen Kurssprüngen führen können, muss der Kunde ggfs. auf die Möglichkeit des Setzens eines Preislimits hingewiesen werden.

167 Bei der Empfehlung einer Aktie, die an der amerikanischen **NASDAQ-Computerbörse** gehandelt wird, muss der Anleger darauf hingewiesen werden, dass es dort trotz der elektronischen Veröffentlichung der Kurse bzw. der einer Präsenzbörse ähnlichen Kursbildung durchaus möglich sein kann, dass kein Handel in einer bestimmten Aktie stattfindet, weil Angebot und Nachfrage (Differenz = Spread zwischen Ankaufspreis/Ask-Kurs und Verkaufspreis/Bid-Kurs) zu weit auseinander stehen. Dieser Spread-Risikofaktor ist insbesondere dann von Bedeutung, wenn es sich um einen Wert mit relativ geringem Handelsvolumen handelt; dadurch ergibt sich eine nicht zu unterschätzende Marktenge, die schon bei relativ geringen Umsätzen zu stark schwankenden Kursen führt, so dass eine Manipulation der Kurse schon mit relativ geringen Mengen an Aktien möglich ist.[343]

168 Ebenso unterliegt eine beratende Bank gesteigerten Aufklärungspflichten, wenn sie Geldanlagen in am amerikanischen OTC (Over-the-Counter)-Markt gehandelte **Penny Stocks** (Billigaktien) empfiehlt. Für den OTC-Handel mit Penny Stocks ist nämlich eine Marktenge typisch, die Kursmanipulationen durch Broker und Aktieninhaber begünstigt, so dass demzufolge für den Anleger ein unkontrollierbares zusätzliches Risiko besteht, welches in keinem Zusammenhang mit der Ungewissheit über den wirtschaftlichen Erfolg der emittierenden Aktiengesellschaft steht.[344] Angesichts der schwierigen wirtschaftlichen Zusammenhänge hat die Aufklärung über die besonderen Gefahren der Spekulation in Penny Stocks sogar schriftlich zu erfolgen.[345]

169 Einem Anleger, der als „risikobewusst" eingestuft ist, dürfen nicht ohne weitere Aufklärung Aktien empfohlen werden, die als „spekulativ" einzuordnen sind. Dazu gehörten insbesondere die Aktien des sog. **Neuen Markts**. Diese wurde seit dem 10. März 1997 an der Frankfurter Wertpapierbörse als Marktsegment angeboten, in dem junge, innovative Wachstumsunternehmen Risikokapital aufnehmen konnten. Er sollte Anlegern die Investition in Aktien mit einem erhöhten Risiko und einer entsprechend erhöhten Gewinnchance ermöglichen. Besondere Risiken ergaben sich daraus, dass die Unternehmen des

---

339 OLG München ZIP 1994, 125 (Kuwait-Krise).

340 BGH Urt. v. 4.2.1992 – XI ZR 32/91, BGHZ 117, 135, 143 = NJW 1992, 1630 = WM 1992, 479.

341 MüKoHGB/*Nobbe/Zahrte*, Anlagenberatung, Rn. 224 mwN.

342 BGH Urt. v. 4.2.1992 – XI ZR 32/91, BGHZ 117, 135, 143 = NJW 1992, 1630 = WM 1992, 479.

343 BGH Urt. v. 4.4.2002 – III ZR 237/01, NJW 2002, 1868, 1869 = WM 2002, 913.

344 BGH Urt. v. 22.1.1991 – XI ZR 151/89, NJW 1991, 1108, 1109 = WM 1991, 315; BGH Urt. v. 5.3.1991 – XI ZR 151/89, NJW 1991, 1947 = WM 1991, 667.

345 BGH Urt. v. 5.3.1991 – XI ZR 151/89, NJW 1991, 1947 f. = WM 1991, 667.

Neuen Marktes in der Regel nur mit wenigen Produkten und Dienstleistungen, die zudem erst kurze Zeit marktreif waren und sich am Markt noch durchsetzen mussten, am Wettbewerb teilnahmen. Das starke Wachstum warf Probleme für Unternehmensstruktur, Risikomanagement und Finanzierung auf. Mangels ausreichender Reserven hatten geschäftliche Rückschläge vergleichsweise starke Auswirkungen. Unternehmen des Neuen Marktes waren deshalb konkursgefährdeter als andere Unternehmen. Da es sich überwiegend um relativ junge Unternehmen handelte, die ihre Geschäftstätigkeit noch aufbauten, waren ihre Bonität ebenso wie die Erträge und Dividenden oft gering. Die Aktien waren einem erheblichen Kursrisiko ausgesetzt, weil Kurssteigerungen oft nicht tatsächlich erwirtschaftete Gewinne, sondern nur die Erwartung künftiger Gewinne widerspiegelten. Das Kurs-Gewinn-Verhältnis (KGV) überstieg im Durchschnitt das in anderen Marktsegmenten übliche KGV deutlich.[346]

170 Ob die Empfehlung zum Kauf von Aktien nach einem **Börsencrash** fehlerhaft ist, ist im Hinblick auf die Möglichkeit eines weiteren Kursrückgangs eine Frage des Einzelfalls.[347] Entsprechendes gilt, wenn sich der Markt in einer **Hausse** befindet und deshalb weitere Kurssteigerungen möglicherweise fraglich sind.[348]

171 **(3) Aktien- und Wandelanleihen.** Bei **Aktien- und Wandelanleihen** handelt es sich um Schuldverschreibungen einer Aktiengesellschaft mit einem in der Regel festen Zinssatz, die dem Emittenten das Recht geben, kurz vor der Fälligkeit der Anleihe, am sog. Ausübungstag, zu entscheiden, ob er die Schuld mit Geld oder mit einer – bei Ausgabe – bestimmten Zahl von Aktien (mit oder ohne Zuzahlung) begleicht („zu wandeln"). Als Ausgleich für dieses Optionsrecht des Emittenten erhält der Anleger einen höheren Zinssatz als bei einer normalen Unternehmensanleihe. Der Anleger verkauft damit gleichzeitig dem Emittenten einen Put (Verkaufsoption). Diese Art der Aktienanleihen sind keine Börsentermingeschäfte (Optionsgeschäfte), so dass keine schriftliche Aufklärung des Anlegers erforderlich ist, sondern eine mündliche Information genügt.[349]

172 Wird einem Anleger von der beratenden Bank erstmals eine Aktienanleihe zum Kauf empfohlen, ist darüber aufzuklären, dass die **Tilgungsart** von der Ausübung eines Wahlrechts des Emittenten abhängt und der Wert der gelieferten Aktien geringer als der Nominalbetrag der Anleihe sein kann. Dagegen muss ein erfahrener Anleger, der bereits wiederholt Aktienanleihen erworben hat, über diesen Umstand als solchen nicht mehr aufgeklärt werden. Er muss davon ausgehen, dass sich der Emittent bei einer Unterschreitung des Basiswertes, die nach den Anleihebedingungen zu einer Tilgung durch Lieferung von Aktien führt, auch im Falle eines Wahlrechts für diese ihm günstigere Alternative entscheidet. Davon unberührt bleibt natürlich die Information über den **Bewertungstag** und den **Basispreis**. Ungefragt muss die beratende Bank nur über risikoerhöhende besondere Umstände aufklären, die erkennbar für den Kaufentschluss des Anlegers von wesentlicher Bedeutung sind, etwa weil sie die Erfolgsaussichten der beabsichtigten Spekulation erheblich beeinträchtigen können, und über die er nach Treu und Glauben und der Verkehrsauffassung eine Aufklärung erwarten darf.[350]

---

[346] BGH Urt. v. 13.7.2004 – XI ZR 178/03, BGHZ 160, 58, 65 f. = NJW 2004, 2967 = WM 2004, 1774.

[347] Vgl. OLG Frankfurt/Main WM 1990, 1452; LG Augsburg EWiR 1995, 955 (Anm. *Vortmann*).

[348] Vgl. OLG Zweibrücken NJW-RR 1996, 949.

[349] BGH Urt. v. 12.3.2002 – XI ZR 258/01, BGHZ 150, 164, 166 ff. = NJW 2002, 1943 = WM 2002, 803.

[350] BGH Urt. v. 28.6.2005 – XI ZR 363/04, BGHZ 163, 311, 320 f. = NJW 2005, 2917 = WM 2005, 1567.

(4) Aktienfonds. Bei einem Aktienfonds, bei dem das **Aktienrisiko** auf den Fonds durchschlägt, muss der Anleger auf das Kursschwankungsrisiko hingewiesen werden. Darüber hinaus ist er darüber aufzuklären, dass unter gewissen Voraussetzungen, etwa einem Kurseinbruch, massive Verluste drohen.[351] Insbesondere darf der Berater dieses Risiko nicht durch die Verwendung des Begriffs „Investmentfonds“ verschleiern.[352] Daneben muss über die Zusammensetzung des Fondsvermögens, die Anlagestrategie und das Fondsmanagement aufgeklärt werden. Ferner ist auch über die Verwaltungskosten des Investmentfonds zu informieren, weil hierdurch die Rendite beeinflusst wird. **173**

Einem als **„konservativ“** zu bezeichnenden Anleger darf kein Aktienfonds empfohlen werden, der als „gewinnorientiert“ einzustufen ist.[353] **174**

Der Beratungsvertrag verpflichtet die Bank zur Aufklärung des Anlegers, ob und in welcher Höhe sie Rückvergütungen aus Ausgabeaufschlägen, Verwaltungskosten oder sonstigen – in der Regel umsatzabhängigen – **Provisionen** erhalten hat.[354] **175**

(5) Genussscheine. Genussscheine sind Schuldverschreibungen, die einen Anspruch auf Beteiligung am Reingewinn oder Liquidationserlös insbesondere bei Aktiengesellschaften und GmbHs gewähren. Das Recht wird mit einer Urkunde, dem Genussschein verbrieft. **176**

Bei Genussscheinen ist der Anleger ua über die Modalitäten der Rückzahlung des Genussscheinkapitals und eine etwaige Teilnahme am Verlust der Gesellschaft zu informieren.[355] Wenn der Emittent der Genussscheine ein beherrschtes Unternehmen (§§ 304, 308 AktG) ist, muss auf die damit verbundenen Wirkungen und Risiken hingewiesen werden.[356] **177**

(6) Optionsgeschäfte. Optionsscheine verbriefen das zeitlich befristete Recht, vom Emittenten zu einem bestimmten Zeitpunkt oder innerhalb eines bestimmten Zeitraums die Lieferung bestimmter Werte für einen festgelegten Preis oder die Zahlung eines Geldbetrages zu verlangen. Von ihrem Wesen her stellen Optionsscheine daher zeitgebundene Rechte dar.[357] Optionsscheine können das Recht verbriefen, ein bestimmtes Wertpapier oder eine andere Ware zu einem festgelegten Kurs zu erwerben **(Call)** oder zu veräußern **(Put)**. Bei Optionsscheinen handelt es sich um hochspekulative Papiere, deren Kursschwankungen wegen des Hebeleffekts weitaus größer sind als diejenigen des zugrunde liegenden Basiswerts (sog. Underlying). Dasselbe gilt für die Gefahr eines Totalverlusts, der nicht nur bei ungünstiger Entwicklung des Basiswerts, sondern auch durch den Verfall bei Fristablauf eintreten kann. Das Risiko erhöht sich noch, wenn es sich bei dem Basiswert nicht um eine Aktie, sondern selbst um einen Optionsschein handelt (sog. Turbo-Option).[358] **178**

Nach ständiger Rechtsprechung des BGH sind außerhalb des banküblichen Effektenhandels tätige gewerbliche Vermittler von **Terminoptionen** verpflichtet, Kaufinteressenten vor Vertragsschluss schriftlich die Kenntnisse zu vermitteln, die sie in die Lage versetzen, den Umfang ihres Verlustrisikos und die Verringerung ihrer Gewinnchance durch **179**

---

[351] BGH Urt. v. 25.10.2007 – III ZR 100/06, NZG 2008, 117 Rn. 11 = WM 2007, 2228.

[352] BGH Urt. v. 25.10.2007 – III ZR 100/06, NZG 2008, 117 Rn. 11 = WM 2007, 2228.

[353] OLG Frankfurt/Main WM 2007, 1215.

[354] BGH Urt. v. 19.12.2006 – XI ZR 56/05, BGHZ 170, 226 Rn. 22 ff. = NJW 2007, 1876 = WM 2007, 487.

[355] LG München I WM 2011, 1601, 1602 f.; MüKoHGB/*Nobbe/Zahrte,* Anlageberatung, Rn. 234.

[356] OLG Frankfurt/Main ZIP 2012, 79, 80 ff.

[357] BGH Urt. v. 7.5.2002 – XI ZR 197/01, BGHZ 151, 5, 13 = NJW 2002, 2703 = WM 2002, 1442.

[358] MüKoHGB/*Nobbe/Zahrte*, Anlageberatung, Rn. 237.

den Aufschlag auf die Optionsprämie richtig einzuschätzen. Dazu gehört neben der Bekanntgabe der Höhe der Optionsprämie auch die Aufklärung über die wirtschaftlichen Zusammenhänge des Optionsgeschäfts und die Bedeutung der Prämie sowie ihr Einfluss auf das mit dem Geschäft verbundene Risiko. So muss darauf hingewiesen werden, dass die Prämie den Rahmen eines vom Markt noch als vertretbar angesehenen Risikobereichs kennzeichnet und ihre Höhe den noch als realistisch angesehenen, wenn auch weitgehend spekulativen Kurserwartungen des Börsenfachhandels entspricht. Ferner ist darzulegen, ob und in welcher Höhe ein Aufschlag auf die Prämie erhoben wird, und dass ein solcher Aufschlag die Gewinnerwartung verschlechtert, weil ein höherer Kursausschlag als der vom Börsenfachhandel als realistisch angesehene notwendig ist, um in die Gewinnzone zu kommen. In diesem Zusammenhang ist unmissverständlich darauf hinzuweisen, dass höhere Aufschläge vor allem Anleger, die mehrere verschiedene Optionen erwerben, aller Wahrscheinlichkeit nach im Ergebnis praktisch chancenlos machen. Die Aussagekraft dieses Hinweises darf weder durch Beschönigung noch auf andere Weise beeinträchtigt werden.[359]

180 Aufgrund dessen muss der Anleger insbesondere über die **Funktionsweise und Risiken** eines Optionsscheins, insbesondere die Bedeutung von Basiswert, Laufzeit, Ausübungsart und Hebel, sowie die Liquidität des Markts und ggfs. aufzubringende Sicherheiten informiert werden. Insbesondere muss ihm die Gefahr der – im Vergleich zum Basiswert höheren – Kursschwankungen und das Totalverlustrisiko deutlich vor Augen geführt werden.[360] Bei einem mit solchen Geschäften nicht erfahrenen Anleger reicht zur Aufklärung die Aushändigung der Broschüre „Basisinformationen über Börsentermingeschäfte" nicht aus.[361] Vielmehr ist uU eine schriftliche Aufklärung notwendig, wenn mündliche Hinweise und Erklärungen für den aufklärungsbedürftigen Kunden nicht ausreichen, um von dem beabsichtigten Geschäft ein zutreffendes Bild zu gewinnen und insoweit sachgerechte Entschlüsse zu fassen.[362] Soweit die schriftlichen Unterlagen das Totalverlustrisiko hinreichend deutlich darstellen, darf der Berater dieses Risiko nicht durch die Erklärung verharmlosen, die Gelder würden nur bei sehr sicheren Firmen angelegt.[363] Dagegen genügt bei einem (zB in der Spekulation mit Aktien) erfahrenen Anleger der Hinweis, dass den großen Gewinnchancen entsprechend hohe Risiken bis hin zum Totalverlust der gesamten Anlage gegenüberstehen.[364]

181 Der Käufer einer Option muss grundsätzlich darüber aufgeklärt werden, wie hoch die **Optionsprämie** an der Börse (einschließlich der üblichen Broker-Commission) ist. Wenn dies in der Form geschieht, dass ganz generell im Prospekt mitgeteilt wird, der Kunde müsse den doppelten Preis der Börsenprämie bezahlen, bestehen dagegen keine Bedenken. Es muss jedoch weitergehend darauf hingewiesen werden, dass die Börsenoptionsprämie den Rahmen eines Risikobereichs kennzeichnet, der vom Markt noch als vertretbar angesehen wird, weil die Option nach Einschätzung der Kursentwicklung durch den Börsenfachhandel eine Gewinnchance hat, die den Optionspreis wert ist. Ferner muss in diesem Zusammenhang darauf hingewiesen werden, dass jeder Aufschlag auf die Börsenop-

---

[359] BGH Urt. v. 22.11.2005 – XI ZR 76/05, BKR 2006, 71, 72 mwN = WM 2006, 84.

[360] BGH Urt. v. 11.3.1997 – XI ZR 92/96, NJW 1997, 2171, 2172 = WM 1997, 811; OLG Köln WM 1995, 381, 384; OLG München WM 1997, 1802, 1805.

[361] BGH Urt. v. 14.5.1996 – XI ZR 188/95, NJW-RR 1996, 947 = WM 1996, 1214; BGH Urt. v. 24.9.1996 – XI ZR 244/95, NJW-RR 1997, 176 = WM 1997, 309; BGH Urt. v. 11.3.1997 – XI ZR 92/96, NJW 1997, 2171, 2172 = WM 1997, 811; BGH Urt. v. 28.9.2004 – XI ZR 259/03, NJW 2004, 3628, 3629 f. = WM 2004, 2205.

[362] BGH Beschl. v. 25.10.1994 – XI ZR 43/94, NJW 1995, 321, 322 = WM 1994, 2231.

[363] BGH Urt. v. 11.3.1997 – XI ZR 92/96, NJW 1997, 2171, 2172 = WM 1997, 811.

[364] BGH Beschl. v. 25.10.1994 – XI ZR 43/94, NJW 1995, 321, 323 = WM 1994, 2231.

tionsprämie (einschließlich der üblichen Broker-Commission) die Gewinnerwartung deswegen verändert und verschlechtert, weil ein höherer Kursausschlag als der vom Börsenfachhandel für realistisch angesehene notwendig ist, um in die Gewinnzone zu kommen. Diese Aufklärung muss deshalb verlangt werden, um dem Kunden deutlich zu machen, dass es sich bei dem Aufschlag auf die Börsenprämie nicht nur um einen höheren Preis für dasselbe Objekt handelt, sondern dass sich dadurch die Grundlagen des Geschäfts entscheidend verändern und verschlechtern können.[365]

Ob eine Aufklärung über den **Prämienaufschlag** im Einzelfall unterbleiben kann, wenn er nur einen **geringen Einfluss** auf das Risiko des Anlegers hat, hat der BGH bisher offen gelassen. Dies kann allenfalls bei Aufschlägen in Betracht kommen, die die Gewinnchance des Anlegers nur geringfügig verschlechtern. Jedenfalls ein Aufschlag von 11% ist nicht mehr geringfügig und damit aufklärungspflichtig, weil er das Gleichgewicht zwischen Chancen und Risiken bereits deutlich verschiebt.[366] **182**

Der gewerbliche Vermittler von Warenterminoptionsgeschäften kommt seiner Aufklärungspflicht trotz einer an sich zutreffenden Darstellung der mit Rücksicht auf die geforderten Prämienaufschläge erhöhten Risiken der Geschäfte dann nicht nach, wenn er durch Gestaltung, Aufmachung und Inhalt des Werbeprospekts den **Eindruck vermittelt**, bei einer Betreuung und Beratung durch diesen Vermittler könne der Kunde die aufgezeigten **Risiken weitgehend vermeiden** und werde im Endergebnis Erfolg haben.[367] **183**

Der Vermittler haftet seinem Kunden aus Verschulden bei Vertragsverhandlungen und daneben auch wegen vorsätzlicher sittenwidriger Schädigung nach **§ 826 BGB**, wenn sein Geschäftsmodell darauf angelegt ist, für den Anleger chancenlose Geschäfte zum ausschließlich eigenen Vorteil zu vermitteln. Einem solchen Vermittler geht es allein darum, hohe Gewinne zu erzielen, indem er möglichst viele Geschäfte realisiert, die für den Anleger aufgrund überhöhter Gebühren und Aufschläge chancenlos sind. Sein Geschäftsmodell zielt damit von vornherein ganz bewusst darauf ab, uninformierte, leichtgläubige Menschen unter sittenwidriger Ausnutzung ihres Gewinnstrebens und ihres Leichtsinns als Geschäftspartner zu gewinnen und sich auf deren Kosten zu bereichern.[368] Terminoptionsvermittler haben optionsunerfahrene Kunden unmissverständlich, schriftlich und in auffälliger Form auch darauf hinzuweisen, dass ein **Disagio** auf das eingesetzte Kapital das Chancen-Risiko-Verhältnis aus dem Gleichgewicht bringt, und dass ein höheres Disagio Anleger aller Wahrscheinlichkeit nach im Ergebnis praktisch chancenlos macht.[369] Für den Anlageberater, der seinem Kunden ein solches Geschäft empfiehlt, gilt dies erst recht. **184**

Bei Börsentermingeschäften, wie insbesondere auch Stillhalteroptionsgeschäften trifft die Bank gegenüber dem Kunden ohne eine vertragliche Regelung grundsätzlich keine Pflicht, die Ausführung von Aufträgen von ausreichenden Sicherheitsleistungen abhängig zu machen (sog. **Marginmindestdeckungspflicht**).[370] **185**

---

[365] BGH Urt. v. 16.2.1981 – II ZR 179/80, BGHZ 80, 80, 83 ff. = NJW 1981, 1266 = WM 1981, 374; BGH Urt. v. 5.11.1984 – II ZR 38/84, NJW 1986, 123, 124 = WM 1985, 81.

[366] BGH Urt. v. 22.11.2005 – XI ZR 76/05, BKR 2006, 71, 73 mwN = WM 2006, 84.

[367] BGH Urt. v. 6.6.1991 – III ZR 116/90, NJW-RR 1991, 1243 = WM 1991, 1410.

[368] Vgl. dazu nur BGH Urt. v. 9.3.2010 – XI ZR 93/09, BGHZ 184, 365 Rn. 25 f. mwN = NZG 2010, 550 = WM 2010, 749.

[369] BGH Urt. v. 1.4.2003 – XI ZR 385/02, NJW-RR 2003, 923 = WM 2003, 975; BGH Urt. v. 1.4.2003 – XI ZR 386/02, ZIP 2003, 1782; BGH Urt. v. 22.11.2005 – XI ZR 76/05, NJW-RR 2006, 627 Rn. 14 = WM 2006, 84.

[370] BGH Urt. v. 8.5.2001 – XI ZR 192/00, BGHZ 147, 343, 348 ff. = NJW 2002, 62 = WM 2001, 1758.

186 Diese Grundsätze gelten auch für **andere Optionsgeschäfte**, wie zB Stillhalteroptionsgeschäfte,[371] Aktien- oder Aktienindexoptionen,[372] Geschäfte mit abgetrennten Optionsscheinen aus der Anleihe einer ausländischen Aktiengesellschaft, Währungsoptionsscheine, die von einer DM-Auslandsanleihe abgetrennt wurden, oder für abgetrennte Aktienoptionsscheine aus Wandelschuldverschreibungen. Anders kann dies nur bei ***einfachen selbständigen Optionsscheinen*** sein, die von einem erfahrenen Anleger erworben werden.[373]

187 Abweichendes oder Ergänzendes kann sich aus den vertraglichen Vereinbarungen ergeben. So sieht etwa Nr. 15 Abs. 2 der **Sonderbedingungen für Wertpapiergeschäfte** die Pflicht der Bank vor, den Kunden über den Verfall von Rechten aus Optionsscheinen oder Wandlungsrechten aus Wandelschuldverschreibungen zu benachrichtigen. Hierbei handelt es sich grundsätzlich nicht um eine Bring-, sondern um eine Schickschuld. Eine Bank kommt ihrer Verpflichtung aus Nr. 15 Abs. 2 der Sonderbindungen für Wertpapiergeschäfte nur dann in ausreichendem Maße nach, wenn der Mitteilung unmissverständlich zu entnehmen ist, dass das Optionsrecht mit Ablauf der hierfür vorgesehenen Frist möglicherweise ersatzlos erlischt und ohne einen rechtzeitigen Verkauf oder die fristgerechte Ausübung des Optionsrechts ein etwaiger Wert verloren geht.[374] Aufgrund dessen ist es – auch bei einem wertpapiererfahrenen Kunden – zweifelhaft, ob es genügt, wenn eine Bank regelmäßig Depotauszüge übersendet, aus denen sich der Tageskurs und der Optionstermin ergeben, an dem die Optionen fällig werden.[375]

188 Bei mit Optionsgeschäften **erfahrenen Kunden** sind die Aufklärungspflichten nach den allgemeinen Grundsätzen unter Umständen reduziert. Dies gilt insbesondere in Bezug auf das Gewinn- und Verlustrisiko.[376] Insoweit kann zB die Risikoaufklärung über ***Stillhalteroptionsgeschäfte*** in den Broschüren „Basisinformationen über Börsentermingeschäfte“ und „DAX-Option“ bei einem erfahrenen Kunden als ausreichend angesehen werden, der vor Abschluss des Geschäfts bereits zahlreiche ähnliche Geschäfte – zum Teil mit Verlust – abgeschlossen, an einem zweimonatigen Börsenkurs einer Volkshochschule teilgenommen, eine Informationsveranstaltung über die Deutsche Terminbörse (DTB) und die DTB-Arbeitsgruppe der beratenden Bank besucht hatte und sich den DTB-Computerhandel vor Ort hatte erläutern lassen.[377]

189 Weist eine Bank ihren Kunden auf den bevorstehenden Verfall der Optionsscheine und die Möglichkeiten, die Optionsscheine zu verkaufen oder die Optionen auszuüben, hin, empfiehlt sie aber wegen des eingetretenen Kursverfalls die Nichtausübung der Optionsscheine mit dem Satz: *„Auf Grund der aktuellen Kurslage gehen wir davon aus, dass Sie an einer Optionsausübung nicht interessiert sind. Sofern Sie das Optionsrecht ausüben möchten, erteilen Sie uns bitte Ihren Auftrag auf der beiliegenden Optionserklärung …“*, so hat sie ihre Beratungspflichten ordnungsgemäß erfüllt. Entscheidet sich der **Kunde entgegen der Empfehlung** für eine Ausübung der Optionsrechte und erleidet er dadurch einen Vermögensnachteil in Höhe der Differenz zwischen Optionspreis und Kurswert der Aktie, handelt er auf eigenes Risiko. Die Bank ist nicht zur Überprüfung verpflichtet, ob der Kunde ihrer Empfehlung folgte oder sich entgegen ihrer eindeutigen Empfehlung anders verhielt.[378]

---

[371] BGH Urt. v. 13.10.1992 – XI ZR 30/92, NJW 1993, 257 = WM 1992, 1935.

[372] BGH Urt. v. 27.11.1990 – XI ZR 115/89, NJW 1991, 1106 = WM 1991, 127.

[373] BGH Beschl. v. 25.10.1994 – XI ZR 43/94, NJW 1995, 321, 322 = WM 1994, 2231.

[374] BGH Urt. v. 7.5.2002 – XI ZR 197/01, BGHZ 151, 5, 9 ff. = NJW 2002, 2703 = WM 2002, 1442.

[375] So aber OLG Köln WM 1995, 381.

[376] Vgl. OLG Frankfurt/Main WM 1990, 1452, 1453; LG Osnabrück WM 1995, 483.

[377] BGH Beschl. v. 15.4.1997 – XI ZR 215/96, NJW-RR 1997, 939 = WM 1997, 1014.

[378] BGH Urt. v. 24.7.2001 – XI ZR 329/00, NJW-RR 2002, 405 = WM 2001, 1718.

Verletzt eine Bank ihre Verpflichtung aus Nr. 15 Abs. 2 der Sonderbindungen für Wertpapiergeschäfte, wird den Kunden allerdings in der Regel ein **Mitverschulden** treffen. Denn auch der Kunde selbst muss sich gegen Ende der Laufzeit der Optionsscheine um diese kümmern. Den Inhaber eines Optionsrechts trifft vor allem gegen Ende der Laufzeit die Obliegenheit, Optionsscheine nicht völlig unbeobachtet zu lassen. Gegebenenfalls hat er sich über die von ihm zur Realisierung eines etwaigen inneren Wertes der Optionsscheine zu unternehmenden Schritte zu informieren. Er darf insbesondere nicht blind auf die Richtigkeit seiner Annahme vertrauen, beim Verfall eines werthaltigen Optionsscheins werde stets automatisch ein Wertausgleich gezahlt. Bei einem Optionsrecht, das auch nach dem Ende seines Börsenhandels ausgeübt werden kann, ergibt sich weder aus Nr. 15 Abs. 2 der Sonderbedingungen für Wertpapiergeschäfte noch aus § 31 Abs. 1 Nr. 1 WpHG aF eine Verpflichtung der Bank, die Optionsscheine vor dem Ende ihres Börsenhandels auch ohne eine Weisung des Kunden zu verkaufen.[379] 190

Bei der Beratung über **Aktienoptionen** ist der Kunde ua hinreichend darüber aufzuklären, 191

- dass die Optionen vor Ablauf der Optionsfrist durch eine Erklärung des Kunden ausgeübt werden müssen, wenn überhaupt Gewinn erzielt werden soll,[380]
- dass im Fall der Nichtausübung der gesamte für den Erwerb der Option eingesetzte Kapitalbetrag verloren ist,[381]
- dass die Bank von sich aus den Kunden auf den bevorstehenden Ablauf der Optionen und seiner Erklärungsfristen nicht aufmerksam machen wird,[382]
- dass Gewinn und Verlust bei Optionsscheinen von der Kursentwicklung der Werte abhängen, auf die sich die Optionsscheine beziehen,[383]
- dass die Wahrscheinlichkeit eines Totalverlusts größer ist als bei einer Anlage in Aktien.[384]

Dagegen stellt die **bloße Empfehlung** an einen nicht börsentermingeschäftsfähigen Bankkunden, Aktienoptionen zu kaufen, allein keine Verletzung der Beratungspflicht der Bank dar.[385] 192

Bloße **Aufträge zum Erwerb von Aktienoptionen** zu Spekulationszwecken begründen für die beauftragte Bank keine generelle Pflicht zu umfassender Aufklärung. Bestehen, Inhalt und Umfang von Aufklärungs- und Hinweispflichten hängen vielmehr von der Person des Optionserwerbers, insbesondere seiner Erfahrung mit solchen Geschäften, und den besonderen Umständen des Einzelfalles ab.[386] Ungefragt aufzuklären ist ein in Aktienoptionsgeschäften erfahrener Anleger nur über risikoerhöhende besondere Umstände, die erkennbar für seinen Kaufentschluss von wesentlicher Bedeutung sind, etwa weil sie die Erfolgsaussichten der beabsichtigten Spekulation erheblich beeinträchtigen können, und 193

---

379 BGH Urt. v. 7.5.2002 – XI ZR 197/01, BGHZ 151, 5, 13 = NJW 2002, 2703 = WM 2002, 1442.

380 BGH Urt. v. 18.4.1989 – XI ZR 133/88, NJW 1989, 2120, 2121 = WM 1989, 807 (insoweit in BGHZ 107, 192 nicht abgedruckt).

381 BGH Urt. v. 18.4.1989 – XI ZR 133/88, NJW 1989, 2120, 2121 = WM 1989, 807 (insoweit in BGHZ 107, 192 nicht abgedruckt).

382 BGH Urt. v. 18.4.1989 – XI ZR 133/88, NJW 1989, 2120, 2121 = WM 1989, 807 (insoweit in BGHZ 107, 192 nicht abgedruckt).

383 OLG Frankfurt/Main WM 1990, 1452, 1453.

384 Siehe aber LG Stuttgart WM 1989, 984, 990, 993, wonach diese Hinweispflicht gegenüber einem selbständigen Finanzkaufmann nicht bestehen soll.

385 BGH Urt. v. 18.4.1989 – XI ZR 133/88, BGHZ 107, 192, 193 f. = NJW 1989, 2120 = WM 1989, 807.

386 BGH Urt. v. 4.2.1992 – XI ZR 32/91, BGHZ 117, 135, 142 = NJW 1992, 1630 = WM 1992, 479.

über die er nach Treu und Glauben und der Verkehrsauffassung eine Aufklärung erwarten darf.[387] Der Beschluss des Aufsichtsrats, Gratisaktien (im Verhältnis 7:1) auszugeben, ist grundsätzlich kein solcher risikoerhöhender Umstand. Der durch die Ausgabe von Gratisaktien bedingte technische Kursrückgang der alten Aktien (der bei dem genannten Ausgabeverhältnis rechnerisch ein Achtel beträgt) wird für Inhaber von Kaufoptionen dadurch ausgeglichen, dass sie nach den Börsenbedingungen die kostenlose Mitlieferung der neuen Aktien verlangen können.[388]

194 **(7) Futures, Termingeschäfte.** Futures oder Terminkontrakte unterscheiden sich von Optionen dadurch, dass das zukünftige Geschäft nicht optional, sondern obligatorisch ist. Es handelt sich also um die börsengehandelte Form eines unbedingten Termingeschäfts. Sie dienen vor allem der Absicherung zukünftiger Geschäfte mit Waren (zB Rohstoffe) oder Wertpapieren (zB Aktien). Der Anleger muss sicherstellen, dass er zum Fälligkeitszeitpunkt seine vertragliche Verpflichtung zur Lieferung (short position) oder zur Abnahme (long position) eines Wertpapiers oder einer Ware zum festgesetzten Preis erfüllen kann. Stattdessen kann vertraglich auch ein Barausgleich vereinbart sein. Soweit eine vorherige Glattstellung durch Tätigung eines Gegengeschäfts ausnahmsweise einmal nicht möglich ist, besteht das Erfordernis eines entsprechenden Deckungsgeschäfts. Aufgrund dessen besteht die Gefahr, dass der Anleger einen nicht marktgerechten Kauf oder Verkauf des Vertragsgegenstands (Basiswert) tätigen muss, so dass sein Risiko – anders als beim normalen Optionsschein – nicht auf die eingesetzte Geldsumme begrenzt ist, sondern uU deutlich höher liegt. Über all dies ist der Anleger aufzuklären.[389]

195 An die Aufklärung bei **Warentermindirektgeschäften** und **Warenterminoptionen** sind hohe Anforderungen zu stellen. Sie kann grundsätzlich nur schriftlich und nicht ausschließlich fernmündlich erfolgen.[390] Wenn der Anleger im Warenterminhandel unerfahren ist, kann nur durch eine schriftliche Belehrung erreicht werden, dass Kaufinteressenten in die Lage versetzt werden, ein zutreffendes Bild von solchen Geschäften zu gewinnen. Die schriftliche Information hat sich über die wesentlichen Grundlagen von Termindirektgeschäften, die wirtschaftlichen Zusammenhänge, die damit verbundenen Risiken und die Verminderung der Gewinnchancen durch höhere als die üblichen Provisionen zu verhalten. Die Darstellung muss zutreffend, vollständig, gedanklich geordnet und auch von der Gestaltung her geeignet sein, einem unbefangenen, mit Warentermindirektgeschäften nicht vertrauten Leser einen realistischen Eindruck von den Eigenarten und Risiken solcher Geschäfte zu vermitteln. Wichtige Informationen, wie etwa Hinweise auf die geschäftsspezifischen Risiken oder auf die Verschlechterung der Gewinnaussichten durch höhere als die üblichen Gebühren, dürfen drucktechnisch oder durch ihre Platzierung nicht in den Hintergrund treten.[391]

196 Bei einer empfohlenen Beteiligung an einem **Pool mit Kapitalgarantie**, der Börsentermingeschäfte betreibt, muss wegen der zugesagten Kapitalgarantie nicht über ein Totalverlustrisiko aufgeklärt werden. Denn bei vertragsgemäßer Durchführung, von der im Grundsatz ausgegangen werden darf, besteht für den Anleger nicht das Risiko, die Einlage insgesamt zu verlieren. Von wesentlicher Bedeutung sind für die Anleger, denen es bei ihrer Beteiligung an dem spekulativen Pool auf die Erzielung möglichst hoher Gewinne an-

[387] BGH Urt. v. 4.2.1992 – XI ZR 32/91, BGHZ 117, 135, 143 = NJW 1992, 1630 = WM 1992, 479.

[388] BGH Urt. v. 4.2.1992 – XI ZR 32/91, BGHZ 117, 135, 143 = NJW 1992, 1630 = WM 1992, 479.

[389] MüKoHGB/*Nobbe/Zahrte,* Anlageberatung, Rn. 241.

[390] BGH Urt. v. 11.7.1988 – II ZR 355/87, BGHZ 105, 108, 110 = NJW 1988, 2882 = WM 1988, 1255.

[391] BGH Urt. v. 17.3.1992 – XI ZR 204/91, NJW 1992, 1879, 1880 = WM 1992, 770.

kommt, dagegen die Gewinnaussichten. Darüber sowie insbesondere über gewinnmindernde Umstände ist daher ohne Beschönigung unmissverständlich zu informieren.[392] Stehen zB für die Spekulation mit Terminkontrakten und Optionen, durch die Gewinne erzielt werden sollen, bei vertragsgemäßer Verwaltung des Poolvermögens wegen der vereinbarten Kapitalgarantie nur 40–45% der Einlagen zur Verfügung, so muss auf die daraus folgende Konsequenz, dass der gesamte Ertrag mit weniger als der Hälfte des Anlagekapitals erwirtschaftet werden muss und die Gewinnchancen der Anleger dadurch wesentlich beeinträchtigt werden, deutlich hingewiesen werden.[393] Werden die für die Ausschüttung an die Anleger zur Verfügung stehenden Gewinne weiter durch die Erfolgsbeteiligung der Poolverwaltung (zB in Höhe von 25% des Nettogewinns) erheblich geschmälert, muss auch darauf an exponierter Stelle hingewiesen werden.[394]

Für die Beratung und Vermittlung von **Finanztermingeschäften** gilt Entsprechendes. 197
Danach sind gewerbliche Vermittler verpflichtet, Kaufinteressenten vor Vertragsschluss schriftlich die Kenntnisse zu vermitteln, die sie in die Lage versetzen, den Umfang ihres Verlustrisikos und die Verringerung ihrer Gewinnchance durch den Aufschlag auf die Optionsprämie richtig einzuschätzen. Dazu gehört neben der Bekanntgabe der Höhe der Optionsprämie auch die Aufklärung über die wirtschaftlichen Zusammenhänge des Optionsgeschäfts und die Bedeutung der Prämie sowie ihren Einfluss auf das mit dem Geschäft verbundene Risiko. So muss darauf hingewiesen werden, dass die Prämie den Rahmen eines vom Markt noch als vertretbar angesehenen Risikobereichs kennzeichnet und ihre Höhe den noch als realistisch angesehenen, wenn auch weitgehend spekulativen Kurserwartungen des Börsenfachhandels entspricht. Ferner ist darzulegen, ob und in welcher Höhe ein Aufschlag auf die Prämie erhoben wird, und dass ein solcher Aufschlag die Gewinnerwartung verschlechtert, weil ein höherer Kursausschlag als der vom Börsenfachhandel als realistisch angesehene notwendig ist, um in die Gewinnzone zu kommen.[395] Die Aufklärungspflicht kann nicht durch die Aushändigung allgemeiner Broschüren, wie zB den „Basisinformationen über Börsentermingeschäfte", erfüllt werden, wenn sich ein Anleger die Informationen, die die von ihm beabsichtigten Geschäfte betreffen, erst heraussuchen muss.[396]

Im Zeitraum vom 1. Juli 2002 bis zum 31. Oktober 2007 regelte **§ 37d Abs. 1 Satz 1** 198
WpHG aF, dass ein Vermittler einen Verbraucher vor dem Vertragsabschluss schriftlich darüber zu informieren hatte, dass

1. die aus Finanztermingeschäften erworbenen befristeten Rechte verfallen oder eine Wertminderung erleiden können;
2. das Verlustrisiko nicht bestimmbar sein und auch über etwaige geleistete Sicherheiten hinausgehen kann;
3. Geschäfte, mit denen die Risiken aus eingegangenen Finanztermingeschäften ausgeschlossen oder eingeschränkt werden sollen, möglicherweise nicht oder nur zu einem verlustbringenden Preis getätigt werden können;
4. sich das Verlustrisiko erhöht, wenn zur Erfüllung von Verpflichtungen aus Finanztermingeschäften Kredit in Anspruch genommen wird oder die Verpflichtung aus Finanz-

---

392 Vgl. BGH Urt. v. 9.6.1998 – XI ZR 220/97, NJW-RR 1998, 1271 = WM 1998, 1527 (betr. Vermittler).

393 Vgl. BGH Urt. v. 9.6.1998 – XI ZR 220/97, NJW-RR 1998, 1271 = WM 1998, 1527 (betr. Vermittler).

394 Vgl. BGH Urt. v. 9.6.1998 – XI ZR 220/97, NJW-RR 1998, 1271 = WM 1998, 1527 (betr. Vermittler).

395 BGH Urt. v. 28.5.2002 – XI ZR 150/01, NJW 2002, 2777 mwN = WM 2002, 1445.

396 BGH Urt. v. 28.9.2004 – XI ZR 259/03, NJW 2004, 3628, 3629 f. = WM 2004, 2205.

termingeschäften oder die hieraus zu beanspruchende Gegenleistung auf ausländische Währung oder eine Rechnungseinheit lautet.

199 Nach § 37d Abs. 1 Satz 2 WpHG aF durfte die Unterrichtungsschrift nur Informationen über die Finanztermingeschäfte und ihre Risiken enthalten und war von dem Verbraucher zu unterschreiben. Die Unterrichtung war jeweils vor dem Ablauf von zwei Jahren zu wiederholen (§ 37d Abs. 1 Satz 3 WpHG aF). Durch das Gesetz zur Umsetzung der Richtlinie über Märkte für Finanzinstrumente und der Durchführungsrichtlinie der Kommission (Finanzmarktrichtlinie-Umsetzungsgesetz; inoffiziell abgekürzt: FRUG) vom 16. Juli 2007 (BGBl. I S. 1330) wurde § 37d WpHG mit Wirkung ab 1. November 2007 aufgehoben. Seitdem gelten für die Information bei Finanztermingeschäften die allgemeinen, individualisierten Aufklärungs- und Beratungspflichten der Kreditinstitute und anderen Aufklärungspflichtigen.

200 **(8) Investmentfondsanteile.** Investmentfondsanteile sind Anteile an einem **Investmentvermögen**. Investmentvermögen ist nach der Legaldefinition des § 1 Abs. 1 Satz 1 KAGB jeder Organismus für gemeinsame Anlagen, der von einer Anzahl von Anlegern Kapital einsammelt, um es gemäß einer festgelegten Anlagestrategie zum Nutzen dieser Anleger zu investieren und der kein operativ tätiges Unternehmen außerhalb des Finanzsektors ist.

201 Der aufklärungsbedürftige Anleger muss über das **Kursschwankungsrisiko**, die Zusammensetzung des Fondsvermögens, die Anlagestrategie und das Fondsmanagement aufgeklärt werden.

202 Zu den speziellen **Aufklärungspflichten** bei Empfehlung eines Aktienfonds, offenen Immobilienfonds usw. siehe jeweils dort.

203 **(9) Offene Immobilienfonds.** Ein offener Immobilienfonds ist ein spezieller Investmentfonds, bei dem das Fondsvermögen aus Immobilien besteht und die Zahl der Anleger im Grundsatz unbegrenzt ist.

204 Bei offenen Immobilienfonds ist der Anleger über die Immobilien des Fonds, ihre Vermietung, die Mieterträge, das Mietausfallrisiko, Kurs- und Renditeschwankungen, den bisherigen Fondsverlauf und – bei Immobilien im Ausland – über das Wechselkursrisiko zu informieren. Auch schon vor Geltung des KAGB (siehe § 98 KAGB; früher § 81 InvG) musste auf die Möglichkeit der **Aussetzung der Anteilsrücknahme** hingewiesen werden.[397] Der Umstand, dass die Anteile uU an der Börse – allerdings mit einem nicht unerheblichen Abschlag – veräußert werden können, hat keinen Einfluss auf die Aufklärungspflicht.[398] Durch die (rechtzeitige) Übergabe der sog. Basisinformationen kann die Aufklärungspflicht jedenfalls in Altfällen nicht erfüllt werden; unabhängig davon, ob die Übergabe der Basisinformationen in einem konkreten Zusammenhang mit der Empfehlung zum Fondserwerb gestanden hat, enthalten die Basisinformationen naturgemäß keine Auskunft darüber, ob sich die konkrete Fondsgesellschaft – was nach § 81 InvG aF erforderlich war – die Aussetzung in den Vertragsbedingungen vorbehalten hatte.[399]

205 Der BGH hält Beteiligungen an offenen Immobilienfonds – zu Recht – für eine risikoarme und nicht spekulative Kapitalanlage, die jedenfalls zur ergänzenden Altersvorsorge geeignet ist, solange der Fonds zuvor noch nicht in Schwierigkeiten geraten ist.[400] Die An-

---

[397] BGH Urt. v. 29.4.2014 – XI ZR 130/13, BGHZ 201, 55 Rn. 17 ff. = NJW 2014, 2945 = WM 2014, 1221; BGH Urt. v. 29.4.2014 – XI ZR 477/12, BKR 2016, 35 Rn. 16 ff.

[398] BGH Urt. v. 29.4.2014 – XI ZR 130/13, BGHZ 201, 55 Rn. 26 f. = NJW 2014, 2945 = WM 2014, 1221.

[399] BGH Urt. v. 29.4.2014 – XI ZR 130/13, BGHZ 201, 55 Rn. 31 = NJW 2014, 2945 = WM 2014, 1221.

[400] Vgl. BGH Urt. v. 29.4.2014 – XI ZR 477/12, BKR 2016, 35 Rn. 13 ff.

lage in einen offenen Immobilienfonds darf vom Anlageberater daher grundsätzlich als **relativ sicher**, nicht aber als absolut sicher bezeichnet werden.[401]

(10) Geschlossene Immobilienfonds. Bei einem geschlossenen Immobilienfonds handelt es sich ebenfalls um einen speziellen Investmentfonds, bei dem das Fondsvermögen häufig nur aus einer Immobilie besteht. Die Zahl der Anleger ist begrenzt, weil der Fonds geschlossen wird, wenn das angestrebte Kapital gezeichnet ist. In der Regel werden geschlossene Immobilienfonds in der Rechtsform einer Kommanditgesellschaft oder einer Gesellschaft bürgerlichen Rechts errichtet. 206

Bei der Empfehlung geschlossener Immobilienfonds ist aufzuklären: 207

- über die in Ermangelung eines entsprechenden Zweitmarkts fehlende oder sehr erschwerte Möglichkeit, die Beteiligung zu veräußern (**Fungibilität**);[402]
- über die voraussichtlichen **Mieterträge**, wobei der Anlageempfehlung eine optimistische Erwartung der Entwicklung der Kapitalanlage zugrunde gelegt werden darf, wenn die diese Erwartung stützenden Tatsachen sorgfältig ermittelt sind und die darauf gestützte Prognose der künftigen Entwicklung aus damaliger Sicht vertretbar ist. Darüber hinausgehende Risikoabschläge, die der einer Prognose innewohnenden Unsicherheit Rechnung tragen sollen und einer realistischen, kaufmännischen Erfahrungen entsprechenden vorsichtigen Kalkulation nachkommen würden, sind für eine angemessene Darstellung des Risikos der Anlage nicht erforderlich.[403] Dagegen stellt es eine Aufklärungspflichtverletzung dar, wenn die prognostizierten Mieteinnahmen angeblich auf Erfahrungswerten der Vergangenheit beruhen, die es aber tatsächlich nicht gibt oder „ins Blaue hinein" gemacht worden sind;[404]
- wesentliche **kapitalmäßige und personelle Verflechtungen** zwischen den Vermittlern, der Anlagegesellschaft, den Treuhändern und uU den sonstigen am Projekt Beteiligten, weil solche Verflechtungen die Gefahr einer Interessenkollision in sich bergen,[405]
- über Umstände, die die **Seriosität und Zuverlässigkeit der Fondsverantwortlichen** in Frage stellen, wie zB einschlägige Vorstrafen oder ein aktuelles strafbares Verhalten;[406] dazu gehört ein strafrechtliches Ermittlungsverfahren jedenfalls dann, wenn es um Taten geht, die aus der Sicht eines vernünftigen Anlegers geeignet sind, die Vertrauenswürdigkeit der Fondsverantwortlichen in Frage zu stellen;[407]
- über eine **ungewöhnlich hohe dingliche Belastung** des Fondsgrundstücks, die die Sicherheit und Ertragskraft der Kapitalanlage zu beeinträchtigen droht;[408]

---

[401] LG Nürnberg-Fürth WM 2012, 696, 698; MüKoHGB/*Nobbe/Zahrte*, Anlageberatung, Rn. 257.

[402] BGH Urt. v. 18.1.2007 – III ZR 44/06, NJW-RR 2007, 621 Rn. 16 = WM 2007, 542; BGH Urt. v. 19.11.2009 – III ZR 169/08, BKR 2010, 118 Rn. 20; BGH Urt. v. 24.4.2014 – III ZR 389/12, NJW-RR 2014, 1075 Rn. 14; BGH Urt. v. 11.12.2014 – III ZR 365/13, NJW-RR 2015, 732 Rn. 17 ff. = WM 2015, 128; BGH Urt. v. 18.2.2016 – III ZR 14/15, NJW-RR 2016, 567 Rn. 25 ff. = WM 2016, 504 (Prospekt ordnungsgemäß).

[403] BGH Urt. v. 27.10.2009 – XI ZR 337/08, NJW-RR 2010, 115 Rn. 19, 22 = WM 2009, 2303.

[404] BGH Urt. v. 6.11.2007 – XI ZR 322/03, NJW 2008, 644 Rn. 49 = WM 2008, 115; BGH Urt. v. 31.5.2010 – II ZR 30/09, NJW 2010, 2506 Rn. 11 f. = WM 2010, 1310.

[405] BGH Urt. v. 6.10.1980 – II ZR 60/80, BGHZ 79, 337, 345 = NJW 1981, 1449 = WM 1981, 483 (Initiatoren, Gründer und Gestalter der Gesellschaft); BGH Urt. v. 25.11.1981 – IVa ZR 286/80, NJW 1982, 1095 = WM 1982, 90 (Fondsgesellschaft und Ausfallbürge).

[406] BGH Urt. v. 10.11.2011 – III ZR 81/11, NJW-RR 2012, 283 Rn. 9 = WM 2011, 2353.

[407] BGH Urt. v. 10.11.2011 – III ZR 81/11, NJW-RR 2012, 283 Rn. 9 = WM 2011, 2353.

[408] BGH Urt. v. 10.4.1978 – II ZR 103/76, WM 1978, 611, 612 (betr. ausländischer Immobilienfonds).

- über den Umfang der Besicherung einer auf dem Fondsgrundstück lastenden **Globalgrundschuld**, wenn diese nicht nur Verbindlichkeiten der Fondsgesellschaft absichert, sondern auch Privatverbindlichkeiten der Fondsgesellschafter;[409]
- über das **persönliche Haftungsrisiko** als „echter" GbR-Gesellschafter;[410]
- über das **Wiederaufleben der Kommanditistenhaftung** nach § 172 Abs. 4 HGB trotz vollständig erbrachter Kommanditeinlage;[411] dies gilt auch dann, wenn diese auf 10% des Anlagebetrags begrenzt ist, weil auch eine reduzierte wieder auflebende Kommanditistenhaftung Auswirkungen auf die prognostizierte Rendite hat, indem diese nachträglich wieder entfallen oder verringert werden kann;[412] ob dies auch bei einer Reduzierung der Haftungssumme auf 1 bis 2% zu gelten hat, ist im Hinblick auf die Relevanz bei der Anlageentscheidung zweifelhaft;[413]
- über die **Verpfändung eines Wertpapierdepots** der Fondsgesellschaft an die Bank, wenn das Wertpapierdepot nach dem Verkaufsprospekt in späteren Jahren zur Gewährleistung der prognostizierten Ausschüttungen dienen sollte;[414]
- über die **Wertlosigkeit der Garantie für eine Gewinnausschüttung**, wenn der alleinige Garantieträger für die angepriesene Ausschüttungsgarantie zugleich Initiator des Projekts ist und bei der gebotenen kritischen Prüfung des Prospekts hätte auffallen müssen, dass die Ausschüttungsgarantie angesichts des Unterschieds zwischen Stammkapital der alleinigen Garantin (500 000 DM) und dem Volumen ihrer bereits in Angriff genommenen Vorhaben, die noch nicht abgewickelt waren (über 500 Mio. DM), keinen wirtschaftlichen Wert hatte;[415]
- über eine im Anlageprospekt nicht ausgewiesene, an den Vermittler gezahlte **Innenprovision von 15% und mehr**, weil diese als solche keine Gegenleistung für die Schaffung von Sachwerten darstellt und auf eine geringere Werthaltigkeit des Objekts und Rentabilität der Anlage schließen lässt;[416] dies gilt insbesondere dann, wenn gegenüber dem Anleger eine Marketinggebühr in einer bestimmten Höhe der Beteiligungssumme (zB 3%) offen ausgewiesen wird und ohne Erwähnung der Innenprovision ein unrichtiger Eindruck von der Höhe der Vertriebskosten entstünde;[417] zur Aufklärung genügt es aber, wenn die Innenprovision im Prospekt als „Kosten der Eigenkapitalbeschaffung" oÄ bezeichnet wird.[418]

208 Soll das beabsichtigte Geschäft einer **sicheren Geldanlage** dienen, kann bereits die Empfehlung eines geschlossenen Immobilienfonds als einer unternehmerischen Beteiligung wegen des damit regelmäßig verbundenen Verlustrisikos per se fehlerhaft sein.[419] An-

---

[409] OLG Dresden WM 2002, 1881; OLG Karlsruhe WM 2011, 1219, 1225 f.

[410] BGH Urt. v. 11.12.2014 – III ZR 365/13, NJW-RR 2015, 732 Rn. 22 ff. = WM 2015, 128.

[411] BGH Urt. v. 27.10.2009 – XI ZR 337/08, NJW-RR 2010, 115 Rn. 28 = WM 2009, 2303; BGH Urt. v. 4.12.2014 – III ZR 82/14, NJW-RR 2015, 298 Rn. 10 f. = WM 2015, 68; BGH Urt. v. 18.2.2016 – III ZR 14/15, NJW-RR 2016, 567 Rn. 17 ff. = WM 2016, 504 (Prospekt ordnungsgemäß); siehe dazu auch BGH Urt. v. 11.9.2012 – XI ZR 363/10, NJW-RR 2013, 98 Rn. 14.

[412] BGH Urt. v. 4.12.2014 – III ZR 82/14, NJW-RR 2015, 298 Rn. 10 f. = WM 2015, 68.

[413] *Schlick* WM 2016, 193, 194.

[414] BGH Urt. v. 23.4.2012 – II ZR 75/10, NJW-RR 2012, 1312 Rn. 20 = WM 2012, 1293.

[415] BGH Urt. v. 31.5.1990 – VII ZR 341/88, WM 1990, 1658, 1661 f.

[416] BGH Urt. v. 25.9.2007 – XI ZR 320/06, BKR 2008, 199 Rn. 14, 16; BGH Urt. v. 23.6.2016 – III ZR 308/15, NJW 2016, 3024 Rn. 12 = WM 2016, 1333.

[417] BGH Urt. v. 25.9.2007 – XI ZR 320/06, BKR 2008, 199 Rn. 14.

[418] BGH Urt. v. 25.9.2007 – XI ZR 320/06, BKR 2008, 199 Rn. 16.

[419] BGH Urt. v. 8.7.2010 – III ZR 249/09, BGHZ 186, 152 Rn. 18 = NJW 2010, 3292 = WM 2010, 1493; BGH Urt. v. 6.12.2012 – III ZR 66/12, NJW-RR 2013, 296 Rn. 22 = WM 2013, 68; BGH Urt. v. 24.4.2014 – III ZR 389/12, NJW-RR 2014, 1075 Rn. 27; BGH Urt. v. 11.12.2014 – III ZR 365/13, NJW-RR 2015, 732 Rn. 12 = WM 2015, 128.

ders stellt es sich allerdings dar, wenn der Anleger auch Steuervorteile erzielen will, weil dies regelmäßig ohne Verlustrisiko nicht zu erreichen ist.[420] Der BGH hält eine Immobilienfondsbeteiligung nicht für eine „hochspekulative" Anlage, die für eine nur ergänzende Altersvorsorge von vornherein als untauglich angesehen werden müsste.[421] Insoweit hat also der Tatrichter zu klären, ob der Anleger mit der empfohlenen Kapitalanlage eine Versorgungslücke im Alter schließen wollte oder ob er nur eine ergänzende Altersvorsorge gewünscht hat.[422]

Dagegen stellt es nach der Rechtsprechung des XI. Zivilsenats des BGH bei einem ge- 209
schlossenen Immobilienfonds nicht von vornherein einen Aufklärungsmangel dar, wenn nicht über ein **Totalverlustrisiko** aufgeklärt wird. Dabei handelt es sich nämlich um kein strukturelles Risiko, weil selbst bei unzureichendem Mietertrag den Verbindlichkeiten des Fonds zunächst der Sachwert der Immobilie gegenübersteht. Eine Hinweispflicht hängt auch nicht schematisch von einer bestimmten Fremdkapitalquote (etwa 50%) des Fonds ab, sondern von dessen konkreten Risiken und dem individuellen Beratungsbedarf des Anlegers.[423] Abzulehnen ist daher eine vereinzelt gebliebene Entscheidung des III. Zivilsenats des BGH, wonach der Anleger bei Zeichnung eines geschlossenen Immobilienfonds über ein „etwaiges Risiko des Totalverlusts" der Anlage aufgeklärt werden muss.[424] Solange der Anteil der Fremdfinanzierung des Fonds und die damit verbundenen Belastungen im Prospekt zutreffend dargestellt sind, sind die sich daraus ergebenden Risiken allgemeiner Natur und Anlegern regelmäßig bekannt, so dass sie nicht aufklärungsbedürftig sind. Etwas anderes kann sich dann ergeben, wenn weitere, dem Anleger unbekannte, risikoerhöhende Umstände hinzutreten, etwa ein überteuerter Erwerb der Immobilie, der Einsatz von Eigenkapital für investitionsfremde Zwecke oder der Verfall der betreffenden Immobilienpreise.[425]

(11) Film- und Medienfonds. Bei einem Film- oder Medienfonds handelt es sich 210
ebenfalls um einen **speziellen Investmentfonds**, bei dem das Fondsvermögen gesammelt wird, um einen oder mehrere Kinofilme zu produzieren. Die Zahl der Anleger ist begrenzt, weil der Fonds geschlossen wird, wenn das angestrebte Kapital gezeichnet ist. In der Regel werden Film- oder Medienfonds in der Rechtsform einer Kommanditgesellschaft errichtet.

Die oben bei den geschlossenen Immobilienfonds dargestellten Aufklärungspflichten 211
gelten hier entsprechend. Abweichend davon ist allerdings bei Film- oder Medienfonds auf das **Risiko des Totalverlusts** hinzuweisen, wenn sich der Film wirtschaftlich als Misserfolg erweist.[426] Dieses darf auch nicht dadurch verharmlost werden, dass in dem Verkaufsprospekt zwar auf das Risiko hingewiesen wird, im Übrigen aber eine positive Grundstimmung für den Anleger erzeugt wird (zB durch den Hinweis auf eine Erlösaus-

---

420 BGH Urt. v. 24.4.2014 – III ZR 389/12, NJW-RR 2014, 1075 Rn. 28; BGH Urt. v. 11.12.2014 – III ZR 365/13, NJW-RR 2015, 732 Rn. 12 = WM 2015, 128.

421 BGH Urt. v. 24.4.2014 – III ZR 389/12, NJW-RR 2014, 1075 Rn. 28; BGH Urt. v. 16.3.2017 - III ZR 489/16, BeckRS 2017, 105998 Rn. 22 = WM 2017, 708.

422 BGH Urt. v. 11.12.2014 – III ZR 365/13, NJW-RR 2015, 732 Rn. 12 ff. = WM 2015, 128.

423 BGH Urt. v. 27.10.2009 – XI ZR 337/08, NJW-RR 2010, 115 Rn. 25 = WM 2009, 2303; BGH Urt. v. 27.10.2009 – XI ZR 338/08, WM 2009, 2306 Rn. 27 = ZIP 2009, 2380; BGH Urt. v. 11.9.2012 – XI ZR 363/10, NJW-RR 2013, 98 Rn. 13; BGH Beschl. v. 10.1.2017 – XI ZR 31/15, BeckRS 2017, 100761.

424 BGH Urt. v. 19.11.2009 – III ZR 169/08, BKR 2010, 118 Rn. 21 (die dortigen Zitate beziehen sich auf einen Filmfonds, bei dem ein solches Totalverlustrisiko selbstverständlich besteht).

425 BGH Urt. v. 27.10.2009 – XI ZR 337/08, NJW-RR 2010, 115 Rn. 25 = WM 2009, 2303.

426 BGH Urt. v. 14.6.2007 – III ZR 125/06, NJW-RR 2007, 1332 Rn. 15 = WM 2007, 1503; BGH Urt. v. 14.6.2007 – III ZR 300/05, NJW-RR 2007, 1329 Rn. 14 = WM 2007, 1507; BGH Beschl. v. 9.2.2010 – XI ZR 140/09, BKR 2010, 515 Rn. 7.

fallversicherung als zentralem Sicherungsmittel), die das Gesamtbild eines insgesamt nur begrenzten wirtschaftlichen Risikos vermittelt.[427]

212 Der Berater muss auch darauf hinweisen, dass eine im Prospekt dargestellte **Gewinnprognose** mit besonderen Risiken behaftet ist, wenn in dem Überblick über die Chancen und Risiken der Beteiligung zwar die „mögliche Multiplikation" der Gesamterträge durch Re-Investitionen erwähnt wird, nicht aber die Kehrseite dieses Konzepts, dass bei Ausbleiben der Erträge aus der Erstinvestition keine Mittel für Folgeinvestitionen zur Verfügung stehen.[428]

213 Dagegen werden dem Anleger an einem Filmfonds, der eine sog. **Defeasance-Struktur** aufweist, wonach eine Aktiengesellschaft (Mehrheitsgesellschafterin der Treuhandkommanditistin) bezüglich aller Filme die Verpflichtung des Lizenznehmers zur Zahlung fester Lizenzgebühren und einer Einmalzahlung an den Fonds mit schuldbefreiender Wirkung für den Lizenznehmer übernimmt, keine überhöhten Gewinnversprechen gemacht, wenn der Prospekt hinsichtlich der Zahlung sog. fester und sog. variabler Lizenzgebühren die folgende Angaben enthält:

„Die Fondsgesellschaft erhält zum regulären Ende zusätzlich zu den festen Lizenzgebühren 40% der etwaigen Überschüsse aus den Vertriebseinnahmen als variable Lizenzgebühren, sofern diese Vertriebseinnahmen, nach Abzug von territorial und nach Medien differenzierten Vertriebsprovisionen, Vertriebskosten, Beteiligungsansprüchen Dritter und Rückstellungen, die Summe der festen Lizenzgebühren und der Einmalzahlungen übersteigen."

214 und im Prospekt oder bei der mündlichen Beratung darauf hingewiesen wird, dass variable Lizenzgebühren nicht zugesagt werden können, hohen Unwägbarkeiten unterliegen und bei der Anlageentscheidung nicht berücksichtigt werden sollten. Aufgrund dessen wird hinreichend klar, dass die variablen Lizenzgebühren kein wesentliches Element der Fondskonzeption sind, und kein Gewinnversprechen in Aussicht gestellt, es könne zur Einnahme hoher variabler Lizenzgebühren kommen.[429]

215 Von besonderer Bedeutung bei einem Filmfonds ist die **Seriosität und Bonität** des in Aussicht genommenen **Erlös(ausfall)versicherers**. Aufgrund dessen muss der Anlageberater sich darüber anhand von Veröffentlichungen in der Wirtschaftspresse vergewissern, während eine Nachfrage bei dem Bundesaufsichtsamt nicht erforderlich ist.[430]

216 Der Berater darf bei Empfehlung eines Medienfonds auch nicht zu Unrecht den Eindruck erwecken, dass durch die prospektierte Schuldübernahme einer Bank der **Erhalt des Kommanditkapitals** sichergestellt sei, während damit tatsächlich nur die Forderung des Fonds gegen den jeweiligen Lizenznehmer oder die Produktionskosten gesichert werden.[431] Eine solche fehlerhafte Beratung kann auch dadurch erfolgen, dass der Berater insoweit irreführende Angaben im Prospekt (wie zB die Verwendung des Begriffs „Garantiefonds" auf dem Deckblatt des Prospekts, die schlagwortartige Darstellung unter der Überschrift „Eckdaten des Fonds", wenn dort von der Absicherung des „Kommanditkapitals" gesprochen wird) nicht richtig stellt.[432]

---

[427] BGH Urt. v. 14.6.2007 – III ZR 125/06, NJW-RR 2007, 1332 Rn. 11 ff. = WM 2007, 1503; BGH Urt. v. 14.6.2007 – III ZR 300/05, NJW-RR 2007, 1329 Rn. 10 ff. = WM 2007, 1507; BGH Beschl. v. 9.2.2010 – XI ZR 140/09, BKR 2010, 515 Rn. 7.

[428] Vgl. BGH BGH Beschl. v. 29.7.2014 – II ZB 1/12, NZG 2014, 1261 Rn. 64 ff. = WM 2014, 2040.

[429] BGH Urt. v. 22.10.2015 – III ZR 264/14, NJW-RR 2016, 169 Rn. 25 ff. = WM 2015, 2238.

[430] BGH Urt. v. 16.9.2010 – III ZR 14/10, NJW-RR 2011, 329 Rn. 11 ff. = WM 2010, 1932.

[431] Vgl. BGH BGH Beschl. v. 29.7.2014 – II ZB 1/12, NZG 2014, 1261 Rn. 53 ff. = WM 2014, 2040; Beschl. v. 29.7.2014 – II ZB 30/12, NZG 2014, 1384 Rn. 64 = WM 2014, 2075.

[432] Vgl. BGH BGH Beschl. v. 29.7.2014 – II ZB 1/12, NZG 2014, 1261 Rn. 53 ff. = WM 2014, 2040; Beschl. v. 29.7.2014 – II ZB 30/12, NZG 2014, 1384 Rn. 64 = WM 2014, 2075.

Der Berater hat insbesondere auch über die **Risiken der steuerlichen Anerkennungsfähigkeit** des Anlagemodells aufzuklären. Die Beauftragung eines Produktionsdienstleisters entspricht allerdings einer häufig geübten Praxis von Filmfonds und steht der steuerrechtlichen Bewertung als unternehmerische Beteiligung nicht zwingend entgegen.[433] Problematisch kann dagegen die steuerliche Bewertung von Zahlungsflüssen vom Filmfonds über den Produktionsdienstleister und den Lizenznehmer an eine schuldübernehmende Bank sein.[434] 217

Dagegen besteht keine allgemeine Pflicht darauf hinzuweisen, dass die **Konzeption eines Fonds in steuerlicher Hinsicht „neu"** ist und von der Finanzverwaltung bislang nicht abschließend überprüft bzw. in der finanzgerichtlichen Rechtsprechung nicht geklärt ist. Es genügt im Regelfall der allgemeine Hinweis, dass die Beurteilung der Finanzverwaltung von der steuerrechtlichen Beurteilung im Prospekt abweichen kann und sich hieraus für den Anleger das Risiko ergeben kann, dass die prospektierten steuerlichen Folgen nicht eintreten. Eine weitergehende Hinweispflicht besteht nur im Einzelfall, beispielsweise, wenn nach den konkreten Umständen eine klarstellende Abgrenzung zu ähnlichen, in ihrer steuerlichen Behandlung geklärten Konzeptionen geboten ist.[435] 218

Des Weiteren ist über wesentliche **kapitalmäßige und personelle Verflechtungen** zwischen den Vermittlern, der Anlagegesellschaft, den Treuhändern und uU den sonstigen am Projekt Beteiligten aufzuklären, weil solche Verflechtungen die Gefahr einer Interessenkollision in sich bergen.[436] 219

(12) Schiffsfonds. Schiffsfonds sind eine unternehmerische Beteiligung und in der Regel als Kommanditgesellschaft konzipiert (geschlossene Fonds). Aufgrund dessen ist insoweit – wie auch bei anderen Publikums-KG – ua über folgende Umstände aufzuklären: 220

- **Verlustrisiko**,
- Haftungsrisiko nach **§ 172 Abs. 4 HGB**,
- ggfs. gesellschaftsvertragliche **Nachschusspflicht**,
- Zahlung von **Rückvergütungen**,
- wesentliche **kapitalmäßige und personelle Verflechtungen** zwischen den Vermittlern, der Anlagegesellschaft, den Treuhändern und uU den sonstigen am Projekt Beteiligten, weil solche Verflechtungen die Gefahr einer Interessenkollision in sich bergen.

Allgemein besteht dagegen keine Aufklärungspflicht über solche Umstände, die regelmäßig **kein spezifisches Risiko** der Kapitalanlage darstellen.[437] 221

- Dies gilt etwa in Bezug auf die Fehlerhaftigkeit einer **Widerrufsbelehrung**, und zwar auch dann, wenn das Konzept des Schiffsfonds auf einer unkündbaren gesellschaftsvertraglichen Bindung für einen längeren Zeitraum (zB 10 Jahre ab Zeichnung) basiert und durch mehrfachen berechtigten Widerruf von Zeichnungserklärungen anderer Anleger gefährdet würde.[438] Die Ordnungsmäßigkeit einer Widerrufsbelehrung (zB bei der Zeichnung eines Fonds in einer Außer-Geschäftsraum-Situation iSd § 312b BGB) stellt kein wirtschaftliches Risiko im eigentlichen Sinne dar. Die Erteilung einer ord-

---

[433] BGH Urt. v. 22.10.2015 – III ZR 264/14, NJW-RR 2016, 169 Rn. 19 = WM 2015, 2238.

[434] Vgl. dazu BGH Beschl. v. 29.7.2014 – II ZB 1/12, NZG 2014, 1261 Rn. 4, 37 ff. = WM 2014, 2040; BGH Beschl. v. 29.7.2014 – II ZB 30/12, NZG 2014, 1384 Rn. 76 ff. = WM 2014, 2075.

[435] Vgl. BGH Beschl. v. 29.7.2014 – II ZB 30/12, NZG 2014, 1384 Rn. 64 = WM 2014, 2075.

[436] BGH Urt. v. 6.10.1980 – II ZR 60/80, BGHZ 79, 337, 345 = NJW 1981, 1449 = WM 1981, 483 (Initiatoren, Gründer und Gestalter der Gesellschaft); BGH Urt. v. 25.11.1981 – IVa ZR 286/80, NJW 1982, 1095 = WM 1982, 90 (Fondsgesellschaft und Ausfallbürge).

[437] Vgl. BGH Beschl. v. 11.10.2016 – XI ZR 14/16, WM 2016, 2216 Rn. 3.

[438] BGH Beschl. v. 11.10.2016 – XI ZR 14/16, WM 2016, 2216 Rn. 3.

nungsgemäßen Widerrufsbelehrung ist eine echte Rechtspflicht des Unternehmers, auf deren Erfüllung der Verbraucher einen Rechtsanspruch hat. Die Erteilung einer nicht ordnungsgemäßen Widerrufsbelehrung stellt daher eine Pflichtverletzung der Fondsgesellschaft dar, die regelmäßig kein spezifisches Risiko der Kapitalanlage ist.

- Keine Aufklärungspflicht dürfte auch bei dem Risiko einer **Haftung nach §§ 30 f. GmbHG** analog bestehen. Eine solche Haftung besteht nach der Rechtsprechung des BGH im Falle einer Zahlung aus dem Vermögen der Kommanditgesellschaft an einen Gesellschafter ihrer Komplementär-GmbH oder an einen ihrer Nur-Kommanditisten, weil es sich dabei um eine nach § 30 GmbHG verbotene Auszahlung handelt, wenn dadurch das Vermögen der GmbH unter die Stammkapitalziffer sinkt oder eine bilanzielle Überschuldung vertieft wird.[439] Ein gegen das gesetzliche Verbot des § 30 GmbHG verstoßendes Verhalten der Komplementärin bzw. ihres Geschäftsführers stellt kein wirtschaftliches Risiko im eigentlichen Sinne dar. Zudem muss der Berater mit einem solchen Verhalten – jedenfalls ohne konkrete Anhaltspunkte – nicht ernsthaft rechnen.

222 **(13) Stille Gesellschaft.** Bei der Gesellschafter-Einlage eines stillen Gesellschafters steht die **Bildung einer Zweckgemeinschaft** im Vordergrund. Dementsprechend nimmt der stille Gesellschafter regelmäßig nicht nur am Gewinn, sondern auch am Verlust teil. Das Auseinandersetzungsguthaben ist unter Berücksichtigung der Verlustanteile zu berechnen. Wird die Gesellschaft aufgelöst, hat der stille Gesellschafter keinen Anspruch auf eine Rente zum Zweck der Altersversorgung.

223 Aufgrund dessen ist der Anleger vor allem darüber aufzuklären, dass er an den **Verlusten** beteiligt ist und dass er verpflichtet ist, erforderlichenfalls auch **Nachschüsse** in erheblichem Umfang zu leisten.[440]

224 Soweit dem Anleger nach dem Gesellschaftsvertrag das Recht zusteht, **gewinnunabhängige Entnahmen** iHv 10% der gezahlten Einlagen schon ab dem Jahr nach dem Vertragsschluss zu tätigen, ist er darauf hinzuweisen, dass dies zu einer deutlichen Verringerung des für die Investitionen zur Verfügung stehenden Kapitals führt, dass die Entnahmen auch im Falle der Wiederanlage keinen Kapitalzuwachs bewirken, dass sie deshalb in hohem Maße die Gefahr einer späteren Nachschusspflicht begründen und dass sie trotz ihrer Ausgestaltung als gewinnunabhängig unter einem Liquiditätsvorbehalt stehen, der es der Anlagegesellschaft erlaubt, bei einem Liquiditätsmangel die Ausschüttungen einseitig einzustellen.[441]

225 Der Anleger ist über die **wirtschaftliche Situation** des Unternehmens zu informieren, dessen Kapitalbedarf und ggfs. darüber, dass dem Anleger für seine Einlage keine Sicherheit gestellt werden kann.[442] Aus einer zugesagten Mindestverzinsung (von 10%) kann die Bank allein nicht entnehmen, dass der Anleger auch zur Übernahme eines ungewöhnlich hohen Risikos bereit ist.[443]

226 Der Anleger muss darüber aufgeklärt werden, dass das Unternehmen, an dem er sich auf Empfehlung der Bank beteiligten will, **in den letzten beiden Jahren mit Verlust gearbeitet** hat. Dies ist insbesondere dann anzunehmen, wenn die beratende Bank Hauptgläubiger des zur Anlage empfohlenen Unternehmens ist, der auch sämtliche erreichbaren Werte zur Sicherung eines erheblichen Debets übertragen worden sind, und deshalb Zweifel bestehen können, ob ihre pauschale Beurteilung der künftigen Unternehmens-

---

[439] Vgl. BGH Urt. v. 9.12.2014 – II ZR 360/13, NZG 2015, 225 Rn. 8 mwN = WM 2015, 333.

[440] BGH Urt. v. 26.9.2005 – II ZR 314/03, NJW-RR 2006, 178, 180 = WM 2005, 2228.

[441] BGH Urt. v. 26.9.2005 – II ZR 314/03, NJW-RR 2006, 178, 180 = WM 2005, 2228.

[442] BGH Urt. v. 18.1.1973 – II ZR 82/71, NJW 1973, 456, 458 = WM 1973, 164.

[443] BGH Urt. v. 18.1.1973 – II ZR 82/71, NJW 1973, 456, 458 = WM 1973, 164.

entwicklung unbefangen und in keiner Weise interessenbestimmt ist. Ob die Verluste geringer geworden waren und das Unternehmen nach Ansicht der Bank nicht gefährdet war, auch nach Meinung des Wirtschaftsprüfers höhere Umsätze und wieder Gewinne zu erwarten waren, ist dabei unerheblich.[444] Das **Bankgeheimnis** hindert die Bank nicht, dem Anleger die nötigen Mitteilungen über das Unternehmen zu machen. Dieses suchte über die Bank einen stillen Gesellschafter und war mit der Beratertätigkeit der Bank für den Interessenten einverstanden. Infolgedessen ist die Bank auch befugt, alle Tatsachen bekanntzugeben, von denen ein solcher Interessent Kenntnis haben muss, bevor er sich entschließt, in ein Gesellschaftsverhältnis einzutreten. Dazu gehören insbesondere auch die Höhe der bereits in Anspruch genommenen Bankkredite und die sich aus den Bilanzen ergebenden Verluste.[445]

Der Anleger muss über das geplante **Investitionsvolumen** unterrichtet werden, wenn es von den üblicherweise zu erwartenden Werten abweicht.[446] 227

Der Anleger ist darüber aufzuklären, ob das Anlagemodell rechtlich abgesichert ist. Insbesondere muss er über **bankrechtliche Bedenken** gegen eine bestimmte Anlageform grundsätzlich aufgeklärt werden, ob also mit bankaufsichtsrechtlichen Maßnahmen und damit verbundenen Prozessrisiken zu rechnen ist.[447] 228

Eine solche Aufklärungspflicht hat der BGH in den Entscheidungen zum ***„Pensions-Sparplan"*** und zur ***„SecuRente"*** angenommen.[448] Dort war durch eine Änderung des § 1 KWG zweifelhaft geworden, ob ein teilweises Stehenlassen des Auseinandersetzungsguthabens eines stillen Gesellschafters über eine Laufzeit von 10 bis 40 Jahren mit dem Ziel, dass dem Gesellschafter in dieser Zeit eine monatliche Rente zu zahlen war, dazu führte, dass der Vertrag als Bankgeschäft anzusehen war. Dazu fehlte der dortigen Beklagten die erforderliche bankaufsichtsrechtliche Genehmigung nach § 32 KWG.[449] 229

Dagegen ist die **Hereinnahme von Gesellschafter-Einlagen**, auch solcher der stillen Gesellschafter, grundsätzlich kein Einlagengeschäft im Sinne des § 1 Abs. 1 Satz 2 Nr. 1 KWG, so dass insoweit keine bankrechtlichen Bedenken bestehen, auf die der Anleger hingewiesen werden müsste.[450] Vermögenseinlagen stiller Gesellschafter, die am laufenden Verlust des kapitalnehmenden Unternehmens teilnehmen, erfüllen als nur bedingt rückzahlbare Ansprüche die Voraussetzungen des § 1 Abs. 1 Satz 2 Nr. 1 KWG nicht. Dies gilt auch dann, wenn das Auseinandersetzungsguthaben nach der gesellschaftsvertraglichen Regelung in vier Raten über zwei Jahre auszuzahlen ist. Dies hat lediglich den Zweck, die Liquidität des Handelsunternehmens zu erhalten. Derartige Regelungen sind im Gesellschaftsrecht üblich und setzen keine bankrechtliche Erlaubnis voraus.[451] 230

(14) Sonstige Fonds- oder Unternehmensbeteiligungen. Für die Beteiligungen an sonstigen geschlossenen Fonds oder Unternehmen gelten die vorstehenden Ausführungen entsprechend. Fehlerhaft sind zB 231

- unrichtige Angaben über die **fundierten Absatzerwartungen** der Gesellschaft, weil damit zugleich beim Anleger unrichtige Renditeerwartungen geweckt werden. Fehlerhaft ist die Behauptung des Beraters, dass der Absatz der von der KG hergestellten Er-

---

[444] BGH Urt. v. 18.1.1973 – II ZR 82/71, NJW 1973, 456, 457 = WM 1973, 164.
[445] BGH Urt. v. 18.1.1973 – II ZR 82/71, NJW 1973, 456, 457 = WM 1973, 164.
[446] BGH Urt. v. 26.9.2005 – II ZR 314/03, NJW-RR 2006, 178, 180 = WM 2005, 2228.
[447] BGH Urt. v. 23.7.2013 – II ZR 143/12, NJW-RR 2013, 1373 Rn. 12 = WM 2013, 1742.
[448] BGH Urt. v. 21.3.2005 – II ZR 149/03, WM 2005, 838 = ZIP 2005, 763; BGH Urt. v. 23.7.2013 – II ZR 143/12, NJW-RR 2013, 1373 Rn. 13 = WM 2013, 1742.
[449] BGH Urt. v. 21.3.2005 – II ZR 149/03, WM 2005, 838 = ZIP 2005, 763.
[450] BGH Urt. v. 23.7.2013 – II ZR 143/12, NJW-RR 2013, 1373 Rn. 14 = WM 2013, 1742.
[451] BGH Urt. v. 23.7.2013 – II ZR 143/12, NJW-RR 2013, 1373 Rn. 14 = WM 2013, 1742.

zeugnisse schon ***vom Jahr der Aufnahme der Produktion an gesichert*** sei, wenn tatsächlich keine entsprechenden Vertriebszusagen vorliegen. Dabei handelt es sich nicht etwa um eine schlagwortartige Mitteilung, die, weil zu unbestimmt gefasst, ein Interessent für eine Kapitalanlage nicht hätte ernst nehmen dürfen. Denn in dem Werbeprospekt über die KG hieß es detailliert, der Verkauf sei sowohl über den Einzelhandel als auch über Warenhäuser und Konzerne sichergestellt; es bestünden bereits jetzt verbindliche Zusagen eingeführter und erfolgreicher Vertriebsorganisationen im In- und Ausland. Dadurch wurde der Eindruck erweckt, es seien feste Abmachungen mit Abnehmern der von der KG hergestellten Waren in einem Umfang getroffen worden, dass einer von Anfang an erfolgreichen Tätigkeit des zu gründenden Unternehmens nichts im Wege stehe. Solche fundierten Absatzerwartungen sind für jeden, der eine Beteiligung an einem solchen Unternehmen erwägt, von erheblicher Bedeutung. Tatsächlich lag keine konkrete Vertriebszusage vor; ein nur allgemein gehaltenes Angebot eines Vertriebsunternehmens, Waren der KG gegen Verkaufsprovision zu vertreiben, genügt insoweit nicht.[452]

- die Werbung mit einer ***wirtschaftlich nicht durchsetzbaren Garantie*** für einen Teil der Kommanditeinlage, weil der Garantiegeber mit der Betriebs-KG wirtschaftlich so eng verflochten war, dass ein geschäftlicher Misserfolg der Betriebs-KG unmittelbar auf die Garantiegeberin durchschlug.[453]

232 **(15) Swap-Verträge.** Ein Swap (englisch: Austausch, Tausch) stellt im wirtschaftlichen Sinne einen Sammelbegriff für **derivative Finanzinstrumente** dar, deren Gemeinsamkeit ein Austausch von zukünftigen Zahlungsströmen ist. Es handelt sich dabei in der Regel um eine Zins- oder Währungskurswette. Der Kunde ist regelmäßig insbesondere über folgende Punkte aufzuklären:

- Funktionsweise des Swaps,
- Zins- oder Währungsrisiko, ggfs. anhand konkreter Berechnungsbeispiele,
- Verlustrisiko, insbesondere bei unbegrenztem Verlustrisiko deutlicher Hinweis,
- Höhe eines etwaigen negativen Marktwerts.

233 Umfang und Intensität der Aufklärung hängen indes von den Eigenheiten und dem **Inhalt des konkreten Swap-Vertrags** ab, so dass nach der Art des Vertrags zu differenzieren ist:

234 **(a) CMS Spread Ladder Swap.** In einem aufsehenerregenden Urteil vom 22. März 2011[454] hatte sich der BGH mit einem sog. CMS Spread Ladder Swap zu befassen, bei dem es sich um ein sehr risikoreiches Geschäft, eine „Art spekulative Wette", mit einem für den Kunden nicht nur theoretisch, sondern auch praktisch unbegrenzten, ruinösen Verlustrisiko gehandelt hat. Danach verpflichtete sich die Bank, an den Kunden aus dem Bezugsbetrag von 2 000 000 € für die Laufzeit von fünf Jahren halbjährlich Zahlungen in Höhe eines festen Zinssatzes von 3% p. a. zu erbringen, wohingegen sich der Kunde verpflichtete, zu denselben Zeitpunkten aus dem Bezugsbetrag im ersten Jahr Zinsen in Höhe von 1,5% p. a. an die Bank zu zahlen und danach einen variablen Zinssatz, der mindestens bei 0,0% liegt und sich abhängig von der Entwicklung des „Spreads" (Basis-Satz A_1 – Basis-Satz A_2) ausweislich der Vertragsurkunde wie folgt berechnet:

[452] BGH Urt. v. 22.3.1979 – VII ZR 259/77, BGHZ 74, 103, 110 f. = NJW 1979, 1449 = WM 1979, 530.

[453] BGH Urt. v. 25.11.1981 – IVa ZR 286/80, NJW 1982, 1095, 1097 = WM 1982, 90.

[454] BGH Urt. v. 22.3.2011 – XI ZR 33/10, BGHZ 189, 13 = NJW 2011, 1949 = WM 2011, 682.

„Für den Berechnungszeitraum vom 20. Februar 2006 bis zum 18. August 2006:
1,50% p.a. plus 3 × [1,00% p.a. minus (Basis Satz A_1 minus Basis-Satz A_2)].

Für den Berechnungszeitraum vom 18. August 2006 bis zum 19. Februar 2007:
den vorangegangenen variablen Satz plus 3 × [1,00% p.a. minus (Basis-Satz A_1 minus Basis-Satz A_2)].

Für den Berechnungszeitraum vom 19. Februar 2007 bis zum 18. August 2007:
den vorangegangenen variablen Satz plus 3 × [0,85% p.a. minus (Basis-Satz A_1 minus Basis-Satz A_2)].

Für den Berechnungszeitraum vom 18. August 2007 bis zum 18. Februar 2008:
den vorangegangenen variablen Satz plus 3 × [0,85% p.a. minus (Basis-Satz A_1 minus Basis-Satz A_2)].

Für den Berechnungszeitraum vom 18. Februar 2008 bis zum 18. August 2008:
den vorangegangenen variablen Satz plus 3 × [0,70% p.a. minus (Basis-Satz A_1 minus Basis-Satz A_2)].

Für den Berechnungszeitraum vom 18. August 2008 bis zum 18. Februar 2009:
den vorangegangenen variablen Satz plus 3 × [0,70% p.a. minus (Basis-Satz A_1 minus Basis-Satz A_2)].

Für den Berechnungszeitraum vom 18. Februar 2009 bis zum 18. August 2009:
den vorangegangenen variablen Satz plus 3 × [0,55% p.a. minus (Basis-Satz A_1 minus Basis-Satz A_2)].

Für den Berechnungszeitraum vom 18. August 2009 bis zum Enddatum:
den vorangegangenen variablen Satz plus 3 × [0,55% p.a. minus (Basis-Satz A_1 minus Basis-Satz A_2)].

Bestimmung des Basis-Satzes A_1: 10-Jahres-Swap-Mittelsatz (...) auf „EURIBOR-Basis" (...)
Bestimmung des Basis-Satzes A_2: 2-Jahres-Swap-Mittelsatz (...) auf „EURIBOR-Basis" (...)."

Nach der Senatsentscheidung genügt es nicht, dem Kunden anlässlich der Beratung lediglich die Rechenschritte zur Berechnung der variablen Zinszahlungspflicht nachvollziehbar zu erläutern. Vielmehr muss die beratende Bank dem Kunden in verständlicher und nicht verharmlosender Weise insbesondere **klar vor Augen führen**, dass das für ihn nach oben **unbegrenzte Verlustrisiko** nicht nur ein „theoretisches" ist, sondern abhängig von der Entwicklung des „Spreads" real und ruinös sein kann. Dazu sind nicht nur eingehende Erläuterungen aller Elemente der Formel zur Berechnung des variablen Zinssatzes (Multiplikationsfaktor, „Strike", Anknüpfung an den Zinssatz der Vorperiode, Mindestzinssatz des Kunden) und ihrer konkreten Auswirkungen (zB Hebelwirkungen, „Memory-Effekt") bei allen denkbaren Entwicklungen des „Spreads" erforderlich, sondern insbesondere auch eine eindeutige Aufklärung des Kunden darüber, dass das Chance-Risiko-Profil zwischen den Teilnehmern der Zinswette unausgewogen ist. Die Aufklärung, die in ihrer Intensität von den Umständen des Einzelfalls abhängt, muss auch bei einem so hoch komplexen Produkt gewährleisten, dass der Kunde im Hinblick auf das Risiko des Geschäfts im Wesentlichen den **gleichen Kenntnis- und Wissensstand** hat wie die ihn beratende Bank, weil ihm nur so eine eigenverantwortliche Entscheidung darüber möglich ist, ob er die ihm angebotene Zinswette annehmen will.[455] 235

(b) Invers-CMS-Stufen-Swap. Bei einem Invers-CMS-Stufen-Swap handelt es sich ebenfalls um einen Zinsswap. In einem solchen dem BGH[456] zur Beurteilung vorgelegten Vertrag verpflichtete sich die Bank während der Laufzeit vierteljährlich zu einer Zahlung von Zinsen in Höhe von 3,75% p.a. auf den Nominalbetrag von 5 Mio. €. Der Kunde schuldete jeweils bezogen auf den Nominalbetrag im ersten Jahr der Laufzeit vierteljährlich Zinsen in Höhe von 3% p.a. und ab dem 15. Dezember 2008 bis zum Laufzeitende vierteljährlich variable Zinsen. Die von dem Kunden am 15. März 2009 zu zahlen- 236

---

[455] BGH Urt. v. 22.3.2011 – XI ZR 33/10, BGHZ 189, 13 Rn. 29 = NJW 2011, 1949 = WM 2011, 682.

[456] BGH Urt. v. 28.4.2015 – XI ZR 378/13, BGHZ 205, 117 = NJW 2015, 2248 = WM 2015, 1273.

den variablen Zinsen betrugen vereinbarungsgemäß „3% plus 4,25% p.a. minus Basis-Satz" und an den nachfolgenden Zahlungsterminen bis zum Laufzeitende jeweils „variabler Satz für den unmittelbar vorangegangenen Berechnungszeitraum plus 4,25% p.a. minus Basis-Satz" auf den Nominalbetrag, jedoch höchstens 8,75% p.a und mindestens 0% p.a. Der Basis-Satz entsprach dem jeweils zwei Bankarbeitstage vor dem Ende des jeweiligen Berechnungszeitraums veröffentlichten Zehn-Jahres-Swapsatz.

237 Hier muss in verständlicher Weise vor allem über die **Hebelwirkung** in der Zinsformel aufgeklärt werden, die zur Folge hat, dass sich eine für den Kunden günstige Entwicklung des Zehn-Jahres-Swapsatzes nicht sogleich in einer für ihn vorteilhaften Zinslast niederschlägt, sondern erst ein in den vorangegangenen Berechnungszeiträumen entstandener hoher Zinssatz abgebaut werden muss.[457]

238 **(c) Cross-Currency-Swap-Vertrag.** Bei einem Cross-Currency-Swap-Vertrag (CCS-Vertrag) handelt es sich um einen verzinslichen Währungs-Tausch-Vertrag, bei dem sich der eine Vertragspartner zur regelmäßigen Zahlung von Zinsen auf eine bestimmte Geldsumme in der vereinbarten Währung und zur Zahlung dieser Geldsumme zu einem bestimmten Enddatum verpflichtet, während der andere Vertragsteil diese Zahlungen in Bezug auf eine bestimmte Geldsumme in einer anderen Währung zu leisten hat.

239 Beispielhaft sei auch hier der Sachverhalt, der dem Urteil des XI. Zivilsenats des BGH vom 20. Januar 2015[458] zugrunde lag, kurz skizziert: Im September 2008 schloss der Kläger mit der Landesbank zunächst einen Rahmenvertrag für Finanztermingeschäfte und sodann einen CCS-Vertrag mit einer festen Laufzeit vom 3. Oktober 2008 bis 3. Oktober 2011, in dem sich die Landesbank verpflichtete, an den Kläger zum Enddatum 900 735 Türkische Lira (TRY) und zuvor an zwölf festgelegten vierteljährlichen Terminen Zinsen in Höhe von 15,66% p.a. zu zahlen, während der Kläger an die Landesbank zum Enddatum 795 000 Schweizer Franken (CHF) und zuvor an zwölf festgelegten Terminen Zinsen in Höhe von 3,6% p.a. zu zahlen hatte. Man sieht sofort an den unterschiedlichen Zinssätzen, dass ein gewisser (weiterer) Währungsverfall der Türkischen Lira in den Vertrag „eingepreist" war. In der Folgezeit fiel die Türkische Lira im Verhältnis zum Schweizer Franken aber deutlich stärker als vom Anleger erwartet, so dass für ihn ein – im Zeitverlauf anwachsender – Verlust von letztlich 289 000 € entstand.

240 Inhalt und **Umfang der Beratung** richten sich auch hier nach den Kenntnissen und Erfahrungen des Anlegers sowie nach den Risiken und sonstigen Besonderheiten des Swap-Vertrags.[459] Die Anforderungen an die objektgerechte Beratung, die insoweit an die beratende Bank zu stellen sind, sind bei einem riskanten Produkt wie einem Cross-Currency-Swap-Vertrag hoch. Sie hängen allerdings im Einzelfall von der Komplexität und Funktionsweise des konkret empfohlenen Anlageprodukts sowie den Kenntnissen des Kunden ab.[460]

241 Im vom BGH entschiedenen Fall handelte es sich bei dem Kunden der Bank um einen **erfahrenen Anleger**, der in der Vergangenheit bereits Erfahrungen mit spekulativen Swap-Verträgen gemacht hatte. Insbesondere war nicht nur die Initiative für das streitgegenständliche Geschäft vom Anleger ausgegangen; er hatte darüber hinaus auch das Währungspaar und den Einstiegskurs im Verhältnis der beiden Währungen vorgegeben. In einem solchen Fall kann die Bank davon ausgehen, dass dem Anleger das mit dem empfohlenen CCS-Vertrag verbundene Fremdwährungsrisiko und das Risiko von Kurs-

[457] BGH Urt. v. 28.4.2015 – XI ZR 378/13, BGHZ 205, 117 Rn. 78 = NJW 2015, 2248 = WM 2015, 1273.

[458] BGH Urt. v. 20.1.2015 – XI ZR 316/13, NJW 2015, 1095 = WM 2015, 575.

[459] BGH Urt. v. 20.1.2015 – XI ZR 316/13, NJW 2015, 1095 Rn. 18 f. = WM 2015, 575.

[460] BGH Urt. v. 20.1.2015 – XI ZR 316/13, NJW 2015, 1095 Rn. 24 = WM 2015, 575.

schwankungen bewusst ist und seiner Risikoneigung entspricht. In Anbetracht dessen war der Berater dann auch nicht gehalten, den Anleger nach der von ihm noch zu tolerierenden Verlustgrenze zu fragen, weil in einem solchen Fall dem Anleger das Verlustrisiko als solches bewusst sein muss.[461]

(d) Zins-Währungs-Swap. Bei einer Kombination aus den beiden vorgenannten Fallgestaltungen, also einem Zins-Währungs-Swap mit variablen Zinsen muss etwa dann, wenn außerdem noch nach der vertraglichen Konstruktion des Swaps eine Zinsobergrenze („Cap") fehlt, im Zusammenhang mit der vereinbarten Zinsformel anhand des Szenarios einer nicht nur unerheblichen Abwertung der einen Währung (zB Euro) gegenüber der anderen Währung (zB Schweizer Franken) hinreichend klar erläutert werden.[462] 242

(e) Einfacher Zins- oder Währungsswap. Bei einem **einfachen Zins- oder Währungsswap**, bei dem wegen der Vereinbarung fester Zinssätze oder Währungen im Hinblick auf die wechselseitig zu leistenden Zahlungen lediglich ein Zins- oder Wechselkursrisiko besteht, muss dem Anleger die Funktionsweise des Swaps und das Zinsänderungs- oder Wechselkursrisiko hinreichend erläutert und er darauf hingewiesen werden, dass hohe Verlustrisiken aufgrund dieses Risikos bestehen.[463] Insoweit ist zu berücksichtigen, dass der Anleger die Auswirkungen von Zins- oder Wechselkursänderungen auf die einzelnen Zahlungen börsentäglich ohne weiteres selbst errechnen kann. Ist dies dem Anleger bekannt, muss der Berater ihn nicht zusätzlich darauf hinweisen, dass der Swap-Vertrag „als Totalrisikogeschäft finanzmathematisch nicht steuerbar" oder als „Wette mit Glücksspielcharakter" anzusehen sei, oder ihn „über die unterschiedlichen Volatilitäten der maßgeblichen Basiswerte und Wahrscheinlichkeitsrechnungen" oder die Notwendigkeit eines „effektiven Risikomanagements" informieren.[464] 243

(f) Swap als Gegengeschäft. Dient der Swap-Vertrag der Absicherung eines Grundgeschäfts ist uU auf die fehlende **Laufzeitenkongruenz** beider Verträge hinzuweisen, dh auf den Umstand, dass bei vorzeitiger Beendigung des Grundgeschäfts (zB vorzeitige Ablösung eines variabel verzinslichen Darlehens) der Swap-Vertrag nur gegen Zahlung eines Ausgleichsbetrags beendet werden kann oder dieser – dann als Spekulationsgeschäft – weiterläuft.[465] 244

(g) Kommunalswaps. Die Grundsätze der anleger- und objektgerechten Beratung gelten selbstverständlich auch gegenüber **Kommunen**. Dabei stellt sich insbesondere die Frage, ob spekulative Swap-Verträge im Hinblick auf die Risikobereitschaft ein für öffentlich-rechtliche Gebietskörperschaft geeignetes Finanzinstrument darstellen.[466] Auf das Bestehen der haushaltsrechtlichen Bindungen einer Gemeinde (zB nach §§ 75 ff. GemO NRW) muss eine beratende Bank allerdings nicht hinweisen,[467] weil sie davon ausgehen darf, dass diese den zuständigen Gemeindeorganen bekannt sind. 245

(h) Negativer Marktwert. Bei der Frage, ob die Bank bei einem Swap-Vertrag den Kunden auch darüber aufzuklären hat, dass der von ihr empfohlene Vertrag zum Ab- 246

---

461 BGH Urt. v. 20.1.2015 – XI ZR 316/13, NJW 2015, 1095 Rn. 21 f. = WM 2015, 575.

462 Vgl. BGH Urt. v. 28.4.2015 – XI ZR 378/13, BGHZ 205, 117 Rn. 78 = NJW 2015, 2248 = WM 2015, 1273.

463 BGH Urt. v. 20.1.2015 – XI ZR 316/13, NJW 2015, 1095 Rn. 25 = WM 2015, 575.

464 BGH Urt. v. 20.1.2015 – XI ZR 316/13, NJW 2015, 1095 Rn. 27 f. = WM 2015, 575.

465 OLG Dresden WM 2015, 1191, 1193.

466 Vgl. BGH Urt. v. 28.4.2015 – XI ZR 378/13, BGHZ 205, 117 Rn. 77 = NJW 2015, 2248 = WM 2015, 1273.

467 BGH Urt. v. 28.4.2015 – XI ZR 378/13, BGHZ 205, 117 Rn. 77 = NJW 2015, 2248 = WM 2015, 1273.

schlusszeitpunkt einen für den Kunden negativen Marktwert (zum Begriff → Rn. 317) aufweist, ist zu unterscheiden:

- Im Rahmen der ***objektgerechten Beratung*** handelt es sich nach der Rechtsprechung des BGH bei dem negativen Marktwert im Grundsatz um keinen für die Anlageentscheidung wesentlichen Umstand, über den die beratende Bank ihren Kunden informieren müsste. Die Empfehlung eines Swap-Vertrages kann daher trotz des anfänglich negativen Marktwerts objektgerecht sein, sofern die Gewinnchancen und damit die „Werthaltigkeit" des Swaps nicht nachhaltig durch übermäßige Kosten- und Gewinnbestandteile beeinträchtigt werden.[468] Nur im Falle einer solchen Beeinträchtigung muss die Bank über die Höhe des negativen Marktwerts auch unter dem Gesichtspunkt der anlagegerechten Beratung aufklären. Ein solcher Fall ist allerdings bislang vom BGH noch nicht bejaht worden.
- In erster Linie ist die Aufklärungsbedürftigkeit in Bezug auf den negativen Marktwert eine Frage der Aufklärung über einen ***schwerwiegenden Interessenkonflikt***. Dessen Vorliegen hängt nach der Rechtsprechung des BGH zum einen davon ab, ob die beratende Bank selbst Vertragspartnerin des Swap-Vertrags ist oder diesen nur vermittelt, und zum anderen davon, ob es sich bei dem Swap-Vertrag um ein rein spekulatives Geschäft oder ob er zu einem konnexen Grundgeschäft mit einem gegenläufigen Risiko abgeschlossen worden ist. Zu den Einzelheiten → Rn. 319 ff.

247 **(i) Nichtigkeit des Swap-Vertrags.** Nur zur Abrundung sei kurz erwähnt, dass ein Swap-Geschäft **sittenwidrig** und nichtig ist, wenn es darauf angelegt ist, den Vertragspartner der Bank von vornherein chancenlos zu stellen.[469] Dies hat der BGH aber bislang in noch keinem Fall bejaht. Bei mit Kommunen geschlossenen Swap-Verträgen, die ausschließlich der Erzielung eines Spekulationsgewinns dienen, ist ferner zu prüfen, ob sie wegen einer Überschreitung des der Gemeinde gesetzlich zugewiesenen Wirkungskreises unwirksam oder wegen eines Verstoßes gegen ein etwaiges **gemeindliches Spekulationsverbot** nichtig sind. In Bezug auf das nordrhein-westfälische Gemeinderecht hat der BGH beides verneint.[470]

248 **(16) Zertifikate.** Zertifikate sind strukturierte Finanzprodukte in der Form einer Inhaberschuldverschreibung, die den Anspruch des Inhabers gegen den Emittenten auf Zahlung eines Geldbetrages verbriefen, dessen Höhe vom Stand der zugrunde gelegten Basiswerte (sog. Underlyings) abhängt. Basiswerte können zB einzelne Aktien **(Aktienzertifikate)**, ein Korb von mehreren Aktienwerten oder bestimmte Aktienindices sein (zB DAX, EuroStoxx 50, Nikkei usw.; sog. **Indexzertifikate**). Anders als beispielsweise bei Offenen inländischen Investmentvermögen (vgl. § 91 Abs. 1 KAGB; früher zB auch Investmentfonds nach § 30 Abs. 1 Satz 2 InvG) wird bei solchen Zertifikaten kein vom sonstigen Vermögen des Emittenten getrenntes Sondervermögen gebildet, so dass der Anleger nicht nur das Marktrisiko in Bezug auf den zugrunde gelegten Basiswert, sondern darüber hinaus auch das Bonitätsrisiko des Emittenten trägt.[471]

---

[468] BGH Urt. v. 20.1.2015 – XI ZR 316/13, NJW 2015, 1095 Rn. 37 mwN = WM 2015, 575; BGH Urt. v. 28.4.2015 – XI ZR 378/13, BGHZ 205, 117 Rn. 31 = NJW 2015, 2248 = WM 2015, 1273.

[469] BGH Urt. v. 28.4.2015 – XI ZR 378/13, BGHZ 205, 117 Rn. 68 ff. = NJW 2015, 2248 = WM 2015, 1273.

[470] BGH Urt. v. 28.4.2015 – XI ZR 378/13, BGHZ 205, 117 Rn. 56 ff., 63 ff. = NJW 2015, 2248 = WM 2015, 1273.

[471] Vgl. nur BGH Urt. v. 27.9.2011 – XI ZR 182/10, BGHZ 191, 119 Rn. 26 = NJW 2012, 66 = WM 2011, 2268; BGH Urt. v. 27.9.2011 – XI ZR 178/10, NJW-RR 2012, 43 Rn. 27 = WM 2011, 2261.

(a) Allgemeines Emittentenrisiko. Aufgrund der Eigenschaft einer Inhaberschuldverschreibung ist der Anleger von der beratenden Bank über die generelle Abhängigkeit der Rückzahlung des empfohlenen Zertifikats von der Bonität der Emittentin bzw. Garantiegeberin (sog. allgemeines Emittentenrisiko) aufzuklären. Der Anleger muss informiert sein, dass er im Falle der Zahlungsunfähigkeit der Emittentin bzw. Garantiegeberin das angelegte Kapital vollständig verlieren kann. Anders als etwa bei Unternehmensanleihen kann nicht davon ausgegangen werden, dass dem durchschnittlichen Anleger dieses Risiko bewusst ist.[472] Erst recht stellt es daher einen Beratungsfehler dar, wenn der Bankberater dem Kunden fälschlich erklärt, bei den Indexzertifikaten handele es sich um „Sondervermögen außerhalb der Konkursmasse".[473] 249

Ist eine Aufklärung über das allgemeine Emittentenrisiko erfolgt oder eine dahingehende Aufklärungspflicht deshalb entbehrlich, weil der konkrete Anleger das generelle Gegenparteirisiko bei Zertifikaten – beispielsweise aus seinem bisherigen Anlageverhalten – kennt oder er sich insoweit als erfahren geriert, bedarf es keines zusätzlichen Hinweises auf das **Nichteingreifen von Einlagensicherungssystemen**. Inhaberschuldverschreibungen unterfallen zwar nicht dem Einlagensicherungsgesetz (§ 2 Abs. 3 EinSiG; früher: § 1 Abs. 2 Satz 2 EAEG). Diesem Umstand kommt aber dann keine eigenständige Bedeutung für die Anlageentscheidung mehr zu, wenn der Kunde bereits über das von ihm zu tragende Insolvenzrisiko der Emittentin aufgeklärt wurde.[474] Das gilt auch dann, wenn der Anleger bisher einem Einlagensicherungssystem unterfallende Gelder in Zertifikate investiert.[475] 250

(b) Spezielles Emittentenrisiko. Bevor eine beratende Bank Zertifikate in ihr eigenes Anlageprogramm aufnimmt und sie empfiehlt, muss sie diese mit banküblichem kritischen Sachverstand überprüfen.[476] Das gilt auch hinsichtlich der Bonität der konkreten Emittentin bzw. Garantiegeberin, die für die Risikobeurteilung eines Zertifikats von maßgeblicher Bedeutung ist (sog. spezielles Emittentenrisiko). Eine Haftung der Bank kommt nach dem Schutzzweck der gegebenenfalls verletzten Prüf- und Offenbarungspflicht stets in Betracht, wenn bei dieser Prüfung ein Risiko erkennbar geworden wäre, über das ein Anleger hätte aufgeklärt werden müssen oder wenn erkennbar geworden wäre, dass eine Empfehlung der Kapitalanlage nicht anleger- oder objektgerecht ist.[477] Für ***Lehman-Zertifikate*** hat der BGH dies jedenfalls für den Zeitraum bis Ende September 2007 verneint, weil bis dahin die Bonitätsbewertungen (Ratings) der Garantiegeberin so positiv waren, dass Zweifel an ihrer Zahlungsfähigkeit nicht aufkommen mussten.[478] In der Instanzrechtsprechung ist für den Zeitraum bis April 2008 im Hinblick auf das bis dahin gute Rating eine Aufklärungspflicht über ein spezielles Emittentenrisiko verneint worden,[479] für den Zeitpunkt August 2008 dagegen bejaht worden.[480] 251

---

[472] BGH Urt. v. 27.9.2011 – XI ZR 182/10, BGHZ 191, 119 Rn. 26 f. = NJW 2012, 66 = WM 2011, 2268; BGH Urt. v. 24.2.2015 – XI ZR 202/13, WM 2015, 1055 Rn. 16, 34.

[473] BGH Urt. v. 15.10.2013 – XI ZR 51/11, Rn. 22.

[474] BGH Urt. v. 27.9.2011 – XI ZR 182/10, BGHZ 191, 119 Rn. 30 ff. = NJW 2012, 66 = WM 2011, 2268; BGH Urt. v. 27.9.2011 – XI ZR 178/10, NJW-RR 2012, 43 Rn. 33 ff. = WM 2011, 2261.

[475] BGH Urt. v. 27.9.2011 – XI ZR 178/10, NJW-RR 2012, 43 Rn. 36 = WM 2011, 2261.

[476] BGH Urt. v. 27.9.2011 – XI ZR 182/10, BGHZ 191, 119 Rn. 24 = NJW 2012, 66 = WM 2011, 2268.

[477] BGH Urt. v. 27.9.2011 – XI ZR 182/10, BGHZ 191, 119 Rn. 24 = NJW 2012, 66 = WM 2011, 2268.

[478] BGH Urt. v. 27.9.2011 – XI ZR 182/10, BGHZ 191, 119 Rn. 24 = NJW 2012, 66 = WM 2011, 2268.

[479] OLG Köln WM 2010, 2035; OLG Düsseldorf WM 2011, 399, 404.

[480] OLG Frankfurt/Main VuR 2011, 465.

252 In diesem Zusammenhang hat der BGH einen Beratungsfehler auch nicht darin gesehen, dass in dem **Werbeprospekt** besonders die zu dem **Konzernverbund** gehörende Investmentbank als einem der „weltweit führenden" Institute herausgestellt worden ist, während die Garantiegeberin die Holdinggesellschaft und die Emittentin eine Enkelgesellschaft war; der BGH hat dies damit begründet, dass es auf der Hand liege, dass bei einer solchen – durchaus üblichen und auch bei anderen US-amerikanischen Investmentbanken vorzufindenden – Konzernstruktur die Bonität der Konzernmutter als bloßer Holdinggesellschaft entscheidend von der Bonität der Investmentbank abhinge und die positive Bewertung (Ratings) der Holdinggesellschaft maßgeblich darauf zurückzuführen war, dass die „bonitätsstarke Investmentbank" dem Konzern angehörte.[481]

253 **(c) Weitere Aufklärungspflichten.** Die Bank muss den Kunden über die **Funktionsweise des Zertifikats** aufklären. Dazu gehören insbesondere Hinweise auf die Abhängigkeit des Zeitpunkts und der Höhe der Auszahlung des eingesetzten Kapitals samt Boni von der Entwicklung des in Bezug genommenen Basiswerts zu den festgelegten Bewertungsstichtagen.[482] Dagegen muss die Bank dem Anleger nicht darstellen, wie „hinreichend wahrscheinlich" oder „hinreichend sicher" ein auf oder über dem Niveau am anfänglichen Bewertungsstichtag stehender Kurs des Basiswerts an den einzelnen Feststellungs- und Bewertungstagen ist; hierbei handelt es sich um eine von zahlreichen Unwägbarkeiten beeinflusste Prognose, die vom Bankberater nicht erbracht werden kann und daher lediglich ex ante betrachtet nicht unvertretbar sein darf.[483]

254 Besteht der Basiswert aus einem **Korb mehrerer Aktien**, wie etwa aus dem Automobilbereich oder dem Bankensektor (zB ***Corporate Bond Linked Dept***), und genügt bereits ein „Kreditereignis" (dh die Insolvenz eines der bezogenen Unternehmen), um einen Totalausfall des Zertifikats herbeizuführen, muss dem Anleger diese Vervielfachung des Risikos deutlich vor Augen geführt werden. Das Risiko einer solchen spekulativen Anlage beurteilt sich zwar nach dem Referenzunternehmen mit der schlechtesten Bonitätsbewertung und den allgemeinen Finanzmarktrisiken auf den Geschäftsfeldern der Referenzunternehmen; im Hinblick auf die – teilweise mehrjährige – Laufzeit der Zertifikate kann diese Beurteilung aber Schwankungen unterworfen sein.[484]

255 Wird die Funktionsweise des Zertifikats zutreffend und für den Anleger anschaulich erläutert, besteht darüber hinaus keine besondere Pflicht des Beraters zum Hinweis darauf, dass ein Zertifikat ein spekulatives Element bzw. einen **Wett- oder Optionscharakter** aufweist. Dass bei einem derart strukturierten Produkt die Erwartungen des Emittenten auf der einen Seite und des Anlegers auf der anderen Seite gegenläufig sind, ist für jeden Anleger offensichtlich. Ohne Hinzutreten besonderer Umstände, wie zB einer bewusst zum Nachteil des Kunden gestalteten Risikostruktur, wird hierdurch keine Aufklärungspflicht der beratenden Bank ausgelöst.[485]

256 Nach der Rechtsprechung muss der Anleger auch nicht darauf hingewiesen werden, dass die beratende Bank mit Basiswerten des Zertifikats handelt oder handeln lässt und sich daraus möglicherweise Auswirkungen für den Basiswert und damit das Zertifikat erge-

---

[481] BGH Urt. v. 21.3.2013 – III ZR 182/12, NJW 2013, 2343 Rn. 18 = WM 2013, 836.

[482] BGH Urt. v. 27.9.2011 – XI ZR 182/10, BGHZ 191, 119 Rn. 54 = NJW 2012, 66 = WM 2011, 2268.

[483] BGH Urt. v. 27.9.2011 – XI ZR 182/10, BGHZ 191, 119 Rn. 55 = NJW 2012, 66 = WM 2011, 2268.

[484] Vgl. hierzu OLG München WM 2010, 945; OLG Karlsruhe WM 2011, 405, 406; aA MüKoHGB/*Nobbe/Zahrte*, Anlageberatung Rn. 255.

[485] BGH Urt. v. 27.9.2011 – XI ZR 182/10, BGHZ 191, 119 Rn. 54 = NJW 2012, 66 = WM 2011, 2268.

ben.[486] Nicht aufzuklären ist der Anleger ferner über **Hedgegeschäfte**, mit denen sich die Bank gegen Risiken absichert.[487]

Bei **„Garantiezertifikaten"** muss der Anlageberater den Anleger über das in den Anleihebedingungen geregelte **Sonderkündigungsrecht** des Emittenten, das zu einem teilweisen oder sogar einem vollständigen Kapitalverlust führen kann, ungefragt aufklären.[488] Garantiezertifikate sind Inhaberschuldverschreibungen mit einem 100%-igen ***Kapitalschutz***, durch den dem Anleger die Rückzahlung seines Anlagebetrags zum Laufzeitende vorbehaltlos garantiert wird. Er trägt damit neben dem allgemeinen Emittentenrisiko nur das Risiko, dass er mit der Anlage keinen Gewinn erzielt, also kein Kapitalverlustrisiko. Bei Zertifikaten mit bedingtem Kapitalschutz bezogen auf das Erreichen, Überschreiten oder Unterschreiten von bestimmten Schwellenwerten oder Barrierepuffern der Basiswerte führt der Kapitalschutz dazu, dass dem Anleger die Rückzahlung seines Anlagebetrages jedenfalls bis zum Eintritt eines prozentual bestimmten Anstieges oder Rückganges der Basiswertkurse gewährleistet wird. Bis zu diesem Zeitpunkt trägt auch hier der Anleger lediglich das Bonitätsrisiko der Emittentin, nicht jedoch ein Kapitalverlustrisiko.[489] Ein Sonderkündigungsrecht als zusätzliche einseitige Einwirkungsbefugnis der Emittentin auf diese Rahmenbedingungen schafft demgegenüber für den Anleger ein zusätzliches Risiko, das dem Wesensmerkmal des Kapitalschutzes diametral entgegensteht, weil der im Kündigungsfall von der Berechnungsstelle der Emittentin festzulegende kostenbereinigte Marktwert der Zertifikate den Anlagebetrag unterschreiten kann, dessen Garantie dann gerade entfällt. Dabei handelt es sich um eine für die Anlageentscheidung eines an Zertifikaten mit Kapitalschutz interessierten Anlegers wesentliche Anleihebedingung, über die durch die beratende Bank ungefragt aufzuklären ist.[490] Wie wahrscheinlich der Eintritt des Kündigungsgrundes ist, spielt keine Rolle.[491] 257

Bei Inhaberschuldverschreibungen ***ohne Kapitalschutz*** muss dagegen unter dem Gesichtspunkt der objektgerechten Beratung nicht über ein Sonderkündigungsrecht aufgeklärt werden, weil damit für den Anleger kein zusätzliches Risiko geschaffen wird; unberührt bleibt natürlich eine Aufklärungspflicht unter dem Gesichtspunkt der anlegergerechten Beratung, wenn es dem Anleger gerade auf eine Kapitalanlage für die normale Laufzeit des Zertifikats ankommt. 258

(17) Versicherungsprodukte. Für die Empfehlung von Versicherungsprodukten, die sich bei wirtschaftlicher Betrachtung als **Anlagegeschäft** darstellen (wie zB eine kapitalbildende Lebensversicherung), gelten die von der Rechtsprechung entwickelten Grundsätzen zur Aufklärung bei Anlagegeschäften entsprechend. Der Anleger bzw. Versicherungsnehmer ist deshalb bereits im Rahmen der Vertragsverhandlungen über alle Umstände verständlich und vollständig zu informieren, die für seinen Anlageentschluss von besonderer Bedeutung sind. Das gilt insbesondere für die mit der angebotenen Beteiligungsform verbundenen Nachteile und Risiken.[492] Diese Grundsätze hat der – für das 259

---

[486] OLG Hamm WM 2011, 1412, 1414.

[487] OLG Hamm WM 2011, 1412, 1414.

[488] BGH Urt. v. 25.11.2014 – XI ZR 169/13, NJW 2015, 398 Rn. 15 ff. = WM 2015, 46; BGH Urt. v. 25.11.2014 – XI ZR 480/13, BKR 2015, 163 Rn. 15 ff.

[489] BGH Urt. v. 25.11.2014 – XI ZR 169/13, NJW 2015, 398 Rn. 22 = WM 2015, 46; BGH Urt. v. 25.11.2014 – XI ZR 480/13, BKR 2015, 163 Rn. 22.

[490] BGH Urt. v. 25.11.2014 – XI ZR 169/13, NJW 2015, 398 Rn. 23 = WM 2015, 46; BGH Urt. v. 25.11.2014 – XI ZR 480/13, BKR 2015, 163 Rn. 23.

[491] BGH Urt. v. 25.11.2014 – XI ZR 169/13, NJW 2015, 398 Rn. 25 = WM 2015, 46.

[492] BGH Urt. v. 11.7.2012 – IV ZR 164/11, BGHZ 194, 39 Rn. 53 = NJW 2012, 3647 = WM 2012, 1582; BGH Urt. v. 5.4.2017 - IV ZR 437/15, WM 2017, 846 Rn. 15.

Versicherungsvertragsrecht zuständige – IV. Zivilsenat des BGH zwar nur in Bezug auf eine Beratung durch ein Versicherungsunternehmen aufgestellt; für eine beratende Bank haben sie aber erst recht zu gelten.

260 Der Berater hat daher ua ein realistisches Bild der **Renditeerwartung** zu vermitteln. Zeichnet sich bereits bei Vertragsschluss ab, dass die in einer Musterberechnung angegebenen Werte tatsächlich nicht erreicht werden können, ist der Interessent hierüber aufzuklären.[493] Darüber hinaus muss über die Funktionsweise und die Bedeutung eines angewendeten Glättungsverfahrens („smoothing") informiert worden, wenn dies dazu führen kann, dass hohe Renditen nicht zu erzielen sind.[494] Aus dem gleichen Grund ist über eine poolübergreifende Reservenbildung aufzuklären, durch die für alle Versicherungsnehmer gemeinsame Rücklagen gebildet werden, so dass es zu einer Quersubventionierung zwischen den Pools kommt.[495]

261 **(18) Immobilien. (a) Wertbildende Faktoren.** Bei der Empfehlung eines Immobiliengeschäfts muss der Berater alle wertbildenden Faktoren der Immobilie angeben. Er muss im Allgemeinen deren Lage, Größe, Zustand und Belastung überprüfen.[496] Zu den zu offenbarenden Tatsachen gehört auch die Wahrscheinlichkeit, dass der Erfüllung oder der fristgemäßen Erfüllung des in Aussicht genommenen Bauvorhabens Hindernisse entgegenstehen.[497]

262 Bei im Ausland belegenen Immobilien muss er zudem die **Art der Belastung** erläutern.[498] Bei einer inländischen Immobilie muss er auch auf Belastungen hinweisen, die sich aus der Nutzungsart, zB sozialer Wohnungsbau, ergeben, weil dies für den Ertragswert und damit die Rendite der Immobilie von Bedeutung ist oder im Falle einer Eigennutzung eine Fehlbelegungsabgabe droht.[499]

263 **(b) Verkehrswert.** Hat der Berater auch die Bewertung der Immobilie übernommen, ist zu beachten, dass es insoweit kein exakt richtiges oder falsches Ergebnis gibt. Vielmehr ist die Grundstücksbewertung notwendig mit Unschärfen behaftet und deshalb nicht fehlerhaft, solange sich das Bewertungsergebnis im Rahmen zulässiger Toleranzen bewegt. Fehlerhaft ist das Ergebnis erst dann, wenn es als solches nicht mehr vertretbar ist.[500] In der Rechtsprechung des Bundesgerichtshofs sind bei der Verkehrswertermittlung Schwankungsbreiten von 18% bis 20% als unvermeidbar und noch vertretbar angesehen worden.[501] In einer Entscheidung aus dem Jahr 1991 hat der V. Zivilsenat des Bundesge-

---

[493] BGH Urt. v. 11.7.2012 – IV ZR 164/11, BGHZ 194, 39 Rn. 54 = NJW 2012, 3647 = WM 2012, 1582.

[494] BGH Urt. v. 11.7.2012 – IV ZR 164/11, BGHZ 194, 39 Rn. 55 ff. = NJW 2012, 3647 = WM 2012, 1582.

[495] BGH Urt. v. 11.7.2012 – IV ZR 164/11, BGHZ 194, 39 Rn. 58 ff. = NJW 2012, 3647 = WM 2012, 1582.

[496] BGH Urt. v. 8.2.1978 – VIII ZR 20/77, BGHZ 70, 356, 363 = NJW 1978, 997 = WM 1978, 306; BGH Urt. v. 12.2.1979 – II ZR 177/77, NJW 1979, 1595, 1596 = WM 1979, 548.

[497] BGH Urt. v. 5.4.1971 – VII ZR 163/69, BGHZ 56, 81, 88 = NJW 1971, 1309 = WM 1971, 592.

[498] BGH Urt. v. 10.4.1978 – II ZR 103/76, WM 1978, 611, 612.

[499] Vgl. BGH Urt. v. 2.11.1983 – IVa ZR 20/82, NJW 1984, 355, 356 = WM 1984, 34; BGH Urt. v. 3.12.1991 – XI ZR 300/90, BGHZ 116, 209, 211 = NJW 1992, 555 = WM 1992, 133.

[500] BGH Beschl. v. 21.10.2014 – XI ZB 12/12, BGHZ 203, 1 Rn. 105 mwN = NJW 2015, 236 = WM 2015, 22; BGH Beschl. v. 22.11.2016 – XI ZB 9/13, BeckRS 2016, 113930 Rn. 84 = WM 2017, 327.

[501] BGH Beschl. v. 22.11.2016 – XI ZB 9/13, BeckRS 2016, 113930 Rn. 84 mwN = WM 2017, 327.

richtshofs eine Abweichung von 16,79% sogar als geringfügig bezeichnet.[502] Wo im Einzelfall die Toleranzgrenze zu ziehen ist, ist Sache der tatrichterlichen Beurteilung.[503]

(c) Rentabilität. Gegenstand der Beratungspflichten bei der Empfehlung einer Immobilie, die zu Anlagezwecken erworben wird, ist vor allem die Höhe der laufenden Aufwendungen, die der Interessent erbringen muss. Die **Ermittlung des Eigenaufwands** bildet das Kernstück der Beratung; sie soll den Anleger von der Möglichkeit überzeugen, mit seinen finanziellen Mitteln das Objekt erwerben und halten zu können.[504] Ein Beratungsfehler liegt daher zB auch vor, wenn der Berater in einem von ihm verwendeten Berechnungsbeispiel einen **nicht umlagefähigen Aufwand** nicht aufführt.[505] Der Berater muss dabei insbesondere die mit einer von ihm vorgeschlagenen Finanzierung des Kaufs verbundenen finanziellen Auswirkungen, einschließlich in eine Aufwandsberechnung eingestellte Steuervorteile, zutreffend darstellen und im Zeitpunkt der Beratung bereits abzusehende ungünstige Veränderungen der Mieteinnahmen oder Unterhaltungskosten bei der Berechnung der Finanzierungslasten berücksichtigen.[506] 264

Wird als **Kaufanreiz die wirtschaftliche Rentabilität** des Erwerbs herausgestellt, muss der Berater auch über die hierfür bedeutsamen Umstände richtig informieren. Er verletzt seine Beratungspflichten, wenn er ein in tatsächlicher Hinsicht unzutreffendes, zu positives Bild der Ertragserwartung der Immobilie oder ihres Wertsteigerungspotenzials gibt und den Interessenten dadurch zum Vertragsschluss veranlasst. Haftungsbegründend sind dabei nicht sich nachträglich als unrichtig erweisende Prognosen zur Entwicklung des Immobilienmarkts, sondern unrichtige oder unterlassene Angaben zu spezifischen, aus den individuellen Gegebenheiten der Immobilie folgenden Risiken, welche die in Aussicht gestellte Rentabilität des Erwerbs erheblich zu mindern oder gar auszuschließen vermögen.[507] 265

Ferner muss er über einen etwaigen **Investitionsstau** oder die erzielbaren **Mieterträge** informieren. Beruhen diese auf Angaben des Verkäufers oder Generalanmieters, muss er darauf hinweisen. Unterliegt die Wohnung einer **Mietpreisbindung**, etwa im Rahmen des sozialen Wohnungsbaus, muss darüber ebenfalls informiert werden.[508] 266

Ein Beratungsfehler kann auch in der **Angabe einer konkreten Mindestwertsteigerung** liegen, wenn diese über eine bloß spekulative und damit erkennbar unverbindliche Prognose zu Wertsteigerungen hinausgeht.[509] Wann dies der Fall ist, ist unter Berücksichtigung der Umstände des Einzelfalls zu würdigen. 267

Der Anlageberater oder Anlagevermittler muss über **Innenprovisionen von 15% und mehr** aufklären, weil diese als solche keine Gegenleistung für die Schaffung von Sachwerten darstellen und auf eine geringere Werthaltigkeit des Objekts und Rentabilität der Anlage schließen lassen.[510] Dies gilt unabhängig davon, ob die Immobilie (Eigentumswohnung) mittels eines Prospekts vertrieben wird oder nicht.[511] 268

---

[502] BGH Urt. v. 26.4.1991 – V ZR 61/90, MDR 1991, 1169.

[503] BGH Beschl. v. 22.11.2016 – XI ZB 9/13, BeckRS 2016, 113930 Rn. 84 mwN = WM 2017, 327.

[504] BGH Urt. v. 31.10.2003 – V ZR 423/02, BGHZ 156, 371, 377 = NJW 2004, 64 = WM 2003, 2386; BGH Urt. v. 17.6.2016 – V ZR 134/15, NJW 2017, 248 Rn. 21 = WM 2016, 2167.

[505] BGH Urt. v. 15.7.2016 – V ZR 168/15, BeckRS 2016, 20154 Rn. 31 = WM 2016, 2344.

[506] BGH Urt. v. 15.10.2004 – V ZR 223/03, NJW 2005, 983 = WM 2005, 69.

[507] BGH Urt. v. 15.10.2004 – V ZR 223/03, NJW 2005, 983 = WM 2005, 69.

[508] BGH Urt. v. 2.11.1983 – IVa ZR 20/82, NJW 1984, 355, 356 = WM 1984, 34.

[509] BGH Urt. v. 17.6.2016 – V ZR 134/15, NJW 2017, 248 Rn. 18 = WM 2016, 2167.

[510] BGH Urt. v. 23.6.2016 – III ZR 308/15, NJW 2016, 3024 Rn. 12 = WM 2016, 1333.

[511] BGH Urt. v. 23.6.2016 – III ZR 308/15, NJW 2016, 3024 Rn. 14 = WM 2016, 1333.

269 Bei der Empfehlung einer Beteiligung an einem Einkaufs- und Erlebniszentrum stellt es eine Pflichtverletzung des Beraters dar, wenn er unrichtigerweise eine noch nicht gegebene **vollständige Vermietung** der erworbenen Teile zusagt.[512]

270 Empfiehlt eine kreditgebende Bank einem Anlageinteressenten eine Beteiligung an einem **Bauherrenmodell** (Eigentumswohnungen), so muss sie ihn ungefragt informieren, wenn die erzielten Mieterträge der in einem steuersparenden Bauherrenmodell bereits erstellten Eigentumswohnungen nicht den im Anlageprospekt prognostizierten Mieten entsprechen und die Vermietung der Wohnungen Schwierigkeiten bereitet. Dabei kommt es nicht darauf an, ob die Ertragsangaben und prognostizierten Mietsteigerungen bei Erstellung des Prospektes realistisch waren. Die Pflichtverletzung der Bank beruht nicht auf einem ihr zuzurechnenden Prospektfehler, sondern allein darauf, dass die zum Zeitpunkt der vertraglich geschuldeten Information bestehende Vermietungssituation und Ertragslage sowie deren voraussichtliche Entwicklung in den nächsten Jahren verschwiegen wird.[513]

271 Der Berater, der den Käufer bei der Anbahnung eines Kaufvertrages einer Eigentumswohnung im Rahmen eines sog. **Ersterwerbermodells** berät, genügt seinen Verpflichtungen nicht schon dadurch, dass er die Erwerbskosten zutreffend offenlegt und den Käufer auf die steuerlichen Abzugsmöglichkeiten und ***spekulativen Wertsteigerungserwartungen*** hinweist. Vielmehr müssen auch seine sonstigen Tatsachenangaben, die für den Kaufentschluss des Käufers von Bedeutung sein können, richtig sein.[514] Dies gilt unabhängig davon, dass der Kauf der Eigentumswohnung als „Spekulationsgeschäft" anzusehen ist und es von der Entwicklung der wirtschaftlichen Verhältnisse abhängt, ob und in welchem Umfang bei Weiterveräußerung ein Gewinn zu erzielen sein würde. Soweit in dem Verkaufsexposé ausdrücklich darauf hingewiesen wird, dass die Wertentwicklung von Eigentumswohnungen nicht vorausgesagt werden könne, hat insoweit zwar der Käufer bewusst das Risiko der künftigen Entwicklung übernommen. Der Berater haftet aber für die Richtigkeit seiner Angaben, dass bei einer angenommenen Wertsteigerung der Eigentumswohnung um jährlich 5% der nach fünf Jahren zu erzielende Verkaufserlös alle entstandenen Kosten decken und sogar noch einen bestimmten Reingewinn erbringen werde.[515]

272 Ebenso verletzt ein Berater seine Beratungspflichten, wenn er eine Immobilie als absolut sichere, nach fünf Jahren **mit Gewinn wiederverkäufliche Kapitalanlage** bezeichnet, obwohl wegen des überhöhten Erwerbspreises schon im Zeitpunkt der Beratung abzusehen ist, dass ein gewinnbringender Verkauf zum genannten Zeitpunkt auch bei günstiger Entwicklung des Immobilienmarkts gänzlich unwahrscheinlich ist.[516] Denn bei der Erklärung, es handele sich um eine sichere, rentierliche und mit Gewinn wiederverkäufliche Anlage, bei der nichts schief gehen könne, handelt es sich nicht nur um eine lediglich spekulative und damit erkennbar unverbindliche Prognose zu den Wertsteigerungsmöglichkeiten, die Immobilien bei günstiger Entwicklung der wirtschaftlichen Verhältnisse erfahren können. Vielmehr geht sie über den Hinweis auf Wertsteigerungschancen hinaus. Sie erweckt den Eindruck, der Erwerb sei praktisch risikofrei, weil den Aufwendungen des Käufers mit der Immobilie ein entsprechender, nach Ablauf von fünf Jahren zu realisierender Sachwert gegenüberstehe, der sich bei günstiger wirtschaftlicher Entwicklung noch erhöht haben und einen Gewinn ergeben könne.[517]

---

[512] BGH Urt. v. 3.6.2014 – XI ZR 147/12, BGHZ 201, 310 Rn. 10, 39 ff. = NJW 2014, 2947 = WM 2014, 1382.

[513] BGH Urt. v. 13.1.2004 – XI ZR 355/02, NJW 2004, 1868, 1869 = WM 2004, 422.

[514] BGH Urt. v. 20.11.1987 – V ZR 66/86, NJW-RR 1988, 458, 459 = WM 1988, 95.

[515] BGH Urt. v. 20.11.1987 – V ZR 66/86, NJW-RR 1988, 458, 459 = WM 1988, 95.

[516] BGH Urt. v. 15.10.2004 – V ZR 223/03, NJW 2005, 983, 984 = WM 2005, 69.

[517] BGH Urt. v. 15.10.2004 – V ZR 223/03, NJW 2005, 983, 984 = WM 2005, 69.

(d) Mietpool. Empfiehlt der Berater dem Kapitalanleger den Beitritt zu einem **Mietpoolvertrag**, hat er ihm die Funktionsweise eines Mietpoolvertrags zu erläutern und dem Käufer vor Augen zu führen. Dazu zählt nicht nur der Vorteil, bei einem Leerstand der eigenen Wohnung keinen vollständigen Mietausfall zu erleiden, sondern auch der Nachteil, das – anteilige – Risiko tragen zu müssen, dass andere Wohnungen nicht vermietet sind, sich also im Falle von Leerständen der Ertrag sämtlicher Mietpoolmitglieder mindert.[518] Dabei darf sich der Verkäufer nicht darauf verlassen, dass der Käufer aus dem mit dem Mietpoolbeitritt verbundenen Vorteil auf den genannten Nachteil schließt. Vielmehr muss er ausdrücklich darauf hinweisen, dass Leerstände anderer Wohnungen, soweit sie über den hierfür einkalkulierten Betrag hinausgehen, zu einer Verringerung auch seines Mietertrags führen.[519] Allein die Information über das Bestehen eines Mietpoolvertrags führt lediglich dazu, dass der Käufer dann davon ausgehen muss, dass der Verkäufer das – immer bestehende – Mietausfallsrisiko einkalkuliert hat und nicht schon jeder Leerstand oder sonstiger Mietausfall dazu führt, dass die vorgerechnete Rendite nicht mehr erzielt werden kann.[520] Aufgrund dessen hat der Berater den Kapitalanleger auch darauf hinzuweisen, wenn in dem dem Käufer vorgerechneten Mietertrag ein angemessenes Mietausfallrisiko nicht einkalkuliert ist.[521] Entsprechendes gilt, soweit **andere Kosten**, die ein Wohnungseigentümer sonst selbst zu tragen hat, durch den Beitritt zu einem Mietpool auf alle Poolmitglieder umgelegt werden, insbesondere also die Kosten für die Instandsetzung des Sondereigentums.[522] 273

Dagegen muss der Berater nicht auf die generelle Möglichkeit einer **defizitären Entwicklung des Mietpools** hinweisen, weil der Mietpool infolge einer bei Vertragsschluss nicht absehbaren Entwicklung des Mietmarkts oder der Wohnanlage nicht oder nur um den Preis von Unterdeckungen in der Lage ist, den berechneten Mietertrag auszuschütten. Das Risiko solcher Entwicklungen trägt der Käufer. Seine Interessen werden durch die Verpflichtung des Beraters hinreichend gewahrt, den Mietertrag seriös, das heißt nach den im Zeitpunkt des Vertragsschlusses gegebenen Verhältnissen und unter Berücksichtigung von sich bereits abzeichnenden negativen Entwicklungen, zu kalkulieren.[523] 274

(e) Steuerliche Fragen. Gegenstand einer Immobilienberatung sind auch steuerliche Fragen. Insoweit genügt jedoch in der Regel der Hinweis, den Rat eines Steuerberaters einzuholen. Wird bei der Beratung dagegen auf Steuervorteile hingewiesen, müssen die Voraussetzungen für deren Eintritt wie auch deren Höhe zutreffend dargestellt werden. Entfallen die steuerlichen Vergünstigungen nach einem bestimmten Zeitraum, so dass sich die Belastungen des Käufers erhöhen, ist auch darüber aufzuklären.[524] Wird eine langfristige Finanzierung eines Immobilienkaufs mit damit einhergehenden Steuervorteilen und zugleich ein ***Annuitätendarlehen*** vorgeschlagen, ist über eintretende negative Auswirkungen des sich Jahr für Jahr verringernden Zinsanteils der Darlehensraten auf den Steuervorteil aufzuklären.[525] 275

(f) Finanzierung. Die Beratungspflichten bei der Empfehlung einer Immobilie können sich auch auf das **Finanzierungsdarlehen** erstrecken. 276

---

518 BGH Urt. v. 30.11.2007 – V ZR 284/06, NJW 2008, 649 Rn. 7 = WM 2008, 350; BGH Urt. v. 18.7.2008 – V ZR 71/07, NJW 2008, 3059 Rn. 10 = WM 2008, 1798.

519 BGH Urt. v. 18.7.2008 – V ZR 71/07, NJW 2008, 3059 Rn. 10 = WM 2008, 1798.

520 BGH Urt. v. 30.11.2007 – V ZR 284/06, NJW 2008, 649 Rn. 7 = WM 2008, 350.

521 BGH Urt. v. 30.11.2007 – V ZR 284/06, NJW 2008, 649 Rn. 7 = WM 2008, 350.

522 BGH Urt. v. 18.7.2008 – V ZR 71/07, NJW 2008, 3059 Rn. 10 = WM 2008, 1798.

523 Vgl. BGH Urt. v. 18.7.2008 – V ZR 71/07, NJW 2008, 3059 Rn. 11 = WM 2008, 1798.

524 BGH Urt. v. 17.6.2016 – V ZR 134/15, NJW 2017, 248 Rn. 21 = WM 2016, 2167.

525 BGH Urt. v. 17.6.2016 – V ZR 134/15, NJW 2017, 248 Rn. 22 = WM 2016, 2167.

- Dies gilt etwa dann, wenn bei einer Finanzierung durch ein **Vorausdarlehen** mit Tilgung durch zwei hintereinander geschaltete Bausparverträge (sogenanntes Dortmunder Modell) über den tatsächlichen Zeitraum der Finanzierung Unklarheit herrscht. Hat die vorgeschlagene Finanzierung die Folge, dass sie erst mehrere Jahre nach Eintritt des Rentenalters vollständig abgeschlossen ist, kann sie den Zweck der Alterssicherung nicht erfüllen. Denn sie führt dann nicht zu der in Aussicht gestellten zusätzlichen Altersversorgung, sondern im Gegenteil zu einer Belastung, die gerade vermieden werden soll.[526] Ein Beratungsfehler liegt dagegen nicht vor, wenn die Laufzeit des Darlehensvertrags ohne weiteres aus der Vertragsurkunde ersichtlich ist, selbst wenn die Laufzeit 28 Jahre beträgt und der Anleger zu diesem Zeitpunkt über 80 Jahre alt sein wird.[527]
- Ein Beratungsfehler kann auch darin zu sehen sein, dass zur Finanzierung eine **Kombination aus Festkredit und Kapitallebensversicherung** als Tilgungsersatz empfohlen wird, obwohl dies ungünstiger ist als ein Annuitätendarlehen.[528]

277 Der Berater hat es zu offenbaren, wenn die während der fünfjährigen Zinsbindungsfrist eines Darlehens zu zahlenden Zinsen nicht marktüblich, sondern – zB durch einen Teil des Kaufpreises – eine **Subventionierung der Zinsen** erfolgt. Andernfalls darf der Darlehensnehmer nämlich annehmen, das Darlehen zu marktüblichen Konditionen erhalten zu haben und deshalb damit rechnen, dass sich seine Belastung entsprechend der Differenz zwischen dem bei Abschluss des Darlehens und dem nach Ablauf der Zinsbindungsfrist marktüblichen Zins verändern wird. Liegt der zunächst vereinbarte Zinssatz aber unter dem Marktniveau, muss er für den Zeitraum nach Ablauf der Zinsbindungsfrist, weil dann die Subvention der Zinsen entfällt, einen zusätzlichen Anstieg seiner Belastung oder – bei sinkendem Zinsniveau – eine geringere Entlastung bei den Zinszahlungen einkalkulieren. Hierüber muss der Berater aufklären.[529] Dies gilt erst recht, wenn mit einem Teil des Kaufpreises eine Subventionierung der Zinsen für ein ***Vorausdarlehen*** erfolgt, sich diese aber nicht auf die gesamte Laufzeit des Darlehens erstreckt, sondern nur auf die ersten fünf Jahre. Wird der Anleger nämlich über einen sehr viel längeren Zeitraum mit den Zinsen des Vorausdarlehens belastet – so wenn zB der erste Bausparvertrag erst nach etwa 12 Jahren zuteilungsreif ist und erst dann zur Tilgung zumindest eines Teils des Vorausdarlehens führt –, darf er nicht darüber im Unklaren gelassen werden, dass sich sein monatlicher Aufwand nach Ablauf der für das Vorausdarlehen vereinbarten fünfjährigen Zinsbindungsfrist in Abhängigkeit von der allgemeinen Zinsentwicklung verändern kann.[530]

278 **(19) Spareinlagen, Tagesgelder, Termingelder.** Diese Anlageprodukte sind nur mäßig risikoträchtig, weshalb sie nach dem Willen des Gesetzgebers nicht in den Anwendungsbereich des WpHG fallen. Der Anlageberater hat vor allem die **Funktionalität** darzustellen, also Verzinsung, Laufzeit und Kündigungsmodalitäten sowie im Fall des Sparbuchs die Besonderheiten des qualifizierten Legitimationspapiers (§ 808 BGB), dh das Freiwerden des Kreditinstituts bei Leistung an den – auch unberechtigten – Inhaber des Sparbuchs bei Vorlage der Urkunde.[531]

279 Gemäß § 23a Abs. 1 Satz 1 KWG müssen Kreditinstitute im Preisaushang über ihre Zugehörigkeit zu einer **Sicherungseinrichtung** informieren. Dazu genügt es, wenn die

[526] BGH Urt. v. 17.6.2016 – V ZR 134/15, NJW 2017, 248 Rn. 24 = WM 2016, 2167.
[527] BGH Urt. v. 17.6.2016 – V ZR 134/15, NJW 2017, 248 Rn. 24 = WM 2016, 2167.
[528] Vgl. BGH Urt. v. 15.10.2004 – V ZR 223/03, NJW 2005, 983, 985 mwN = WM 2005, 69.
[529] Vgl. BGH Urt. v. 9.11.2007 – V ZR 25/07, NJW 2008, 506 Rn. 23 = WM 2008, 89.
[530] Vgl. BGH Urt. v. 9.11.2007 – V ZR 25/07, NJW 2008, 506 Rn. 22 = WM 2008, 89.
[531] MüKoHGB/*Nobbe/Zahrte*, Anlageberatung Rn. 266.

Information in ihren Allgemeinen Geschäftsbedingungen enthalten ist und sie den Kunden hierauf vor Aufnahme der Geschäftsbeziehung gesondert hinweist.[532] Aufgrund des Bestehens solcher Sicherungseinrichtungen darf ein Berater diese Produkte als „sehr sicher" darstellen. Er darf allerdings einem Anleger, der eine langfristige und sichere Anlage zum Zwecke der Altersvorsorge sucht und dem deshalb ersichtlich an dem Erhalt des Nominalbetrags gelegen ist, keine Anlage in Spargelder empfehlen, wenn der Anlagebetrag die gesetzliche Mindestdeckung nach dem Einlagensicherungsgesetz (früher: Einlagensicherungs- und Anlegerentschädigungsgesetz) oder die Sicherungshöchstgrenze der freiwilligen Sicherungseinrichtung übersteigt.[533]

Bei einem **steuerbegünstigten Sparvertrag** ist der Anleger darauf hinzuweisen, dass er bei Übertragung des Anspruchs auf einen Dritten den Steuervorteil verlieren kann.[534] 280

(20) Edelmetalle, Kunstgegenstände und andere Sachwerte. Bei der Empfehlung des Erwerbs von Sachwerten gelten für die Anlageberatung die allgemeinen Grundsätze. Der Anleger ist insbesondere darauf hinzuweisen, dass auch Sachwerte Preisschwankungen unterliegen und ihre Fungibilität unter Umständen eingeschränkt ist. Des Weiteren ist der Privatanleger darüber zu informieren, dass zB beim Kauf von Edelmetallen Umsatzsteuer anfällt, während er beim Wiederverkauf an die Bank nur den Nettokurs erhält. 281

c) Aufklärung über schwerwiegende Interessenkollisionen

aa) Allgemeines

Neben der Verpflichtung des Beraters zur anleger- und objektgerechten Beratung kann eine davon unabhängige weitere Verpflichtung des Beraters zur Aufklärung wegen eines schwerwiegenden Interessenkonflikts bestehen. Nach dem **Aufsichtsrecht** ist ein anlageberatendes Wertpapierdienstleistungsunternehmen verpflichtet, sich um die Vermeidung von Interessenkonflikten zu bemühen und vor Durchführung von Geschäften für Kunden diesen die allgemeine Art und Herkunft der Interessenkonflikte eindeutig darzulegen, soweit die organisatorischen Vorkehrungen nicht ausreichen, um nach vernünftigem Ermessen das Risiko der Beeinträchtigung von Kundeninteressen zu vermeiden (§ 31 Abs. 1 Nr. 2 WpHG). Im Hinblick auf den zivilrechtlichen Schutzzweck ist nach der Rechtsprechung des BGH zwischen den beiden Pflichten zu unterscheiden: Die Pflicht eines Wertpapierdienstleistungsunternehmens nach § 31 Abs. 1 Nr. 2 WpHG, sich zu bemühen, Interessenkonflikte zu vermeiden, hat keinen zivilrechtlichen Schutzgesetzcharakter, soweit diese Pflicht die Ergreifung organisatorischer Maßnahmen beinhaltet. Soweit ein Wertpapierhandelsunternehmen einen Interessenkonflikt nicht nur durch organisatorische Maßnahmen, sondern auch durch sachgerechte Information des Kunden vermeiden kann, geht der zivilrechtliche Schutzzweck einer solchen Informationspflicht nicht weiter als die Aufklärungs- und Beratungspflichten aus einem Beratungsvertrag oder aus § 241 Abs. 2, § 311 Abs. 2 BGB.[535] 282

Bei der Vermeidung bzw. Offenlegung von Interessenkonflikten handelt es sich um einen allgemein anerkannten Grundsatz, von dem bereits das Reichsgericht ausgegangen ist.[536] 283

---

532 BGH Urt. v. 14.7.2009 – XI ZR 152/08, NJW 2009, 3429 Rn. 30 ff. = WM 2009, 1647.

533 BGH Urt. v. 14.7.2009 – XI ZR 152/08, NJW 2009, 3429 Rn. 51 = WM 2009, 1647.

534 BGH Urt. 16.4.1964 – VII ZR 221/62, NJW 1964, 2058 = WM 1964, 609.

535 BGH Urt. v. 19.12.2006 – XI ZR 56/05, BGHZ 170, 226 Rn. 19 = NJW 2007, 1876 = WM 2007, 487.

536 Vgl. etwa RG JW 1905, 118; Bank-Archiv 15, 101, 102.

Die Informationspflicht trifft den Berater daher auch **zivilrechtlich** und außerhalb des Geltungsbereichs des WpHG. Mit dem Beratungsvertrag übernimmt er die Pflicht, eine allein am Kundeninteresse ausgerichtete Empfehlung abzugeben. Er muss daher Interessenkollisionen, die das Beratungsziel in Frage stellen und die Kundeninteressen gefährden, vermeiden bzw. diese offen legen.[537] Allerdings hat der Berater uU vielfältige Interessen bei der Empfehlung eines Produkts, die nicht alle aufklärungsbedürftig sind, weil sie entweder das Kundeninteresse nicht gefährden oder aber derart offenkundig sind, dass eine Aufklärungspflicht entfällt. In welchen Fällen ein aufklärungspflichtiger Interessenkonflikt vorliegt, ist letztlich eine Wertungsfrage. Zur Konkretisierung und zur weitgehenden Vermeidung einer reinen Einzelfallrechtsprechung versucht der BGH – auch im Interesse der Rechtssicherheit und Rechtsklarheit – Fallgruppen zu bilden.

284 Die Verpflichtung des Beraters zur Aufklärung über Interessenkonflikte steht selbständig neben seinen Pflichten zur anlegergerechten Beratung und zur objektgerechten Beratung. Allerding ergeben sich durchaus **Überlappungen**. So betrifft etwa die Zahlung einer Innenprovision sowohl das Interesse des Beraters an einer Empfehlung des konkreten Anlageprodukts als auch – was zweifellos eine Frage der Objektgerechtigkeit darstellt – die Werthaltigkeit der empfohlenen Anlage.

bb) Aufklärung über Gewinnmargen, Rückvergütungen und Innenprovisionen

285 **(1) Grundsatz.** Nach der ständigen Rechtsprechung des BGH ist eine Bank auch im Rahmen eines Beratungsvertrags nicht verpflichtet, den Kunden darüber aufzuklären, dass sie mit den empfohlenen Anlageprodukten Gewinne erzielt.[538] Dies ist nämlich offensichtlich. Der insofern bestehende Interessenkonflikt ist derart offenkundig, dass auf ihn nicht gesondert hingewiesen werden muss. Der hier aufklärungspflichtige Interessenkonflikt besteht weder in der generellen **Gewinnerzielungsabsicht** der Bank noch in der konkreten Höhe der von ihr einkalkulierten Gewinnmargen.[539]

286 Eine Ausnahme von diesem Grundsatz besteht nach der Rechtsprechung des BGH bei Vorliegen eines **schwerwiegenden Interessenkonflikts**, der nicht offenkundig ist. Hier besteht die Gefahr, dass die Bank wegen ihres Gewinninteresses oder der durch die Zuwendungen geschaffenen Vertriebsanreize eine Empfehlung abgibt, die nicht allein nach den Kriterien der anleger- und objektgerechten Beratung im Kundeninteresse erfolgt, sondern im eigenen Interesse, einen möglichst hohen Gewinn zu erzielen. Nur bei einer Aufklärung über Grund und Höhe dieses Gewinns oder der Zuwendung kann der Kunde das Umsatzinteresse der Bank selbst einschätzen und beurteilen, ob die Empfehlung in seinem Interesse oder im Interesse der Bank erfolgt.[540]

287 Der BGH hat bislang in folgenden **drei Fallgruppen** einen solchen aufklärungspflichtigen schwerwiegenden Interessenkonflikt bejaht, wobei zwei Fallgestaltungen ein Drei-

---

[537] BGH Urt. v. 19.12.2006 – XI ZR 56/05, BGHZ 170, 226 Rn. 26 = NJW 2007, 1876 = WM 2007, 487; BGH Urt. v. 22.3.2011 – XI ZR 33/10, BGHZ 189, 13 Rn. 32 = NJW 2011, 1949 = WM 2011, 682.

[538] BGH Urt. v. 22.3.2011 – XI ZR 33/10, BGHZ 189, 13 Rn. 38 = NJW 2011, 1949 = WM 2011, 682; BGH Urt. v. 28.4.2015 – XI ZR 378/13, BGHZ 205, 117 Rn. 37 mwN = NJW 2015, 2248 = WM 2015, 1273.

[539] BGH Urt. v. 22.3.2011 – XI ZR 33/10, BGHZ 189, 13 Rn. 38 = NJW 2011, 1949 = WM 2011, 682; BGH Urt. v. 27.9.2011 – XI ZR 182/10, BGHZ 191, 119 Rn. 37 = NJW 2012, 66 = WM 2011, 2268; BGH Urt. v. 28.4.2015 – XI ZR 378/13, BGHZ 205, 117 Rn. 37 mwN = NJW 2015, 2248 = WM 2015, 1273.

[540] BGH Urt. v. 28.4.2015 – XI ZR 378/13, BGHZ 205, 117 Rn. 33 ff. = NJW 2015, 2248 = WM 2015, 1273.

Personen-Verhältnis, in dem also die Bank eine Zuwendung (Rückvergütung, Provision) von einem Dritten erhält, betreffen und eine Fallgestaltung ein Zwei-Personen-Verhältnis, in dem die beratende Bank zugleich Verkäuferin des empfohlenen Produkts ist, zum Gegenstand hat:

- bei der Vereinnahmung von ***Rückvergütungen*** durch die beratende Bank (hierzu → Rn. 299 ff.); diese Fallgruppe ist nach der Rechtsprechung des BGH allerdings für Fallgestaltungen nach dem 1. August 2014 in gewisser Weise überholt, weil ab diesem Zeitpunkt jedwede Zuwendung Dritter an die Bank von dieser offenzulegen ist;
- bei der ***Doppelprovisionierung*** im Rahmen eines Kommissionsgeschäfts (hierzu → Rn. 298); auch diese Fallgruppe hat für Fallgestaltungen nach dem 1. August 2014 keine eigenständige Bedeutung mehr, weil ab diesem Zeitpunkt jedwede Zuwendung Dritter an die Bank von dieser offenzulegen ist;
- bei der Einstrukturierung eines ***negativen Marktwerts*** in ein Swap-Geschäft durch die beratende Bank, wenn diese zugleich Partner des Swap-Vertrags ist und kein konnexes Gegengeschäft vorliegt (hierzu → Rn. 319 ff.); da der negative Marktwert den Gewinn der Bank enthält, bleibt diese Fallgruppe von der Rechtsprechungsänderung in Bezug auf die Aufklärung über Zuwendungen Dritter zum 1. August 2014 unberührt.

(2) Eigengeschäft. Ein Eigen- oder **Festpreisgeschäft** kommt zwischen der Bank und dem Kunden nur dann zustande, wenn für das einzelne Geschäft ausdrücklich ein fester Preis vereinbart wurde. Dementsprechend übernimmt die Bank dann vom Kunden die Wertpapiere als Käuferin oder liefert sie an ihn als Verkäuferin und berechnet den vereinbarten Preis. Im Unterschied zum Kommissionsgeschäft wird die Bank nicht für fremde, sondern regelmäßig für eigene Rechnung tätig. Der Kunde hat nur den zuvor vereinbarten Festpreis – je nach Vereinbarung – mit oder ohne gesonderte Berechnung von Provision, Courtage oder Spesen zu zahlen.[541] Ob das zwischen Anleger und Bank vereinbarte Effektengeschäft als Kauf- oder Kommissionsvertrag zu qualifizieren ist, richtet sich nach dem Inhalt der vertraglichen Abreden, deren Inhalt gegebenenfalls durch **Auslegung** zu ermitteln ist. Die Bezeichnung des Erwerbsgeschäfts in der später von der Bank erstellten Wertpapierabrechnung ist hierfür nicht allein maßgeblich, sondern liefert lediglich ein Indiz für vorher getroffene Absprachen.[542] 288

Dabei ist ohne Belang, ob dem Kunden bekannt ist, dass der Erwerb der Fremdprodukte im Wege eines Eigengeschäfts (Festpreisgeschäft) der Bank erfolgt. Die beratende Bank trifft aufgrund des Beratungsvertrages mit ihrem Kunden **keine Informationspflicht** dahin, dass sie die empfohlenen Produkte im Wege des Eigengeschäfts erwirbt. Denn eine solche Pflicht zur Auskunft über das Eigengeschäft liefe im Hinblick auf die Gewinnmarge auf die – als solche bedeutungslose – Information des Anlegers hinaus, dass die Bank ihren Kunden über Existenz und Höhe der Gewinnspanne nicht aufzuklären hat.[543] 289

Bei Eigengeschäften besteht weder eine Aufklärungspflicht über die **Gewinnmarge**, die eine Bank mit der Empfehlung eigener Anlageprodukte erzielt, noch eine solche beim 290

---

[541] BGH Urt. v. 26.6.2012 – XI ZR 316/11, NJW 2012, 2873 Rn. 21 = WM 2012, 1520; BGH Urt. v. 26.6.2012 – XI ZR 355/11, BKR 2013, 17 Rn. 26; BGH Urt. v. 16.10.2012 – XI ZR 367/11, NJW-RR 2013, 244 Rn. 31.

[542] BGH Urt. v. 24.2.2015 – XI ZR 202/13, WM 2015, 1055 Rn. 42.

[543] BGH Urt. v. 27.9.2011 – XI ZR 182/10, BGHZ 191, 119 Rn. 48 ff. = NJW 2012, 66 = WM 2011, 2268; BGH Urt. v. 26.6.2012 – XI ZR 316/11, NJW 2012, 2873 Rn. 29 ff. = WM 2012, 1520; BGH Urt. v. 26.6.2012 – XI ZR 355/11, BKR 2013, 17 Rn. 34 ff.; BGH Urt. v. 16.10.2012 – XI ZR 367/11, NJW-RR 2013, 244 Rn. 45 ff.

Verkauf von fremden Anlageprodukten (zB Zertifikate) im Wege des Eigengeschäfts (§ 2 Abs. 3 Satz 2 WpHG) zu einem über dem Einkaufspreis liegenden Preis (**Einkaufsrabatt**).[544] Der BGH begründet dies damit, dass nach der gesetzgeberischen Grundentscheidung die Bank als Verkäuferin der vom Anleger georderten Wertpapiere keine Pflicht zur Offenlegung ihrer Gewinn- oder Handelsspanne trifft und sie daher dem Kunden den Preis des Deckungsgeschäfts nicht offenbaren muss. Diese gesetzgeberische Grundentscheidung ist auch im Rahmen des neben dem Kaufvertrag abgeschlossenen Beratungsvertrags zu beachten. Die Interessen des Anlegers werden durch die Pflichten der Bank zu einer anleger- und objektgerechten Beratung hinreichend geschützt. In Bezug auf offensichtliche Umstände wie das dem Kaufvertrag immanente Gewinninteresse der Bank als Verkäuferin kommt hiernach eine unterschiedliche Behandlung beider Vertragsverhältnisse nicht in Betracht. Was für den Kunden im Rahmen des Kaufvertrags offensichtlich ist, lässt innerhalb des Beratungsvertrags seine Schutzwürdigkeit entfallen.[545]

291 Dabei ist im Ergebnis sowohl die **Art und Weise** des von der Bank getätigten Deckungsgeschäfts unerheblich als auch, in welcher Weise die Bank ihren Gewinn erzielt, also ob per Rabatt oder Provision oder ob sie zusätzlich zum Nenn- oder Kurswert vom Anleger einen weiteren Aufschlag oder eine „Provision" verlangt. Denn beides - Nenn- bzw. Kurswert einerseits und Aufschlag bzw. Provision andererseits - sind lediglich Bestandteile des insgesamt von der Bank verlangten Verkaufspreises.[546]

292 Dies gilt nach der Rechtsprechung des BGH nicht nur für Sachverhalte vor dem 1. November 2007, sondern auch für Sachverhalte ab dem 1. November 2007. Zu diesem Stichtag sind die Richtlinie 2004/39/EG des Europäischen Parlaments und des Rates vom 21. April 2004 (**Finanzmarktrichtlinie**) und die Richtlinie 2006/73/EG der Kommission vom 10. August 2006 (Durchführungsrichtlinie) durch das Finanzmarktrichtlinie-Umsetzungsgesetzes (FRUG) vom 16. Juli 2007 (BGBl. I S. 1330) in nationales Recht umgesetzt und §§ 31 ff. WpHG geändert worden; in § 31d WpHG ist unter anderem eine – aufsichtsrechtliche – Pflicht der Wertpapierdienstleistungsunternehmen zur Offenlegung von Zuwendungen eingeführt worden. Aufgrund des allein aufsichtsrechtlichen Charakters dieser Vorschriften besteht indes keine zivilrechtliche, vertragliche Aufklärungspflicht der beratenden Bank über ihre Gewinnspanne. Etwas anderes folgt weder aus §§ 31 ff. WpHG, insbesondere § 31d WpHG, in der seit dem 1. November 2007 geltenden Fassung noch aus Art. 19 der Richtlinie 2004/39/EG des Europäischen Parlaments und des Rates vom 21. April 2004 (Finanzmarktrichtlinie) in Verbindung mit Art. 26 der Richtlinie 2006/73/EG der Kommission vom 10. August 2006 (Durchführungsrichtlinie).[547] Insbesondere kann ein Einkaufsrabatt nicht als „Zuwendung" im Sinne dieser Richtlinien oder im Sinne des § 31d WpHG angesehen werden, weil eine Zuwendung

---

[544] BGH Urt. v. 27.9.2011 – XI ZR 182/10, BGHZ 191, 119 Rn. 37 = NJW 2012, 66 = WM 2011, 2268; BGH Urt. v. 26.6.2012 – XI ZR 316/11, NJW 2012, 2873 Rn. 18 ff. = WM 2012, 1520; BGH Urt. v. 26.6.2012 – XI ZR 355/11, BKR 2013, 17 Rn. 21 ff.; BGH Urt. v. 16.10.2012 – XI ZR 367/11, NJW-RR 2013, 244 Rn. 27 ff.

[545] BGH Urt. v. 27.9.2011 – XI ZR 182/10, BGHZ 191, 119 Rn. 43 f. = NJW 2012, 66 = WM 2011, 2268; zu Gegenmeinungen in Rechtsprechung und Literatur siehe MüKoHGB/*Nobbe/Zahrte*, Anlagenberatung Rn. 186 ff. mwN.

[546] BGH Urt. v. 24.2.2015 – XI ZR 202/13, WM 2015, 1055 Rn. 41.

[547] BGH Urt. v. 17.9.2013 – XI ZR 332/12, BKR 2014, 32 Rn. 15 ff., 25 ff. = WM 2013, 1983; so auch schon für Sachverhalte vor dem 1.11.2007: BGH Urt. v. 27.9.2011 – XI ZR 182/10, BGHZ 191, 119 Rn. 45 ff. = NJW 2012, 66 = WM 2011, 2268; BGH Urt. v. 26.6.2012 – XI ZR 316/11, NJW 2012, 2873 Rn. 24 ff. = WM 2012, 1520; die dagegen gerichtete Verfassungsbeschwerde hat das BVerfG, NJW 2013, 2957 = WM 2013, 1640 nicht zur Entscheidung angenommen; BGH Urt. v. 26.6.2012 – XI ZR 355/11, BKR 2013, 17 Rn. 29 ff.

begrifflich ein Drei-Personen-Verhältnis voraussetzt, während das Eigengeschäft typischerweise aus Zwei-Personen-Verhältnissen besteht.[548]

Werden von dem Anlageberater allerdings **Angaben zu Provisionszahlungen** gemacht, müssen diese unabhängig davon inhaltlich zutreffend sein, ob ein Hinweis aufgrund des Beratungsvertrags geschuldet ist.[549] 293

(3) Provisionen. Bei der Aufklärungspflicht über Provisionen, seien es Kommissionsprovisionen, Innenprovisionen oder Rückvergütungen, ist danach zu unterscheiden, ob der Anlageberatungsvertrag vor dem 1. August 2014 oder danach abgeschlossen worden ist. Durch das grundlegende Urteil des XI. Zivilsenats des BGH vom 3. Juni 2014[550] ist jedenfalls im Hinblick auf die Aufklärungspflicht einer beratenden Bank insoweit eine Rechtsprechungsänderung erfolgt. 294

(a) Rechtslage bis zum 31. Juli 2014. (aa) Kommissionsgeschäft. Wird das Effektengeschäft als Kommission für den Kunden gemäß §§ 383 ff. HGB durchgeführt, so schließt die Bank für Rechnung des Kunden mit einem anderen Marktteilnehmer oder einer zentralen Gegenpartei ein Kauf- oder Verkaufsgeschäft (Ausführungsgeschäft) ab oder sie beauftragt einen anderen Kommissionär (Zwischenkommissionär) mit dem Abschluss des Ausführungsgeschäfts. Gemäß § 384 Abs. 1 Halbsatz 2 HGB hat der Kommissionär das Interesse des Kommittenten wahrzunehmen und ihm nach § 384 Abs. 2 Halbsatz 2 HGB über das Geschäft Rechenschaft abzulegen sowie dasjenige herauszugeben, was er aus der Geschäftsbesorgung erlangt hat. Dem entspricht es, dass es gemäß § 387 Abs. 1 HGB alleine dem Kommittenten zustattenkommt, wenn der Kommissionär zu vorteilhafteren Bedingungen abschließt, als sie ihm von dem Kommittenten gesetzt worden sind, insbesondere wenn der Preis, für welchen er einkauft, den von dem Kommittenten bestimmten höchsten Preis nicht erreicht (§ 387 Abs. 2 HGB). Auf der anderen Seite schuldet der Kommittent – auch ohne gesonderte Vereinbarung (vgl. § 354 HGB) – dem Kommissionär eine Provision (§ 396 Abs. 1 HGB) sowie nach Maßgabe von § 396 Abs. 2 HGB Aufwendungsersatz. Da sich die Herausgabepflicht des § 384 Abs. 2 HGB unmittelbar nur auf das Kommissionsgut bezieht, ist umstritten, ob kommissionsrechtlich auch Vertriebsprovisionen auszukehren sind. Der BGH hat diese Frage bislang offengelassen, indes eine AGB-Klausel, nach der die (beratende) Bank eine erlangte Provision behalten darf, für wirksam gehalten.[551] 295

Ob bei einem solchen Kommissionsgeschäft die Bank eine beratungsvertragliche **Pflicht zur Aufklärung** über eine an sie von dem Emittenten gezahlte **Provision** trifft, ist nach der Rechtsprechung des BGH differenziert zu beantworten. Im Grundsatz ist auch hier davon auszugehen, dass allein das generelle, für jeden Anbieter wirtschaftlicher Leistungen am Markt typische Gewinnerzielungsinteresse einer Bank als solches eine solche Verpflichtung zur Aufklärung nicht begründet. 296

Dies gilt namentlich für den Fall, dass die Bank eine **Provision nur vom Emittenten** erhält, während der Anleger – abweichend von der gesetzlichen Wertung des § 354 HGB – neben dem dem Nennwert entsprechenden Preis der Wertpapiere für deren Beschaffung weder eine Kommissionsgebühr noch sonstige Aufschläge an die Bank zu entrichten hat. Denn hier stellt sich die Abwicklung des Effektengeschäfts aus seiner Sicht in wirtschaft- 297

[548] Offengelassen von BGH Urt. v. 17.9.2013 – XI ZR 332/12, BKR 2014, 32 Rn. 15 mwN, 28 = WM 2013, 1983.

[549] BGH Urt. v. 24.2.2015 – XI ZR 202/13, WM 2015, 1055 Rn. 47.

[550] BGH Urt. v. 3.6.2014 – XI ZR 147/12, BGHZ 201, 310 = NJW 2014, 2947 = WM 2014, 1382.

[551] BGH Urt. v. 14.1.2014 – XI ZR 355/12, BGHZ 199, 355 Rn. 20 ff. = NJW 2014, 924 = WM 2014, 307.

licher Hinsicht nicht anders als bei einem Eigengeschäft der Bank dar, so dass es bei der gebotenen wertenden Betrachtungsweise in Bezug auf den Beratungsvertrag ebenso wie dieses zu behandeln ist. Dafür spricht auch, dass es häufig dem Zufall überlassen ist, ob der Wertpapiererwerb im Wege der (Einkaufs-) Kommission für den Anleger oder eines Festpreis- bzw. Eigengeschäfts erfolgt.[552]

298 Anders ist dies dagegen im Fall der **Doppelprovisionierung**. Stellt eine beratende Bank als Kaufkommissionärin dem Kunden für die Beschaffung eines empfohlenen Wertpapiers eine Provision in Rechnung, so hat sie den Kunden darüber aufzuklären, dass sie auch von Seiten des Emittenten des Wertpapiers eine Vertriebsvergütung erhält.[553] Denn hier geht der Anleger bei der gebotenen normativ-objektiven Betrachtungsweise davon aus, das – schon von Gesetzes wegen offenkundige (vgl. §§ 354, 396 HGB) – Gewinnerzielungsinteresse der Bank werde durch das von ihm geleistete Entgelt befriedigt. Aufgrund dessen rechnet er damit, dass die Bank als Kommissionärin ihren gesetzlichen Pflichten nachkommt, insbesondere allein seine Interessen als Kommittent wahrnimmt (§ 384 Abs. 1 Halbsatz 2 HGB) und sich bei seinen Ratschlägen ausschließlich von sachlichen Gesichtspunkten leiten lässt. In dieser Erwartung wird er durch die Doppelrolle der Bank schwerwiegend enttäuscht, weshalb es auch auf die zeitliche Abfolge der Geschäfte – etwa zunächst Abschluss des Beratungsvertrags und zu einem späteren Zeitpunkt Wertpapiererwerb im Wege der Kommission – nicht ankommt.[554] Ein unvermeidbarer Rechtsirrtum des Beraters über das Bestehen einer solchen Aufklärungspflicht scheidet diesbezüglich jedenfalls für die Zeit ab 1980 aus.[555]

299 **(bb) Rückvergütungen.** Eine Rückvergütung setzt ein ***Dreipersonenverhältnis*** voraus, wie es etwa für ein Kommissionsgeschäft üblich ist.[556] Aufklärungspflichtige Rückvergütungen liegen vor, wenn beispielsweise Teile der Ausgabeaufschläge oder Verwaltungsgebühren, die der Kunde an einen Dritten zahlt, hinter seinem Rücken an die beratende Bank – regelmäßig umsatzabhängig – zurückfließen, so dass diese ein für den Kunden nicht erkennbares besonderes Interesse hat, gerade dieses Produkt zu empfehlen.[557] Dabei macht es keinen Unterschied, ob es sich bei der empfohlenen Anlage um einen Aktienfonds, einen Medienfonds, einen geschlossenen oder offenen Fonds oder ein sonstiges Kapitalanlageprodukt handelt.[558] Die Aufzählung der „Zahlungsquelle" ist nur beispielhaft. Es handelt sich auch dann um aufklärungspflichtige Rückvergütungen, wenn diese nicht aus einem Agio oder aus Verwaltungsgebühren, sondern aus sonstigen offen ausgewiesenen Vertriebskosten fließen, wobei es auch nicht darauf ankommt, ob die Zahlung des Anlegers „über die Bank" oder direkt an die Fondsgesellschaft erfolgt.[559] Rück-

---

[552] BGH Urt. v. 26.6.2012 – XI ZR 316/11, NJW 2012, 2873 Rn. 29 ff. = WM 2012, 1520; BGH Urt. v. 26.6.2012 – XI ZR 355/11, BKR 2013, 17 Rn. 34 ff.; BGH Urt. v. 16.10.2012 – XI ZR 367/11, NJW-RR 2013, 244 Rn. 41.

[553] BGH Urt. v. 24.9.2013 – XI ZR 204/12, NJW 2013, 3574 Rn. 22 ff. = WM 2013, 2065.

[554] BGH Urt. v. 24.9.2013 – XI ZR 204/12, NJW 2013, 3574 Rn. 27 = WM 2013, 2065.

[555] BGH Urt. v. 24.9.2013 – XI ZR 204/12, NJW 2013, 3574 Rn. 33 = WM 2013, 2065.

[556] BGH Urt. v. 27.9.2011 – XI ZR 182/10, BGHZ 191, 119 Rn. 41 = NJW 2012, 66 = WM 2011, 2268; BGH Beschl. v. 19.7.2009 – XI ZR 191/10, NJW 2011, 3229 Rn. 4 = WM 2011, 1506.

[557] BGH Urt. v. 19.12.2006 – XI ZR 56/05, BGHZ 170, 226 Rn. 22 ff. = NJW 2007, 1876 = WM 2007, 487; BGH Urt. v. 27.9.2011 – XI ZR 182/10, BGHZ 191, 119 Rn. 40 = NJW 2012, 66 = WM 2011, 2268; BGH Beschl. v. 9.3.2011 – XI ZR 191/10, NJW 2011, 3227 Rn. 25 = WM 2011, 925; BGH Urt. v. 11.9.2012 – XI ZR 363/10, NJW-RR 2013, 98 Rn. 16; BGH Urt. v. 15.4.2014 – XI ZR 513/11, ZIP 2014, 1165 Rn. 12.

[558] Vgl. BGH Beschl. v. 20.1.2009 – XI ZR 510/07, NJW 2009, 1416 Rn. 12 = WM 2009, 405.

[559] BGH Urt. v. 15.4.2014 – XI ZR 513/11, ZIP 2014, 1165 Rn. 12.

vergütungen liegen daher auch dann vor, wenn die Zahlung aus den im Prospekt ausgewiesenen „Kosten der Eigenkapitalbeschaffung" geflossen ist.[560] Aufklärungspflichtige Rückvergütungen liegen auch dann vor, wenn die Bank einen konzerneigenen Fonds empfiehlt.[561] Umgekehrt muss die beratende Bank nicht über solche Rückflüsse informieren, die nicht an sie selbst, sondern an eine Konzerngesellschaft gezahlt werden. Denn ein über eine Konzerngesellschaft vermitteltes wirtschaftliches Interesse ist grundsätzlich nicht aufklärungspflichtig.[562]

(aaa) Beratende Bank. Nach der Rechtsprechung des XI. Zivilsenats des BGH haben beratende Banken den Kunden über die Zahlung von Rückvergütungen aufzuklären. Bei der Vereinnahmung von Rückvergütungen kann zwar bei dem Anleger – anders als bei Innenprovisionen – keine Fehlvorstellung über die Werthaltigkeit der Anlage entstehen, weil die Provisionen als solche ausgewiesen und nicht in den Anschaffungs- oder Herstellungskosten des Anlageobjekts „versteckt" sind. Das Verschweigen von Rückvergütungen ist aber deshalb **anstößig**, weil deren Rückfluss an die beratende Bank nicht offenbart wird, sondern hinter dem Rücken des Anlegers erfolgt, so dass der Anleger das besondere Interesse der beratenden Bank an der Empfehlung gerade dieser Anlage nicht erkennen kann.[563] Die gegen diese Rechtsprechung gerichtete Verfassungsbeschwerde hat das BVerfG nicht zur Entscheidung angenommen.[564] 300

Die Bank hat den Anleger ungefragt über den Empfang der Rückvergütung und deren Höhe aufzuklären.[565] Die Pflicht zur Aufklärung über eine Rückvergütung besteht **unabhängig von ihrer Höhe**. In der Rechtsprechung des BGH finden sich keine Anhaltspunkte, dass bei einer nur geringen Höhe die Aufklärungspflicht entfallen könnte, weil dies für den Anleger kein für die Anlageentscheidung wesentlicher Umstand ist.[566] Richtigerweise kann eine nur geringe Rückvergütung nur bei der Widerlegung der Kausalitätsvermutung berücksichtigt werden. 301

Zur Aufklärung über die Rückvergütung reicht es aus, wenn diese in einem – rechtzeitig übergebenen – **Prospekt** dem Inhalt und der Höhe nach korrekt ausgewiesen ist.[567] Dabei kann es genügen, wenn die Rückvergütungen nicht als Gesamtbetrag, sondern rechnerisch anhand von Jahresbeträgen, die auf die Laufzeit der Anlage (zB Zertifikat) verteilt werden, dargestellt werden.[568] Enthält der Prospekt ausführliche Angaben zu den Kosten der Eigenkapitalbeschaffung, wird der Anleger auch nicht durch die ausdrückliche Hervorhebung des Agios im Beitrittsformular über die Höhe der insgesamt anfallenden Vertriebskosten getäuscht.[569] 302

---

[560] BGH Urt. v. 11.9.2012 – XI ZR 363/10, NJW-RR 2013, 98 Rn. 17; BGH Urt. v. 15.4.2014 – XI ZR 513/11, ZIP 2014, 1165 Rn. 12.

[561] BGH Urt. v. 19.12.2006 – XI ZR 56/05, BGHZ 170, 226 Rn. 4, 21 = NJW 2007, 1876 = WM 2007, 487; BGH Urt. v. 12.5.2009 – XI ZR 586/07, NJW 2009, 2298 Rn. 2, 11 = WM 2009, 1274; BGH Urt. v. 20.11.2012 – XI ZR 415/11, BKR 2013, 68 Rn. 12.

[562] BGH Beschl. v. 24.6.2014 – XI ZR 219/13, Rn. 19.

[563] BGH Urt. v. 26.6.2012 – XI ZR 316/11, NJW 2012, 2873 Rn. 46 = WM 2012, 1520; BGH Urt. v. 26.6.2012 – XI ZR 355/11, BKR 2013, 17 Rn. 51; BGH Urt. v. 24.9.2013 – XI ZR 204/12, NJW 2013, 3574 Rn. 23 = WM 2013, 2065.

[564] BVerfG, NJW 2012, 443 = WM 2012, 68.

[565] BGH Urt. v. 19.12.2006 – XI ZR 56/05, BGHZ 170, 226 Rn. 24 = NJW 2007, 1876 = WM 2007, 487; BGH Urt. v. 8.4.2014 – XI ZR 341/12, NJW 2014, 2348 Rn. 17 = WM 2014, 1036; BGH Urt. v. 23.9.2014 – XI ZR 215/13, BKR 2015, 339 Rn. 15.

[566] So aber wohl MüKoHGB/*Nobbe/Zahrte*, Anlageberatung Rn. 170.

[567] BGH Urt. v. 27.10.2009 – XI ZR 338/08, WM 2009, 2306 Rn. 31 = ZIP 2009, 2380.

[568] BGH Urt. v. 24.2.2015 – XI ZR 202/13, WM 2015, 1055 Rn. 49.

[569] BGH Urt. v. 24.4.2014 – III ZR 389/12, NJW-RR 2014, 1075 Rn. 16 ff.

303 **(bbb) Freie Anlageberater.** Dagegen besteht nach der Rechtsprechung des III. Zivilsenats des BGH für bankmäßig ungebundene Berater (sog. freie Anlageberater) eine beratungsvertragliche Verpflichtung zur Aufklärung über Rückvergütungen nicht, wenn er von dem Anleger selbst kein Entgelt und keine Provision erhält.[570] Der Senat hat dies damit begründet, dass die vom XI. Zivilsenat für den Beratungsvertrag mit einer Bank entwickelten Grundsätze auf den Beratungsvertrag eines Anlegers mit einem freien, nicht bankgebundenen Anlageberater regelmäßig nicht übertragbar seien, weil es für den Kunden auf der Hand liege, dass der Anlageberater von der kapitalsuchenden Anlagegesellschaft Vertriebsprovisionen erhält, die jedenfalls wirtschaftlich betrachtet dem vom Kunden an die Anlagegesellschaft gezahlten Betrag entnommen würden. Dies soll auch dann gelten, wenn die Beratungstätigkeit durch die **Tochtergesellschaft einer Bank** erbracht wird.[571] Diese Rechtsprechung, die sich aufgrund einer typisierenden Betrachtungsweise[572] rechtfertigen lässt, ist in der Instanzrechtsprechung zwar auf Widerspruch gestoßen.[573] Eine dagegen gerichtete Verfassungsbeschwerde ist allerdings nicht zur Entscheidung angenommen worden.[574] Wie zu entscheiden ist, wenn der Anleger nicht weiß oder ihm nicht bewusst ist, ob er von einem Mitarbeiter der Bank oder einem Mitarbeiter der in derselben Filiale sitzenden Tochtergesellschaft beraten wird, ist offen. Dagegen dürfte eine Aufklärungspflicht bestehen, wenn der freie Anlageberater von dem Anleger ein Honorar erhält, weil dann eine anstößige Doppelprovisionierung vorliegt.[575]

304 Mit dem Gesetz zur Novellierung des Finanzanlagenvermittler- und Vermögensanlagenrechts vom 6. Dezember 2011[576] will der Gesetzgeber die Offenlegungspflichten der freien Anlageberater denjenigen der Kreditinstitute angleichen. Durch dieses Gesetz ist in § 34g Abs. 1 Nr. 1 GewO eine entsprechende Verordnungsermächtigung eingefügt worden, die der Verordnungsgeber mit der am 1. Januar 2013 in Kraft getretenen **Verordnung über die Finanzanlagenvermittler (FinVermV)** ausgeübt hat. § 17 FinVermV enthält ein grundsätzliches Zuwendungsverbot für freie Anlagenberater, welches nach Abs. 1 Nr. 1 und 2 nicht gilt, wenn der Berater seinem Kunden die Existenz, Art und Umfang bzw. die Berechnungsmethode der Zuwendung offenlegt. Dies entspricht im Wesentlichen der entsprechenden Vorschrift für Wertpapierdienstleistungsunternehmen in § 31d Abs. 1 WpHG. Ob der III. Zivilsenat des BGH diese Rechtslage zum Anlass nimmt, seine Rechtsprechung an diejenige des XI. Zivilsenats anzugleichen, bleibt abzuwarten.

305 **(ccc) Vertretenmüssen.** Soweit in der Rechtsprechung des BGH eine Aufklärungspflicht in Bezug auf Rückvergütungen bejaht wird, ist auch ein diesbezügliches **Verschulden** des Beraters jedenfalls für die Zeit nach 1984 zu bejahen. Nach § 280 Abs. 1 Satz 2 BGB (§ 282 BGB aF) wird ein Verschulden vermutet, so dass sich der Anlageberater entlasten muss. Dies gilt für Vorsatz und Fahrlässigkeit gleichermaßen, weil innerhalb

---

570 BGH Urt. v. 15.4.2010 – III ZR 196/09, BGHZ 185, 185 Rn. 11 ff. = NJW-RR 2010, 1064 = WM 2010, 885; BGH Urt. v. 3.3.2011 – III ZR 170/10, NJW-RR 2011, 913 Rn. 13 ff. = WM 2011, 640; BGH Urt. v. 10.11.2011 – III ZR 245/10, NJW-RR 2012, 372 Rn. 11 ff.; ebenso der II. Zivilsenat des BGH Urt. v. 20.9.2011 – II ZR 277/09, NJW-RR 2012, 567 Rn. 12 = WM 2011, 2085 bei Abschluss eines Unterbeteiligungsvertrags.

571 BGH Urt. v. 19.7.2012 – III ZR 308/11, NJW 2012, 2952 Rn. 14 = WM 2012, 1574 (Finanzgruppe der Sparkasse); BGH Urt. v. 6.12.2012 – III ZR 307/11, NJW-RR 2013, 293 Rn. 14 = WM 2013, 119; BGH Urt. v. 18.4.2013 – III ZR 225/12, BKR 2013, 288 Rn. 16.

572 BGH Urt. v. 19.7.2012 – III ZR 308/11, NJW 2012, 2952 Rn. 14 = WM 2012, 1574; BGH Urt. v. 18.4.2013 – III ZR 225/12, BKR 2013, 288 Rn. 16.

573 Vgl. OLG München WM 2013, 122; OLG Bremen MDR 2013, 1109.

574 BVerfG NJW 2012, 443 Rn. 19 = WM 2012, 68.

575 Vgl. OLG München WM 2011, 784.

576 BGBl. I S. 2481.

des Entlastungsbeweises keine Differenzierung zwischen den beiden Schuldformen stattfindet.[577] Während allerdings die vorsätzliche Haftung bereits bei einem bloßen Rechtsirrtum entfällt, ist die Haftung wegen Fahrlässigkeit nur bei einem unvermeidbaren Rechtsirrtum ausgeschlossen.[578] Der XI. Zivilsenat des BGH hat das Vorliegen eines solchen – hohen Anforderungen unterliegenden[579] – unvermeidbaren Rechtsirrtums des Bankberaters in Bezug auf die Aufklärungsbedürftigkeit über die der Bank zugeflossenen Rückvergütungen jedenfalls für die Zeit ab 1984 verneint, weil seit dieser Zeit in der höchst- und obergerichtlichen Rechtsprechung eine entsprechende Aufklärungspflicht zumindest in Ansätzen bejaht worden ist.[580] Soweit der BGH zur Aufklärungspflicht über den Erhalt von versteckten Innenprovisionen einen unvermeidbaren Rechtsirrtum bejaht hat,[581] ist dies mit der Aufklärungspflicht über Rückvergütungen wegen der unterschiedlichen Ausgangslage nicht vergleichbar.[582]

(cc) Innenprovisionen. Unter Innenprovisionen sind nicht ausgewiesene Vertriebs- 306
provisionen zu verstehen, die in Anschaffungs- oder Herstellungskosten eines Anlageobjekts – versteckt – enthalten sind.[583] Nach der ständigen Rechtsprechung des Bundesgerichtshofs muss ab einer gewissen Größe über Existenz und Höhe von Innenprovisionen aufgeklärt werden, weil sie Einfluss auf die Werthaltigkeit der vom Anleger erworbenen Anlage haben und deswegen bei ihm insoweit eine Fehlvorstellung hervorrufen können.[584] Nach der vom III. Zivilsenat des Bundesgerichtshofs vorgezeichneten Linie, muss der Anleger über einen „Abfluss" dieser Art, jedenfalls dann generell unterrichtet werden, wenn die Innenprovisionen **mehr als 15%** betragen.[585] Denn dann ist in der Regel – und zwar unabhängig davon, ob die empfohlene Kapitalanlage mittels eines Prospekts vertrieben wird[586] – auch die Werthaltigkeit der Anlage, die typischerweise mit ihrer Rentabilität beworben wird, betroffen.[587] Dem hat sich der XI. Zivilsenat des BGH angeschlossen.[588]

---

[577] BGH Urt. v. 12.5.2009 – XI ZR 586/07, NJW 2009, 2298 Rn. 17 = WM 2009, 1274; BGH Urt. v. 15.7.2014 – XI ZR 418/13, NJW 2014, 2951 Rn. 14 = WM 2014, 1670.

[578] St. Rspr.; vgl. nur BGH Urt. v. 15.7.2014 – XI ZR 418/13, NJW 2014, 2951 Rn. 14 = WM 2014, 1670.

[579] BGH Urt. v. 15.7.2014 – XI ZR 418/13, NJW 2014, 2951 Rn. 15 = WM 2014, 1670.

[580] BGH Urt. v. 15.7.2014 – XI ZR 418/13, NJW 2014, 2951 Rn. 17 ff. mwN = WM 2014, 1670.

[581] BGH Urt. v. 3.6.2014 – XI ZR 147/12, BGHZ 201, 310 Rn. 23 ff. = NJW 2014, 2947 = WM 2014, 1382.

[582] BGH Urt. v. 3.6.2014 – XI ZR 147/12, BGHZ 201, 310 Rn. 27 ff. = NJW 2014, 2947 = WM 2014, 1382; BGH Urt. v. 15.7.2014 – XI ZR 418/13, NJW 2014, 2951 Rn. 22 = WM 2014, 1670.

[583] BGH Urt. v. 27.9.2011 – XI ZR 182/10, BGHZ 191, 119 Rn. 39 = NJW 2012, 66 = WM 2011, 2268; BGH Urt. v. 3.6.2014 – XI ZR 147/12, BGHZ 201, 310 Rn. 18 = NJW 2014, 2947 = WM 2014, 1382.

[584] BGH Urt. v. 12.2.2004 – III ZR 359/02, BGHZ 158, 110, 118 = NJW 2004, 1732 = WM 2004, 631.

[585] BGH Urt. v. 12.2.2004 – III ZR 359/02, BGHZ 158, 110, 118 = NJW 2004, 1732 = WM 2004, 631; BGH Urt. v. 3.3.2011 – III ZR 170/10, NJW-RR 2011, 913 Rn. 22 = WM 2011, 640; BGH Urt. v. 23.6.2016 – III ZR 308/15, NJW 2016, 3024 Rn. 11 ff. = WM 2016, 1333.

[586] BGH Urt. v. 23.6.2016 – III ZR 308/15, NJW 2016, 3024 Rn. 14 = WM 2016, 1333.

[587] BGH Urt. v. 12.2.2004 – III ZR 359/02, BGHZ 158, 110, 118 = NJW 2004, 1732 = WM 2004, 631.

[588] Vgl. nur BGH Urt. v. 27.9.2011 – XI ZR 182/10, BGHZ 191, 119 Rn. 39 = NJW 2012, 66 = WM 2011, 2268; BGH Urt. v. 3.6.2014 – XI ZR 147/12, BGHZ 201, 310 Rn. 30 = NJW 2014, 2947 = WM 2014, 1382; BGH Beschl. v. 9.3.2011 – XI ZR 191/10, NJW 2011, 3227 Rn. 22 = WM 2011, 925.

307 Ob eine Pflicht zur Aufklärung über Innenprovisionen **unterhalb der 15%-Grenze** unter dem Gesichtspunkt der Offenlegung einer Interessenkollision des Beraters besteht, hat der XI. Zivilsenat des BGH für die Zeit bis zum 31. Juli 2014 offengelassen. Eine etwaige Pflichtverletzung wäre jedenfalls ***nicht schuldhaft*** erfolgt, weil sich der Berater insoweit in einem unvermeidbaren Rechtsirrtum befunden hat. Dies hat er ua damit begründet, dass aufgrund der vorstehend dargestellten Rechtsprechung des BGH zur sog. 15%-Grenze – auch wenn diese nicht unmittelbar den Aspekt der Interessenkollision betrifft – der Berater mit einer von der Höhe unabhängigen Aufklärungspflicht über den Empfang von Innenprovisionen unter dem Gesichtspunkt der Interessenkollision nicht zu rechnen brauchte.[589] Dem ist zuzustimmen. Davon abgesehen, dürften in der Sache die besseren Argumente gegen eine Aufklärungspflicht in Bezug auf Innenprovisionen gesprochen haben, ohne dass dies hier – weil es letztlich darauf nicht mehr ankommt – vertieft erörtert werden soll. Die Innenprovision steht wertungsmäßig einer – nicht aufklärungsbedürftigen – Verkäuferkommission näher als einer Rückvergütung, weil der dolose Aspekt der Rückzahlung „hinter dem Rücken" des Anlegers fehlt.[590] Anders liegt der Fall, wenn der Berater neben der Innenprovision noch ein Beratungshonorar des Anlegers erhält; dann liegt eine Doppelprovisionierung vor, die aufklärungspflichtig ist.

308 Unabhängig von der Gesamthöhe der Innenprovisionen müssen im **Prospekt** diesbezügliche Angaben zutreffend sein; eine Irreführungsgefahr darf nicht bestehen.[591] Sind die entsprechenden Prospektangaben unvollständig, unrichtig oder irreführend, kommt eine diesbezügliche Aufklärungspflicht des Anlageberaters oder -vermittlers in Betracht.[592] Ebenso müssen **Provisionsangaben** des Beraters – auch wenn ihn insoweit keine Aufklärungspflicht trifft – zutreffend sein. Stellt er eine Provision ausdrücklich oder konkludent als erschöpfend dar, muss dies zutreffen.[593] Insoweit ist die 15%-Grenze also nicht maßgeblich. Ist in einem Prospekt (zB aus dem Investitionsplan) zB für die Position „Eigenkapitalvermittlung, Vertriebsvorbereitung, Platzierungsgarantie, Prospektherstellung" ein fester Betrag ausgewiesen und ist daneben auch das Eigenkapital ersichtlich, muss beides nicht mehr ins Verhältnis gesetzt werden; vielmehr ist dann für den Anleger mittels eines einfachen Rechenschritts festzustellen, dass die sog. Weichkosten einen bestimmten Anteil (zB 26%) des Eigenkapitals bilden, so dass für den Anleger hinreichend deutlich ist, dass Beträge in dieser Größenordnung nicht in den Gegenwert an Immobilien, Schiffen oÄ investiert werden. Zur Einschätzung der Werthaltigkeit des Anlageobjekts ist eine solche Information ausreichend.[594] Enthält der Prospekt ausführliche Angaben zu den Kosten der Eigenkapitalbeschaffung, wird der Anleger auch nicht durch die ausdrückliche Hervorhebung des Agios im Beitrittsformular über die Höhe der insgesamt anfallenden Vertriebskosten getäuscht.[595]

309 Aufgrund dessen besteht unter diesem Gesichtspunkt bei der Empfehlung von **Zertifikaten**, die von der Bank mit einem Einkaufsrabatt erworben worden sind oder bei denen die Bank allein vom Emittenten eine Vertriebsprovision erhalten hat, darüber keine Aufklärungspflicht. Denn dadurch wird der Wert der vom Anleger erworbenen Zertifikate

---

589 BGH Urt. v. 3.6.2014 – XI ZR 147/12, BGHZ 201, 310 Rn. 23 ff. = NJW 2014, 2947 = WM 2014, 1382.

590 Siehe dazu auch MüKoHGB/*Nobbe/Zahrte*, Anlageberatung Rn. 156 f. mwN.

591 BGH Urt. v. 12.2.2004 – III ZR 359/02, BGHZ 158, 110, 118 = NJW 2004, 1732 = WM 2004, 631.

592 BGH Urt. v. 6.2.2006 – II ZR 329/04, NJW 2006, 2042 Rn. 7 = WM 2006, 905; BGH Urt. v. 12.12.2013 – III ZR 404/12, NJW-RR 2014, 559 Rn. 14 = WM 2014, 118.

593 BGH Urt. v. 24.2.2015 – XI ZR 202/13, WM 2015, 1055 Rn. 49.

594 BGH Urt. v. 12.12.2013 – III ZR 404/12, NJW-RR 2014, 559 Rn. 16 = WM 2014, 118.

595 BGH Urt. v. 24.4.2014 – III ZR 389/12, NJW-RR 2014, 1075 Rn. 16 ff.

nicht beeinträchtigt. Die Rückzahlung der Zertifikate richtet sich – je nach der Wertentwicklung der zugrunde liegenden Aktienindizes – nach dem Nominalbetrag der Papiere bzw. gegebenenfalls nach der Wertentwicklung dieser Indizes.[596] Einkaufsrabatte oder Vertriebsprovisionen sind hierfür unerheblich.

(b) Rechtslage seit dem 1. August 2014. Für seit dem 1. August 2014 geschlossene Beratungsverträge einer Bank nimmt der XI. Zivilsenat des BGH an, dass die beratende Bank stets über den Empfang von Vertriebsprovisionen jedweder Art von Seiten Dritter aufklären muss. Es kommt deshalb ab diesem Zeitpunkt nicht mehr darauf an, ob die Provisionen offen ausgewiesen oder im Anlagebetrag versteckt sind.[597] **310**

Dies hat der BGH zu Recht damit begründet, dass der deutsche Gesetzgeber den provisionsbasierten Vertrieb von Kapitalanlagen zum Anlass mehrerer Gesetzesnovellen genommen und mittlerweile einem nahezu **flächendeckenden –** wenn auch aufsichtsrechtlichen – **Transparenzgebot** unterworfen hat.[598] Seit dem 1. Januar 2013 dürfen sämtliche – gewerbsmäßigen – Finanzintermediäre im Zusammenhang mit der Vermittlung von – nahezu sämtlichen – Kapitalanlagen Zuwendungen Dritter nur annehmen, wenn sie diese ihren Kunden offen legen. Bereits nach dem durch das Finanzmarktrichtlinie-Umsetzungsgesetz (FRUG) vom 16. Juli 2007[599] eingeführten und am 1. November 2007 in Kraft getretenen **§ 31d WpHG** ist den Wertpapierdienstleistungsunternehmen die Annahme von Zuwendungen Dritter im Zusammenhang mit der Erbringung von Wertpapierdienstleistungen, worunter insbesondere die Anlageberatung fällt (§ 2 Abs. 3 Satz 1 Nr. 9 WpHG), aufsichtsrechtlich untersagt. Etwas anderes gilt, von weiteren Voraussetzungen abgesehen, nur dann, wenn die Zuwendung dem Kunden nach Art und Umfang offengelegt wird (§ 31d Abs. 1 Satz 1 Nr. 2 WpHG). Aufgrund des Gesetzes zur Novellierung des Finanzanlagenvermittler- und Vermögensanlagenrechts vom 6. Dezember 2011[600] sind mit Wirkung zum 1. Juni 2012 Vermögensanlagen des sog. Grauen Kapitalmarkts, zB Anteile an geschlossenen Fonds (vgl. § 1 Abs. 2 Nr. 3 VermAnlG in der bis 21. Juli 2013 geltenden Fassung; seitdem erfasst durch den Verweis auf die Anteile an Investmentvermögen iSd § 1 Abs. 1 KAGB), Finanzinstrumente im Sinne des Wertpapierhandelsgesetzes (§ 2 Abs. 2b WpHG). Hierdurch wird bewirkt, dass Wertpapierdienstleistungsunternehmen nunmehr auch bei der Anlageberatung und Vermittlung derartiger Vermögensanlagen die Verhaltenspflichten der §§ 31 ff. WpHG und insbesondere § 31d WpHG zu beachten haben. Darüber hinaus gilt seit dem 1. Januar 2013 für Finanzanlagenvermittler im Sinne des § 34f Abs. 1 Satz 1 GewO, die wegen der Bereichsausnahme in § 2a Abs. 1 Nr. 7 Buchst. e WpHG nicht in den persönlichen Anwendungsbereich des Wertpapierhandelsgesetzes fallen, gemäß § 34g GewO iVm § 17 der Verordnung über die Finanzanlagenvermittlung (**FinVermV**)[601] ein vergleichbares, § 31d WpHG im Wesentlichen nachgebildetes Annahmeverbot von Zuwendungen Dritter. Schließlich hat der Gesetzgeber durch das Gesetz zur Förderung und Regulierung einer Honorarberatung über Finanzinstrumente vom 15. Juli 2013 (**Honoraranlageberatungsgesetz**)[602] das WpHG **311**

---

[596] BGH Urt. v. 27.9.2011 – XI ZR 182/10, BGHZ 191, 119 Rn. 39 = NJW 2012, 66 = WM 2011, 2268; BGH Urt. v. 26.6.2012 – XI ZR 316/11, NJW 2012, 2873 Rn. 48 = WM 2012, 1520; BGH Urt. v. 26.6.2012 – XI ZR 355/11, BKR 2013, 17 Rn. 53.

[597] BGH Urt. v. 3.6.2014 – XI ZR 147/12, BGHZ 201, 310 Rn. 31 ff. = NJW 2014, 2947 = WM 2014, 1382.

[598] BGH Urt. v. 3.6.2014 – XI ZR 147/12, BGHZ 201, 310 Rn. 32 ff. = NJW 2014, 2947 = WM 2014, 1382.

[599] BGBl. I S. 1330.

[600] BGBl. I S. 2481.

[601] BGBl. 2012 I S. 1006.

[602] BGBl. I S. 2390.

und die GewO im Wesentlichen mit Wirkung zum 1. August 2014 geändert. Nach § 31 Abs. 4b WpHG ist ein Wertpapierdienstleistungsunternehmen, das Anlageberatung erbringt, verpflichtet, den Kunden vor Beginn der Beratung und vor Abschluss des Beratungsvertrags darüber zu informieren, ob die Anlageberatung als Honorar-Anlageberatung erbracht wird. Sofern die Anlageberatung nicht als Honorar-Anlageberatung erbracht wird, ist der Kunde darüber zu informieren, ob im Zusammenhang mit der Anlageberatung Zuwendungen von Dritten angenommen und behalten werden dürfen. Gemäß § 31 Abs. 4c Satz 1 Nr. 2 WpHG dürfen im Zusammenhang mit einer Honorar-Anlageberatung Zuwendungen Dritter grundsätzlich nicht angenommen werden. Letzteres gilt in vergleichbarer Weise gemäß § 34h Abs. 3 GewO auch für die nicht in den Anwendungsbereich des Wertpapierhandelsgesetzes fallenden Honorar-Finanzanlagenberater im Sinne von § 34h Abs. 1 Satz 1 GewO.

312 Nach der Rechtsprechung des BGH sind die Verhaltens-, Organisations- und Transparenzpflichten der §§ 31 ff. WpHG zwar ausschließlich öffentlich-rechtlicher Natur und wirken auf das zivilrechtliche Schuldverhältnis zwischen Wertpapierdienstleistungsunternehmen und Kunde grundsätzlich nicht ein, woran sich durch die Änderungen aufgrund des Gesetzes zur Novellierung des Finanzanlagenvermittler- und Vermögensanlagenrechts sowie des Honoraranlageberatungsgesetzes nichts geändert hat.[603] Aufgrund des vom Gesetzgeber im Bereich des – aufsichtsrechtlichen – Kapitalanlagerechts nahezu flächendeckend verwirklichten Transparenzgebots hinsichtlich der Zuwendungen kann der Anleger aber eine entsprechende Aufklärung **auch im Rahmen des Beratungsvertrages** erwarten. Dies kann zwar nicht ohne weiteres für alle öffentlich-rechtlichen Pflichten der beratenden Bank gelten. Eine Ausnahme ist aber dann zu machen, wenn diese Pflichten nicht nur – wie regelmäßig – die Funktionsfähigkeit des Banken- und Finanzsystems gewährleisten sollen, sondern auch in gehobenen Maß dem Schutz des Anlegers dienen. Dies ist bei der Transparenz von Zuwendungen der Fall, weil diese unmittelbar Einfluss auf die Neutralität und Integrität der Beratungsleistung haben können. Aufgrund dessen kann der Anleger bei Abwägung aller Umstände nach Treu und Glauben erwarten, dass bei der Bestimmung des Inhalts des Beratungsvertrags zum Pflichtenkanon der beratenden Bank – und für diese erkennbar – auch die Offenlegung von Zuwendungen gehört (§§ 133, 157 BGB).[604]

313 Die Pflicht zur Offenlegung von Zuwendungen gilt für die Empfehlung **sämtlicher Kapitalanlageprodukte**, also auch für solche, die nicht unter eines der vorstehend genannten Gesetze fällt. Die Beratungspflicht wird vom BGH nicht aufsichtsrechtlich begründet, sondern zivilrechtlich als – nunmehr – allgemeiner Inhalt eines Beratungsvertrags.[605]

314 Unter **Zuwendungen von Seiten Dritter** fallen nicht nur Innenprovisionen, sondern auch Rückvergütungen, an deren Pflicht zur Offenlegung sich im Vergleich zu früheren Rechtslage natürlich nichts geändert hat, und Provisionen aus Kommissionsgeschäften, dh im Gegensatz zur früheren Rechtslage auch reine Verkaufskommissionen.

315 Ob die Bank verpflichtet ist, Vertriebsvergütungen von dritter Seite gemäß § 384 Abs. 2 Halbs. 2 Fall 2 HGB, § 667 Fall 2 BGB an ihren Kunden herauszugeben, hat der

[603] BGH Urt. v. 3.6.2014 – XI ZR 147/12, BGHZ 201, 310 Rn. 35 mwN = NJW 2014, 2947 = WM 2014, 1382.

[604] BGH Urt. v. 3.6.2014 – XI ZR 147/12, BGHZ 201, 310 Rn. 36 f. = NJW 2014, 2947 = WM 2014, 1382.

[605] BGH Urt. v. 3.6.2014 – XI ZR 147/12, BGHZ 201, 310 Rn. 38 = NJW 2014, 2947 = WM 2014, 1382.

BGH bislang nicht entschieden.[606] Zulässig ist jedenfalls die formularmäßige Vereinbarung einer sog. **Behaltensklausel** in den Allgemeinen Geschäftsbedingungen.[607]

316 Demgegenüber gilt für das **Zweipersonenverhältnis**, in dem die beratende Bank zugleich Verkäuferin des empfohlenen Produkts ist, weiterhin der Grundsatz, dass die Bank nicht verpflichtet ist, ihren Kunden darüber aufzuklären, dass sie mit Produkten, die sie in ihrer Beratung empfiehlt, Gewinne erzielt. Für den Kunden ist bei der gebotenen normativ-objektiven Betrachtungsweise offensichtlich, dass die Bank eigene (Gewinn-)Interessen verfolgt, so dass darauf grundsätzlich nicht gesondert hingewiesen werden muss. Ein Umstand, der für den Kunden im Rahmen des aufgrund der Beratung zustande gekommenen Vertragsverhältnisses offenkundig ist, lässt auch innerhalb des Beratungsvertrags seine Schutzwürdigkeit entfallen.[608] Bei ***Gewinnmargen***, ***Einkaufsrabatten*** ua handelt es sich nicht um Zuwendungen von Seiten Dritter; diese müssen daher nach wie vor nicht offengelegt werden. Eine Ausnahme gilt insoweit nach der Rechtsprechung des BGH nur im Hinblick auf den sog. negativen Marktwert eines Swap-Vertrags, wenn diesem kein Gegengeschäft gegenübersteht, also bei Vorliegen einer reinen Zins- oder Währungskurswette (dazu sogleich unter → Rn. 319 ff.).

317 **(4) Negativer Marktwert. (a) Begriff.** Bei dem bei Swap-Verträgen bestehenden anfänglichen negativen Marktwert handelt es sich um den Marktwert bei Abschluss des Vertrages, der zu diesem Zeitpunkt durch Glattstellung des Vertrages realisierbar wäre. Er spiegelt also nicht den voraussichtlichen Erfolg und Misserfolg des Geschäftes wider. Der jeweils aktuelle Marktwert wird anhand finanzmathematischer Berechnungsmodelle in der Weise ermittelt, dass – unter Berücksichtigung gegebenenfalls bestehender Optionsbestandteile und bei einem Währungsswap der Wechselkursentwicklung – die voraussichtlichen künftigen festen und variablen Zinszahlungen der Parteien gegenübergestellt und mit den an den entsprechenden Zahlungsterminen gültigen Abzinsungsfaktoren auf den Bewertungszeitpunkt abgezinst werden. Negativ wird der Marktwert, indem die Bank in diesen ermittelten „Modellwert“ ihre Netto-Gewinnmarge und ihre Kosten, wie etwa zur Risikoabsicherung, Eigenkapitalunterlegung oder zur Geschäftsabwicklung, durch entsprechende Festlegung der Strukturelemente des Swaps einstrukturiert.[609] Für den Kunden bedeutet dies, dass er zunächst die einstrukturierte Bruttomarge erwirtschaften muss, um seinerseits in die Gewinnzone zu gelangen. Zugleich muss er bei sofortiger Lösung vom Vertrag einen Verlust in Höhe des negativen Marktwerts tragen. Diese Situation stellt sich mit Rücksicht auf das Verlustrisiko für den Kunden nicht anders als bei sonstigen Finanzprodukten dar, die, wie insbesondere außerbörsliche Derivatgeschäfte, einen negativen Marktwert aufweisen.[610]

318 **(b) Objektgerechte Beratung.** Der negative Marktwert ist damit der Gewinnmarge vergleichbar, weshalb es sich nach der Rechtsprechung des BGH um **keinen für die Anlageentscheidung wesentlichen Umstand** handelt, über den die beratende Bank

---

[606] BGH Urt. v. 14.1.2014 – XI ZR 355/12, BGHZ 199, 355 Rn. 19 = NJW 2014, 924 = WM 2014, 307.

[607] BGH Urt. v. 14.1.2014 – XI ZR 355/12, BGHZ 199, 355 Rn. 20 ff. = NJW 2014, 924 = WM 2014, 307.

[608] BGH Urt. v. 28.4.2015 – XI ZR 378/13, BGHZ 205, 117 Rn. 37 = NJW 2015, 2248 = WM 2015, 1273.

[609] Vgl. BGH Urt. v. 22.3.2011 – XI ZR 33/10, BGHZ 189, 13 Rn. 35 = NJW 2011, 1949 = WM 2011, 682; BGH Urt. v. 20.1.2015 – XI ZR 316/13, NJW 2015, 1095 Rn. 36 = WM 2015, 575; BGH Urt. v. 28.4.2015 – XI ZR 378/13, BGHZ 205, 117 Rn. 31 = NJW 2015, 2248 = WM 2015, 1273.

[610] BGH Urt. v. 20.1.2015 – XI ZR 316/13, NJW 2015, 1095 Rn. 37 = WM 2015, 575.

ihren Kunden im Rahmen der objektgerechten Beratung informieren müsste. Die Empfehlung eines Swap-Vertrages kann daher trotz des anfänglich negativen Marktwerts objektgerecht sein, sofern die Gewinnchancen und damit die „Werthaltigkeit" des Swaps nicht nachhaltig durch übermäßige Kosten- und Gewinnbestandteile beeinträchtigt werden.[611] Die Interessen des Anlegers werden durch die Pflichten des Beraters zu einer anleger- und objektgerechten Beratung hinreichend geschützt. Werden also die Gewinnchancen und damit die „Werthaltigkeit" des Swaps durch übermäßige Kosten- und Gewinnbestandteile nachhaltig beeinträchtigt und haftet dem Vertrag damit im Hinblick auf das Chance-Risiko-Profil eine **Unausgewogenheit** an, ist darüber im Rahmen der Pflicht zur objektgerechten Beratung aufzuklären.[612]

319 **(c) Schwerwiegende Interessenkollision.** Die Aufklärungsbedürftigkeit des negativen Marktwerts ist dagegen nach der Rechtsprechung des BGH anders zu beurteilen, wenn die beratende Bank selbst **Vertragspartnerin des Swap-Vertrags** ist. In diesem Fall ist zu unterscheiden:

320 **(aa) Konnexes Grundgeschäft.** Wird der Swap-Vertrag zu einem konnexen Grundgeschäft mit gegenläufigem Risiko abgeschlossen, wie zB als Sicherungsgeschäft im Hinblick auf einen variabel verzinslichen Kredit, dient der Swap-Vertrag nicht der spekulativen Übernahme einer offenen Risikoposition, sondern bezweckt allein die Absicherung des in dem Grundgeschäft liegenden (Zins- oder Währungskurs-)Risikos. Bei einem Zinsswap erfolgt zB ein „Tausch" einer variabel verzinslichen Mittelaufnahme in eine festverzinsliche Verschuldung unter gleichzeitigem Verzicht auf die Teilhabe an einer günstigen Entwicklung des Zinsniveaus.[613] Das „Verlustrisiko" des Anlegers ist daher, wenn man überhaupt davon sprechen will, auf die Differenz zwischen den von ihm zu zahlenden Festzins und dem variablen Zins begrenzt. Aufgrund dessen ist auch über einen negativen Marktwert, sofern das Swapgeschäft einen solchen aufweist, nicht aufzuklären. Dieser stellt dann hier bloß die Gewinnmarge der Bank dar, über die grundsätzlich nicht aufzuklären ist.[614] Denn in einem solchen Fall verändern Bank und Kunde durch die Vereinbarung eines Zinssatz-Swap-Vertrags wirtschaftlich lediglich die Konditionen des Darlehensvertrags.[615]

321 Mit Urteil vom 22. März 2016 hat der XI. Zivilsenat des BGH die Anforderungen an die **Konnexität** von Grundgeschäft und Gegengeschäft bei Abschluss von Zinssatz-Swap-Verträgen präzisiert.[616] Die Konnexität ist unter folgenden Voraussetzungen zu bejahen:

- Ausgangs- und Bezugspunkt ist der bei der beratenden Bank unterhaltene, bestehende oder zeitgleich abgeschlossene Darlehensvertrag. Ein Darlehensvertrag bei einer anderen Bank kann eine Konnexität nicht begründen. Dies gilt auch dann, wenn diese Bank mit der beratenden Bank in einem Konzernverbund oder in einem (genossenschaftlichen) Kreditverbund steht.[617]

---

611 BGH Urt. v. 20.1.2015 – XI ZR 316/13, NJW 2015, 1095 Rn. 37 mwN = WM 2015, 575; BGH Urt. v. 28.4.2015 – XI ZR 378/13, BGHZ 205, 117 Rn. 31 = NJW 2015, 2248 = WM 2015, 1273.

612 BGH Urt. v. 20.1.2015 – XI ZR 316/13, NJW 2015, 1095 Rn. 37 ff. = WM 2015, 575.

613 BGH Urt. v. 22.3.2011 – XI ZR 33/10, BGHZ 189, 13 Rn. 26 = NJW 2011, 1949 = WM 2011, 682; BGH Urt. v. 28.4.2015 – XI ZR 378/13, BGHZ 205, 117 Rn. 42 = NJW 2015, 2248 = WM 2015, 1273.

614 BGH Urt. v. 22.3.2011 – XI ZR 33/10, BGHZ 189, 13 Rn. 38 = NJW 2011, 1949 = WM 2011, 682; BGH Urt. v. 20.1.2015 – XI ZR 316/13, NJW 2015, 1095 Rn. 36 ff. = WM 2015, 575.

615 BGH Urt. v. 22.3.2016 – XI ZR 425/14, NJW 2016, 2949 Rn. 27 = WM 2016, 821.

616 BGH Urt. v. 22.3.2016 – XI ZR 425/14, NJW 2016, 2949 Rn. 28 = WM 2016, 821.

617 BGH Urt. v. 12.7.2016 – XI ZR 150/15, BKR 2016, 482 Rn. 2 mit Rn. 25.

- Der Bezugsbetrag des Zinssatz-Swap-Vertrags muss der zur Rückzahlung ausstehenden Valuta dieses Darlehensvertrags als konnexem Grundgeschäft entsprechen oder darf sie jedenfalls nicht übersteigen.[618]
- Bei variabel verzinslichen Darlehen muss die Laufzeit des Zinssatz-Swap-Vertrags der des Darlehensvertrags und bei Festzinsdarlehen die Laufzeit des Zinssatz-Swap-Vertrags der der Zinsbindung gleichstehen oder darf sie jedenfalls nicht überschreiten.
- Die Zahlungspflichten der Bank aus dem Zinssatz-Swap-Vertrag müssen sich mit dem vom Kunden in dem zugeordneten Darlehensvertrag übernommenen variablen oder festen Zins mindestens im Sinne einer partiellen Absicherung gegenläufiger Zinsrisiken decken.
- Die Bank muss jeweils zum gleichen Stichtag entweder den auf denselben Basiswert, etwa einen Referenzzinssatz, bezogenen variablen Zinssatz des Kunden aus dem Darlehensvertrag im Tausch gegen einen festen Zins übernehmen oder dem Kunden den von ihm aus dem Darlehensvertrag geschuldeten Festzins gegen einen variablen Zins zahlen.

Die Parteien müssen mithin bei **wirtschaftlicher Betrachtung** zumindest partiell ent- 322
weder ein variabel verzinsliches Darlehen in ein synthetisches Festzinsdarlehen oder ein Festzinsdarlehen in ein synthetisch variabel verzinsliches Darlehen umwandeln.[619]

(bb) Spekulatives Geschäft. Anders liegt es dagegen, wenn ein Grundgeschäft im 323
oben beschriebenen Sinne fehlt und es sich bei dem Swap-Vertrag damit um ein (zumindest teilweise) spekulatives Geschäft handelt. Dann befindet sich die Bank nach der Rechtsprechung des BGH in einem schwerwiegenden, für den Kunden nicht offensichtlichen Interessenkonflikt, der geeignet ist, die Interessen des Anlegers zu gefährden.[620] Voraussetzung einer Aufklärungspflicht ist das Zustandekommen eines Beratungsvertrags. Denn die Aufklärungspflicht resultiert nicht als Nebenpflicht aus dem mit dem Swap-Vertrag begründeten Austauschverhältnis, sondern aus dem Gesichtspunkt eines schwerwiegenden Interessenkonflikts im Rahmen des Beratungsvertrags.[621]

Dieser **Interessenkonflikt** beruht darauf, dass bei der Empfehlung eines solchen Ver- 324
trags der Gewinn der einen Seite der spiegelbildliche Verlust der anderen Seite ist. Als Partnerin der Zins- oder Währungskurswette übernimmt die Bank eine Rolle, die den Interessen des Kunden entgegengesetzt ist. Für sie erweist sich der „Tausch" der Zinszahlungen nur dann als günstig, wenn ihre Prognose zur Entwicklung des Basiswertes gerade nicht eintritt und der Kunde damit einen Verlust erleidet. Als Beraterin ihres Kunden ist sie hingegen verpflichtet, dessen Interessen zu wahren, und muss auf einen möglichst hohen Gewinn des Kunden bedacht sein, was einen entsprechenden Verlust für sie selbst bedeutet. Die Einstrukturierung eines negativen Marktwertes in die Zinsformel ermöglicht es der Bank, gerade auch bei einem im Zusammenhang mit dem Swap-Vertrag abgeschlossenen Hedge-Geschäft ihre Kosten abzudecken und einen Gewinn zu erzielen. Diesen Vorteil kann die Bank aber nur erlangen, wenn der Markt das Risiko, das der Kunde mit dem von der Bank empfohlenen Produkt übernommen hat, zum Zeitpunkt des Vertragsschlusses negativ einschätzt. Aufgrund dessen besteht die konkrete Gefahr, dass die Bank ihre Anlageempfehlung nicht allein im Kundeninteresse abgibt. Diese Besonderheit

---

[618] Siehe dazu etwa BGH Urt. v. 25.10.2016 – XI ZR 292/14, BeckRS 2016, 110292 Rn. 14 (Bezugsbetrag des Swap-Vertrags 2 Mio. €, Darlehensvaluta 500 000 €).

[619] BGH Urt. v. 22.3.2016 – XI ZR 425/14, NJW 2016, 2949 Rn. 28 = WM 2016, 821.

[620] BGH Urt. v. 22.3.2011 – XI ZR 33/10, BGHZ 189, 13 Rn. 33 ff. = NJW 2011, 1949 = WM 2011, 682; BGH Urt. v. 28.4.2015 – XI ZR 378/13, BGHZ 205, 117 Rn. 34 = NJW 2015, 2248 = WM 2015, 1273; BGH Urt. v. 26.7.2016 – XI ZR 352/14, BKR 2017, 83 Rn. 15.

[621] BGH Urt. v. 12.7.2016 – XI ZR 150/15, BKR 2016, 482 Rn. 13.

des von ihr empfohlenen Produkts, dessen Risikostruktur sie bewusst zu Lasten des Kunden gestaltet hat, um unmittelbar im Zusammenhang mit dem Vertragsschluss das Risiko „verkaufen" zu können, das der Kunde aufgrund ihrer Beratungsleistung übernommen hat, führt zu ihrer Aufklärungspflicht.[622]

325 **(d) Umfang der Aufklärungspflicht.** Besteht eine Verpflichtung zur Aufklärung über den negativen Marktwert, schließt dies die Information über dessen **Höhe** mit ein. Denn nur bei Kenntnis auch der Höhe des anfänglichen negativen Marktwerts kann der Kunde das eigene Interesse der Bank an der Empfehlung des Swap-Vertrags richtig einschätzen.[623]

326 Im **Zivilprozess** muss der Anleger nur die Einpreisung eines anfänglichen negativen Marktwerts als solches und das Verschweigen dieser Tatsache vortragen. Damit sind die objektiven Voraussetzungen einer Pflichtverletzung der beratenden Bank dargetan. Die Höhe des anfänglichen negativen Marktwerts muss der Anleger dagegen nicht – auch nicht im Sinne der Angabe einer Größenordnung – beziffern. Denn die Aufklärungspflicht der Bank beruht gerade auf dem Umstand, dass der Kunde das Einstrukturieren der Bruttomarge in die Risikostruktur des Swap-Vertrags nicht erkennen kann, so dass ihm im Prozess näherer Vortrag zur Höhe nicht abverlangt werden kann.[624]

327 **(5) Zusammenfassende Bewertung.** Nach der Rechtsprechung des BGH begründet allein das generelle, für jeden Anbieter wirtschaftlicher Leistungen am Markt typische **Gewinnerzielungsinteresse** einer Bank als solches noch keine beratungsvertragliche Verpflichtung, den Kunden über die in die Produkte eingepreisten Gewinnmargen, darin enthaltene Einkaufsrabatte oder die von dritter Seite, insbesondere von Seiten des Emittenten, an die Bank gezahlten Provisionen aufzuklären. Das ändert sich jedoch durch das Hinzutreten besonderer Umstände, die so schwer wiegen, dass sie dem Anleger zu offenbaren sind. Diese Voraussetzung hat der Bundesgerichtshof bislang in folgenden Fällen angenommen:

- wenn die als Kaufkommissionärin des Kunden auftretende Bank von diesem eine Provision für sich vereinnahmt und gleichzeitig von der Emittentin des empfohlenen Produkts eine Vertriebsvergütung erhält, ohne den Anleger über diese Doppelrolle aufzuklären,
- wenn – wie im Falle von Rückvergütungen – der Anleger über den Interessenkonflikt der Bank dadurch bewusst getäuscht wird, dass sie als Empfängerin offen ausgewiesener Provisionen ungenannt bleibt,
- wenn – wie im Falle von Innenprovisionen – durch die Vergütung die Werthaltigkeit der empfohlenen Anlage nachhaltig beeinträchtigt ist,
- wenn die Bank bei einem Swap-Vertrag, dem kein Gegengeschäfts gegenübersteht, sondern sich als reine Zins- oder Währungskurswette darstellt, einen negativen Marktwert einpreist, der ihr die Erzielung eines Gewinns ermöglicht, mit dem der Kunde nicht rechnen muss.[625]

---

[622] BGH Urt. v. 22.3.2011 – XI ZR 33/10, BGHZ 189, 13 Rn. 36, 38 = NJW 2011, 1949 = WM 2011, 682.

[623] BGH Urt. v. 28.4.2015 – XI ZR 378/13, BGHZ 205, 117 Rn. 41 = NJW 2015, 2248 = WM 2015, 1273.

[624] BGH Urt. v. 22.3.2016 – XI ZR 93/15, NJW-RR 2016, 1063 Rn. 17 = WM 2016, 827; BGH Urt. v. 7.2.2017 – XI ZR 379/14, BeckRS 2017, 106801 Rn. 15.

[625] BGH Urt. v. 22.3.2011 – XI ZR 33/10, BGHZ 189, 13 Rn. 36, 38 = NJW 2011, 1949 = WM 2011, 682; BGH Urt. v. 28.4.2015 – XI ZR 378/13, BGHZ 205, 117 Rn. 39 = NJW 2015, 2248 = WM 2015, 1273.

Durch die mit Urteil vom 3. Juni 2014[626] erfolgte Rechtsprechungsänderung des XI. Zivilsenats des BGH bedarf es für Beratungsverträge, die ab dem **1. August 2014** abgeschlossen worden sind, im Hinblick auf die Pflicht zur Offenlegung von Provisionen und Rückvergütungen der geschilderte Trennschärfe indes nicht mehr. Denn insoweit hat die beratende Bank nunmehr stets über den Empfang von Vertriebsprovisionen jedweder Art von Seiten Dritter aufzuklären. Es kommt deshalb ab diesem Zeitpunkt insbesondere nicht mehr darauf an, ob die Provisionen offen ausgewiesen oder im Anlagebetrag versteckt sind. 328

cc) Weitere Einzelfälle

Einen aufklärungspflichtigen Interessenkonflikt stellt es ferner dar, wenn der Berater ein über die Beratungs- oder Vermittlungsprovision hinausgehendes **Eigeninteresse** an der Vermittlung einer speziellen Anlage hat, zB weil er selbst in die Anlage investiert hat oder mit Eigenkapital am Emittenten beteiligt ist und die Akquise weiterer Kapitalgeber sich somit positiv auf die eigene Beteiligung auswirkt.[627] 329

Aufklärungsbedürftig ist es auch, wenn sich der Berater gegenüber dem (späteren) Vertragspartner des Kunden (also dem Emittenten eines Wertpapiers oder der Fondsgesellschaft) verpflichtet hat, nur das von diesem Vertragspartner zur Verfügung gestellte **Informationsmaterial** zu verwenden. Eine solche Vereinbarung beeinträchtigt unmittelbar die vom Berater geschuldete eigenständige, allein am Interesse des Kunden ausgerichtete Anlageberatung.[628] Allerdings dürfte in einem solchen Fall auch die Pflicht zur vollständigen Aufklärung im Rahmen der objektgerechten Beratung verletzt sein. 330

Keiner Aufklärungspflicht unterliegen dagegen **vertriebliche Zielvorgaben**. Dass die beratende Bank ein Interesse an dem Vertrieb eigener Anlageprodukte hat, ist für den Anleger offenkundig. Entsprechendes gilt bei fremden Produkten oder bei einem freien Anlageberater im Hinblick auf die Erreichung interner Vertriebsziele.[629] Die Interessen des Anlegers werden durch die Pflichten des Beraters zu einer anleger- und objektgerechten Beratung hinreichend geschützt. 331

d) Sonderfall Honoraranlageberatung

Für den Bereich der Honoraranlageberatung ist als Spezialgesetz am 1. August 2014 das Gesetz zur Förderung und Regulierung einer Honorarberatung über Finanzinstrumente (**Honoraranlageberatungsgesetz**)[630] in Kraft getreten. Dieses soll die unabhängige Anlageberatung stärken. Mit dem Gesetz sind die gesetzlich geschützten Berufsbezeichnungen „Honoraranlageberater(in)" „Honorar-Anlageberater(in)" oder „Honoraranlageberatung" (§ 36d WpHG) und „Honorar-Finanzanlageberater" (§ 34h GewO) geschaffen worden. Die Bezeichnungen darf nur führen, wer eine unabhängige Anlageberatung anbietet. Die Vergütung für die Beratungsleistung ist ausschließlich vom Kunden zu leisten (§ 31 Abs. 4c Satz 1 Nr. 2 WpHG). Der Honoraranlageberater darf keinerlei nicht monetäre **Zuwendungen** von einem Dritten, der nicht Kunde dieser Dienstleistung ist oder von dem Kunden dazu beauftragt worden ist, annehmen (§ 31 Abs. 4c Nr. 2 Satz 2 332

[626] BGH Urt. v. 3.6.2014 – XI ZR 147/12, BGHZ 201, 310 Rn. 31 ff. = NJW 2014, 2947 = WM 2014, 1382.
[627] MüKoHGB/*Nobbe/Zahrte*, Anlageberatung Rn. 150.
[628] OLG Hamm ZIP 2011, 1949, 1952 f.; MüKoHGB/*Nobbe/Zahrte*, Anlageberatung Rn. 151.
[629] MüKoHGB/*Nobbe/Zahrte*, Anlageberatung Rn. 202.
[630] BGBl. I 2013 S. 2390.

WpHG). Monetäre Zuwendungen darf der Honoraranlageberater nur dann annehmen, wenn das empfohlene Finanzinstrument oder ein in gleicher Weise geeignetes Finanzinstrument ohne Zuwendung nicht erhältlich ist; in diesem Fall muss er die Zuwendung unverzüglich nach Erhalt und ungemindert an den Kunden auskehren (§ 31 Abs. 4c Nr. 2 Satz 3 und 4 WpHG).

333 Im Hinblick auf **Umfang und Inhalt** der anleger- und anlagegerechten Beratung bestehen im Vergleich zum Bankberater nur wenige Unterschiede. Diese betreffen zum einen das Verbot des Honoraranlageberaters, Zuwendungen von Dritten anzunehmen, bzw. die Pflicht, unvermeidbare Zuwendungen unverzüglich und ungeschmälert an den Kunden auszukehren. Zum anderen ist er im Gegensatz zum Bankberater verpflichtet, seiner Empfehlung eine hinreichende Anzahl von Finanzinstrumenten zu Grunde zu legen, die sich insbesondere nicht auf eigene Anlageprodukte oder solche von verbundenen oder nahestehenden Unternehmen beschränken darf (§ 31 Abs. 4c Satz 1 Nr. 1b WpHG, § 34h Abs. 2 GewO).

4. Dokumentationspflichten

a) Beratungsprotokoll

334 Gemäß § 34 Abs. 2a WpHG[631] muss die Bank über jede Anlageberatung mit einem Privatkunden ein **schriftliches Protokoll** anfertigen. Die Vorschrift ist gemäß § 47 WpHG auf Anlageberatungen anzuwenden, die seit dem 1. Januar 2010 durchgeführt worden sind. Das Protokoll ist von demjenigen zu unterzeichnen, der die Anlageberatung durchgeführt hat; eine Ausfertigung ist dem Kunden unverzüglich nach Abschluss der Anlageberatung, jedenfalls vor einem auf der Beratung beruhenden Geschäftsabschluss, in Papierform oder auf einem anderen dauerhaften Datenträger zur Verfügung zu stellen. Wählt der Kunde für Anlageberatung und Geschäftsabschluss Kommunikationsmittel, die die Übermittlung des Protokolls vor dem Geschäftsabschluss nicht gestatten (zB per Telefon, SMS oder E-Mail), muss das Wertpapierdienstleistungsunternehmen eine Ausfertigung des Protokolls dem Kunden unverzüglich nach Abschluss der Anlageberatung zusenden. In diesem Fall kann der Geschäftsabschluss auf ausdrücklichen Wunsch des Kunden vor Erhalt des Protokolls erfolgen, wenn das Wertpapierdienstleistungsunternehmen dem Kunden für den Fall, dass das Protokoll nicht richtig oder nicht vollständig ist, ausdrücklich ein innerhalb von einer Woche nach dem Zugang des Protokolls auszuübendes **Recht zum Rücktritt** von dem auf der Beratung beruhenden Geschäft einräumt. Der Kunde muss auf das Rücktrittsrecht und die Frist hingewiesen werden.

335 Das Beratungsprotokoll hat folgende **Sachverhalte** aufzuzeichnen:

- der Anlass der Anlageberatung;
- die der Beratung zugrundeliegenden Informationen über die persönliche Situation des Kunden; dies beinhaltet eine vollständige Erfassung der finanziellen Verhältnisse (Vermögen, Einkommen, Kredite und Ausgaben);
- die vom Kunden im Zusammenhang mit der Anlageberatung geäußerten wesentlichen Anliegen und deren Gewichtung;
- die Finanzinstrumente (zB Aktien, Investmentfonds, Zertifikate, geschlossene Beteiligungen) und Wertpapierdienstleistungen, die Gegenstand der Anlageberatung waren;

---

[631] Eingefügt durch Art. 4 Nr. 4 Buchst. a des Gesetzes vom 31.7.2009 (BGBl. I S. 2512) mit Wirkung vom 5.8.2009.

- die im Verlauf des Beratungsgesprächs erteilten Empfehlungen und die für diese Empfehlungen genannten wesentlichen Gründe;
- Datum der Beratung und die Dauer des Beratungsgesprächs;
- die Gesprächsteilnehmer;
- die Unterschrift des Beraters.

Gemäß § 34 Abs. 2b WpHG[632] kann der Kunde von dem Wertpapierdienstleistungsunternehmen die **Herausgabe einer Ausfertigung** des Protokolls verlangen. 336

Diese aufsichtsrechtlichen Pflichten haben im Rahmen der zivilrechtlichen Haftung für einen Beratungsfehler keine unmittelbare Bedeutung. Insbesondere führt eine nicht rechtzeitige, unterbliebene, unvollständige oder fehlerhafte Dokumentation nicht zu einer Umkehr der **Beweislast** zu Lasten der Bank. Entsprechende Bestrebungen des Bundesrates[633] zur Normierung einer solchen Beweislastumkehr im Gesetzgebungsverfahren zum Anlegerschutz- und Funktionsverbesserungsgesetz, das am 1. Juli 2011 in Kraft getreten ist,[634] sind erfolglos geblieben. Fehlende Hinweise über die Risikoaufklärung in dem Beratungsprotokoll begründen daher keinen Beweis für eine mangelhafte Risikoaufklärung. Ist dagegen aus dem Beratungsbogen positiv ein Beratungsfehler ersichtlich (zB abschließender Hinweis auf eine – unzutreffende – Höhe einer Rückvergütung oder Provision), kann dies zumindest ein Indiz für einen Beratungsfehler darstellen. Umgekehrt kann dem Kunden auch der Inhalt des Protokolls entgegengehalten werden. Unterzeichnet der Kunde den Beratungsbogen und bestätigt er nicht nur dessen Empfang, so muss er die darin enthaltenen Angaben nach allgemeinen Grundsätzen (vgl. § 416 ZPO) gegen sich gelten lassen, auch wenn der Bogen nicht von ihm selbst, sondern vom Berater durch Ankreuzen vorgegebener verschiedener Antworten ausgefüllt worden ist.[635] 337

b) Produktinformationsblatt

Darüber hinaus ist dem Kunden nach § 31 Abs. 3a WpHG rechtzeitig vor dem Abschluss eines Geschäfts über Finanzinstrumente ein kurzes und leicht verständliches **Informationsblatt** über jedes Finanzinstrument zur Verfügung zu stellen, auf das sich eine Kaufempfehlung bezieht. Für freie Anlageberater ergeben sich die entsprechenden Pflichten aus § 15 FinVermV. Die Anforderungen an das Informationsblatt werden in § 5a WpDVerOV konkretisiert. Danach darf das Informationsblatt bei nicht komplexen Finanzinstrumenten im Sinne des § 7 WpDVerOV nicht mehr als zwei DIN-A4-Seiten, bei allen übrigen Finanzinstrumenten nicht mehr als drei DIN-A4-Seiten umfassen (§ 5a Abs. 1 Satz 1 WpDVerOV). Es muss die wesentlichen Informationen über das jeweilige Finanzinstrument in übersichtlicher und leicht verständlicher Weise so enthalten, dass der Kunde insbesondere die Art des Finanzinstruments, seine Funktionsweise, die damit verbundenen Risiken, die Aussichten für die Kapitalrückzahlung und Erträge unter verschiedenen Marktbedingungen und die mit der Anlage verbundenen Kosten einschätzen und mit den Merkmalen anderer Finanzinstrumente bestmöglich vergleichen kann (§ 5a Abs. 1 Satz 2 WpDVerOV). Das Informationsblatt darf sich jeweils nur auf ein Finanzinstrument beziehen und keine werbenden oder sonstigen, nicht dem vorgenannten Zweck dienenden Informationen enthalten. 338

---

[632] Eingefügt durch Art. 4 Nr. 4 Buchst. a des Gesetzes vom 31.7.2009 (BGBl. I S. 2512) mit Wirkung vom 5.8.2009; gemäß § 47 WpHG ist § 34 WpHG auf Anlageberatungen anzuwenden, die seit dem 1.1.2010 durchgeführt worden sind.

[633] BR-Drucks. 584/10 (Beschluss), S. 10.

[634] BGBl. 2011 I S. 538.

[635] MüKoHGB/*Nobbe/Zahrte*, Anlageberatung Rn. 115.

339 Die **Aushändigung des Informationsblatts** kann durch Übermittlung in Papierform erfolgen, aber auch in elektronischer Form durch E-Mail-Versand (vgl. § 5a Abs. 2 WpDVerOV). Die Angaben in den Informationsblättern dürfen weder unrichtig noch irreführend sein und müssen mit den Angaben des Prospekts vereinbar sein.

c) Sonstiges

340 Darüber hinaus haben Kreditinstitute nach einem Urteil des BGH vom 24. Januar 2006[636] keine zivilrechtliche Pflicht oder Obliegenheit zur schriftlichen Dokumentation der Erfüllung ihrer Beratungs- und Aufklärungspflichten gegenüber Kapitalanlegern. Soweit sich der BGH in diesem Urteil allerdings auf fehlende Vorschriften im WpHG stützt, ist dies überholt.

5. Aktivlegitimation

341 Anspruchsinhaber des Schadensersatzanspruchs wegen Beratungsverschulden ist der **Vertragspartner** des mit der Bank geschlossenen Beratungsvertrags. Unter den Voraussetzungen der §§ 164 ff. BGB kann der Vertrag auch namens eines Dritten abgeschlossen werden, so dass sich der Berater im Falle eines Beratungsverschuldens diesem gegenüber schadensersatzpflichtig macht. Der Anspruchsinhaber kann den Schadensersatzanspruch nach den allgemeinen Regeln an einen Dritten abtreten (§ 398 BGB).

342 Wird der Beratungsvertrag **auf Anlegerseite** von **mehreren Personen** (zB Eheleute) abgeschlossen, steht die auf der Verletzung des Anlageberatungsvertrags beruhende Schadensersatzforderung den Anlegern gemeinschaftlich zu. Insoweit besteht in Bezug auf den Schadensersatzanspruch zwischen den Anlegern eine einfache Forderungsgemeinschaft, die zum Anwendungsbereich des § 432 BGB gehört. Dementsprechend kann der eine Anleger, soweit die Forderung nicht von dem anderen Anleger an ihn abgetreten wurde, die Schadensersatzleistung nur an sich und den Dritten gemeinsam fordern (§ 432 Abs. 1 Satz 1 BGB).[637]

6. Persönliche Haftung des angestellten Anlageberaters

a) Vertragsähnliche Haftung

343 Das Handeln eines angestellten Anlageberaters oder sonstigen als Erfüllungsgehilfen beauftragten Dritten ist dem Beratungsunternehmen gemäß § 278 BGB zuzurechnen. Eine (persönliche) **Eigenhaftung des Dritten** kommt nur nach den allgemeinen Regeln in Betracht. Anspruchsgrundlage ist dann ein Verschulden bei Vertragsanbahnung, § 311 Abs. 3 BGB. Dies kann etwa bei der Inanspruchnahme persönlichen Vertrauens oder bei einem erheblichen wirtschaftlichen Eigeninteresse der Fall sein. Allein die Provisionsansprüche des Gehilfen können allerdings ein erhebliches wirtschaftliches Eigeninteresse nicht begründen.[638]

---

[636] BGH Urt. v. 24.1.2006 – XI ZR 320/04, BGHZ 166, 56 = NJW 2006, 1429 = WM 2006, 567.

[637] BGH Urt. v. 5.3.2009 – III ZR 302/07, NJW-RR 2009, 687 Rn. 7 ff. = WM 2009, 688; BGH Urt. v. 20.8.2015 – III ZR 57/14, NJW-RR 2016, 115 Rn. 30 = WM 2015, 1803.

[638] BGH Urt. v. 17.10.1989 – XI ZR 173/88, NJW 1990, 506 = WM 1989, 1923.

Eigene vorvertragliche Pflichten treffen den Mitarbeiter oder den zwischen den Parteien stehenden Vertragsmittler auch dann, wenn dieser in besonderem Maße **persönliches Vertrauen** in Anspruch nimmt. Ein derartiger Sachverhalt kann gegeben sein, wenn der Vertragsvermittler mit Hinweis auf seine außergewöhnliche Sachkunde oder seine besondere persönliche Zuverlässigkeit dem Verhandlungspartner eine zusätzliche, von ihm persönlich ausgehende Gewähr für das Gelingen der in Aussicht genommenen Anlage bietet. Das Vertrauen muss über das normale Verhandlungsvertrauen hinausgehen, das bei der Anbahnung von Geschäftsbeziehungen immer gegeben ist oder gegeben sein sollte. Dagegen genügt es nach der Rechtsprechung des BGH zur Begründung der Eigenhaftung des Vertreters oder Vermittlers nicht, dass er über die für seine Tätigkeit erforderliche Sachkunde verfügt und auf diese hinweist. Er erweckt dadurch nur das normale Verhandlungsvertrauen, dass sein Geschäftsherr – was der Vertragspartner ohnehin erwarten kann – einen sachkundigen Vertreter oder Vermittler eingesetzt hat.[639] 344

b) Deliktische Haftung

Der für ein Wertpapierdienstleistungsunternehmen handelnde Anlageberater, der vorsätzlich eine anleger- und objektwidrige Empfehlung abgibt und die Schädigung des Anlegers zumindest billigend in Kauf nimmt, ist diesem nach **§ 826 BGB** zum Schadensersatz verpflichtet.[640] Bei der Anwendung von § 826 BGB sind ***strenge Maßstäbe*** anzulegen. Für die Annahme der Sittenwidrigkeit genügt weder der Verstoß gegen eine gesetzliche Vorschrift noch die Tatsache eines eingetretenen Vermögensschadens; vielmehr muss sich die besondere Verwerflichkeit des Verhaltens aus dem verfolgten Ziel, den eingesetzten Mitteln, der zutage tretenden Gesinnung oder den eingetretenen Folgen ergeben.[641] Wird die Empfehlung aufgrund grob fahrlässigen Verhaltens leichtfertig in unrichtiger Weise abgegeben, ist sie dann als sittenwidrig zu werten, wenn sie erkennbar für die Entschließung des Anlegers von Bedeutung ist und in Verfolgung eigener Interessen in dem Bewusstsein einer möglichen Schädigung des Anlegers abgegeben wird.[642] 345

Eine solche **vorsätzliche sittenwidrige Schädigung** kann zB anzunehmen sein, wenn der Anlageberater wahrheitswidrig angibt, bei der empfohlenen Anlage handele es sich um einen gemischten Aktienfonds, bei dem hinsichtlich der voll bezahlten Aktien kein Totalausfallrisiko bestehe, oder wenn der Berater dem Anleger einen Wertzuwachs von 50 000 € auf 75 000 € binnen zehn Jahren garantiert.[643] 346

---

[639] BGH Urt. v. 17.10.1989 – XI ZR 173/88, NJW 1990, 506 = WM 1989, 1923.

[640] BGH Urt. v. 19.2.2008 – XI ZR 170/07, BGHZ 175, 276 Rn. 29 = NJW 2008, 1734 = WM 2008, 825.

[641] BGH Urt. v. 13.12.2011 – XI ZR 51/10, BGHZ 192, 90 Rn. 28 = NJW 2012, 1800 = WM 2012, 303.

[642] BGH Urt. v. 19.2.2008 – XI ZR 170/07, BGHZ 175, 276 Rn. 29 = NJW 2008, 1734 = WM 2008, 825.

[643] BGH Urt. v. 19.2.2008 – XI ZR 170/07, BGHZ 175, 276 Rn. 30 = NJW 2008, 1734 = WM 2008, 825.

II. Vermittlung von Kapitalanlagen

347 Die Haftung der Banken wegen Aufklärungspflichtverletzungen im Rahmen einer Vermittlung von Kapitalanlagen spielt in der Praxis keine große Rolle. Dies beruht darauf, dass bei der Empfehlung einer Kapitalanlage durch eine Bank nach der Rechtsprechung des BGH regelmäßig mit dem Anleger ein Beratungsvertrag zustande kommt. Aufgrund dessen werden in diesem Kapital nur einige Randfragen behandelt.

1. Rechtsgrundlagen

a) Definition

348 Unter Anlagevermittlung ist nach der Legaldefinition in § 2 Abs. 3 Satz 1 Nr. 4 WpHG bzw. § 1 Abs. 1a Satz 2 Nr. 1 KWG die **Vermittlung von Geschäften über die Anschaffung und die Veräußerung von Finanzinstrumenten** zu verstehen. Der Begriff der Anlagevermittlung ist in diesen beiden Vorschriften inhaltlich gleich zu verstehen.[1] Danach ist Anlagevermittlung jede final auf den Abschluss von Geschäften über die Anschaffung und die Veräußerung von Finanzinstrumenten gerichtete Tätigkeit. Der Tatbestand der Anlagevermittlung ist weit auszulegen und bereits dann erfüllt, wenn der Vermittler den Abschluss eines konkreten Geschäfts bereits so umfassend vorbereitet und abgewickelt hat, dass der Kunde den Auftrag nur noch zu unterschreiben und abzusenden hat oder wenn der Vermittler nach einer Anlageberatung die vom Kunden unterschriebenen Orderbelege weiterleitet.[2] Von dieser Definition geht auch der BGH aus. Danach ist Anlagevermittlung die Entgegennahme und Übermittlung von Aufträgen von Anlegern, die sich auf die Anschaffung und Veräußerung von Finanzinstrumenten oder deren Nachweis beziehen.[3] Die aufsichtsrechtliche Definition ist auch für das Zivilrecht geeignet, kann dort aber – über Finanzinstrumente hinaus – auf alle Kapitalanlageprodukte einschließlich Immobilien erstreckt werden.[4] Der Begriff unterscheidet sich allerdings von demjenigen des bürgerlichen Rechts im Maklerrecht.[5]

b) Aufsichtsrecht

349 Kreditinstitute als **Wertpapierdienstleistungsunternehmen** (§ 2 Abs. 4 WpHG) haben nicht nur bei der Anlageberatung, sondern auch bei der Vermittlung von Finanzinstrumenten im Sinne des § 2 Abs. 2b WpHG die Verhaltenspflichten der §§ 31 ff. WpHG zu

---

[1] BGH Urt. v. 30.10.2014 – III ZR 493/13, NJW-RR 2015, 365 Rn. 35 = WM 2014, 2310.
[2] BGH Urt. v. 5.12.2013 – III ZR 73/12, NJW-RR 2014, 307 Rn. 14 = WM 2014, 121; BGH Urt. v. 30.10.2014 – III ZR 493/13, NJW-RR 2015, 365 Rn. 36 = WM 2014, 2310.
[3] BGH Urt. v. 9.11.2010 – VI ZR 303/09, NJW-RR 2011, 350 Rn. 19 = WM 2011, 17.
[4] MüKoHGB/*Nobbe/Zahrte*, Anlageberatung Rn. 325.
[5] BGH Urt. v. 5.12.2013 – III ZR 73/12, NJW-RR 2014, 307 Rn. 14 = WM 2014, 121; BGH Urt. v. 30.10.2014 – III ZR 493/13, NJW-RR 2015, 365 Rn. 35 = WM 2014, 2310.

beachten. Dazu gehört insbesondere auch das Annahmeverbot von Zuwendungen Dritter gemäß § 31d WpHG.[6] Wegen weiterer Einzelheiten → Rn. 9 ff.

2. Anlagevermittlungsvertrag

a) Vertragsbeziehungen

Der Anlagevermittler unterhält in der Regel zwei Vertragsbeziehungen. Zum einen wird er vom Emittenten oder Initiator der Kapitalanlage oder einem sonstigen Auftraggeber beauftragt, die Kapitalanlage an Investoren zu vermitteln. Dies stellt zivilrechtlich zumeist einen Maklervertrag (§§ 652 ff. BGB), in der Regel einen Handelsmaklervertrag (§§ 93 ff. HGB) dar.[7] Mit dem Investor, dh dem Kapitalanleger kommt nach der Rechtsprechung des BGH ein Auskunftsvertrag zustande.[8] 350

b) Auskunftsvertrag

Zwischen Vermittler und Anleger kommt ein Vertrag auf Auskunftserteilung zustande.[9] Dabei handelt es sich wohl um einen **Geschäftsbesorgungsvertrag** mit Dienstvertragscharakter.[10] 351

Im Rahmen der Anlagevermittlung kommt zwischen dem Anlageinteressenten und dem Anlagevermittler ein Auskunftsvertrag mit Haftungsfolgen zumindest **stillschweigend** zustande, wenn der Interessent deutlich macht, dass er, auf eine bestimmte Anlageentscheidung bezogen, die besonderen Kenntnisse und Verbindungen des Vermittlers in Anspruch nehmen will, und der Anlagevermittler die gewünschte Tätigkeit beginnt.[11] Für das Zustandekommen eines Auskunftsvertrages kann es genügen, wenn der Anleger den Anlagevermittler um einen Beratungstermin bittet und der Anlagevermittler dann Angaben zu der fraglichen Anlage macht.[12] 352

Der Feststellung **weiterer besonderer Umstände** bedarf es nicht. Insbesondere ist ein eigenes wirtschaftliches Interesse des Vermittlers an dem Geschäftsabschluss nicht erfor- 353

---

[6] Nichts anderes gilt im Übrigen seit dem 1.1.2013 für Finanzanlagenvermittler im Sinne des § 34f Abs. 1 Satz 1 GewO, die wegen der Bereichsausnahme in § 2a Abs. 1 Nr. 7 Buchst. e WpHG nicht in den persönlichen Anwendungsbereich des Wertpapierhandelsgesetzes fallen; für sie gilt gemäß § 34g GewO iVm § 17 der Verordnung über die Finanzanlagenvermittlung (BGBl. I 2012, S. 1006) ein vergleichbares, § 31d WpHG im Wesentlichen nachgebildetes Annahmeverbot von Zuwendungen Dritter.

[7] MüKoHGB/*Nobbe/Zahrte*, Anlageberatung Rn. 326.

[8] BGH Urt. v. 12.2.2004 – III ZR 359/02, BGHZ 158, 110, 116 = NJW 2004, 1732 = WM 2004, 631; BGH Urt. v. 7.10.2008 – XI ZR 89/07, BGHZ 178, 149 Rn. 11 = NJW 2008, 3700 = WM 2008, 2166; BGH Beschl. v. 9.3.2011 – XI ZR 191/10, NJW 2011, 3227 Rn. 31 = WM 2011, 925.

[9] BGH Urt. v. 12.2.2004 – III ZR 359/02, BGHZ 158, 110, 116 = NJW 2004, 1732 = WM 2004, 631; BGH Urt. v. 7.10.2008 – XI ZR 89/07, BGHZ 178, 149 Rn. 11 = NJW 2008, 3700 = WM 2008, 2166; BGH Beschl. v. 9.3.2011 – XI ZR 191/10, NJW 2011, 3227 Rn. 31 = WM 2011, 925; BGH Urt. v. 23.11.2010 – VI ZR 244/09, NJW-RR 2011, 347 Rn. 23 ff. = WM 2011, 20.

[10] Vgl. BGH Urt. v. 19.4.2007 – III ZR 75/06, NJW-RR 2007, 1271 Rn. 8 = WM 2007, 1020.

[11] BGH Urt. v. 4.3.1987 – IVa ZR 122/85, BGHZ 100, 117, 118 f. = NJW 1987, 1815 = WM 1987, 495; BGH Urt. v. 11.1.2007 – III ZR 193/05, NJW 2007, 1362 Rn. 10 = WM 2007, 585.

[12] BGH Urt. v. 12.5.2005 – III ZR 413/04, NJW-RR 2005, 1120, 1121 = WM 2005, 1219.

derlich (auch wenn ein solches in der Regel vorliegen wird). Ebenso wenig ist von Bedeutung, ob der Vermittler den Kapitalsuchenden (als selbständiger „Repräsentant“ einer Bank) innerhalb seiner Rechtsbeziehungen mit dem Kapitalanleger vertritt und inwieweit jener seinerseits unter dem Gesichtspunkt des § 278 BGB für Fehler des Vermittlers einzustehen hat.[13] Der gesetzlichen Regelung in § 675 Abs. 2 BGB, wonach die Erteilung eines Rats oder einer Empfehlung generell keine Verpflichtung zum Schadensersatz auslöst, kommt im Rahmen der Kapitalanlagevermittlung keine Bedeutung zu. Sie gilt nach ihrem eindeutigen Wortlaut („unbeschadet der sich aus einem Vertragsverhältnis, einer unerlaubten Handlung oder einer sonstigen gesetzlichen Bestimmung ergebenden Verantwortlichkeit“) nur für Gefälligkeitsempfehlungen.

354 Einem Vertragsschluss steht nicht entgegen, dass der Vermittler keine Erlaubnis nach § 34f GewO besitzt, unentgeltlich tätig wird oder die Vermittlungsvertragsurkunde nicht unterschrieben wird.[14] Ebensowenig steht einem Vertragsschluss entgegen, wenn der Kunde bereits einen Anlageberater hinzugezogen hat[15] oder der Vermittler zugleich im Namen des Verkäufers einen Beratungsvertrag mit dem Anleger abschließt.[16] Schließlich kann ein Auskunftsvertrag auch mit einem Familienmitglied zustande kommen, wenn die Bedeutung der Auskunft insbesondere im Hinblick auf die Höhe des Anlagebetrags die Annahme eines bloßen Gefälligkeitsverhältnisses ausschließt;[17] allerdings kann dann im Hinblick auf den „familiären“ Hintergrund das Pflichtenprogramm des Vermittlers reduziert sein.[18]

355 Ferner kann ein Auskunftsvertrag auch dann zustande kommen, wenn ein Untervermittler **weisungswidrig** Kapitalanlagen vermittelt, die nicht in dem gültigen Produktplan des Anlagenvermittlers enthalten sind. Im Ausgangspunkt steht einem Vertragsschluss zwar die Überschreitung der Vollmacht durch den Untervermittler entgegen. Anders verhält sich aber dann, wenn dessen Handeln dem Hauptvermittler nach den Grundsätzen der **Anscheins- oder Duldungsvollmacht** zuzurechnen ist. Eine Anscheinsvollmacht kann zB anzunehmen sein, wenn der Untervermittler bereits in der Vergangenheit entsprechende Kapitalanlagen vermittelt hat und diese Geschäfte über den Hauptvermittler abgewickelt hat.[19]

356 Dagegen kommt mit dem Kapitalanleger **kein Auskunftsvertrag** zustande, wenn der Vermittler erkennbar nicht im eigenen Namen, sondern als Vertreter des Kapitalsuchenden handelt.[20] Tritt der Wille, nicht im eigenen, sondern nur in fremdem Namen zu handeln, nicht hinreichend erkennbar hervor, ist er nach § 164 Abs. 2 BGB unbeachtlich.[21] Eine persönliche Haftung desjenigen, der als Vertreter oder Organ des Anbieters auftritt, kommt dann nur nach allgemeinen Grundsätzen in Betracht, dh nach Delikt oder nach § 311 Abs. 3 BGB wegen Inanspruchnahme besonderen persönlichen Vertrauens oder wegen eines eigenen wirtschaftlichen Interesses, wobei dafür ein bloßes Provisionsinteresse nicht genügt.[22]

357 Ebenso wenig kommt ein Auskunftsvertrag zustande, wenn der Kunde an die Bank mit einem bereits **vorgefassten Plan** und einem konkreten Ausführungsauftrag herantritt (zB

---

[13] BGH Urt. v. 11.1.2007 – III ZR 193/05, NJW 2007, 1362 Rn. 10 = WM 2007, 585.
[14] OLG Frankfurt/Main NJW-RR 2003, 414.
[15] OLG Köln BB 2005, 2095.
[16] BGH Urt. v. 1.3.2013 – V ZR 279/11, NJW 2013, 1873 Rn. 11 = WM 2013, 839.
[17] BGH Urt. v. 19.4.2007 – III ZR 75/06, NJW-RR 2007, 1271 Rn. 7 = WM 2007, 1020.
[18] BGH Urt. v. 19.4.2007 – III ZR 75/06, NJW-RR 2007, 1271 Rn. 11 ff. = WM 2007, 1020.
[19] BGH Urt. v. 5.3.1998 – III ZR 183/96, NJW 1998, 1854, 1855 = WM 1998, 819.
[20] BGH Urt. v. 27.10.2005 – III ZR 71/05, NJW-RR 2006, 109 Rn. 15 ff.; BGH Urt. v. 11.1.2007 – III ZR 193/05, NJW 2007, 1362 Rn. 9 = WM 2007, 585.
[21] BGH Urt. v. 27.10.2005 – III ZR 71/05, NJW-RR 2006, 109 Rn. 16.
[22] BGH Urt. v. 27.10.2005 – III ZR 71/05, NJW-RR 2006, 109 Rn. 24 ff.

börsliche Übertragung von Wertpapieren aus einem Privatdepot in das eines von ihm faktisch geführten Unternehmens).[23]

Das Zustandekommen eines Auskunftsvertrags kann auch nicht allein aus dem Umstand geschlossen werden, dass das mit dem Eigenkapitalvertrieb befasste Unternehmen für die Fondsgesellschaft **Hilfsdienste** übernimmt, ohne dazu mit dem Anleger persönlich in Kontakt zu treten. Dies ist etwa der Fall, wenn es von der Fondsgesellschaft damit betraut ist, den Zeichnungsschein in Empfang zu nehmen, die Einlage des Anlegers per Lastschrift einzuziehen und in Vollziehung einer notariellen Vollmacht, die der Anleger der Fondsgesellschaft erteilt hat, dessen Eintragung als Kommanditisten im Handelsregister zu veranlassen.[24] 358

Ein Auskunftsvertrag kommt nicht zustande, wenn dies von keinem der Gesprächspartner gewollt war (zB Gespräch mit einem befreundeten Bankmitarbeiter bei einem Volksfest). Mangels **Rechtsbindungswillen** entfaltet der Inhalt der Gespräche – auch bei einer Weitergabe an Dritte – keine rechtsgeschäftlichen Wirkungen. Die Annahme eines Auskunftsvertrags mit dem, den es angeht, setzt voraus, dass wenigstens im Verhältnis zu diesem Dritten die Grundlagen für eine vertragliche oder vertragsähnliche Bindung gegeben sind, insbesondere also nach dem Willen der Gesprächspartner der Inhalt der Antwort die Grundlage für wesentliche Vermögensdispositionen desjenigen bilden soll, für den die Auskunft bestimmt ist.[25] 359

c) Abgrenzung zum Anlageberatungsvertrag

Der Anlagevermittler steht erkennbar im Lager des Kapitalsuchenden. Bei der Empfehlung einer Kapitalanlage durch eine Bank kommt in aller Regel mit dem Anleger ein Beratungsvertrag zustande. Siehe im Einzelnen → Rn. 19 ff. 360

3. Haftungsgrundlagen

a) Aufklärungspflichten

aa) Allgemeines

Anders als ein Anlageberater ist der Anlagevermittler zu einer Beurteilung des Anlageobjekts unter Berücksichtigung der Anlageziele, der Risikobereitschaft, der Kenntnisse und Erfahrungen des Anlegers sowie seiner persönlichen und wirtschaftlichen Verhältnisse nicht verpflichtet. Der Vermittler schuldet dem Anleger eine richtige und vollständige Information über diejenigen tatsächlichen Umstände, die für dessen Anlageentschluss von **besonderer Bedeutung** sind.[26] Das wirtschaftliche Risiko der Anlage wird dem Anleger damit nicht abgenommen. Der Anlagevermittler soll den Anleger mit den erteilten Informationen lediglich in die Lage versetzen, das wirtschaftliche und rechtliche Risiko seiner Kapitalinvestition selbst abschätzen zu können. Eine Bewertung der Informationen und damit der Werthaltigkeit schuldet der Anlagevermittler dem Anleger dage- 361

[23] OLG Karlsruhe ZIP 2017, 366, 368.
[24] BGH Beschl. v. 29.1.2009 – III ZR 74/08, NZG 2009, 430 Rn. 9 ff. = WM 2009, 400.
[25] BGH Urt. v. 16.10.1990 – XI ZR 165/88, NJW 1991, 352 = WM 1990, 1990.
[26] BGH Urt. v. 12.2.2004 – III ZR 359/02, BGHZ 158, 110, 116 = NJW 2004, 1732 = WM 2004, 631; BGH Urt. v. 17.2.2011 – III ZR 144/10, NJW-RR 2011, 910 Rn. 9 = WM 2011, 505.

gen nicht.[27] In diesem Rahmen unterliegt der Anlagevermittler einer Explorationspflicht oder – vielleicht besser – einer **Explorationsobliegenheit**, aufgrund derer er die Sachkunde und Geschäftserfahrungen des Kunden mit Produkten der angebotenen Art zu erforschen hat, um beurteilen zu können, welche Informationen dieser benötigt, um eine eigenverantwortliche Anlageentscheidung treffen zu können. Geht man insoweit im Ausgangspunkt von einer umfassenden Auskunftspflicht über die bedeutsamen Eigenschaften des Anlageprodukts aus, hat die Exploration des Kunden praktisch eher zum Ziel, den Umfang der Auskunft einzuschränken und liegt daher im Interesse des Vermittlers.

362 Der Vermittler muss außerdem das Anlagekonzept, bezüglich dessen er Auskunft erteilt, zumindest einer **Plausibilitätsprüfung**, insbesondere auf dessen wirtschaftliche Tragfähigkeit hin unterziehen.[28] Ansonsten kann er keine sachgerechten Auskünfte erteilen. Unterlässt er diese Prüfung, hat er den Interessenten hierauf hinzuweisen.[29] Vertreibt der Vermittler die Anlage anhand eines Prospekts, muss er im Rahmen der geschuldeten Plausibilitätsprüfung den ***Prospekt*** darauf kontrollieren, ob dieser ein in sich schlüssiges Gesamtbild über das Beteiligungsobjekt gibt und ob die darin enthaltenen Informationen, soweit er das ***mit zumutbarem Aufwand*** zu überprüfen in der Lage ist, sachlich vollständig und richtig sind.[30] Auf erkennbare Fehlinformationen muss er hinweisen oder diese richtigstellen. Die vom Vermittler geschuldete Plausibilitätsprüfung bezieht sich auch auf eine von dem Fondsinitiator für den konkreten Anleger erstellte ***Modellberechnung***, wenn diese auf den vom Vermittler im Rahmen des Vermittlungsgesprächs von dem Anleger erfragten persönlichen Daten beruht, die Berechnung beim Fondsinitiator in Auftrag gegeben worden ist und die ihm von diesem daraufhin zur Verfügung gestellten Unterlagen zum Gegenstand eines vor der Zeichnung der Beteiligung erfolgten weiteren Vermittlungsgesprächs gemacht worden ist.[31] In einem solchen Fall obliegt es dem Anlagevermittler, auch die Berechnung auf ihre Plausibilität zu kontrollieren.

363 Einer **Plausibilitätsprüfung** – und sich gegebenenfalls daran anschließender Ermittlungen – ist der Vermittler nur dann **enthoben**, wenn er bei pflichtgemäßer Prüfung der ihm vorliegenden Informationen davon ausgehen darf, bereits auf dieser Grundlage zuverlässig Auskunft zur Wirtschaftlichkeit und Sicherheit der Kapitalanlage erteilen zu können.[32] Dazu genügen aber ein „positiver Prüfbericht" oder Bestätigungsvermerke eines Wirtschaftsprüfers nicht, wenn sich daraus zB lediglich die ordnungsgemäße Abwicklung des Zahlungsverkehrs ergibt, dies aber für die wirtschaftliche Tragfähigkeit des Anlagekonzepts erkennbar nichts hergibt.[33] Erst recht reichen bloße eigene Angaben des Kapitalsuchenden in der Regel nicht aus, um von einer eigenen Plausibilitätskontrolle abzusehen.[34]

364 Erteilt ein Anlagevermittler Auskunft zu der Sicherheit der Kapitalanlage, indem er ohne Einschränkung **auf die Angaben des Kapitalsuchenden verweist**, macht er sich dessen Aussagen bei der Auskunft zu Eigen. Hat er in einem solchen Fall die Sicherheit

[27] BGH Urt. v. 1.12.2011 – III ZR 56/11, NJW 2012, 380 Rn. 9 = WM 2012, 24; BGH Urt. v. 17.2.2011 – III ZR 144/10, NJW-RR 2011, 910 Rn. 9 = WM 2011, 505.

[28] St. Rspr.; vgl. nur BGH Urt. v. 5.3.2009 – III ZR 17/08, NZG 2009, 471 Rn. 11 mwN = WM 2009, 739; BGH Urt. v. 1.12.2011 – III ZR 56/11, NJW 2012, 380 Rn. 9 = WM 2012, 24; BGH Urt. v. 30.3.2017 - III ZR 139/15, WM 2017, 800 Rn. 9.

[29] BGH Urt. v. 17.2.2011 – III ZR 144/10, NJW-RR 2011, 910 Rn. 9 mwN = WM 2011, 505.

[30] BGH Urt. v. 17.2.2011 – III ZR 144/10, NJW-RR 2011, 910 Rn. 9 = WM 2011, 505; BGH Urt. v. 1.12.2011 – III ZR 56/11, NJW 2012, 380 Rn. 9 = WM 2012, 24.

[31] BGH Urt. v. 17.2.2011 – III ZR 144/10, NJW-RR 2011, 910 Rn. 10 = WM 2011, 505.

[32] BGH Urt. v. 13.1.2000 – III ZR 62/99, NJW-RR 2000, 998 f. = WM 2000, 426.

[33] BGH Urt. v. 13.1.2000 – III ZR 62/99, NJW-RR 2000, 998, 999 = WM 2000, 426.

[34] BGH Urt. v. 13.5.1993 – III ZR 25/92, NJW-RR 1993, 1114, 1115 = WM 1993, 1238; BGH Urt. v. 11.9.2003 – III ZR 381/02, NJW-RR 2003, 1690 = WM 2003, 2064.

der Kapitalanlage nicht geprüft, so muss er dies dem Kunden gegenüber auch ungefragt deutlich machen.[35]

Daneben können dem Vermittler auch bestimmte **Sorgfaltspflichten** obliegen. Welche Anforderungen an die Sorgfaltspflicht dessen zu stellen sind, der Kapitalanlagen anbietet und dazu entsprechende Empfehlungen gibt, hängt von den Umständen des Einzelfalles ab. Da der Vermittler zu richtiger und vollständiger Information über diejenigen tatsächlichen Umstände, die für den Anlageentschluss des Interessenten von besonderer Bedeutung sind, verpflichtet ist, bedarf es zur Erfüllung dieser Pflicht – jedenfalls grundsätzlich – vorab der **eigenen Information des Anlagevermittlers** hinsichtlich der Wirtschaftlichkeit der Kapitalanlage und der Bonität des Kapitalsuchenden.[36] Liegen dazu objektive Daten nicht vor oder verfügt der Anlagevermittler mangels Einholung entsprechender Informationen insoweit nur über unzureichende Kenntnisse, so muss er dies dem anderen Teil zumindest offenlegen.[37] Stattdessen kann ihn aber auch eine **Nachforschungspflicht** treffen. Der Umfang der Nachforschungspflicht richtet sich danach, wie weit im konkreten Fall das schutzwürdige Vertrauen des Informationsempfängers auf die Richtigkeit der ihm gemachten Angaben reicht. Danach richtet sich, welche Nachforschungen er redlicherweise verlangen darf.[38] 365

Der **Umfang der Auskunfts- und Sorgfaltspflichten** richtet sich nach den Umständen des Einzelfalls, so dass sie im Einzelfall auch größer sein und sich im Hinblick auf die objektgerechte Beratung denjenigen eines Beratungsvertrags annähern können. Dazu gehört die Gesamtsituation, wie sie sich bei der einzelnen Anlageentscheidung darstellt. Abzustellen ist auch auf die Geschäftserfahrung und den konkreten Kenntnisstand des Anlageinteressenten.[39] Der Vermittler schuldet dem Anleger eine **richtige und vollständige Information** über diejenigen tatsächlichen Umstände, die für dessen Anlageentschluss **von besonderer Bedeutung** sind.[40] Das sind vor allem die Eigenschaften und Risiken des Anlageobjekts. 366

Eine erhöhte Sorgfaltspflicht trifft den Anlageberater, wenn er in besonderem Maße **persönliches Vertrauen** in Anspruch genommen hat, das sich auf seine vielfältige Berufserfahrung und Sachkunde oder auf seine besondere persönliche Zuverlässigkeit gründet, so dass er eine zusätzliche Gewähr für die Richtigkeit der von ihm selbst oder in dem von ihm versandten Werbeprospekt gemachten Angaben bietet. Er muss eigene Ermittlungen anstellen und darf die Angaben Dritter nicht ungeprüft übernehmen und weitergeben. Er muss es umso mehr, wenn er sogar den Eindruck erweckt, das von ihm angebotene Objekt sei von ihm überprüft worden.[41] Dies kann zB der Fall sein, wenn der Vermittler über die im Vertrag geregelten (üblichen) Sorgfaltspflichten hinaus dem Anleger gegenüber als der für „Beratung und Vertrieb" des Projekts zuständige Unternehmer auftritt und darauf hinweist, dass er – was auch in dem als Gesprächsgrundlage verwendeten Prospekt in herausgehobener Form enthalten ist – als der Vertriebsbeauftragte in besonderer Weise in die Durchführung des Projekts eingebunden sei. Dadurch nimmt der Vermittler in Anspruch, 367

---

[35] BGH Urt. v. 11.9.2003 – III ZR 381/02, NJW-RR 2003, 1690 = WM 2003, 2064.

[36] BGH Urt. v. 13.1.2000 – III ZR 62/99, NJW-RR 2000, 998 = WM 2000, 426.

[37] BGH Urt. v. 13.5.1993 – III ZR 25/92, NJW-RR 1993, 1114, 1115 = WM 1993, 1238; BGH Urt. v. 13.1.2000 – III ZR 62/99, NJW-RR 2000, 998 = WM 2000, 426.

[38] BGH Urt. v. 22.3.1979 – VII ZR 259/77, BGHZ 74, 103, 111 = NJW 1979, 1449 = WM 1979, 530.

[39] BGH Urt. v. 13.5.1993 – III ZR 25/92, NJW-RR 1993, 1114, 1115 = WM 1993, 1238.

[40] BGH Urt. v. 12.2.2004 – III ZR 359/02, BGHZ 158, 110, 116 = NJW 2004, 1732 = WM 2004, 631; BGH Urt. v. 17.2.2011 – III ZR 144/10, NJW-RR 2011, 910 Rn. 9 = WM 2011, 505.

[41] BGH Urt. v. 22.3.1979 – VII ZR 259/77, BGHZ 74, 103, 111 f. = NJW 1979, 1449 = WM 1979, 530.

erheblich eingehendere Informationen über das Projekt zu besitzen als üblicherweise ein Anlagevermittler. Darüber hinaus kann ein Anleger von dem Vermittler vertragsgemäß auch deshalb besondere Sorgfalt erwarten, wenn für die Beratungs- und Vermittlungstätigkeit eine nicht unerhebliche „Beratungsgebühr“ vereinbart wird.[42]

368 Ähnlich wie ein Berater darf ein Anlagevermittler weder in dem Vermittlungsgespräch noch in einem Werbeprospekt oder sonstige Broschüren die in dem Verkaufsprospekt enthaltenen Risikohinweise entwerten oder **verharmlosen.**[43] Sind ihm **Fehler**, Lücken oder Verharmlosungen im Prospekt oder einer sonstigen Verkaufsunterlage positiv bekannt oder für ihn ohne weiteres erkennbar, muss er diese gegenüber dem Kunden richtigstellen.[44]

369 Der Anlagevermittler genügt nicht schon dadurch seiner vertraglichen – oder im Falle seiner Haftung aus Verhandlungsverschulden wegen Inanspruchnahme besonderen Vertrauens seiner vertragsähnlichen – Aufklärungspflicht, dass er seinem Kunden **schriftliche Unterlagen** überlässt, aus denen dieser dann die erforderlichen Erkenntnisse entnehmen kann. Der Kapitalanleger, der wegen einer verbindlichen und umfassenden Aufklärung einen Anlagevermittler einschaltet, erwartet mehr als Material zur eigenen Durchsicht. Er will dieses Material in Einzelheiten und erschöpfend erläutert bekommen, um das Anlagerisiko weitgehend einschätzen zu können. Allerdings genügt es, wenn der Anlagevermittler den Prospekt – rechtzeitig – überreicht, der nach Form und Inhalt geeignet ist, selbst schon die erforderlichen Informationen wahrheitsgemäß und verständlich zu vermitteln, und darüber hinaus den Anlageinteressenten zusätzlich noch mündlich auf bestimmte Risiken hinweist; in einem solchen Fall ist der Vermittler nicht verpflichtet, eine eingehende, umfassende Aufklärung vorzunehmen.[45] Aufgrund dessen reicht es aus, wenn der Vermittler dem Anleger erklärt, dieser solle sich die Unterlagen in Ruhe durchlesen und später entscheiden. In einem solchen Fall fällt es grundsätzlich in den eigenen Verantwortungsbereich des Interessenten, wenn er die für einen Durchschnittsleser verständlichen und ausreichenden Risikohinweise im Anlageprospekt nicht zur Kenntnis nimmt und nicht von sich aus bezüglich bestimmter Prospektangaben um weitere Hinweise nachsucht.[46] Andererseits darf der Anlagevermittler aber auch nicht durch mündliche Erklärungen bei dem Interessenten den Eindruck erwecken, dieser erhalte hierdurch – mündlich – die allein maßgebliche, vollständige Aufklärung und brauche sich den Prospekt überhaupt nicht (mehr) anzusehen.[47] Darüber hinaus muss der Anlagevermittler dann, wenn das schriftliche Material widersprüchlich ist, diese vorhandenen **Widersprüche** aufdecken und erklären, also falsche Angaben seines Prospektes oder einer Stellungnahme ausdrücklich richtig stellen, wenn diese nicht offensichtlich unwesentlich für den Zeichnungsentschluss sind.[48]

370 Die Informationen müssen **rechtzeitig** erteilt werden.[49] Rechtzeitigkeit bedeutet, dass der Anlageinteressent die erteilten Informationen und/oder den Prospekt noch vor der Anlageentscheidung intensiv zur Kenntnis nehmen und sich mit seinem Inhalt vertraut machen kann. Welcher Zeitraum dafür zu fordern ist, ist – weil abhängig vom Umfang des Prospekts und der Komplexität der Anlage – eine Frage des Einzelfalls. Für die Behaup-

---

42 BGH Urt. v. 27.9.1988 – XI ZR 4/88, NJW-RR 1989, 150 = WM 1988, 1685.

43 BGH Urt. v. 12.7.2007 – III ZR 83/06, NJW-RR 2007, 1690 Rn. 10 = WM 2007, 1606.

44 BGH Urt. v. 22.3.2007 – III ZR 218/06, NJW-RR 2007, 925 Rn. 8 = WM 2007, 873; BGH Urt. v. 3.3.2011 – III ZR 170/10, NJW-RR 2011, 913 Rn. 16 = WM 2011, 640.

45 BGH Urt. v. 12.7.2007 – III ZR 145/06, NJW-RR 2007, 1692 Rn. 13 = WM 2007, 1608.

46 BGH Urt. v. 12.7.2007 – III ZR 145/06, NJW-RR 2007, 1692 Rn. 13 = WM 2007, 1608.

47 BGH Urt. v. 12.7.2007 – III ZR 145/06, NJW-RR 2007, 1692 Rn. 13 = WM 2007, 1608.

48 BGH Urt. v. 2.2.1983 – IVa ZR 118/81, NJW 1983, 1730, 1731 = WM 1983, 263.

49 BGH Urt. v. 12.7.2007 – III ZR 145/06, NJW-RR 2007, 1692 Rn. 13 = WM 2007, 1608.

tung, der Prospekt sei nicht rechtzeitig übergeben worden, trägt allerdings der Anleger die Beweislast.[50] Zu weiteren Einzelheiten → Rn. 132 ff.

Die Informationspflichten entfallen bei **fehlender Aufklärungsbedürftigkeit** des Anlegers. Insoweit kann auf die Ausführungen zu → Rn. 83 ff. Bezug genommen werden. 371

bb) Einzelne Pflichtverletzungen

In der Rechtsprechung sind zB folgende – fehlerhafte – Informationen als von wesentlicher Bedeutung für die Anlageentscheidung angesehen worden: 372

- bei einer Vermittlung von „Daytrading mit Kapitalschutz" (Gewährung von Darlehen durch Anleger, die mit monatlich 6% verzinst werden sollten und mit denen Aktien gehandelt würden) unrichtige Angaben zur Sicherheit des angelegten Kapitals und zum **Totalverlustrisiko**;[51]
- Verwendung einer für den Vermittler erkennbar fehlerhaften oder zumindest missverständlichen **Modellberechnung** für eine Beteiligung an einem geschlossenen Immobilienfonds, weil Ausgangswert der prognostizierten Wertentwicklung die Zeichnungssumme ist, obwohl diese 20% weiche Kosten umfasst;[52]
- **Angabe des Verlustrisikos** mit 9%, weil eine GmbH eine 91%-ige Kapitalsicherheit gewähre, ohne Hinweis auf die Abhängigkeit der Kapitalsicherheit von der Bonität der GmbH und ohne Prüfung der Bonität der GmbH;[53]
- Erkennbarkeit der **Fragwürdigkeit der prospektierten Anlagestrategie**, die bei einer Investition in weitgehend risikolose Geschäfte konservativen Charakters (Arbitrage-Geschäfte mit Triple A-Staatsanleihen) eine Rendite von 24% p. a. in Aussicht stellte;[54]
- bei der Vermittlung einer Kapitalanlage in Form einer **fremdfinanzierten Lebensversicherung**, die wegen des zu hohen Darlehenszinssatzes unweigerlich zu einem Verlust führen musste;[55]
- unrichtige Darstellung der wesentlichen kapitalmäßigen **und personellen Verflechtungen** zwischen der Anlagegesellschaft, ihren Organen und beherrschenden Gesellschaftern einerseits sowie andererseits den Unternehmen, deren Organen und beherrschenden Gesellschaftern, in deren Hand die Beteiligungsgesellschaft die durchzuführenden Vorhaben ganz oder teilweise gelegt haben;[56]
- unzutreffende Offenlegung der für den vorgenannten Personenkreis vorgesehenen und gewährten **Sonderzuwendungen**;[57]
- fehlerhafte Angabe der **Vertriebskosten** im Prospekt (hier: 6% der Einlage, obwohl der Vermittler bereits 8% erhält);[58]

---

[50] BGH Urt. v. 11.5.2006 – III ZR 205/05, NJW-RR 2006, 1345 Rn. 6 ff. = WM 2006, 1288; BGH Urt. v. 6.12.2012 – III ZR 66/12, NJW-RR 2013, 296 Rn. 16 = WM 2013, 68; BGH Urt. v. 24.4.2014 – III ZR 389/12, NJW-RR 2014, 1075 Rn. 9 f.

[51] BGH Urt. v. 23.11.2010 – VI ZR 244/09, NJW-RR 2011, 347 Rn. 26 = WM 2011, 20.

[52] BGH Urt. v. 17.2.2011 – III ZR 144/10, NJW-RR 2011, 910 Rn. 11 f. = WM 2011, 505.

[53] BGH Urt. v. 11.9.2003 – III ZR 381/02, NJW-RR 2003, 1690 = WM 2003, 2064.

[54] BGH Urt. v. 12.5.2005 – III ZR 413/04, NJW-RR 2005, 1120, 1121 = WM 2005, 1219.

[55] BGH Urt. v. 9.7.1998 – III ZR 158/97, NJW 1998, 2898, 2899 = WM 1998, 1673.

[56] BGH Urt. v. 30.10.2014 – III ZR 493/13, NJW-RR 2015, 365 Rn. 23 ff. = WM 2014, 2310.

[57] BGH Urt. v. 30.10.2014 – III ZR 493/13, NJW-RR 2015, 365 Rn. 23 ff. = WM 2014, 2310.

[58] BGH Urt. v. 22.3.2007 – III ZR 218/06, NJW-RR 2007, 925 Rn. 8 = WM 2007, 873.

- fehlerhafte Angaben zur **Sicherheit der Kapitalanlage** und den zu erwartenden „guten" Erträgen, ohne über eine ausreichende Informationsgrundlage hinsichtlich der Wirtschaftlichkeit und Bonität der Anlagegesellschaft zu verfügen;[59]
- Bezeichnung einer Kapitalanlage (hier: Fondsanteile) als „sicher", obwohl sie nach der Zuordnung der Kapitalanlagegesellschaft dem Risikoprofil „gewinnorientiert" und „risikobewusst" unterfallen;[60]
- Verschweigen der erschwerten Handelbarkeit (**Fungibilität**) der gezeichneten Kapitalanlage;[61]
- Verschweigen einer **Innenprovision von 15% und mehr**, weil diese als solche keine Gegenleistung für die Schaffung von Sachwerten darstellt und auf eine geringere Werthaltigkeit des Objekts und Rentabilität der Anlage schließen lässt.[62] Dies gilt für alle Kapitalanlagen (Fonds, Eigentumswohnung usw.) und unabhängig davon, ob diese mittels eines Prospekts vertrieben wird oder nicht;[63]
- **Versprechen „garantierter" Ausschüttungen** bei einem geschlossenen Immobilienfonds entgegen den vorsichtigeren Angaben im Verkaufsprospekt;[64]
- unzureichende Überprüfung der Plausibilität der Prospektangaben für eine **Windkraftanlage** durch einen auf den Betrieb von Beteiligungen an Windkraftanlagen **spezialisierten Vermittler** (insbesondere in Bezug auf Rentabilität, Windausbeute, uU Schlüssigkeit des Windgutachtens);[65]
- bei einem **Aktienfonds**, bei dem das Aktienrisiko auf den Fonds durchschlägt, muss der Anleger auf das ***Kursschwankungsrisiko*** hingewiesen werden. Darüber hinaus ist er darüber aufzuklären, dass unter gewissen Voraussetzungen, etwa einem Kurseinbruch, massive Verluste drohen.[66] Insbesondere darf der Vermittler dieses Risiko nicht durch die Verwendung des Begriffs „Investmentfonds" verschleiern;[67]
- außerhalb des banküblichen Effektenhandels tätige gewerbliche Vermittler von **Terminoptionen** sind verpflichtet, Kaufinteressenten vor Vertragsschluss schriftlich die Kenntnisse zu vermitteln, die sie in die Lage versetzen, den Umfang ihres Verlustrisikos und die Verringerung ihrer Gewinnchance durch den Aufschlag auf die Optionsprämie richtig einzuschätzen.[68]

373 Nach der Rechtsprechung des III. Zivilsenats des BGH hat der Anlagevermittler – ähnlich wie ein freier Anlageberater – den Kunden über **Rückvergütungen oder sonstige Zuwendungen** des Emittenten nicht aufzuklären, sofern die Schwelle von 15% nicht überschritten wird. Ob dies auch für anlagevermittelnde Kreditinstitute gilt, ist zweifel-

---

[59] BGH Urt. v. 13.5.1993 – III ZR 25/92, NJW-RR 1993, 1114, 1115 = WM 1993, 1238 (stille Beteiligung an einer Film- und Fernsehproduktions-GmbH); BGH Urt. v. 13.6.2002 – III ZR 166/01, NJW 2002, 2641, 2642 = WM 2002, 1456 (Kapitalanlagegesellschaft).

[60] BGH Urt. v. 19.10.2006 – III ZR 122/05, NJW-RR 2007, 348 Rn. 13 = WM 2006, 2301.

[61] BGH Urt. v. 19.11.2009 – III ZR 169/08, BKR 2010, 118 Rn. 20; BGH Urt. v. 24.4.2014 – III ZR 389/12, NJW-RR 2014, 1075 Rn. 14; BGH Urt. v. 11.12.2014 – III ZR 365/13, NJW-RR 2015, 732 Rn. 18 = WM 2015, 128; BGH Urt. v. 17.9.2015 – III ZR 385/14, NJW-RR 2015, 1522 Rn. 18 ff. = WM 2015, 1935 (Prospekt ordnungsgemäß); BGH Urt. v. 18.2.2016 – III ZR 14/15, NJW-RR 2016, 567 Rn. 25 ff. = WM 2016, 504 (Prospekt ordnungsgemäß).

[62] BGH Urt. v. 23.6.2016 – III ZR 308/15, NJW 2016, 3024 Rn. 12 = WM 2016, 1333.

[63] BGH Urt. v. 23.6.2016 – III ZR 308/15, NJW 2016, 3024 Rn. 14 = WM 2016, 1333.

[64] BGH Urt. v. 12.7.2007 – III ZR 83/06, NJW-RR 2007, 1690 Rn. 8 = WM 2007, 1606.

[65] BGH Urt. v. 5.3.2009 – III ZR 17/08, NZG 2009, 471 Rn. 16 f. = WM 2009, 739.

[66] BGH Urt. v. 25.10.2007 – III ZR 100/06, NZG 2008, 117 Rn. 11 = WM 2007, 2228.

[67] BGH Urt. v. 25.10.2007 – III ZR 100/06, NZG 2008, 117 Rn. 11 = WM 2007, 2228.

[68] BGH Urt. v. 9.3.2010 – XI ZR 93/09, BGHZ 184, 365 Rn. 25 mwN = NZG 2010, 550 = WM 2010, 749; BGH Urt. v. 8.6.2010 – XI ZR 349/08, NJW-RR 2011, 548 Rn. 41 = WM 2010, 2025.

haft, bislang aber vom XI. Zivilsenat nicht entschieden worden, weil bei Einschaltung eines Kreditinstituts in aller Regel ein Beratungsvertrag zustande kommt, bei dem eine entsprechende Aufklärungspflicht zu bejahen ist (dazu → Rn. 299 ff.). Für nach dem 1. August 2014 geschlossene Auskunftsverträge dürfte indes das Urteil des XI. Zivilsenat des BGH vom 3. Juni 2014 dahin zu verstehen sein, dass eine Bank nicht nur im Rahmen eines Beratungsvertrags, sondern auch im Zusammenhang mit einer bloßen Anlagevermittlung stets über den Empfang von Vertriebsprovisionen jedweder Art von Seiten Dritter aufklären muss.[69]

b) Deliktische Haftung

aa) § 823 Abs. 2 BGB iVm Vorschriften des KWG

Eine Haftung des Vermittlers kommt aus § 823 Abs. 2 BGB iVm § 32 Abs. 1 Satz 1, § 54 Abs. 1 Nr. 2 KWG in Betracht, wenn er ohne die erforderliche Erlaubnis im Inland gewerbsmäßig Finanzdienstleistungen erbringt. Die Bestimmung des § 32 Abs. 1 Satz 1 KWG ist **Schutzgesetz** im Sinne des § 823 Abs. 2 BGB zugunsten des einzelnen Kapitalanlegers.[70] Bei einer Vermittlungstätigkeit durch ein Kreditinstitut scheidet eine solche Haftung natürlich aus. 374

Nach § 32 Abs. 1 Satz 1 KWG bedarf der schriftlichen Erlaubnis der BaFin, wer im Inland gewerbsmäßig oder in einem Umfang, der einen in kaufmännischer Weise eingerichteten Geschäftsbetrieb erfordert, Bankgeschäfte betreiben oder Finanzdienstleistungen erbringen will. Erlaubnispflichtig ist auch die sog. **Drittstaateneinlagenvermittlung** im Sinne des § 1 Abs. 1a Satz 2 Nr. 5 KWG, dh die Vermittlung von Einlagengeschäften mit einem Unternehmen mit Sitz außerhalb des europäischen Wirtschaftsraums. Gemäß § 1 Abs. 1 Satz 2 Nr. 1 KWG ist unter einem Einlagengeschäft die Annahme fremder Gelder als Einlagen oder anderer unbedingt rückzahlbarer Gelder des Publikums, ohne Rücksicht darauf, ob Zinsen vergütet werden, zu verstehen, sofern der Rückzahlungsanspruch nicht in Inhaber- oder Orderschuldverschreibungen verbrieft wird. Darüber hinaus ist – als „ungeschriebene – aus dem Gesetzeszweck folgende – Bereichsausnahme" – erforderlich, dass der Rückzahlungsanspruch nicht banküblich besichert ist.[71] 375

Eine **Einlage** im Sinne des § 1 Abs. 1 Satz 2 Nr. 1 Fall 1 KWG setzt voraus, dass die fremden Gelder in der Absicht angenommen werden, sie für eigene Zwecke, insbesondere für ein bankmäßiges Aktivgeschäft, zu nutzen und mit ihnen unter Ausnutzung der Zinsspanne gewinnbringend zu arbeiten (Sichteinlagen, befristete Einlagen und Spareinlagen).[72] Beträge, die zur Durchführung erkennbar risikobehafteter Spekulationsgeschäfte in der Absicht entgegengenommen werden, einen höchstmöglichen Gewinn für den Anleger zu erzielen, werden vom Begriff der Einlage im Sinne des § 1 Abs. 1 Satz 2 Nr. 1 Fall 1 KWG nicht erfasst.[73] Sie werden allerdings von § 1 Abs. 1 Satz 2 Nr. 1 376

[69] BGH Urt. v. 3.6.2014 – XI ZR 147/12, BGHZ 201, 310 Rn. 31 ff. = NJW 2014, 2947 = WM 2014, 1382.

[70] BGH Urt. v. 19.1.2006 – III ZR 105/05, BGHZ 166, 29, 37 = NJW-RR 2006, 630 = WM 2006, 479; BGH Urt. v. 23.11.2010 – VI ZR 244/09, NJW-RR 2011, 347 Rn. 10 mwN = WM 2011, 20.

[71] BGH Urt. v. 23.11.2010 – VI ZR 244/09, NJW-RR 2011, 347 Rn. 14 = WM 2011, 20.

[72] BGH Urt. v. 9.3.1995 – III ZR 55/94, BGHZ 129, 90, 95 = NJW 1995, 1494 = WM 1995, 874; BGH Urt. v. 23.11.2010 – VI ZR 244/09, NJW-RR 2011, 347 Rn. 15 = WM 2011, 20; BGH Urt. v. 9.11.2010 – VI ZR 303/09, NJW-RR 2011, 350 Rn. 11 = WM 2011, 17.

[73] BGH Urt. v. 9.3.1995 – III ZR 55/94, BGHZ 129, 90, 96 = NJW 1995, 1494 = WM 1995, 874; BGH Urt. v. 23.11.2010 – VI ZR 244/09, NJW-RR 2011, 347 Rn. 15 = WM 2011, 20.

Fall 2 KWG erfasst. Diese Bestimmung setzt lediglich voraus, dass Gelder angenommen werden, diese Gelder unbedingt rückzahlbar sind und es sich um Gelder des Publikums handelt.[74]

bb) § 826 BGB

377 **(1) Allgemeines.** Der Vermittler kann neben der Haftung aus Verschulden bei Vertragsverhandlungen auch wegen vorsätzlicher sittenwidriger Schädigung nach § 826 BGB haften. Bei der Anwendung von § 826 BGB sind **strenge Maßstäbe** anzulegen. Für die Annahme der Sittenwidrigkeit genügt weder der Verstoß gegen eine gesetzliche Vorschrift noch die Tatsache eines eingetretenen Vermögensschadens; vielmehr muss sich die besondere Verwerflichkeit des Verhaltens aus dem verfolgten Ziel, den eingesetzten Mitteln, der zutage tretenden Gesinnung oder den eingetretenen Folgen ergeben.[75]

378 Nach ständiger Rechtsprechung des BGH haftet gemäß § 826 BGB nicht nur, wer die die Sittenwidrigkeit seines Handelns begründenden Umstände positiv kennt, sondern auch, wer sich dieser **Kenntnis bewusst verschließt** und etwa seine Berufspflichten in solchem Maße leichtfertig verletzt, dass sein Verhalten als bedenken- und gewissenlos zu bezeichnen ist. Aus der Art und Weise des sittenwidrigen Handelns kann sich die Schlussfolgerung ergeben, dass mit Schädigungsvorsatz gehandelt worden ist. Von vorsätzlichem Handeln ist auszugehen, wenn der Schädiger so leichtfertig gehandelt hat, dass er eine Schädigung des anderen Teils in Kauf genommen haben muss.[76]

379 **(2) Einzelfragen.** Nach der Rechtsprechung des BGH kommt eine Haftung des Vermittlers nach § 826 BGB in Betracht, wenn sein Geschäftsmodell darauf angelegt ist, für den Anleger **chancenlose Geschäfte** zum ausschließlich eigenen Vorteil zu vermitteln (zB Vermittlung von Terminoptionen). Einem solchen Vermittler geht es allein darum, hohe Gewinne zu erzielen, indem er möglichst viele Geschäfte realisiert, die für den Anleger aufgrund überhöhter Gebühren und Aufschläge chancenlos sind. Sein Geschäftsmodell zielt damit von vornherein ganz bewusst darauf ab, uninformierte, leichtgläubige Menschen unter sittenwidriger Ausnutzung ihres Gewinnstrebens und ihres Leichtsinns als Geschäftspartner zu gewinnen und sich auf deren Kosten zu bereichern.[77]

cc) Beteiligung eines Dritten, § 830 BGB

380 **(1) Allgemeines.** Die **Voraussetzungen** für die Teilnahme an einer unerlaubten Handlung im Sinne von § 830 BGB richten sich nach den für das Strafrecht entwickelten Grundsätzen. Demgemäß verlangt die Teilnahme neben der Kenntnis der Tatumstände wenigstens in groben Zügen den jeweiligen Willen der einzelnen Beteiligten, die Tat gemeinschaftlich mit anderen auszuführen oder sie als fremde Tat zu fördern.

- In **objektiver Hinsicht** muss eine Beteiligung an der Ausführung der Tat hinzukommen, die in irgendeiner Form deren Begehung fördert und für diese relevant ist. Für den einzelnen Teilnehmer muss ein Verhalten festgestellt werden können, das den rechtswidrigen Eingriff in ein fremdes Rechtsgut unterstützt hat und das von der

---

[74] BGH Urt. v. 23.11.2010 – VI ZR 244/09, NJW-RR 2011, 347 Rn. 17 mwN = WM 2011, 20.

[75] BGH Urt. v. 13.12.2011 – XI ZR 51/10, BGHZ 192, 90 Rn. 28 = NJW 2012, 1800 = WM 2012, 303.

[76] BGH Urt. v. 9.3.2010 – XI ZR 93/09, BGHZ 184, 365 Rn. 39 mwN = NZG 2010, 550 = WM 2010, 749.

[77] BGH Urt. v. 9.3.2010 – XI ZR 93/09, BGHZ 184, 365 Rn. 26 mwN = NZG 2010, 550 = WM 2010, 749; BGH Urt. v. 8.6.2010 – XI ZR 349/08, NJW-RR 2011, 548 Rn. 41 = WM 2010, 2025.

Kenntnis der Tatumstände und dem auf die Rechtsgutverletzung gerichteten Willen getragen war.[78]

- Für den **Gehilfenvorsatz** ist ausreichend, wenn die Hilfeleistung nicht der eigentliche oder einzige Beweggrund für den Helfer ist. Beihilfe kann auch leisten, wer mit der Unterstützung des Täters andere Absichten und Ziele verfolgt, ja es innerlich ablehnt, dem Täter zu helfen. Nimmt er gleichwohl die Förderung der Tat bewusst in Kauf, dann deckt der so betätigte Ausführungswille diese. In Kauf nehmen liegt auch dann vor, wenn man sich mit dem Eintritt eines an sich unerwünschten Erfolges abfindet und es dem Zufall überlässt, ob er eintritt oder nicht.[79]

Dabei kann nach der Rechtsprechung des BGH Beihilfe auch durch sog. **neutrale oder** 381
berufstypische Handlungen begangen werden. Nach dieser Rechtsprechung sind derartige Handlungen als Beihilfe zu werten, wenn das Handeln des Haupttäters ausschließlich auf die Begehung einer strafbaren Handlung abzielt und der Hilfeleistende Kenntnis hiervon hat. Falls dieser nicht weiß, wie sein Beitrag vom Haupttäter verwendet wird, sondern es lediglich für möglich hält, dass sein Tun zur Begehung einer Straftat genutzt wird, ist sein Handeln regelmäßig noch nicht als strafbare Beihilfehandlung zu beurteilen, es sei denn, das von ihm erkannte Risiko strafbaren Verhaltens des von ihm Unterstützten war derart hoch, dass er sich mit seiner Hilfeleistung die Förderung eines erkennbar tatgeneigten Täters angelegen sein ließ. Dies bedeutet, dass auch neutrale Handlungen eine objektive Hilfeleistung darstellen können und die Qualifizierung neutraler Handlungen als Beihilfehandlungen ein Problem des subjektiven Tatbestandes ist.[80]

Da sich in solchen Fällen eine ausdrückliche Vereinbarung der Beteiligten zur Vor- 382
nahme sittenwidriger Handlungen oder eine ausdrückliche Zusage eines Beteiligten zur Hilfeleistung nur ausnahmsweise wird feststellen lassen, ergibt sich die Notwendigkeit, die gesamten **Umstände des konkreten Einzelfalls**, die möglicherweise auch Grundzüge bestimmter zu missbilligender branchentypischer Handlungsweisen aufzeigen, daraufhin zu untersuchen, ob sich ausreichende Anhaltspunkte für die Beteiligung an einem sittenwidrigen Verhalten ergeben. Die auf einer **tatrichterlichen Würdigung** beruhende gerichtliche Feststellung eines sittenwidrigen Verhaltens unterliegt nur einer eingeschränkten Überprüfung durch das Revisionsgericht. Sie kann lediglich darauf überprüft werden, ob die Voraussetzungen für eine Teilnahme verkannt und ob bei der Würdigung der Tatumstände der Streitstoff umfassend, widerspruchsfrei und ohne Verstoß gegen Denkgesetze und Erfahrungssätze gewürdigt worden ist.[81]

(2) Einzelfragen. Ein **(ausländischer) Broker** beteiligt sich bedingt vorsätzlich an 383
einer vorsätzlichen sittenwidrigen Schädigung von Kapitalanlegern durch einen inländischen Terminoptionsvermittler, wenn er diesem ohne Überprüfung seines Geschäftsmodells bewusst und offenkundig den unkontrollierten Zugang zu ausländischen Börsen eröffnet.[82]

---

[78] BGH Urt. v. 9.3.2010 – XI ZR 93/09, BGHZ 184, 365 Rn. 34 mwN = NZG 2010, 550 = WM 2010, 749; BGH Urt. v. 8.6.2010 – XI ZR 349/08, NJW-RR 2011, 548 Rn. 47 = WM 2010, 2025.

[79] BGH Urt. v. 9.3.2010 – XI ZR 93/09, BGHZ 184, 365 Rn. 40 mwN = NZG 2010, 550 = WM 2010, 749.

[80] BGH Urt. v. 8.2.2011 – XI ZR 168/08, NJW-RR 2011, 1188 Rn. 42 = WM 2011, 650.

[81] BGH Urt. v. 9.3.2010 – XI ZR 93/09, BGHZ 184, 365 Rn. 35 mwN = NZG 2010, 550 = WM 2010, 749; BGH Urt. v. 8.6.2010 – XI ZR 349/08, NJW-RR 2011, 548 Rn. 48 = WM 2010, 2025.

[82] BGH Urt. v. 9.3.2010 – XI ZR 93/09, BGHZ 184, 365 Rn. 38 ff. = NZG 2010, 550 = WM 2010, 749; BGH Urt. v. 8.6.2010 – XI ZR 349/08, NJW-RR 2011, 548 Rn. 46 ff. = WM 2010, 2025.

384 Dies gilt auch dann, wenn die Vermittlung chancenloser Terminoptionsgeschäfte und die Anweisung der einzelnen Kauf- und Verkaufsorder für den Anleger nicht unmittelbar durch den Vermittler selbst, sondern mittelbar über einen dem Vermittler – nicht aber dem Broker – vertraglich verbundenen **Untervermittler** erfolgen. Denn Beihilfe im Sinne von § 830 BGB setzt weder eine kommunikative Verständigung von Haupttäter und Gehilfen auf einen gemeinsamen Tatplan noch eine Mitwirkung des Gehilfen bei der Tatausführung voraus; ausreichend ist vielmehr jede bewusste Förderung der fremden Tat. Hat der Broker in einem solchen Fall in Kenntnis der hohen Missbrauchsgefahr dem Vermittler ohne vorherige Prüfung seines Geschäftsmodells bewusst und offenkundig den unkontrollierten Zugang zu seinem Online-System eröffnet und ihm gleichzeitig ausdrücklich die Einschaltung von Untervermittlern gestattet, findet er sich mit der Verwirklichung der erkannten Gefahr ab und nimmt damit die Schädigung von Anlegern durch ein hierbei praktiziertes sittenwidriges Geschäftsmodell billigend in Kauf. Die durch den Broker gegenüber dem Vermittler ausgesprochene Gestattung, im Rahmen seines unkontrolliert gebliebenen Geschäftsmodells Untervermittler einzuschalten, erweitert nicht nur den Kreis der Beteiligten, sondern steigert auch die dem Broker bekannte Missbrauchsgefahr.[83]

385 Dem Gehilfenvorsatz des Brokers steht es nicht entgegen, wenn der Vermittler eine **Erlaubnis der Finanzaufsicht** besitzt. Eine solche Erlaubnis lässt nicht ohne weiteres auf die zivilrechtliche Unbedenklichkeit des Verhaltens eines gewerblichen Terminoptionsvermittlers gegenüber seinen Kunden schließen.[84]

4. Persönliche Haftung des Mitarbeiters

386 Der im Rahmen einer Kapitalanlagevermittlung auftretende Vertreter, Vermittler oder Sachwalter kann selbst aus Verschulden bei Vertragsschluss auf Schadensersatz in Anspruch genommen werden, wenn er in besonderem Maße Vertrauen für sich in Anspruch genommen hat oder wenn er ein unmittelbares eigenes wirtschaftliches Interesse am Abschluss des Geschäfts hatte. Die Inanspruchnahme besonderen persönlichen Vertrauens durch einen Sachwalter setzt in jedem Fall voraus, dass er entweder an den Vertragsverhandlungen selbst beteiligt ist oder im Rahmen der Vertragsverhandlungen mit einem Anspruch auf Vertrauen hervortritt. Dabei genügt es, dass der Sachwalter die Vertragsverhandlungen von einem anderen für sich führen lässt und dem Vertragspartner gegenüber als Person erscheint, von deren Entscheidung der Abschluss des Vertrages abhängt.[85] Insoweit gelten die Ausführungen zu → Rn. 343 f. entsprechend. Ist dagegen ein Initiator oder Hintermann eines Kapitalanlagemodells nicht Vertragspartner des Anlegers und nimmt er nicht in besonderem Maße persönliches Vertrauen für sich in Anspruch, so kommen unter dem Gesichtspunkt der Prospekthaftung nur Ansprüche aus Prospekthaftung im engeren Sinne für die Richtigkeit und Vollständigkeit des Prospektinhalts in Betracht.[86]

---

[83] BGH Urt. v. 25.1.2011 – XI ZR 195/08, NJW-RR 2011, 1193 Rn. 33 = WM 2011, 543.

[84] BGH Urt. v. 9.3.2010 – XI ZR 93/09, BGHZ 184, 365 Rn. 46 = NZG 2010, 550 = WM 2010, 749; BGH Urt. v. 8.2.2011 – XI ZR 168/08, NJW-RR 2011, 1188 Rn. 47 = WM 2011, 650.

[85] BGH Urt. v. 4.5.2004 – XI ZR 40/03, BGHZ 159, 94, 102 f. = NJW 2004, 2523 = WM 2004, 1404; BGH Urt. v. 4.5.2004 – XI ZR 41/03, NJW-RR 2005, 23, 25.

[86] BGH Urt. v. 4.5.2004 – XI ZR 40/03, BGHZ 159, 94, 102 f. = NJW 2004, 2523 = WM 2004, 1404; BGH Urt. v. 4.5.2004 – XI ZR 41/03, NJW-RR 2005, 23, 25 f.

III. Finanzierung von Kapitalanlagen

Bei finanzierten Kapitalanlagen kommt eine Haftung der finanzierenden Bank, mit der (bloß) der Kreditvertrag abgeschlossen worden ist, während der Erwerbsvertrag bezüglich der Kapitalanlage mit einem Dritten zustande gekommen ist, unter verschiedenen Aspekten in Betracht. Beratungspflichten der Bank bestehen nur, wenn mit der Bank ein Beratungsvertrag zustande gekommen ist. Ist dies – wie häufig, wenn nicht sogar regelmäßig – nicht der Fall, treffen die Bank aufgrund ihrer **Rolle als Kreditgeberin** lediglich vorvertragliche Aufklärungs-, Hinweis- und Warnpflichten. 387

Dagegen kann sich der Darlehensnehmer zur Begründung eines Rückabwicklungsanspruchs nicht auf den Gesichtspunkt einer **strukturell ungleichen Verhandlungsstärke** der Vertragspartner (Art. 2 Abs. 1 GG iVm dem Sozialstaatsprinzip) berufen. Dies hat der BGH ausdrücklich klargestellt.[1] Nach der Rechtsprechung des BVerfG[2] darf ein Vertrag wegen der schützenswerten Interessen beider Vertragspartner nicht bei jeder Störung des Verhandlungsgleichgewichts nachträglich in Frage gestellt oder korrigiert werden. Vielmehr müssen zu der strukturellen Unterlegenheit des einen Vertragsteils weitere belastende Umstände hinzutreten, wie sie das BVerfG für Bürgschaften einkommens- und vermögensloser Angehöriger und für besondere Fälle von Eheverträgen über Unterhalt angenommen hat. Korrigierend ist einzugreifen, wenn andernfalls für einen Vertragsteil die Selbstbestimmung in eine Fremdbestimmung verkehrt würde.[3] Solche Umstände liegen bei der Aufnahme eines Darlehens zur Finanzierung einer Kapitalanlage offensichtlich nicht vor. Die Anleger gehen nicht etwa aus einer emotionalen Zwangslage heraus oder ohne eigenes wirtschaftliches Interesse ein ungewöhnlich hohes Haftungsrisiko ein, sondern aus dem eigenen Interesse, sich zB an einem Steuersparmodell zu beteiligen und davon im Falle einer positiven wirtschaftlichen Entwicklung der Kapitalanlage – jedenfalls auch – selbst zu profitieren. Davon abgesehen halten auch die gesetzlichen Verbrauchervorschriften im Interesse der Anleger angemessene Schutzmechanismen bereit, die einen weitergehenden, über die Schadensersatzflicht wegen der Verletzung von Aufklärungspflichten hinausgehenden Schutz nicht erfordern. 388

1. Beratungspflichten

a) Abschluss eines Beratungsvertrags

Eine Haftung wegen einer Beratungspflichtverletzung setzt voraus, dass zwischen dem Anleger und der Bank neben dem Kreditvertrag auch ein **Beratungsvertrag** geschlossen worden ist.[4] Dies wird häufig daran scheitern, dass der Anleger im Zusammenhang mit der Kapitalanlage weder die Bank um einen Rat, dh eine fachmännische Bewertung und 389

---

[1] BGH Urt. v. 29.6.2010 – XI ZR 104/08, BGHZ 186, 96 Rn. 10 = NJW-RR 2011, 270 = WM 2010, 1451.

[2] BVerfGE 89, 214, 232 = NJW 1994, 36; BVerfG, NJW 1994, 2749, 2750; NJW 2001, 2248.

[3] BVerfGE 89, 214, 232 = NJW 1994, 36; BVerfG, NJW 2001, 957, 958; NJW 2001, 2248.

[4] BGH Urt. v. 20.3.2007 – XI ZR 414/04, NJW 2007, 2396 Rn. 44 = WM 2007, 876.

Empfehlung gebeten hat noch die Bank ihm von sich aus einen Rat erteilt hat.[5] Häufig wird es nämlich in den Fällen der finanzierten Kapitalanlagen an einem persönlichen Kontakt zwischen dem Anleger und der Bank fehlen.

390 Das kann natürlich auch anders sein. Empfiehlt eine kreditgebende Bank einem Darlehensnehmer, der lediglich ein Darlehen zur Begleichung einer Steuernachzahlung aufnehmen will, eine Beteiligung an einem Bauherrenmodell, um dadurch die Steuerschuld „wegzudrücken", so kommt nach den zu → Rn. 19 ff. dargelegten Maßgaben – gleichgültig ob die Beratung auf Initiative des Kunden oder aber der Bank erfolgt ist – zumindest **konkludent** ein Beratungsvertrag zustande. Die Bank ist dann gegenüber dem Anleger ungefragt unter anderem zu einer zutreffenden, negative Fakten nicht verschweigenden, aktuellen Information über das Anlageobjekt, dessen Rentabilität und die damit verbundenen spezifischen Risiken verpflichtet.[6]

391 Ein Beratungsvertrag kann auf Seiten der Bank auch von einem dazu bevollmächtigten **Vertreter** geschlossen werden. In aller Regel wird die Bank den Vermittler oder gar den Verkäufer der Kapitalanlage aber lediglich mit der Anbahnung des Kreditvertrags betrauen, während die Vertragserklärung durch einen dazu autorisierten Angestellten der Bank abgegeben wird. Mangels Vollmacht kann dann der Vermittler oder Verkäufer keinen Beratungsvertrag für die Bank schließen. Für ein Fehlverhalten des (selbständigen) **Vermittlers** hat die Bank gemäß § 278 BGB daher nur einzustehen, soweit es den Bereich der Anbahnung des Kreditvertrages betrifft.[7] Dem steht nicht entgegen, dass der Vermittler von Weisungen des Geschäftsherrn abweicht, sofern er in unmittelbarem sachlichen Zusammenhang mit der übertragenen Aufgabe handelt.[8] Wann dies der Fall ist, lässt sich nach der Rechtsprechung des BGH nur aufgrund einer die Interessen beider Parteien wertenden Betrachtung der Einzelfallumstände entscheiden; maßgeblich ist dabei nicht, ob dem Vermittler für den Vertrag Vertretungsmacht eingeräumt ist.[9] Unerheblich ist auch, ob die Vermittlungsfirma nur eigene Mitarbeiter einsetzt oder auch andere Makler als Untervermittler tätig werden lässt. Auch deren Verhalten bei den Darlehensvertragsverhandlungen muss sich die Bank gemäß § 278 BGB zurechnen lassen.[10]

392 Eine solche Zurechnung ist zB anzunehmen, wenn ein Finanzmakler dem Darlehensnehmer vorspiegelt, die Finanzierung des Kaufpreises eines Hauses nur vermitteln zu können, wenn dieser zunächst eine vermietete Eigentumswohnung als zusätzliche Besicherungsgrundlage erwirbt. Eine solche Erklärung, die zugleich eine arglistige Täuschung darstellt, betrifft unmittelbar das Kreditgeschäft.[11]

393 Dagegen betreffen (möglicherweise falsche) Erklärungen zum Wert oder zu der Wiederveräußerungsmöglichkeit des Objekts, zu den Mieteinnahmen, zur monatlichen Belastung des Anlegers unter Berücksichtigung von Mieteinnahmen, Steuervorteilen und Zins- und Tilgungsaufwendungen sowie zu der Möglichkeit, die Kapitalanlage später mit Gewinn veräußern zu können, nicht den Darlehensvertrag, sondern die Rentabilität des Anlagegeschäfts. Damit liegen sie **außerhalb des Pflichtenkreises der Bank** und sind ihr

---

[5] BGH Urt. v. 18.11.2003 – XI ZR 322/01, BKR 2004, 108, 109 = WM 2004, 172, 173.
[6] BGH Urt. v. 13.1.2004 – XI ZR 355/02, NJW 2004, 1868, 1869 = WM 2004, 422.
[7] BGH Urt. v. 19.3.2013 – XI ZR 46/11, NJW 2013, 2015 Rn. 15 ff. = WM 2013, 924.
[8] BGH Urt. v. 19.3.2013 – XI ZR 46/11, NJW 2013, 2015 Rn. 15 = WM 2013, 924.
[9] BGH Urt. v. 24.9.1996 – XI ZR 318/95, NJW-RR 1997, 116, 117 = WM 1996, 2105.
[10] BGH Urt. v. 24.9.1996 – XI ZR 318/95, NJW-RR 1997, 116, 117 = WM 1996, 2105.
[11] BGH Urt. v. 24.9.1996 – XI ZR 318/95, NJW-RR 1997, 116 = WM 1996, 2105; siehe dazu auch BGH Urt. v. 27.6.2000 – XI ZR 174/99, NJW 2000, 3558, 3559 = WM 2000, 1685; BGH Urt. v. 14.11.2000 – XI ZR 336/99, NJW 2001, 358 f. = WM 2000, 2539.

deshalb nicht nach § 278 BGB zuzurechnen.[12] Entsprechendes gilt für Erklärungen über den Wert, den Zustand und die Rentabilität der finanzierten Kapitalanlage (Eigentumswohnung, Fondsanteile usw.).[13]

b) Fehlerhafte Finanzierungsberatung

Von einer Pflicht zur Aufklärung über die Vor- und Nachteile der finanzierten Kapitalanlage zu trennen ist die Frage, ob und unter welchen Umständen die finanzierende Bank eine Pflicht trifft, ungefragt über die spezifischen Vor- und Nachteile der von dem Anleger gewünschten konkreten Finanzierung und die im Zusammenhang mit der Kapitalanlage stehende Konstruktion aufzuklären. Dies setzt voraus, dass zwischen Bank und Anleger ein Beratungsvertrag im Hinblick auf die Finanzierung, also eine **Finanzierungsberatung**, zustande gekommen ist, und ist eine Frage des Einzelfalls.[14] Entsprechendes gilt, wenn der Kunde mit dem Wunsch nach einer konkreten Kreditart an die Bank herantritt, diese ihm aber ein anderes – wirtschaftlich ungünstigeres – Finanzierungskonzept empfiehlt. 394

So ist zB ein Beratungsfehler zu bejahen, wenn die Bank dem Kunden anstelle eines von ihm gewünschten üblichen Ratenkredits einen mit einer **Kapitallebensversicherung** verbundenen Kreditvertrag anbietet, obwohl ein Versicherungsbedürfnis nicht besteht und die Vertragskombination für den Kunden wirtschaftlich ungünstiger ist als ein marktüblicher Ratenkredit, mit dem der verfolgte Zweck ebenso gut erreichbar ist.[15] 395

Aus einem Finanzierungsberatungsvertrag folgt auch die Verpflichtung zur Aufklärung über die spezifischen Nachteile und Risiken der Verbindung einer **Kapitallebensversicherung** mit einem hiermit endfällig zu tilgenden Darlehensvertrag.[16] Das gilt insbesondere für die Verpflichtung zur Zahlung von Zinsen für die gesamte Laufzeit auf die volle Darlehensvaluta, das Risiko der Zinserhöhung nach Ablauf der Zinsbindungsfrist, die Höhe der monatlichen Gesamtbelastung, die höhere Vorfälligkeitsentschädigung bei vorzeitiger Beendigung des Darlehensvertrages infolge Kündigung, den in den ersten Jahren die Summe der eingezahlten Beiträge unterschreitenden Rückkaufwert der Lebensversicherung und den Umstand, dass für einen Festkredit insgesamt mehr Zinsen zu zahlen sind als für ein Annuitätendarlehen. 396

Dagegen ist die beratende Bank aufgrund eines mit ihrem Kunden geschlossenen Finanzierungsberatungsvertrags nicht verpflichtet, diesen darüber zu informieren, dass ihr für die Vermittlung einer Lebensversicherung eine **Provision** zufließt.[17] Denn dabei handelt es sich bei wertender Betrachtung um einen offensichtlichen – und damit nicht aufklärungsbedürftigen – Umstand. Die Zahlung einer Provision durch die Versicherung an den Vermittler entspricht nämlich einem überkommenen, allgemein bekannten Handelsbrauch, der aufgrund einer vom Willen aller Beteiligten getragenen gleichförmigen Übung 397

---

12 BGH Urt. v. 12.11.2002 – XI ZR 47/01, BGHZ 152, 331, 333 = NJW 2003, 422 = WM 2002, 2501; BGH Urt. v. 16.5.2006 – XI ZR 6/04, BGHZ 168, 1 Rn. 63 = NJW 2006, 2099 = WM 2006, 1194; BGH Urt. v. 6.11.2007 – XI ZR 322/03, NJW 2008, 644 Rn. 28 = WM 2008, 115.

13 BGH Urt. v. 15.7.2003 – XI ZR 162/00, BKR 2003, 747, 750; BGH Urt. v. 23.3.2004 – XI ZR 194/02, NJW 2004, 2378, 2380 = WM 2004, 1221.

14 Vgl. BGH Urt. v. 15.10.2004 – V ZR 223/03, NJW 2005, 983, 985 = WM 2005, 69 (zu Finanzierungsberatung durch den Verkäufer).

15 BGH Urt. v. 20.1.2004 – XI ZR 460/02, NJW-RR 2004, 1126, 1127 = WM 2004, 521.

16 BGH Urt. v. 18.1.2005 – XI ZR 17/07, NJW 2005, 985, 988 = WM 2005, 415 (in BGHZ 162, 20 nicht abgedruckt).

17 BGH Urt. v. 1.7.2014 – XI ZR 247/12, NJW 2014, 3360 Rn. 19 ff. = WM 2014, 1621.

sogar als Gewohnheitsrecht anzusehen ist.[18] Aufgrund dessen sind insoweit die vom XI. Zivilsenat des BGH entwickelten Grundsätze zu den Aufklärungspflichten einer anlageberatend tätigen Bank über von ihr vereinnahmte Rückvergütungen auf Finanzierungsberatungen durch eine Bank nicht übertragbar.[19]

c) Fehlen eines Finanzierungsberatungsvertrags

398 Fehlt es – wie im Regelfall – an einem Finanzierungsberatungsvertrag, hat die Bank selbstredend über die Konditionen des Darlehens, also Nominal- und Effektivzins, Laufzeit, Festzinsperiode, Zins- und Tilgungsraten und eine eventuelle Besicherung aufzuklären. Im Übrigen ist zeitlich zu differenzieren:

aa) Rechtslage bis zum 10. Juni 2010

399 Nach der bis zum 10. Juni 2010 geltenden Rechtslage war die Bank nach der Rechtsprechung des BGH im Regelfall nicht gehalten, den Kreditbewerber von sich aus auf mögliche Bedenken gegen die **Zweckmäßigkeit der gewählten Kreditart** hinzuweisen.[20] Dies hat der BGH damit begründet, dass die Bank insoweit davon ausgehen dürfe, dass auf Seiten des Kunden kein Informationsbedarf bestehe. Es sei grundsätzliche Sache des Kreditinteressenten, selbst darüber zu befinden, welche der in Betracht kommenden Gestaltungsformen seinen wirtschaftlichen Verhältnissen am besten entspricht. Soweit ihm in diesem Zusammenhang die für die Beurteilung notwendigen Kenntnisse fehlen, ist ihm in der Regel zuzumuten, sich durch Rückfragen bei der Bank die Grundlage für eine sachgerechte Entscheidung zu verschaffen.[21] Dies gilt etwa in Bezug auf etwaige Nachteile der Finanzierung des Kaufpreises durch einen Festkredit in Kombination mit einer Lebensversicherung[22] oder durch ein Vorausdarlehen in Kombination mit zwei neu abzuschließenden Bausparverträgen.[23] Dies gilt erst recht, wenn auf Seiten des Darlehensnehmers ein Kreditvermittler tätig ist, dem seinerseits Aufklärungs- und Hinweispflichten gegenüber dem Darlehensnehmer obliegen.[24]

400 Etwas anderes gilt allerdings dann, wenn die Bank dem Kunden anstelle eines von ihm gewünschten üblichen Ratenkredits einen mit einer Kapitallebensversicherung verbundenen Kreditvertrag anbietet, obwohl ein Versicherungsbedürfnis nicht besteht und die Vertragskombination für den Kunden **wirtschaftlich ungünstiger** ist als ein marktüblicher Ratenkredit, mit dem der verfolgte Zweck ebenso gut erreichbar ist.[25]

---

[18] BGH Urt. v. 1.7.2014 – XI ZR 247/12, NJW 2014, 3360 Rn. 30 mwN = WM 2014, 1621.

[19] BGH Urt. v. 1.7.2014 – XI ZR 247/12, NJW 2014, 3360 Rn. 20 ff. mwN = WM 2014, 1621.

[20] BGH Urt. v. 20.5.2003 – XI ZR 248/02, NJW 2003, 2529, 2531 = WM 2003, 1370; BGH Urt. v. 2.12.2003 – XI ZR 53/02, NJW-RR 2004, 632, 633 = WM 2004, 417; BGH Urt. v. 14.10.2003 – XI ZR 134/02, NJW 2004, 154, 156 = WM 2003, 2328; BGH Urt. v. 20.1.2004 – XI ZR 460/02, NJW-RR 2004, 1126, 1127 = WM 2004, 521.

[21] BGH Urt. vom 9.3.1989 – III ZR 269/87, NJW 1989, 1667 f. = WM 1989, 665.

[22] BGH Urt. v. 20.5.2003 – XI ZR 248/02, NJW 2003, 2529, 2531 = WM 2003, 1370; BGH Urt. v. 2.12.2003 – XI ZR 53/02, NJW-RR 2004, 632, 633 = WM 2004, 417; BGH Urt. v. 20.1.2004 – XI ZR 460/02, NJW-RR 2004, 1126, 1127 = WM 2004, 521; BGH Urt. v. 15.10.2004 – V ZR 223/03, NJW 2005, 983, 985 = WM 2005, 69.

[23] BGH Urt. v. 16.5.2006 – XI ZR 6/04, BGHZ 168, 1 Rn. 49 = NJW 2006, 2099 = WM 2006, 1194; BGH Urt. v. 20.3.2007 – XI ZR 414/04, NJW 2007, 2396 Rn. 42 = WM 2007, 876.

[24] OLG Karlsruhe NJW-RR 2012, 1439, 1440.

[25] BGH Urt. vom 9.3.1989 – III ZR 269/87, NJW 1989, 1667, 1668 = WM 1989, 665.

Eine Aufklärungspflicht der Bank besteht im Rahmen eines fremdfinanzierten Erwerbs einer Eigentumswohnung in der Regel auch nicht im Hinblick auf das **Lebensalter des Darlehensnehmers** und die langfristigen Darlehensverpflichtungen. Wenn das Darlehensvertragsformular sowohl die Zinsbindungsfrist als auch die Laufzeit der Darlehen korrekt ausweist, darf eine Bank davon ausgehen, dass auf Seiten des Darlehensnehmers, der sich in Kenntnis seines Alters zum fremdfinanzierten Erwerb der Wohnung und der damit verbundenen langfristigen Darlehensverpflichtungen entschlossen hat, insoweit ein Informationsbedarf nicht vorliegt.[26] 401

bb) Rechtslage seit dem 11. Juni 2010

Seit dem 11. Juni 2010 ist dagegen die in das Gesetz eingefügte **Aufklärungspflicht der Bank nach § 491a BGB** zu beachten. Danach ist der Darlehensgeber insbesondere nach § 491a Abs. 3 BGB verpflichtet, dem Darlehensnehmer vor Abschluss eines Verbraucherdarlehensvertrags (Legaldefinition in § 491 Abs. 1 BGB) angemessene Erläuterungen zu geben, damit der Darlehensnehmer in die Lage versetzt wird, zu beurteilen, ob der Vertrag dem von ihm verfolgten Zweck und seinen Vermögensverhältnissen gerecht wird. Hierzu sind gegebenenfalls die vorvertraglichen Informationen gemäß Art. 247 EGBGB, die Hauptmerkmale der vom Darlehensgeber angebotenen Verträge sowie ihre vertragstypischen Auswirkungen auf den Darlehensnehmer, einschließlich der Folgen bei Zahlungsverzug, zu erläutern. Erläuterung bedeutet (nur) Aufklärung über den Vertragsgegenstand, nicht Beratung des Darlehensnehmers.[27] Durch die Aufklärung soll der Darlehensnehmer selbst den Vertrag und dessen Nachteile und Risiken beurteilen können. Inhalt und Umfang der Erläuterungen richten sich nach den Umständen des Einzelfalls, dh einerseits nach den Verständnismöglichkeiten des Darlehensnehmers und seinem Aufklärungsbedarf und andererseits nach der Komplexität des Vertragsinhalts. Dabei sind nach § 491a Abs. 3 Satz 2 BGB insbesondere die Hauptmerkmale der angebotenen Verträge, dh die Besonderheiten und die im Vertragsentwurf vorhandenen Gestaltungsmöglichkeiten sowie die damit verbundenen Belastungen und Risiken, zu denen auch der Zahlungsverzug gehört, aufzuzeigen. Der Verweis auf die Hinweispflichten nach Art. 247 EGBGB stellt nur eine Konkretisierung der Erläuterungspflichten („gegebenenfalls") und keine abschließende Regelung dar. Eine Pflicht zum Hinweis auf eine günstigere Gestaltung oder auf andere Verträge des Darlehensgebers lässt sich dagegen aus § 491a Abs. 3 BGB nicht herleiten.[28] Diese Aufklärungspflichten gelten auch bei Immobiliardarlehensverträgen (vgl. § 503 Abs. 1 BGB in der bis zum 20. März 2016 geltenden Fassung). 402

cc) Rechtslage seit dem 21. März 2016

Durch das Gesetz zur Umsetzung der **Wohnimmobilienkreditrichtlinie** vom 11. März 2016 (BGBl. I S. 396) wurde mit Wirkung ab 21. März 2016 das Regelungskonzept des Darlehensrechts geändert. Der Oberbegriff Verbraucherdarlehensvertrag wird bei der Regelung aller Verbraucherdarlehensverträge verwendet, der Unterbegriff Allgemein-Verbraucherdarlehensvertrag gilt für die von der Verbraucherkreditrichtlinie erfassten Verträge und der Unterbegriff Immobiliar-Verbraucherdarlehensvertrag, der weiter ist als vorher § 503 BGB aF, für die von der Wohnimmobilienkreditrichtlinie erfassten Verträge. Die Regelungen des § 491a Abs. 3 Satz 1 und 2 BGB sind unverändert geblieben und gelten wegen der Verwendung des Oberbegriffs Verbraucherdarlehensvertrag unmittelbar so- 403

[26] BGH Urt. v. 15.3.2005 – XI ZR 135/04, NJW 2005 1576, 1577 = WM 2005, 828.
[27] Palandt/*Weidenkaff*, § 491a Rn. 4.
[28] Palandt/*Weidenkaff*, § 491a Rn. 4.

wohl für Allgemein-Verbraucherdarlehensverträge als auch für Immobiliar-Verbraucherdarlehensverträge. Für das Angebot eines Immobiliar-Verbraucherdarlehensvertrags ist lediglich in § 491a Abs. 3 Satz 3 BGB eine weitere Erläuterungspflicht im Hinblick auf die Möglichkeit und die Rechtsfolgen einer gesonderten Kündigung normiert, wenn mit dem Immobiliar-Verbraucherdarlehensvertrag Finanzprodukte oder -dienstleistungen im Paket angeboten werden. § 491a Abs. 4 BGB enthält gesonderte Informationspflichten bei einem Immobiliarförderdarlehen.

d) Sonstiges

404 Bei steuersparenden Bauherren- und Erwerbermodellen stellt die Kreditgewährung durch die finanzierende Bank regelmäßig keine Beteiligung an der **unerlaubten Rechtsbesorgung** eines umfassend bevollmächtigten Geschäftsbesorgers dar. Dies hat zur Folge, dass sich die Bank im Falle der Unwirksamkeit der Vollmacht wegen eines Verstoßes gegen das Rechtsberatungsgesetz oder das Rechtsdienstleistungsgesetz auf einen Rechtsschein nach §§ 171, 172 BGB berufen kann.[29]

2. Aufklärungs- und Warnpflichten

a) Grundsatz: keine Aufklärungs- und Warnpflichten

405 Nach ständiger – vom BVerfG[30] nicht beanstandeter – Rechtsprechung des Bundesgerichtshofs ist bei Nichtbestehen eines gesonderten Beratungsvertrages eine kreditgebende Bank grundsätzlich nicht verpflichtet, den Darlehensnehmer über die wirtschaftliche Zweckmäßigkeit des zu finanzierenden Geschäfts sowie über die Gefahren und Risiken der Verwendung des Darlehens aufzuklären und vor dem Vertragsschluss zu warnen. Das gilt auch bei Darlehen, die zur Finanzierung des Erwerbs einer Eigentumswohnung oder einer Beteiligung an steuersparenden Bauherren-, Bauträger- und Erwerbermodellen dienen.[31] Vielmehr ist die finanzierende Bank zur **Risikoaufklärung nur unter ganz besonderen Voraussetzungen** verpflichtet. Sie darf regelmäßig davon ausgehen, dass die Kunden entweder über die notwendigen Kenntnisse und Erfahrungen verfügen oder sich jedenfalls der Hilfe von Fachleuten bedient haben.[32] Dies gilt im Grundsatz auch dann, wenn der Kunde den Kredit zur Wertpapierspekulation benutzen will.[33] Denn auch insoweit darf die kreditgewährende Bank davon ausgehen, dass die Kreditinteressenten entweder über die notwendigen Kenntnisse und Erfahrungen verfügen oder sich der Hilfe von Fachleuten bedienen.[34] Im Hinblick auf die **Zweckmäßigkeit der Kreditart** und sonstige Umstände, die den Darlehensvertrag selbst betreffen, gelten die obigen Ausführungen zu → Rn. 398 ff.

---

[29] BGH Urt. v. 3.6.2003 – XI ZR 289/02, NJW-RR 2003, 1203 = WM 2003, 1710;BGH Urt. v. 16.3.2004 – XI ZR 60/03, NJW 2004, 2090, 2091 f. = WM 2004, 1127.

[30] BVerfG, NJW 2004, 151 f. = WM 2003, 2370.

[31] BGH Urt. v. 21.7.2003 – II ZR 387/02, BGHZ 156, 46, 49 = NJW 2003, 2821 = WM 2003, 1762; BGH Urt. v. 14.6.2004 – II ZR 393/02, BGHZ 159, 294, 316 = NJW 2004, 2736 = WM 2004, 1529; BGH Urt. v. 16.5.2006 – XI ZR 6/04, BGHZ 168, 1 Rn. 41 = NJW 2006, 2099 = WM 2006, 1194; BGH Urt. v. 23.4.2013 – XI ZR 405/11, BKR 2013, 280 Rn. 19; BGH Urt. v. 10.12.2013 – XI ZR 508/12, NJW-RR 2014, 653 Rn. 14 = WM 2014, 124.

[32] BGH Urt. v. 24.4.1990 – XI ZR 236/89, NJW-RR 1990, 876 mwN = WM 1990, 920.

[33] BGH Urt. v. 28.1.1997 – XI ZR 22/96, NJW 1997, 1361, 1362 = WM 1997, 662.

[34] BGH Urt. v. 24.4.1990 – XI ZR 236/89, NJW-RR 1990, 876 mwN = WM 1990, 920.

Die Bank ist daher **grundsätzlich nicht verpflichtet**, den Darlehensnehmer ungefragt über die steuerliche Sinnlosigkeit der Anlage, Bedenken gegen deren Werthaltigkeit oder Rentabilität oder – dies allerdings nur bis zur Grenze der Sittenwidrigkeit – die Unangemessenheit des Kaufpreises (zB infolge einer darin enthaltenen versteckten Innenprovision für den Vermittler oder hohe Projektentwicklungskosten) aufzuklären.[35] Eine solche Nebenpflicht folgt auch unter Berücksichtigung des § 242 BGB weder aus dem Darlehensvertrag noch aus einem vorvertraglichen Schuldverhältnis. Wollte man dies anders sehen, würde das Kreditverwendungsrisiko, das der Anleger zu tragen hat, auf die Bank verlagert, auch wenn der Anleger sie nicht um ihre Einschätzung gebeten hat. Ein Anleger, der eine Anlage mit Hilfe eines Kredits finanziert, etwa weil dies aus steuerlichen Gründen günstig erscheint, würde damit ohne nachvollziehbaren Grund besser stehen als ein Anleger, der dafür Eigenkapital einsetzt.[36] **406**

Aufklärungs- und Hinweispflichten bezüglich des finanzierten Geschäfts können sich daher nur aus den **besonderen Umständen des konkreten Einzelfalls** ergeben. Dies kann nach den vom BGH[37] entwickelten Fallgruppen der Fall sein, **407**

(1) wenn die Bank im Zusammenhang mit der Planung, Durchführung oder dem Vertrieb des Projekts über ihre Rolle als Kreditgeberin hinausgeht (dazu → Rn. 409 ff.),
(2) wenn sie einen zu den allgemeinen wirtschaftlichen Risiken hinzutretenden besonderen Gefährdungstatbestand für den Kunden schafft oder dessen Entstehung begünstigt (dazu → Rn. 412 ff.),
(3) wenn sie sich im Zusammenhang mit Kreditgewährungen sowohl an den Bauträger als auch an einzelne Erwerber in schwerwiegende Interessenkonflikte verwickelt (dazu → Rn. 417 ff.) oder
(4) wenn sie in Bezug auf spezielle Risiken des Vorhabens einen konkreten Wissensvorsprung vor dem Darlehensnehmer hat und dies auch erkennen kann (dazu → Rn. 422 ff.).

Haftungsgrundlage bei einer schuldhaften Verletzung einer danach bestehenden Aufklärungs- oder Hinweispflicht ist- weil es sich strenggenommen um eine vorvertragliche Pflichtverletzung handelt – **§ 311 Abs. 2 BGB**. Aufgrund dessen besteht in den genannten Fallgruppen eine Aufklärungspflicht auch dann, wenn ein wirksamer Darlehensvertrag nicht zustande gekommen ist.[38] **408**

b) Ausnahmefallgruppen

aa) Überschreitung der Rolle als Kreditgeber

Eine Aufklärungspflicht der finanzierenden Bank wegen Überschreitung der Kreditgeberrolle setzt voraus, dass die Bank im Zusammenhang mit der **Planung**, der **Durchführung** oder dem **Vertrieb des Objekts** gleichsam als Partei des zu finanzierenden Geschäfts **409**

[35] BGH Urt. v. 23.3.2004 – XI ZR 194/02, NJW 2004, 2378, 2380 = WM 2004, 1221.

[36] BGH Urt. v. 23.3.2004 – XI ZR 194/02, NJW 2004, 2378, 2380 = WM 2004, 1221.

[37] BGH Urt. v. 21.7.2003 – II ZR 387/02, BGHZ 156, 46, 49 = NJW 2003, 2821 = WM 2003, 1762; BGH Urt. v. 14.6.2004 – II ZR 393/02, BGHZ 159, 294, 316 = NJW 2004, 2736 = WM 2004, 1529; BGH Urt. v. 26.10.2004 – XI ZR 255/03, BGHZ 161, 15, 20 ff. = NJW 2005, 664 = WM 2005, 127; BGH Urt. v. 16.5.2006 – XI ZR 6/04, BGHZ 168, 1 Rn. 41 = NJW 2006, 2099 = WM 2006, 1194; BGH Urt. v. 23.4.2013 – XI ZR 405/11, BKR 2013, 280 Rn. 19; BGH Urt. v. 10.12.2013 – XI ZR 508/12, NJW-RR 2014, 653 Rn. 14 = WM 2014, 124.

[38] BGH Urt. v. 14.6.2004 – II ZR 393/02, BGHZ 159, 294, 315 f. = NJW 2004, 2736 = WM 2004, 1529.

in nach außen erkennbarer Weise Funktionen oder Aufgaben des Veräußerers oder Vertreibers übernommen und damit einen zusätzlichen auf die übernommenen Funktionen bezogenen Vertrauenstatbestand geschaffen hat.[39] Danach hängt eine erweiterte Haftung der Bank wegen Überschreitung der Kreditgeberrolle nicht allein davon ab, ob das Maß der Zusammenarbeit zwischen der Bank und dem Vertreiber einer Kapitalanlage die Grenzen dessen überschreitet, was bei der Finanzierung eines derartigen Projekts für eine Bank üblich ist. Maßgeblich ist vor allem, dass die Bank bei ihrem über die Kreditgeberrolle hinausgehenden Engagement **nach außen in Erscheinung** getreten ist.[40] Ist dies nicht der Fall, kann allerdings – insoweit dient dieses Tatbestandsmerkmal der Abgrenzung – die Fallgruppe des schwerwiegenden Interessenkonflikts gegeben sein.

410 Eine Aufklärungspflicht der finanzierenden Bank wegen Überschreitung der Kreditgeberrolle kann etwa dann bestehen,

- wenn die Bank – nach außen erkennbar – **Einfluss auf die unternehmerische Planung** oder auf die Werbung genommen oder jedenfalls den zurechenbaren Anschein einer weitergehenden Zusammenarbeit mit den Initiatoren des Anlageprojekts erweckt hat;[41]
- wenn die Bank die zu finanzierende **Kapitalanlage befürwortet** und dadurch beim Anleger den Eindruck erweckt hat, die Anlage mit bankküblicher Sorgfalt und mit positivem Ergebnis geprüft zu haben.[42]

411 Dagegen hat der BGH für folgende Fallkonstellationen eine Aufklärungspflicht der finanzierenden Bank wegen **Überschreitung der Kreditgeberrolle verneint**:

- Für eine Überschreitung der Rolle als Kreditgeberin reicht eine **auf Dauer angelegte Geschäftsbeziehung** der Bank zu den Vertriebsfirmen oder die bloße Zusammenarbeit der Bank mit dem Vertreiber und dem Finanzierungsvermittler grundsätzlich nicht aus. Insbesondere genügt es nicht, dass die den Kredit bearbeitende Filiale der Bank ihren Sitz in demselben Ort wie das Vertriebsunternehmen hat und dass dieses Formulare der Bank für einen Antrag auf Kontoeröffnung verwendet hat.[43] Insbesondere genügt es auch nicht, wenn die Bank dem Treuhänder Darlehensformulare zur Verfügung gestellt und durch ihre Bereitschaft zur Kreditgewährung das Vertrauen des Darlehensnehmers auf die Verlässlichkeit der Werbeprospekte gestärkt hat.[44]
- Eine Überschreitung der Kreditgeberrolle folgt auch nicht aus dem Umstand, dass die Bank eine **Vielzahl oder gar alle Kaufverträge** über Eigentumswohnungen in dem Objekt **finanziert** hat.[45] Insoweit genügt es insbesondere nicht, dass die Bank ein gesteigertes Interesse an der Beteiligung möglichst vieler Anleger hat, um mehr Zinsgewinne aus den Finanzierungen zu erwirtschaften.[46]
- Ein Vertrauenstatbestand im Hinblick auf die Solidität des Anlagemodells oder das Fehlen rechtlicher Risiken für den Teileigentumserwerb wird auch nicht dadurch begrün-

[39] BGH Urt. v. 18.3.2003 – XI ZR 188/02, NJW 2003, 2088, 2090 = WM 2003, 918; BGH Urt. v. 6.11.2007 – XI ZR 322/03, NJW 2008, 644 Rn. 38 = WM 2008, 115; BGH Urt. v. 21.9.2010 – XI ZR 232/09, NJW-RR 2011, 124 Rn. 17 = WM 2010, 2069; BGH Urt. v. 5.7.2016 – XI ZR 254/15, NJW 2017, 61 Rn. 31 = WM 2016, 1831.

[40] BGH Urt. v. 31.3.1992 – XI ZR 70/91, NJW-RR 1992, 879 = WM 1992, 901.

[41] BGH Urt. v. 31.3.1992 – XI ZR 70/91, NJW-RR 1992, 879 = WM 1992, 901.

[42] BGH Urt. v. 5.5.1992 – XI ZR 242/91, NJW 1992, 2560, 2562 = WM 1992, 1355.

[43] BGH Urt. v. 12.11.2002 – XI ZR 25/00, BKR 2003, 112, 113 = ZIP 2003, 160; BGH Urt. v. 18.11.2003 – XI ZR 322/01, BKR 2004, 108, 110 = WM 2004, 172.

[44] BGH Urt. v. 21.1.1988 – III ZR 179/86, NJW 1988, 1583, 1584 = WM 1988, 561.

[45] BGH Urt. v. 18.11.2003 – XI ZR 322/01, BKR 2004, 108, 110 = WM 2004, 172.

[46] BGH Urt. v. 5.7.2016 – XI ZR 254/15, NJW 2017, 61 Rn. 31 = WM 2016, 1831.

det, dass eine Bank in internen Verhandlungen mit dem Initiator ihre Vorstellungen über die Herstellung und Sicherung der Rentabilität des von ihr zu finanzierenden Projekts durchsetzt und ihre **allgemeine Finanzierungszusage** in den Prospektunterlagen erwähnt wird.[47]

- Für eine Überschreitung der Rolle als Kreditgeberin reicht die allgemeine, auf die Baufinanzierung bezogene Referenzerklärung im Verkaufsprospekt, die **Führung der Treuhandkonten** für die Käufer sowie die Ankündigung, eine **Mittelverwendungskontrolle** durchzuführen, nicht aus, weil die finanzierende Bank damit keine Funktionen oder Aufgaben des Veräußerers oder Vertreibers übernimmt, sondern sich auf solche beschränkt, die für ein finanzierendes Kreditinstitut nicht unüblich sind.[48] Eine Aufklärungspflicht besteht nur dann, wenn die Bank eine Mittelverwendungskontrolle von Anfang an nicht beabsichtigt.[49] Der Vorwurf (bloß) mangelnder Sorgfalt bei der Mittelverwendungskontrolle kann nur eine Schadensersatzhaftung der Bank begründen, sofern dem Anleger gerade dadurch ein Schaden entstanden ist.[50]
- In einer allgemeinen **Referenzerklärung** ist in der Regel nur das Angebot zu sehen, sich bei der Bank über die beteiligten Vertragspartner und deren Seriosität erkundigen zu können. Im Regelfall dient eine Bonitätsprüfung nur bankinternen Zwecken.[51] Im Einzelfall kann der Referenzbenennung aber nach Treu und Glauben auch die Bedeutung zukommen, für die inhaltliche Richtigkeit der Prospektangaben und für die Bonität der Vertragspartner einzustehen.[52] In einem solchen Fall trifft die Bank gegenüber dem Kreditinteressenten die gesteigerte Verpflichtung, die Richtigkeit der Prospektangaben und die Bonität der Initiatoren in banküblicher Weise zu überprüfen und diesen über bestehende Bedenken von sich aus, dh auch ohne ausdrückliche Anfrage, aufzuklären.[53]
- Die finanzierende Bank geht nicht über ihre Rolle als Finanzierungsbank hinaus, wenn sie in den Darlehensvertragsbedingungen die Auszahlung der Darlehensvaluta von einem Beitritt in einen **Mietpool** abhängig macht. Ihr Bestreben nach einer genügenden Absicherung des Kreditengagements ist banküblich und typischerweise mit der Rolle eines Kreditgebers verknüpft.[54]
- Aufgrund dessen verlässt eine Bank ihre Rolle als Kreditgeberin auch nicht dadurch, dass sie vor Abschluss des Darlehensvertrages **Kontakt mit den Initiatoren** des Fonds hat und sich von diesen eine Sicherheit in Höhe eines bestimmten Anteils (hier: 3%) des von ihr ausgelegten Finanzierungsvolumens stellen lässt.[55]
- Eine Überschreitung der Kreditgeberrolle ist auch nicht allein deshalb zu bejahen, weil die kreditgebende Bank mit dem Verkäufer oder Vertreiber des finanzierten Objekts **in institutionalisierter Weise zusammengewirkt** hat.[56] Diese Ergänzung der Rechtsprechung des BGH ist im Interesse der Effektivierung des Verbraucherschutzes bei realkre-

---

[47] BGH Urt. v. 31.3.1992 – XI ZR 70/91, NJW-RR 1992, 879 = WM 1992, 901.

[48] BGH Urt. v. 27.1.2004 – XI ZR 37/03, NJW 2004, 1376, 1379 = WM 2004, 620; BGH Urt. v. 6.11.2007 – XI ZR 322/03, NJW 2008, 644 Rn. 38 = WM 2008, 115.

[49] BGH Urt. v. 22.1.2008 – XI ZR 6/06, BKR 2008, 254 Rn. 20.

[50] BGH Urt. v. 22.1.2008 – XI ZR 6/06, BKR 2008, 254 Rn. 20.

[51] BGH Urt. v. 12.11.2002 – XI ZR 25/00, BKR 2003, 112, 113 = ZIP 2003, 160.

[52] BGH Urt. v. 16.6.1992 – XI ZR 166/91, NJW 1992, 2148, 2149 = WM 1992, 1269.

[53] BGH Urt. v. 16.6.1992 – XI ZR 166/91, NJW 1992, 2148, 2149 = WM 1992, 1269.

[54] BGH Urt. v. 16.5.2006 – XI ZR 6/04, BGHZ 168, 1 Rn. 43 = NJW 2006, 2099 = WM 2006, 1194; BGH Urt. v. 23.10.2007 – XI ZR 167/05, NJW 2008, 640 Rn. 18 = WM 2008, 154.

[55] BGH Urt. v. 25.10.2004 – II ZR 373/01, BKR 2005, 73.

[56] BGH Urt. v. 26.2.2008 – XI ZR 74/06, NJW 2008, 1585 Rn. 43 = WM 2008, 683; hierzu auch → Rn. 459 ff.

ditfinanzierten Wohnungskäufen erfolgt und bezieht sich ausschließlich auf die Fallgruppe des konkreten Wissensvorsprungs, indem unter bestimmten Voraussetzungen zu Gunsten des Darlehensnehmers eine Beweiserleichterung in Form einer widerleglichen Vermutung für die Kenntnis der Bank von der arglistigen Täuschung durch den Verkäufer oder Fondsinitiator sowie der von ihnen eingeschalteten Vermittler statuiert worden ist.[57]

bb) Schaffung eines besonderen Gefährdungstatbestands

412 Aufklärungs- und Warnpflichten der finanzierenden Bank können ausnahmsweise auch dann bestehen, wenn die Bank selbst einen zu den allgemeinen wirtschaftlichen Risiken des Projekts hinzutretenden besonderen Gefährdungstatbestand für den Kunden schafft oder dessen Entstehen begünstigt.[58]

413 Die Schaffung eines **besonderen Gefährdungstatbestands** hat der BGH in folgenden Fallkonstellationen in Betracht gezogen:

- Eine solche besondere Gefährdung ist zu bejahen, wenn das Kreditinstitut das eigene wirtschaftliche Wagnis auf den Kunden verlagert und diesen bewusst mit einem Risiko belastet, das über die mit dem zu finanzierenden Vorhaben normalerweise verbundenen Gefahren hinausgeht.[59]
- Die Schaffung eines besonderen Gefährdungstatbestands kann darin liegen, dass die Bank dem Initiator eines Steuersparprojekts Gelegenheit schafft, die **Auszahlungsadresse des Darlehens** zu seinen Gunsten zu verändern und so den Treuhänder auszuschalten.[60]
- Eine kreditgebende Bank schafft einen – wegen der besonderen Risiken aufklärungsbedürftigen – besonderen Gefährdungstatbestand auch dann, wenn sie sich **sämtliche Kaufpreisansprüche eines Erwerbermodells im Voraus abtreten** lässt, so dass die Initiatorengruppe ihrer wirtschaftlichen Bewegungsfreiheit beraubt ist und die Bank allein die finanzielle Durchführung des Projekts beherrscht, von der sie sich die Rückführung des Schuldstandes der Initiatorengruppe erhofft, und eine Rückabwicklung aufgelöster Kaufverträge nicht ohne ihre finanzielle Mitwirkung möglich ist.[61]
- Einen besonderen Gefährdungstatbestand schafft eine Bank auch dann, wenn sie einen unerfahrenen Kunden, der lediglich seine Ersparnisse anlegen will, dazu verleitet, mit einem variabel verzinslichen **Kredit in Aktien** zu spekulieren, wobei die Spekulation nur bei steigenden Kursen und stabilen oder fallenden Kreditzinsen erfolgreich sein konnte.[62]
- In einem Sonderfall hat der BGH einen besonderen Gefährdungstatbestand auch darin gesehen, dass der Verhandlungsgehilfe des Kreditnehmers, der die Verhandlungen mit

---

[57] BGH Urt. v. 6.11.2007 – XI ZR 322/03, NJW 2008, 644 Rn. 39 = WM 2008, 115.

[58] BGH Urt. v. 24.4.1990 – XI ZR 236/89, NJW-RR 1990, 876 = WM 1990, 920; BGH Urt. v. 28.1.1997 – XI ZR 22/96, NJW 1997, 1361, 1362 = WM 1997, 662; BGH Urt. v. 18.11.2003 – XI ZR 322/01, BKR 2004, 108, 110 = WM 2004, 172.

[59] BGH Urt. v. 20.3.2007 – XI ZR 414/04, NJW 2007, 2396 Rn. 19 = WM 2007, 876; BGH Urt. v. 6.11.2007 – XI ZR 322/03, NJW 2008, 644 Rn. 42 = WM 2008, 115; BGH Urt. v. 21.9.2010 – XI ZR 232/09, NJW-RR 2011, 124 Rn. 17 = WM 2010, 2069; BGH Urt. v. 10.12.2013 – XI ZR 508/12, NJW-RR 2014, 653 Rn. 27 = WM 2014, 124; BGH Urt. v. 5.7.2016 – XI ZR 254/15, NJW 2017, 61 Rn. 32 = WM 2016, 1831.

[60] BGH Urt. v. 10.10.1985 – III ZR 92/84, WM 1986, 6.

[61] BGH Urt. v. 28.4.1992 – XI ZR 165/91, NJW 1992, 2146, 2147 = WM 1992, 1310.

[62] BGH Urt. v. 28.1.1997 – XI ZR 22/96, NJW 1997, 1361, 1362 = WM 1997, 662; anders dagegen bei erfahrenem Kunden: BGH Urt. v. 16.4.1991 – XI ZR 88/90, NJW 1991, 1956, 1958 = WM 1991, 982.

der Bank bis zur Unterschriftsreife allein geführt hat, von der Bank ein **Schmiergeld** erhalten hat. Dadurch wird die Gefahr heraufbeschworen, dass der Verhandlungsführer vor allem im eigenen „Provisionsinteresse" handelt und die Interessen des von ihm Vertretenen nicht in dem gebotenen Maße wahrnimmt. Aufgrund dessen ist es in hohem Maße anstößig, dem Verhandlungsführer des Vertragspartners, dem dieser vertraut, ein Schmiergeld für den Fall zu zahlen, das es zum Vertragsschluss kommt. Wird der vom bestochenen Verhandlungsvertreter ausgehandelte Vertrag nicht von diesem, sondern vom Geschäftsherrn selbst abgeschlossen, so liegt zumindest ein Verschulden bei Vertragsschluss gegenüber dem Geschäftsherrn vor, dem die Schmiergeldzahlung verheimlicht wird.[63]

Dagegen hat der BGH für folgende Fälle die Schaffung eines besonderen **Gefährdungstatbestands verneint**: 414

- Ein von der finanzierenden Bank zugrunde gelegter **überhöhter Beleihungswert** kann einen besonderen Gefährdungstatbestand nicht begründen. Denn nach ständiger Rechtsprechung des BGH prüfen und ermitteln Kreditinstitute den Wert der ihnen gestellten Sicherheiten grundsätzlich nur im eigenen Interesse sowie im Interesse der Sicherheit des Bankensystems, nicht aber im Kundeninteresse. Dementsprechend kann sich grundsätzlich aus einer lediglich zu bankinternen Zwecken erfolgten Beleihungswertermittlung keine Pflichtverletzung gegenüber dem Kreditnehmer und somit auch keine diesbezügliche Aufklärungspflicht ergeben.[64] Aufgrund dessen ist es in diesem Zusammenhang ohne Belang, ob die Bank mit der überhöhten internen Verkehrswertfestsetzung eigene wirtschaftliche Vorteile erstrebt oder ob das finanzierende Kreditinstitut es dem Verkäufer durch die überhöhte Wertermittlung und Finanzierung ermöglicht, das Objekt zu einem überteuerten Kaufpreis zu veräußern.[65]
- Aufgrund dessen schafft eine Bank auch mittels der **Gewährung einer Vollfinanzierung** keinen besonderen Gefährdungstatbestand, an den eine vorvertragliche Aufklärungspflicht anzuknüpfen wäre. Denn eine Vollfinanzierung vergrößert in erster Linie das eigene Ausfallrisiko der Bank.[66]
- Es ist nicht Aufgabe einer Bank, ihren Kunden vor **leichtfertigen Geldgeschäften mit Dritten** zu bewahren. Soweit sich der Kunde auf – zu finanzierende – Geschäfte einlässt, von denen ein nicht kalkulierbares Risiko ausgeht, macht allein dieser Umstand ihn nicht deshalb besonders schutz- und aufklärungsbedürftig, weil ihm von dem Dritten keine Sicherheiten zur Verfügung gestellt werden.[67]
- Zahlt die Bank an den Vermittler für die Vermittlung des Darlehensvertrags ohne Kenntnis des Darlehensnehmers eine **Finanzierungsvermittlungsprovision**, stellt dies keine Gefährdung der Kundeninteressen dar. Dies gilt unabhängig davon, ob der Kunde selbst für die Vermittlung des Immobilienerwerbs eine Vermittlungsprovision gezahlt hat.[68] Eine unerlaubte Doppeltätigkeit des Finanzierungsmaklers sowohl für den Anleger als

---

[63] BGH Urt. v. 16.1.2001 – XI ZR 113/00, NJW 2001, 1065, 1067 = WM 2001, 457.

[64] BGH Urt. v. 16.5.2006 – XI ZR 6/04, BGHZ 168, 1 Rn. 45 = NJW 2006, 2099 = WM 2006, 1194; BGH Urt. v. 6.11.2007 – XI ZR 322/03, NJW 2008, 644 Rn. 43 = WM 2008, 115; BGH Urt. v. 18.3.2008 – XI ZR 246/06, NJW-RR 2008, 1149 Rn. 35 = WM 2008, 971.

[65] BGH Urt. v. 20.3.2007 – XI ZR 414/04, NJW 2007, 2396 Rn. 41 = WM 2007, 876.

[66] BGH Urt. v. 6.11.2007 – XI ZR 322/03, NJW 2008, 644 Rn. 43 = WM 2008, 115; BGH Urt. v. 10.12.2013 – XI ZR 508/12, NJW-RR 2014, 653 Rn. 27 = WM 2014, 124.

[67] BGH Urt. v. 9.4.1987 – III ZR 126/85, WM 1987, 1546.

[68] BGH Urt. v. 14.10.2003 – XI ZR 134/02, NJW 2004, 154, 157 = WM 2003, 2328; BGH Urt. v. 2.12.2003 – XI ZR 53/02, NJW-RR 2004, 632, 633 = WM 2004, 417; BGH Urt. v. 20.1.2004 – XI ZR 460/02, NJW-RR 2004, 1126, 1127 = WM 2004, 521.

auch für die Bank kann darin nicht gesehen werden, weil nach der Rechtsprechung des BGH jedenfalls bei Immobiliengeschäften eine Tätigkeit des Maklers für beide Seiten grundsätzlich zulässig ist, sofern er für beide Teile als Nachweismakler oder für den einen als Vermittlungs- und für den anderen als Nachweismakler tätig geworden ist, und zwar in der Regel auch ohne ausdrückliche Gestattung selbst dann, wenn dem Maklerkunden die Doppeltätigkeit des Maklers unbekannt gewesen war.[69] Eine ***anstößige Doppeltätigkeit*** eines Finanzierungsvermittlers könnte daher allenfalls dann vorliegen, wenn der Vermittler im Zusammenwirken mit der Bank die Darlehensbedingungen zu Lasten des Darlehensnehmers verändert. Eine solche Fallgestaltung ist – soweit ersichtlich – bislang allerdings nicht aufgetreten, weil die Banken den Inhalt des Kreditvertrags eigenständig und ohne Einfluss des Vermittlers gestalten. Anders liegt es dagegen in dem Sonderfall, wenn die Bank nicht an einen (unabhängigen) Finanzierungsvermittler, sondern an den Verhandlungsvertreter des Darlehensnehmers für den Fall des Vertragsschlusses eine verdeckte Zahlung leistet; darin hat der BGH eine **Schmiergeldzahlung** gesehen, die „in hohem Maße anstößig" ist und die Bank zur Offenlegung verpflichtet.[70]

- Hat die Bank neben der Finanzierung zugleich die **Mittelverwendungskontrolle** übernommen, schafft sie damit auch im Falle mangelnder Sorgfalt keinen besonderen Gefährdungstatbestand.[71] Wird ihr aber im Rahmen dessen eine unzureichende Finanzierung des Projekts oder eine unzureichende Leistungsfähigkeit des Pächters des Projekts bekannt, muss sie darüber unter Umständen den Darlehensnehmer unter dem Aspekt des Wissensvorsprungs aufklären.[72]
- Die Nichtaufklärung über mögliche Nachteile einer **Kombination von Kreditvertrag und Kapitallebensversicherung** stellt weder eine Abwälzung des wirtschaftlichen Risikos der Bank auf den Kunden dar noch steht sie einer solchen gleich.[73]
- Jedenfalls bei einem erfahrenen Kunden muss die kreditgebende Bank nicht darüber aufklären, dass mit einer **Spekulation auf Kredit** erhebliche Risiken verbunden sind. Die Kenntnis dieses Risikos darf sie als selbstverständlich voraussetzen.[74]

415 Differenziert zu betrachten ist die Frage dagegen bei der von einem **Beitritt zu einem Mietpool** abhängigen Darlehensgewährung:

- Macht die finanzierende Bank nach den Darlehensvertragsbedingungen die Auszahlung der Darlehensvaluta von einem Beitritt in einen **Mietpool** abhängig, schafft sie allein dadurch noch keinen besonderen Gefährdungstatbestand, der sie zur Aufklärung über die damit verbundenen Risiken verpflichtet.[75] Denn die Verteilung des Risikos, bei einem Leerstand der Wohnung keine Miete zu erzielen, auf alle Mietpoolteilnehmer ist für den einzelnen Kapitalanleger nicht notwendigerweise nachteilig, sondern führt

[69] BGH Urt. v. 14.10.2003 – XI ZR 134/02, NJW 2004, 154, 157 = WM 2003, 2328; BGH Urt. v. 2.12.2003 – XI ZR 53/02, NJW-RR 2004, 632, 633 = WM 2004, 417; BGH Urt. v. 20.1.2004 – XI ZR 460/02, NJW-RR 2004, 1126, 1127 = WM 2004, 521; BGH Urt. v. 21.9.2010 – XI ZR 232/09, NJW-RR 2011, 124 Rn. 19 ff. = WM 2010, 2069.

[70] BGH Urt. v. 16.1.2001 – XI ZR 113/00, NJW 2001, 1065, 1066 f. = WM 2001, 457.

[71] BGH Urt. v. 27.1.2004 – XI ZR 37/03, NJW 2004, 1376, 1378 = WM 2004, 620.

[72] BGH Urt. v. 27.1.2004 – XI ZR 37/03, NJW 2004, 1376, 1378 = WM 2004, 620 (Boarding-House).

[73] BGH Urt. v. 18.11.2003 – XI ZR 322/01, BKR 2004, 108, 110 f. = WM 2004, 172; BGH Urt. v. 20.1.2004 – XI ZR 460/02, NJW-RR 2004, 1126, 1127 = WM 2004, 521.

[74] BGH Urt. v. 16.4.1991 – XI ZR 88/90, NJW 1991, 1956, 1958 = WM 1991, 982.

[75] BGH Urt. v. 16.5.2006 – XI ZR 6/04, BGHZ 168, 1 Rn. 44 = NJW 2006, 2099 = WM 2006, 1194; BGH Urt. v. 20.3.2007 – XI ZR 414/04, NJW 2007, 2396 Rn. 18 = WM 2007, 876; BGH Urt. v. 3.6.2008 – XI ZR 131/07, NJW 2008, 2572 Rn. 14 ff. = WM 2008, 1394.

auch zu einer Risikoreduzierung.[76] Zudem ist das Bestreben der Bank nach einer genügenden Absicherung ihres Kreditengagements banküblich und typischerweise mit der Rolle eines Kreditgebers verknüpft.[77] Davon abgesehen schützt eine Aufklärungspflicht über die allgemeinen Nachteile einer Mietpoolbeteiligung nur vor diesen, nicht aber vor speziellen Risiken des gesamten Objekts/Anlagegeschäfts, so dass im Falle einer Pflichtverletzung nur ein Anspruch auf Erstattung der Mehrkosten/Mindereinnahmen besteht, die sich durch die Mietpoolbeteiligung gegenüber einer eigenständigen Verwaltung ergeben haben (sog. Differenzschaden), nicht dagegen ein Anspruch auf Rückabwicklung des Darlehensvertrags.[78]

- Etwas anderes gilt aber dann, wenn **spezifische Risiken** des konkreten Mietpools bestehen und die Bank um diese weiß.[79] Dies ist zB der Fall, wenn die Bank den Beitritt in Kenntnis einer bereits bestehenden Überschuldung des konkreten Mietpools oder in Kenntnis des Umstands verlangt, dass dem konkreten Mietpool Darlehen gewährt wurden, für die der Anleger als Poolmitglied mithaften muss.[80] Gleiches gilt, wenn sie den Beitritt verlangt, obwohl sie weiß, dass die Ausschüttungen des Pools konstant überhöht sind, dh nicht auf nachhaltig erzielbaren Einnahmen beruhen, so dass der Anleger nicht nur einen falschen Eindruck von der Rentabilität und Finanzierbarkeit des Vorhabens erhält, sondern darüber hinaus seine gesamte Finanzierung Gefahr läuft, wegen ständig erforderlicher Nachzahlungen zu scheitern,[81] oder dass sonstige Unregelmäßigkeiten bei der Verwaltung des Mietpools vorliegen.[82] Liegt eine solche spezifische Aufklärungspflichtverletzung vor, steht dem Anleger ein umfassender Rückabwicklungsanspruch zu.[83] Soweit der Anleger dem Mietpool bereits vor Abschluss des Darlehensvertrages beigetreten ist, setzt ein solch umfassender Anspruch allerdings voraus, dass er sich im Zeitpunkt der geschuldeten Aufklärung durch die Bank über vorhandene spezifische Risiken des Mietpools noch von der Anlage wieder lösen konnte.[84] Die Annahme solcher spezifischer Risiken eines konkreten Mietpools bedarf hinreichender **tatrichterlicher Feststellungen** zu den genauen Verhältnissen dieses Mietpools.[85]

Einen Sonderfall der Schaffung eines besonderen Gefährdungstatbestands behandelt ein Urteil des BGH aus dem Jahr 1978[86] zu einem **„Modell der Vermögensbildung in Arbeitnehmerhand"**. Dabei finanzierte eine Bank im Zusammenwirken mit einem Arbeitgeber Beteiligungen seiner Arbeitnehmer als stille Gesellschafter an der Arbeitgeberfirma. Die Bank überließ es dem Arbeitgeber, die Kreditverhandlungen mit den Arbeitnehmern 416

[76] BGH Urt. v. 20.3.2007 – XI ZR 414/04, NJW 2007, 2396 Rn. 19 = WM 2007, 876.

[77] BGH Urt. v. 23.10.2007 – XI ZR 167/05, NJW 2008, 640 Rn. 18 = WM 2008, 154.

[78] BGH Urt. v. 20.3.2007 – XI ZR 414/04, NJW 2007, 2396 Rn. 21 = WM 2007, 876; BGH Urt. v. 3.6.2008 – XI ZR 131/07, NJW 2008, 2572 Rn. 16 = WM 2008, 1394.

[79] BGH Urt. v. 20.3.2007 – XI ZR 414/04, NJW 2007, 2396 Rn. 18 = WM 2007, 876.

[80] BGH Urt. v. 20.3.2007 – XI ZR 414/04, NJW 2007, 2396 Rn. 27 = WM 2007, 876; BGH Urt. v. 23.10.2007 – XI ZR 167/05, NJW 2008, 640 Rn. 19 = WM 2008, 154.

[81] BGH Urt. v. 20.3.2007 – XI ZR 414/04, NJW 2007, 2396 Rn. 27, 30 = WM 2007, 876; BGH Urt. v. 18.3.2008 – XI ZR 246/06, NJW-RR 2008, 1149 Rn. 19 = WM 2008, 971.

[82] BGH Urt. v. 19.12.2006 – XI ZR 374/04, BKR 2007, 152 Rn. 30.

[83] BGH Urt. v. 20.3.2007 – XI ZR 414/04, NJW 2007, 2396 Rn. 28 = WM 2007, 876.

[84] BGH Urt. v. 16.5.2006 – XI ZR 6/04, BGHZ 168, 1 Rn. 44 = NJW 2006, 2099 = WM 2006, 1194; BGH Urt. v. 20.3.2007 – XI ZR 414/04, NJW 2007, 2396 Rn. 24 ff. = WM 2007, 876.

[85] Vgl. dazu BGH Urt. v. 18.3.2008 – XI ZR 246/06, NJW-RR 2008, 1149 Rn. 20 ff. = WM 2008, 971.

[86] BGH Urt. v. 8.6.1978 – III ZR 136/76, BGHZ 72, 92 = NJW 1978, 2145 = WM 1978, 1038.

zu führen. In einem solchen Fall muss sich die Bank etwaige durch den Arbeitgeber bei den Arbeitnehmern hervorgerufene Fehlvorstellungen über die Risiken des Geschäfts nach § 278 BGB zurechnen lassen.[87] Es ist dann ihre Sache, diese Fehlvorstellungen durch geeignete Aufklärung zu berichtigen, und zwar auch dann, wenn dem Arbeitgeber lediglich Fahrlässigkeit anzulasten ist. Diese Fehlvorstellung bestand vorliegend darin, dass die Arbeitnehmer im Falle der Zahlungsunfähigkeit des Arbeitgebers für die Darlehensrückzahlung persönlich einzustehen hatten.

cc) Schwerwiegender Interessenkonflikt

417 Eine kreditgebende Bank kann zur Risikoaufklärung über das finanzierte Geschäft auch dann verpflichtet sein, wenn sie sich **im Zusammenhang mit Kreditgewährungen** sowohl an den Bauträger als auch an einzelne Erwerber in schwerwiegende Interessenkonflikte verwickelt.[88] Wann ein solcher Interessenkonflikt vorliegt, ist eine Frage des Einzelfalls.

418 Ein – aufklärungspflichtiger – schwerwiegender Interessenkonflikt ist nicht schon allein deshalb zu bejahen, weil eine finanzierende Bank zugleich Kreditgeberin des Bauträgers oder Verkäufers und des Erwerbers ist **(„Doppelfinanzierung")**[89] oder diesen eine **globale Finanzierungszusage** gegeben hat.[90]

419 Ein schwerwiegender Interessenkonflikt kann vielmehr nur dann vorliegen, wenn zu dieser „Doppelfinanzierung" **besondere Umstände** hinzutreten.[91] Solche können darin zu sehen sei, dass die Bank das Risiko eines notleidend gewordenen Kreditengagements beim Bauträger auf die Erwerber abzuwälzen versucht.[92] Dies ist eine Frage des Einzelfalls. Gegen eine solche Risikoabwälzung spricht zB der Umstand, dass die Insolvenz des Bauträgers erst zwei Jahre nach Fertigstellung des gewerblich betriebenen Objekts (zB Boarding-House) und dessen Inbetriebnahme eingetreten ist,[93] oder die Tatsache, dass die Bank den Kredit anderweitig ausreichend besichert hat.[94] Andererseits setzt ein aufklärungspflichtiger schwerwiegender Interessenkonflikt auch nicht zwingend die drohende Insolvenz speziell eines Bauträgers oder Immobilienverkäufers voraus.[95] Ausreichend sind vielmehr erhebliche Liquiditätsschwierigkeiten des Kreditschuldners, die dieser nicht selbst beseitigen kann und aufgrund derer das Kreditengagement der Bank notleidend ist oder aufgrund derer mit einer akuten Insolvenzgefahr gerechnet werden muss.[96]

420 Eine Aufklärungspflicht wegen eines schwerwiegenden Interessenkonflikts im Hinblick auf die Abwälzung eines Kreditrisikos setzt nicht das völlige Scheitern des Anlagegeschäfts infolge mangelnder Bonität des Bauträgers oder Immobilienverkäufers voraus. Es genügt,

---

[87] BGH Urt. v. 8.6.1978 – III ZR 136/76, BGHZ 72, 92, 97 = NJW 1978, 2145 = WM 1978, 1038.

[88] BGH Urt. v. 16.5.2006 – XI ZR 6/04, BGHZ 168, 1 Rn. 41 = NJW 2006, 2099 = WM 2006, 1194; BGH Urt. v. 21.9.2010 – XI ZR 232/09, NJW-RR 2011, 124 Rn. 17 = WM 2010, 2069.

[89] BGH Urt. v. 21.1.1988 – III ZR 179/86, NJW 1988, 1583, 1584 = WM 1988, 561; BGH Urt. v. 18.3.2003 – XI ZR 188/02, NJW 2003, 2088, 2090 = WM 2003, 918.

[90] BGH Urt. v. 26.10.2004 – XI ZR 255/03, BGHZ 161, 15, 21 = NJW 2005, 664 = WM 2005, 127; BGH Urt. v. 6.11.2007 – XI ZR 322/03, NJW 2008, 644 Rn. 40 = WM 2008, 115.

[91] BGH Urt. v. 18.3.2003 – XI ZR 188/02, NJW 2003, 2088, 2090 = WM 2003, 918; BGH Urt. v. 6.11.2007 – XI ZR 322/03, NJW 2008, 644 Rn. 40 = WM 2008, 115.

[92] BGH Urt. v. 27.1.2004 – XI ZR 37/03, NJW 2004, 1376, 1379 = WM 2004, 620.

[93] BGH Urt. v. 27.1.2004 – XI ZR 37/03, NJW 2004, 1376, 1379 = WM 2004, 620.

[94] BGH Urt. v. 18.3.2003 – XI ZR 188/02, NJW 2003, 2088, 2090 = WM 2003, 918.

[95] BGH Beschl. v. 5.4.2011 – XI ZR 365/09, NJW-RR 2011, 1064 Rn. 7 = WM 2011, 876.

[96] BGH Beschl. v. 5.4.2011 – XI ZR 365/09, NJW-RR 2011, 1064 Rn. 10 = WM 2011, 876.

wenn dem Anleger **Nachteile** entstehen, wie etwa der drohende Ausfall mit etwaigen Ansprüchen gegenüber der Vertriebsgesellschaft oder einer Mietpoolverwaltung.[97]

Der BGH hat ferner in folgenden Fallkonstellationen einen **schwerwiegenden Interessenkonflikt bejaht**: 421

- Ein schwerwiegender Interessenkonflikt ist zu bejahen, wenn eine Bank einerseits als **Hauptgläubiger einer Massenkommanditgesellschaft** ein eigenes Interesse an deren Sanierung hat und sie andererseits die Kommanditisten auffordert, die Gesellschaft mit von ihr finanzierten Darlehen zu unterstützen. Die Bank muss dann die Kommanditisten jedenfalls vor Auszahlung der Gesellschafterdarlehen an die Gesellschaft darauf hinweisen, dass der Zusammenbruch der Gesellschaft aller Voraussicht nach nicht zu verhindern ist.[98]
- Ein schwerwiegender Interessenkonflikt besteht, wenn eine Bank die Vorfinanzierung der gesamten Grundstücks- und Anlaufkosten für ein Bauherrenmodell gegen eine völlig ungenügende Absicherung durch eine Grundschuld übernimmt und deshalb ein den künftigen Bauherren nicht ohne weiteres erkennbares eigenes wirtschaftliches **Interesse an einem alsbaldigen Baubeginn** – bereits vor Schließung der Bauherrengemeinschaft – hat, damit die Grundschuld werthaltig wird.[99]
- Ein schwerwiegender Interessenkonflikt liegt auch dann vor, wenn die Bank bei der Kreditgewährung vor der Frage steht, ob sie den **unausweichlichen Konkurs eines Bauträgers**, dessen Zahlungsfähigkeit sie bisher sichergestellt hat, alsbald herbeiführen oder aber zulassen soll, dass sich ihr Kreditengagement verringert, indem sie den Bauherren Kredite für ein Objekt gewährt, das von dem Initiator des Bauherrenmodells nicht mehr zu realisieren ist und bei dem es zumindest naheliegt, dass die Bauherren mit den Kreditmitteln auch weitgehend wertlose Verpflichtungen honorieren werden.[100]
- Eine kreditgebende Bank befindet sich ferner in einem schwerwiegenden Interessenkonflikt, wenn sie sich sämtliche Kaufpreisansprüche eines Erwerbermodells im Voraus abtreten lässt, so dass die Initiatorengruppe ihrer **wirtschaftlichen Bewegungsfreiheit beraubt** ist und die Bank allein die finanzielle Durchführung des Projekts beherrscht, von der sie sich die Rückführung des Schuldstandes der Initiatorengruppe erhofft, und eine Rückabwicklung aufgelöster Kaufverträge nicht ohne ihre finanzielle Mitwirkung möglich ist. In einem solchen Fall ist die Bank verpflichtet, die Erwerber über die aus diesen Umständen sich ergebenden besonderen Risiken aufzuklären, dh insbesondere über die Vermögenslosigkeit der Initiatorengruppe und darüber, dass die Gesamtabwicklung des Projekts allein von ihrer Entscheidung abhängt.[101]
- Ein Interessenkonflikt ist auch dann gegeben, wenn die Bank Kreditgeberin sowohl des Käufers als auch des Verkäufers einer noch zu errichtenden Eigentumswohnung ist und sich dessen Kaufpreisanspruch abtreten lässt, ohne ihrerseits die kaufvertragliche Gegenleistung erbringen zu müssen. Denn aufgrund dessen ist der Bank einerseits an einer Rückführung der Schulden der Verkäuferin gelegen, die sie zur Durchführung des Bauvorhabens mit finanziellen Mitteln ausstatten muss; andererseits muss sie aber diese Mittel unter Verminderung des eigenen Risikos zu Lasten des Käufers der Verkäuferin zukommen lassen. In einer solchen Situation handelt die Bank pflichtwidrig, wenn sie dem Käufer als ihrem Kunden, der auf die Richtigkeit des erteilten Rates ver-

---

[97] BGH Beschl. v. 5.4.2011 – XI ZR 365/09, NJW-RR 2011, 1064 Rn. 15 = WM 2011, 876.

[98] BGH Urt. v. 29.5.1978 – II ZR 173/77, NJW 1978, 2547 = WM 1978, 896.

[99] BGH Urt. v. 24.4.1990 – XI ZR 236/89, NJW-RR 1990, 876 mwN = WM 1990, 920; BGH Urt. v. 17.12.1991 – XI ZR 8/91, NJW-RR 1992, 373 = WM 1992, 216.

[100] BGH Urt. v. 27.11.1990 – XI ZR 308/89, NJW 1991, 693, 694 = WM 1991, 85.

[101] BGH Urt. v. 28.4.1992 – XI ZR 165/91, WM 1992, 2146, 2147 = WM 1992, 1310.

trauten, ohne Hinweis auf die gravierenden Folgen **zu einer Verschlechterung seiner Rechtsposition rät**, nämlich einer Abänderung des Kaufvertrages dahin, dass der finanzierte Kaufpreis direkt auf das Verkäuferkonto statt auf das Notaranderkonto zu zahlen ist. Denn die damit verbundene Risikoverlagerung liegt (allein) in ihrem eigenen Interesse.[102]

dd) Wissensvorsprung

422 Nach der ständigen Rechtsprechung des Bundesgerichtshofs hat eine Bank grundsätzlich nicht die Pflicht, ihren Kunden über die mit dem zu finanzierenden Geschäft verbundenen Risiken aufzuklären. Sie darf regelmäßig davon ausgehen, dass der Kunde entweder selbst über die notwendigen Kenntnisse und Erfahrungen verfügt oder sich der Hilfe von Fachleuten (Steuerberater, Rechtsanwalt, Finanzanlagenberater) bedient hat. Das ist aber dann anders, wenn die Bank in Bezug auf die **speziellen Risiken** des Vorhabens einen konkreten Wissensvorsprung gegenüber dem Darlehensnehmer hat und dies auch erkennen kann.[103] Positiv erkannt haben muss sie diesen Wissens*vorsprung* daher nicht. Unter diesem Gesichtspunkt ist die Bank verpflichtet, vorhandenes, von ihr als wesentlich erkanntes Wissen über Risiken des Anlageobjekts zu offenbaren.

423 **(1) Positive Kenntnis der Bank.** Erforderlich ist **grundsätzlich** die positive Kenntnis der Bank.

424 Die Bank ist dagegen nicht gehalten, sich einen Wissensvorsprung erst zu verschaffen.[104] Sie trifft **keine Nachforschungspflicht** hinsichtlich etwaiger Risiken.[105] Allerdings steht es der positiven Kenntnis unter Umständen gleich, wenn die Bank **bewusst die Augen** vor der sich förmlich aufdrängenden Erkenntnis einer Tatsache **verschließt**.[106] Zu weiteren Einzelheiten → Rn. 446.

425 Im Grundsatz haftet die Bank nur für das **Verschweigen eigenen Wissens**, dh insbesondere des Wissens ihrer an der Kreditvergabe beteiligten Mitarbeiter (§ 166 Abs. 1 BGB). Aus welcher Quelle das Wissen der Bank stammt, ist unerheblich. So genügt es etwa, wenn sie ihre Erkenntnisse im Rahmen einer von ihr für das Anlageobjekt übernommenen Mittelverwendungskontrolle erlangt hat.[107]

426 Unter Umständen muss sie sich aber auch das Wissen ihres nicht an der Kreditvergabe beteiligten Personals zurechnen lassen.[108] Dies gilt etwa in Bezug auf das **Sonderwissen** eines an der Aushandlung des Rahmenkonzepts der Finanzierung eines Anlageobjekts beteiligten Mitarbeiters, während die Kreditverhandlungen mit den einzelnen Anlegern von Mitarbeitern einer anderen Filiale der Bank geführt werden.[109] Ebenso kann eine Bank aufgrund ihrer **Organisationspflicht** gehalten sein, dienstlich erlangtes Wissen eines Vor-

---

[102] BGH Urt. v. 30.5.1995 – XI ZR 180/94, NJW 1995, 2218 = WM 1995, 1306.

[103] BGH Urt. v. 14.6.2004 – II ZR 393/02, BGHZ 159, 294, 316 = NJW 2004, 2736 = WM 2004, 1529; BGH Urt. v. 16.5.2006 – XI ZR 6/04, BGHZ 168, 1 Rn. 41 = NJW 2006, 2099 = WM 2006, 1194; BGH Urt. v. 10.12.2013 – XI ZR 508/12, NJW-RR 2014, 653 Rn. 14 = WM 2014, 124.

[104] BGH Urt. v. 27.1.2004 – XI ZR 37/03, NJW 2004, 1376, 1378 = WM 2004, 620.

[105] BGH Urt. v. 29.4.2008 – XI ZR 221/07, NJW-RR 2008, 1226 Rn. 19 = WM 2008, 1121.

[106] BGH Urt. v. 7.4.1992 – XI ZR 200/91, NJW 1992, 1820 = WM 1992, 977; BGH Urt. v. 29.4.2008 – XI ZR 221/07, NJW-RR 2008, 1226 Rn. 20 = WM 2008, 1121; BGH Beschl. v. 15.6.2010 – XI ZR 318/09, WM 2010, 1448 Rn. 10.

[107] BGH Urt. v. 27.1.2004 – XI ZR 37/03, NJW 2004, 1376, 1378 = WM 2004, 620.

[108] BGH Urt. v. 1.6.1989 – III ZR 261/87, NJW 1989, 2879 = WM 1989, 1364; BGH Urt. v. 1.6.1989 – III ZR 277/87, NJW 1989, 2881 = WM 1989, 1368; BGH Urt. v. 18.1.2005 – XI ZR 201/03, NJW-RR 2005, 634, 635 = WM 2005, 375.

[109] BGH Urt. v. 18.1.2005 – XI ZR 201/03, NJW-RR 2005, 634, 635 = WM 2005, 375.

standsmitglieds akten- oder EDV-mäßig zu dokumentieren und damit für alle mit der Vermarktung eines bestimmten Bauträgermodells befassten Mitarbeiter zugänglich zu machen. Unterlässt die Bank die gebotene Dokumentation und ist dem handelnden Mitarbeiter ein aufklärungsbedürftiger Umstand deshalb nicht bekannt, so kann sie sich wegen Verletzung einer Aufklärungspflicht schadensersatzpflichtig machen.[110] Dies trifft allerdings nur auf dienstlich erlangtes Wissen zu. Eine Bank ist dagegen nicht verpflichtet, **privat erlangtes Wissen** ihrer Mitarbeiter zu dokumentieren und den zuständigen Mitarbeitern zugänglich zu machen.[111]

(2) Zurechenbares Wissen Dritter. Dagegen ist das **Wissen der Initiatoren, des Verkäufers, des Vertriebs oder der Vermittler** der Bank im Grundsatz nicht zurechenbar, weil diese im Regelfall weder Wissensvertreter noch Erfüllungsgehilfen der Bank beim Abschluss des Darlehensvertrags sind. Insoweit kann allerdings im Falle einer institutionellen Zusammenarbeit der Bank mit dem Anbieter eine Beweiserleichterung in Form einer widerlegbaren Vermutung für ein solches (eigenes) Wissen der Bank eingreifen (dazu → Rn. 459 ff.). 427

Ausnahmsweise können auch die Kenntnisse des **Kreditvermittlers** über die konkrete Mittelverwendung für eine Kapitalanlage der finanzierenden Bank nach § 166 Abs. 1 BGB zurechenbar sein. Dies setzt allerdings voraus, dass der Kreditvermittler als Vertreter der Bank gehandelt hat, was in der Regel nicht der Fall ist. Daneben sind nach ständiger Rechtsprechung des BGH in analoger Anwendung von § 166 Abs. 1 BGB einem Geschäftsherrn aber auch Kenntnisse von **Wissensvertretern** zuzurechnen, die ohne Vertretungsmacht im Rechtsverkehr dazu berufen sind, eigenverantwortlich bestimmte Aufgaben des Geschäftsherrn zu erledigen und dabei anfallende Informationen diesem zur Kenntnis zu geben sowie gegebenenfalls weiterzuleiten.[112] Die Zurechnung nach § 166 Abs. 1 BGB umfasst grundsätzlich auch Wissen, durch das Hinweis- und Warnpflichten des Geschäftsherrn gegenüber dem Vertragspartner begründet werden.[113] Nach diesen Maßstäben ist ein Kreditvermittler als Wissensvertreter der Bank anzusehen, wenn er für diese den Darlehens- und den Kapitalanlagevertrag mit dem Anleger angebahnt und in den Details vorbereitet hat.[114] 428

Auf eine solche Zurechnung des Vertreterwissens kann sich der Anleger allerdings nach den Grundsätzen von **Treu und Glauben** (§ 242 BGB) nicht berufen, wenn er damit rechnen musste, dass der Vertreter sein Wissen dem Geschäftsherrn vorenthalten würde. Der Anleger als Vertragspartner der Bank (dem Geschäftsherrn) ist nämlich nicht schutzwürdig, wenn er zusammen mit dem Wissensvertreter dem Geschäftsherrn gerade die Information vorenthalten hat, deren Zurechnung nach § 166 Abs. 1 BGB zulasten des Geschäftsherrn er nunmehr geltend macht. Er muss sich in einem solchen Fall so behandeln lassen, als habe er persönlich – ohne Einschaltung des Vermittlers – die erhebliche Information dem Geschäftsherrn verschwiegen.[115] 429

(3) Kenntnis des Darlehensnehmers. Dagegen liegt kein Wissensvorsprung der Bank vor, wenn sie davon ausgehen darf, dass der Darlehensnehmer über den fraglichen Umstand **informiert** ist. Das kann zB bei einer ordnungsgemäßen Angabe im rechtzeitig 430

---

[110] BGH Urt. v. 26.6.2007 – XI ZR 277/05, BGHZ 173, 23 Rn. 13 = NJW 2007, 2989 = WM 2007, 1651.

[111] BGH Urt. v. 26.6.2007 – XI ZR 277/05, BGHZ 173, 23 Rn. 14 = NJW 2007, 2989 = WM 2007, 1651.

[112] BGH Urt. v. 19.3.2013 – XI ZR 46/11, NJW 2013, 2015 Rn. 25 mwN = WM 2013, 924.

[113] BGH Urt. v. 19.3.2013 – XI ZR 46/11, NJW 2013, 2015 Rn. 25 mwN = WM 2013, 924.

[114] BGH Urt. v. 19.3.2013 – XI ZR 46/11, NJW 2013, 2015 Rn. 26 mwN = WM 2013, 924.

[115] BGH Urt. v. 19.3.2013 – XI ZR 46/11, NJW 2013, 2015 Rn. 27 mwN = WM 2013, 924.

ausgehändigten Verkaufsprospekt der Fall sein.[116] So genügt etwa ein ausdrücklicher Hinweis im Prospekt, dass die erzielbare Miete nach Ablauf der Mietgarantie die garantierte Miete unterschreiten könne[117] oder dass nur 75% der in einen Immobilienfonds fließenden Gelder für Grundstückserwerb und Errichtung der Gebäude verwendet werden.[118] Eine ausreichende Kenntnis des Darlehensnehmers kann auch zu bejahen sein, wenn es sich dabei um eine in Grundstücks- und Bauträgergeschäften erfahrene Hypothekenbank handelt, die von dem (wundersamen) Kaufpreissprung des zu finanzierenden Grundstücks Kenntnis hatte.[119]

431 Dagegen ist ein aufklärungspflichtiger Wissensvorsprung der Bank gegenüber dem Anleger nicht deshalb zu verneinen, weil der **Treuhänder**, der für den Anleger die Beteiligung hält, oder dessen Mitarbeiter das entsprechende Wissen gehabt hat. Dieses Wissen ist dem Anleger nicht nach § 166 Abs. 1 BGB zuzurechnen. Eine Zurechnung des Wissens des Treuhänders in direkter Anwendung des § 166 Abs. 1 BGB scheidet schon deshalb aus, weil es nicht um die rechtlichen Folgen einer Willenserklärung, sondern um die Begründung einer vorvertraglichen Aufklärungspflicht geht. Zwar beurteilen sich auch die Aufklärungspflichten einer Bank im Falle der Vertretung des Anlegers grundsätzlich nicht nach dessen Kenntnissen und Erfahrungen, sondern nach den Kenntnissen und Erfahrungen seines Bevollmächtigten. Da der Bevollmächtigte die (Anlage-)Entscheidung trifft, ist maßgeblich, ob ihm gegenüber ein Informationsgefälle besteht, das die Bank durch eine entsprechende Aufklärung auszugleichen hat.[120] Eine Bank handelt jedoch treuwidrig (§ 242 BGB), wenn sie sich als Vertragspartner auf die Zurechnung eines Vertreterwissens beruft, obwohl sie damit rechnen musste, dass der Vertreter sein Wissen von einer arglistigen Täuschung dem Vertretenen – also dem Anleger – vorenthalten würde.[121] Dies gilt erst recht, wenn die Bank den Treuhänder nicht als alleinigen Entscheidungsträger anerkennt, sondern nur dann bereit ist, die Kreditmittel auf das Darlehenskonto auszuzahlen, wenn zuvor der Anleger ausdrücklich sein „Einverständnis" mit dem Darlehensvertrag und der Kontoeröffnung erklärt.[122]

432 **(4) Konflikt zwischen Aufklärungspflicht und Bankgeheimnis.** Ist der Vertragspartner des Kreditkunden ebenfalls Kunde der Bank, kollidiert die Aufklärungspflicht gegenüber dem Kreditnehmer mit dem gegenüber dem Dritten bestehenden Bankgeheimnis. Der Konflikt zwischen Aufklärungspflicht und Bankgeheimnis ist durch Güterabwägung zu lösen. Bei dieser **Güterabwägung** ist auch zu berücksichtigen, in welchem Umfang die aufklärungspflichtige Bank gezwungen wäre, Einzelheiten ihrer Geschäftsverbindung mit dem anderen Kunden und über dessen Vermögenslage zu offenbaren.[123]

433 **(5) Einzelfragen. (a) Unangemessenheit des Kaufpreises (sittenwidrige Überteuerung). (aa) Grundsatz.** Im Ausgangspunkt besteht **keine Aufklärungs- oder Ermittlungspflicht der Bank.** Das finanzierende Kreditinstitut ist bei steuersparenden

---

[116] BGH Urt. v. 9.11.2004 – XI ZR 315/03, NJW 2005, 668, 670 = WM 2005, 72.

[117] BGH Urt. v. 23.3.2004 – XI ZR 194/02, NJW 2004, 2378, 2380 = WM 2004, 1221; BGH Urt. v. 9.11.2004 – XI ZR 315/03, NJW 2005, 668, 670 = WM 2005, 72.

[118] BGH Urt. v. 27.6.2000 – XI ZR 174/99, NJW 2000, 3558, 3559 = WM 2000, 1685.

[119] BGH Urt. v. 4.11.1987 – IVa ZR 145/86, NJW-RR 1988, 365 = WM 1988, 41.

[120] BGH Urt. v. 5.7.2011 – XI ZR 306/10, WM 2011, 2088 Rn. 23 mwN.

[121] BGH Urt. v. 5.7.2011 – XI ZR 306/10, WM 2011, 2088 Rn. 24 mwN.

[122] BGH Urt. v. 5.7.2011 – XI ZR 306/10, WM 2011, 2088 Rn. 25.

[123] BGH Urt. v. 27.11.1990 – XI ZR 308/89, NJW 1991, 693, 694 = WM 1991, 85; BGH Urt. v. 3.12.1991 – XI ZR 300/90, NJW 1992, 555 = WM 1992, 133 (in BGHZ 116, 209 nicht abgedruckt); siehe dazu auch BGH Urt. v. 28.2.1989 – XI ZR 91/88, BGHZ 107, 104, 109 = NJW 1989, 1601.

Bauherren- und Erwerbermodellen grundsätzlich nicht verpflichtet, den Darlehensnehmer von sich aus über die Unangemessenheit des finanzierten Kaufpreises und eine etwa darin enthaltene „versteckte Innenprovision" aufzuklären. Eine Aufklärungspflicht über die Unangemessenheit des Kaufpreises, die grundsätzlich nicht einmal den Verkäufer einer Immobilie trifft, kommt nur ausnahmsweise in Betracht, wenn – etwa durch eine im Kaufpreis enthaltene Innenprovision – eine so wesentlichen Verschiebung des Verhältnisses zwischen Kaufpreis und Verkehrswert der Kapitalanlage vorliegt, dass das Kreditinstitut von einer sittenwidrigen Übervorteilung des Käufers durch den Verkäufer ausgehen muss.[124] Entsprechendes gilt, wenn in dem Kaufpreis Zinssubventionen zugunsten der Bank eingepreist sind.[125] Dabei führt nicht jedes, auch nicht jedes auffällige Missverhältnis zwischen Leistung und Gegenleistung zur Sittenwidrigkeit eines Rechtsgeschäfts.

Soweit die Immobilie – wie regelmäßig – als Sicherheit für den Darlehensrückzah- 434
lungsanspruch gestellt wird, ergeben sich daraus für die Bank gegenüber dem Darlehensnehmer keine weitergehenden Pflichten zur **Ermittlung des Verkehrswerts** der Immobilie. Soweit Kreditinstitute den Wert der ihnen gestellten Sicherheit prüfen, erfolgt dies ausschließlich im eigenen Interesse sowie im Interesse der Sicherheit des Bankensystems, nicht aber im Interesse des Kunden.[126] Daran ändert selbst eine Mitteilung an den Kunden nichts, man werde eine Wertermittlung durchführen.[127] Deswegen kann weder eine fehlerhafte Sicherheitenwertermittlung[128] noch deren vollständige Unterlassung für sich die Kenntnis oder das Kennenmüssen der finanzierenden Bank von der Sittenwidrigkeit des finanzierten Kaufvertrags begründen.

Erst recht ist eine finanzierende Bank aus keinem Gesichtspunkt zur **Ermittlung des** 435
Ertragswerts einer Immobilie verpflichtet. Dies ergibt sich von den vorgenannten Gründen abgesehen bereits daraus, dass die Wertermittlung, die Banken im eigenen Interesse vornehmen, auf den Beleihungswert abzielt, den die Bank klärt, um die Realisierbarkeit ihrer Ansprüche im Falle einer Zwangsvollstreckung abzuschätzen.

(bb) Sittenwidrig überhöhter Kaufpreis. Nach ständiger Rechtsprechung des 436
BGH kann von einem besonders groben Missverhältnis, das eine Vermutung für die subjektiven Voraussetzungen der Sittenwidrigkeit begründet, vielmehr erst ausgegangen werden, wenn der Wert der Leistung knapp doppelt so hoch ist wie der Wert der Gegenleistung.[129] Bei dem Wertvergleich sind allerdings die in dem Gesamtaufwand für den Erwerb enthaltenen Nebenkosten wie Grunderwerbssteuer, Beurkundungskosten, Kosten der

[124] BGH Urt. v. 16.5.2006 – XI ZR 6/04, BGHZ 168, 1 Rn. 47 = NJW 2006, 2099 = WM 2006, 1194; BGH Urt. v. 29.6.2010 – XI ZR 104/08, BGHZ 186, 96 Rn. 17 = NJW-RR 2011, 270 = WM 2010, 1451 BGH Urt. v. 18.10.2016 – XI ZR 145/14, NJW 2017, 1313 Rn. 19 = WM 2016, 2384.

[125] BGH Urt. v. 3.6.2008 – XI ZR 131/07, NJW 2008, 2572 Rn. 26 = WM 2008, 1394.

[126] BGH Urt. v. 8.5.2001 – XI ZR 192/00, BGHZ 147, 343, 349 = NJW 2002, 62 = WM 2001, 1758; BGH Urt. v. 16.5.2006 – XI ZR 6/04, BGHZ 168, 1 Rn. 45 = NJW 2006, 2099 = WM 2006, 1194; BGH Urt. v. 6.11.2007 – XI ZR 322/03, NJW 2008, 644 Rn. 43 = WM 2008, 115; BGH Urt. v. 10.12.2013 – XI ZR 508/12, NJW-RR 2014, 653 Rn. 18 = WM 2014, 124.

[127] BGH Urt. v. 10.12.2013 – XI ZR 508/12, NJW-RR 2014, 653 Rn. 18 = WM 2014, 124.

[128] BGH Urt. v. 20.3.2007 – XI ZR 414/04, NJW 2007, 2396 Rn. 41 = WM 2007, 876; BGH Urt. v. 23.10.2007 – XI ZR 167/05, NJW 2008, 640 Rn. 15 = WM 2008, 154.

[129] BGH Urt. v. 12.11.2002 – XI ZR 3/01, NJW 2003, 424, 425 = WM 2003, 61; BGH Urt. v. 16.5.2006 – XI ZR 6/04, BGHZ 168, 1 Rn. 47 = NJW 2006, 2099 = WM 2006, 1194; BGH Urt. v. 10.12.2013 – XI ZR 508/12, NJW-RR 2014, 653 Rn. 16, 26 = WM 2014, 124; BGH Urt. v. 18.10.2016 – XI ZR 145/14, NJW 2017, 1313 Rn. 19 = WM 2016, 2384.

Grundbuchumschreibung, Provisionen und Gebühren für Mietgarantie und Finanzierungsvermittlung nicht zu berücksichtigen.[130]

437 Bei Grundstücken oder Eigentumswohnungen ist diese Voraussetzung bei einer **Verkehrswertüber- oder -unterschreitung von 90%** erfüllt.[131] Daher genügen nicht Überschreitungen von ca. 75%,[132] ca. 80%,[133] ca. 82%[134] oder ca. 84%.[135] Soweit nach der früheren Rechtsprechung des BGH ein besonders grobes Missverhältnis zwischen Leistung und Gegenleistung anzunehmen war, wenn der Wert der Leistung „knapp doppelt so hoch" ist wie der Wert der Gegenleistung,[136] ist dies durch die 90%-Rechtsprechung präzisiert worden.

438 Allerdings ist bei der Frage, ob zwischen Leistung und Gegenleistung ein besonders grobes Missverhältnis besteht, eine **wirtschaftliche Betrachtungsweise** angezeigt. Übernimmt der Verkäufer zusätzliche Leistungen, muss dies im Rahmen des Wertvergleichs von Leistung und Gegenleistung berücksichtigt werden.[137] Dies ist etwa der Fall, wenn der Verkäufer sich verpflichtet, anderweitige Verpflichtungen des Käufers zu tilgen oder zu übernehmen, wie zB entgegen der Kostentragungsregel des § 448 Abs. 2 BGB die Grunderwerbssteuer oder andere Erwerbsnebenkosten.[138]

439 Umgekehrt kann eine Gesamtwürdigung aller Umstände auch bei Nichterreichung dieses Grenzwerts das Verdikt der Sittenwidrigkeit erfüllen, wenn ein (nur) **auffälliges Missverhältnis** von Leistung und Gegenleistung vorliegt.[139] Solche weiteren, den Darlehensnehmer zusätzlich belastenden Umstände sind allerdings nicht die Vollfinanzierung des Kaufpreises,[140] das Erfordernis der Belastung einer weiteren Immobilie,[141] das Abhängigmachen der Finanzierung von einer Wertermittlung im Falle einer Vollfinanzierung des Kaufpreises[142] oder der vorherige Erwerb des Objekts durch den Verkäufer zu einem geringeren Preis.[143]

---

[130] BGH Urt. v. 18.4.2000 – XI ZR 193/99, NJW 2000, 2352, 2353 = WM 2000, 1245; BGH Urt. v. 26.2.2008 – XI ZR 74/06, NJW 2008, 1585 Rn. 38 = WM 2008, 683 (XI. Zivilsenat); BGH Urt. v. 15.1.2016 – V ZR 278/14, NJW-RR 2016, 692 Rn. 8 = WM 2016, 1753 (V. Zivilsenat); BGH Urt. v. 18.10.2016 – XI ZR 145/14, NJW 2017, 1313 Rn. 19 = WM 2016, 2384 (XI. Zivilsenat).

[131] BGH Urteil vom 24.1.2014 – V ZR 249/12, NJW 2014, 1652 Rn. 8 = WM 2014, 1440; BGH Urt. 15.1.2016 – V ZR 278/14, NJW-RR 2016, 692 Rn. 7 = WM 2016, 1753; BGH Urt. v. 22.4.2016 – V ZR 256/14, NJW-RR 2016, 1251 Rn. 8 = WM 2016, 1384.

[132] Urt. v. 2.12.2003 – XI ZR 53/02, NJW-RR 2004, 632, 633 = WM 2004, 417; BGH Urt. v. 26.2.2008 – XI ZR 74/06, NJW 2008, 1585 Rn. 39 = WM 2008, 683.

[133] BGH Urt. v. 20.5.2003 – XI ZR 248/02, NJW 2003, 2529, 2530 = WM 2003, 1370.

[134] BGH Urt. v. 18.3.2003 – XI ZR 188/02, NJW 2003, 2088, 2090 = WM 2003, 918.

[135] BGH Urt. v. 10.12.2013 – XI ZR 508/12, NJW-RR 2014, 653 Rn. 24 = WM 2014, 124.

[136] Vgl. nur BGH Urt. v. 25.2.1994 – V ZR 63/93, BGHZ 125, 218, 227 = NJW 1994, 1344 = WM 1994, 746; BGH Urt. v. 19.1.2001 – V ZR 437/99, BGHZ 146, 298, 302 = NJW 2001, 1127 = WM 2001, 637; BGH Urt. v. 25.2.2011 – V ZR 208/09, NJW-RR 2011, 880 Rn. 16.

[137] BGH Urt. v. 15.1.2016 – V ZR 278/14, NJW-RR 2016, 692 Rn. 10 = WM 2016, 1753.

[138] BGH Urt. v. 15.1.2016 – V ZR 278/14, NJW-RR 2016, 692 Rn. 10 f. = WM 2016, 1753.

[139] BGH Urt. v. 2.7.2004 – V ZR 213/03, BGHZ 160, 8, 16 f. = NJW 2004, 2671 (Überhöhung um 57,59% bzw. 62,37%); BGH Urt. v. 10.12.2013 – XI ZR 508/12, NJW-RR 2014, 653 Rn. 16 = WM 2014, 124 (Überhöhung um 68%); BGH Urt. v. 15.1.2016 – V ZR 278/14, NJW-RR 2016, 692 Rn. 14 = WM 2016, 1753 (Überhöhung um 79,18%).

[140] BGH Urt. v. 2.7.2004 – V ZR 213/03, BGHZ 160, 8, 17 = NJW 2004, 2671; BGH Urt. v. 10.12.2013 – XI ZR 508/12, NJW-RR 2014, 653 Rn. 18 = WM 2014, 124.

[141] BGH Urt. v. 2.7.2004 – V ZR 213/03, BGHZ 160, 8, 16 f. = NJW 2004, 2671.

[142] BGH Urt. v. 10.12.2013 – XI ZR 508/12, NJW-RR 2014, 653 Rn. 18 = WM 2014, 124.

[143] BGH Urt. v. 10.12.2013 – XI ZR 508/12, NJW-RR 2014, 653 Rn. 23 = WM 2014, 124.

440 Die Würdigung, ob ein Rechtsgeschäft gegen die guten Sitten verstößt, ist zwar eine Rechtsfrage, die der Nachprüfung im Wege der Revision unterliegt.[144] Die dieser Würdigung zugrunde liegenden tatsächlichen Feststellungen des Berufungsgerichts können aber im Revisionsverfahren nur daraufhin überprüft werden, ob sie vollständig und rechtlich möglich sind und nicht gegen Denkgesetze und Erfahrungssätze verstoßen.[145] Insbesondere die **Auswahl der Wertermittlungsmethode** steht im pflichtgemäßen Ermessen des Tatrichters.[146] Bei Wohnimmobilien ist allerdings grundsätzlich die ***Vergleichswertmethode*** anzuwenden;[147] sie kann auch bei einem Parkplatzkauf – insbesondere wenn der gerichtlich bestellte Sachverständige diese Methode favorisiert – die Methode der Wahl sein.[148] Dabei handelt es sich um eine einfache und zuverlässige Methode zur Ermittlung des Verkehrswerts. Sie setzt allerdings voraus, dass sich eine aussagekräftige Menge von Vergleichspreisen verlässlich ermitteln lässt.[149] Solche Vergleichswerte lassen sich nicht nur der Sammlung des örtlichen Gutachterausschusses entnehmen, sondern auch anderen (verlässlichen) Quellen. Aufgrund dessen wäre es rechtsfehlerhaft, eine Berechnung nach der Vergleichswertmethode mit der Begründung auszuschließen, dass bei dem zuständigen Gutachterausschuss keine geeigneten Daten über vergleichbare Kauffälle vorhanden seien.[150] Besteht bei Anwendung der Vergleichswertmethode kein besonders grobes Missverhältnis, kann die Sittenwidrigkeit nicht aus einer Wertermittlung nach der Ertragswertmethode hergeleitet werden.[151] Bei Anwendung der Ertragswertmethode bedarf es besonderer Anhaltspunkte, aus denen sich die verwerfliche Gesinnung ergibt.[152] Von vornherein ungeeignet ist dagegen eine Heranziehung der Herstellungskosten der Immobilie. Der Wert einer Immobilie hängt nicht entscheidend von den Gestehungskosten ab, sondern von dem Vergleichs- oder Ertragswert, in den etwa auch die Lage des Objekts einfließt.[153]

441 Nach der Rechtsprechung des XI. Zivilsenats des BGH erfordert ein den Substantiierungsanforderungen genügender Vortrag zu einem entsprechenden Minderwert der erworbenen Wohnung die **Darlegung** konkreter, dem Beweis zugänglicher Angaben zu den **wertbildenden Faktoren** der erworbenen Wohnung; die bloße Behauptung eines bestimmten Verkehrswerts der Wohnung genügt nicht.[154] Weniger strenge Anforderungen stellt der V. Zivilsenat des BGH, der die Behauptung, eine Wohnung habe im Zeitpunkt des Verkaufs einen bestimmten Verkehrswert aufgewiesen, für ausreichend substantiiert hält, soweit sie nicht erkennbar „ins Blaue hinein" aufgestellt worden ist.[155] Allerdings kann nicht aus den Angaben eines Zeugen oder eines Gutachters über den baulichen Zu-

---

[144] BGH Urt. v. 18.10.2016 – XI ZR 145/14, NJW 2017, 1313 Rn. 21 = WM 2016, 2384.
[145] BGH Urt. v. 18.10.2016 – XI ZR 145/14, NJW 2017, 1313 Rn. 21 = WM 2016, 2384.
[146] BGH Urt. v. 18.10.2016 – XI ZR 145/14, NJW 2017, 1313 Rn. 31 = WM 2016, 2384.
[147] BGH Urt. v. 2.7.2004 – V ZR 213/03, BGHZ 160, 8, 11 ff. = NJW 2004, 2671; BGH Urt. v. 18.12.2007 – XI ZR 324/06, NJW-RR 2008, 1436 Rn. 32 = WM 2008, 967; BGH Urt. v. 18.10.2016 – XI ZR 145/14, NJW 2017, 1313 Rn. 31 = WM 2016, 2384.
[148] BGH Urt. v. 18.12.2007 – XI ZR 324/06, NJW-RR 2008, 1436 Rn. 33 = WM 2008, 967.
[149] BGH Urt. v. 18.12.2007 – XI ZR 324/06, NJW-RR 2008, 1436 Rn. 32 = WM 2008, 967.
[150] BGH Urt. v. 18.10.2016 – XI ZR 145/14, NJW 2017, 1313 Rn. 32 = WM 2016, 2384.
[151] BGH Urt. v. 2.7.2004 – V ZR 213/03 = BGHZ 160, 8, 13 ff. = NJW 2004, 2671.
[152] BGH Urt. v. 18.12.2007 – XI ZR 324/06, NJW-RR 2008, 1436 Rn. 35 = WM 2008, 967.
[153] BGH Urt. v. 16.9.2003 – XI ZR 74/02, BKR 2003, 942, 943 f.
[154] BGH Urt. v. 19.9.2006 – XI ZR 204/04, BGHZ 169, 109 Rn. 20 f. = NJW 2007, 357 = WM 2006, 2343; BGH Urt. v. 26.2.2008 – XI ZR 74/06, NJW 2008, 1585 Rn. 39 = WM 2008, 683; vgl. auch BVerfG, WM 2009, 671, 672.
[155] BGH Beschl. v. 2.4.2009 – V ZR 177/08, NJW-RR 2009, 1236 Rn. 10 f.; BGH Urt. v. 19.12.2014 – V ZR 194/13, NJW 2015, 1510 Rn. 21 = WM 2015, 528.

stand einer Immobilie in späteren Jahren auf deren Zustand in dem einige Jahre zurückliegenden Erwerbsjahr geschlossen werden.[156]

442 Dagegen besteht bis zu der Grenze des sittenwidrig überhöhten Kaufpreises keine Verpflichtung der Bank, die sich auf ihre Rolle als Kreditgeberin beschränkt und eine kreditfinanzierte Anlage nicht empfiehlt, über eine im Anlageprospekt nicht ausgewiesene, an den Vertrieb oder andere Beteiligte gezahlte **Innenprovisionen** von 15% und mehr zu unterrichten. Nach der Rechtsprechung des BGH trifft den Anlageberater[157] und den Anlagevermittler[158] zwar die Pflicht, den Anleger über solche Innenprovisionen – für die Zeit bis zum 1. August 2014: von mehr als 15% der Anlagesumme – aufzuklären, weil insoweit beide dem Anlageinteressenten zu wahrheitsgemäßer, richtiger und vollständiger Information über alle für die Anlageentscheidung bedeutsamen Umstände vertraglich verpflichtet sind. Dies gilt indes nicht für die kreditgebende Bank,[159] es sei denn, dass der Anleger über die **Höhe der Provision**, zB durch falsche Angaben im Prospekt oder eine vermeintlich abschließende Angabe im formularmäßigen Vermittlungsauftrag oder Zeichnungsschein, arglistig getäuscht worden ist und der Bank dies bekannt ist.[160] In der Regel sind die Angaben im Zeichnungsschein allerdings nicht abschließend gemeint, sondern weisen lediglich die Außenprovision auf.[161]

443 **(cc) Arglistige Täuschung.** Eine arglistige Täuschung des Kapitalanlegers liegt nicht darin, dass in einem **Verkaufsprospekt** für eine Eigentumswohnung der Gesamtaufwand dahin aufgeschlüsselt wird, dass für „Grundstück, Gebäude inkl. Vertrieb und Marketing“ 76,70% anfallen, wobei darin eine Innenprovision von 18,24% eingepreist ist. Insoweit besteht kein Erfahrungssatz, dass die in den 76,70% enthaltenen Innenprovisionen sich lediglich in einer ähnlichen Größenordnung belaufen wie die übrigen in dem Prospekt gesondert aufgeschlüsselten (elf) Einzelpositionen, die teilweise weniger als 2% betragen.[162] Eine arglistige Täuschung lässt sich in einem solchen Fall auch nicht aus dem Inhalt des formularmäßigen Vermittlungsauftrags oder den vorformulierten Passagen eines Berechnungsbeispiels entnehmen, wenn darin zwar eine von dem Kapitalanleger an den Vermittler zu zahlende Bearbeitungsgebühr von 3% ausgewiesen ist, zugleich aber auf der Rückseite des Vermittlungsauftrags ausdrücklich klargestellt wird, dass der Vermittler noch weitere Vergütungsansprüche gegen sonstige Beteiligte hat.[163]

444 Zur substantiierten Darlegung einer arglistigen Täuschung genügt nicht die bloße Behauptung des Anlegers, nach dem ihm vorgelegten Fondsprospekt habe das Fondsgrundstück für einen **Kaufpreis** von knapp 28 Mio. DM erworben werden sollen, während es

[156] BGH Urt. v. 18.10.2016 – XI ZR 145/14, NJW 2017, 1313 Rn. 22 ff. = WM 2016, 2384.

[157] BGH Urt. v. 23.6.2016 – III ZR 308/15, NJW 2016, 3024 Rn. 11 = WM 2016, 1333.

[158] BGH Urt. v. 12.2.2004 – III ZR 359/02, BGHZ 158, 110, 116 ff. = NJW 2004, 1732 = WM 2004, 631.

[159] BGH Urt. v. 23.3.2004 – XI ZR 194/02, NJW 2004, 2378, 2380 = WM 2004, 1221; BGH Urt. v. 17.7.2012 – XI ZR 198/11, NJW 2012, 3294 Rn. 18; BGH Urt. v. 5.6.2012 – XI ZR 175/11, NJW-RR 2013, 167 Rn. 22 = WM 2012, 1389.

[160] BGH Urt. v. 10.7.2007 – XI ZR 243/05, NJW 2007, 3272 Rn. 15 = WM 2007, 1831 (falsche Prospektangaben); BGH Urt. v. 29.6.2010 – XI ZR 104/08, BGHZ 186, 96 Rn. 24 ff. = NJW-RR 2011, 270 = WM 2010, 1451 (vermeintlich abschließende Angabe der Provision im Zeichnungsschein); BGH Urt. v. 11.1.2011 – XI ZR 326/08, NJW 2011, 2349 f. = WM 2011, 397 (vermeintlich abschließende Angabe der Provision im Zeichnungsschein); zur Wahrheitspflicht der Parteien und Widerruf eines Geständnisses in diesem Zusammenhang siehe BGH Urt. v. 31.5.20011 – XI ZR 369/08, NJW 2011, 2794 Rn. 13 ff. = WM 2011, 1534.

[161] Siehe hierzu BGH Urt. v. 17.7.2012 – XI ZR 198/11, NJW 2012, 3294 Rn. 19 ff.

[162] BGH Urt. v. 5.6.2012 – XI ZR 175/11, NJW-RR 2013, 167 Rn. 25 ff. = WM 2012, 1389.

[163] BGH Urt. v. 5.6.2012 – XI ZR 175/11, NJW-RR 2013, 167 Rn. 28 ff. = WM 2012, 1389.

tatsächlich nur einen **Wert** von 8 Mio. DM habe. Insoweit ist bereits zweifelhaft, ob in dieser Prospektangabe die konkludente Behauptung liegt, das Grundstück habe einen Wert von 28 Mio. DM. Jedenfalls ist einem solchen Vortrag nicht zu entnehmen, in welchem Zeitpunkt das Grundstück den behaupteten Wert gehabt haben soll.[164]

(dd) Kenntnis der Bank. Nach der ständigen Rechtsprechung des BGH muss ein Kreditinstitut nur **präsentes Wissen** von einer sittenwidrigen Überteuerung offenbaren. Das erfordert grundsätzlich positive Kenntnis der Bank von der sittenwidrigen Überteuerung des Kaufpreises für das finanzierte Objekt.[165] **445**

Die Bank ist dagegen nicht gehalten, sich einen Wissensvorsprung erst zu verschaffen.[166] Sie trifft **keine Nachforschungspflicht** hinsichtlich etwaiger Risiken des zu finanzierenden Vorhabens.[167] Allerdings steht es der positiven Kenntnis unter Umständen gleich, wenn die Bank **bewusst die Augen** vor der sich förmlich aufdrängenden Erkenntnis einer Tatsache **verschließt**.[168] Dies kann etwa in Bezug auf die sittenwidrige Überteuerung einer Wohnung der Fall sein, wenn dem zuständigen Bankmitarbeiter alle wertbildenden Faktoren der Wohnung (Alter, Lage, Ausstattung, Renovierungszustand) bekannt waren und sich ihm deshalb die sittenwidrige Überteuerung der Wohnung aufgedrängt hat; dies gilt zumal dann, wenn die Bank nachträglich noch eine unüblich hohe fünfprozentige Tilgung pro Jahr verlangt, weil dies ein wichtiges Indiz dafür ist, dass sie die Immobilie in hohem Maße nicht als werthaltig ansieht.[169] **446**

Bei einer **sittenwidrigen Überteuerung des Kaufpreises** muss der Kreditnehmer stets den **Vollbeweis** erbringen, dass die Bank dies wusste; die unter den Voraussetzungen einer institutionalisierten Zusammenarbeit zwischen Bank und Vertrieb entwickelte Beweiserleichterung in Form einer Kenntnisvermutung greift hier nicht ein.[170] Da ein Kreditinstitut nur das ihm präsente Wissen offenbaren muss, sind grundsätzlich Darlegungen zur positiven Kenntnis der Bank von der sittenwidrigen Überteuerung des Kaufobjekts erforderlich. Soweit ausnahmsweise die bloße Erkennbarkeit der sittenwidrigen Überteuerung der positiven Kenntnis gleichzustellen ist, muss die sittenwidrige Überteuerung als solche feststehen und deren Erkennbarkeit für den zuständigen Bankmitarbeiter von dem Darlehensnehmer dargelegt und bewiesen werden.[171] **447**

Beispiele: **448**

- Die bloße Vorlage eines Privatgutachtens über den **Ertragswert** der erworbenen Wohnung (zB monatliche Bruttokaltmiete) genügt für den Nachweis der subjektiven Komponente nicht.[172]

---

[164] BGH Urt. v. 23.9.2008 – XI ZR 262/07, NJW-RR 2009, 547 Rn. 27 = WM 2008, 2155.

[165] BGH Urt. v. 18.10.2016 – XI ZR 145/14, NJW 2017, 1313 Rn. 34 = WM 2016, 2384.

[166] BGH Urt. v. 27.1.2004 – XI ZR 37/03, NJW 2004, 1376, 1378 = WM 2004, 620; BGH Urt. v. 18.10.2016 – XI ZR 145/14, NJW 2017, 1313 Rn. 34 = WM 2016, 2384.

[167] BGH Urt. v. 29.4.2008 – XI ZR 221/07, NJW-RR 2008, 1226 Rn. 19 = WM 2008, 1121; BGH Urt. v. 18.10.2016 – XI ZR 145/14, NJW 2017, 1313 Rn. 34 = WM 2016, 2384.

[168] BGH Urt. v. 7.4.1992 – XI ZR 200/91, NJW 1992, 1820 = WM 1992, 977; BGH Urt. v. 29.4.2008 – XI ZR 221/07, NJW-RR 2008, 1226 Rn. 20 = WM 2008, 1121; BGH Beschl. v. 15.6.2010 – XI ZR 318/09, WM 2010, 1448 Rn. 10; BGH Urt. v. 18.10.2016 – XI ZR 145/14, NJW 2017, 1313 Rn. 34 = WM 2016, 2384.

[169] BGH Urt. v. 29.4.2008 – XI ZR 221/07, NJW-RR 2008, 1226 Rn. 22 = WM 2008, 1121.

[170] BGH Urt. v. 23.10.2007 – XI ZR 167/05, NJW 2008, 640 Rn. 16 = WM 2008, 154; BGH Beschl. v. 15.6.2010 – XI ZR 318/09, WM 2010, 1448 Rn. 11; BGH Urt. v. 10.12.2013 – XI ZR 508/12, NJW-RR 2014, 653 Rn. 20 = WM 2014, 124.

[171] BGH Urt. v. 10.12.2013 – XI ZR 508/12, NJW-RR 2014, 653 Rn. 21 = WM 2014, 124.

[172] BGH Urt. v. 21.10.2008 – XI ZR 256/07, ZIP 2008, 2405 Rn. 12.

- Die Kenntnis einer Bank von einem groben Missverhältnis zwischen Kaufpreis und Verkehrswert einer von ihr finanzierten Immobilie ergibt sich nicht aus ihrer Kenntnis von der für die Immobilie erzielten **Jahresnettokaltmiete** im Wege eines – auf schlichter Vervielfältigung der Nettomiete mit einem frei gegriffenen Faktor beruhenden – „**vereinfachten Ertragswertverfahren**s“ (sog. Maklerformel, zB die 10- oder 14-fache Jahresnettomiete).[173]
- Dies gilt natürlich erst recht, wenn ein **Privatgutachten** zu einer anderen, **nicht vergleichbaren Wohnung** vorgelegt wird.[174]

449 **(ee) Exkurs zum Prozessrecht.** Soweit in diesem Zusammenhang der Anleger im Zivilprozess die Anordnung der Vorlage der Kreditakte oder der Unterlagen zur Beleihungswertermittlung nach **§ 142 Abs. 1 ZPO** beantragt, steht die Anordnung zwar im Ermessen des Gerichts. Die Vorschrift des § 142 Abs. 1 ZPO befreit die Partei, die sich auf eine bestimmte Urkunde bezieht, aber nicht von ihrer Darlegungs- und Beweislast. Aufgrund dessen darf das Gericht die Urkundenvorlegung nicht zum Zwecke bloßer Informationsgewinnung, sondern nur bei Vorliegen eines schlüssigen, auf konkrete Tatsachen bezogenen Vortrags anordnen.[175] Ein solcher Vortrag ist etwa zu bejahen, wenn der Anleger zum Nachweis der Tatsache, dass sich die sittenwidrige Überteuerung des Kaufpreises dem zuständigen Mitarbeiter der Bank habe aufdrängen müssen, vorträgt, die Bank habe die streitgegenständliche Wohnung vor der Darlehensgewährung besichtigt und hierüber eine interne Notiz erstellt, auf deren Existenz er sich insoweit ausdrücklich bezieht.[176]

450 **(b) Personelle Verflechtungen.** Eine Aufklärungspflicht der Bank kann in Bezug auf personelle Verflechtungen zwischen Initiatoren, Gründungsgesellschaftern, Verkäufern, Treuhänder und den übrigen Vertragspartnern des Anlegers bestehen, wenn darin ein spezielles **Risiko des finanzierten Projekts** liegt.

451 Die Kenntnis der Bank davon, dass ein geschäftsführender Gesellschafter der Treuhänderin – entgegen den Angaben im Prospekt, wonach zwischen der Treuhänderin und den übrigen Vertragspartnern keine Verflechtungen bestehen – zugleich Gründungsgesellschafter und Aufsichtsrat der Grundstücksverkäuferin und Vertragspartnerin des streitgegenständlichen Anlageprojekts ist, genügt aber zur Begründung einer Aufklärungspflicht wegen eines für die Beklagte erkennbaren konkreten Wissensvorsprungs nicht. Der haftungsbegründende konkrete Wissensvorsprung muss sich auf die speziellen Risiken des finanzierten Projekts beziehen. Ein solches Risiko stellt der Umstand, dass ein geschäftsführender Gesellschafter der Treuhänderin zugleich Gründungsgesellschafter und Aufsichtsrat der Grundstücksverkäuferin ist, für sich genommen nicht dar.[177] Dies kann allerdings dann anders sein, wenn dieser Umstand ein erhöhtes Risiko **mangelnder Neutralität der Treuhänderin oder Geschäftsbesorgerin** begründen würde und der Bank zugleich bekannt wäre, dass sich die personelle Verflechtung der Treuhänderin zum Nachteil des Kreditnehmers in den Konditionen des finanzierten Projekts niedergeschlagen hätte; denn dann läge darin ein aufklärungspflichtiges spezielles Risiko des finanzier-

---

[173] BGH Urt. v. 18.10.2016 – XI ZR 145/14, NJW 2017, 1313 Rn. 37 ff. = WM 2016, 2384.

[174] Vgl. etwa BGH Urt. v. 18.11.2008 – XI ZR 157/07, Rn. 30; BGH Urt. v. 18.10.2016 – XI ZR 145/14, NJW 2017, 1313 Rn. 35 = WM 2016, 2384.

[175] BGH Urt. v. 26.6.2007 – XI ZR 277/05, BGHZ 173, 23 Rn. 20 ff. = NJW 2007, 2989 = WM 2007, 1651; BGH Beschl. v. 15.6.2010 – XI ZR 318/09, WM 2010, 1448 Rn. 25; BGH Urt. v. 27.5.2014 – XI ZR 264/13, NJW 2014, 3312 Rn. 29 = WM 2014, 1379.

[176] BGH Beschl. v. 15.6.2010 – XI ZR 318/09, WM 2010, 1448 Rn. 25.

[177] BGH Urt. v. 3.6.2003 – XI ZR 289/02, NJW-RR 2003, 1203, 1205 = WM 2003, 1710.

ten Projekts.[178] Dies ist insbesondere der Fall, wenn diesem Personenkreis Sonderzuwendungen oder Sondervorteile gewährt werden.[179]

Eine Aufklärungspflicht der Bank lässt sich auch nicht daraus herleiten, dass die Treu- 452
händerin oder Geschäftsbesorgerin eine **„Doppelrolle"** als Beauftragte des Anlegers, als Initiatorin des Bauherrenmodells und als Finanzierungsvermittlerin der Bank einnimmt. Ein damit verbundener etwaiger Interessenkonflikt der Treuhänderin ist allein noch kein ausreichender Anhaltspunkt für eine Schlechterfüllung des Geschäftsbesorgungsvertrages oder ein aufklärungspflichtiges spezielles Risiko des finanzierten Objekts.[180] Etwas anderes würde nur dann gelten, wenn sich die „Doppelrolle" des Treuhänders/Geschäftsbesorgers zum Nachteil des Kreditnehmers zB in den Konditionen des finanzierten Projekts niederschlägt.

(c) Sonstige Umstände. Einen konkreten Wissensvorsprung in Bezug auf spezielle 453
Risiken des zu finanzierenden Anlageprojekts besitzt die Bank ferner dann, wenn sie weiß oder damit rechnet, dass dieses Vorhaben scheitern wird oder dass wesentliche dafür bedeutsame Umstände, insbesondere wertbildende Faktoren, durch Manipulation verschleiert wurden oder dass der Kreditnehmer von den Geschäftspartnern arglistig getäuscht wurde.[181] Nach der Rechtsprechung des BGH hat die Bank im Fall ihrer Kenntnis den Kreditnehmer über folgende Umstände aufzuklären:

- Verkauf einer Eigentumswohnung für 256 000 DM, deren Verkehrswert 107 000 DM beträgt unter Angabe eines falschen Baujahres und unter Verschweigen erheblicher Mängel,[182]
- unrichtige Angabe über Lastenfreiheit des Fondsgrundstücks,[183]
- drohende Zahlungsunfähigkeit oder Insolvenzreife des Bauträgers,[184]
- Vermögenslosigkeit der Fondsinitiatoren,[185]
- hohe Verschuldung des Initiators eines Bauherrenmodells, aufgrund dessen es zwingend erforderlich ist, dass die zu errichtenden Wohnungen alsbald an Interessenten mit ausreichender Bonität abgesetzt und damit die notwendigen Mittel zur Durchführung aufgebracht werden können,[186]
- Überzeichnung eines Steuersparprojekts und damit einhergehende Beeinträchtigung der Rentabilität des Objekts,[187]
- unzureichende Finanzierung des Projekts,[188]
- unzureichende Leistungsfähigkeit des Pächters des Projekts (Boarding-House),[189]

---

[178] BGH Urt. v. 3.6.2003 – XI ZR 289/02, NJW-RR 2003, 1203, 1205 = WM 2003, 1710; BGH Urt. v. 9.11.2004 – XI ZR 315/03, NJW 2005, 668, 670 = WM 2005, 72.

[179] BGH Urt. v. 21.9.2010 – XI ZR 232/09, NJW-RR 2011, 124 Rn. 29 = WM 2010, 2069.

[180] BGH Urt. v. 26.10.2004 – XI ZR 255/03, BGHZ 161, 15, 21 = NJW 2005, 664 = WM 2005, 127.

[181] BGH Urt. v. 11.2.1999 – IX ZR 352/97, NJW 1999, 2032 = WM 1999, 678.

[182] BGH Urt. v. 17.10.2006 – XI ZR 205/05, NJW-RR 2007, 257 Rn. 16, 19 = WM 2007, 114.

[183] BGH Urt. v. 24.4.2007 – XI ZR 340/05, NJW 2007, 2404 Rn. 20 = WM 2007, 1257.

[184] BGH Urt. v. 27.11.1990 – XI ZR 308/89, NJW 1991, 693 = WM 1991, 85; BGH Urt. v. 26.10.2004 – XI ZR 255/03, BGHZ 161, 15, 22 = NJW 2005, 664 = WM 2005, 127; BGH Urt. v. 12.11.2002 – XI ZR 25/00, BKR 2003, 112, 113 = ZIP 2003, 160; OLG Köln, VersR 2004, 1417.

[185] BGH Urt. v. 28.4.1992 – XI ZR 165/91, NJW 1992, 2146, 2147 = WM 1992, 1310.

[186] BGH Urt. v. 24.3.1992 – XI ZR 133/91, juris Rn. 24 ff.

[187] BGH Urt. v. 10.4.1986 – III ZR 121/84, NJW-RR 1986, 1433 = WM 1986, 995.

[188] BGH Urt. v. 27.1.2004 – XI ZR 37/03, NJW 2004, 1376, 1378 = WM 2004, 620.

[189] BGH Urt. v. 27.1.2004 – XI ZR 37/03, NJW 2004, 1376, 1378 = WM 2004, 620.

- Unrichtigkeit der (Prospekt-)Angaben über die erzielbare Miete (Rentabilität),[190]
- vorzeitiger Baubeginn ohne genügende Anzahl von Erwerbern,[191]
- Vorspiegelung von Mieterträgen in Höhe von 8,64 DM/qm statt tatsächlich zu erzielender 4,41 DM/qm,[192]
- Angaben zur erzielbaren Miete entgegen der Mitteilung im Prospekt ohne betriebswirtschaftliche Untersuchung der Rentabilität und Vermietbarkeit,[193]
- Unrichtigkeit der Prospektangaben über die Vertriebsprovision,[194]
- Verstecken von Innenprovisionen für den Vertrieb unter dem Posten „Grunderwerb“,[195]
- Täuschung über die Höhe der Vermittlungsprovision mittels eines „Objekt- und Finanzierungsvermittlungsauftrags“, indem dadurch vorgespiegelt wird, dass die in einem Objekt- oder Finanzierungsvermittlungsauftrag genannte Provision abschließend ist,[196]
- Überschuldung oder drohende Zahlungsunfähigkeit der Mietgarantiegeberin und damit fehlerhafte Angabe über die Werthaltigkeit der Mietgarantie,[197]
- Gefahr einer Mittelfehlverwendung (Filmfonds),[198]
- Täuschung über (tatsächlich bereits erfolgten) Baubeginn des Objekts, wodurch bestimmte steuerliche Vergünstigungen nicht mehr zu erzielen waren,[199]
- rechtlich nicht gesicherte steuerliche Verlustzuweisung,[200]
- fortdauernde Sozialbindung eines Mietobjekts,[201]
- irreführende Angaben über Grundstücksgröße,[202]
- Vorhandensein erheblicher Altlasten auf dem finanzierten Grundstück,[203]
- Vorhandensein versteckter Mängel des Objekts (die der Bank aufgrund eines ihr vorliegenden Gutachtens bekannt sind),[204]

---

[190] BGH Urt. v. 16.5.2006 – XI ZR 6/04, BGHZ 168, 1 Rn. 56 ff. = NJW 2006, 2099 = WM 2006, 1194; BGH Urt. v. 13.1.2004 – XI ZR 355/02, NJW 2004, 1868, 1869 = WM 2004, 422; BGH Urt. v. 18.1.2005 – XI ZR 201/03, NJW-RR 2005, 634, 635 = WM 2005, 375 (11 DM/qm statt tatsächlich nur 4–5 DM/qm); BGH Urt. v. 23.10.2007 – XI ZR 167/05, NJW 2008, 640 Rn. 23 = WM 2008, 154 (339 DM Monatsmiete statt tatsächlich nur 220 DM); BGH Urt. v. 23.6.2009 – XI ZR 171/08, BKR 2009, 372 Rn. 18 (9 DM/qm statt tatsächlich nur 5,20 DM/qm).

[191] BGH Urt. v. 24.4.1990 – XI ZR 236/89, NJW-RR 1990, 876 = WM 1990, 920.

[192] BGH Urt. v. 3.6.2008 – XI ZR 319/06, NJW 2008, 2576 Rn. 18 = WM 2008, 1346.

[193] BGH Urt. v. 6.11.2007 – XI ZR 322/03, NJW 2008, 644 Rn. 49 = WM 2008, 115; BGH Urt. v. 5.7.2011 – XI ZR 306/10, WM 2011, 2088 Rn. 20.

[194] BGH Urt. v. 10.7.2007 – XI ZR 243/05, NJW 2007, 3272 Rn. 15 = WM 2007, 1831; BGH Urt. v. 24.3.2009 – XI ZR 456/07, NJW-RR 2009, 1275 Rn. 31 und 38 = WM 2009, 1028; BGH Urt. v. 29.9.2009 – XI ZR 252/08, BGHZ 183, 112 Rn. 32, 37 ff. = NJW 2010, 596 = WM 2009, 2366; BGH Urt. v. 24.11.2009 – XI ZR 260/08, NJW 2010, 602 Rn. 32 = WM 2010, 34.

[195] BGH Urt. v. 24.3.2009 – XI ZR 456/07, NJW-RR 2009, 1275 Rn. 28, 30 = WM 2009, 1028.

[196] BGH Urt. v. 29.6.2010 – XI ZR 104/08, BGHZ 186, 96 Rn. 24 ff. = NJW-RR 2011, 270 = WM 2010, 1451; vgl. dazu auch BGH Urt. v. 23.4.2013 – XI ZR 405/11, BKR 2013, 280 Rn. 23.

[197] BGH Urt. v. 14.6.2004 – II ZR 393/02, BGHZ 159, 294, 316 f. = NJW 2004, 2736 = WM 2004, 1529; BGH Urt. v. 18.1.2005 – XI ZR 201/03, NJW-RR 2005, 634, 635 = WM 2005, 375; BGH Urt. v. 24.3.2009 – XI ZR 456/07, NJW-RR 2009, 1275 Rn. 25 ff. = WM 2009, 1028.

[198] OLG München WM 2012, 168.

[199] BGH Urt. v. 19.6.2007 – XI ZR 142/05, NJW 2007, 3200 Rn. 26 = WM 2007, 1456.

[200] OLG München BKR 2008, 211.

[201] BGH Urt. v. 3.12.1991 – XI ZR 300/90, BGHZ 116, 209, 211 = NJW 1992, 555 = WM 1992, 133.

[202] BGH Urt. v. 17.12.1991 – XI ZR 8/91, NJW-RR 1992, 373 = WM 1992, 216.

[203] OLG Karlsruhe WM 2008, 1870.

[204] BGH Urt. v. 21.1.1988 – III ZR 179/86, NJW 1988, 1583, 1584 = WM 1988, 561.

- Vorspiegelung der vollständigen Sanierung eines Gebäudes, obwohl nur zwei Musterwohnungen saniert waren,[205]
- Abschluss eines Baubetreuungsvertrags mit einer Festpreisgarantie, während im Prospekt der Eindruck erweckt wird, es werde zur Minimierung der Baukosten mit einem überregional tätigen Bauunternehmen ein Generalunternehmervertrag abgeschlossen,[206]
- (teilweise) fehlende Werthaltigkeit des Anlageobjekts.[207]

Dagegen besteht keine Aufklärungspflicht über solche Umstände, die der um eine Finanzierung nachsuchende Anleger ohne weiteres **selbst erkennen** kann. Dies hat die Rechtsprechung zB angenommen: 454

- unangemessenes Verhältnis zwischen den aufzuwendenden Gesamtkosten und dem Wert der zu erwerbenden Immobilie,[208]
- Erkennbarkeit des (baulichen) Zustands und der Sanierungsbedürftigkeit des Anlageobjekts,[209]
- Mieteinnahmen geringer als Zins- und Tilgungsdienst,[210]
- Erkennbarkeit der angespannten finanziellen Situation des Verkäufers, der gleichwohl im Kaufvertrag eine Renovierungsverpflichtung übernimmt,[211]
- Gefahr der Nichterfüllung der baurechtlichen Voraussetzungen des Investitionsobjekts,[212]
- fehlender Hinweis auf das Nichteinstehenmüssen für fehlerhafte Erklärungen der bei der Vertragsanbahnung eingeschalteten selbständigen Vermittler.[213]

Eine Aufklärungspflicht besteht auch dann, wenn die Bank einen konkreten Wissensvorsprung in Bezug auf ein spezielles Risiko, an dem das zu finanzierende Vorhaben scheitern kann, vor dem Darlehensnehmer hat und dies auch erkennen kann. In diesem Rahmen ist die Bank auch bei (rechtlich) **fehlerhaften Vorstellungen oder Erwartungen des Darlehensnehmers** zu einem aufklärenden Hinweis verpflichtet. Die Fehlvorstellung des Darlehensnehmers (zB über angebliche Kreditzusage der Bank) muss für die Bank allerdings erkennbar sein.[214] 455

Bei der **Angabe von Provisionen** ist zu unterscheiden: eine arglistige Täuschung des Anlegers gemäß § 123 BGB liegt zB dann vor, wenn in einem Objekt- oder Finanzierungsvermittlungsauftrag der unrichtige Eindruck erweckt wird, die dort genannten Provisionen seine abschließend.[215] Eine arglistige Täuschung ist dagegen zu verneinen, wenn im Berechnungsbeispiel und/oder Vermittlungsauftrag zwar eine bestimmte Provision von zB 3% zzgl. Umsatzsteuer genannt wird, im Prospekt aber deutlich auf den Anfall einer weiteren Vertriebsprovision hingewiesen und lediglich deren Höhe nicht offenbart wird. 456

---

205 BGH Urt. v. 18.1.2005 – XI ZR 201/03, NJW-RR 2005, 634, 635 = WM 2005, 375.

206 BGH Urt. v. 21.9.2010 – XI ZR 232/09, NJW-RR 2011, 124 Rn. 26 = WM 2010, 2069.

207 BGH Urt. v. 11.2.1999 – IX ZR 352/97, NJW 1999, 2032, 2033 = WM 1999, 678.

208 BGH Urt. v. 31.3.1992 – XI ZR 70/91, NJW-RR 1992, 879 = WM 1992, 901.

209 BGH Urt. v. 21.1.1988 – III ZR 179/86, NJW 1988, 1583, 1584 = WM 1988, 561; BGH Urt. v. 3.12.1991 – XI ZR 300/90, NJW 1992, 555 = WM 1992, 133 (in BGHZ 116, 209 nicht abgedruckt); BGH Urt. v. 18.4.2000 – XI ZR 193/99, NJW 2000, 2352, 2353 = WM 2000, 1245.

210 OLG München DB 2000, 2588.

211 BGH Urt. v. 3.12.1991 – XI ZR 300/90, NJW 1992, 555 = WM 1992, 133 (in BGHZ 116, 209 nicht abgedruckt).

212 BGH Urt. v. 12.12.1985 – III ZR 184/84, NJW-RR 1986, 670 = WM 1986, 156.

213 BGH Urt. v. 27.1.2004 – XI ZR 37/03, NJW 2004, 1376, 1377 = WM 2004, 620.

214 BGH. Urt. v. 17.5.1979 – III ZR 118/77, NJW 1979, 2092 = WM 1979, 1035; BGH Urt. v. 24.1.2006 – XI ZR 405/04, juris Rn. 14.

215 BGH Urt. v. 29.6.2010 – XI ZR 104/08, BGHZ 186, 96 Rn. 20 ff. = NJW-RR 2011, 270 = WM 2010, 1451.

In einem solchen Fall kann der Anleger nicht davon ausgehen, dass die im Berechnungsbeispiel und/oder Vermittlungsauftrag genannte Provision abschließend sein sollte.[216]

457 **(6) Darlegungs- und Beweislast.** Die Darlegungs- und Beweislast in Bezug auf die **Kenntnis der Bank** von dem aufklärungspflichtigen Umstand oder hinsichtlich der Voraussetzungen einer **arglistigen Täuschung** trägt grundsätzlich der Kreditnehmer.[217] Die Kenntnis der Bank kann sich zB bei fehlerhaften Prospektangaben über die betriebswirtschaftlich nicht fundierten Mieterträge daraus ergeben, dass die Bankmitarbeiter an der maßgeblichen Besprechung mit den Prospekterstellern oder dem Vertrieb teilgenommen haben.[218]

458 Eine **Beweiserleichterung** im Sinne einer widerleglichen tatsächlichen Vermutung besteht lediglich unter den Voraussetzungen eines institutionalisierten Zusammenwirkens zwischen der Bank auf der einen Seite und dem Verkäufer, dem Fondsinitiator oder dem Vertrieb auf der anderen Seite (dazu → Rn. 459 ff.).

459 **(7) Institutionelle Zusammenarbeit der Bank mit dem Anbieter (Initiator).** **(a) Allgemeines.** Wissen des Verkäufers oder des Initiators, des Vertriebs oder des selbständigen Vermittlers von Kapitalanlagen wird der finanzierenden Bank grundsätzlich nicht zugerechnet (→ Rn. 427). Anders liegt es, wenn beim Erwerb von Eigentumswohnungen oder Fondsbeteiligungen eine institutionelle Zusammenarbeit zwischen dem Anbieter der Kapitalanlage und der Bank besteht und die Finanzierung vom Anbieter mitangeboten wird. Hier wird im Rahmen der Fallgruppe „Wissensvorsprung" ein die Aufklärungspflicht auslösender **Wissensvorsprung der Bank** tatsächlich vermutet, wenn der Kreditnehmer durch unrichtige Angaben der Vermittler, Verkäufer oder Fondsinitiatoren bzw. des Verkaufsprospekts arglistig getäuscht worden ist und die Unrichtigkeit der Angaben nach den Umständen des Falles evident ist.[219] Hintergrund dieser Ergänzung war ein im Jahr 2004 entstandener Meinungsstreit innerhalb des BGH zwischen dem II. und XI. Zivilsenat, der dadurch behoben worden ist und nur noch rechtshistorisch von Interesse ist;[220] die Vermutung dient zugleich dem Interesse der Effektivierung des Verbraucherschutzes bei realkreditfinanzierten Wohnungskäufen und Immobilienfondsbeteiligungen, die nicht als verbundene Geschäfte im Sinne des § 9 VerbrKrG behandelt werden können, und dem vom EuGH im Jahr 2005[221] angemahnten Verbraucherschutz vor Risiken von Kapitalanlagemodellen im nationalen Recht.

460 Bei der tatsächlichen Vermutung für einen Wissensvorsprung der Bank handelt es sich lediglich um eine **Beweiserleichterung** im Rahmen der Fallgruppe „Wissensvorsprung" und nicht etwa um eine weitere (eigenständige) Fallgruppe der Aufklärungs- und Hinweispflichten der finanzierenden Bank. Sie greift lediglich im Rahmen der Haftung einer Bank bei der Finanzierung einer Kapitalanlage ein, nicht dagegen bei anderen Fallkonstel-

---

[216] BGH Urt. v. 17.7.2012 – XI ZR 198/11, NJW 2012, 3294 Rn. 19 ff.; BGH Urt. v. 5.6.2012 – XI ZR 175/11, NJW-RR 2013, 167 Rn. 24 = WM 2012, 1389.

[217] BGH Urt. v. 16.5.2006 – XI ZR 6/04, BGHZ 168, 1 Rn. 51 mwN = NJW 2006, 2099 = WM 2006, 1194.

[218] BGH Urt. v. 5.7.2011 – XI ZR 306/10, WM 2011, 2088 Rn. 21.

[219] BGH Urt. v. 16.5.2006 – XI ZR 6/04, BGHZ 168, 1 Rn. 50 ff. (grundlegend) = NJW 2006, 2099 = WM 2006, 1194; BGH Urt. v. 29.6.2010 – XI ZR 104/08, BGHZ 186, 96 Rn. 12 = NJW-RR 2011, 270 = WM 2010, 1451; BGH Urt. v. 21.9.2010 – XI ZR 232/09, NJW-RR 2011, 124 Rn. 18 = WM 2010, 2069.

[220] Siehe dazu *Strohn* WM 2005, 1441, 1445; *Jork/Engel* BKR 2005, 3 ff.; *Nobbe* WM 2007, Sonderbeilage 1, S. 21, 30.

[221] EuGH NJW 2005, 3551 = WM 2005, 2079 (Schulte/Badenia) und NJW 2005, 3555 = WM 2005, 2086 (Crailsheimer Volksbank/Conrads).

lationen, wie etwa bei der Zusammenarbeit zwischen einem Wertpapierdienstleistungsunternehmen und einer Direktbank hinsichtlich der Erbringung von Wertpapierdienstleistungen.[222]

(b) Voraussetzungen. Nach der „Formel" des BGH wird die Kenntnis der lediglich kreditgebenden Bank von einer arglistigen Täuschung des Anlegers durch unrichtige Angaben der Vermittler, Verkäufer oder Fondsinitiatoren bzw. des Fondsprospekts über das Anlageobjekt widerleglich vermutet, wenn 461

- Verkäufer oder Fondsinitiatoren oder die von ihnen beauftragten Vermittler auf der einen Seite und die finanzierende Bank auf der anderen Seite in institutionalisierter Art und Weise zusammenwirken,
- auch die Finanzierung der Kapitalanlage vom Verkäufer oder Vermittler, sei es auch nur über einen von ihm benannten besonderen Finanzierungsvermittler, angeboten wurde und
- die Unrichtigkeit der Angaben des Verkäufers, Fondsinitiators oder der für sie tätigen Vermittler bzw. des Verkaufs- oder Fondsprospekts nach den Umständen des Falles evident ist, so dass sich aufdrängt, die Bank habe sich der Kenntnis der arglistigen Täuschung geradezu verschlossen.[223]

(aa) Institutionelle Zusammenarbeit. Erste Voraussetzung für die Beweiserleichterung ist eine institutionelle Zusammenarbeit der Bank mit dem Anbieter, dh dem Verkäufer, Fondsinitiator oder selbständigen Vermittler. Dafür muss zwischen ihnen eine **ständige Geschäftsbeziehung** bestehen, etwa aufgrund eines Rahmenvertrags, einer Vertriebsvereinbarung, eines gemeinsamen Vertriebskonzepts (Strukturvertrieb) oder konkreter Absprachen.[224] 462

Die ständigen Geschäftsbeziehungen können sich auch aus **Indizien** ergeben, etwa daraus, dass den vom Verkäufer oder Fondsinitiator eingeschalteten Vermittlern von der Bank Büroräume überlassen oder von ihnen – von der Bank unbeanstandet – Formulare des Kreditgebers benutzt wurden, oder dass der Verkäufer oder die Vermittler dem finanzierenden Institut wiederholt Finanzierungen von Eigentumswohnungen oder Fondsbeteiligungen desselben Objektes vermittelt haben.[225] So genügt etwa die planmäßig übernommene Finanzierung einer Vielzahl vom Anlegern, die nicht von sich aus mit einem Kreditwunsch an die Bank herangetreten sind, sondern denen vom Vertrieb neben den Fonds- auch die Finanzierungsunterlagen vorgelegt worden sind.[226] 463

Für die Annahme eines institutionalisierten Zusammenwirkens ist es dagegen nicht ausreichend, dass die Bank zugleich Kreditgeberin des Bauträgers oder Verkäufers ist oder dem Vertrieb oder Fondsinitiator eine **allgemeine Finanzierungszusage** gegeben hat[227] 464

---

[222] BGH Urt. v. 19.3.2013 – XI ZR 431/11, BGHZ 196, 370 Rn. 31 ff. = NJW 2013, 3293 = WM 2013, 789.

[223] BGH Urt. v. 16.5.2006 – XI ZR 6/04, BGHZ 168, 1 Rn. 51 f. = NJW 2006, 2099 = WM 2006, 1194; BGH Urt. v. 19.3.2013 – XI ZR 431/11, BGHZ 196, 370 Rn. 32 = NJW 2013, 3293 = WM 2013, 789.

[224] BGH Urt. v. 19.9.2006 – XI ZR 204/04, BGHZ 169, 109 Rn. 23 = NJW 2007, 357 = WM 2006, 2343; BGH Urt. v. 24.4.2007 – XI ZR 340/05, NJW 2007, 2404 Rn. 40 = WM 2007, 1257; BGH Urt. v. 23.10.2007 – XI ZR 167/05, NJW 2008, 640 Rn. 24 = WM 2008, 154.

[225] BGH Urt. v. 16.5.2006 – XI ZR 6/04, BGHZ 168, 1 Rn. 53 = NJW 2006, 2099 = WM 2006, 1194; BGH Urt. v. 26.9.2006 – XI ZR 283/03, NJW 2007, 361 Rn. 30 = WM 2006, 2347; BGH Urt. v. 24.4.2007 – XI ZR 340/05, NJW 2007, 2404 Rn. 40 = WM 2007, 1257; BGH Urt. v. 24.3.2009 – XI ZR 456/07, NJW-RR 2009, 1275 Rn. 37 = WM 2009, 1028.

[226] BGH Urt. v. 10.7.2007 – XI ZR 243/05, NJW 2007, 3272 Rn. 17 = WM 2007, 1831; BGH Urt. v. 24.3.2009 – XI ZR 456/07, NJW-RR 2009, 1275 Rn. 37 = WM 2009, 1028.

[227] BGH Urt. v. 24.4.2007 – XI ZR 340/05, NJW 2007, 2404 Rn. 40 = WM 2007, 1257.

oder die Finanzierung von Zeit zu Zeit auf Initiative des Verkäufers nach vorheriger Einzelfallprüfung erfolgt ist.[228]

465 Ein **Beispiel für einen Strukturvertrieb** gibt etwa die folgende Sachverhaltsdarstellung aus einem Urteil des BGH[229] aus dem Jahr 2007:

„Danach bestand zwischen der Wohnungsverkäuferin, der Beklagten [= Bank] und den Vermittlern eine institutionalisierte Zusammenarbeit, die die Veräußerung von Eigentumswohnungen und die Finanzierung des Erwerbs durch die Beklagte im Strukturvertrieb vorsah. Grundlage dieser planmäßigen und arbeitsteiligen Zusammenarbeit bildete ein gemeinsames Vertriebskonzept der Beklagten und der H. Gruppe, zu der sowohl die Immobilien- und die Finanzmaklerin als auch die Mietpoolverwalterin gehörten. Die Vermittler traten gegenüber den Kunden sowohl als Vermittler der Verkäuferin als auch als Handelsvertreter der Beklagten auf. Die von ihnen vermittelte Finanzierung sah meist eine Vollfinanzierung durch ein Vorausdarlehen einer Bank vor, das nach Zuteilung von zwei gleichzeitig bei der Beklagten abgeschlossenen, zu unterschiedlichen Zeitpunkten zuteilungsreifen Bausparverträgen getilgt werden sollte. Die H. Gruppe oder deren Untervermittler übernahmen sämtliche Vertragsverhandlungen mit den Erwerbern auch bezüglich der Finanzierung und erhielten für diese die Finanzierungszusage der Beklagten, die ihrerseits die Darlehensauszahlung von dem Beitritt der Käufer zu einer Mieteinnahmegesellschaft der H. Gruppe abhängig machte. Auch den Klägern wurde die Finanzierung durch den eingeschalteten Strukturvertrieb angeboten, ohne dass sie persönlichen Kontakt mit Mitarbeitern der Beklagten gehabt oder von sich aus um einen Kredit dort nachgesucht hätten. Die Vermittler, denen die konzeptionelle Finanzierungsbereitschaft der Beklagten bekannt war, benannten sie den Klägern als finanzierendes Institut und legten ihnen die Darlehensantragsformulare der Beklagten zur Unterschrift vor."

466 **(bb) Angebot der Finanzierung durch den Anlagevertreiber.** Der Kreditvertrag darf nicht aufgrund eigener Initiative des Anlegers, der von sich aus eine Bank zur Finanzierung des Erwerbsgeschäfts aufgesucht hat, zustande gekommen sein. Vielmehr muss der Vertriebsbeauftragte oder ein von ihm eingeschalteter besonderer Finanzierungsvermittler dem Anleger im Zusammenhang mit den Angebots- oder Verkaufsunterlagen für das Anlageobjekt den **Kreditantrag vorgelegt** haben. Zudem muss sich die Bank zuvor gegenüber dem Vertreiber zur Finanzierung der Kapitalanlage bereit erklärt haben.[230]

467 **(cc) Unrichtigkeit der Angaben.** Der Kreditnehmer muss durch unrichtige Angaben des Verkäufers, Fondsinitiators oder der für sie tätigen Vermittler bzw. im Verkaufs- oder Fondsprospekt arglistig getäuscht worden sein. Hierzu ist erforderlich, dass sich die behauptete Täuschung durch Vorspiegeln oder Entstellen von Umständen auf **objektiv nachprüfbare Angaben** bezieht und nicht lediglich subjektive Werturteile oder marktschreierische Anpreisungen vermittelt werden.[231] Ein die Aufklärungspflicht der finanzierenden Bank auslösender konkreter Wissensvorsprung im Zusammenhang mit einer arglistigen Täuschung des Anlegers setzt dem entsprechend konkrete, dem Beweis zugängliche unrichtige Angaben des Vermittlers oder Verkäufers über das Anlageobjekt voraus. Zu Beispielen für fehlerhafte Angaben → Rn. 453.

468 Dagegen genügen nicht lediglich **subjektive Werturteile** oder **marktschreierische Anpreisungen**. Dies ist etwa der Fall, wenn der Vermittler oder Verkäufer Attribute und unbestimmten Formulierungen verwendet wie etwa

- es handele sich um eine „risikolose" Immobilie, die ihren Wert „mit großer Wahrscheinlichkeit sogar noch steigere" und „hervorragend" zur Altersvorsorge und Steuer-

---

[228] BGH Urt. v. 26.9.2006 – XI ZR 283/03, NJW 2007, 361 Rn. 31 = WM 2006, 2347.

[229] BGH Urt. v. 23.10.2007 – XI ZR 167/05, NJW 2008, 640 Rn. 24 = WM 2008, 154.

[230] BGH Urt. v. 16.5.2006 – XI ZR 6/04, BGHZ 168, 1 Rn. 54 = NJW 2006, 2099 = WM 2006, 1194.

[231] BGH Urt. v. 19.9.2006 – XI ZR 204/04, BGHZ 169, 109 Rn. 24 = NJW 2007, 357 = WM 2006, 2343.

ersparnis „geeignet“ sei sowie einen verlustfreien Verkauf bei „üblicher“ Wertentwicklung ermögliche oder sogar „gewinnbringend“ weiterzuverkaufen sei;[232]
- die Eigentumswohnung sei bankgeprüft und eine „bombensichere“ Altersversorgung, könne aber genauso gut „in fünf Jahren mit Gewinn“ wieder veräußert werden.[233]

Solche Äußerungen haben ersichtlich **werbenden Charakter**. Es fehlt an der Darle- 469
gung konkreter wertbildender Merkmale der Immobilie, insbesondere zu ihrem Verkehrswert, den Finanzierungskosten sowie den versprochenen Mieteinnahmen und Steuervorteilen, welche objektiv nachprüfbar und einem Beweis zugänglich wären.[234] Insbesondere Angaben von Vermittlern zur gewinnbringenden Wiederverkäuflichkeit von Eigentumswohnungen sind in der Regel – zumal wegen ihres prognostischen Charakters – nur als bloß werbende Anpreisungen zu verstehen.[235]

Bei einer **sittenwidrigen Überteuerung des Kaufpreises** greift die Vermutung aller- 470
dings nicht ein.[236] Hier muss der Kreditnehmer stets den Vollbeweis erbringen, dass die Bank dies wusste.

(dd) Evidenz der Unrichtigkeit. Die **bloße Unrichtigkeit** der Angaben des Ver- 471
käufers, Fondsinitiators oder der für sie tätigen Vermittler bzw. im Verkaufs- oder Fondsprospekt genügt nicht. Zur Anwendbarkeit der Beweiserleichterung muss die Unrichtigkeit auch evident sein.

Die **Evidenz** ist rein **objektiv** zu bestimmen. Insoweit kommt es nicht darauf an, ob die 472
Bank im konkreten Fall die Unrichtigkeit erkennen konnte; die Frage nach der Kenntnis der Bank stellt sich erst im Zusammenhang mit der – ihr obliegenden – Widerlegung der Vermutung.[237]

Die Evidenz der Unrichtigkeit ist bei solchen Angaben, denen erkennbar ein gewisser 473
Unsicherheitsfaktor innewohnt, nur bei Überschreitung einer gewissen **Toleranzgrenze** zu bejahen. Dies gilt zB für Angaben zur Miethöhe und zu Baukosten.

Bei Angaben zur **Mietzinshöhe** hat der BGH eine evidente Unrichtigkeit bei einer um 474
11,1% oder 13,4% überhöhten Kalkulation der Nettomiete verneint,[238] dagegen bei einer Überschreitung von knapp 40% bejaht,[239] erst recht bei noch höheren Werten.[240] In einem Fall hat er eine Überschreitung von 28,5% genügen lassen, weil im Erwerbsjahr eine sol-

---

[232] BGH Urt. v. 19.9.2006 – XI ZR 204/04, BGHZ 169, 109 Rn. 28 = NJW 2007, 357 = WM 2006, 2343.

[233] BGH Urt. v. 17.11.2009 – XI ZR 36/09, BGHZ 183, 169 Rn. 32 = NJW 2010, 1144 = WM 2010, 28.

[234] BGH Urt. v. 19.9.2006 – XI ZR 204/04, BGHZ 169, 109 Rn. 26 = NJW 2007, 357 = WM 2006, 2343; BGH Urt. v. 23.4.2013 – XI ZR 405/11, BKR 2013, 280 Rn. 32.

[235] BGH Urt. v. 23.4.2013 – XI ZR 405/11, BKR 2013, 280 Rn. 32.

[236] BGH Urt. v. 23.10.2007 – XI ZR 167/05, NJW 2008, 640 Rn. 16 = WM 2008, 154; BGH Beschl. v. 15.6.2010 – XI ZR 318/09, WM 2010, 1448 Rn. 11; BGH Urt. v. 10.12.2013 – XI ZR 508/12, NJW-RR 2014, 653 Rn. 20 = WM 2014, 124.

[237] BGH Urt. v. 21.9.2010 – XI ZR 232/09, NJW-RR 2011, 124 Rn. 18 = WM 2010, 2069.

[238] BGH Urt. v. 18.3.2008 – XI ZR 241/06, BKR 2008, 249 Rn. 42; BGH Urt. v. 18.3.2008 – XI ZR 246/06, NJW-RR 2008, 1149 Rn. 46 = WM 2008, 971.

[239] BGH Urt. v. 20.3.2007 – XI ZR 414/04, NJW 2007, 2396 Rn. 33, 55 = WM 2007, 876 (39%); BGH Urt. v. 3.6.2008 – XI ZR 319/06, NJW 2008, 2576 Rn. 28 = WM 2008, 1346 (37%); BGH Urt. v. 3.6.2008 – XI ZR 319/06, NJW-RR 2008, 1495 Rn. 24 = WM 2008, 1260 (39%).

[240] BGH Urt. v. 16.5.2006 – XI ZR 6/04, BGHZ 168, 1 Rn. 57 = NJW 2006, 2099 = WM 2006, 1194 (46%); BGH Urt. v. 23.10.2007 – XI ZR 167/05, NJW 2008, 640 Rn. 23 = WM 2008, 154 (85%); BGH Urt. v. 6.11.2007 – XI ZR 322/03, NJW 2008, 644 Rn. 50 = WM 2008, 115 (100%); BGH Urt. v. 26.6.2007 – XI ZR 277/05, NJW 2007, 2989 Rn. 27 = WM 2007, 1651 (175%; in BGHZ 173, 23 nicht abgedruckt).

che von 340% vorlag.[241] Die Toleranzgrenze wird man daher bei 25–30% ansetzen können. Bei der Frage, ob die behaupteten unrichtigen Angaben zur Miethöhe evident unrichtig sind, handelt es sich um eine Frage der Würdigung des konkreten Einzelfalles, die jeweils dem Tatrichter obliegt und die in der Revisionsinstanz grundsätzlich nur beschränkt überprüft werden kann.[242] Hierbei ist auch zu berücksichtigen, ob eine – uU durch eine Bankbürgschaft unterlegte – Mietgarantie bestanden hat oder ob der Mietertrag zugesichert worden ist oder es sich insoweit nur um eine vorläufige monatliche Ausschüttung handelt.[243]

475 Eine Toleranzgrenze gilt auch für die Angabe von **Baukosten** bei erst noch zu errichtenden Objekten. Hier dürfte ebenfalls eine evidente Unrichtigkeit erst anzunehmen sein, wenn eine Schwelle von ca. 25% überschritten ist.[244]

476 **(ee) Arglistige Täuschung.** Die Arglist umfasst auch eine **subjektive Komponente**. Die Beweislast für die arglistige Täuschung trägt der geschädigte Darlehensnehmer.[245] Diese subjektive Seite der Arglist wird aber regelmäßig durch die Evidenz der Unrichtigkeit indiziert. Für die subjektive Komponente der Arglist kann es auch ausreichend sein, wenn die entsprechende Angabe ins Blaue hinein gemacht worden ist.[246]

477 Die Arglist kann sich bei **neuartigen Projekten**, deren Rentabilität ersichtlich schwer einschätzbar ist, daraus ergeben, dass die Angaben zur Höhe des erzielbaren Mietzinses entgegen der Mitteilung im Verkaufsprospekt ohne betriebswirtschaftliche Untersuchung zur Rentabilität und Vermietbarkeit des Objekts und damit „ins Blaue hinein" gemacht wurden. Das hat der BGH etwa für ein Boarding-House-Projekt so entschieden, das zum damaligen Zeitpunkt in Deutschland nicht geläufig war, so dass es kaum praktische Erfahrungen damit gab und die Rentabilität schwer einzuschätzen und ungesichert war.[247] Dem stand auch nicht entgegen, dass bei Vermarktung der Appartements tatsächlich ein Pachtvertrag zu dem im Prospekt genannten Pachtzins bestand. Vielmehr war aufgrund der unsicheren Marktchancen die Initiatorin – wie im Verkaufsprospekt vorgesehen – gehalten, die konkrete Möglichkeit der Erwirtschaftung der zugesagten Pachtzahlungen durch eine betriebswirtschaftliche Untersuchung zu klären.[248]

478 **(ff) Wissenszurechnung bei Vertriebsorganisation.** Eine Wissenszurechnung kommt nicht nur dann in Betracht, wenn dem unmittelbar gegenüber dem Anleger tätigen **(Unter-)Vermittler** eine arglistige Täuschung vorzuwerfen ist. Ist dies nicht der Fall, weil der Vermittler selbst keine Kenntnis von der Unrichtigkeit seiner Angaben oder des Prospektinhalts hatte, genügt es, wenn ein arglistiges Verhalten der eingeschalteten Vertriebsgesellschaft vorliegt, die über das **geschäftsrelevante Wissen** verfügte. Die Organisation darf nicht dadurch besser stehen, dass anstelle des konkret wissenden Organs oder Mitarbeiters für sie ein Untervermittler auftritt, der über das geschäftsrelevante Wissen nicht verfügt. Die Organisation muss daher dafür sorgen, dass das für spätere Geschäftsvorgänge relevante Wissen an die für sie handelnden Personen weiter gegeben wird. Tut sie dies nicht, ist den Mitarbeitern dieses Wissen gleichwohl zuzurechnen und muss sich die Organisation so behandeln lassen, als ob der für sie Handelnde über das entsprechende

---

[241] BGH Urt. v. 19.12.2006 – XI ZR 374/04, BKR 2007, 152 Rn. 35.
[242] BGH Urt. v. 27.5.2008 – XI ZR 132/07, NJW-RR 2008, 1495 Rn. 21 = WM 2008, 1260.
[243] BGH Urt. v. 27.5.2008 – XI ZR 132/07, NJW-RR 2008, 1495 Rn. 22 = WM 2008, 1260.
[244] OLG Schleswig WM 2010, 258.
[245] BGH Urt. v. 1.7.2008 – XI ZR 411/06, NJW 2008, 2912 Rn. 23 = WM 2008, 1596; BGH Urt. v. 23.4.2013 – XI ZR 405/11, BKR 2013, 280 Rn. 27.
[246] BGH Urt. v. 1.7.2008 – XI ZR 411/06, NJW 2008, 2912 Rn. 24 = WM 2008, 1596.
[247] BGH Urt. v. 6.11.2007 – XI ZR 322/03, NJW 2008, 644 Rn. 49 = WM 2008, 115.
[248] BGH Urt. v. 6.11.2007 – XI ZR 322/03, NJW 2008, 644 Rn. 49 = WM 2008, 115.

Wissen verfügt hätte. Erforderlich ist allerdings, dass die Vertriebsgesellschaft ihrerseits zumindest bedingt vorsätzlich bei der Weitergabe unwahrer Tatsachen an die Untervermittler oder bei dem Zurückhalten geschäftsrelevanten Wissens gehandelt hat. Der Inhaber oder das Organ der Organisation muss sowohl die Pflicht zur Aufklärung des Kunden gekannt oder zumindest für möglich gehalten haben und es gleichwohl bewusst unterlassen haben, die unmittelbar tätigen Vermittler entsprechend zu instruieren.[249]

(gg) Verbundenes Geschäft. Diese Grundsätze gelten auch bei einem verbundenen Geschäft, wenn die außerhalb des Verbunds stehenden Fondsinitiatoren oder Gründungsgesellschafter die arglistige Täuschung begangen haben und die Bank mit ihnen in institutionalisierter Art und Weise zusammengewirkt hat.[250] Die Zurechnung setzt allerdings voraus, dass der Bank das Zusammenwirken des für sie tätigen Vermittlers mit dem Verkäufer positiv bekannt war.[251] 479

(hh) Darlegungs- und Beweislast. Die Beweislast für die **arglistige Täuschung** trägt der geschädigte Darlehensnehmer.[252] Die Behauptung, durch mündliche Angaben des Vermittlers getäuscht worden zu sein, setzt konkreten, dem Beweis zugänglichen **Vortrag des Darlehensnehmers** zu den angeblich täuschenden Angaben des Vermittlers voraus.[253] Das verlangt zB substantiierte Angaben dazu, dass die maßgeblichen Prospektpassagen im Gespräch mit dem Vermittler tatsächlich erörtert worden sind oder dass er bestimmte tatsächliche Angaben zu dem Anlageobjekt gemacht hat. 480

Nichts anderes kann für den aus der arglistigen Täuschung abgeleiteten Anspruch aus vorsätzlichem Verschulden bei Vertragsverhandlungen gelten. Es ist dementsprechend anerkannt, dass bei Ansprüchen, bei denen **Vorsatz** Voraussetzung der Norm selbst ist, § 280 Abs. 1 Satz 2 BGB keine Anwendung findet.[254] 481

(c) Widerlegung der Vermutung. Liegen die vorstehenden Voraussetzungen vor, wird die Kenntnis der finanzierenden Bank von den evident falschen Angaben des Vermittlers widerleglich vermutet. Es ist dann Sache der Bank, diese tatsächliche Vermutung zu widerlegen, dh darzulegen und zu beweisen, dass ihr die evidente Unrichtigkeit der Angabe des Verkäufers, Fondsinitiators oder Vermittlers nicht bekannt war. Das Gericht hat sich dann mit dem Streitstoff umfassend auseinander zu setzen und den Sachverhalt durch die Erhebung der angetretenen Beweise möglichst vollständig aufzuklären. Dies alles hat der Tatrichter im Rahmen einer **Gesamtschau** zu würdigen. 482

Bei dieser Gesamtschau ist das Gericht allerdings nicht gehindert, der bei der Bank vorgenommenen **Einwertung des finanzierten Objekts** maßgebliche Bedeutung beizumessen. Dem steht nicht entgegen, dass Kreditinstitute nach ständiger Rechtsprechung des BGH den Wert der ihnen gestellten Sicherheiten grundsätzlich nur im eigenen Interesse und im Interesse der Sicherheit des Bankensystems prüfen und ermitteln, nicht aber im Kundeninteresse, so dass sich hieraus keine Pflichtverletzung gegenüber dem Kreditnehmer ergeben kann. Dies besagt aber nicht, dass nicht aus diesen lediglich 483

---

[249] BGH Urt. v. 29.9.2009 – XI ZR 252/08, BGHZ 183, 112 Rn. 29 f. = NJW 2010, 596 = WM 2009, 2366; BGH Urt. v. 24.3.2009 – XI ZR 456/07, NJW-RR 2009, 1275 Rn. 38 = WM 2009, 1028.

[250] BGH Urt. v. 21.11.2006 – XI ZR 347/05, NJW 2007, 1127 Rn. 29 = WM 2007, 200; BGH Urt. v. 24.3.2009 – XI ZR 456/07, NJW-RR 2009, 1275 Rn. 38 = WM 2009, 1028.

[251] BGH Urt. v. 19.6.2007 – XI ZR 142/05, NJW 2007, 3200 Rn. 20 = WM 2007, 1456.

[252] BGH Urt. v. 1.7.2008 – XI ZR 411/06, NJW 2008, 2912 Rn. 23 = WM 2008, 1596; BGH Urt. v. 23.4.2013 – XI ZR 405/11, BKR 2013, 280 Rn. 27.

[253] BGH Urt. v. 23.4.2013 – XI ZR 405/11, BKR 2013, 280 Rn. 27.

[254] BGH Urt. v. 1.7.2008 – XI ZR 411/06, NJW 2008, 2912 Rn. 23 = WM 2008, 1596.

zu bankinternen Zwecken erfolgten Beleihungswertermittlungen gleichwohl Rückschlüsse auf die Kenntnis der Bank von der arglistigen Täuschung des Anlegers möglich sind.[255]

c) Zurechnung des Verhaltens Dritter

aa) Dritter ist Verhandlungsgehilfe der Bank

484 Überlässt die Bank die Kreditverhandlungen einem Dritten, etwa einem Kreditvermittler, muss sie sich eine eigene Pflichtverletzung des Kreditvermittlers wegen unterbliebener Risikoaufklärung unter den Voraussetzungen des § 278 BGB zurechnen lassen. Danach hat eine finanzierende Bank für das Fehlverhalten eines als **Verhandlungsgehilfe** eingesetzten selbstständigen Vermittlers einzustehen, soweit dieses den Bereich der Anbahnung des Kreditvertrags betrifft. Insoweit wird der Vermittler im Pflichtenkreis der in den Vertrieb der Kapitalanlage nicht eingebundenen, lediglich finanzierenden Bank tätig. Dem steht nicht entgegen, dass der Vermittler von Weisungen des Geschäftsherrn abweicht, sofern er in unmittelbarem sachlichen Zusammenhang mit der übertragenen Aufgabe handelt.[256] Unerheblich ist auch, ob die Vermittlungsfirma nur eigene Mitarbeiter einsetzt oder auch andere Makler als Untervermittler tätig werden lässt. Auch deren Verhalten bei den Darlehensvertragsverhandlungen muss sich die Bank gemäß § 278 BGB zurechnen lassen.[257]

485 Die **Zurechnung** einer Pflichtverletzung nach § 278 BGB setzt allerdings voraus, dass der Erfüllungsgehilfe objektiv zur Erfüllung einer den Schuldner treffenden Haupt- oder Nebenpflicht tätig wird. Maßgeblich ist der **konkrete Pflichtenkreis**, der durch Art und Inhalt des zwischen Schuldner und Gläubiger bestehenden Schuldverhältnisses bestimmt wird. Ob den Erfüllungsgehilfen im Verhältnis zum Gläubiger oder Schuldner – zugleich – eigene Pflichten treffen, ist nicht entscheidend.[258] Danach setzt die Haftung der Bank wegen eines unterbliebenen Hinweises auf Risiken der finanzierten Kapitalanlage voraus, dass sie eine eigene Aufklärungspflicht getroffen hat, die Grundlage einer Zurechnung des Verhaltens des Kreditvermittlers nach § 278 BGB hätte sein können.[259] Die Verletzung einer eigenen Pflicht des Kreditvermittlers zur Risikoaufklärung ist daher nicht ausreichend.

bb) Anlagevermittler oder sonstiger Dritter

486 **(1) Nicht verbundene Geschäfte.** Nach gefestigter Rechtsprechung des Bundesgerichtshofs muss sich eine finanzierende Bank ein Fehlverhalten eines im Rahmen von Erwerbermodellen auftretenden Anlagevermittlers durch unrichtige Angaben zu dem Anlageobjekt nicht gemäß **§ 278 BGB** zurechnen lassen.[260] Mangels einer eigenen Aufklärungspflicht kann die Bank nicht für eine unterlassene Aufklärung des Darlehensnehmers durch den Anlagenvermittler verantwortlich gemacht werden.[261] Die kreditgebende Bank

---

[255] BGH Urt. v. 27.5.2008 – XI ZR 132/07, NJW-RR 2008, 1495 Rn. 28 = WM 2008, 1260.

[256] BGH Urt. v. 19.3.2013 – XI ZR 46/11, NJW 2013, 2015 Rn. 15 mwN = WM 2013, 924.

[257] BGH Urt. v. 24.9.1996 – XI ZR 318/95, NJW-RR 1997, 116, 117 = WM 1996, 2105.

[258] BGH Urt. v. 19.3.2013 – XI ZR 46/11, NJW 2013, 2015 Rn. 17 mwN = WM 2013, 924.

[259] BGH Urt. v. 19.3.2013 – XI ZR 46/11, NJW 2013, 2015 Rn. 18 = WM 2013, 924.

[260] BGH Urt. v. 16.5.2006 – XI ZR 6/04, BGHZ 168, 1 Rn. 63 = NJW 2006, 2099 = WM 2006, 1194; BGH Urt. v. 19.10.2010 – XI ZR 376/09, NJW-RR 2011, 263 Rn. 14 = WM 2010, 2304.

[261] BGH Urt. v. 21.7.2003 – II ZR 387/02, BGHZ 156, 46, 50 = NJW 2003, 2821 = WM 2003, 1762.

muss sich deshalb auch nicht ein Fehlverhalten des Anlagevermittlers durch unrichtige Angaben über das Anlageobjekt zurechnen lassen, weil dieser insoweit nicht im **Pflichtenkreis** der kreditgebenden Bank tätig geworden ist.[262]

(2) Verbundene Geschäfte. (a) Trennungstheorie. Die vorstehenden Ausführungen gelten im Grundsatz auch dann, wenn Kreditvertrag und Fondsbeitritt ein verbundenes Geschäft bilden. Auch bei einem verbundenen Geschäft geht das Gesetz von zwei rechtlich selbständigen Verträgen aus, bei denen jedoch aufgrund der bestehenden wirtschaftlichen Einheit der kreditgebenden Bank unter den Voraussetzungen des § 358 BGB (früher: § 9 VerbrKrG) Einwendungen aus dem finanzierten Geschäft entgegengehalten werden können. Hätte der Gesetzgeber gewollt, dass sämtliche, also auch fahrlässige Aufklärungspflichtverletzungen durch den Fondsvertreiber oder Vermittler der kreditgebenden Bank nach § 278 BGB ohne weiteres zugerechnet werden, hätte es der komplizierten Regelungen über den Einwendungsdurchgriff nicht bedurft.[263] 487

(b) Einwendungsdurchgriff. (aa) Allgemeines. Bei Bestehen eines Einwendungsdurchgriffs kann der (Verbraucher-)Darlehensnehmer die Rückzahlung des Kredits verweigern, soweit ihn Einwendungen aus dem verbundenen Geschäft gegenüber dem Verkäufer oder der Fondsgesellschaft zur Verweigerung der Leistung berechtigen würden. Ob ein solcher Einwendungsdurchgriff besteht, wird von der Rechtsprechung des BGH differenziert beurteilt: 488

Bei einer (bloß) **fahrlässigen Aufklärungspflichtverletzung eines Anlagevermittlers** besteht nach der Rechtsprechung des BGH ein solcher Einwendungsdurchgriff nicht. 489

Dies hat seinen Grund darin, dass nach dieser Rechtsprechung im Falle einer rein kapitalistisch organisierten **Gesellschaftsbeteiligung** eine Haftung der Gesellschaft und der übrigen Gesellschafter gemäß § 278 BGB aus vorvertraglichem Aufklärungsverschulden ausgeschlossen ist und nur die alleinige Haftung des Vertreters angenommen wird, weil die Gesellschaft und die übrigen Gesellschafter keinerlei Gestaltungsmöglichkeiten bei Beitrittsverhandlungen haben und allein der die Verhandlungen führende Vertreter der Gesellschaft das Verhandlungsvertrauen des Beitrittsinteressenten für sich in Anspruch nimmt. Anders lässt sich eine geordnete Auseinandersetzung der Fondsgesellschaft nach dem Regelwerk über die fehlerhafte Gesellschaft bzw. den fehlerhaften Gesellschaftsbeitritt nicht durchführen. Für eine Haftung der Gesellschaft und der übrigen Kommanditisten für die Verletzung vorvertraglicher Verhaltenspflichten des Vertreters besteht danach kein Grund. Dies hat zur Folge, dass der Anleger einen solchen Anspruch auch nicht der Finanzierungsbank im Wege des Einwendungsdurchgriffs entgegenhalten kann.[264] Darin ist keine entgegen §§ 276, 278 BGB vorgesehene Begrenzung der Haftung ohne gesetzliche Grundlage verbunden. Entscheidend ist vielmehr, dass der Verbraucher gemäß § 359 BGB (früher: § 9 Abs. 3 VerbrKrG) im Wege des Einwendungsdurchgriffs gegenüber der Finanzierungsbank die Rückzahlung des Kredits nur insoweit verweigern kann, als ihm aus dem verbundenen Vertrag gegenüber dem Verkäufer oder im Falle eines 490

[262] BGH Urt. v. 12.11.2002 – XI ZR 47/01, BGHZ 152, 331, 333 = NJW 2003, 422 = WM 2002, 2501; BGH Urt. v. 16.5.2006 – XI ZR 6/04, BGHZ 168, 1 Rn. 63 = NJW 2006, 2099 = WM 2006, 1194; BGH Urt. v. 6.11.2007 – XI ZR 322/03, NJW 2008, 644 Rn. 28 = WM 2008, 115.

[263] BGH Urt. v. 19.10.2010 – XI ZR 376/09, NJW-RR 2011, 263 Rn. 14 mwN = WM 2010, 2304.

[264] BGH Urt. v. 21.7.2003 – II ZR 387/02, BGHZ 156, 46, 51 f. = NJW 2003, 2821 = WM 2003, 1762; BGH Urt. v. 19.10.2010 – XI ZR 376/09, NJW-RR 2011, 263 Rn. 16 mwN = WM 2010, 2304.

Fondsbeitritts gegenüber der Fondsgesellschaft ein Recht zur Verweigerung der Leistung zusteht.[265]

491 Im Falle einer **vorsätzlichen arglistigen Täuschung** verhält es sich dagegen anders. Der auf einer arglistigen Täuschung beruhende fehlerhafte Gesellschaftsbeitritt führt zwar grundsätzlich nicht zur Unwirksamkeit des Beitritts; vielmehr ist der Gesellschaftsbeitritt, wenn er in Vollzug gesetzt worden ist, zunächst wirksam. Der Gesellschafter, der sich auf den Mangel berufen will, hat aber das Recht, sich im Wege der außerordentlichen Kündigung von seiner Beteiligung für die Zukunft zu lösen. Aufgrund dessen kann der arglistig getäuschte Anleger nach der Rechtsprechung des BGH unter anderem die Fondsbeteiligung fristlos kündigen und der kreditgebenden Bank den ihm zustehenden Anspruch auf ein Abfindungsguthaben gegen die Fondsgesellschaft im Wege des Einwendungsdurchgriffs gemäß § 359 Abs. 1 Satz 1 BGB (früher: § 9 Abs. 3 Satz 1 VerbrKrG) entgegenhalten.[266] Zur Kündigung der Fondsbeteiligung ist der Anleger in diesem Fall berechtigt, weil ein Anfechtungstatbestand nach § 123 BGB wegen arglistiger Täuschung nach der langjährigen Rechtsprechung des BGH stets ein wichtiger Grund zur Kündigung der Gesellschaft ist. Das Kündigungsrecht kann dann nicht nur unmittelbar gegenüber der Fondsgesellschaft ausgeübt werden, sondern auch dadurch, dass der Anleger den verbundenen Darlehensvertrag gegenüber der Bank wegen arglistiger Täuschung anficht und ihr die Übernahme seines Fondsanteils anbietet.[267]

492 Eine **arglistige Täuschung** – auch in Form eines vorsätzlichen Verschweigens – kann zB darin liegen, dass

- der Vermittler wider besseres Wissen erklärt, die Beteiligung könne jederzeit veräußert werden, obwohl kein Zweitmarkt besteht;[268]
- die Risiken des Anlagegeschäfts (zB Totalverlustrisiko, eventuelle Nachschusspflichten) vorsätzlich, dh im Bewusstsein der Rechtswidrigkeit seines Unterlassens, verschweigt;[269]
- der Vermittler unrichtige Angaben über den Wert der Immobilie, deren Rentabilität, einen möglicherweise zu erwartenden Gewinn bei Verkauf derselben oder der Deckung der Finanzierungskosten abgibt, soweit es sich dabei nicht lediglich um allgemeine Anpreisungen und Prognosen handelt, die für eine arglistige Täuschung nicht ausreichen;[270]
- der Vermittler wahrheitswidrige Angaben über die steuerliche Förderung der Kapitalanlage abgibt;[271]

---

[265] BGH Urt. v. 19.10.2010 – XI ZR 376/09, NJW-RR 2011, 263 Rn. 15 = WM 2010, 2304.

[266] BGH Urt. v. 21.7.2003 – II ZR 387/02, BGHZ 156, 46, 53 f. = NJW 2003, 2821 = WM 2003, 1762; BGH Urt. v. 25.4.2006 – XI ZR 106/05, BGHZ 167, 239 Rn. 27 = NJW 2006, 1955 = WM 2006, 1066; BGH Urt. v. 19.10.2010 – XI ZR 376/09, NJW-RR 2011, 263 Rn. 17 = WM 2010, 2304 (siehe insoweit in Rn. 18 ff. auch zu abweichender, aber überholter BGH-Rechtsprechung).

[267] BGH Urt. v. 21.7.2003 – II ZR 387/02, BGHZ 156, 46, 50, 53 = NJW 2003, 2821 = WM 2003, 1762; BGH Urt. v. 25.4.2006 – XI ZR 106/05, BGHZ 167, 239 Rn. 29 = NJW 2006, 1955 = WM 2006, 1066; BGH Urt. v. 21.11.2006 – XI ZR 347/05, NJW 2007, 1127 Rn. 18 = WM 2007, 200.

[268] BGH Urt. v. 25.4.2006 – XI ZR 106/05, BGHZ 167, 239 Rn. 26 = NJW 2006, 1955 = WM 2006, 1066; BGH Urt. v. 13.2.2007 – XI ZR 145/06, Rn. 21.

[269] BGH Urt. v. 25.4.2006 – XI ZR 106/05, BGHZ 167, 239 Rn. 26 = NJW 2006, 1955 = WM 2006, 1066.

[270] BGH Urt. v. 25.4.2006 – XI ZR 106/05, BGHZ 167, 239 Rn. 26 = NJW 2006, 1955 = WM 2006, 1066; BGH Urt. v. 19.6.2007 – XI ZR 142/05, NJW2007, 3200 Rn. 26 = WM 2007, 1456.

[271] BGH Urt. v. 25.4.2006 – XI ZR 106/05, BGHZ 167, 239 Rn. 26 = NJW 2006, 1955 = WM 2006, 1066.

- der Vermittler wahrheitswidrige Angaben über den Baubeginn abgibt, weshalb die in Aussicht gestellten steuerlichen Vergünstigungen nicht mehr zu erlangen waren;[272]
- der Vermittler eine 15% übersteigende Vertriebsprovision verschweigt,[273] und zwar auch dann, wenn die Provision nicht aus Mitteln der Fondsgesellschaft, sondern aus denen eines Fondsinitiators gezahlt wird;[274]
- der Vermittler falsche Angaben zu den Vermittlungsprovisionen macht;[275]
- der Vermittler verschweigt, dass die im Prospekt ausgewiesene Provision zu niedrig ist, obwohl er selbst eine höhere Provision erhält.[276]

Bei der Beurteilung der Frage, ob dem Vermittler Vorsatz oder sogar Arglist zur Last fällt, ist aber zu berücksichtigen, dass nach ständiger Rechtsprechung des BGH ein Rechtsirrtum Vorsatz ausschließt.[277] Ein solcher **vorsatzausschließender Rechtsirrtum** ist insbesondere im Hinblick auf die Aufklärungsbedürftigkeit versteckter Innenprovisionen für eine Höhe von über 15% bis zur Rechtsprechung des BGH im Jahr 2004[278] und für eine Höhe bis zu 15% bis zum 31. Juli 2014 anzunehmen.[279] **493**

Eine arglistige Täuschung oder eine vorsätzliche Aufklärungspflichtverletzung kann auch dann zu bejahen sein, wenn der gegenüber dem Anleger tätige Vermittler zwar gutgläubig ist, die hinter dem Vermittler stehende **Vertriebsorganisation** ihr geschäftsrelevantes Wissen aber nicht an den Vermittler weitergegeben hat. Tut sie dies nicht, ist den Mitarbeitern dieses Wissen gleichwohl zuzurechnen.[280] **494**

Eine **arglistige Täuschung durch Gründungsgesellschafter, Fondsinitiatoren, maßgebliche Betreiber, Manager und Prospektherausgeber** und daraus resultierende Ansprüche gegen diese Personen berechtigen den Darlehensnehmer dagegen nicht zu einem **Einwendungsdurchgriff** gegen die finanzierende Bank nach § 359 Abs. 1 Satz 1 BGB (früher: § 9 Abs. 3 Satz 1 VerbrKrG).[281] Ein Finanzierungszusammenhang, wie ihn die besonderen Regelungen über das verbundene Geschäft in § 358 BGB (früher: § 9 VerbrKrG) voraussetzen, besteht in Bezug auf diese Personen nicht.[282] Aus der Haftungsbeziehung des Anlegers zu Fondsinitiatoren und Prospektverantwortlichen resultiert keine Entgeltforderung gegen den Anleger, die Gegenstand einer Finanzierung durch die Bank sein könnte. Es fehlt daher an einem tragfähigen Anknüpfungspunkt für einen auf die Verbundregelung des § 358 BGB (früher: § 9 VerbrKrG) gestützten Einwendungsdurch- **495**

---

[272] BGH Urt. v. 19.6.2007 – XI ZR 142/05, NJW2007, 3200 Rn. 26 = WM 2007, 1456.

[273] BGH Urt. v. 5.6.2007 – XI ZR 348/05, NJW 2007, 2407 Rn. 17 f. = WM 2007, 1367.

[274] BGH Urt. v. 12.2.2004 – III ZR 359/02, BGHZ 158, 110, 118 f. = NJW 2004, 1732 = WM 2004, 631; BGH Urt. v. 5.6.2007 – XI ZR 348/05, NJW 2007, 2407 Rn. 16 = WM 2007, 1367.

[275] BGH Urt. v. 10.11.2009 – XI ZR 252/08, BGHZ 183, 112 Rn. 27, 31 ff. = NJW 2010, 596 = WM 2009, 2366.

[276] BGH Urt. v. 5.6.2007 – XI ZR 348/05, NJW 2007, 2407 Rn. 19 f. = WM 2007, 1367.

[277] BGH Urt. v. 3.6.2014 – XI ZR 147/12, BGHZ 201, 310 Rn. 24 f. = NJW 2014, 2947 = WM 2014, 1382.

[278] BGH Urt. v. 12.2.2004 – III ZR 359/02, BGHZ 158, 110, 118 ff. = NJW 2004, 1732 = WM 2004, 631; vgl. dazu BGH Urt. v. 5.6.2007 – XI ZR 348/05, NJW 2007, 2407 Rn. 21 = WM 2007, 1367.

[279] BGH Urt. v. 3.6.2014 – XI ZR 147/12, BGHZ 201, 310 Rn. 23 ff. = NJW 2014, 2947 = WM 2014, 1382.

[280] BGH Urt. v. 10.11.2009 – XI ZR 252/08, BGHZ 183, 112 Rn. 29 = NJW 2010, 596 = WM 2009, 2366.

[281] BGH Urt. v. 25.4.2006 – XI ZR 106/05, BGHZ 167, 239 Rn. 28 = NJW 2006, 1955 = WM 2006, 1066; BGH Urt. v. 5.6.2007 – XI ZR 348/05, NJW 2007, 2407 Rn. 12 = WM 2007, 1367.

[282] BGH Urt. v. 21.11.2006 – XI ZR 347/05, NJW 2007, 1127 Rn. 22 = WM 2007, 200; BGH Urt. v. 5.6.2007 – XI ZR 348/05, NJW 2007, 2407 Rn. 12 = WM 2007, 1367.

griff.[283] Eine Anfechtung des Darlehensvertrags nach § 123 Abs. 1 BGB wegen einer Täuschung durch den genannten Personenkreis scheitert in der Regel an § 123 Abs. 2 BGB, weil die genannten Personen in Bezug auf den Darlehensvertrag Dritte sind.[284]

496 Das bedeutet allerdings nicht, dass der Anleger im Falle einer arglistigen Täuschung durch Gründungsgesellschafter, Fondsinitiatoren, maßgebliche Betreiber usw. gegen die kreditgebende Bank niemals Schadensersatzansprüche hat. Insoweit kommt stets ein Schadensersatzanspruch des Anlegers aus einem **eigenen Aufklärungsverschulden der Bank** wegen eines Wissensvorsprungs in Betracht. Insoweit kommen dem Anleger selbstverständlich auch die Beweiserleichterungen im Falle eines institutionalisierten Zusammenwirkens dieses Personenkreises mit der Bank zugute, und zwar auch bei einem verbundenen Geschäft, wenn die außerhalb des Verbunds stehenden Fondsinitiatoren oder Gründungsgesellschafter die arglistige Täuschung begangen haben und die Bank mit ihnen in institutionalisierter Art und Weise zusammengewirkt hat.[285]

497 **(bb) Rechtsfolge der Kündigung.** Aufgrund der Kündigung der Gesellschaftsbeteiligung tritt an die Stelle des nach allgemeinen Grundsätzen bestehenden Anspruches auf Rückzahlung der geleisteten Einlage – auch bei einem durch arglistige Täuschung verursachten Beitritt – ein Anspruch auf das nach den Grundsätzen gesellschaftsrechtlicher Abwicklung zustehende **Abfindungsguthaben**. Dessen Höhe bemisst sich nach dem Wert der Beteiligung zum Kündigungszeitpunkt, weil der Anleger – da seiner Kündigung nach dem Gesellschaftsrecht keine Rückwirkung zukommt – an den bis zu diesem Zeitpunkt eingetretenen Gewinnen und Verlusten der Gesellschaft im Verhältnis seiner Beteiligung teilnimmt. Dieses Recht kann der Anleger bei Vorliegen eines verbundenen Geschäfts der kreditgebenden Bank entgegensetzen und die Rückzahlung des Kredits nach § 359 Abs. 1 Satz 1 BGB (früher: § 9 Abs. 3 Satz 1 VerbrKrG) verweigern, soweit der Abfindungsanspruch reicht.[286]

498 Das Recht zur fristlosen Kündigung der Fondsbeteiligung unterliegt anders als ein Schadensersatzanspruch nicht der **Verjährung**, sondern nur der **Verwirkung**. Es braucht daher nicht in einer bestimmten Frist nach Kenntniserlangung von dem Mangel geltend gemacht zu werden, sondern ist erst verwirkt, wenn sich die Gesellschaft wegen der Untätigkeit des getäuschten Anlegers über einen gewissen Zeitraum hinweg („Zeitmoment") bei objektiver Beurteilung darauf einrichten durfte und eingerichtet hat, dieser werde von seinem Recht nicht mehr Gebrauch machen („Umstandsmoment"), und die verspätete Geltendmachung daher gegen den Grundsatz von Treu und Glauben verstieße.[287] Verwirkung ist etwa anzunehmen, wenn dem anwaltlich vertretenen Anleger die behauptete arglistige Täuschung und das damit verbundene Recht zur fristlosen Kündigung der fehlerhaften Gesellschaft bereits seit vielen Jahren bekannt war und er früher (zB in einem Vorprozess) erklärt hat, die Fondsbeteiligung und die damit verbundenen Steuervorteile behalten zu wollen.[288]

[283] BGH Urt. v. 5.6.2007 – XI ZR 348/05, NJW 2007, 2407 Rn. 12 = WM 2007, 1367.

[284] BGH Urt. v. 25.4.2006 – XI ZR 106/05, BGHZ 167, 239 Rn. 28 = NJW 2006, 1955 = WM 2006, 1066.

[285] BGH Urt. v. 21.11.2006 – XI ZR 347/05, NJW 2007, 1127 Rn. 29 = WM 2007, 200.

[286] BGH Urt. v. 21.7.2003 – II ZR 387/02, BGHZ 156, 46, 50 f. = NJW 2003, 2821 = WM 2003, 1762; BGH Urt. v. 25.4.2006 – XI ZR 106/05, BGHZ 167, 239 Rn. 27 = NJW 2006, 1955 = WM 2006, 1066; BGH Urt. v. 21.11.2006 – XI ZR 347/05, NJW 2007, 1127 Rn. 18 = WM 2007, 200.

[287] BGH Urt. v. 21.7.2003 – II ZR 387/02, BGHZ 156, 46, 53 = NJW 2003, 2821 = WM 2003, 1762.

[288] BGH Urt. v. 13.2.2007 – XI ZR 145/06, Rn. 21 aE.

(cc) Weitere Ansprüche gegen die Bank. Die Rechte des Anlegers und Darlehensnehmers erschöpfen sich indes bei dessen arglistiger Täuschung durch einen Vermittler über die Fondsbeteiligung und einem verbundenen Geschäft nicht in den genannten Rechten gegen die Fondsgesellschaft, die gemäß § 359 Abs. 1 Satz 1 BGB (früher: § 9 Abs. 3 Satz 1 VerbrKrG) der kreditgebenden Bank entgegengehalten werden können. Der Kreditnehmer kann in einem solchen Fall vielmehr ohne weiteres auch den mit dem Anlagevertrag gemäß § 358 BGB (früher: § 9 Abs. 1 VerbrKrG) verbundenen **Darlehensvertrag** als solchen **nach § 123 BGB anfechten**, wenn die Täuschung auch für dessen Abschluss kausal war; denn der Vermittler sowohl der Fondsbeteiligung als auch des Darlehensvertrages ist für die kreditgebende Bank nicht Dritter iS von § 123 Abs. 2 BGB.[289] Von einer solchen Kausalität wird wegen der wirtschaftlichen Einheit von Fondsbeitritt und Kreditvertrag regelmäßig auszugehen sein.[290] 499

Anstelle der Anfechtung auch des Darlehensvertrages kann der über die Fondsbeteiligung getäuschte Anleger und Kreditnehmer, etwa wenn die Anfechtungsfrist des § 124 Abs. 1 BGB verstrichen ist oder wenn es ausnahmsweise an der notwendigen Arglist fehlt, bei einem verbundenen Vertrag (§ 358 Abs. 3 BGB; früher: § 9 Abs. 1 VerbrKrG) im Falle eines Vermögensschadens einen **Schadensersatzanspruch aus Verschulden bei Vertragsschluss** (§ 311 Abs. 2 Nr. 2 BGB) gegen die kreditgebende Bank geltend machen. Denn diese muss sich bei einem verbundenen Geschäft das täuschende Verhalten des Vermittlers zurechnen lassen, weil dieser nicht Dritter im Sinne von § 123 Abs. 2 BGB ist. Zur Vermeidung eines unvertretbaren Wertungswiderspruchs ist es deshalb geboten, bei einem verbundenen Geschäft (§ 358 Abs. 3 BGB; früher: § 9 Abs. 1 VerbrKrG) der kreditgebenden Bank nicht nur die arglistige Täuschung des Fonds- und Kreditvermittlers über die Fondsbeteiligung, sondern auch ein darin liegendes **vorsätzliches Verschulden bei Vertragsschluss** zuzurechnen.[291] Ob die Bank auch bei einem nicht verbundenen Geschäft unter besonderen Voraussetzungen sich entgegenhalten lassen muss, dass sie Kenntnis von der Unrichtigkeit von Angaben von Initiatoren oder Vermittlern bzw. des Fondsprospekts gehabt hat, hat der BGH offengelassen.[292] 500

Nach dem Grundsatz der **Naturalrestitution** (§ 249 Abs. 1 BGB) ist der Anleger und Kreditnehmer so zu stellen, wie er ohne die Täuschung gestanden hätte. Nach der Lebenserfahrung, die im konkreten Fall zu widerlegen Sache der Bank ist, ist davon auszugehen, dass er dem Fonds dann nicht beigetreten wäre und deshalb auch den Kredit nicht aufgenommen hätte (Vermutung aufklärungsrichtigen Verhaltens). Der Anleger muss den Kredit deshalb nicht zurückzahlen, sondern nur seinen Fondsanteil, nach dessen Kündigung seinen Abfindungsanspruch, an die kreditgebende Bank abtreten, die ihrerseits die Rückerstattung von Zins- und Tilgungsleistungen an den Kreditnehmer und Anleger – abzüglich der nach dem Prinzip der Vorteilsausgleichung anzurechnenden Fondsausschüttungen und etwaiger Steuervorteile, denen keine Nachzahlungsansprüche des Finanzamts gegenüberstehen (→ dazu Rn. 596 ff.) – schuldet.[293] 501

---

[289] BGH Urt. v. 25.4.2006 – XI ZR 106/05, BGHZ 167, 239 Rn. 29 mwN = NJW 2006, 1955 = WM 2006, 1066.

[290] BGH Urt. v. 25.4.2006 – XI ZR 106/05, BGHZ 167, 239 Rn. 29 = NJW 2006, 1955 = WM 2006, 1066.

[291] BGH Urt. v. 25.4.2006 – XI ZR 106/05, BGHZ 167, 239 Rn. 30 = NJW 2006, 1955 = WM 2006, 1066; BGH Urt. v. 5.6.2007 – XI ZR 348/05, NJW 2007, 2407 Rn. 21 = WM 2007, 1367; BGH Urt. v. 10.11.2009 – XI ZR 252/08, BGHZ 183, 112 Rn. 24 = NJW 2010, 596 = WM 2009, 2366.

[292] Siehe BGH Urt. v. 25.4.2006 – XI ZR 106/05, BGHZ 167, 239 Rn. 30 = NJW 2006, 1955 = WM 2006, 1066.

[293] BGH Urt. v. 25.4.2006 – XI ZR 106/05, BGHZ 167, 239 Rn. 31 = NJW 2006, 1955 = WM 2006, 1066; BGH Urt. v. 5.6.2007 – XI ZR 348/05, NJW 2007, 2407 Rn. 23 = WM 2007, 1367.

502 **(dd) Rückforderungsdurchgriff.** Bei dem Rückforderungsdurchgriff geht es um die Frage, ob der Anleger bei einem Verbundgeschäft die finanzierende Bank auf Rückzahlung der aufgrund des Darlehensvertrages geleisteten (Zins- und Tilgungs-)Beträge in Anspruch nehmen kann. Nach der Rechtsprechung des BGH ist insoweit danach zu unterscheiden, ob der finanzierte Vertrag von Anfang an nichtig ist oder ob sich der Anleger von dem finanzierten Geschäft nur für die Zukunft lösen kann.

503 Nach der Rechtsprechung des BGH kann der Verbraucher bei einem verbundenen Geschäft (§ 358 Abs. 3 BGB; früher: § 9 Abs. 1 VerbrKrG), bei dem er wegen **anfänglicher Nichtigkeit des finanzierten Vertrags** die Entgeltzahlung verweigern kann, gemäß § 359 BGB (früher: § 9 Abs. 3 Satz 1 VerbrKrG) auch gegenüber dem Anspruch des Kreditgebers aus dem Finanzierungskredit von Anfang an eine dauernde Einrede im Sinne von § 813 Abs. 1 Satz 1 BGB entgegenhalten. Insoweit enthält § 359 BGB (früher: § 9 Abs. 3 Satz 1 VerbrKrG) keine abschließende Regelung, die einen Rückforderungsdurchgriff generell ausschließt. Aufgrund dessen kann der Verbraucher die trotz dieser Einrede auf den Kredit geleisteten Zahlungen von der finanzierenden Bank im Wege des Rückforderungsdurchgriffs gemäß § 813 Abs. 1 Satz 1 BGB in Verbindung mit § 812 Abs. 1 Satz 1 Fall 1 BGB zurückfordern.[294] Die Vorschrift setzt allerdings das Bestehen einer die Geltendmachung des Anspruchs dauernd ausschließenden Einrede des Schuldners voraus. Sie begründet einen eigenständigen bereicherungsrechtlichen Rückforderungsanspruch – auch bei einem Verbundgeschäft – nur dann, wenn der Betroffene bereits zum Zeitpunkt der Leistung dauerhaft berechtigt war, diese endgültig zu verweigern. Unter diesen besonderen Umständen wird der Leistung einer Nichtschuld der Fall gleichgestellt, dass der Anspruch zwar besteht, seine Geltendmachung aber durch eine dauernd bestehende Einrede ausgeschlossen ist.[295]

504 Ein Rückforderungsdurchgriff besteht dagegen nicht, wenn sich der Kreditnehmer nach den **Regeln über die fehlerhafte Gesellschaft** von dem Beitrittsvertrag statt rückwirkend nur für die Zukunft lösen kann, eine bereicherungsrechtliche Rückabwicklung des verbundenen Anlagegeschäfts mithin an dem Bestandschutz des fehlerhaften Fondsbeitritts scheitert.[296] Nach ständiger Rechtsprechung des BGH sind die Regeln über fehlerhafte Gesellschaften auch auf den Beitritt zu Publikumsgesellschaften anwendbar mit der Folge, dass der Beitritt des durch den Einsatz unzulässiger Mittel geworbenen Anlegers gewöhnlich als wirksam zu behandeln ist, wenn dieser in Vollzug gesetzt wurde. Lediglich für die Zukunft kann sich der Betroffene von der Gesellschaftsbeteiligung lösen.[297] Damit sind die Voraussetzungen für einen Rückforderungsdurchgriff gemäß § 813 Abs. 1 Satz 1 BGB in Verbindung mit § 812 Abs. 1 Satz 1 Fall 1 BGB nicht gegeben.

505 Ein Rückforderungsdurchgriff des Anlegers ist auch nicht aus einer **entsprechenden Anwendung des § 358 Abs. 4 Satz 5 BGB** (früher: § 9 Abs. 2 Satz 4 VerbrKrG) herzu-

---

[294] BGH Urt. v. 4.12.2007 – XI ZR 227/06, BGHZ 174, 334 Rn. 30 f. = NJW 2008, 845 = WM 2008, 244; BGH Urt. v. 10.11.2009 – XI ZR 252/08, BGHZ 183, 112 Rn. 49 = NJW 2010, 596 = WM 2009, 2366; BGH Urt. v. 7.12.2010 – XI ZR 53/08, NJW-RR 2011, 406 Rn. 20 = WM 2011, 261.

[295] BGH Urt. v. 4.12.2007 – XI ZR 227/06, BGHZ 174, 334 Rn. 30 f. = NJW 2008, 845 = WM 2008, 244; BGH Urt. v. 10.11.2009 – XI ZR 252/08, BGHZ 183, 112 Rn. 49 = NJW 2010, 596 = WM 2009, 2366; BGH Urt. v. 7.12.2010 – XI ZR 53/08, NJW-RR 2011, 406 Rn. 20 = WM 2011, 261.

[296] BGH Urt. v. 10.11.2009 – XI ZR 252/08, BGHZ 183, 112 Rn. 49 = NJW 2010, 596 = WM 2009, 2366; BGH Urt. v. 7.12.2010 – XI ZR 53/08, NJW-RR 2011, 406 Rn. 20 = WM 2011, 261.

[297] Vgl. nur BGH Urt. v. 21.7.2003 – II ZR 387/02, BGHZ 156, 46, 52 f. = NJW 2003, 2821 = WM 2003, 1762; BGH Urt. v. 7.12.2010 – XI ZR 53/08, NJW-RR 2011, 406 Rn. 22 mwN = WM 2011, 261.

leiten. Für eine Analogie der Vorschrift ist schon deshalb kein Raum, weil angesichts des Rückforderungsdurchgriffs aus § 813 Abs. 1 Satz 1 BGB keine planwidrige Regelungslücke besteht.[298] Zudem lässt sich aus dem in § 358 Abs. 4 Satz 5 BGB (früher: § 9 Abs. 2 Satz 4 VerbrKrG) normierten Einwendungsdurchgriff weder im Wege der Auslegung noch der Analogie ein davon grundverschiedener Rückforderungsdurchgriff herleiten. Dazu sind Gesetzeswortlaut, Entstehungsgeschichte und Schutzzweck der Norm zu eindeutig. Die analoge Anwendung von § 358 Abs. 4 Satz 5 BGB (früher: § 9 Abs. 2 Satz 4 VerbrKrG) kommt deshalb auch dann nicht in Betracht, wenn im Einzelfall ein Rückforderungsdurchgriff aus § 813 Abs. 1 Satz 1 BGB ausscheidet (sog. kleiner Rückforderungsdurchgriff).[299]

(ee) Darlegungs- und Beweislast. Für eine arglistige Täuschung durch den Vermittler oder dessen vorsätzliche Aufklärungspflichtverletzung ist der Anleger/Darlehensnehmer – abweichend von der Regel des § 280 Abs. 1 Satz 2 BGB (§ 282 BGB aF) – darlegungs- und beweispflichtig.[300] Die pauschale Behauptung des Anlegers, der Vermittler habe ihn insbesondere nicht über die Risiken und Nachteile der Fondsbeteiligung aufgeklärt, genügt dafür nicht. Sie beinhaltet nicht den Vorwurf einer arglistigen Täuschung nach § 123 Abs. 1 BGB, sondern lässt bei wertungsgerechter Betrachtung allenfalls auf ein fahrlässiges Handeln schließen.[301] Die kreditgebende Bank darf die (substantiierte) Behauptung des Anlegers, er sei von dem Vermittler arglistig getäuscht oder vorsätzlich nicht hinreichend aufgeklärt worden, nach § 138 Abs. 4 ZPO zulässig mit Nichtwissen bestreiten. Denn die behauptete Erklärung stammt nicht von der Bank und war auch nicht Gegenstand ihrer eigenen Wahrnehmung. Sie ist auch in der Regel nicht gehalten, sich bei dem Vermittler nach der behaupteten Erklärung zu erkundigen. Der Vermittler ist nämlich regelmäßig weder Mitarbeiter der Bank, noch bestehen zu ihm rechtliche Beziehungen.[302] Anders liegt dies natürlich, wenn die Bank den Vermittler als ihren Verhandlungsgehilfen eingeschaltet hat. 506

3. Fondsdarlehen, Objektdarlehen

Anders stellt sich die Rechtslage dar, wenn die Bank das Darlehen nicht an die einzelnen Kapitalanleger zum Zweck der Finanzierung der Fondsbeteiligung ausgereicht hat, sondern dem Fonds als sog. Objektdarlehen gewährt hat. Dann bestehen zwischen den Anlegern und der Bank keine vertraglichen Abreden, so dass daraus keine Hinweis- oder Aufklärungspflichten herrühren können. Auch aus dem Kreditvertrag zwischen dem Fonds und der Bank folgen **keine vertraglichen Aufklärungspflichten** gegenüber den Anlegern. Der Vertrag ist zum Zwecke der Objektfinanzierung mit dem Fonds geschlossen worden, der selbst nicht aufklärungsbedürftig ist.[303] 507

[298] BGH Urt. v. 4.12.2007 – XI ZR 227/06, BGHZ 174, 334 Rn. 30 = NJW 2008, 845 = WM 2008, 244; BGH Urt. v. 10.11.2009 – XI ZR 252/08, BGHZ 183, 112 Rn. 52 = NJW 2010, 596 = WM 2009, 2366; BGH Urt. v. 7.12.2010 – XI ZR 53/08, NJW-RR 2011, 406 Rn. 25 = WM 2011, 261.

[299] BGH Urt. v. 10.11.2009 – XI ZR 252/08, BGHZ 183, 112 Rn. 53 ff. = NJW 2010, 596 = WM 2009, 2366; BGH Urt. v. 7.12.2010 – XI ZR 53/08, NJW-RR 2011, 406 Rn. 25 = WM 2011, 261.

[300] BGH Urt. v. 1.7.2008 – XI ZR 411/06, NJW 2008, 2912 Rn. 23 = WM 2008, 1596.

[301] BGH Urt. v. 11.3.2008 – XI ZR 381/07, Rn. 20.

[302] BGH Urt. v. 5.12.2006 – XI ZR 341/05, NJW-RR 2007, 1202 Rn. 27 = WM 2007, 440.

[303] BGH Urt. v. 29.9.2009 – XI ZR 179/07, WM 2009, 2210 Rn. 18.

508 Eine Haftung der Bank kommt dann nur unter dem rechtlichen Gesichtspunkt einer vorsätzlichen sittenwidrigen Schädigung (**§ 826 BGB**) in Betracht. Ein Vertreiber von Kapitalanlagen, der Anlageinteressenten vorsätzlich durch Falschangaben täuscht und die Schädigung der Anleger zumindest billigend in Kauf nimmt, ist diesen wegen vorsätzlicher sittenwidriger Schädigung zum Schadensersatz verpflichtet.[304] Hat sich die Bank an einer solchen Täuschung der Anleger planmäßig und bewusst beteiligt, indem sie in Kenntnis des geplanten Vorgehens der Fondsinitiatoren die Objektfinanzierung durchgeführt und dadurch die Täuschung der Anleger durch die Fondsinitiatoren und den Vertrieb erst ermöglicht und auch gewollt hat, kommt auch eine Haftung der Bank aus § 826 BGB in Betracht. Dies setzt voraus, dass die Bank vor der Anwerbung von Anlegern die Konzeption und den Prospekt geprüft hat und ihr dabei eine für die Anleger nachteilige Regelung (wie zB eine Haftungs- und Verwertungsregelung) aufgefallen ist.[305] Das Verhalten der Bank ist in einem solchen Fall auch nicht durch die Wahrnehmung berechtigter eigener Interessen gerechtfertigt.[306]

509 Die **Voraussetzungen einer Teilnahme** an einer unerlaubten Handlung im Sinne des § 830 Abs. 1 Satz 1, Abs. 2 BGB richten sich nach den für das Strafrecht entwickelten Grundsätzen. Danach verlangt die Teilnahme neben der Kenntnis der Tatumstände wenigstens in groben Zügen den jeweiligen Willen der einzelnen Beteiligten, die Tat gemeinschaftlich mit anderen auszuführen oder sie als fremde Tat zu fördern; objektiv muss eine Beteiligung an der Ausführung der Tat hinzukommen, die in irgendeiner Form deren Begehung fördert und für diese relevant ist. Für den einzelnen Teilnehmer muss ein Verhalten festgestellt werden, das den rechtswidrigen Eingriff in ein fremdes Rechtsgut unterstützt hat und das von der Kenntnis der Tatumstände und dem auf die Rechtsgutsverletzung gerichteten Willen getragen war.[307]

510 Die **Gewährung eines Objektfinanzierungsdarlehens** kann eine objektive Unterstützungshandlung der Bank sein. Denn auch so genannte neutrale bzw. berufstypische Handlungen können grundsätzlich eine **objektive Hilfeleistung** darstellen. Diese sind jedoch nur dann als Beihilfe zu werten, wenn das Handeln des Haupttäters ausschließlich auf die Begehung einer strafbaren Handlung abzielt und der Hilfe Leistende Kenntnis hiervon hat. Weiß dieser nicht, wie sein Beitrag vom Haupttäter verwendet wird, sondern hält er es lediglich für möglich, dass sein Tun zur Begehung einer Straftat benutzt wird, ist sein Handeln regelmäßig noch nicht als strafbare Beihilfehandlung zu beurteilen, es sei denn, das von ihm erkannte Risiko strafbaren Verhaltens des von ihm Unterstützten war derart hoch, dass er sich mit seiner Hilfeleistung die Förderung eines erkennbar tatgeneigten Täters angelegen sein ließ.[308] Aufgrund dessen kann eine solche neutrale bzw. berufstypische Handlung auch in der Darlehensgewährung der Bank als Kreditinstitut an die Fondsgesellschaft zu sehen sein, die für sich gesehen mit einer arglistigen Täuschung durch den Fondsprospekt nichts zu tun hat.

511 Die Qualifizierung dieser neutralen Handlung als Beihilfehandlung kommt aber nur in Betracht, wenn die Bank auch die Voraussetzungen des **subjektiven Tatbestandes** erfüllt. Ein bewusstes Verschließen der Bank vor der Erkenntnis sittenwidrigen Handelns der Fondsinitiatoren setzt voraus, dass die Unkenntnis auf einem gewissenlosen oder grob fahrlässigen (leichtfertigen) Handeln beruht, etwa weil Berufspflichten in solchem Maße leichtfertig verletzt wurden, dass das Verhalten als bedenken- und gewissenlos zu bezeichnen ist.

[304] BGH Urt. v. 19.2.2008 – XI ZR 170/07, BGHZ 175, 276 Rn. 29 = NJW 2008, 1734 = WM 2008, 825; BGH Urt. v. 29.9.2009 – XI ZR 179/07, WM 2009, 2210 Rn. 20 mwN.

[305] BGH Urt. v. 29.9.2009 – XI ZR 179/07, WM 2009, 2210 Rn. 21 f.

[306] BGH Urt. v. 29.9.2009 – XI ZR 179/07, WM 2009, 2210 Rn. 23.

[307] BGH Urt. v. 3.12.2013 – XI ZR 295/12, NJW 2014, 1098 Rn. 29 = WM 2014, 71.

[308] BGH Urt. v. 3.12.2013 – XI ZR 295/12, NJW 2014, 1098 Rn. 31 mwN = WM 2014, 71.

Aus der Art und Weise des sittenwidrigen Handelns kann sich die Schlussfolgerung ergeben, dass mit Schädigungsvorsatz gehandelt worden ist; von vorsätzlichem Handeln ist auszugehen, wenn der Schädiger so leichtfertig gehandelt hat, dass er eine Schädigung des anderen Teils in Kauf genommen haben muss.[309] Die Anforderungen sind hoch. Fällt der Bank wegen der ihr vorliegenden Kaufverträge ein Auseinanderfallen von Erwerbs- und Veräußerungspreis auf, begründet dies allein keine Kenntnis von dem Verschweigen dieses Zwischengewinns im Prospekt.[310]

---

[309] BGH Urt. v. 3.12.2013 – XI ZR 295/12, NJW 2014, 1098 Rn. 34 mwN = WM 2014, 71.
[310] BGH Urt. v. 3.12.2013 – XI ZR 295/12, NJW 2014, 1098 Rn. 33 = WM 2014, 71.

IV. Kausalität

1. Allgemeines

512 Die Schadensersatzpflicht setzt voraus, dass der Schaden durch das zum Schadensersatz verpflichtende Ereignis verursacht worden ist. Das Verhalten des Schädigers muss für den Schaden kausal sein. Der Kausalzusammenhang ist Grund und Grenze der zivilrechtlichen Haftung. Dabei ist zu unterscheiden: Bei der **haftungsbegründenden Kausalität** geht es darum, ob zwischen dem Verhalten des Schädigers und der eingetretenen Rechtsgutsverletzung, im Falle der fehlerhaften Anlageberatung oder -vermittlung in der Regel der Vermögensschädigung, ein Ursachenzusammenhang gegeben ist. Systematisch gehört dieser Teil der Kausalkette zum Haftungs- und nicht zum Schadensrecht. Die **haftungsausfüllende Kausalität** betrifft den Ursachenzusammenhang zwischen dem Haftungsgrund (Rechtsgutsverletzung) und dem entstandenen Schaden.

513 Nach der **Äquivalenztheorie** sind alle Bedingungen gleichwertig. Kausal ist jedes Ereignis, das nicht hinweggedacht werden kann, ohne dass der Erfolg entfiele *(condicio sine qua non)*. Auch im bürgerlichen Recht setzt der Zurechnungszusammenhang voraus, dass das Verhalten des Schädigers im Sinne der **condicio-sine-qua-non-Formel** ursächlich für den eingetretenen Schaden geworden ist. Zur Feststellung des Ursachenzusammenhangs muss die pflichtwidrige Handlung hinweggedacht, aber nicht weitere Umstände hinzugedacht werden; dies gilt in dieser allgemeinen Form bei einer Aufklärungspflichtverletzung nur in Bezug auf die fehlerhafte Angabe eines für die Anlageentscheidung bedeutsamen Umstandes. Wird ein solcher Umstand verschwiegen, muss für die Feststellung des Kausalzusammenhangs dagegen die unterbliebene ordnungsgemäße Aufklärung hinzugedacht werden.[1]

514 Soweit im allgemeinen Haftungsrecht die Äquivalenztheorie durch die **Adäquanztheorie** eine Einschränkung erfährt, indem dadurch gänzlich unwahrscheinliche Kausalverläufe ausgeschieden werden und keine Haftung begründen,[2] spielt dies im Rahmen der Haftung der Banken für Aufklärungs- und Beratungsverschulden in der Praxis keine Rolle.

515 Von Bedeutung ist dagegen auch im Kapitalanlagerecht die sog. Lehre vom **Schutzzweck der Norm** oder auch Lehre vom Rechtswidrigkeitszusammenhang. Diese ergänzt die Äquivalenz- und Adäquanztheorie durch eine wertende Beurteilung. Eine Schadensersatzpflicht besteht nur, wenn der geltend gemachte Schaden nach Art und Entstehungsweise unter den Schutzzweck der verletzten Norm fällt; es muss sich um Nachteile handeln, die aus dem Bereich der Gefahren stammen, zu deren Abwendung die verletzte Norm erlassen oder die verletzte vertragliche oder vorvertragliche Pflicht übernommen worden ist.[3] Zur Beurteilung können unter Umständen auch einschlägige öffentlichrechtliche Vorschriften herangezogen werden.[4] Der Nachteil muss zu der vom Schädiger geschaffenen Gefahrenlage in einem inneren Zusammenhang stehen; eine bloß zufällige äußere Verbindung genügt nicht. Der Schaden muss auch gerade durch die Pflichtwidrigkeit der Handlung verursacht worden sein. Soweit in der Lehre der Begriff **„Rechtswid-**

[1] Siehe dazu allgemein Palandt/*Grüneberg* Vorb. § 249 Rn. 25, 51 mwN.
[2] Siehe dazu allgemein Palandt/*Grüneberg* Vorb. § 249 Rn. 26 ff. mwN.
[3] Siehe dazu allgemein Palandt/*Grüneberg* Vorb. § 249 Rn. 29 ff. mwN.
[4] Vgl. BGH Urt. v. 12.12.2012 – XII ZR 6/12, NJW-RR 2013, 333 Rn. 18.

rigkeitszusammenhang" verwendet wird, bestehen in der Sache keine Unterschiede zur Schutzzwecklehre. In ihrer klassischen Ausprägung gehört die Schutzzwecklehre zum Recht der Haftungsbegründung. Sie beantwortet die Frage, ob für die eingetretene Erstverletzung eine Ersatzpflicht besteht und stellt dabei auf den konkreten Haftungsgrund ab. Die Schutzzwecklehre gilt aber auch im Bereich der haftungsausfüllenden Kausalität und damit im Schadensrecht. Aufgrund von normativen Wertungen kann dadurch die Zurechnung von bestimmten Schadensfolgen trotz einer feststehenden Pflichtverletzung entfallen.[5]

2. Aufklärungspflichtverletzung

a) Beratungsvertrag

Im Bereich des Kapitalanlagerechts kommt nach der – vom Bundesverfassungsgericht 516
gebilligten[6] – Rechtsprechung des BGH dem Anleger im Fall einer Aufklärungs- oder Beratungspflichtverletzung eine widerlegliche **Vermutung aufklärungs- und beratungsrichtigen Verhaltens** zu. Diese Vermutung gilt für alle Aufklärungs- und Beratungsfehler eines Anlageberaters.[7] Sie wird damit begründet, dass der Zweck der Aufklärungs- und Beratungspflichten nur erreicht wird, wenn Unklarheiten, die durch eine Aufklärungspflichtverletzung bedingt sind, zu Lasten des Aufklärungspflichtigen gehen und dieser die Nichtursächlichkeit seiner Pflichtverletzung zu beweisen hat.[8] Danach muss der aufklärungspflichtige Berater darlegen und beweisen, dass der Anleger die Kapitalanlage auch bei ordnungsgemäßer Aufklärung erworben hätte, dh der Schaden auch eingetreten wäre, wenn er sich pflichtgemäß verhalten hätte, der Geschädigte den Rat oder Hinweis also unbeachtet gelassen hätte.[9]

Aufgrund dessen ist es auch unmaßgeblich, ob sich das bei dem Beratungs- oder Ver- 517
mittlungsgespräch verschwiegene **Risiko** als solches **verwirklicht** hat und ob der Wertverlust der Kapitalanlage gerade auf dem Eintritt dieses Risikos zurückzuführen ist. Das Recht des Anlegers auf Rückgängigmachung des Kapitalanlagegeschäfts wegen eines Beratungs- oder Aufklärungsverschuldens verliert er nicht dadurch, dass die Anlage nachträglich aus Gründen wertlos wird, die mit denjenigen, derentwegen er im Nachhinein von dem Erwerb Abstand nehmen will, unmittelbar nicht zusammenhängen.[10]

Hat ein Anleger aufgrund der Empfehlung der Bank mehrere, **verschiedenartige Ka-** 518
pitalanlagen gezeichnet, sei es in einem Beratungsgespräch, sei es in aufeinanderfolgen-

[5] Siehe dazu allgemein Palandt/*Grüneberg* Vorb. § 249 Rn. 29 mwN.

[6] BVerfG NJW 2012, 443 Rn. 20 = WM 2012, 68.

[7] BGH Urt. v. 8.5.2012 – XI ZR 262/10, BGHZ 193, 159 Rn. 28 mwN = NJW 2012, 2427 = WM 2012, 1337; BGH Urt. v. 29.4.2014 – XI ZR 130/13, BGHZ 201, 55 Rn. 34 = NJW 2014, 2945 = WM 2014, 1221 (Aussetzung der Anteilsrücknahme).

[8] Vgl. BGH Urt. v. 5.7.1973 – VII ZR 12/73, BGHZ 61, 118, 121 f. = WM 1973, 1015; BGH Urt. v. 19.2.1975 – VIII ZR 144/73, BGHZ 64, 46, 51 f. = NJW 1975, 824 = WM 1975, 645; BGH, Urt. v. 16.11.1993 – XI ZR 214/92, BGHZ 124, 151, 160 = NJW 1994, 512 = WM 1994, 149; BGH, Urt. v. 8.5.2012 – XI ZR 262/10, BGHZ 193, 159 Rn. 35 = NJW 2012, 2427 = WM 2012, 1337.

[9] BGH Urt. v. 8.5.2012 – XI ZR 262/10, BGHZ 193, 159 Rn. 28 mwN = NJW 2012, 2427 = WM 2012, 1337; BGH Urt. v. 15.3.2016 – XI ZR 122/14, NJW-RR 2016, 1187 Rn. 17 = WM 2016, 780.

[10] BGH Urt. v. 3.12.1991 – XI ZR 300/90, BGHZ 116, 209, 212 f. = NJW 1992, 555 = WM 1992, 133 (finanzierter Hauskauf); BGH Urt. v. 5.7.1993 – II ZR 194/92, BGHZ 123, 106, 111 ff. = NJW 1993, 2865 = WM 1993, 1787 (Prospekthaftung).

den Beratungsgesprächen, und trifft die Bank lediglich in Bezug auf einzelne Geschäfte ein Aufklärungsverschulden, kann nicht ohne Weiteres davon ausgegangen werden, dass die Geschäftsverbindung insgesamt nicht zustande gekommen wäre.[11] Hat zB die Bank nur bei einzelnen Geschäften die Zahlung von Rückvergütungen verschwiegen, während sie bei der Empfehlung anderer Wertpapiere solche gar nicht erhalten hat, richtet sich die Frage, ob auch die Wertpapiergeschäfte schadensersatzrechtlich rückabzuwickeln sind, bei denen keine Rückvergütungen gezahlt wurden, danach, ob der Anleger bei gehöriger Aufklärung insgesamt den Geschäftskontakt mit der Bank abgebrochen hätte.[12] Dafür ist der Anleger darlegungs- und beweispflichtig. Die Vermutung aufklärungsrichtigen Verhaltens greift insoweit nicht ein, sondern gilt lediglich hinsichtlich der Kapitalanlagegeschäfte, bei denen der Bank ein Aufklärungsfehler unterlaufen ist.

519 Dagegen kann ein Mangel der Aufklärung bei dem ersten Wertpapiergeschäft auf **Folgegeschäfte** fortwirken, wenn es sich dabei um gleichartige Geschäfte handelt.[13] Dies gilt zB auch dann, wenn ein Kapitalanlagevermittler bei seinem Kunden bei dem Erstgeschäft einen Vertrauenstatbestand in die Sicherheit einer Kapitalanlage und in die Seriosität des sie durchführenden Vermögensverwalters schafft und sodann für ein Folgegeschäft ein persönliches Gespräch des Kunden mit dem Vermögensverwalter vermittelt, bei dem der Kunde aufgrund des fortwirkenden Vertrauenstatbestandes diesen nicht ausreichend befragt oder von ihm keine wahrheitsgemäße Aufklärung erhält.[14]

520 Eng verwandt mit der Frage nach dem Ursachenzusammenhang zwischen Pflichtverletzung und Schadenseintritt sind Schutzzwecküberlegungen. Nach allgemeinen Grundsätzen führt etwa eine unterlassene Prüfung der Bank im Hinblick auf die empfohlene Kapitalanlage nach dem **Schutzzweck der verletzten Pflicht** nur dann zur Haftung, wenn bei der Prüfung Risiken erkennbar geworden wären, über welche der Anleger hätte aufgeklärt werden müssen oder aber wenn erkennbar geworden wäre, dass eine Empfehlung der Kapitalanlage nicht anleger- und/oder anlagegerecht ist.[15]

521 Hat der Berater den Verkaufsprospekt nicht der gebotenen, von ihm geschuldeten Plausibilitätsprüfung unterzogen, ist er für die Behauptung, die **Fehlerhaftigkeit des Prospekts** wäre auch im Fall einer (hypothetischen) ordnungsgemäßen Plausibilitätskontrolle nicht aufgefallen, darlegungs- und beweispflichtig.[16] Denn dabei handelt es sich nicht um ein Problem des Schutzzwecks der Prüfungs- und Offenbarungspflicht, weil dieser gerade bei Vorliegen von Prospektmängeln eingreift. Vielmehr erhebt der Berater oder Vermittler den Einwand des rechtmäßigen Alternativverhaltens, für dessen tatsächliche Voraussetzungen derjenige darlegungs- und beweisbelastet ist, der ihn geltend macht. Für die **mangelnde Plausibilität** trägt dagegen der Anleger die Darlegungs- und Beweislast dafür, dass die empfohlene Anlage aufklärungsbedürftige Plausibilitätsdefizite aufwies. Aufgrund dessen kann der Anleger seinen Schadensersatzanspruch nicht allein darauf stützen, dass die gebotene Plausibilitätsprüfung unterblieben ist.[17]

---

[11] BGH Urt. v. 19.12.2006 – XI ZR 56/05, BGHZ 170, 226 Rn. 27 = NJW 2007, 1876 = WM 2007, 487.

[12] BGH Urt. v. 19.12.2006 – XI ZR 56/05, BGHZ 170, 226 Rn. 27 = NJW 2007, 1876 = WM 2007, 487.

[13] BGH Urt. v. 13.6.2002 – III ZR 166/01, NJW 2002, 2641, 2642 = WM 2002, 1456.

[14] BGH Urt. v. 13.6.2002 – III ZR 166/01, NJW 2002, 2641, 2642 = WM 2002, 1456.

[15] BGH Urt. v. 15.11.2012 – III ZR 55/12, NJW-RR 2013, 371 Rn. 6 = WM 2012, 2375; BGH Urt. v. 27.9.2011 – XI ZR 182/10, BGHZ 191, 119 Rn. 24 = NJW 2012, 66 = WM 2011, 2268; BGH Urt. v. 30.3.2017 - III ZR 139/15, WM 2017, 800 Rn. 10.

[16] BGH Urt. v. 5.3.2009 – III ZR 17/08, NZG 2009, 471 Rn. 14 = WM 2009, 739.

[17] BGH Urt. v. 30.3.2017 - III ZR 139/15, WM 2017, 800 Rn. 15.

b) Vermittlungsvertrag

Für den Anlagevermittlungsvertrag gilt die Vermutung aufklärungsrichtigen Verhaltens ebenfalls. Innerhalb des BGH ist lediglich umstritten, ob es sich bei dieser „Vermutung" um einen Anwendungsfall des Anscheinsbeweises, um eine tatsächliche Vermutung, die durch konkreten Vortrag „entkräftet" werden kann, oder um eine (echte) **Umkehr der Beweislast** handelt. Siehe dazu bei → Rn. 791 ff. 522

Hat der Vermittler den Verkaufsprospekt nicht der gebotenen, von ihm geschuldeten Plausibilitätsprüfung unterzogen, ist er für die Behauptung, die **Fehlerhaftigkeit des Prospekts** wäre auch im Fall einer (hypothetischen) ordnungsgemäßen Plausibilitätskontrolle nicht aufgefallen, darlegungs- und beweispflichtig.[18] Denn dabei handelt es sich nicht um ein Problem des Schutzzwecks der Prüfungs- und Offenbarungspflicht, weil dieser gerade bei Vorliegen von Prospektmängeln eingreift. Vielmehr erhebt der Berater oder Vermittler den Einwand des rechtmäßigen Alternativverhaltens, für dessen tatsächliche Voraussetzungen derjenige darlegungs- und beweisbelastet ist, der ihn geltend macht. Für die **mangelnde Plausibilität** trägt dagegen der Anleger die Darlegungs- und Beweislast dafür, dass die vermittelte Anlage aufklärungsbedürftige Plausibilitätsdefizite aufwies. Aufgrund dessen kann der Anleger seinen Schadensersatzanspruch nicht allein darauf stützen, dass die gebotene Plausibilitätsprüfung unterblieben ist.[19] 523

c) Finanzierte Kapitalanlage

Der Kreditnehmer kann im Falle einer Aufklärungspflichtverletzung der Bank verlangen, so gestellt zu werden, wie er bei gehöriger Aufklärung stehen würde. Dabei besteht – wie bei der Verletzung einer Beratungspflicht aus einem Anlageberatungsvertrag – ebenfalls eine **Vermutung für aufklärungsrichtiges Verhalten**. 524

Im Regelfall wird das zu finanzierende Geschäft verbindlich erst abgeschlossen, wenn die Finanzierung mit der Bank geklärt ist. Die ordnungsgemäße Erfüllung einer vorvertraglichen Aufklärungs- oder Hinweispflicht der Bank hätte dann zur Folge gehabt, dass der Darlehensnehmer auch noch von dem zu finanzierenden Geschäft hätte Abstand nehmen können. Die Kausalität zwischen Aufklärungspflichtverletzung und Schaden ist dann nicht weiter problematisch, weil insoweit die Vermutung aufklärungsrichtigen Verhaltens eingreift. 525

Anders ist dies dagegen, wenn die Finanzierung erst **nach Abschluss** der zum Erwerb verpflichtenden Verträge beantragt wird. Hier setzt die Annahme einer Aufklärungspflicht des Kreditinstituts und der Ursächlichkeit ihrer Verletzung voraus, dass der Erwerber bei Kenntniserlangung in der Lage gewesen wäre, sich aus seinen vertraglichen Bindungen zu dem zu finanzierenden Geschäft zu lösen.[20] Dies kann zB dadurch erfolgen, dass der Anleger eine Aufklärung durch die Bank zum Anlass genommen hätte, den Erwerbsvertrag oder den Treuhandvertrag nebst Vollmacht des Treuhänders wegen arglistiger Täuschung anzufechten und damit sämtlichen Verträgen die Grundlage zu entziehen.[21] 526

---

[18] BGH Urt. v. 5.3.2009 – III ZR 17/08, NZG 2009, 471 Rn. 14 = WM 2009, 739.
[19] BGH Urt. v. 30.3.2017 - III ZR 139/15, WM 2017, 800 Rn. 15.
[20] BGH Urt. v. 24.4.1990 – XI ZR 236/89, NJW-RR 1990, 876 = WM 1990, 920.
[21] BGH Urt. v. 24.3.1992 – XI ZR 133/91, juris Rn. 36 f.

3. Schaden

527 Im Kapitalanlagerecht liegt der Schaden im Regelfall in der Belastung mit einem für den Anleger **nachteiligen Vertrag**. Nach ständiger Rechtsprechung des BGH ist der Anleger, der aufgrund einer fehlerhaften Information eine für ihn nachteilige Kapitalanlage erworben hat, in der Regel bereits durch deren Erwerb geschädigt. Zwar setzt der auf Rückabwicklung des Vertrages aufgrund einer Verletzung von Aufklärungspflichten gerichtete Schadensersatzanspruch nach ständiger Rechtsprechung des BGH einen Vermögensschaden voraus. Hierfür genügt aber jeder wirtschaftliche Nachteil, der für den Gläubiger mit dem aufgrund der Aufklärungspflichtverletzung eingegangenen Vertrag verbunden ist. Ein solcher Nachteil liegt auch in der Beeinträchtigung der wirtschaftlichen Dispositionsfreiheit. Wer durch ein haftungsbegründendes Verhalten zum Abschluss eines Vertrages verleitet wird, den er ohne dieses Verhalten nicht geschlossen hätte, kann auch bei **objektiver Werthaltigkeit** von Leistung und Gegenleistung einen Vermögensschaden dadurch erleiden, dass die Leistung für seine Zwecke nicht voll brauchbar ist. Auf einen späteren Wertverlust der Anlage kommt es nicht an. Zu weiteren Einzelheiten nebst Nachweisen → Rn. 568 ff.

528 Wie oben ausgeführt, besteht eine Schadensersatzpflicht nach allgemeinen Grundsätzen nur, wenn der geltend gemachte Schaden nach Art und Entstehungsweise unter den **Schutzzweck der verletzten Norm** fällt. Es muss sich um äquivalente und adäquate Nachteile handeln, die aus dem Bereich der Gefahren stammen, zu deren Abwendung die verletzte Norm erlassen oder die verletzte vertragliche oder vorvertragliche Pflicht übernommen worden ist. Auch im Kapitalanlagerecht führt eine Aufklärungspflichtverletzung daher grundsätzlich nur zum Ersatz des Schadens, dessen Eintritt die Einhaltung der Pflicht verhindern sollte. Zu weiteren Einzelheiten nebst Nachweisen → Rn. 561 ff.

V. Vertretenmüssen

1. Allgemeines

Der Anlageberater hat nach § 276 Abs. 1 Satz 1 BGB grundsätzlich **Vorsatz** und **Fahrlässigkeit** zu vertreten. Fahrlässig handelt, wer die im Verkehr erforderliche Sorgfalt außer Acht lässt (§ 276 Abs. 2 BGB), so dass der Anlageberater auch für leichte Fahrlässigkeit haftet. 529

Vorsatz enthält ein „Wissenselement" und ein „Wollenselement". Der Handelnde muss die Umstände, auf die sich der Vorsatz beziehen muss, gekannt bzw. vorausgesehen und in seinen Willen aufgenommen haben. Der (bedingte) Vorsatz lässt sich von der Fahrlässigkeit wie folgt abgrenzen: Die Annahme der Form des bedingten Vorsatzes setzt voraus, dass der Handelnde die relevanten Umstände jedenfalls für möglich gehalten und billigend in Kauf genommen hat. Waren die relevanten Tatumstände dagegen lediglich objektiv erkennbar und hätte der Handelnde sie kennen können oder kennen müssen, ist lediglich ein Fahrlässigkeitsvorwurf gerechtfertigt.[1] 530

Zur **Beweislast** → Rn. 823 ff. 531

2. Organisationsverschulden

Das Vertretenmüssen kann auch in einem **Organisationsverschulden** liegen. Eine Bank muss ihren Geschäftsbetrieb zum Schutz des Rechtsverkehrs grundsätzlich so organisieren, dass bei ihr vorhandenes Wissen den Mitarbeitern, die für die betreffenden Geschäftsvorgänge zuständig sind, zur Verfügung steht und von diesen auch genutzt wird.[2] Danach ist etwa ein vorsätzliches Organisationsverschulden der Bank gegeben, wenn sie ihre Verpflichtung zur Aufklärung der Kunden gekannt oder zumindest für möglich gehalten hat (bedingter Vorsatz) und es gleichwohl bewusst unterlassen hat, ihre Anlageberater anzuweisen, die Kunden entsprechend aufzuklären.[3] 532

3. Rechtsirrtum

Bei einem **Rechtsirrtum** über das Bestehen einer Aufklärungs- oder Beratungspflicht ist zwischen der Haftung für Vorsatz und derjenigen für fahrlässiges Handeln zu unterscheiden. 533

---

[1] Siehe nur BGH Urt. v. 20.12.2011 – VI ZR 309/10, NJW-RR 2012, 404 Rn. 8 mwN = WM 2012, 260.

[2] BGH Rut. v. 15.4.1997 – XI ZR 105/96, BGHZ 135, 202, 205 ff. = NJW 1997, 1917 = WM 1997, 1092; BGH Urt. v. 12.5.2009 – XI ZR 586/07, NJW 2009, 2298 Rn. 14 = WM 2009, 1274.

[3] BGH Urt. v. 12.5.2009 – XI ZR 586/07, NJW 2009, 2298 Rn. 14 = WM 2009, 1274 (für Aufklärungspflicht über Rückvergütungen); BGH Urt. v. 30.10.2014 – III ZR 493/13, NJW-RR 2015, 365 Rn. 42 = WM 2014, 2310 (für Verschweigen von Verflechtungen zwischen den Gesellschaften und die den verflochtenen Gesellschaften gewährten Vergütungen); BGH Beschl. v. 27.11.2014 – III ZR 294/13, WM 2015, 67 Rn. 8.

a) Vorsatz

534 Vorsatz scheidet aus, wenn dem Berater das Bewusstsein der Rechtswidrigkeit seines Unterlassens gefehlt und er sich daher in einem Vorsatz ausschließenden Rechtsirrtum befunden hat.[4] Es gilt also – wie im Zivilrecht grundsätzlich – die sog. **Vorsatztheorie**, wonach zum Vorsatz auch das Bewusstsein der Rechtswidrigkeit gehört.[5] Es genügt insoweit also bereits ein **vermeidbarer Rechtsirrtum**. Dessen Vorliegen muss der Berater darlegen und beweisen.[6] Soweit der BGH dagegen bei der Verletzung eines strafrechtlichen Schutzgesetzes im Sinne des § 823 Abs. 2 BGB von der sog. Schuldtheorie ausgeht, nach der den Schädiger nur ein unvermeidbarer Verbotsirrtums entlastet,[7] greift diese Rechtsprechung bei der Anlageberatung nicht ein; denn insbesondere die Verhaltens-, Organisations- und Transparenzpflichten gemäß §§ 31 ff. WpHG sind nur aufsichtsrechtlicher Natur, ohne dass ihnen eine eigenständige schadensersatzrechtliche Bedeutung zukommt.[8]

b) Fahrlässigkeit

535 Dagegen ist die Haftung wegen Fahrlässigkeit nur bei einem **unvermeidbaren Rechtsirrtum** ausgeschlossen. Nach der Rechtsprechung des BGH sind an das Vorliegen eines unverschuldeten Rechtsirrtums strenge Maßstäbe anzulegen, wobei der Schuldner die Rechtslage sorgfältig prüfen, soweit erforderlich, Rechtsrat einholen und die höchstrichterliche Rechtsprechung sorgfältig beachten muss. Grundsätzlich trifft den Schuldner das Risiko, die Rechtslage zu verkennen. Er handelt schuldhaft, wenn er mit der Möglichkeit rechnen musste, dass das zuständige Gericht einen anderen Rechtsstandpunkt einnimmt.[9] Der Fahrlässigkeitsvorwurf entfällt aber nicht erst dann, wenn eine dem Schuldner ungünstige Entscheidung der Rechtsfrage undenkbar ist; dies würde eine Entschuldigung praktisch immer ausschließen. Ein unverschuldeter Rechtsirrtum ist vielmehr in Fällen anzunehmen, in denen die Rechtslage besonders zweifelhaft und schwierig ist und sich eine einheitliche Rechtsprechung noch nicht gebildet hat. Das kann sogar dann gelten, wenn der Schuldner bereits in zwei Tatsacheninstanzen unterlegen war.[10] Allerdings muss durch strenge Anforderungen an seine Sorgfalt verhindert werden, dass er das Risiko der zweifelhaften Rechtslage dem anderen Teil zuschiebt. Fahrlässig handelt daher, wer sich erkennbar in einem Grenzbereich des rechtlich Zulässigen bewegt, weil er eine von der eigenen Einschätzung abweichende Beurteilung der rechtlichen Zulässigkeit des fraglichen Verhaltens in Betracht ziehen muss.[11]

---

[4] BGH Urt. v. 12.5.2009 – XI ZR 586/07, NJW 2009, 2298 Rn. 12 = WM 2009, 1274 (für Aufklärungspflicht über Rückvergütungen); BGH Urt. v. 15.7.2014 – XI ZR 418/13, NJW 2014, 2951 Rn. 14 = WM 2014, 1670.

[5] Vgl. nur BGH Urt. v. 15.5.2012 – VI ZR 166/11, NJW 2012, 3177 Rn. 22 mwN = WM 2012, 1333.

[6] BGH Urt. v. 12.5.2009 – XI ZR 586/07, NJW 2009, 2298 Rn. 20 = WM 2009, 1274.

[7] Vgl. nur BGH Urt. v. 15.5.2012 – VI ZR 166/11, NJW 2012, 3177 Rn. 22 mwN = WM 2012, 1333.

[8] BGH Urt. v. 27.9.2011 – XI ZR 182/10, BGHZ 191, 119 Rn. 45 ff. = NJW 2012, 66 = WM 2011, 2268; BGH Urt. v. 17.9.2013 – XI ZR 332/12, BKR 2014, 32 Rn. 16 ff. = WM 2013, 1983.

[9] BGH Urt. v. 29.4.2014 – XI ZR 130/13, BGHZ 201, 55 Rn. 36 = NJW 2014, 2945 = WM 2014, 1221; BGH Beschl. v. 29.6.2010 – XI ZR 308/09, NJW 2010, 2339 Rn. 3 = WM 2010, 1694; BGH Urt. v. 15.7.2014 – XI ZR 418/13, NJW 2014, 2951 Rn. 14 = WM 2014, 1670.

[10] BGH Urt. v. 3.6.2014 – XI ZR 147/12, BGHZ 201, 310 Rn. 26 ff. = NJW 2014, 2947 = WM 2014, 1382; BGH Urt. v. 15.7.2014 – XI ZR 418/13, NJW 2014, 2951 Rn. 15 = WM 2014, 1670.

[11] BGH Urt. v. 15.7.2014 – XI ZR 418/13, NJW 2014, 2951 Rn. 15 = WM 2014, 1670.

c) Beispiele

aa) Zuwendungen Dritter

536 Nach diesen Maßgaben hat der BGH im Hinblick auf die Aufklärungsbedürftigkeit über **Rückvergütungen** einen unvermeidbaren Rechtsirrtum der beratenden Bank über Bestehen und Umfang einer entsprechenden Aufklärungspflicht jedenfalls für die Zeit nach 1984 verneint,[12] während er im Hinblick auf die – von ihm allerdings offen gelassene – Aufklärungsbedürftigkeit über **Innenprovisionen** einen unvermeidbaren Rechtsirrtum über das Bestehen einer etwaigen Aufklärungspflicht für die Zeit bis zum 31. Juli 2014 bejaht hat.[13] Für die Aufklärungsbedürftigkeit über eine **Doppelprovisionierung** hat der BGH ein Verschulden des Beraters jedenfalls für die Zeit ab 1980 bejaht.[14]

537 Dabei hat er entscheidend darauf abgestellt, ob und ab wann für eine Bank **bei sorgfältiger Prüfung der Rechtslage**, dh insbesondere unter Auswertung der veröffentlichten Rechtsprechung und Literatur, genügend Anhaltspunkte dafür vorhanden waren, dass das Verschweigen von solchen Zuwendungen von der Rechtsprechung missbilligt werden würde.[15] Während solche Anhaltspunkte im Falle von Rückvergütungen und Doppelprovisionierungen bereits zu den genannten Zeitpunkten vorgelegen haben,[16] war dies bei der Frage der Aufklärungsbedürftigkeit von Innenprovisionen bis zum Jahr 2014 gerade nicht der Fall; vielmehr konnten Banken insoweit aus der Rechtsprechung des BGH sogar eher den gegenteiligen Schluss ziehen, dass Innenprovisionen erst ab einer Größenordnung von 15% und mehr aufklärungsbedürftig waren.[17]

bb) Prospektangaben

538 Enthält ein Prospekt unrichtige Angaben und wird dieser bei der Anwerbung von Anlegern in Kenntnis der wahren Verhältnisse verwendet, dann ergibt sich hieraus im Regelfall nicht nur die Verletzung der Aufklärungspflicht, sondern auch das Verschulden des Beraters. Der Anlageberater ist zur **Überprüfung des Prospektes** verpflichtet. Er kann sich hierzu auch eines Gehilfen bedienen. Es stellt daher ein Verschulden dar, wenn ein Prospektfehler unmittelbar aus dem Prospekt ersichtlich ist, so dass ihn der Anlageberater bei der ihm obliegenden gebotenen kritischen Prüfung hätte erkennen können.[18] Das Bestehen einer solchen Prospektprüfungspflicht im Rahmen eines Beratungsvertrages ist in der Rechtsprechung des BGH zumindest seit dem Bond-Urteil aus dem Jahr 1993 geklärt.[19]

539 Eine nähere Prüfung des Verschuldens ist dann erforderlich, wenn **besondere Umstände** vorgetragen sind, die die fehlerhafte Beratung als nicht schuldhaft erscheinen lassen können. Solche das Verschulden ausnahmsweise ausschließenden Umstände können zB darin liegen, dass der Berater irrig davon ausgegangen ist, es bedürfe keines klarstellenden Hinweises an den Anleger. Dazu gehört allerdings das Vorbringen, dass der Anlageberater

---

[12] BGH Urt. v. 15.7.2014 – XI ZR 418/13, NJW 2014, 2951 Rn. 16 ff. = WM 2014, 1670.

[13] BGH Urt. v. 3.6.2014 – XI ZR 147/12, BGHZ 201, 310 Rn. 26 ff. = NJW 2014, 2947 = WM 2014, 1382.

[14] BGH Urt. v. 24.9.2013 – XI ZR 204/12, NJW 2013, 3574 Rn. 33 = WM 2013, 2065.

[15] BGH Urt. v. 15.7.2014 – XI ZR 418/13, NJW 2014, 2951 Rn. 18 = WM 2014, 1670.

[16] Vgl. BGH Urt. v. 24.9.2013 – XI ZR 204/12, NJW 2013, 3574 Rn. 33 = WM 2013, 2065 (betr. Doppelprovisionierung); BGH Urt. v. 15.7.2014 – XI ZR 418/13, NJW 2014, 2951 Rn. 19 = WM 2014, 1670 (betr. Rückvergütung).

[17] BGH Urt. v. 3.6.2014 – XI ZR 147/12, BGHZ 201, 310 Rn. 26 ff. = NJW 2014, 2947 = WM 2014, 1382.

[18] BGH Beschl. v. 17.9.2009 – XI ZR 264/08, BKR 2009, 471 Rn. 7.

[19] BGH Beschl. v. 17.9.2009 – XI ZR 264/08, BKR 2009, 471 Rn. 8.

sich mit Sorgfalt um die Klärung einer zweifelhaften Frage bemüht hat. Keinesfalls kann er das Risiko, dass seine eigene Beurteilung unzutreffend ist, dem Gläubiger zuschieben.[20]

cc) Offene Immobilienfonds

540 Im Hinblick auf die Pflicht des Beraters zur Aufklärung über die Möglichkeit einer **Aussetzung der Anteilsrücknahme** eines offenen Immobilienfonds ist ein unvermeidbarer Rechtsirrtum über das Bestehen dieser Aufklärungspflicht jedenfalls dann zu verneinen, wenn in dem Flyer des Fonds auf diese Möglichkeit hingewiesen wird.[21] Denn dann besteht für den Berater ein konkreter Anhaltspunkt dafür, dass es sich dabei um eine aufklärungspflichtige Eigenschaft handeln kann.

---

[20] BGH Urt. v. 28.9.1992 – II ZR 224/91, NJW 1992, 3296 = WM 1992, 1892.

[21] BGH Urt. v. 29.4.2014 – XI ZR 130/13, BGHZ 201, 55 Rn. 37 = NJW 2014, 2945 = WM 2014, 1221.

VI. Mitverschulden

1. Mitverschulden bei der Schadensentstehung

a) Beratungsvertrag

Nach der ständigen Rechtsprechung des Bundesgerichtshofs kann der Informationspflichtige dem Geschädigten grundsätzlich nicht nach § 254 Abs. 1 BGB entgegenhalten, er habe den Angaben nicht vertrauen dürfen und sei deshalb für den entstandenen Schaden mitverantwortlich. Gleiches gilt für den Einwand, der Anleger habe den Prospekt nicht verstanden und sei deshalb zu entsprechenden Rückfragen verpflichtet gewesen; ansonsten habe er die Kapitalanlage nicht erwerben dürfen. Denn dies stünde im Widerspruch zum Grundgedanken der Aufklärungs- und Beratungspflicht.[1] Der Anleger darf nämlich regelmäßig auf die Richtigkeit und Vollständigkeit der ihm erteilten Beratung vertrauen. Die Entscheidung des Anlegers, die Anlage zu tätigen, ohne das Anlagekonzept verstanden zu haben, ist gerade **Ausdruck des besonderen Vertrauensverhältnisses**, das den Anleger dazu bringt, sich in erster Linie an der Empfehlung „seines" Beraters zu orientieren und ihn davon abhält, weitere Nachfragen zu stellen oder Nachforschungen anzustellen.[2] 541

Ein **Mitverschulden** hat der BGH daher auch in folgenden Fallgestaltungen **verneint**: 542

- wenn es sich bei dem Anleger um einen **Rechtsanwalt und Notar** handelt, der die allgemeinen Risiken einer derartigen Kapitalanlage kennt. Denn dies macht ihn nicht weniger schutzwürdig als andere Personen, die auf die Richtigkeit und Vollständigkeit einer Beratung vertrauen;[3]
- wenn der Anleger ein Anlageprodukt erwirbt, dessen Konzept und Funktionsweise er **nicht verstanden** hat;[4]
- wenn der Anleger dem Grunde nach weiß, dass der Berater eine aufklärungspflichtige Rückvergütung oder **Provision** verdient oder in den Swap-Vertrag eine aufklärungspflichtige Bruttomarge eingepreist hat;[5]
- wenn der Anleger **erhebliche Beträge „aufs Spiel gesetzt hat"**, ohne sich zuvor mit der empfohlenen Anlage intensiv zu beschäftigen. Dies rechtfertigt nicht den Schluss, der Anleger habe sich „besonders leichtsinnig" verhalten. Das Verhalten des Anlegers,

---

[1] BGH Urt. v. 22.3.2011 – XI ZR 33/10, BGHZ 189, 13 Rn. 41 = NJW 2011, 1949 = WM 2011, 682; BGH Urt. v. 3.6.2014 – XI ZR 147/12, BGHZ 201, 310 Rn. 46 = NJW 2014, 2947 = WM 2014, 1382; BGH Urt. v. 13.1.2004 – XI ZR 355/02, NJW 2004, 1868, 1870 = WM 2004, 422; BGH Urt. v. 23.11.2010 – VI ZR 244/09, NJW-RR 2011, 347 Rn. 30 = WM 2011, 20; BGH Urt. v. 19.2.2015 – III ZR 90/14, NJW-RR 2015, 1180 Rn. 13 f. = WM 2015, 569.

[2] BGH Urt. v. 22.3.2011 – XI ZR 33/10, BGHZ 189, 13 Rn. 41 = NJW 2011, 1949 = WM 2011, 682.

[3] BGH Urt. v. 4.3.1987 – IVa ZR 122/85, BGHZ 100, 117, 125 = NJW 1987, 1815; BGH Urt. v. 25.11.1981 – IVa ZR 286/80, NJW 1982, 1095, 1096 = WM 1982, 90; BGH Urt. v. 13.1.2004 – XI ZR 355/02, NJW 2004, 1868, 1870 = WM 2004, 422; BGH Urt. v. 8.7.2010 – III ZR 249/09, BGHZ 186, 152 Rn. 21 = NJW 2010, 3292 = WM 2010, 1493.

[4] BGH Urt. v. 22.3.2011 – XI ZR 33/10, BGHZ 189, 13 Rn. 41 = NJW 2011, 1949 = WM 2011, 682.

[5] BGH Urt. v. 12.7.2016 – XI ZR 150/15, BKR 2016, 482 Rn. 26.

der die bestehenden Risiken nicht realisiert hat, belegt nur, dass er sich auf die (beschwichtigenden) Aussagen sowie die Kenntnisse und Erfahrungen des Beraters verlassen hat.[6]

543 Für ein Mitverschulden des Anlegers ist in der Regel erst recht kein Raum, wenn der Anlageberater oder -vermittler **vorsätzlich** gehandelt hat, während dem Anleger nur fahrlässiges Handeln anzulasten ist. Dies gilt etwa im Falle eines Verstoßes des Vermittlers gegen die Strafvorschrift des § 54 Abs. 1 Nr. 2 KWG[7] oder bei der vorsätzlichen Beteiligung eines (ausländischen) Brokers an der vorsätzlichen sittenwidrigen Schädigung von Kapitalanlegern durch einen Terminoptionsvermittler bei einem Geschäftsmodell, das für die – leichtfertigen – Anleger aufgrund der Gebührenhöhe und -struktur von vornherein chancenlos ist und zum ausschließlich eigenen Vorteil vermittelt wird.[8]

544 Aufgrund dessen kann der Mitverschuldenseinwand bei der Schadensentstehung nur bei Vorliegen **besonderer Umstände** begründet sein. Dies kann etwa der Fall sein, wenn Warnungen von dritter Seite oder differenzierende Hinweise des anderen Teils nicht genügend beachtet worden sind oder wenn im Hinblick auf die Interessenlage, in der der Anlageinteressent und der Anlagevermittler in vertragliche Beziehungen zueinander treten, solche besonderen Umstände vorliegen.[9]

545 **Beispiele:**

- So hat der BGH etwa ein Mitverschulden des Anlegers von 50% in dem Fall nicht beanstandet, in dem dieser zu der Beratung einen **Bankkaufmann hinzugezogen** hatte, der die empfohlene Anlage negativ beurteilte und insbesondere auf die im Vergleich zum damals banküblichen Zins hohe Rendite und das mit der Anlage verbundene höhere Risiko hinwies, ohne dass der Anleger dies zum Anlass nahm, von dem Erwerb der Anlage Abstand zu nehmen.[10]
- Ebenso kommt ein Mitverschulden (von 30%) in Betracht, wenn sich der Anleger trotz **fundierter Warnungen** von dritter Seite in einem Maße auf die Angaben des Kapitalanlagevermittlers verlässt, das nicht mehr voll schutzwürdig ist.[11]
- Ein Mitverschulden kommt auch in Betracht, wenn sich ein Unternehmer bei den Verhandlungen über den Erwerb eines Betriebes **steuerliche und bilanztechnische Fragen** erläutern lässt, ohne seinerseits einen Fachmann hinzuzuziehen.[12]

546 In der **instanzgerichtlichen Rechtsprechung** finden sich ebenfalls kaum Fallgestaltungen, in denen ein Mitverschulden angenommen worden ist. Hingewiesen kann daher nur auf folgende Fallgestaltungen:

- Beteiligung an einem Pflegezentrum-Fonds lediglich **„auf Zuruf"** des dem Anleger persönlich unbekannten Anlagevermittlers, ohne im Besitz jeglicher Unterlagen zum Anlageobjekt zu sein, wobei die Pflichtverletzung des Vermittlers in der unterbliebenen Prüfung des Anlagekonzepts auf dessen Plausibilität lag (Mitverschulden von 50%).[13]
- Investition von 100 000 US-Dollar in ein Banken-Trading-Programm für die Dauer von 12 Monaten und einem **versprochenen Gewinn von 144% p.a.**, ohne dass der

[6] BGH Urt. v. 19.2.2015 – III ZR 90/14, NJW-RR 2015, 1180 Rn. 14 = WM 2015, 569.
[7] BGH Urt. v. 23.11.2010 – VI ZR 244/09, NJW-RR 2011, 347 Rn. 31 = WM 2011, 20.
[8] BGH Urt. v. 12.10.2010 – XI ZR 394/08, NJW-RR 2011, 551 Rn. 55 ff. = WM 2010, 2214.
[9] BGH Urt. v. 25.11.1981 – IVa ZR 286/80, NJW 1982, 1095, 1096 = WM 1982, 90; BGH Urt. v. 13.5.1993 – III ZR 25/92, NJW-RR 1993, 1114, 1115 = WM 1993, 1238.
[10] BGH Urt. v. 13.5.1993 – III ZR 25/92, NJW-RR 1993, 1114, 1115 = WM 1993, 1238; siehe auch BGH Urt. v. 13.1.2000 – III ZR 62/99, NJW-RR 2000, 998, 1000 = WM 2000, 426.
[11] BGH Urt. v. 13.6.2002 – III ZR 166/01, NJW 2002, 2641, 2642 = WM 2002, 1456.
[12] BGH Urt. v. 19.1.1977 – VIII ZR 211/75, WM 1977, 334, 337 f.
[13] OLG Karlsruhe WM 2015, 1193, 1196.

Anleger beim Vermittler wegen sich aufdrängender Unklarheiten im Hinblick auf die Seriosität der Initiatoren nachgefragt hat (Mitverschulden von 50%).[14]

- Beteiligung als atypisch stiller Gesellschafter bei der Göttinger Beteiligungs AG **trotz deutlicher Hinweise** in den beiden von dem Anleger unterschriebenen „Zeichnungsscheinen des stillen Gesellschafters", wonach die Anlage entgegen der von dem Berater dargestellten Sicherheit der Anlage Risiken enthielt, wegen derer der Anleger Nachfragen und Erläuterungen nachfordern musste, auch und gerade sofern er sie nicht verstanden hatte (Mitverschulden von 20%).[15]

Die Bewertung der verschuldeten Mitverursachung des Schadens und die dabei vorzunehmende **Abwägung** ist Sache des Tatrichters. Der BGH prüft insoweit nur, ob alle Umstände berücksichtigt worden sind und die Entscheidung von rechtsirrtümlichen Erwägungen frei ist.[16] 547

b) Vermittlung

Die vorstehenden Grundsätze gelten für die Anlagevermittlung nur eingeschränkt. 548 Zwar gibt der Anleger durch die Hinzuziehung eines Anlagevermittlers als Sachkundigen zu erkennen, dass er auf dem betreffenden Fachgebiet nicht die erforderlichen Fachkenntnisse hat und auf fremde Hilfe angewiesen ist. Sein Vertrauen verdient deshalb besonderen Schutz. Dennoch kann unter besonderen Umständen auch der Anlagevermittler dem Anleger den Einwand des Mitverschuldens entgegenhalten, wenn zB Warnungen von dritter Seite oder differenzierende Hinweise des Vermittlers nicht genügend beachtet wurden.[17] Denn für den Anleger ist ohne weiteres erkennbar, dass der Vermittler für die andere Seite handelt, nämlich für die kapitalsuchende Gesellschaft, und dass er vornehmlich deren und das eigene wirtschaftliche Interesse im Auge hat. Dem entspricht, dass der Vermittler von dem Anleger in diesen Fällen häufig keine Bezahlung fordert und erhält, seine Provision oder sein Honorar vielmehr von der anderen Seite bezieht. Auch die Art und Weise, in welcher der Anlagevermittler werbend auftritt, kann Vorsicht nahelegen. Das Vertrauen in einen solchen Vertragspartner reicht deshalb nicht gleich weit wie gegenüber dem Berater, der vom Kapitalanleger in dessen individuellem Beratungsinteresse als Sachkundiger hinzugezogen wird.[18]

Der BGH hat deshalb in einer Entscheidung aus dem Jahr 1981 ein Mitverschulden des 549 Anlegers von 50% gebilligt, weil dieser **leichtfertig** auf eine übertriebene Anpreisung des Vermittlers eine Beteiligung an einer Publikums-KG gezeichnet hatte, die als Einkaufs- und Finanzierungsgesellschaft für eine englische Limited gegründet worden war und mit dieser nach einem besonderen System so gewinnbringend auf dem britischen Spirituosenmarkt arbeiten sollte, dass für die Anleger eine Rendite von „20%, 30%, 40% …" zu erzielen sein sollte.[19]

---

[14] OLG Köln NZG 2000, 51, 52.

[15] OLG Frankfurt/Main BKR 2007, 379, 382.

[16] BGH Urt. v. 13.5.1993 – III ZR 25/92, NJW-RR 1993, 1114, 1116 = WM 1993, 1238; BGH Urt. v. 23.11.2010 – VI ZR 244/09, NJW-RR 2011, 347 Rn. 29 = WM 2011, 20.

[17] BGH Urt. v. 25.11.1981 – IVa ZR 286/80, NJW 1982, 1095, 1096 = WM 1982, 90.

[18] BGH Urt. v. 25.11.1981 – IVa ZR 286/80, NJW 1982, 1095, 1096 f. = WM 1982, 90.

[19] BGH Urt. v. 25.11.1981 – IVa ZR 286/80, NJW 1982, 1095, 1097 = WM 1982, 90.

c) Finanzierung

550 Bei einer Haftung der Bank wegen Aufklärungsverschuldens im Rahmen einer bloß finanzierten Kapitalanlage kommt ein Mitverschulden des Kunden eher in Betracht, weil es insoweit mangels Beratungsvertrags an einer Grundlage für ein besonderes Vertrauensverhältnis zu der Bank fehlt. Aufgrund dessen muss sich der Darlehensnehmer ein Mitverschulden aufgrund der im Verkehr allgemein bestehenden Sorgfaltspflicht anrechnen lassen, wenn er zB die ihm vorgeschlagenen finanziellen Transaktionen nicht sorgfältig prüft, sich nicht erforderlichenfalls sachkundigen Rats bedient und das Darlehen ohne Sicherheiten einem Dritten zur Verfügung stellt.[20]

2. Schadensminderungspflicht

551 Des Weiteren kommt ein Mitverschulden im Rahmen der **Schadensminderungspflicht** nach § 254 Abs. 2 Satz 1 BGB in Betracht. Dafür ist es ohne Belang, dass der dem Anleger durch den Beratungsfehler zugefügte Vermögensschaden bereits mit dem Erwerb des empfohlenen Anlageprodukts entstanden ist. Bei der Schadensminderungspflicht des Geschädigten nach § 254 Abs. 2 Satz 1 BGB handelt es sich um ein Verschulden in eigener Angelegenheit, infolgedessen derjenige, der die Sorgfalt außer Acht lässt, die nach Lage der Sache erforderlich erscheint, um sich selbst vor Schaden zu bewahren, den Verlust oder die Kürzung seines eigenen Schadensersatzanspruchs in Kauf nehmen muss. Da nur ein bereits entstandener Schaden gemindert werden kann, besteht die Obliegenheit des Geschädigten zur Schadensminderung denknotwendigerweise über den Zeitpunkt der Schadensentstehung hinaus und damit auch nach Beendigung des Beratungsvertrags fort.[21]

a) Verstoß gegen Schadensminderungspflicht (Fallbeispiele)

552 Macht der geschädigte Anleger gegen die **Garantin** von Zertifikaten („Lehman") in deren **Insolvenzverfahren** keine Ansprüche geltend, muss er sich auf seinen Schadensersatzanspruch gegen den Anlagenberater den Betrag in Abzug bringen lassen, der dem entspricht, der im Insolvenzverfahren hätte erzielt werden können. Denn der Anleger hat insoweit gegenüber dem Berater seine Obliegenheit zur Schadensminderung verletzt.[22] Die Höhe dieses Betrags ist nach § 287 ZPO zu schätzen. Die Schadensschätzung hat der Tatrichter nach freiem Ermessen vorzunehmen.[23]

553 Als Mitverschulden ist dem Erwerber einer **darlehensfinanzierten Eigentumswohnung** anzulasten, wenn er bei Rückabwicklung des Kaufvertrages seine in der Auflassungsvormerkung bestehende **Sicherung aufgegeben** hat, ohne diese Aufgabe von der Rückzahlung seiner Leistungen abhängig zu machen. Ein eventuell mitwirkendes Verschulden des beurkundenden Notars, der nicht die Aufgabe der Sicherung Zug um Zug gegen Rückzahlung über ein Notaranderkonto oder in sonstiger geeigneter Weise sicher-

---

[20] BGH Urt. v. 9.4.1987 – III ZR 126/85, WM 1987, 1546.

[21] BGH Urt. v. 13.11.2012 – XI ZR 334/11, NJW 2013, 450 Rn. 26 = WM 2013, 24; BGH Urt. v. 25.11.2014 – XI ZR 169/13, NJW 2015, 398 Rn. 38 = WM 2015, 46.

[22] BGH Urt. v. 25.11.2014 – XI ZR 169/13, NJW 2015, 398 Rn. 34 ff. = WM 2015, 46.

[23] Siehe dazu BGH Urt. v. 25.11.2014 – XI ZR 169/13, NJW 2015, 398 Rn. 41 f. = WM 2015, 46 („Lehman").

gestellt hat, ist im Verhältnis zwischen Anleger und Bank zueinander dem Anleger anzurechnen.[24]

Ein Verstoß gegen die Obliegenheit zur Schadensminderung kommt auch in Betracht, 554
wenn sich die zeitnahe **Verwertung der Kapitalanlage** durch den geschädigten Anleger als **unwirtschaftlich** darstellt und ihm aus besonderen Umständen die Übernahme des mit dem weiteren Halten der Papiere verknüpften Risikos zuzumuten ist. In einem solchen Fall kann es nach der gebotenen Abwägung der Verursachungs- und Verschuldensbeiträge beider Parteien angemessen sein, auch den Geschädigten mit einem Teil seines Schadens zu belasten.[25]

b) Kein Verstoß gegen Schadensminderungspflicht (Fallbeispiele)

Ein Verstoß gegen die Schadensminderungspflicht liegt nicht vor, wenn der Anleger die 555
empfohlenen **Wertpapiere verkauft**, um den eingetretenen Schaden gering zu halten, ohne die Wertpapiere zuvor der Bank zum Erwerb anbieten.[26] Denn dem Anleger ist nach Treu und Glauben nicht zuzumuten, weiterhin spekulative Risiken einzugehen. Die Unsicherheit, ob sich Versuche des geschädigten Anlegers, weitere Vermögenseinbußen zu vermeiden, als erfolgreich erweisen, geht zulasten des Schädigers, wenn die Vorgehensweise des Geschädigten im konkreten Fall vernünftig und zweckmäßig erscheint.[27]

Erst recht besteht keine Pflicht des Anlegers, zur Minderung des aus einer Geldanlage 556
in Aktien drohenden Schadens einen **(Spekulations-)Kredit** aufzunehmen.[28]

Bei einem **Swap-Vertrag** liegt ein Verstoß gegen die Schadensminderungspflicht nicht 557
vor, wenn der Anleger, der über die Verlustrisiken von der beratenden Bank weder in der ursprünglichen Beratung noch in der kurze Zeit späteren Auflösungsempfehlung informiert worden ist, entgegen der Empfehlung der Bank zur vorzeitigen Auflösung des Swap-Vertrags den erst vier Monate laufenden Vertrag fortsetzt, weil sich dieser bis dahin – wie von Anfang an erhofft – günstig entwickelt hat.[29]

---

[24] BGH Urt. v. 28.4.1992 – XI ZR 165/91, NJW 1992, 2146, 2147 = WM 1992, 1310.

[25] BGH Urt. v. 13.11.2012 – XI ZR 334/11, NJW 2013, 450 Rn. 30 = WM 2013, 24.

[26] BGH Urt. v. 13.11.2012 – XI ZR 334/11, NJW 2013, 450 Rn. 28 f. = WM 2013, 24.

[27] BGH Urt. v. 13.11.2012 – XI ZR 334/11, NJW 2013, 450 Rn. 25 ff. = WM 2013, 24.

[28] BGH Urt. v. 18.2.2002 – II ZR 355/00, NJW 2002, 2553, 2554 f. = WM 2002, 909.

[29] OLG Stuttgart, Beschl. v. 26.8.2014 – 9 U 14/14; die dagegen gerichtete Nichtzulassungsbeschwerde ist vom BGH durch Beschl. v. 10.1.2017 – XI ZR 415/14 – zurückgewiesen worden.

VII. Schadenshöhe

1. Haftung

558 Die schuldhafte Verletzung einer Aufklärungs-, Hinweis-, Prüf- oder sonstigen Pflicht aus dem Anlageberatungsvertrag führt im Falle eines Schadens und bei Vorliegen der haftungsbegründenden und der haftungsausfüllenden Kausalität zu einem Schadensersatzanspruch des Anlegers gegen den Berater aus **§ 280 Abs. 1 BGB**. § 675 Abs. 2 BGB, wonach eine Haftung für (fehlerhaften) Rat, Empfehlung oder Auskunft in der Regel nicht besteht, ist nicht einschlägig, weil diese Vorschrift nach ihrem eindeutigen Wortlaut („unbeschadet der sich aus einem Vertragsverhältnis, einer unerlaubten Handlung oder einer sonstigen gesetzlichen Bestimmung ergebenden Verantwortlichkeit") nur für Gefälligkeitsempfehlungen gilt.

559 Die Geltendmachung eines Schadensersatzanspruchs wegen (vor-)vertraglichen Aufklärungsverschuldens wird auch nicht dadurch ausgeschlossen, dass der Kläger den Finanzierungs- und/oder Beteiligungsvertrag aufgrund eines ihm zustehenden **Widerrufsrechts** (zB §§ 312 ff., 495 BGB) widerrufen hat und ihm deshalb (auch) insoweit ein Rückabwicklungsanspruch nach §§ 355 ff. BGB zusteht. Bei dem auf einen Widerruf gestützten Rückabwicklungsanspruch und dem mit einem oder mehreren Aufklärungsfehlern begründeten (vor-) vertraglichen Schadensersatzanspruch handelt es sich materiell-rechtlich um unabhängig nebeneinander stehende Ansprüche. Dafür dass die Geltendmachung des einen Anspruchs die Geltendmachung des anderes ausschließt, fehlt es an einer entsprechenden gesetzlichen Regelung. Die Geltendmachung des einen Anspruchs schließt die Geltendmachung des anderen also nicht aus.[1] Vielmehr handelt es sich dabei um unterschiedliche Streitgegenstände, so dass die rechtskräftige Abweisung des Schadensersatzanspruchs die Geltendmachung des auf den Widerruf gestützten Rückabwicklungsanspruchs nicht hindert. Davon zu trennen ist allerdings die Frage, ob und inwieweit sich die Geltendmachung des einen Anspruchs auf den anderen und seinen Umfang auswirkt (dazu unter → Rn. 594).

560 Bei einer finanzierten Kapitalanlage kann der Darlehensnehmer seinen Schadensersatzanspruch auch der Inanspruchnahme aus einer **notariellen Unterwerfungserklärung** entgegenhalten (§ 242 BGB).[2]

2. Schutzzweck der (verletzten) Vertragspflicht

a) Allgemeines

561 Nach allgemeinen Grundsätzen besteht eine Schadensersatzpflicht nur, wenn der geltend gemachte Schaden nach Art und Entstehungsweise unter den Schutzzweck der verletzten Norm fällt; es muss sich um äquivalente und adäquate Nachteile handeln, die aus

---

[1] BGH Urt. v. 5.7.2016 – XI ZR 254/15, NJW 2017, 61 Rn. 21 = WM 2016, 1831.

[2] BGH Urt. v. 16.5.2006 – XI ZR 6/04, BGHZ 168, 1 Rn. 61 = NJW 2006, 2099 = WM 2006, 1194; BGH Urt. v. 5.6.2012 – XI ZR 175/11, NJW-RR 2013, 167 Rn. 18 = WM 2012, 1389.

dem Bereich der Gefahren stammen, zu deren Abwendung die verletzte Norm erlassen oder die verletzte vertragliche oder vorvertragliche Pflicht übernommen worden ist.[3] Diesen Grundsätzen kommt für Beratungs-, Aufklärungs- und Auskunftspflichten im Zusammenhang mit größeren Geldanlagevorhaben wie Immobilienerwerb oder Beteiligung an Bauherren- oder Erwerbermodellen besondere Bedeutung zu. Bei solchen Vorhaben hängt der Anlageentschluss häufig von zahlreichen verschiedenen Gesichtspunkten ab.[4] Eine Aufklärungspflichtverletzung führt daher grundsätzlich nur zum Ersatz des Schadens, dessen Eintritt die Einhaltung der Pflicht verhindern sollte.[5] Dies gilt auch dann, wenn der Schaden durch das vorsätzliche Fehlverhalten eines Dritten herbeigeführt wurde.[6]

Aufgrund dessen ist nach der Rechtsprechung des BGH zu unterscheiden: 562

- Wer dem Anlageinteressenten eine **umfassende Beratung oder Aufklärung** über alle in Betracht kommenden Gesichtspunkte schuldet, der haftet grundsätzlich für alle mit einer nachteiligen Anlageentscheidung verbundenen Schäden, wenn er seine Pflicht auch nur hinsichtlich eines Einzelpunkts verletzt und dadurch die Anlageentscheidung verursacht hat. Nach der Rechtsprechung des BGH sind daher Anlageberater, Initiatoren und Treuhänder bei Bauherrenmodellen, aber auch Vermittler von Warentermingeschäften wegen fehlerhafter Beratung oder Aufklärung zum vollen Ersatz aller Schäden des Anlegers aus dem dadurch verursachten nachteiligen Geschäft verpflichtet und können sich nicht darauf berufen, der Beratungs- oder Aufklärungsfehler habe nur einen Punkt betroffen, der für das Scheitern des Vorhabens nicht ausschlaggebend gewesen sei.[7]
- Ist dagegen jemand nicht Partner des Anlagegeschäfts und schuldet er dem Interessenten nur hinsichtlich eines bestimmten für das Vorhaben bedeutsamen **Einzelpunkts** Aufklärung, hat er nur für die Risiken einzustehen, für deren Einschätzung die erbetene Auskunft maßgebend war.[8] In einem solchen Fall rechtfertigt auch der Umstand, dass der Anleger das gesamte Geschäft bei fehlerfreier Aufklärung nicht abgeschlossen hätte, es im Allgemeinen nicht, dem Aufklärungspflichtigen den gesamten mit dem fehlgeschlagenen Vorhaben verbundenen Schaden aufzuerlegen. Jedenfalls dann, wenn bei wertender Betrachtung der aus der Auskunftspflichtverletzung herrührende Schaden isoliert und durch Ausgleich in Geld neutralisiert werden kann, wäre es unangemessen, das nicht den Gegenstand der Auskunftspflicht bildende volle Anlagerisiko allein unter Kausalitätsgesichtspunkten auf den Auskunftsgeber zu überwälzen. In solchen Fällen darf der Geschädigte grundsätzlich nicht besser gestellt werden als er bei zutreffender Auskunft stünde.[9]

---

[3] Vgl. nur BGH Urt. v. 26.2.2013 – VI ZR 116/12, NJW 2013, 1679 Rn. 12; BGH Urt. v. 20.5.2014 – VI ZR 381/13, NJW 2014, 2190 Rn. 10 mwN = WM 2014, 1397 (st.Rspr.).

[4] BGH Urt. v. 3.12.1991 – XI ZR 300/90, BGHZ 116, 209, 212 = NJW 1992, 555 = WM 1992, 133.

[5] Vgl. nur BGH Urt. v. 3.12.1991 – XI ZR 300/90, BGHZ 116, 209, 212 f. = NJW 1992, 555 = WM 1992, 133; BGH Urt. v. 20.3.2007 – XI ZR 414/04, NJW 2007, 2396 Rn. 21 mwN = WM 2007, 876.

[6] BGH Urt. v. 20.9.2011 – II ZR 277/09, NJW-RR 2012, 567 Rn. 28 = WM 2011, 2085.

[7] BGH Urt. v. 3.12.1991 – XI ZR 300/90, BGHZ 116, 209, 212 f. = NJW 1992, 555 = WM 1992, 133.

[8] BGH Urt. v. 3.12.1991 – XI ZR 300/90, BGHZ 116, 209, 213 = NJW 1992, 555 = WM 1992, 133; BGH Urt. v. 20.3.2007 – XI ZR 414/04, NJW 2007, 2396 Rn. 21 = WM 2007, 876.

[9] BGH Urt. v. 3.12.1991 – XI ZR 300/90, BGHZ 116, 209, 213 f. = NJW 1992, 555 = WM 1992, 133; BGH Urt. v. 20.3.2007 – XI ZR 414/04, NJW 2007, 2396 Rn. 21 = WM 2007, 876.

b) Beispiele aus der Rechtsprechung:

563 Aufgrund dessen hat der BGH einem Anleger, dem der Erwerb einer Eigentumswohnung empfohlen worden war und der die Verletzung der Aufklärungspflicht über die allgemeinen Nachteile einer **Mietpoolbeteiligung** gegenüber einer eigenständigen Verwaltung geltend gemacht hat, einen Schadensersatzanspruch auf Rückabwicklung des Kaufvertrags versagt und ihn auf einen möglichen Differenzschaden verwiesen. Denn die verletzte Aufklärungspflicht soll den Anleger nicht vor speziellen Risiken des gesamten Objekts/Anlagegeschäfts schützen.[10]

564 Bei einer fehlerhaften **Halteempfehlung** kann der Anleger nicht die vollständige Rückabwicklung der Kapitalanlage verlangen, sondern lediglich den Differenzschaden.[11]

565 Die Pflicht des Anlageberaters, über eine **Provisionsvereinbarung** aufzuklären, dient (nur) dazu, dem Anleger wegen seines Interesses am Erfolg des in Aussicht genommenen Anlagegeschäfts Informationen über die Vertrauenswürdigkeit seines Beraters im Hinblick auf die Qualität der Anlageempfehlung zu vermitteln; ein Schaden, der dem Anleger durch die Veruntreuung der dem Berater zu Anlagezwecken anvertrauten Gelder entsteht, stammt dagegen nicht aus dem Bereich der Gefahren, vor denen die Pflicht zur Aufklärung über eine Provisionszahlung schützen soll.[12] Der Herausgabeanspruch hinsichtlich der Gelder folgt dann aus § 667 Halbs. 1 BGB.[13]

566 Eine etwaige Aufklärungspflicht der finanzierenden Bank, auf etwaige Nachteile der Finanzierung des Kaufpreises durch einen **Festkredit in Kombination mit einer Lebensversicherung** hinzuweisen, führt nur zum Ersatz desjenigen Schadens, dessen Eintritt die Einhaltung der Pflicht verhindern sollte. Im Wege des Schadensersatzes kann der Anleger daher nicht die Rückabwicklung des Darlehensvertrags oder gar des finanzierten Geschäfts verlangen, sondern lediglich die durch die ungünstige Finanzierung entstandenen Mehrkosten.[14]

567 Bei der unzutreffenden Auskunft einer finanzierenden Bank über die **fortdauernde Sozialbindung eines Mietobjekts** beschränkt sich deren Ersatzpflicht gegenüber dem Darlehensnehmer darauf, diesen von den nachteiligen Folgen der fortdauernden Sozialbindung freizustellen. Denn die erteilte Auskunft bezweckt nach den Umständen nicht mehr, als dem Kunden die Gewissheit zu verschaffen, insoweit keinen Beeinträchtigungen mehr ausgesetzt zu sein. Aufgrund dessen steht dem Kunden kein Schadensersatzanspruch auf Erstattung des Kaufpreises oder die Vergütung von Verwendungen, die er auf das Haus gemacht hat, zu.[15]

---

[10] BGH Urt. v. 20.3.2007 – XI ZR 414/04, NJW 2007, 2396 Rn. 22 = WM 2007, 876.

[11] BGH Urt. v. 15.10.2013 – XI ZR 51/11, Rn. 26.

[12] BGH Urt. v. 20.9.2011 – II ZR 277/09, NJW-RR 2012, 567 Rn. 29 = WM 2011, 2085.

[13] OLG Karlsruhe NJW-RR 2016, 1328.

[14] BGH Urt. v. 2.12.2003 – XI ZR 53/02, NJW-RR 2004, 632, 633 = WM 2004, 417; BGH Urt. v. 20.5.2003 – XI ZR 248/02, NJW 2003, 2529, 2531 = WM 2003, 1370.

[15] BGH Urt. v. 3.12.1991 – XI ZR 300/90, BGHZ 116, 209, 214 f. = NJW 1992, 555 = WM 1992, 133.

3. Schaden

a) Allgemeines

Die Verletzung der ihr obliegenden Aufklärungs-, Beratungs- oder sonstigen Hinweispflicht verpflichtet die Bank zum Ersatz des dem Berechtigten entstandenen Schadens. Insoweit gelten im Kapitalanlagerecht die allgemeinen Grundsätze. Danach ist **Schaden im natürlichen Sinn** jede Einbuße, die jemand infolge eines bestimmten Ereignisses an seinen Lebensgütern, wie Gesundheit, Ehre, Eigentum oder Vermögen erleidet. Der Schadensbegriff ist im Ansatz **subjektbezogen**.[16] Deshalb kann jemand auch bei objektiver Werthaltigkeit von Leistung und Gegenleistung dadurch einen Vermögensschaden erleiden, dass er durch ein haftungsbegründendes Verhalten zum Abschluss eines Vertrags gebracht worden ist, den er sonst nicht geschlossen hätte, und dass die Leistung für seine Zwecke nicht voll brauchbar ist.[17] 568

Im Kapitalanlagerecht liegt der Schaden im Regelfall in der Belastung mit einem für den Anleger **nachteiligen Vertrag**. Nach ständiger Rechtsprechung des BGH ist der Anleger, der aufgrund einer fehlerhaften Information eine für ihn nachteilige Kapitalanlage erworben hat, in der Regel bereits durch deren Erwerb geschädigt.[18] Zwar setzt der auf Rückabwicklung des Vertrages aufgrund einer Verletzung von Aufklärungspflichten gerichtete Schadensersatzanspruch nach ständiger Rechtsprechung des BGH einen Vermögensschaden voraus. Hierfür genügt aber jeder wirtschaftliche Nachteil, der für den Gläubiger mit dem aufgrund der Aufklärungspflichtverletzung eingegangenen Vertrag verbunden ist. Ein solcher Nachteil ist auch die nachhaltige Beeinträchtigung der wirtschaftlichen Dispositionsfreiheit. Wer durch ein haftungsbegründendes Verhalten zum Abschluss eines Vertrages verleitet wird, den er ohne dieses Verhalten nicht geschlossen hätte, kann ***auch bei objektiver Werthaltigkeit*** von Leistung und Gegenleistung einen Vermögensschaden dadurch erleiden, dass die Leistung für seine Zwecke nicht voll brauchbar ist.[19] Auf einen späteren Wertverlust der Anlage kommt es nicht an.[20] 569

Dagegen richtet sich der Schadensersatzanspruch des Kunden nicht auf den Abschluss eines anderen, für ihn günstigeren Vertrags. Er ist grundsätzlich auf den **Ersatz des Vertrauensschadens** gerichtet. Dieser kann allerdings den Ersatz entgangener Anlagezinsen umfassen. 570

b) Naturalrestitution

Aufgrund dessen kann der geschädigte Anleger grundsätzlich im Wege der **Naturalrestitution nach § 249 Abs. 1 BGB** die Rückgängigmachung des empfohlenen Anlagegeschäfts verlangen. Dabei ist grundsätzlich nur das negative Interesse zu ersetzen, so dass der 571

---

[16] BGH Urt. v. 28.10.2014 – VI ZR 15/14, NJW-RR 2015, 275 Rn. 18 = WM 2014, 2318.

[17] BGH Urt. v. 28.10.2014 – VI ZR 15/14, NJW-RR 2015, 275 Rn. 18 = WM 2014, 2318.

[18] BGH Urt. v. 8.3.2005 – XI ZR 170/04, BGHZ 162, 306, 309 f. = NJW 2005, 1579 = WM 2005, 929; BGH Urt. v. 11.7.2012 – IV ZR 164/11, BGHZ 194, 39 Rn. 64 = NJW 2012, 3647 = WM 2012, 1582; BGH Urt. v. 8.4.2014 – XI ZR 341/12, NJW 2014, 2348 Rn. 25 = WM 2014, 1036.

[19] BGH Urt. v. 11.7.2012 – IV ZR 164/11, BGHZ 194, 39 Rn. 64 mwN = NJW 2012, 3647 = WM 2012, 1582.

[20] BGH Urt. v. 8.3.2005 – XI ZR 170/04, BGHZ 162, 306, 309 f. = NJW 2005, 1579 = WM 2005, 929; BGH Urt. v. 8.7.2010 – III ZR 249/09, BGHZ 186, 152 Rn. 24 = NJW 2010, 3292 = WM 2010, 1493.

Anleger so zu stellen ist, wie er ohne die Pflichtverletzung des Beraters oder Vermittlers gestanden hätte. Der Anleger hat daher einen Anspruch auf Rückzahlung des aufgewendeten Anlagebetrags einschließlich eines Agios und sonstiger Nebenkosten abzüglich erhaltener Ausschüttungen und ggfs. endgültig bei ihm verbleibender Steuervorteile Zug-um-Zug gegen Übereignung oder Abtretung des Anlageobjekts. Der Schadensersatzanspruch setzt also nicht voraus, dass sich der Anleger von der konkret getätigten Anlage getrennt hat.

572 Dagegen gibt es keinen sachlichen Grund, der es rechtfertigt, die Schadensersatzpflicht auf einen angemessenen **Ausgleich des Minderwerts** der Kapitalanlage zu beschränken. Da der Berater dem Anleger eine umfassende Information über die Vor- und Nachteile der Anlage schuldet, wäre eine derartige Art der Schadensabwicklung insbesondere mit dem Schutzzweck der verletzten Pflicht nicht in Einklang zu bringen.[21]

573 Da bereits der Herstellungsanspruch aus § 249 Abs. 1 BGB auf Zahlung von Geld gerichtet ist, besteht für eine Anwendung von **§ 250 Satz 1 BGB** kein Raum; denn einer Umwandlung des Anspruchs auf Naturalrestitution in einen Anspruch auf Zahlung von Geld bedarf es gerade nicht mehr.[22]

574 Sind auf Seiten der Anleger **mehrere Personen** Partei des Beratungsvertrags geworden und haben sie die Beteiligung gemeinsam finanziert (sei es mit Eigenmitteln, sei es mit Darlehen), ist ihnen der Schaden gemeinsam entstanden. Dass nur einer der Anleger die Anlage gezeichnet hat, ist insoweit ohne Bedeutung.[23]

575 Dies gilt selbstverständlich auch für einen Schadensersatzanspruch des Darlehensnehmers gegen die **finanzierende Bank** wegen eines Aufklärungsverschuldens. Die Bank hat den Darlehensnehmer so zu stellen, wie er ohne ihre schuldhafte Aufklärungspflichtverletzung gestanden hätte.[24]

c) Befreiung von einer Verbindlichkeit

576 Besteht der Schaden in der Belastung mit einer Verbindlichkeit gegenüber einem Dritten (wie etwa Darlehensverbindlichkeit gegenüber einer Bank), geht der Anspruch auf Schadensersatz nach § 249 Abs. 1 BGB auf **Schuldbefreiung**.[25] Ein Zahlungsanspruch des Gläubigers gegen den Schuldner besteht grundsätzlich nicht. Vielmehr steht es dem Schuldner frei, wie er den Befreiungsanspruch erfüllt. Entscheidend ist nur, dass das Ergebnis – Befreiung von der Verbindlichkeit – eintritt; ob dies durch Erfüllung, befreiende Schuldübernahme nach §§ 414, 415 BGB oder auf andere Weise erfolgt, ist dem Schuldner überlassen.[26] Der Gläubiger hat daher im Ausgangspunkt keinen Anspruch darauf, dass der Schuldner ihm als geschuldete Naturalrestitution (§ 249 Abs. 1, § 251 Abs. 1 BGB) die Mittel zur sofortigen Kreditablösung einschließlich einer eventuellen Vorfälligkeitsentschädigung zur Verfügung stellt. Anders ist dies natürlich, wenn der Anleger die Darle-

---

[21] BGH Urt. v. 13.1.2004 – XI ZR 355/02, NJW 2004, 1868, 1870 = WM 2004, 422.

[22] BGH Urt. v. 13.11.2012 – XI ZR 334/11, NJW 2013, 450 Rn. 15 ff. = WM 2013, 24.

[23] BGH Urt. v. 20.8.2015 – III ZR 57/14, NJW-RR 2016, 115 Rn. 29 = WM 2015, 1803.

[24] BGH Urt. v. 16.5.2006 – XI ZR 6/04, BGHZ 168, 1 Rn. 61 = NJW 2006, 2099 = WM 2006, 1194; BGH Urt. v. 29.6.2010 – XI ZR 104/08, BGHZ 186, 96 Rn. 46 = NJW-RR 2011, 270 = WM 2010, 1451; BGH Urt. v. 5.6.2012 – XI ZR 175/11, NJW-RR 2013, 167 Rn. 18 = WM 2012, 1389.

[25] BGH Urt. v. 29.6.1972 – II ZR 123/71, BGHZ 59, 148, 149 ff. = NJW 1972, 1856 = WM 1972, 1155; BGH Urt. v. 17.2.2011 – III ZR 144/10, NJW-RR 2011, 910 Rn. 21 = WM 2011, 505.

[26] BGH Urt. v. 17.2.2011 – III ZR 144/10, NJW-RR 2011, 910 Rn. 21 = WM 2011, 505.

hensverbindlichkeit mit eigenen Mitteln abgelöst hat; dann hat er gegen den Schädiger einen Zahlungsanspruch.

Der Befreiungsanspruch kann jedoch nach **§ 250 BGB** in einen **Zahlungsanspruch** 577
übergehen, wenn der Gläubiger unter Setzung einer Frist mit Ablehnungsandrohung den Ersatzpflichtigen erfolglos zur Erfüllung aufgefordert hat. Nach fruchtlosem Ablauf kann der Gläubiger dann Ersatz in Geld verlangen; der Anspruch auf Befreiung ist ausgeschlossen. Das Erfordernis einer entsprechenden Fristsetzung entfällt, wenn der Schuldner ernsthaft und endgültig die Befreiung oder überhaupt jede Schadensersatzleistung verweigert.[27] Eine solche Erfüllungsverweigerung kann auch in einem entsprechenden prozessualen Verhalten liegen.[28] In diesem Fall wandelt sich der Befreiungsanspruch in dem Zeitpunkt in eine Geldforderung um, in welchem der Berechtigte Geldersatz fordert.[29]

d) Schadenspositionen

aa) Rückabwicklung der Kapitalanlage

Verlangt der geschädigte Anleger die Rückabwicklung der getätigten Kapitalanlage, 578
kommen insbesondere folgende Schadenspositionen in Betracht:

- Kaufpreis usw.,
- Erwerbsnebenkosten (Notar- und Grundbuchkosten, Grunderwerbssteuer, Agio usw.),
- im Falle der Finanzierung die Kredit- und Darlehenskosten,
- bei Erwerb einer Eigentumswohnung die Kosten der Bewirtschaftung.

bb) Festhalten an der Kapitalanlage

Der Anleger kann trotz der Pflichtverletzung auch an dem Vertrag festhalten. Der Scha- 579
den kann dann nach dem Betrag bemessen werden, um den der Anleger den Anlagegegenstand im Vertrauen auf die ordnungsgemäße Aufklärung und Beratung durch die Bank zu teuer erworben hat. Der Geschädigte hat dann einen Anspruch auf **Erstattung des merkantilen Minderwerts**.

Hat der Erwerber eines **finanzierten Hausgrundstücks** wegen einer Falschangabe zu 580
den monatlichen Belastungen gegen die finanzierende Bank einen Schadensersatzanspruch auf Rückabwicklung des Darlehensvertrags, weil er bei zutreffender Angabe der monatlichen Belastung weder den Darlehensvertrag abgeschlossen noch das Hausgrundstück erworben hätte, möchte er dann aber das Grundstück behalten, sind im Rahmen des sog. kleinen Schadensersatzes – neben der ausgezahlten Darlehenssumme einerseits und den Tilgungs- und Zinszahlungen andererseits – auch die vermögensmäßigen Auswirkungen des Grunderwerbs zu berücksichtigen. Zu diesen Auswirkungen gehören insbesondere einerseits die Wertentwicklung des erworbenen Hausgrundstücks, ersparte Mietaufwendungen und erzielte Steuervorteile, andererseits die Aufwendungen, die dem Erwerber im Zusammenhang mit dem Grundbesitz entstanden sind.[30]

Bei Erwerb einer **Beteiligung an einer Kommanditgesellschaft**, bei der der Anleger 581
über den tatsächlichen Ertrag des Unternehmens (Gewinn statt Verlust) nicht richtig informiert worden ist, besteht der Schaden (Minderwert) nicht aus der bloßen Differenz

[27] BGH Urt. v. 17.2.2011 – III ZR 144/10, NJW-RR 2011, 910 Rn. 22 mwN = WM 2011, 505.

[28] BGH Urt. v. 17.2.2011 – III ZR 144/10, NJW-RR 2011, 910 Rn. 22 mwN = WM 2011, 505.

[29] BGH Urt. v. 17.2.2011 – III ZR 144/10, NJW-RR 2011, 910 Rn. 22 = WM 2011, 505.

[30] BGH Urt. v. 9.4.1991 – XI ZR 136/90, NJW 1991, 1881, 1882 = WM 1991, 890.

zwischen dem bilanzmäßig ausgewiesenen Gewinn und dem tatsächlichen Verlust. Für die Bewertung von Gesellschaftsanteilen an einem Unternehmen durch einen Kaufinteressenten sind vielschichtige Erwägungen – ua Substanzwert, Ertragswert, Möglichkeit eines günstigen unternehmerischen Einsatzes im eigenen Betriebsverbund des Käufers – maßgebend, die keineswegs immer in dem bilanzmäßig ausgewiesenen Gewinn oder Verlust ihren Niederschlag finden. Für die Schadensschätzung nach § 287 ZPO ist vielmehr zu ermitteln, welcher Kaufpreis bei einem bilanzmäßig ausgewiesenen tatsächlichen Verlust für die Anteile angemessen gewesen wäre. Die Differenz zwischen dem so zu ermittelnden Betrag und dem vereinbarten Kaufpreis ist der erstattungsfähige Schaden.[31]

582 Beansprucht der einer **Bauherrengemeinschaft** beigetretene Bauherr unter Festhalten an seiner Beteiligung Schadensersatz, weil der Berater, der Vermittler oder die finanzierende Bank vor Vertragsschluss nicht über ***Verflechtungen des Treuhänders*** mit dem Baubetreuer aufgeklärt haben, so besteht sein möglicher Schaden nur in den Aufwendungen, die dem Anleger bei Abwicklung des Bauvorhabens durch einen unabhängigen Treuhänder nicht entstanden wären. Eine andere Betrachtungsweise wäre von dem erforderlichen Zusammenhang zwischen haftungsbegründendem Tatbestand und geltend gemachtem Schaden nicht mehr gedeckt. Das Risiko, die Immobilie wegen der zahlreichen bei der Errichtung des Bauvorhabens tätigen und Honorare sowie Provisionen beanspruchenden Personen bzw. Unternehmer auch unter Berücksichtigung von Steuervorteilen mit höheren Aufwendungen zu erwerben als ihrem Verkehrswert entspricht, besteht bei jedem Bauherrenmodell und hat zunächst nichts mit der Unabhängigkeit des Treuhänders zu tun. Hält der Anleger gleichwohl an der Beteiligung fest, besteht sein Schaden lediglich in den zusätzlichen Kosten, die dadurch entstanden sind, dass der Treuhänder entgegen den Angaben im Informationsgespräch nicht unabhängig war.[32]

583 Hat der Berater oder Vermittler eine Aufklärungspflicht hinsichtlich der Möglichkeit, eine angestrebte **Vorsteuererstattung** zu erhalten, verletzt, kann der Kläger – wenn er an dem Objekt festhält – als Schadensersatz die entgangene Vorsteuererstattung verlangen. Denn insoweit sind die Gesamtaufwendungen für den Erwerb des Objekts höher als bei einer zutreffenden Auskunft zu erwarten war. Es handelt sich hierbei nicht um Schadensersatz für entgangenen Gewinn, sondern um einen Ausgleich dafür, dass der Anleger das Objekt wegen der entgangenen Vorsteuererstattung „zu teuer“ erworben hat.[33] Insoweit ist es auch unerheblich, ob die angestrebte Vorsteuererstattung an steuerrechtlichen Fehlern bei der Durchführung des Vorhabens gescheitert wäre. Ohne die Erwartung der Vorsteuererstattung hätte sich der Anleger an dem Bauvorhaben nicht beteiligt. Seinem Schadensersatzanspruch kann daher nicht entgegengehalten werden, Fehler Dritter bei der Durchführung des Vorhabens hätten in jedem Fall zu einer Versagung der Vorsteuererstattung geführt.[34]

584 Bei einer **finanzierten Kapitalanlage** hat der geschädigte Kreditnehmer anstatt des Anspruchs auf Rückgängigmachung des Darlehensvertrags gegebenenfalls auch einen Anspruch auf Anpassung des Vertrages. Er kann Herabsetzung seiner Leistung auf ein angemessenes Maß und Ersatz der Mehraufwendungen verlangen, die er infolge des Aufklärungsverschuldens der Bank gemacht hat.[35]

---

[31] BGH Urt. v 25.5.1977 – VIII ZR 186/75, BGHZ 69, 53, 58 f. = NJW 1977, 1536 = WM 1977, 999.

[32] Vgl. BGH Urt. v. 16.1.1991 – VIII ZR 14/90, NJW-RR 1991, 599, 600 f. = WM 1991, 695 (betr. Schadensersatzanspruch gegen Treuhänder).

[33] BGH Urt. v. 27.9.1988 – XI ZR 4/88, NJW-RR 1989, 150, 152 = WM 1988, 1685.

[34] BGH Urt. v. 27.9.1988 – XI ZR 4/88, NJW-RR 1989, 150, 152 = WM 1988, 1685.

[35] BGH Urt. v. 11.2.1999 – IX ZR 352/97, NJW 1999, 2032, 2034 = WM 1999, 678.

e) Schadensersatz bei fehlerhafter Finanzierungsberatung

Eine etwaige Aufklärungspflichtverletzung rechtfertigt nicht die Rückabwicklung des Darlehens- oder gar des Kaufvertrages, sondern führt lediglich zum **Ersatz der Mehrkosten**, die durch die gewählte (ungünstige) Finanzierung – wie etwa die Nachteile der Finanzierung des Kaufpreises durch einen Festkredit in Kombination mit einer Lebensversicherung – entstanden sind.[36] 585

Etwas anderes gilt auch dann nicht, wenn der Darlehensnehmer vorträgt, er hätte bei entsprechender Aufklärung **mangels anderweitiger Finanzierungsmöglichkeit** möglicherweise von dem gesamten Anlagegeschäft abgesehen. Auch dies rechtfertigt angesichts des Schutzzwecks der Aufklärungspflicht keine andere Beurteilung. Bei intransparenten Finanzierungskonstruktionen soll der Kunde durch ausreichende Aufklärung über deren spezifische Besonderheiten in die Lage versetzt werden, selbst darüber zu entscheiden, ob der Abschluss dieser Finanzierungsform seinen wirtschaftlichen Verhältnissen und Vorstellungen entspricht. Ihm sollen hingegen nicht Risiken des Anlagegeschäfts verdeutlicht oder die Entscheidungsgrundlage dafür geliefert werden, ob eine Kreditaufnahme in seiner Situation überhaupt sinnvoll ist. Bei fehlerhafter Aufklärung besteht daher nur Anspruch auf Ausgleich der Nachteile der spezifischen gegenüber einer herkömmlichen Finanzierung.[37] 586

Eine Schadensersatzpflicht der finanzierenden Bank scheidet aus, wenn sie dem Kreditnehmer – wegen förmlicher Fehler bei der Antragstellung – zu Unrecht ein **Förderdarlehen** beschafft hat, das indes nicht zu einer wirtschaftlichen Belastung, sondern zu einer wirtschaftlichen Entlastung durch günstigere Kreditbedingungen führte.[38] 587

4. Vorteilsanrechnung

Nach den **Grundsätzen der Vorteilsausgleichung** dürfen dem Geschädigten neben einem Ersatzanspruch nicht die Vorteile verbleiben, die ihm durch das schädigende Ereignis zugeflossen sind. Solche Vorteile sind schadensmindernd zu berücksichtigen, wenn 588

- sie in einem adäquat-ursächlichen Zusammenhang mit dem Schadensereignis stehen,
- deren Anrechnung dem Zweck des Schadensersatzes entspricht und
- dies weder den Geschädigten unzumutbar belastet noch den Schädiger unbillig entlastet.[39]

---

[36] BGH Urt. v. 16.5.2006 – XI ZR 6/04, BGHZ 168, 1 Rn. 49 = NJW 2006, 2099 = WM 2006, 1194; BGH Urt. v. 20.5.2003 – XI ZR 248/02, NJW 2003, 2529, 2531 = WM 2003, 1370; BGH Urt. v. 2.12.2003 – XI ZR 53/02, NJW-RR 2004, 632, 633 = WM 2004, 417; BGH Urt. v. 20.1.2004 – XI ZR 460/02, NJW-RR 2004, 1126, 1128 = WM 2004, 521; BGH Urt. v. 20.3.2007 – XI ZR 414/04, NJW 2007, 2396 Rn. 42 = WM 2007, 876; BGH Urt. v. 18.3.2008 – XI ZR 246/06, NJW-RR 2008, 1149 Rn. 36 = WM 2008, 971.

[37] BGH Urt. v. 20.3.2007 – XI ZR 414/04, NJW 2007, 2396 Rn. 43 = WM 2007, 876; BGH Urt. v. 18.3.2008 – XI ZR 246/06, NJW-RR 2008, 1149 Rn. 37 = WM 2008, 971.

[38] OLG Frankfurt/Main WM 2006, 2170.

[39] BGH Urt. v. 22.3.2016 – XI ZR 425/14, NJW 2016, 2949 Rn. 43 mwN = WM 2016, 821.

a) Kapitalanlage bzw. Veräußerungserlös

aa) Veräußerung der Kapitalanlage

589 Hat der Anleger die Anlage bereits wieder verkauft, muss er sich den **Erlös** nach den Grundsätzen der Vorteilsausgleichung von seinem Schadenersatzanspruch abziehen lassen. Sind nämlich – was hier der Fall ist – Ersatzanspruch und Vorteil gleichartig, wird die Vorteilsausgleichung durch **Anrechnung** bewirkt. Der Vorteil wird somit vom Schadensersatzanspruch abgezogen, ohne dass es einer Gestaltungserklärung (Aufrechnung) des Geschädigten bedarf.[40] Dies gilt auch dann, wenn der Anleger die erworbene Kapitalanlage (zB Wertpapiere) erst veräußert hat, nachdem er Kenntnis von der fehlerhaften Beratung erlangt hatte. Denn im Schadensersatzprozess ist für die Berechnung des konkreten Schadens regelmäßig der Zeitpunkt der letzten mündlichen Verhandlung in der Tatsacheninstanz heranzuziehen. Für die Anrechnung eines Vorteils gilt nichts anderes.[41]

590 Der Anleger muss die veräußerten Wertpapiere auch **nicht erneut erwerben**, um diese dem Schädiger sodann als Zug-um-Zug-Leistung anbieten zu können. Zwar entfällt ein bei der Schadensberechnung zu berücksichtigender Vorteil nicht dadurch, dass der Geschädigte aufgrund eines vom Schädiger nicht herausgeforderten Willensentschlusses den Vorteil ganz oder teilweise zunichtemacht. Der Geschädigte gibt jedoch mit dem Verkauf der Wertpapiere den Vorteil aus deren Erwerb nicht auf. Vielmehr setzt sich dieser in dem Erlös aus dem Verkauf der Wertpapiere fort und ist nunmehr statt durch Herausgabe der Papiere durch Verrechnung des Erlöses auszugleichen.[42]

bb) Kapitalanlage noch im Vermögen des Anlegers

591 Hält der Anleger dagegen die Anlage noch, muss der Schädiger wegen der fehlenden Gleichartigkeit zwischen Ersatzanspruch und erlangtem Vorteil Schadensersatz nur **Zug um Zug gegen Herausgabe des Vorteils** leisten.[43] Auch insoweit bedarf es aber keines besonderen Antrags oder einer Einrede des Schädigers; vielmehr ist die Zug-um-Zug-Leistung von Amts wegen anzuordnen. Die Verknüpfung des Schadens mit dem Vorteil ist also stärker als in den Fällen, in denen sich der Schuldner auf §§ 320, 322, 348 BGB berufen muss, um eine Verbindung zwischen Leistung und Gegenleistung herzustellen.[44]

592 Das Gegenrecht des Schädigers bezieht sich (nur) auf die Rechtsposition, die der geschädigte Kapitalanleger aufgrund der Zeichnung oder des Erwerbs der empfohlenen Kapitalanlage erworben hat. Besteht die empfohlene Kapitalanlage in einer **Immobilie**, kann der Anleger vom Berater Erstattung des Kaufpreises Zug-um-Zug gegen Übereignung der erworbenen Kapitalanlage verlangen.[45] Besteht die Kapitalanlage in der Rechtsposition als **Treuhandkommanditist** eines Fonds, genügt es nach der ständigen Rechtsprechung des BGH wenn der Geschädigte im Rahmen des geltend gemachten Schadensersatzanspruchs als Zug um Zug zu gewährende Leistung die Abtretung sämtlicher Rechte aus der Beteiligung bzw. dem Treuhandvertrag anbietet.[46] Dies gilt auch dann, wenn die Übertragung der Fondsanteile von der Zustimmung Dritter abhängig ist. Etwaige gesellschaftsrechtliche

[40] BGH Urt. v. 13.11.2012 – XI ZR 334/11, NJW 2013, 450 Rn. 21 = WM 2013, 24.
[41] BGH Urt. v. 13.11.2012 – XI ZR 334/11, NJW 2013, 450 Rn. 23 = WM 2013, 24.
[42] BGH Urt. v. 13.11.2012 – XI ZR 334/11, NJW 2013, 450 Rn. 24 = WM 2013, 24.
[43] BGH Urt. v. 10.7.2012 – XI ZR 272/10, NJW 2012, 2951 Rn. 11 = WM 2012, 1589; BGH Urt. v. 13.11.2012 – XI ZR 334/11, NJW 2013, 450 Rn. 21 = WM 2013, 24.
[44] BGH Urt. v. 15.1.2009 – III ZR 28/08, NJW-RR 2009, 603 Rn. 9 ff. = WM 2009, 540; BGH Urt. v. 23.6.2015 – XI ZR 536/14, NJW 2015, 3160 Rn. 23 = WM 2015, 1461.
[45] BGH Urt. v. 15.1.2009 – III ZR 28/08, NJW-RR 2009, 603 Rn. 9 ff. = WM 2009, 540.
[46] BGH Urt. v. 10.7.2012 – XI ZR 272/10, NJW 2012, 2951 Rn. 11 = WM 2012, 1589.

Schwierigkeiten bei der Übertragung der Fondsbeteiligung des Anlegers auf die Bank stehen der angeordneten Zug-um-Zug-Leistung nicht entgegen. Diese Schwierigkeiten fallen in den Risikobereich der schadensersatzpflichtigen Bank und nicht in denjenigen des geschädigten Anlegers.[47]

Eine Zug-um-Zug-Verurteilung gegen Abtretung der – treuhänderisch gehaltenen – 593
Beteiligung an einem Publikumsfonds kann auch nach **Liquidation der Fondsgesellschaft** erfolgen, weil die abzutretenden Rechte mit der Beendigung der Liquidation nicht automatisch in Fortfall geraten.[48]

Steht dem Anleger neben einem Schadensersatzanspruch aus einer (vor-)vertraglichen 594
Aufklärungspflichtverletzung auch ein auf einen Widerruf (zB nach §§ 312 ff., 495 BGB) gestützter Rückabwicklungsanspruch zu und hat er den Widerruf fristgerecht erklärt, ist im Rahmen des (daneben) geltend gemachten Schadensersatzanspruchs der **Widerruf des Kapitalanlagevertrags** dahin zu berücksichtigen, dass der von dem geschädigten Anleger nach den Grundsätzen der Vorteilsausgleichung herauszugebende Vorteil nicht mehr in der Gesellschaftsbeteiligung als solcher, sondern nur noch in den Rechten aus dieser Beteiligung besteht.[49] Das entspricht dem allgemeinen Grundsatz, dass sich das Gegenrecht des Schädigers nur auf die Rechtsposition beziehen kann, die der geschädigte Kapitalanleger aufgrund der Zeichnung oder des Erwerbs der empfohlenen Kapitalanlage erworben hat. Besteht die Kapitalanlage in der Rechtsposition als Treugebergesellschafter eines Fonds, genügt es nach der ständigen Rechtsprechung des BGH wenn der Geschädigte im Rahmen des geltend gemachten Schadensersatzanspruchs als Zug um Zug zu gewährende Leistung die Abtretung sämtlicher Rechte aus der Beteiligung bzw. dem Treuhandvertrag anbietet.[50]

Da der geschädigte Kapitalanleger dem Schädiger die Rechtsposition zu übertragen hat, 595
die er aufgrund der Zeichnung oder des Erwerbs der empfohlenen Kapitalanlage erworben hat, spielt es für die Haftung der Bank wegen Beratungs- oder Aufklärungsverschuldens bei der Empfehlung oder Finanzierung einer Gesellschaftsbeteiligung keine Rolle, ob es sich bei der Gesellschaft um eine **fehlerhafte Gesellschaft** handelt. Nach den Grundsätzen über die fehlerhafte Gesellschaft ist ein – bereits durch die Zahlung der Einlage – in Vollzug gesetztes fehlerhaftes Gesellschaftsverhältnis zwar regelmäßig nicht von Anfang an nichtig, sondern wegen etwaiger anfänglicher Mängel nur mit Wirkung für die Zukunft vernichtbar.[51] Soweit dem einzelnen Gesellschafter in einem solchen Fall nur ein Abfindungsanspruch gegen die Gesellschaft zustehen würde, betrifft dies aber nur das Gesellschaftsverhältnis.

b) Ausschüttungen; Mieteinnahmen

Erhaltene Ausschüttungen oder Mieteinnahmen sind ebenfalls nach den Grundsätzen 596
der Vorteilsausgleichung auf den Schadensersatzanspruch anzurechnen.[52] Dies gilt auch im

---

[47] BGH Urt. v. 10.7.2012 – XI ZR 272/10, NJW 2012, 2951 Rn. 12 = WM 2012, 1589.

[48] BGH Urt. v. 12.7.2016 – XI ZR 501/15, NJW 2016, 3518 Rn. 9 = WM 2016, 1835.

[49] BGH Urt. v. 5.7.2016 – XI ZR 254/15, NJW 2017, 61 Rn. 22 mwN = WM 2016, 1831.

[50] BGH Urt. v. 10.7.2012 – XI ZR 272/10, NJW 2012, 2951 Rn. 11 mwN = WM 2012, 1589; BGH Urt. v. 5.7.2016 – XI ZR 254/15, NJW 2017, 61 Rn. 22 = WM 2016, 1831.

[51] Vgl. dazu etwa BGH Urteil vom 19.11.2013 – II ZR 383/12, BGHZ 199, 104 Rn. 11 f. mwN = NZG 2013, 1422 = WM 2013, 2309.

[52] BGH Urt. v. 23.4.2012 – II ZR 75/10, NJW-RR 2012, 1312 Rn. 24 = WM 2012, 1293 (Ausschüttungen); BGH Urt. v. 5.7.2016 – XI ZR 254/15, NJW 2017, 61 Rn. 39 = WM 2016, 1831 (Ausschüttungen); BGH Urt. v. 12.3.2009 – VII ZR 26/06, NJW 2009, 1870 Rn. 15 = WM 2009, 1667 (Mieteinnahmen).

Falle der Eigennutzung; der Wert der anzurechnenden Gebrauchsvorteile entspricht dann in der Regel dem objektiven Mietwert, also dem für das genutzte oder für ein vergleichbares Objekt üblichen Mietzins.[53]

c) Steuervorteile

aa) Grundsatz

597 Nach der ständigen Rechtsprechung des Bundesgerichtshofs sind ersparte Steuern grundsätzlich im Rahmen der Vorteilsausgleichung auf den Schadensersatzanspruch anzurechnen. Eine solche **Anrechnung** kommt aber nicht in Betracht, wenn die Schadensersatzleistung ihrerseits zu einer Besteuerung führt, die dem Geschädigten die erzielten Steuervorteile wieder nimmt.[54] Da das Gericht über die Höhe des Schadens unter Würdigung aller Umstände des Einzelfalls nach freier Überzeugung zu entscheiden hat (§ 287 Abs. 1 ZPO) und eine exakte Errechnung von Steuervorteilen unter Gegenüberstellung der tatsächlichen mit der hypothetischen Vermögenslage angesichts der vielfältigen Besonderheiten der konkreten Besteuerung häufig einen unverhältnismäßigen Aufwand erfordert, müssen in der Regel keine Feststellungen dazu getroffen werden, in welcher genauen Höhe sich die Versteuerung der Schadensersatzleistung auswirkt.[55] Das Risiko, ob eine Besteuerung der Schadensersatzleistung rechtlich möglich ist und auch tatsächlich erfolgt, trägt aufgrund der gebotenen typisierenden Betrachtungsweise der Schädiger.[56]

598 Etwas anderes gilt nur dann, wenn der Schädiger Umstände darlegt, auf deren Grundlage dem Geschädigten auch unter Berücksichtigung der Steuerbarkeit der Ersatzleistung derart **außergewöhnlich hohe Steuervorteile** verbleiben, dass es unbillig wäre, ihm diese zu belassen.[57] Die ***Darlegungs- und Beweislast*** für das Vorliegen anrechenbarer außergewöhnlicher Steuervorteile trägt der Schädiger.[58] Sind danach Anhaltspunkte dafür vorhanden, dass der geschädigte Anleger außergewöhnliche Steuervorteile erlangt hat, ist eine konkrete Berechnung vorzunehmen, die Sache des Schädigers ist. Allerdings trifft den geschädigten Anleger eine ***sekundäre Darlegungslast***, weil nur er über die insoweit erforderlichen Kenntnisse verfügt. Er ist deshalb gehalten, die für die Berechnung der Steuer er-

---

[53] BGH Urt. v. 31.3.2006 – V ZR 51/05, BGHZ 167, 108 Rn. 11 = NJW 2006, 1582 = WM 2006, 1163.

[54] BGH Urt. v. 18.12.1969 – VII ZR 121/67, BGHZ 53, 132, 134 = NJW 1970, 461 = WM 1970, 389; BGH Urt. v. 22.3.1979 – VII ZR 259/77, BGHZ 74, 103, 114 = NJW 1979, 1449 = WM 1979, 530; BGH Urt. v. 15.7.2010 – III ZR 336/08, BGHZ 186, 205 Rn. 35 f. = NZG 2010, 1029 = WM 2010, 1641; BGH Urt. v. 1.3.2011 – XI ZR 96/09, NJW-RR 2011, 986 Rn. 8 = WM 2011, 740 (betr. Darlehensfinanzierte Eigentumswohnung); BGH Urt. v. 28.1.2014 – XI ZR 495/12, BGHZ 200, 110 Rn. 11 = NJW 2014, 994 = WM 2014, 460; jeweils mwN.

[55] BGH Urt. v. 15.7.2010 – III ZR 336/08, BGHZ 186, 205 Rn. 36 f. = NZG 2010, 1029 = WM 2010, 1641; BGH Urt. v. 28.1.2014 – XI ZR 495/12, BGHZ 200, 110 Rn. 11 = NJW 2014, 994 = WM 2014, 460; jeweils mwN.

[56] BGH Urt. v. 11.2.2014 – II ZR 276/12, BGHZ 200, 51 Rn. 14, 18 = NJW-RR 2014, 469 = WM 2014, 449.

[57] BGH Urt. v. 15.7.2010 – III ZR 336/08, BGHZ 186, 205 Rn. 36 f., 45 f. = NZG 2010, 1029 = WM 2010, 1641; BGH Urt. v. 28.1.2014 – XI ZR 495/12, BGHZ 200, 110 Rn. 11 = NJW 2014, 994 = WM 2014, 460; BGH Urt. v. 23.4.2012 – II ZR 75/10, NJW-RR 2012, 1312 Rn. 43 = WM 2012, 1293.

[58] BGH Urt. v. 15.7.2010 – III ZR 336/08, BGHZ 186, 205, Rn. 45 = NZG 2010, 1029 = WM 2010, 1641; BGH Urt. v. 28.1.2014 – XI ZR 495/12, BGHZ 200, 110 Rn. 11 = NJW 2014, 994 = WM 2014, 460; BGH Urt. v. 23.4.2012 – II ZR 75/10, NJW-RR 2012, 1312 Rn. 44 = WM 2012, 1293; BGH Urt. v. 23.9.2014 – XI ZR 215/13, BKR 2015, 339 Rn. 26.

forderlichen Daten mitzuteilen. Kommt er seiner sekundären Darlegungslast nicht nach, gilt die Behauptung des primär beweispflichtigen Schädigers als zugestanden.[59]

Ein außergewöhnlicher Steuervorteil entsteht zB dann, wenn aufgrund steuerrechtlicher Regelung nach Ablauf einer Mindesthaltefrist (**Spekulationsfrist**) der Veräußerungsgewinn nicht zu versteuern ist.[60] Dies ist indes nach derzeitiger Rechtslage (vgl. § 22 Nr. 2, § 23 EStG) im Kapitalanlagerecht nicht von praktischer Bedeutung. 599

bb) Normzweck der Steuervergünstigung

Nach der ständigen Rechtsprechung des BGH gelten für die Anrechnung von Steuervorteilen auf einen Schadensersatzanspruch des Weiteren auch die übrigen allgemeinen Grundsätze der Vorteilsausgleichung. Danach sind nur solche Vorteile schadensmindernd zu berücksichtigen, die in einem **adäquat-ursächlichen Zusammenhang** mit dem Schadensereignis stehen und deren Anrechnung dem Zweck des Schadensersatzes entspricht sowie weder den Geschädigten unzumutbar belasten noch den Schädiger unbillig entlasten.[61] Eine Vorteilsanrechnung kommt daher nach dem Zweck des Schadensersatzes in folgenden Fällen nicht in Betracht: 600

- Soweit die unter Berücksichtigung der Steuerbarkeit der Ersatzleistung verbleibenden Steuervorteile ihre Ursache in einer **Tarifermäßigung nach § 34 Abs. 1 oder Abs. 3 EStG** haben, wird die Tarifermäßigung dem Steuerpflichtigen nur aus besonderem Anlass gewährt und darf den Schädiger nicht entlasten.[62]
- Soweit Steuervorteile aus einer **Absenkung des allgemeinen (Spitzen-)Steuersatzes** resultieren, sind ebenfalls keine Gründe ersichtlich, weshalb diese – nach dem Willen des Gesetzgebers allen Steuerpflichtigen gleichermaßen zugutekommende – Vergünstigung den Schädiger entlasten soll.[63]
- Ferner weisen Steuervorteile, die ihren Grund in einem gesunkenen persönlichen Steuertarif aufgrund einer **veränderten Einkommenssituation** des Geschädigten haben, keinen inneren Bezug zu der in Rede stehenden Schädigungshandlung auf und können den Schädiger daher ebenfalls nicht entlasten.[64]
- Schließlich sind auch Steuervorteile aus einer Anwendung von **§ 16 Abs. 4 EStG** nicht zu berücksichtigen. Diese Norm sieht bei einer Veräußerung des Betriebs ab Erreichen einer bestimmten Altersgrenze und im Falle der Berufsunfähigkeit eine Steuervergünstigung vor. Der Freibetrag des § 16 Abs. 4 EStG bezweckt, Gewinne aus der Veräuße-

---

[59] BGH Urt. v. 31.5.2010 – II ZR 30/09, NJW 2010, 2506 Rn. 26 = WM 2010, 1310; BGH Urt. v. 23.6.2015 – II ZR 166/14, NJW 2015, 3040 Rn. 30 = WM 2015, 1679.

[60] BGH Urt. v. 6.11.1989 – II ZR 235/88, NJW 1990, 571 f. = WM 1989, 1925.

[61] Vgl. nur BGH Urt. v. 22.3.1979 – VII ZR 259/77, BGHZ 74, 103, 113 f. = NJW 1979, 1449 = WM 1979, 530; BGH Urt. v. 15.7.2010 – III ZR 336/08, BGHZ 186, 205 Rn. 35 = NZG 2010, 1029 = WM 2010, 1641; BGH Urt. v. 28.1.2014 – XI ZR 495/12, BGHZ 200, 110 Rn. 12 = NJW 2014, 994 = WM 2014, 460.

[62] BGH Urt. v. 22.3.1979 – VII ZR 259/77, BGHZ 74, 103, 114, 116 = NJW 1979, 1449 = WM 1979, 530; BGH Urt. v. 15.7.2010 – III ZR 336/08, BGHZ 186, 205, Rn. 52 = NZG 2010, 1029 = WM 2010, 1641; BGH Urt. v. 27.6.1984 – IVa ZR 231/82, NJW 1984, 2524 = WM 1984, 1075, 1078.

[63] BGH Urt. v. 15.7.2010 – III ZR 336/08, BGHZ 186, 205 Rn. 53 = NZG 2010, 1029 = WM 2010, 1641; BGH Urt. v. 31.5.2010 – II ZR 30/09, NJW 2010, 2506 Rn. 28 ff. = WM 2010, 1310; BGH Urt. v. 18.12.2012 – II ZR 259/11, NJW-RR 2013, 611 Rn. 10 = WM 2013, 211; BGH Urt. v. 17.7.2014 – III ZR 218/13, NJW 2014, 3436 Rn. 27 = WM 2014, 1667.

[64] BGH Urt. v. 15.7.2010 – III ZR 336/08, BGHZ 186, 205 Rn. 40, 54 = NZG 2010, 1029 = WM 2010, 1641; BGH Urt. v. 17.7.2014 – III ZR 218/13, NJW 2014, 3436 Rn. 28 = WM 2014, 1667.

rung kleinerer Betriebe aus sozialen Gründen steuerlich zu entlasten. Diese Steuervergünstigung wird dem Steuerpflichtigen daher aus besonderen persönlichen Gründen gewährt, was dem Schädiger nicht zugutekommen kann. Zudem wird diese Steuervergünstigung dem Berechtigten nur einmalig eingeräumt. Dem Vorteil aus dem Freibetrag stünde daher der Nachteil aus dem Verlust dieser Steuervergünstigung für andere in Zukunft gegebenenfalls anfallende Veräußerungs- oder Aufgabegewinne gegenüber. Eine Obliegenheit des Geschädigten, diesen Vorteil zugunsten des Schädigers endgültig aufzugeben, besteht nicht.[65]

cc) Versteuerung der Schadensersatzleistung

601 **(1) Unternehmerische Beteiligungen, Einkünfte aus Gewerbebetrieb.** Hat der geschädigte Anleger Verlustzuweisungen steuermindernd geltend gemacht, sind nach der Rechtsprechung des BGH unabhängig von deren Höhe, außergewöhnliche Steuervorteile zu verneinen, wenn der Anleger in Folge der Rückabwicklung der Fondsbeteiligung dieselben Beträge zu versteuern hat, auf deren Grundlage er zuvor Steuervorteile erlangt hat.[66]

602 Zu berücksichtigen sind insoweit nicht lediglich die erstmalige **Verlustzuweisung** einerseits und die Besteuerung der Rückabwicklung anderseits, sondern darüber hinaus auch sämtliche weiteren steuerwirksamen Gewinn- und Verlustanteile des Anlegers während der Dauer seiner Beteiligung.[67] Dazu gehören auch steuerliche Nachteile, die dem geschädigten Anleger im Zusammenhang mit der Zug um Zug gegen die Schadensersatzleistung vorgesehenen Übertragung der Kapitalanlage entstehen.[68] Dies ist insbesondere bei (unternehmerischen) Fondsbeteiligungen (wie zB Film- oder Medienfonds) der Fall, bei denen die Schadensersatzleistung in einem wirtschaftlichen Zusammenhang mit der Fondsbeteiligung steht, so dass sie dem gewerblichen Bereich zuzuordnen ist und als **Betriebseinnahme nach § 15 Abs. 1 Satz 1 Nr. 2 EStG** versteuert werden muss.[69] Ob dabei die Rückabwicklung der Fondsbeteiligung die Voraussetzungen einer Betriebsveräußerung oder Betriebsaufgabe im Sinne des § 16 Abs. 1 Satz 1 Nr. 2 bzw. Abs. 3 Satz 1 EStG erfüllt, kann in aller Regel dahinstehen. Die Steuerbarkeit der Ersatzleistung ergibt sich bereits aus den allgemeinen Gewinnermittlungsvorschriften; § 16 EStG hat insoweit lediglich klarstellende Funktion.[70]

603 Solche Nachteile können insbesondere durch die – mit der Übertragung der Fondsbeteiligung verbundene – **„Übernahme“ eines negativen Kapitalkontos** durch den Schädiger entstehen, weil der Anleger hierdurch einen Gewinn erzielt, den er versteuern

---

[65] BGH Urt. v. 28.1.2014 – XI ZR 495/12, BGHZ 200, 110 Rn. 13 = NJW 2014, 994 = WM 2014, 460.

[66] BGH Urt. v. 15.7.2010 – III ZR 336/08, BGHZ 186, 205 Rn. 40, 50 und 55 = NZG 2010, 1029 = WM 2010, 1641; BGH Urt. v. 28.1.2014 – XI ZR 495/12, BGHZ 200, 110 Rn. 14 = NJW 2014, 994 = WM 2014, 460.

[67] BGH Urt. v. 15.7.2010 – III ZR 336/08, BGHZ 186, 205 Rn. 50 = NZG 2010, 1029 = WM 2010, 1641; BGH Urt. v. 28.1.2014 – XI ZR 495/12, BGHZ 200, 110 Rn. 14 = NJW 2014, 994 = WM 2014, 460.

[68] Vgl. BGH Urt. v. 22.3.1979 – VII ZR 259/77, BGHZ 74, 103, 114 = NJW 1979, 1449 = WM 1979, 530; BGH Urt. v. 15.7.2010 – III ZR 336/08, BGHZ 186, 205 Rn. 36 = NZG 2010, 1029 = WM 2010, 1641; BGH Urt. v. 28.1.2014 – XI ZR 495/12, BGHZ 200, 110 Rn. 14 = NJW 2014, 994 = WM 2014, 460; BGH Urt. v. 17.11.2005 – III ZR 350/04, NJW 2006, 499 Rn. 8 = WM 2006, 174; jeweils mwN.

[69] BGH Urt. v. 17.7.2014 – III ZR 218/13, NJW 2014, 3436 Rn. 24, 29 ff. = WM 2014, 1667 (Filmfonds).

[70] BGH Urt. v. 23.9.2014 – XI ZR 215/13, BKR 2015, 339 Rn. 31.

muss.[71] Ein negatives Kapitalkonto entsteht ua bei Fondskonstruktionen, bei denen die Anleger Einkünfte aus Gewerbebetrieb erzielen und damit der Einkommensbesteuerung gemäß § 2 Abs. 1 Satz 1 Nr. 2, § 15 Abs. 1 Satz 1 Nr. 2 EStG unterliegen,[72] in erster Linie durch die anfänglichen **Verlustzuweisungen**. Es kann sich durch weitere im laufenden Geschäftsbetrieb anfallende Verluste weiter erhöhen, aber auch – wenn dies nach der Fondskonzeption so vorgesehen ist – durch nicht ausgeschüttete Gewinne wieder verringern und sogar positiv werden.[73]

Besteht aufgrund der Verlustzuweisungen ein negatives Kapitalkonto, führt die Über- 604
tragung des Fondsanteils bei dem geschädigten Anleger zu einem steuerbaren Vorgang, weil er durch die „Übernahme" des negativen Kapitalkontos durch den Schädiger einen Gewinn erzielt, den er versteuern muss. Denn für den Anleger ergibt sich ein – zu versteuernder – **Veräußerungsgewinn** nach § 16 Abs. 1 Nr. 2 EStG in Höhe des Betrages, um den der Veräußerungspreis (nach Abzug der Veräußerungskosten) den Buchwert übersteigt. Im Ergebnis ist dies hier die vom Schädiger zu zahlende Schadensersatzleistung zuzüglich des von diesem übernommenen negativen Kapitalkontos.[74] Die Besteuerung des negativen Kapitalkontos im Rahmen der Rückabwicklung der Fondsbeteiligung ist Folge der früheren Verlustzurechnung.[75] Der dem Anleger ursprünglich zugeflossene Steuervorteil wird dadurch gleichsam wieder rückgängig gemacht.[76]

Ist dagegen das Kapitalkonto des Anlegers trotz der anfänglichen Verlustzuweisungen 605
bei Übertragung des Fondsanteils nicht mehr negativ, weil dort in der Zwischenzeit nicht ausgeschüttete Gewinne angefallen sind, haben diese Gewinne in den betreffenden Veranlagungszeiträumen bei dem Anleger einkommenserhöhend gewirkt und die zuvor steuerrechtlich einkommensmindernd angesetzten Verluste kompensiert.[77] Für eine Anrechnung der Steuervorteile aus den Verlustzuweisungen bleibt dann kein Raum. Im Fall eines **positiven Kapitalkontos** hat der Anleger nach § 16 Abs. 1 Nr. 2 EStG die Schadensersatzleistung zwar nur unter Abzug des (positiven) Buchwerts des übertragenen Fondsanteils zu versteuern.[78] Auch dadurch erlangt der Anleger aber in schadensrechtlicher Hin-

---

[71] Vgl. BGH Urt. v. 22.3.1979 – VII ZR 259/77, BGHZ 74, 103, 114 = NJW 1979, 1449 = WM 1979, 530; BGH Urt. v. 28.1.2014 – XI ZR 495/12, BGHZ 200, 110 Rn. 14 mwN = NJW 2014, 994 = WM 2014, 460; BGH Urt. v. 23.9.2014 – XI ZR 215/13, BKR 2015, 339 Rn. 28; vgl. auch BFHE 132, 244, 255 f., BFH, BStBl. 1981 II, 795, 798.

[72] Vgl. BGH Urt. v. 22.3.1979 – VII ZR 259/77, BGHZ 74, 103, 114 f. = NJW 1979, 1449 = WM 1979, 530; BGH Urt. v. 15.7.2010 – III ZR 336/08, BGHZ 186, 205 Rn. 50 = NZG 2010, 1029 = WM 2010, 1641; BGH Urt. v. 9.12.1987 – IVa ZR 204/86, NJW-RR 1988, 856 = WM 1988, 220; BGH Urt. v. 6.11.1989 – II ZR 235/88, NJW 1990, 571 f. = WM 1989, 1925; BGH Urt. v. 14.1.2002 – II ZR 40/00, NJW 2002, 1711, 1712 = WM 2002, 813; vgl. auch BFH BStBl II 1993, 96, 97, BStBl II 1994, 564, 565 und BStBl II 2000, 424, 428.

[73] BGH Urt. v. 28.1.2014 – XI ZR 495/12, BGHZ 200, 110 Rn. 15 = NJW 2014, 994 = WM 2014, 460.

[74] Vgl. BGH Urt. v. 28.1.2014 – XI ZR 495/12, BGHZ 200, 110 Rn. 16 = NJW 2014, 994 = WM 2014, 460; BFH BStBl II 1989, 563, 564; BStBl II 2010, 631 Rn. 33; FG Berlin-Brandenburg, EFG 2012, 1837, 1838.

[75] Vgl. BGH Urt. v. 28.1.2014 – XI ZR 495/12, BGHZ 200, 110 Rn. 16 = NJW 2014, 994 = WM 2014, 460; BFH BStBl II 1981, 795, 798; BFH/NV 2006, 11 f.; vgl. auch BGH Urt. v. 9.12.1987 – IVa ZR 204/86, NJW-RR 1988, 856 = WM 1988, 220.

[76] BGH Urt. v. 22.3.1979 – VII ZR 259/77, BGHZ 74, 103, 114 = NJW 1979, 1449 = WM 1979, 530; BGH Urt. v. 28.1.2014 – XI ZR 495/12, BGHZ 200, 110 Rn. 16 = NJW 2014, 994 = WM 2014, 460.

[77] Vgl. BGH Urt. v. 28.1.2014 – XI ZR 495/12, BGHZ 200, 110 Rn. 17 = NJW 2014, 994 = WM 2014, 460; BGH Urt. v. 9.12.1987 – IVa ZR 204/86, NJW-RR 1988, 856 = WM 1988, 220.

[78] Vgl. BGH Urt. v. 28.1.2014 – XI ZR 495/12, BGHZ 200, 110 Rn. 17 = NJW 2014, 994 = WM 2014, 460; BGH Urt. v. 6.11.1989 – II ZR 235/88, NJW 1990, 571 = WM 1989, 1925.

sicht aus der Rückabwicklung der Fondsbeteiligung keinen Vorteil, weil er zuvor die Gewinne versteuern musste.[79]

606 Aufgrund dessen können in diesem Rahmen nach geltender Rechtslage im Steuerrecht **„außergewöhnliche Steuervorteile" praktisch nicht** auftreten. Die steuerlichen Folgen der Anlageentscheidung und ihrer Rückgängigmachung sind folglich für die Ermittlung der Schadenshöhe unbeachtlich.[80]

607 **(2) Vermietung und Verpachtung.** Bei der Rückabwicklung einer Kapitalanlage, aus der der Anleger Einkünfte aus Vermietung und Verpachtung im Sinne des **§ 21 EStG** erzielt (wie zB geschlossener Immobilienfonds), kommt eine Versteuerung der schadensrechtlich zu erstattenden Einlage oder des Kaufpreises nach § 15 oder § 16 EStG von vornherein nicht in Betracht.[81] Vielmehr sind nur die Erstattungsbeträge, die Werbungskosten ersetzen, im Jahr ihres Zuflusses (§ 11 Abs. 1 Satz 1 EStG) steuerpflichtige Einnahmen der Einkunftsart, bei der die Aufwendungen vorher als **Werbungskosten** abgezogen worden sind. Aufgrund dessen sind die zuvor steuermindernd geltend gemachten Werbungskosten grundsätzlich nicht schadensmindernd anzurechnen.[82] Dabei spielt es keine Rolle, ob die Rückabwicklung des Beteiligungserwerbs zwischen den Parteien des Beitrittsvertrags erfolgt und ob die früheren Werbungskosten von dem Vertragspartner zurückgezahlt oder von einem Dritten erstattet werden.[83] Ebenso ist es unerheblich, ob der nach Abzug von Ausschüttungen verbliebene Schadensersatzbetrag niedriger ist als die gutgeschriebenen Werbungskosten, ob also die Vorteile größer waren als die Nachteile durch die Nachversteuerung.[84]

608 Das gilt auch für die aus den Anschaffungskosten hergeleiteten Absetzungen für Abnutzungen (**AfA**)[85] und für **Sonderabschreibungen nach dem Fördergebietsgesetz**.[86] In diesem Zusammenhang ist es unerheblich, ob die Zehn-Jahres-Frist des § 23 Abs. 1 Satz 1 Nr. 1 EStG abgelaufen ist, wonach ein Veräußerungsgewinn aus einem Grundstücksgeschäft nicht mehr steuerbar ist; denn die Rückabwicklung eines Beteiligungserwerbs an einem geschlossenen Immobilienfonds stellt keine Veräußerung eines Grundstücks oder eines grundstücksgleichen Rechts im Sinne des § 23 EStG dar.[87] Schließlich spielt es auch keine Rolle, das der Schädiger, der in die Gesellschafterposition des Anlegers einrückt, die Sonderabschreibungen selbst nicht mehr geltend machen kann; denn solche Nachteile fallen dem Schädiger zur Last, weil es dem Anleger nicht zugemutet werden kann, insoweit eine Minderung des Schadensersatzes hinnehmen zu müssen.[88]

---

[79] BGH Urt. v. 28.1.2014 – XI ZR 495/12, BGHZ 200, 110 Rn. 17 = NJW 2014, 994 = WM 2014, 460.

[80] Ebenso *Meyer* BKR 2016, 309, 315.

[81] BGH Urt. v. 17.11.2005 – III ZR 350/04, NJW 2006, 499 Rn. 12 = WM 2006, 174.

[82] BGH Urt. v. 1.3.2011 – XI ZR 96/09, NJW-RR 2011, 986 Rn. 13 = WM 2011, 740 (kreditfinanzierte Eigentumswohnung); BGH Urt. v. 18.12.2012 – II ZR 259/11, NJW-RR 2013, 611 Rn. 18 = WM 2013, 211; BGH Urt. v. 11.2.2014 – II ZR 276/12, BGHZ 200, 51 Rn. 16 ff. = NJW-RR 2014, 469 = WM 2014, 449; BGH Urt. v. 20.8.2015 – III ZR 57/14, NJW-RR 2016, 115 Rn. 15 = WM 2015, 1803 (geschlossener Immobilienfonds).

[83] BGH Urt. v. 11.2.2014 – II ZR 276/12, BGHZ 200, 51 Rn. 22 = NJW-RR 2014, 469 = WM 2014, 449.

[84] BGH Urt. v. 11.2.2014 – II ZR 276/12, BGHZ 200, 51 Rn. 24 = NJW-RR 2014, 469 = WM 2014, 449.

[85] BGH Urt. v. 18.12.2012 – II ZR 259/11, NJW-RR 2013, 611 Rn. 19 = WM 2013, 211.

[86] BGH Urt. v. 11.2.2014 – II ZR 276/12, BGHZ 200, 51 Rn. 33 ff. = NJW-RR 2014, 469 = WM 2014, 449.

[87] BGH Urt. v. 18.12.2012 – II ZR 259/11, NJW-RR 2013, 611 Rn. 15 = WM 2013, 211; BGH Urt. v. 20.8.2015 – III ZR 57/14, NJW-RR 2016, 115 Rn. 16 ff. = WM 2015, 1803.

[88] BGH Urt. v. 11.2.2014 – II ZR 276/12, BGHZ 200, 51 Rn. 38 = NJW-RR 2014, 469 = WM 2014, 449.

dd) Dauerhafter Steuervorteil aufgrund fehlerhafter Anerkennung

Erkennt die **Finanzverwaltung** etwa bei einem geschlossenen Immobilienfonds bestimmte Kostenpositionen (zB die Eigenkapitalbeschaffungskosten, die Vergütung für die Mietgarantie, die Pre-opening-Kosten, die Erhaltungsaufwendungen, die Kosten der Vermittlung der Endfinanzierung, die Kosten der Fondsverwaltung oder die Komplementärvergütung) zu Unrecht nicht als Anschaffungskosten, sondern als sofort abziehbare Werbungskosten an, so dass sie steuermindernd von den Einkünften des Anlegers aus Vermietung und Verpachtung abgezogen werden, kann es für den Anleger zu einem dauerhaften Steuervorteil kommen. Denn nach der Rechtsprechung des BFH kommt es für die steuerrechtliche Qualifizierung der Rückflüsse nicht darauf an, ob das Finanzamt die betreffenden Aufwendungen als Anschaffungskosten oder als sofort abziehbare Werbungskosten behandelt hat, weil es nach Auffassung des BFH im Steuerrecht kein allgemeines Korrespondenzprinzip gibt, aufgrund dessen die materiell-rechtlich unzutreffende Behandlung von Aufwendungen auf die steuerrechtliche Einordnung der Rückflüsse zu übertragen ist.[89] 609

Dies kann der Schädiger (Berater) indes dem Geschädigten (Anleger) nicht im Rahmen der Vorteilsausgleichung entgegenhalten, weil dies für den Anleger unzumutbar ist. Der Anleger muss nämlich damit rechnen, dass die Finanzbehörde aufgrund der Unterschiede in den Sachverhalten das Urteil des BFH auf seinen Steuerfall nicht anwendet und stattdessen die Schadensersatzleistung in Höhe der als sofort abziehbare Werbungskosten behandelten Aufwendungen besteuert.[90] Solche Unwägbarkeiten, die aus **Unsicherheiten über die Steuerrechtslage** und das Entscheidungsverhalten der Finanzverwaltung herrühren, gehen zu Lasten des Schädigers. 610

d) Gewinne aus anderen Anlagegeschäften

Keine Berücksichtigung im Zuge der Vorteilsausgleichung finden Gewinne, die der Kunde **aus gleichartigen Geschäften** erzielt hat. Insoweit fehlt es an der Nämlichkeit des Schadensereignisses. Dies gilt auch bei einer Gleichartigkeit der Pflichtverletzung. Vielmehr sind die einzelnen Beratungsverträge gesondert zu betrachten, so dass es an dem adäquaten Zusammenhang zwischen dem Schadenereignis aus dem einen Geschäft und den Vorteilen aus den anderen Geschäften fehlt.[91] Das gilt auch, wenn – wie etwa bei Swap-Geschäften – den einzelnen Beratungsverträgen ein Rahmenvertrag (wie zB der Rahmenvertrag für Finanztermingeschäfte) zugrunde liegt.[92] Insoweit scheidet nach der Rechtsprechung des BGH auch eine entsprechende Anwendung der Grundsätze der Vorteilsausgleichung aus, weil so der Anreiz gesichert wird, den Beratungspflichten stets und immer zu genügen.[93] Dem Festhalten an den für den Anleger günstig verlaufenen Geschäften kann allerdings bei der Prüfung der haftungsbegründenden Kausalität zu seinen Lasten Indizwirkung zukommen (siehe im Kapitel „Beweislast"). Erst recht kommt eine 611

---

[89] BFH Urt. v. 26.2.2002 – IX R 20/98, BStBl. II 2002, 796.

[90] BGH Urt. v. 11.2.2014 – II ZR 276/12, BGHZ 200, 51 Rn. 32 = NJW-RR 2014, 469 = WM 2014, 449.

[91] BGH Urt. v. 28.4.2015 – XI ZR 378/13, BGHZ 205, 117 Rn. 84 ff. = NJW 2015, 2248 = WM 2015, 1273.

[92] BGH Urt. v. 28.4.2015 – XI ZR 378/13, BGHZ 205, 117 Rn. 88 = NJW 2015, 2248 = WM 2015, 1273.

[93] BGH Urt. v. 28.4.2015 – XI ZR 378/13, BGHZ 205, 117 Rn. 87 = NJW 2015, 2248 = WM 2015, 1273.

Vorteilsausgleichung nicht in Betracht, wenn – etwa bei Swap-Geschäften – eine andere im Konzernverbund mit dem geschädigten Kunden stehende Gesellschaft aus ähnlichen Geschäften Vorteile gezogen hat.[94]

612 Eine Vorteilsausgleichung ist dagegen vorzunehmen, wenn mit dem Swap-Vertrag ein anderer dem Kunden **nachteiliger, früher abgeschlossener Swap-Vertrag abgelöst** wird. Denn in einem solchen Fall ist dieser Vorteil vom Anleger äquivalent- und adäquatkausal erlangt. Die Vorteilsausgleichung führt weder zu einer unzumutbaren Belastung des Anlegers noch zu einer unbilligen Entlastung der beratenden Bank.[95] Dies gilt allerdings dann nicht, wenn der Anleger schon zum Abschluss des Altgeschäfts durch eine schuldhafte Pflichtverletzung der beratenden Bank veranlasst worden ist. Kompensiert der Schädiger mittels der Auflösung eines solchen Altgeschäfts der Sache nach einen in Bezug auf dieses Geschäft bestehenden Schadensersatzanspruch, liegt bei wertender Betrachtung kein anrechnungsfähiger Vorteil vor. Der Schädiger schafft nur wieder den Zustand, den herzustellen der Geschädigte von ihm beanspruchen konnte. Das gilt gemäß dem § 214 Abs. 2 Satz 1 BGB zugrundeliegenden Rechtsgedanken auch, wenn der Geschädigte bei der Ablösung des Altgeschäfts einen darauf bezogenen Anspruch auf Rückgängigmachung des Vertrags wegen Verjährung nicht mehr hätte durchsetzen können.[96]

e) Sonstiges

613 Soweit etwa im Falle des Erwerbs einer Eigentumswohnung dem Anleger gegen den Bauträger oder Handwerker **Gewährleistungsansprüche** zustehen, hat er diese an den Schädiger abzutreten. Entsprechendes gilt für etwaige **im Insolvenzverfahren angemeldete Ansprüche**.[97]

5. Entgangener Gewinn

a) Entgangene Anlagezinsen

614 Der Schadensersatzanspruch wegen schuldhafter Verletzung des Beratungsvertrages und fehlerhafter Prospektangaben umfasst nach § 252 Satz 1 BGB auch den entgangenen Gewinn.[98] Dazu gehören – als Bestandteil des zu ersetzenden negativen Interesses – grundsätzlich auch **entgangene Anlagezinsen**. Der Anleger kann sich hierbei gemäß § 252 Satz 2 BGB auf die allgemeine Lebenserfahrung berufen, dass Eigenkapital ab einer gewissen Höhe erfahrungsgemäß nicht ungenutzt liegen bleibt, sondern zu einem allgemein üblichen Zinssatz angelegt wird.[99] Dagegen hat der Anleger keinen Anspruch auf die mit der empfohlenen Kapitalanlage angepriesene Rendite, weil es sich insoweit um das – nicht ersatzfähige – positive Interesse handelt.[100]

---

[94] BGH Urt. v. 12.7.2016 – XI ZR 150/15, BKR 2016, 482 Rn. 27.

[95] BGH Urt. v. 22.3.2016 – XI ZR 425/14, NJW 2016, 2949 Rn. 44 = WM 2016, 821.

[96] BGH Urt. v. 22.3.2016 – XI ZR 425/14, NJW 2016, 2949 Rn. 45 = WM 2016, 821.

[97] BGH Urt. v. 13.1.2004 – XI ZR 355/02, NJW 2004, 1868, 1870 = WM 2004, 422.

[98] BGH Urt. v. 8.5.2012 – XI ZR 262/10, BGHZ 193, 159 Rn. 64 = NJW 2012, 2427 = WM 2012, 1337; BGH Urt. v. 15.7.2014 – XI ZR 418/13, NJW 2014, 2951 Rn. 33 = WM 2014, 1670.

[99] BGH Urt. v. 8.5.2012 – XI ZR 262/10, BGHZ 193, 159 Rn. 64 = NJW 2012, 2427 = WM 2012, 1337; BGH Urt. v. 2.12.1991 – II ZR 141/90, NJW 1992, 1223, 1224 = WM 1992, 143; BGH Urt. v. 24.4.2012 – XI ZR 360/11, NJW 2012, 2266 Rn. 11 = WM 2012, 1188; BGH Urt. v. 26.2.2013 – XI ZR 345/10, BKR 2013, 283 Rn. 48.

[100] BGH Urt. v. 26.2.2013 – XI ZR 345/10, BKR 2013, 283 Rn. 52.

Der geschädigte Anleger muss darlegen und beweisen, dass und in welcher Höhe ihm durch das schädigende Ereignis ein solcher Gewinn entgangen ist. Um einen **konkreten Schaden** geltend zu machen, muss er daher darlegen und ggfs. beweisen, welche Anlage er erworben und welchen Gewinn er daraus erzielt hätte. Insoweit gelten keine Darlegungs- und Beweiserleichterungen.[101] 615

Bei Geltendmachung eines **abstrakten Schadens** enthält **§ 252 Satz 2 BGB** für den Geschädigten eine die Regelung des § 287 ZPO ergänzende Beweiserleichterung.[102] Der Geschädigte kann sich deshalb zwar auf die Behauptung und den Nachweis der Anknüpfungstatsachen beschränken, bei deren Vorliegen die in § 252 Satz 2 BGB geregelte Vermutung eingreift. Die Wahrscheinlichkeit einer Gewinnerzielung im Sinne von § 252 BGB aufgrund einer zeitnahen alternativen Investitionsentscheidung des Geschädigten und deren Umfang kann jedoch nur anhand seines Tatsachenvortrages dazu beurteilt werden, für welche konkrete Form der Kapitalanlage er sich ohne das schädigende Ereignis entschieden hätte.[103] An diese Darlegung sind keine strengen Anforderungen zu stellen, vielmehr genügt eine gewisse Wahrscheinlichkeit.[104] Der Anleger kann sich auf die allgemeine Lebenserfahrung berufen, dass Eigenkapital ab einer gewissen Höhe erfahrungsgemäß nicht ungenutzt liegen bleibt, sondern zu einem allgemein üblichen Zinssatz angelegt wird.[105] Für die Schlüssigkeit des diesbezüglichen Klagevortrags ist bezogen auf die Höhe des geltend gemachten entgangenen Gewinns die Darlegung erforderlich, dass die Kapitalanlage, in die alternativ investiert worden wäre, den mit der Klage geltend gemachten Zinsertrag erbracht hätte.[106] Die Behauptung des Anlegers, es wäre eine steuersparende Alternativanlage gewählt worden, ist nicht damit zu vereinbaren, dass er – wie bei einer festverzinslichen Anlageform – einen festen jährlichen Zinsgewinn auf den investierten Betrag verlangt.[107] 616

Zur Feststellung der Höhe des allgemein üblichen Zinssatzes kann der Tatrichter von der Möglichkeit einer **Schätzung nach § 287 Abs. 1 ZPO** Gebrauch machen. Bei der Schätzung der erzielbaren Rendite sind die Anlageziele des Anlegers und sein übriges Anlageverhalten zu berücksichtigen.[108] 617

Unabhängig von einem konkreten Parteivortrag kann dagegen ein wie auch immer gearteter **Mindestschaden** nicht geschätzt werden.[109] Insoweit genügt es nicht, wenn der Anleger, der ua aus Gründen der Steuerersparnis einen geschlossenen Immobilienfonds gezeichnet hat und diesen Erwerb wegen eines Beratungsfehlers mit Erfolg rückgängig machen kann, schlicht behauptet, ohne die Fehlberatung hätte er einen Sparbrief oder Bundeswertpapiere erworben. Insoweit kann sich der Anleger nicht auf § 252 Satz 2 Fall 1 BGB berufen, wonach als entgangen der Gewinn gilt, welcher nach dem gewöhnlichen Lauf der Dinge mit Wahrscheinlichkeit erwartet werden konnte.[110] Denn danach ist eher 618

---

101 BGH Urt. v. 8.5.2012 – XI ZR 262/10, BGHZ 193, 159 Rn. 67 = NJW 2012, 2427 = WM 2012, 1337; BGH Urt. v. 26.2.2013 – XI ZR 345/10, BKR 2013, 283 Rn. 50.

102 BGH Urt. v. 24.4.2012 – XI ZR 360/11, NJW 2012, 2266 Rn. 13 = WM 2012, 1188.

103 BGH Urt. v. 24.4.2012 – XI ZR 360/11, NJW 2012, 2266 Rn. 13 = WM 2012, 1188.

104 BGH Urt. v. 8.5.2012 – XI ZR 262/10, BGHZ 193, 159 Rn. 64 = NJW 2012, 2427 = WM 2012, 1337.

105 BGH Urt. v. 8.5.2012 – XI ZR 262/10, BGHZ 193, 159 Rn. 64 = NJW 2012, 2427 = WM 2012, 1337; BGH Urt. v. 15.7.2014 – XI ZR 418/13, NJW 2014, 2951 Rn. 33 = WM 2014, 1670.

106 BGH Urt. v. 28.6.2016 – VI ZR 536/15, NJW 2017, 250 Rn. 34 = WM 2016, 1975.

107 BGH Urt. v. 28.6.2016 – VI ZR 536/15, NJW 2017, 250 Rn. 35 = WM 2016, 1975.

108 BGH Urt. v. 8.5.2012 – XI ZR 262/10, BGHZ 193, 159 Rn. 65 = NJW 2012, 2427 = WM 2012, 1337; BGH Urt. v. 26.2.2013 – XI ZR 345/10, BKR 2013, 283 Rn. 48; BGH Urt. v. 15.7.2014 – XI ZR 418/13, NJW 2014, 2951 Rn. 35 = WM 2014, 1670.

109 BGH Urt. v. 8.5.2012 – XI ZR 262/10, BGHZ 193, 159 Rn. 64 = NJW 2012, 2427 = WM 2012, 1337; BGH Urt. v. 15.7.2014 – XI ZR 418/13, NJW 2014, 2951 Rn. 33 = WM 2014, 1670.

110 BGH Urt. v. 24.4.2012 – XI ZR 360/11, NJW 2012, 2266 Rn. 16 ff. = WM 2012, 1188.

davon auszugehen, dass der Anleger statt der Fondsbeteiligung eine andere Anlage gewählt hätte, die die gleichen Vorteile wie die Fondsbeteiligung geboten hätte, nämlich eine höhere Rendite und steuerliche Vorteile. Insoweit kann sich der Anleger auch nicht darauf berufen, dass die Bank für die konkrete Anlage eine höhere Rendite in Aussicht gestellt hat. Denn der Schadensersatzanspruch des Anlegers ist nicht auf das Erfüllungsinteresse gerichtet. Er kann nur verlangen, so gestellt zu werden, als hätte er statt der von ihm gezeichneten Anlage eine andere Kapitalanlage erworben.[111]

619 Nach dem gewöhnlichen Lauf der Dinge kann auch nicht mit Wahrscheinlichkeit erwartet werden, dass sich ein zur Verfügung stehender Geldbetrag zumindest in **Höhe des gesetzlichen Zinssatzes** von 4% p.a. (§ 246 BGB) verzinst. Dafür fehlt es bereits an einem Erfahrungssatz, dass sich eine Geldanlage mit mindestens 4% p.a. verzinst.[112] Der Geschädigte hat daher keinen Anspruch auf einen solchen (gesetzlichen) Mindestschaden.

620 Ein **weitergehender Zinsanspruch** des Anlegers kann sich aus Deliktsrecht (§§ 849, 826, 823 Abs. 2 BGB iVm § 263 StGB) oder aus Bereicherungsrecht (§ 819 Abs. 1, § 818 Abs. 4, §§ 292, 987 Abs. 2 BGB) ergeben. Die Anforderungen an die Darlegung und den Beweis der objektiven und subjektiven Tatbestandsvoraussetzungen eines Delikts sind allerdings hoch. Die bloße Verletzung (vor-)vertraglicher Pflichten führt, selbst im Falle von Vorsatz, nicht ohne weiteres zu einem deliktischen Schadensersatzanspruch.[113] Im Hinblick auf einen Bereicherungsanspruch fehlt es in der Regel schon daran, dass das Anlagekapital nicht dem Berater zugeflossen ist, sondern einem Dritten (Emittent, Fondsgesellschaft). Die mit dem **Einbehalt der Kapitalertragsteuer** verbundene besondere Form der Steuererhebung (§ 20 Abs. 1 Nr. 7, § 43 Abs. 1 Satz 1 Nr. 7 Buchst. b EStG) hindert den Anleger nicht an der Durchsetzung des Anspruchs in Höhe des Bruttobetrags, solange die steuerentrichtungspflichtige Bank die Kapitalertragsteuer noch nicht gemäß § 43 Satz 2 AO abgeführt hat. Diese Erfüllungswirkung ist erst im Zwangsvollstreckungsverfahren zu berücksichtigen.[114]

b) Entgangene Steuervorteile

621 Der Anleger hat keinen Anspruch auf Ersatz der mit der empfohlenen Anlage verfolgten Steuervorteile (zB Verlustzuweisungen). Denn dabei würde es sich um den Nichterfüllungsschaden handeln, der von dem Schadenersatzanspruch wegen Beratungsverschulden nicht erfasst wird. Der Anleger kann gemäß § 249 Abs. 1 BGB nur verlangen, so gestellt zu werden, als habe er die auf der pflichtwidrigen Beratung beruhende Anlageentscheidung nicht getroffen, so dass die Möglichkeit der Erzielung von Steuervorteilen gerade nicht bestanden hätte.[115]

c) Sonstiger entgangener Gewinn

622 Gemäß § 252 BGB ist auch der entgangene Gewinn aus **Spekulationsgeschäften in Aktien** zu ersetzen, der nach dem gewöhnlichen Lauf der Dinge oder nach den besonderen Umständen, insbesondere nach den getroffenen Anstalten und Vorkehrungen mit

---

[111] BGH Urt. v. 26.2.2013 – XI ZR 345/10, BKR 2013, 283 Rn. 52.

[112] BGH Urt. v. 24.4.2012 – XI ZR 360/11, NJW 2012, 2266 Rn. 18 = WM 2012, 1188; BGH Urt. v. 22.10.2015 – III ZR 264/14, NJW-RR 2016, 169 Rn. 32 = WM 2015, 2238.

[113] BGH Urt. v. 26.2.2013 – XI ZR 345/10, BKR 2013, 283 Rn. 56.

[114] BGH Urt. v. 25.4.2017 - XI ZR 573/15, WM 2017, 1004 Rn. 40 ff.

[115] BGH Urt. v. 22.3.2011 – XI ZR 33/10, BGHZ 189, 13 Rn. 43 = NJW 2011, 1949 = WM 2011, 682.

Wahrscheinlichkeit erwartet werden konnte.[116] Trotz der Beweiserleichterungen der § 252 BGB, § 287 ZPO dürfen insoweit an das Vorbringen des Geschädigten nicht zu geringe Anforderungen gestellt werden. Im Rahmen eines geltend gemachten Verzugsschadens hat es der BGH zwar ausreichen lassen, dass der Geschädigte den erforderlichen Grad der Wahrscheinlichkeit für einen spekulativen anderweitigen Gewinn in der Weise begründen könne, dass er seine Absichten zu Kauf und Verkauf dem Schuldner frühzeitig detailliert mitteilt; denn dadurch beuge er einerseits dem Risiko vor, dass seine erst im Nachhinein offenbarte Spekulationsabsicht als bloße Erfindung („Milchmädchenrechnung") abgetan werde, andererseits wirke er auch der naheliegenden Einwendung des Schuldners entgegen, er, der Gläubiger, habe eine etwaige Warnpflicht nach § 254 Abs. 2 Satz 1 BGB verletzt.[117] Diese Ausführungen sind indes ersichtlich der Situation des – feststehenden – Schuldnerverzugs geschuldet und mit der Frage einer Alternativanlage im Falle eines Beratungsverschuldens nicht vergleichbar.

6. Vorgerichtliche Anwaltskosten

Nach der ständigen Rechtsprechung des BGH hat ein Schädiger nur jene durch das Schadensereignis verursachten Rechtsanwaltskosten zu ersetzen, die aus der Sicht des Geschädigten zur Wahrnehmung seiner Rechte **erforderlich und zweckmäßig** waren.[118] Ist der Schuldner bekanntermaßen zahlungsunwillig und erscheint der Versuch einer außergerichtlichen Forderungsdurchsetzung auch nicht aus sonstigen Gründen erfolgversprechend, sind die dadurch verursachten Kosten nicht zweckmäßig; insoweit kommt es allerdings auf die (Gesamt-)Umstände des Einzelfalls an, deren Würdigung dem Tatrichter obliegt.[119] 623

Bei der **Höhe der Gebühr** ist zu unterscheiden: für das Entstehen der Gebühr nach Nr. 2300 VV RVG kommt es darauf an, ob der Rechtsanwalt zunächst mit der außergerichtlichen Geltendmachung der Ansprüche beauftragt und der Prozessauftrag allenfalls bedingt erteilt worden ist oder ob ein unbedingter Klageauftrag vorliegt. Hat der Rechtsanwalt bereits von Anfang an einen unbedingten Klageauftrag erhalten, fallen auch die Tätigkeiten vor Erhebung der Klage allein unter die Verfahrensgebühr nach Nr. 3100 VV RVG.[120] Ob auch eine Verfahrensgebühr nach Nr. 2300 VV RVG entstanden ist, hängt von Art und Umfang des erteilten Mandats ab. Ein nur bedingt für den Fall des Scheiterns des vorgerichtlichen Mandats erteilter Prozessauftrag steht der Gebühr aus Nr. 2300 VV RVG nicht entgegen.[121] 624

Bei **vorformulierten Massenschreiben** ist zu prüfen, ob es sich um ein solches „einfacher Art" handelt und daher allenfalls Anspruch auf Ersatz einer Gebühr gemäß Nr. 2302 VV RVG besteht. Dabei kommt es nicht nur auf die tatsächlich entfaltete Tätigkeit des Rechtsanwalts, sondern maßgeblich auf Art und Umfang des erteilten Mandats an.[122] 625

---

[116] BGH Urt. v. 18.2.2002 – II ZR 355/00, NJW 2002, 2553 = WM 2002, 909.

[117] BGH Urt. v. 18.2.2002 – II ZR 355/00, NJW 2002, 2553 f. = WM 2002, 909.

[118] BGH Urt. v. 8.5.2012 – XI ZR 262/10, BGHZ 193, 159 Rn. 70 mwN = NJW 2012, 2427 = WM 2012, 1337; BGH Urt. v. 28.5.2013 – XI ZR 199/11, Rn. 32.

[119] Vgl. BGH Urt. v. 8.5.2012 – XI ZR 262/10, BGHZ 193, 159 Rn. 70 mwN = NJW 2012, 2427 = WM 2012, 1337; BGH Urt. v. 26.2.2013 – XI ZR 345/10, BKR 2013, 283 Rn. 38.

[120] Vgl. BGH Urt. v. 7.5.2015 – III ZR 304/14, NJW 2015, 3782 Rn. 35 (in BGHZ 205, 260 nicht abgedruckt); BGH Urt. v. 28.5.2013 – XI ZR 199/11, Rn. 31.

[121] Vgl. BGH Urt. v. 26.2.2013 – XI ZR 345/10, BKR 2013, 283 Rn. 37; BGH Urt. v. 28.5.2013 – XI ZR 199/11, Rn. 31.

[122] BGH Urt. v. 26.2.2013 – XI ZR 345/10, BKR 2013, 283 Rn. 36.

VIII. Verjährung

626 Schadensersatzansprüche wegen (vor-)vertraglicher Aufklärungs- und Beratungsfehler verjähren im Grundsatz nach den **allgemeinen Verjährungsvorschriften der §§ 195 ff. BGB**, soweit nicht – wie zB nach § 37a WpHG aF (dazu → Rn. 752 ff.) – spezielle Normen eingreifen. Die regelmäßige Verjährungsfrist beträgt gemäß § 195 BGB drei Jahre und beginnt, soweit nicht ein anderer Verjährungsbeginn bestimmt ist, gemäß § 199 Abs. 1 BGB mit dem Schluss des Jahres, in dem der Anspruch entstanden ist und der Gläubiger von den Anspruch begründenden Umständen und der Person des Schuldners Kenntnis erlangt oder ohne grobe Fahrlässigkeit erlangen müsste. Ergänzend sind die **Verjährungshöchstfristen** des § 199 Abs. 3 BGB zu beachten. Gemäß § 199 Abs. 3 Satz 1 Nr. 1 BGB verjähren Schadensersatzansprüche wegen Aufklärungs- und Beratungsverschulden ohne Rücksicht auf Kenntnis und grob fahrlässige Unkenntnis tagegenau in zehn Jahren von ihrer Entstehung an und gemäß § 199 Abs. 3 Satz 1 Nr. 2 BGB ohne Rücksicht auf ihre Entstehung und die Kenntnis oder grob fahrlässige Unkenntnis in 30 Jahren von der Pflichtverletzung oder dem sonstigen, den Schaden auslösenden Ereignis an (dazu → Rn. 749 ff.).

627 Die zur Berufshaftung von Rechtsanwälten entwickelten **Grundsätze der Sekundärverjährung** sind auf die Haftung von Wertpapierdienstleistungsunternehmen aus fehlerhafter Anlageberatung nicht übertragbar.[1] Dafür fehlt es an einem vergleichbaren dauerhaften Vertrauensverhältnis. Zudem liefe dies dem Willen des Gesetzgebers zuwider, die Verjährungsregelungen zu vereinheitlichen. Im gewaltengeteilten Rechtsstaat ist es Aufgabe des Gesetzgebers, als zu kurz erachtete Verjährungsfristen zu ändern.

1. Anspruchsentstehung (§ 199 Abs. 1 Nr. 1 BGB)

a) Allgemeines

628 Nach § 199 Abs. 1 BGB beginnt die **regelmäßige Verjährungsfrist** im Grundsatz mit dem Schluss des Jahres, in dem der Anspruch entstanden und der Gläubiger von den Anspruch begründenden Umständen und der Person des Schuldners Kenntnis erlangt oder ohne grobe Fahrlässigkeit erlangen müsste. Die Frage, wann der Schadensersatzanspruch wegen Aufklärungspflichtverletzung im Sinne des § 199 Abs. 1 Nr. 1 BGB „entstanden" ist, ist in der Rechtsprechung seit langem geklärt. Allgemein entsteht ein Schadensersatzanspruch zu dem Zeitpunkt, ab dem er vom Geschädigten geltend gemacht und klageweise durchgesetzt werden kann. Für die Entstehung eines Geldanspruchs ist es nicht erforderlich, dass der Zahlungsanspruch bereits – teilweise – beziffert werden und damit Gegenstand einer Leistungsklage sein kann. Es genügt die Möglichkeit, eine Feststellungs- oder Stufenklage zu erheben.[2]

---

[1] BGH Urt. v. 8.3.2005 – XI ZR 170/04, BGHZ 162, 306, 312 f. mwN = NJW 2005, 1579 = WM 2005, 929.

[2] Vgl. nur BGH Urt. v. 11.9.2012 – XI ZR 56/11, NJW 2013, 1223 Rn. 21 mwN = WM 2012, 2190.

Der Schadensersatzanspruch wegen fehlerhafter Beratung entsteht **im Zeitpunkt der Zeichnung der Kapitalanlage**. Zwar ist der für den Verjährungsbeginn maßgebliche Eintritt eines Schadens regelmäßig erst dann anzunehmen, wenn es zu einer konkreten Verschlechterung der Vermögenslage des Gläubigers gekommen ist; der Eintritt einer risikobehafteten Situation reicht dafür regelmäßig nicht.[3] Nach ständiger Rechtsprechung des BGH ist der Anleger, der aufgrund einer Verletzung der Aufklärungspflicht oder einer fehlerhaften Beratung eine für ihn nachteilige Kapitalanlage erworben hat, bei der gebotenen wertenden Betrachtung aber bereits durch den Erwerb der Kapitalanlage geschädigt, weil der ohne die erforderliche Aufklärung gefasste Anlageentschluss von den Mängeln der fehlerhaften Aufklärung beeinflusst ist. Bereits mit Vertragsschluss ist der Vermögensschaden eingetreten; es kommt insbesondere nicht darauf an, ob und wann die Kapitalanlage gegebenenfalls später im Wert gefallen ist.[4] Aufgrund dessen ist ein Schaden auch dann entstanden, wenn das empfohlene Wertpapier noch ohne Kursverlust wieder veräußert werden könnte. 629

Was unter „**Erwerb der Kapitalanlage**" zu verstehen ist, muss im Einzelfall im Hinblick auf den Erwerbsvorgang der konkreten Kapitalanlage ermittelt werden. 630

- Bei einem **Beitritt zu einem Fonds** ist der Zeitpunkt der Zeichnung maßgeblich.
- Bei einem **Fondssparplan** dürfte es auf den Zeitpunkt des Abschlusses des Sparplans ankommen.[5]
- Bei dem Erwerb von Wertpapieren im Wege eines Kaufvertrages (zB **Festpreisgeschäft**) kommt es auf den Zeitpunkt des Zustandekommens des schuldrechtlichen Verpflichtungsgeschäfts an, während der dingliche Vollzug unmaßgeblich ist.[6]
- Vom BGH bislang noch nicht entschieden ist die Frage, worauf es insoweit beim **Kommissionsgeschäft** ankommt. Hier ist fraglich, ob es auf den Zeitpunkt der Order (dem Kommissionsauftrag, einem entgeltlichen Geschäftsbesorgungsvertrag zwischen Bank und Kunde) oder erst auf den schuldrechtlichen Abschluss des Wertpapiergeschäfts durch die Bank am Markt oder gar erst auf dessen Zuordnung zum Kunden ankommt.[7] Konsequent wäre es, auf den Zeitpunkt des schuldrechtlichen Abschlusses des Wertpapiergeschäfts durch die Bank am Markt abzustellen, weil der Kunde hierdurch endgültig gebunden wird.
- Bei einem **Swap-Geschäft** oder bei einer anteilsgebundenen und mit einem Darlehensvertrag verbundenen Lebensversicherung ist der Zeitpunkt des Abschlusses des Swap-Vertrags[8] bzw. des Darlehens- und Lebensversicherungsvertrags[9] maßgeblich, weil hierdurch die gegenseitigen Rechte und Pflichten verbindlich begründet werden.

---

[3] BGH Urt. v. 23.3.1987 – II ZR 190/86, BGHZ 100, 228, 231 f. = NJW 1987, 1887 = WM 1987, 648; BGH Urt. v. 28.10.1993 – IX ZR 21/93, BGHZ 124, 27, 30 = NJW 1994, 323 = WM 1994, 33; BGH Urt. v. 24.3.2011 – III ZR 81/10, NJW-RR 2011, 842 Rn. 9 = WM 2011, 874.

[4] BGH Urt. v. 26.2.2013 – XI ZR 498/11, BGHZ 196, 233 Rn. 25 mwN = NJW 2013, 1801 = BKR 2013, 205 (mAnm *Schulz*) = WM 2013, 609; BGH Urt. v. 8.4.2014 – XI ZR 341/12, NJW 2014, 2348 Rn. 25 = BKR 2014, 290 (mAnm *Lang/Pfisterer-Junkert*) = WM 2014, 1036.

[5] OLG München WM 2006, 523.

[6] BGH Urt. v. 24.3.2015 – XI ZR 278/14, NJW-RR 2015, 1076 Rn. 19 = WM 2015, 1181.

[7] Siehe dazu etwa Assmann/Schneider/*Koller*, WpHG, 5. Aufl., § 37a Rn. 7 f.; Kölner Kommentar zum WpHG/*Leisch*, 1. Aufl., § 37a Rn. 66, 69; *Schäfer* FS Schimansky, 1999, S. 699, 710 f.

[8] BGH Urt. v. 28.4.2015 – XI ZR 378/13 = BGHZ 205, 117 Rn. 73 = NJW 2015, 2248 = WM 2015, 1273.

[9] BGH Urt. v. 11.7.2012 – IV ZR 164/11, BGHZ 194, 39 Rn. 63 ff. = NJW 2012, 3647 = WM 2012, 1582.

b) Mehrere Beratungsgespräche

631 Eine besondere Betrachtung verdient die Fallgestaltung, dass mehrere Beratungsgespräche stattgefunden haben. Hier ist zu unterscheiden.

632 Bilden diese **bei natürlicher Betrachtungsweise eine Einheit**, so dass in prozessualer Hinsicht ein Streitgegenstand vorliegt, beginnt die Verjährung mit dem schuldrechtlichen Erwerb der empfohlenen Anlage, also nicht vor dem letzten Beratungsgespräch. Ein Beratungsfehler in dem ersten Gespräch hätte nämlich noch in dem abschließenden Gespräch richtiggestellt werden können, so dass er sich perpetuiert.

633 Anders liegt es, wenn die Beratungsgespräche bei natürlicher Betrachtungsweise **selbständige Geschehensabläufe** bilden, so dass eigenständige Streitgegenstände vorliegen. Wenn bei unterschiedlichen Beratungsgesprächen verschiedene Kapitalanlagen empfohlen und gezeichnet werden, liegt dies auf der Hand. Das kann aber auch dann der Fall sein, wenn in mehreren Gesprächen dasselbe Anlageprodukt empfohlen und in mehreren Tranchen gezeichnet wird.[10] In einem solchen Fall laufen auch die Verjährungsfristen jeweils gesondert an. Dies gilt auch dann, wenn in den unterschiedlichen Beratungsgesprächen ähnliche Produkte (zB Swap-Geschäfte) empfohlen werden und der Beratungsfehler identisch ist (zB Nichtaufklärung über den negativen Marktwert).[11] Das Bestehen eines Rahmenvertrags oder selbst eines Dauerberatungsvertrags ist unerheblich. Maßgeblich ist allein, dass die Schädigung des Kunden auf unterschiedlichen haftungsbegründenden Ereignissen beruht, die bei der Anspruchsentstehung je für sich zu betrachten sind. Auch die Gleichförmigkeit des vertragswidrigen Verhaltens verknüpft die wiederholten Pflichtverletzungen nicht zu einer einheitlichen Schädigungshandlung, so dass die Verjährung nicht etwa erst einheitlich mit dem letzten haftungsbegründenden Ereignis anläuft, sondern jeweils gesondert mit Beendigung des einzelnen Beratungsgesprächs, in dem es zum Abschluss des empfohlenen Geschäfts gekommen ist, beginnt.[12]

634 Vom BGH noch nicht entschieden ist der Fall, dass aufgrund eines einheitlichen Beratungsgesprächs die empfohlene **Kapitalanlage in mehreren Tranchen erworben** wird. Dies kann zB der Fall sein, wenn sich ein Anleger Anfang Dezember an seinen Berater wendet, weil er eine Abfindung seines Arbeitgebers anlegen möchte. Aus steuerlichen Gründen wird die Abfindung in zwei Raten, nämlich im Dezember und im darauffolgenden Januar ausgezahlt. Entsprechend der Empfehlung des Beraters erwirbt der Anleger im Dezember und – wie von Anfang an beabsichtigt – im Januar jeweils in Höhe der Abfindung Anteile an einer bestimmten Kapitalanlage. Eine weitere Beratung, etwa im Januar, hat nicht stattgefunden. Hier stellt sich die Frage, wann die Verjährung des auf einen (einheitlichen) Beratungsfehler in dem Dezember-Gespräch gestützten Schadensersatzanspruchs anläuft. Nach dem Streitgegenstandsbegriff dürfte hier wohl ein einheitlicher Streitgegenstand vorliegen. Ist nun für den Verjährungsbeginn der Beratungstermin im Dezember maßgeblich oder erst der Januar, weil erst dann der Schaden in voller Höhe entstanden ist, oder muss man differenzieren, so dass für einen Teil des Schadens die Zeichnung der Kapitalanlage im Dezember und für den anderen Teil des Schadens die Zeichnung im Januar maßgeblich ist. Dann würde man für die Frage der Verjährung nochmals innerhalb desselben materiell-rechtlichen Anspruchs differenzieren. Dass bereits aufgrund des Beratungsgesprächs im Dezember schon der gesamte Schaden zu diesem

---

[10] BGH Urt. v. 24.3.2015 – XI ZR 278/14, NJW-RR 2015, 1076 Rn. 26 = WM 2015, 1181.

[11] BGH Urt. v. 28.4.2015 – XI ZR 378/13 = BGHZ 205, 117 Rn. 52 f. = NJW 2015, 2248 = WM 2015, 1273.

[12] BGH Urt. v. 28.4.2015 – XI ZR 378/13 = BGHZ 205, 117 Rn. 52 f. = NJW 2015, 2248 = WM 2015, 1273.

Zeitpunkt angelegt war, verträgt sich mit der oben erwähnten BGH-Rechtsprechung zur Unbeachtlichkeit des Eintritts der risikobehafteten Situation nicht. Umgekehrt wäre es auch nicht einsichtig, einheitlich auf den Januar abzustellen. Vielmehr dürfte es richtig sein, zwischen den beiden Zeichnungszeitpunkten zu unterscheiden. Dann wäre – was aber konsequent wäre – unabhängig vom Zeitpunkt der einzelnen Beratungsgespräche stets der Zeitpunkt des schuldrechtlichen Erwerbsgeschäfts maßgeblich.

2. Kenntnis oder grob fahrlässige Unkenntnis (§ 199 Abs. 1 Nr. 2 BGB)

a) Kenntnis

Kenntnis iSd § 199 Abs. 1 Nr. 2 BGB ist nicht gleichbedeutend mit absoluter Gewissheit der anspruchsbegründenden Umstände und der Person des Schuldners. Der Geschädigte muss die Sachlage grundsätzlich nicht zutreffend rechtlich würdigen. Aus Gründen der Rechtssicherheit und Billigkeit genügt im Grundsatz die Kenntnis der den Ersatzanspruch begründenden **tatsächlichen Umstände**. Nach der Rechtsprechung des BGH[13] liegt die nach §§ 195, 199 BGB erforderliche Kenntnis von den den Anspruch begründenden Umständen im Allgemeinen vor, wenn dem Geschädigten die Erhebung einer Schadensersatzklage, sei es auch nur in Form der Feststellungsklage, Erfolg versprechend, wenn auch nicht risikolos, möglich ist. Weder ist notwendig, dass der Geschädigte alle Einzelumstände kennt, die für die Beurteilung möglicherweise Bedeutung haben, noch muss er bereits hinreichend sichere Beweismittel in der Hand haben, um einen Rechtsstreit im Wesentlichen risikolos führen zu können. Es kommt auch nicht darauf an, dass der Geschädigte die Rechtswidrigkeit des Geschehens, das Verschulden des Schädigers und den in Betracht kommenden Kausalverlauf richtig einschätzt.[14] In Fällen des Schadensersatzes wegen unzureichender Aufklärung muss der Geschädigte insbesondere nicht die Rechtspflicht des Schädigers zur Aufklärung kennen. Auch insoweit genügt vielmehr die Kenntnis derjenigen tatsächlichen Umstände, aus denen sich die Aufklärungspflicht ergibt.[15] 635

Erforderlich ist ferner, dass dem Anleger **Name und Anschrift des Schuldners** bekannt sind.[16] Von der Kenntnis bzw. grob fahrlässigen Unkenntnis der Anschrift ist auszugehen, wenn zur Erlangung der Kenntnis nur eine einfache Anfrage oder ein Telefongespräch erforderlich sind.[17] Dies darf allerdings nicht ohne Rücksicht auf die Lage des Einzelfalls vorausgesetzt, sondern muss vom Tatrichter festgestellt werden.[18] 636

---

[13] BGH Urt. v. 26.2.2013 – XI ZR 498/11, BGHZ 196, 233 Rn. 27 mwN = NJW 2013, 1801 = BKR 2013, 205 (mAnm *Schulz*) = WM 2013, 609; BGH Urt. v. 15.3.2016 – XI ZR 122/14, NJW-RR 2016, 1187 Rn. 28 = WM 2016, 780.

[14] BGH Urt. v. 26.2.2013 – XI ZR 498/11, BGHZ 196, 233 Rn. 27 mwN = NJW 2013, 1801 = BKR 2013, 205 (mAnm *Schulz*) = WM 2013, 609.

[15] BGH Urt. v. 26.2.2013 – XI ZR 498/11, BGHZ 196, 233 Rn. 28 mwN = NJW 2013, 1801 = BKR 2013, 205 (mAnm *Schulz*) = WM 2013, 609; BGH Urt. v. 15.3.2016 – XI ZR 122/14, NJW-RR 2016, 1187 Rn. 28 = WM 2016, 780.

[16] BGH Urt. v. 28.2.1012 – XI ZR 192/11, NJW 2012, 1645 Rn. 16 = WM 2012, 688; BGH Urt. v. 13.12.2012 – III ZR 298/11, NJW 2013, 448 Rn. 13 = WM 2013, 155; zum früheren Recht siehe auch BGH Urt. v. 6.3.2001 – VI ZR 30/00, NJW 2001, 1721, 1722 mwN.

[17] BGH Urt. v. 13.12.2012 – III ZR 298/11, NJW 2013, 448 Rn. 13 = WM 2013, 155.

[18] BGH Urt. v. 13.12.2012 – III ZR 298/11, NJW 2013, 448 Rn. 13 = WM 2013, 155.

637 Bei Personenhandelsgesellschaften und **juristischen Personen** kommt es auf die Kenntnis der Organe an. Außerdem muss das Unternehmen sich die Kenntnis des nach der innerbetrieblichen Organisation zuständigen Mitarbeiters zurechnen lassen.[19] Allerdings unterliegt nach der höchstrichterlichen Rechtsprechung die Wissenszurechnung bei juristischen Personen persönlichen und zeitlichen Grenzen. Ohne solche Grenzen würden juristische Personen oder andere am Rechtsverkehr teilnehmende Organisationen weit über jede menschliche Fähigkeit hinaus belastet. Die Annahme einer „ununterbrochenen" Kenntnis würde die juristische Person erheblich schlechter stellen als eine natürliche Person, deren Erinnerungsvermögen sich typischerweise nach der erkennbaren Wichtigkeit der Wahrnehmung und danach bestimmt, wie lange diese zurückliegt.[20]

638 Allgemein muss sich der Anspruchsinhaber das **Wissen eines Dritten** entsprechend § 166 Abs. 1 BGB und mit Rücksicht auf Treu und Glauben (§ 242 BGB) immer dann als eigenes Wissen zurechnen lassen, wenn er den Dritten mit der Erledigung bestimmter Angelegenheiten in eigener Verantwortung betraut, insbesondere ihm im Zusammenhang mit der Verfolgung des Anspruchs die Kenntnisnahme von bestimmten Tatsachen oder die Vornahme der erforderlichen Tatsachenfeststellungen übertragen hat; in diesen Fällen ist der Dritte als „Wissensvertreter" des Anspruchsinhabers zu behandeln.[21] Die Kenntnis eines beauftragten ***Rechtsanwalts*** kann dem Anleger nach § 166 Abs. 1 BGB in den Grenzen des erteilten Mandats und ab dem Zeitpunkt der Beauftragung – also niemals rückwirkend – zugerechnet werden.[22]

639 Die Feststellung, ob und wann der Gläubiger Kenntnis von bestimmten Umständen hatte, ist das **Ergebnis tatrichterlicher Würdigung**, die nur einer eingeschränkten Überprüfung durch das Revisionsgericht unterliegt.[23] Über die Kenntnis als innerer Tatsache ist in der Regel der Anleger als Partei oder – in Falle der Zession – als Zeuge zu vernehmen.

b) Grobe Fahrlässigkeit

640 **Grobe Fahrlässigkeit** setzt einen objektiv schwerwiegenden und subjektiv nicht entschuldbaren Verstoß gegen die Anforderungen der im Verkehr erforderlichen Sorgfalt voraus. Grob fahrlässige Unkenntnis im Sinne von § 199 Abs. 1 Nr. 2 BGB liegt demnach nur vor, wenn dem Gläubiger die Kenntnis deshalb fehlt, weil er ganz naheliegende Überlegungen nicht angestellt und nicht beachtet hat, was im gegebenen Fall jedem hätte einleuchten müssen. Ihm muss persönlich ein schwerer Obliegenheitsverstoß in seiner eigenen Angelegenheit der Anspruchsverfolgung (**„Verschulden gegen sich selbst"**) vorgeworfen werden können, weil sich ihm die den Anspruch begründenden Umstände förmlich aufgedrängt haben, er davor aber letztlich die Augen verschlossen hat.[24]

641 Den Gläubiger trifft generell keine Obliegenheit, im Interesse des Schuldners an einem möglichst frühzeitigen Beginn der Verjährungsfrist **Nachforschungen** zu betreiben; viel-

---

[19] Vgl. BGH Urt. v. 28.11.2006 – VI ZR 196/05, NJW 2007, 834 Rn. 5 mwN.

[20] BGH Urt. v. 2.2.1996 – V ZR 239/94, BGHZ 132, 30, 38 f. = NJW 1996, 1339 = WM 1996, 594; BGH Urt. v. 13.1.2015 – XI ZR 303/12, BGHZ 204, 30 Rn. 25 = NJW 2015, 1948 = WM 2015, 429.

[21] BGH Urt. v. 13.12.2012 – III ZR 298/11, NJW 2013, 448 Rn. 19 = WM 2013, 155.

[22] BGH Urt. v. 27.5.2008 – XI ZR 132/07, NJW-RR 2008, 1495 Rn. 40 = WM 2008, 1265; BGH Urt. v. 23.6.2009 – XI ZR 171/08, BKR 2009, 372 Rn. 26.

[23] BGH Urt. v. 15.3.2016 – XI ZR 122/14, NJW-RR 2016, 1187 Rn. 30 = WM 2016, 780.

[24] St. Rspr.; vgl. nur BGH Urt. v. 2.7.2015 – III ZR 149/14, NJW 2015, 2956 Rn. 11 mwN = WM 2015, 1413; BGH Urt. v. 15.3.2016 – XI ZR 122/14, NJW-RR 2016, 1187 Rn. 34 = WM 2016, 780; BGH Urt. v. 17.6.2016 – V ZR 134/15, NJW 2017, 248 Rn. 15 = WM 2016, 2167; BGH Urt. v. 23.3.2017 - III ZR 93/16, WM 2017, 799 Rn. 8.

mehr muss das Unterlassen von Ermittlungen nach Lage des Falles aus der Sicht eines verständigen und auf seine Interessen bedachten Gläubigers als geradezu unverständlich erscheinen, um als grob fahrlässig eingestuft werden zu können.[25] Für den Gläubiger müssen konkrete Anhaltspunkte für das Bestehen eines Anspruchs ersichtlich sein, so dass er aus verständiger Sicht gehalten ist, die Voraussetzungen des Anspruchs aufzuklären, soweit sie ihm nicht ohnehin bekannt sind. Eine unterlassene Aufklärung über anspruchsbegründende Umstände kann nur dann als grob fahrlässig zu qualifizieren sein, wenn der Gläubiger auf der Hand liegende Erkenntnismöglichkeiten, die weder besondere Kosten noch nennenswerte Mühe verursachen, nicht ausnutzt.[26] So kommt etwa eine grob fahrlässige Unkenntnis der Anschrift des Schuldners in Betracht, wenn zur Erlangung der Kenntnis nur eine einfache Anfrage oder ein Telefongespräch erforderlich sind.[27] Dies darf allerdings nicht ohne Rücksicht auf die Lage des Einzelfalls vorausgesetzt, sondern muss vom Tatrichter festgestellt werden.[28]

Bei Personenhandelsgesellschaften und **juristischen Personen** kommt es auf die grob fahrlässige Unkenntnis der Organe an. Auch hier muss sich das Unternehmen in entsprechender Anwendung des § 166 Abs. 1 BGB eine grob fahrlässige Unkenntnis des nach der innerbetrieblichen Organisation zuständigen Mitarbeiters zurechnen lassen.[29] 642

Allgemein muss sich der Anspruchsinhaber die leichtfertige oder grob fahrlässige **Unkenntnis eines Dritten** entsprechend § 166 Abs. 1 BGB und mit Rücksicht auf Treu und Glauben (§ 242 BGB) immer dann als eigenes Wissen zurechnen lassen, wenn er den Dritten mit der Erledigung bestimmter Angelegenheiten in eigener Verantwortung betraut, insbesondere ihm im Zusammenhang mit der Verfolgung des Anspruchs die Kenntnisnahme von bestimmten Tatsachen oder die Vornahme der erforderlichen Tatsachenfeststellungen übertragen hat; in diesen Fällen ist der Dritte als „Wissensvertreter" des Anspruchsinhabers zu behandeln.[30] 643

Die tatrichterliche Beurteilung, ob einer Partei der Vorwurf grober Fahrlässigkeit zu machen ist, unterliegt der **Nachprüfung durch das Revisionsgericht** nur dahin, ob der Tatrichter den Begriff der groben Fahrlässigkeit verkannt, bei der Beurteilung des Verschuldensgrades wesentliche Umstände außer Betracht gelassen oder gegen Denkgesetze, Erfahrungssätze oder Verfahrensvorschriften verstoßen hat.[31] 644

c) Zumutbarkeit der Klageerhebung

Der Verjährungsbeginn setzt aus Gründen der Rechtssicherheit und Billigkeit zwar grundsätzlich nur die Kenntnis oder grob fahrlässige Unkenntnis der den Anspruch begründenden Umstände voraus. Nicht erforderlich ist in der Regel, dass der Gläubiger aus 645

---

[25] BGH Urt. v. 8.7.2010 – III ZR 249/09, BGHZ 186, 152 Rn. 28 = NJW 2010, 3292 = WM 2010, 1493; BGH Urt. v. 27.9.2011 – VI ZR 135/10, NJW 2011, 3573 Rn. 10 = WM 2011, 2128; BGH Urt. v. 28.2.1012 – VI ZR 9/11, NJW 2012, 1789 Rn. 18, 20; BGH Urt. v. 11.10.2012 – VII ZR 10/11, NJW 2012, 3569 Rn. 16; BGH Urt. v. 13.1.2015 – XI ZR 303/12, BGHZ 204, 30 Rn. 29 = NJW 2015, 1948 = WM 2015, 429.

[26] BGH Urt. v. 13.1.2015 – XI ZR 303/12, BGHZ 204, 30 Rn. 29 = NJW 2015, 1948 = WM 2015, 429.

[27] BGH Urt. v. 13.12.2012 – III ZR 298/11, NJW 2013, 448 Rn. 13 = WM 2013, 155.

[28] BGH Urt. v. 13.12.2012 – III ZR 298/11, NJW 2013, 448 Rn. 13 = WM 2013, 155.

[29] Vgl. BGH Urt. v. 28.11.2006 – VI ZR 196/05, NJW 2007, 834 Rn. 5 mwN.

[30] BGH Urt. v. 13.12.2012 – III ZR 298/11, NJW 2013, 448 Rn. 19 = WM 2013, 155.

[31] BGH Urt. v. 8.7.2010 – III ZR 249/09, BGHZ 186, 152 Rn. 27 = NJW 2010, 3292 = WM 2010, 1493; BGH Urt. v. 17.6.2016 – V ZR 134/15, NJW 2017, 248 Rn. 11 = WM 2016, 2167; BGH Urt. v. 3.11.2016 – III ZR 84/15, WM 2016, 2342 Rn. 21.

den ihm bekannten Tatsachen die zutreffenden rechtlichen Schlüsse zieht oder im Fall der grob fahrlässigen Unkenntnis hätte ziehen können. Ausnahmsweise kann aber die Rechtsunkenntnis des Gläubigers den Verjährungsbeginn hinausschieben, wenn eine unsichere und zweifelhafte Rechtslage vorliegt, die selbst ein rechtskundiger Dritter nicht zuverlässig einzuschätzen vermag. In diesen Fällen fehlt es an der Zumutbarkeit der Klageerhebung als übergreifender Voraussetzung für den Verjährungsbeginn.[32]

646 Das gilt erst recht, wenn der Durchsetzung des Anspruchs eine **gegenteilige höchstrichterliche Rechtsprechung** entgegensteht.[33] Wann in einem solchen Fall die Klageerhebung zumutbar ist, ist eine Frage des Einzelfalls. In den sog. Schrottimmobilienfällen, in denen es auf die Unwirksamkeit der Treuhändervollmachten infolge eines Verstoßes gegen das Rechtsberatungsgesetz ankam, hat der BGH die Klärung der – bis zum Ende der 1990er Jahre als geklärt (im Sinne der Wirksamkeit der notariellen Vollmacht) angesehenen – Rechtslage aufgrund einer Reihe von BGH-Urteilen in den Jahren 2000 und 2001[34] angenommen und für den Zeitpunkt der Zumutbarkeit der Klageerhebung auf die Veröffentlichung des letzten Urteils, das die Rechtslage klärt, in der NJW als der auflagenstärksten juristischen Fachzeitschrift abgestellt.[35] Für den Anspruch auf Rückzahlung der – AGB-rechtlich unzulässigen – Darlehensbearbeitungsgebühr war dagegen die Herausbildung einer gefestigten Rechtsprechung der Oberlandesgerichte, die sich der überkommenen BGH-Rechtsprechung entgegengestellt hatte, maßgebend.[36] Einzelne Gegenstimmen aus der Literatur, selbst solche früherer Senatsvorsitzender des BGH genügen daher nicht, um die Zumutbarkeit einer Klageerhebung zu begründen.[37]

647 Dagegen liegt eine unsichere und zweifelhafte Rechtslage nicht bereits dann vor, wenn noch **keine höchstrichterliche Entscheidung** zu einer bestimmten Frage vorliegt.[38] Dafür dürfte es auch nicht genügen, wenn zu einer entscheidungserheblichen Frage ein ernsthafter Meinungsstreit in Rechtsprechung und Schrifttum besteht.[39] Denn gerade dann dürfte es in der Regel zumutbar sein, diese Frage einer (höchst-)gerichtlichen Klärung zuzuführen.

648 Nichts anderes gilt im Übrigen für die Zumutbarkeit einer **Streitverkündung**. Da die Zumutbarkeit verjährungshemmender Handlungen in erster Linie vom Kenntnisstand des Anspruchsinhabers abhängt, kommt der Frage, ob die Hemmung der Verjährung durch Klageerhebung oder durch Streitverkündung bewirkt werden kann, keine für den Verjährungsbeginn entscheidende Bedeutung zu.[40]

---

[32] BGH Urt. v. 28.10.2014 – XI ZR 348/13, BGHZ 203, 115 Rn. 35 mwN = NJW 2014, 3713 = WM 2014, 2261.

[33] BGH Urt. v. 28.10.2014 – XI ZR 348/13, BGHZ 203, 115 Rn. 35 = NJW 2014, 3713 = WM 2014, 2261.

[34] BGH Urt. v. 28.9.2000 – IX ZR 279/99, BGHZ 145, 265 = NJW 2001, 70 = WM 2000, 2443; BGH Urt. v. 18.9.2001 – XI ZR 321/00, NJW 2001, 3774 = BKR 2001, 147 = WM 2001, 2113; BGH Urt. v. 11.10.2001 – III ZR 182/00, NJW 2002, 66 = BKR 2001, 143 = WM 2001, 2260.

[35] BGH Urt. v. 23.9.2008 – XI ZR 262/07, NJW-RR 2009, 547 Rn. 19 = WM 2008, 2155.

[36] BGH Urt. v. 28.10.2014 – XI ZR 348/13, BGHZ 203, 115 Rn. 59 = NJW 2014, 3713 = WM 2014, 2261.

[37] BGH Urt. v. 28.10.2014 – XI ZR 348/13, BGHZ 203, 115 Rn. 58 = NJW 2014, 3713 = WM 2014, 2261.

[38] BGH Urt. v. 7.12.2010 – XI ZR 348/09, NJW 2011, 1278 Rn. 21.

[39] So aber missverständlich BGH Urt. v. 7.12.2010 – XI ZR 348/09, NJW 2011, 1278 Rn. 21.

[40] BGH Urt. v. 13.1.2015 – XI ZR 303/12, BGHZ 204, 30 Rn. 43 = NJW 2015, 1948 = WM 2015, 429.

d) Einzelfragen

aa) Nichtbeachtung des Verkaufsprospekts

Nach der Rechtsprechung des BGH ergibt sich eine grob fahrlässige Unkenntnis des Beratungsfehlers eines Anlageberaters oder der unrichtigen Auskunft eines Anlagevermittlers nicht schon allein daraus, dass es der Anleger unterlassen hat, den ihm überreichten Emissionsprospekt durchzulesen und auf diese Weise die Ratschläge und Auskünfte des Anlageberaters oder -vermittlers auf ihre Richtigkeit hin zu kontrollieren.[41] Zwar kommt dem Anlageprospekt in aller Regel eine große Bedeutung für die Information des Anlageinteressenten über die ihm empfohlene Kapitalanlage zu. So kann die Aushändigung eines Prospekts im Einzelfall ausreichen, um den Beratungs- und Auskunftspflichten Genüge zu tun.[42] Andererseits misst der Anleger, der bei seiner Anlageentscheidung die besonderen Erfahrungen und Kenntnisse eines Anlageberaters oder Anlagevermittlers in Anspruch nimmt, dessen Ratschlägen und Auskünften besonderes Gewicht bei, so dass die Prospektangaben demgegenüber regelmäßig in den Hintergrund treten. Vertraut daher der Anleger auf den Rat und die Angaben „seines" Beraters oder Vermittlers und sieht er deshalb davon ab, den ihm übergebenen Anlageprospekt durchzusehen und auszuwerten, so ist darin im Allgemeinen kein in subjektiver und objektiver Hinsicht „grobes Verschulden gegen sich selbst" zu sehen.[43] 649

Etwas anderes gilt allerdings ausnahmsweise dann, wenn für den Anleger ein – den Vorwurf grob fahrlässiger Unkenntnis rechtfertigender – **dringender Anlass** besteht, den Anlageprospekt durchzusehen und auszuwerten.[44] Einzelfälle: 650

- Das **Ausbleiben monatlicher Ausschüttungen** stellt keinen dringenden Anlass zur Durchsicht des Prospekts dar, weil ein darauf gestützter Beratungsfehler bereits aufgrund des Ausbleibens der Ausschüttungen Anlass zur Klageerhebung bietet.[45]
- Ein Anleger handelt auch dann nicht grob fahrlässig, wenn er einen **einzelnen Beratungsfehler feststellt** (wie etwa durch die Reduzierung der zugesagten Ausschüttungen) und dies nicht zum Anlass nimmt, den Anlageprospekt auf weitere Beratungsfehler (wie fehlende Fungibilität oder Verfehlen der Anlageziele des Kapitalerhalts und der gesicherten Altersvorsorge) zu überprüfen, die damit in keinem Zusammenhang stehen.[46] Der Zusammenhang zwischen der Obliegenheitsverletzung und der Unkenntnis fehlt bei solchen Informationen, die der Anleger nicht gezielt hätte suchen müssen, sondern die er nur anlässlich einer anderweitig angelegten – und von ihm unterlassenen – Recherche hätte erlangen können.[47]

---

[41] BGH Urt. v. 8.7.2010 – III ZR 249/09, BGHZ 186, 152 Rn. 29 ff. = NJW 2010, 3292 = WM 2010, 1493; BGH Urt. v. 16.3.2017 - III ZR 489/16, BeckRS 2017, 105998 Rn. 35 = WM 2017, 708.

[42] Vgl. dazu BGH Urt. v. 12.7.2007 – III ZR 145/06, NJW-RR 2007, 1692 Rn. 9 = WM 2007, 1608; BGH Urt. v. 24.4.2014 – III ZR 389/12, NJW-RR 2014, 1075 Rn. 9.

[43] BGH Urt. v. 8.7.2010 – III ZR 249/09, BGHZ 186, 152 Rn. 33 = NJW 2010, 3292 = WM 2010, 1493; BGH Urt. v. 17.3.2016 – III ZR 47/15, BKR 2016, 217 Rn. 13 = WM 2016, 732 (III. ZS); BGH Urt. v. 15.3.2016 – XI ZR 122/14, NJW-RR 2016, 1187 Rn. 35 = WM 2016, 780 (XI. ZS); vgl. auch BGH Urt. v. 2.7.2015 – III ZR 149/14, NJW 2015, 2956 Rn. 12 = WM 2015, 1413.

[44] BGH Urt. v. 17.3.2016 – III ZR 47/15, BKR 2016, 217 Rn. 13 = WM 2016, 732.

[45] BGH Urt. v. 17.3.2016 – III ZR 47/15, BKR 2016, 217 Rn. 15 = WM 2016, 732.

[46] BGH Urt. v. 22.7.2010 – III ZR 203/09, NJW-RR 2010, 1623 Rn. 18 = WM 2010, 1690; BGH Urt. v. 22.9.2011 – III ZR 186/10, NJW-RR 2012, 111 Rn. 12 ff.; BGH Urt. v. 17.3.2016 – III ZR 47/15, BKR 2016, 217 Rn. 18 = WM 2016, 732.

[47] BGH Urt. v. 17.3.2016 – III ZR 47/15, BKR 2016, 217 Rn. 17 = WM 2016, 732.

- Dies gilt auch dann, wenn der Anleger zwar Defizite der Kapitalanlage bemerkt hat, aber von der Prospektlektüre durch **Beschwichtigungen des Beraters** oder Vermittlers abgehalten worden ist.[48]

651 Die Kenntnis oder grob fahrlässige Unkenntnis vom Beratungsfehler eines Anlageberaters lässt sich auch nicht daraus herleiten, dass der **Ehegatte des Anlegers** den Anlageprospekt nach Einstellung der prospektierten Ausschüttungen „genau durchgelesen“ hat. Die bei der Lektüre des Prospekts gewonnenen Erkenntnisse muss sich der Anleger nur dann zurechnen lassen, wenn der Ehegatte (Lebenspartner) als Wissensvertreter des Anlegers tätig geworden ist. Dies setzt insbesondere voraus, dass ihm im Zusammenhang mit der Verfolgung des Schadensersatzanspruchs gegen den Berater die Kenntnisnahme von bestimmten Tatsachen oder die Vornahme der erforderlichen Tatsachenfeststellungen übertragen worden ist. Letzteres darf auch bei Ehegatten nicht schlicht vermutet, sondern muss vom Tatrichter auf der Grundlage hinreichend tragfähiger Anhaltspunkte festgestellt werden.[49]

652 Diese Grundsätze gelten auch dann, wenn dem Anleger im Hinblick auf die gezeichnete Anlage ein **Widerrufsrecht** zusteht und er den Prospekt nicht innerhalb der Widerrufsfrist liest.[50]

653 Das Vorliegen der (subjektiven) Kenntniskomponente hat der BGH auch in dem Fall verneint, in dem der Anleger zwar den Emissionsprospekt und einen dort abgedruckten **Wirtschaftsprüferbericht** gelesen hat, jedoch die rechtliche Unzulässigkeit der vorgesehenen Ausschüttungen nicht erkannt hat, weil er sich insoweit auf die Prüfung der Prognoserechnung durch den Wirtschaftsprüfer verlassen hat.[51] Zwar fordert § 199 Abs. 1 Nr. 2 BGB nur die Tatsachen- und nicht die Rechtskenntnis. Mangels sich aufdrängender Verdachtsmomente gegen die Richtigkeit des Wirtschaftsprüfertestats traf den Anleger insoweit aber (ausnahmsweise) keine eigene Prüfungsobliegenheit.

bb) Nichtauswertung anderer Informationsquellen

654 Keine allgemeinen Leitlinien hat der BGH dagegen zu Fallgestaltungen entwickelt, in denen der Anleger andere Informationsquellen nicht auswertet. Aufgrund der Vielgestaltigkeit der Fallkonstellationen lassen sich insoweit aber auch nur schwerlich allgemeine Aussagen treffen.

655 So hat der III. Zivilsenat des BGH das unterlassene Durchlesen der **Beratungsdokumentation**, bei der Warnhinweise allein auf der Rückseite abgedruckt sind, eine Unterzeichnung durch den Anleger aber nur auf der Vorderseite vorgesehen ist und dort lediglich auf „Hinweise: (siehe Rückseite)“ aufmerksam gemacht wird, nicht als grob fahrlässig angesehen.[52] Da die Beratungsdokumentation erkennbar nicht darauf abzielt, rechtliche Wirkungen im Hinblick auf eine vertragliche Bindung zu erzeugen, muss der Anleger nicht mit auf der ***Rückseite*** abgedruckten Warnhinweisen rechnen. Anders dürfte daher zu entscheiden sein, wenn sich die knapp und übersichtlich zusammengefassten Risikohinweise in einem zur Unterschrift vorgelegten Beratungsprotokoll oberhalb der Unterschrift befinden.[53] Gleiches dürfte gelten, wenn der Anleger bei einem solchen Beratungsprotokoll nicht bemerkt, dass seine Anlageziele und seine Mentalität deutlich abweichend vom Tatsächlichen dargestellt sind.[54]

---

[48] BGH Urt. v. 17.3.2016 – III ZR 47/15, BKR 2016, 217 Rn. 18 = WM 2016, 732.
[49] BGH Urt. v. 13.12.2012 – III ZR 298/11, NJW 2013, 448 Rn. 17 ff. = WM 2013, 155.
[50] BGH Urt. v. 22.9.2011 – III ZR 186/10, NJW-RR 2012, 111 Rn. 11.
[51] BGH Urt. v. 24.4.2014 – III ZR 156/13, NJW 2014, 2345 Rn. 25 f. = WM 2014, 935.
[52] BGH Urt. v. 17.3.2016 – III ZR 47/15, BKR 2016, 217 Rn. 18 = WM 2016, 732.
[53] OLG Celle BKR 2017, 33 Rn. 34 ff.
[54] OLG Celle BKR 2017, 33 Rn. 45.

Ebenso hat der III. Zivilsenat des BGH zu Recht die spätere Übersendung eines **Rechenschaftsberichts** für eine Kenntnis des Anlegers über die (im Beratungsgespräch nicht erwähnte) eingeschränkte Fungibilität der empfohlenen Kapitalanlage nicht als ausreichend angesehen, weil dieser Umstand aus dem Bericht nicht erkennbar war.[55] Zweifelhaft ist es daher, ob grobe Fahrlässigkeit angenommen werden kann, wenn sich (erst) aus dem Geschäftsbericht einer Publikumsgesellschaft ergibt, dass sich für erhaltene Ausschüttungen ggfs. Rückzahlungspflichten gemäß § 172 Abs. 4 HGB ergeben können.[56] Ergibt sich dagegen aus dem Rechenschaftsbericht für einen geschlossenen Immobilienfonds, dass nach Ablauf der Mietgarantie eine liquide Unterdeckung erwirtschaftet worden sei, dürfte dies dem Anleger die Kenntnis oder zumindest grob fahrlässige Unkenntnis vermitteln, dass die von ihm gezeichnete Beteiligung nicht uneingeschränkt für die Altersvorsorge geeignet ist und insofern – im Falle einer entsprechenden Zielvorgabe für die Anlageempfehlung – ein Beratungsfehler vorgelegen hat.[57] Der bloße Hinweis in einem Geschäftsbericht auf die Erforderlichkeit von Ausschüttungsreduzierungen genügt insoweit aber nicht.[58] 656

Grob fahrlässig ist es auch nicht, wenn ein Anleger, dem nach Abschluss der Beratung lediglich zum (formalen) Vollzug der bereits getroffenen Anlageentscheidung kurz der **Zeichnungsschein** zur Unterschrift vorgelegt wird, den kleingedruckten Text des Scheins nicht durchliest und deshalb einen Widerspruch zwischen der erfolgten Beratung und den im Schein enthaltenen Risikohinweisen zur Anlage nicht bemerkt.[59] Dagegen hat das OLG Frankfurt/Main in der unterlassenen Lektüre einer zweiseitigen **Beitrittserklärung** zu einem Fonds einen groben Obliegenheitsverstoß des Anlegers gesehen, weil sich aus dieser die Fehlerhaftigkeit der mündlichen Beratung (hier: Hinweis auf das unternehmerische Risiko der Beteiligung mit ausdrücklicher Nennung des Totalverlustrisikos; Hinweis auf Vertriebsvergütung des Beraters) ohne weiteres ergeben habe.[60] 657

Die nämliche Fragestellung stellt sich auch bei den **Kurzinformationsblättern**, die nach den gesetzlichen Vorgaben in § 31 Abs. 3a WpHG iVm § 5a Abs. 1 Satz 1 WpDVerOV und § 13 Abs. 2 VermAnlG höchstens drei DIN-A4-Seiten umfassen dürfen und über das Investitionsobjekt leicht verständlich informieren müssen. 658

Der Anleger erhält Kenntnis von dem Beratungsfehler des Anlageberaters, der die Kapitalanlage zu Unrecht „als sicher und zur Altersvorsorge geeignet" empfohlen hatte, wenn er später von der Fondsgesellschaft zur Abwendung der Insolvenz eine **Nachschussaufforderung** bekommt.[61] Aus dieser Mitteilung lässt sich dagegen nicht auf eine grob fahrlässige Unkenntnis hinsichtlich weiterer Aufklärungsfehler schlussfolgern, die mit dem verschwiegenen Totalverlustrisiko nicht in Zusammenhang stehen (wie zB mangelnde Fungibilität der Anlage oder Wiederaufleben der Kommanditistenhaftung).[62] Insoweit besteht für den Anleger keine Obliegenheit, den Prospekt auf weitere Aufklärungsfehler durchzusehen oder damit einen Rechtsanwalt zu betrauen. 659

---

[55] BGH Urt. v. 2.7.2015 – III ZR 149/14, NJW 2015, 2956 Rn. 19 = WM 2015, 1413.

[56] So OLG Brandenburg, BKR 2015, 343 Rn. 46, 47; zweifelnd BGH Beschl. v. 4.5.2016 – III ZR 90/15, BeckRS 2016, 10333 Rn. 3.

[57] Vgl. BGH Urt. v. 2.7.2015 – III ZR 149/14, NJW 2015, 2956 Rn. 3–6 = WM 2015, 1413 (insoweit Nichtzulassung der Revision).

[58] BGH Urt. v. 16.3.2017 - III ZR 489/16, BeckRS 2017, 105998 Rn. 35 = WM 2017, 708.

[59] BGH Urt. v. 23.3.2017 - III ZR 93/16, WM 2017, 799 Rn. 10 ff.

[60] OLG Frankfurt/Main BKR 2015, 169 Rn. 32 ff., 43; die dagegen eingelegte Nichtzulassungsbeschwerde ist vom BGH mit Beschluss vom 10.5.2016 (XI ZR 470/14) zurückgewiesen worden.

[61] BGH Urt. v. 22.7.2010 – III ZR 203/09, NJW-RR 2010, 1623 Rn. 9 = WM 2010, 1690.

[62] BGH Urt. v. 22.7.2010 – III ZR 203/09, NJW-RR 2010, 1623 Rn. 16 ff. = WM 2010, 1690.

660 Hat der Anleger eine Kapitalanlage (zB Investmentfonds) mit dem ausdrücklichen Zusatz **„ohne Kapitalverzehr"** erworben und sinkt der Wert der Anlage gleichwohl nach Zeichnung unter den Anlagebetrag, kann sich eine Kenntnis oder grob fahrlässige Unkenntnis des Anlegers aus den jährlich übersandten **Depotauszügen** ergeben. Dazu muss aber feststehen, dass der Anleger den Depotauszug auch tatsächlich erhalten hat.[63] Eine geringfügige Abweichung von dem Anlagebetrag (zB Differenz von 63,76 € bei einem Anlagebetrag von 14 423 €) genügt allerdings nicht, um eine grob fahrlässige Unkenntnis von dem Beratungsfehler annehmen zu können.[64]

661 Ist dem Anleger bei der Empfehlung einer Immobilie eine bestimmte **Höhe der monatlichen Zuzahlungen** (als Differenz aus Finanzierungsausgaben und Mietausschüttungen) zugesagt worden und wird in der Folgezeit deren Höhe überschritten, begründet dies allein noch nicht ohne weiteres die Kenntnis oder grob fahrlässige Unkenntnis von dem Beratungsfehler. Die Ursachen der höheren Zuzahlungen können nämlich vielfältiger Natur sein und brauchen nicht notwendigerweise auf Beratungsfehler zurückzuführen sein. Sie können etwa auf einem plötzlich eingetretenen Zahlungsverzug des Mieters, einer Mietminderung wegen eines neu aufgetretenen Mangels, einer unvorhergesehenen schlechten Entwicklung des Mietpools infolge unerwartet hoher Leerstände oder auf einem Beschluss der Eigentümerversammlung über umzulegende Kosten beruhen.[65] Die tatsächliche Ursache für die höheren Zuzahlungen wird dem Anleger regelmäßig erst nach Erhalt der Jahresabrechnung der Wohnungseigentümergemeinschaft oder des Mietpools für den betreffenden Zeitraum erkennbar sein.[66]

662 Weichen dagegen die tatsächlichen **Mieteinkünfte** aus einer zu Kapitalanlagezwecken kreditfinanziert erworbenen Immobilie von den Angaben in einem bei Vertragsanbahnung gefertigten Finanzierungsbeispiel ab und kann der Erwerber mit Zugang der **ersten Mietabrechnung** daraus ohne Weiteres die Mindereinnahmen erkennen, ist es im Rahmen tatrichterlicher Würdigung durchaus vertretbar, eine Kenntnis des Anlegers von den schadensbegründenden Umständen bzw. eine grob fahrlässige Unkenntnis anzunehmen.[67]

cc) Verschweigen von Rückvergütungen und sonstigen Zuwendungen

663 Nach der Rechtsprechung des XI. Zivilsenats des BGH muss die beratende Bank den Kunden über die Vereinnahmung von sog. Rückvergütungen und – jedenfalls seit 1. August 2014 – sonstigen Zuwendungen aufklären. Erfolgt dies nicht, steht dem Kunden im Grundsatz ein Schadensersatzanspruch wegen Aufklärungsverschuldens zu. Erhebt die Bank sodann die Einrede der Verjährung, stellt sich die Frage, ab wann die Verjährungsfrist zu laufen beginnt. Insoweit gelten auch hier die allgemeinen Grundsätze.

664 Der Geschädigte muss daher insbesondere nicht die Rechtspflicht des Schädigers zur Aufklärung kennen. Es genügt vielmehr die **Kenntnis** derjenigen **tatsächlichen Umstände**, aus denen sich die Aufklärungspflicht ergibt.[68] Deren Vorliegen hat der Berater darzulegen und zu beweisen.[69] Dazu gehört die Kenntnis vom Inhalt des Beratungsgesprächs, die er stets hat, und die Kenntnis, dass die Bank eine Rückvergütung oder eine

---

[63] BGH Urt. v. 3.11.2016 – III ZR 84/15, WM 2016, 2342 Rn. 24 f.
[64] BGH Urt. v. 3.11.2016 – III ZR 84/15, WM 2016, 2342 Rn. 25.
[65] BGH Urt. v. 17.6.2016 – V ZR 134/15, NJW 2017, 248 Rn. 14 = WM 2016, 2167.
[66] BGH Urt. v. 17.6.2016 – V ZR 134/15, NJW 2017, 248 Rn. 14 = WM 2016, 2167.
[67] OLG Celle NJW-RR 2011, 127, 129.
[68] BGH Urt. v. 26.2.2013 – XI ZR 498/11, BGHZ 196, 233 Rn. 28 = NJW 2013, 1801 = BKR 2013, 205 (mAnm *Schulz*) = WM 2013, 609.
[69] BGH Urt. v. 15.3.2016 – XI ZR 122/14, NJW-RR 2016, 1187 Rn. 32 = WM 2016, 780.

sonstige Zuwendung erhalten hat. Dagegen erfordert der Verjährungsbeginn des Schadensersatzanspruches wegen verschwiegener Zuwendungen nicht die Kenntnis des Anlegers von deren konkreter Höhe. Die beratende Bank muss den Anleger zwar über Grund und Höhe einer Zuwendung ungefragt aufklären, so dass die unterlassene Mitteilung über die Höhe der Zuwendung ein anspruchsbegründender Umstand ist. Von diesem Umstand hat ein Anleger aber denknotwendig bereits dann positive Kenntnis, wenn er weiß, dass die ihn beratende Bank Provisionen für das von ihm getätigte Anlagegeschäft erhält, deren Höhe ihm die Bank nicht mitteilt.[70] Allerdings ist von einer Kenntnis nicht auszugehen, wenn der Anleger nur „angenommen" oder sich „gedacht" hat, dass der Berater eine Provision erhält.[71] Die erforderliche Kenntnis des Anlegers kann sich auch aus anderen Quellen ergeben, wie zB aus allgemein zugänglichem Informationsmaterial zu der betreffenden Kapitalanlage oder aus Berichten von anderen Erwerbern dieser Anlage.[72]

Die fehlende Kenntnis des Anlegers von der Höhe der Zuwendung steht dem Verjährungsbeginn lediglich in solchen Fällen entgegen, in denen die beratende Bank – ausdrücklich oder konkludent[73] – konkrete, jedoch **fehlerhafte Angaben zur Höhe der Zuwendung** gemacht hat. Denn in diesen Fällen meint der Anleger, über die Höhe der Zuwendung pflichtgemäß aufgeklärt worden zu sein, weshalb es an der Kenntnis der tatsächlichen Umstände fehlt, aus denen sich die Verletzung der Aufklärungspflicht durch die beratende Bank ergibt.[74] Die wahrheitswidrige Angabe zur Höhe der Zuwendung stellt sich als Aufklärungspflichtverletzung dar, die nach allgemeinen Grundsätzen der Anleger darzulegen und zu beweisen hat. Ein solcher (Ausnahme-)Fall liegt allerdings nicht vor, wenn der Anleger um die Zuwendungen als solche weiß und der Bankberater keine abschließenden Angaben über die Höhe der Zuwendungen gemacht hat, sondern jede Auskunft zur Höhe verweigert hat.[75] In einem solchen Fall ist es auch unerheblich, wenn der Anleger die von ihm vermutete Größenordnung der Zuwendung als abschließend angesehen haben sollte.[76] Die Verjährung beginnt dann am Ende desjenigen Jahres, in dem das schuldrechtliche Erwerbsgeschäft abgeschlossen worden ist. 665

Eine Kenntnis des Anlegers von der Rückvergütung ergibt sich auch nicht zwingend daraus, dass dieser mit dem Bankberater **über eine Reduktion des Agios verhandelt** hat. Würdigt das Berufungsgericht das Vorbringen der Parteien tatrichterlich dahingehend, dass der Anleger davon ausgegangen sei, dass das Agio dem Fonds zufließe und die Bank hinsichtlich der Beratung einen kostenlosen Service erbringe, so ist dagegen aus Sicht des XI. Zivilsenats des BGH revisionsrechtlich nichts zu erinnern.[77] 666

Ein „Verschulden gegen sich selbst" liegt nicht vor, wenn ein Anleger, der die Zahlung von Provisionen an die beratende Bank **für möglich hält oder vermutet**, diesbezüglich 667

[70] BGH Urt. v. 26.2.2013 – XI ZR 498/11, BGHZ 196, 233 Rn. 29 = NJW 2013, 1801 = BKR 2013, 205 (mAnm *Schulz*) = WM 2013, 609; BGH Urt. v. 8.4.2014 – XI ZR 341/12, NJW 2014, 2348 Rn. 28 = BKR 2014, 290 (mAnm *Lang/Pfisterer-Junkert*) = WM 2014, 1036.

[71] BGH Urt. v. 15.3.2016 – XI ZR 122/14, NJW-RR 2016, 1187 Rn. 31 = WM 2016, 780.

[72] BGH Urt. v. 15.3.2016 – XI ZR 122/14, NJW-RR 2016, 1187 Rn. 32 = WM 2016, 780.

[73] BGH Urt. v. 24.2.2015 – XI ZR 202/13, WM 2015, 1055 Rn. 29.

[74] BGH Urt. v. 26.2.2013 – XI ZR 498/11, BGHZ 196, 233 Rn. 30 = NJW 2013, 1801 = BKR 2013, 205 (mAnm *Schulz*) = WM 2013, 609; BGH Urt. v. 8.4.2014 – XI ZR 341/12, NJW 2014, 2348 Rn. 30 = BKR 2014, 290 (mAnm *Lang/Pfisterer-Junkert*) = WM 2014, 1036.

[75] BGH Urt. v. 8.4.2014 – XI ZR 341/12, NJW 2014, 2348 Rn. 30 = BKR 2014, 290 (mAnm *Lang/Pfisterer-Junkert*) = WM 2014, 1036.

[76] Vgl. BGH Urt. v. 8.4.2014 – XI ZR 341/12, NJW 2014, 2348 Rn. 30 = BKR 2014, 290 (mAnm *Lang/Pfisterer-Junkert*) = WM 2014, 1036.

[77] BGH Urt. v. 23.9.2014 – XI ZR 215/13, BKR 2015, 339 Rn. 36.

nicht nachfragt, da der Bankberater ungefragt über das Ob und die Höhe von Zuwendungen aufklären muss und der Anleger nicht verpflichtet ist, im Hinblick auf einen möglichst frühzeitigen Beginn der Verjährungsfrist zu kontrollieren, ob der Berater dieser Verpflichtung nachgekommen ist.[78]

668 Soweit nach der Rechtsprechung des BGH der Vermittler oder Berater über **Innenprovisionen von mehr als 15%** aufzuklären hat, genügt es zur Kenntnis davon nicht, wenn dem Anleger in einem Anwaltschreiben mitgeteilt wird, dass „Innenprovisionen von etwa 15%" angefallen sind. Denn damit hat er gerade keine Kenntnis, dass die Innenprovisionen *mehr* als 15% betragen haben.[79] Etwas anderes folgt auch nicht daraus, dass sich aus der Angabe der Provisionen in Höhe eines bestimmten Betrags (hier: 15 000 DM) rechnerisch ein Prozentsatz von knapp über 15% (hier: 15,46%) ergibt, wenn dieser Betrag nur gerundet worden ist.[80]

dd) „Schrottimmobilien"

669 Besonders liegen die Dinge bei den sog. Schrottimmobilienfällen, bei denen der Anleger die finanzierende Bank auf Schadensersatz wegen Verletzung einer Aufklärungspflicht wegen eines aufklärungspflichtigen Wissensvorsprungs über die arglistige Täuschung durch den Vermittler in Anspruch nimmt.

670 **(1) Grundsatz.** Hier muss sich die Kenntnis oder die grob fahrlässige Unkenntnis des Anlegers gerade auch auf die arglistige Täuschung durch den Vertrieb beziehen. Von einer solchen Kenntnis oder grob fahrlässigen Unkenntnis des Anlegers ist danach nur auszugehen, wenn er die tatsächlichen Umstände gekannt oder infolge grober Fahrlässigkeit nicht gekannt hat, aus denen sich ergibt, dass er im Zusammenhang mit dem Wohnungserwerb arglistig getäuscht worden war, und darüber hinaus die Umstände, die den Schluss auf einen insoweit bestehenden Wissensvorsprung der finanzierenden Bank zulassen.[81] Notwendig ist also die Feststellung von Tatsachen, aus denen sich ergibt, dass der Anleger Kenntnis von tatsächlichen Umständen hatte oder sich ohne nennenswerte Mühe hätte verschaffen können, aus denen er auf eine arglistige Täuschung schließen konnte.[82] Zudem sind Feststellungen dazu erforderlich, dass dem Anleger auch bekannt oder aufgrund grober Fahrlässigkeit unbekannt war, dass die Bank von der arglistigen Täuschung durch den Vertrieb Kenntnis hatte.[83] Soweit dem Anleger die Beweiserleichterungen nach den Grundsätzen über ein institutionalisiertes Zusammenwirken zwischen Vertrieb und Bank zugutekommen, muss er auch die tatsächlichen Voraussetzungen hierfür kennen oder aufgrund grober Fahrlässigkeit nicht kennen. Dafür genügt es nicht, dass für den Anleger ein Zusammenwirken der Bank mit dem Vertrieb (lediglich) nahe gelegen hat[84].

671 Nach der Rechtsprechung des XI. Zivilsenats des BGH ist allein das Auseinanderfallen von versprochener und erzielter **Miete** nicht aussagekräftig, weil die Ursachen dafür vielfältig sein können. Vielmehr müssen Umstände vorliegen, aus denen der Anleger ohne

---

78 BGH Urt. v. 15.3.2016 – XI ZR 122/14, NJW-RR 2016, 1187 Rn. 36 = WM 2016, 780.

79 BGH Urt. v. 23.6.2016 – III ZR 308/15, NJW 2016, 3024 Rn. 23 = WM 2016, 1333.

80 BGH Urt. v. 23.6.2016 – III ZR 308/15, NJW 2016, 3024 Rn. 23 = WM 2016, 1333.

81 BGH Urt. v. 27.5.2008 – XI ZR 132/07, WM 2008, 1260 Rn. 34; BGH Urt. v. 3.6.2008 – XI ZR 319/06, WM 2008, 1346 Rn. 30; BGH Urt. v. 23.6.2009 – XI ZR 171/08, BKR 2009, 372 Rn. 20.

82 BGH Urt. v. 3.6.2008 – XI ZR 319/06, WM 2008, 1346 Rn. 31; BGH Urt. v. 23.6.2009 – XI ZR 171/08, BKR 2009, 372 Rn. 20.

83 BGH Urt. v. 3.6.2008 – XI ZR 319/06, WM 2008, 1346 Rn. 32; BGH Urt. v. 23.6.2009 – XI ZR 171/08, BKR 2009, 372 Rn. 20.

84 BGH Urt. v. 23.6.2009 – XI ZR 171/08, BKR 2009, 372 Rn. 24.

nennenswerte Mühe entnehmen kann, dass die Differenz ihre Ursache in einer arglistigen Täuschung über die erzielbare Miete hatte.[85]

(2) Wissensvertreter. Nach dem Rechtsgedanken des **§ 166 BGB** genügt auch die Kenntnis eines Wissensvertreters. In den sog. Schrottimmobilienfällen stellt sich daher die Frage, ob sich der Anleger im Falle einer nur mittelbaren Beteiligung die Kenntnis des Treuhänders zurechnen lassen muss. 672

Dies ist nicht der Fall, wenn der Treuhandvertrag und die erteilte Vollmacht wegen **Verstoßes gegen das Rechtsberatungsgesetz** nichtig sind. Andernfalls würde dem Schutzzweck des Rechtsberatungsgesetzes, die Rechtssuchenden vor unsachgemäßer Erledigung ihrer Aufgaben zu schützen, nicht hinreichend Rechnung getragen. Mit dieser Zweckrichtung wäre es unvereinbar, dem Anleger die Kenntnis seines unbefugten Rechtsberaters, vor dem er geschützt werden soll, mit der Folge zuzurechnen, dass der Anleger seine Ansprüche, die sich aus dem Verstoß gegen das Rechtsberatungsgesetz ergeben, nicht durchsetzen könnte, obwohl er selbst keine Kenntnis davon hatte.[86] 673

Davon abgesehen scheidet eine Zurechnung des Wissens des Treuhänders in direkter Anwendung des § 166 Abs. 1 BGB schon deshalb aus, weil es nicht um die rechtlichen Folgen einer Willenserklärung, sondern um die Begründung einer vorvertraglichen Aufklärungspflicht geht. Zwar beurteilen sich auch die Aufklärungspflichten einer Bank im Falle der Vertretung des Anlegers grundsätzlich nicht nach dessen Kenntnissen und Erfahrungen, sondern nach den Kenntnissen und Erfahrungen seines Bevollmächtigten. Da der Bevollmächtigte die (Anlage-)Entscheidung trifft, ist maßgeblich, ob ihm gegenüber ein Informationsgefälle besteht, das die Bank durch eine entsprechende Aufklärung auszugleichen hat.[87] Eine Bank handelt jedoch **treuwidrig** (§ 242 BGB), wenn sie sich als Vertragspartner auf die Zurechnung eines Vertreterwissens beruft, obwohl sie damit rechnen musste, dass der Vertreter sein Wissen von einer arglistigen Täuschung dem Vertretenen – also dem Anleger – vorenthalten würde.[88] Dies gilt erst recht, wenn die Bank den Treuhänder nicht als alleinigen Entscheidungsträger anerkennt, sondern nur dann bereit ist, die Kreditmittel auf das Darlehenskonto auszuzahlen, wenn zuvor der Anleger ausdrücklich sein „Einverständnis" mit dem Darlehensvertrag und der Kontoeröffnung erklärt.[89] 674

e) Abtretung

Hat der Anleger den Schadensersatzanspruch abgetreten, muss der Zessionar eine etwaige Kenntnis oder grob fahrlässige Unkenntnis des Zedenten gegen sich gelten lassen. Dies folgt aus § 404 BGB.[90] 675

---

[85] BGH Urt. v. 3.6.2008 – XI ZR 319/06, NJW 2008, 2576 Rn. 31 = WM 2008, 1346; BGH Urt. v. 23.6.2009 – XI ZR 171/08, BKR 2009, 372 Rn. 23; BGH Urt. v. 5.7.2011 – XI ZR 306/10, WM 2011, 2088 Rn. 31.

[86] BGH Urt. v. 23.1.2007 – XI ZR 44/06, BGHZ 170, 1 Rn. 39 = NJW 2007, 1584 = WM 2007, 639; BGH Urt. v. 5.7.2011 – XI ZR 306/10, WM 2011, 2088 Rn. 37.

[87] BGH Urt. v. 5.7.2011 – XI ZR 306/10, WM 2011, 2088 Rn. 23 mwN.

[88] BGH Urt. v. 5.7.2011 – XI ZR 306/10, WM 2011, 2088 Rn. 24 mwN.

[89] BGH Urt. v. 5.7.2011 – XI ZR 306/10, WM 2011, 2088 Rn. 25.

[90] BGH Urt. v. 24.4.2014 – III ZR 156/13, NJW 2014, 2345 Rn. 25 mwN = WM 2014, 935.

3. Verjährung bei mehreren Aufklärungs-, Hinweis- oder Beratungsfehlern

676 Hierbei ist nach der jeweiligen Prozesssituation zu unterscheiden.

a) Verjährung vor Klageerhebung

677 Sind einzelne Pflichtverletzungen bereits vor Klageerhebung verjährt, andere hingegen nicht, ist – anders als nach der früheren Rechtslage, nach der die Verjährung einheitlich „mit der Entstehung des Anspruchs" (§ 198 Satz 1 BGB aF) begann – nach der geltenden Rechtslage wegen des Erfordernisses der Kenntnis bzw. des Kennenmüssens (§ 199 Abs. 1 Nr. 2 BGB) zu differenzieren. Lässt sich ein Schadensersatzanspruch auf mehrere Aufklärungs-, Hinweis- oder Beratungsfehler stützen, beginnt die kenntnisabhängige Verjährungsfrist für jeden Aufklärung- oder Beratungsfehler gesondert zu laufen. Diesen **Grundsatz** hat der V. Zivilsenat des BGH unter Anwendung der vor allem vom VI. Zivilsenat des BGH bereits zu § 852 BGB aF entwickelten Maßstäbe[91] für einen Schadensersatzanspruch des Käufers einer Eigentumswohnung wegen positiver Vertragsverletzung eines neben dem Kaufvertrag mit dem Verkäufer (konkludent) geschlossenen Beratungsvertrags aufgestellt.[92] Dieser Rechtsprechung haben sich sodann der XI. Zivilsenat[93] für die Haftung einer Bank wegen vorvertraglicher Aufklärungspflichtverletzungen im Zusammenhang mit der Finanzierung des Erwerbs einer Eigentumswohnung, der III. Zivilsenat[94] für die Haftung eines Anlagevermittlers und -beraters wegen Aufklärungspflichtverletzungen im Zusammenhang mit der Empfehlung einer Beteiligung an einem geschlossenen Immobilienfonds in einem Beratungsgespräch bzw. in einem Prospekt und schließlich der II. Zivilsenat[95] für die Haftung eines Gründungsgesellschafters aus Prospekthaftung im weiteren Sinne wegen mehrerer Prospektfehler angeschlossen. Damit sind alle mit Kapitalanlagefällen befassten Zivilsenate des BGH einheitlicher Auffassung.

678 Die **verjährungsrechtlich selbständige Behandlung** der einzelnen Beratungsfehler ist zwingende Konsequenz des § 199 Abs. 1 Nr. 2 BGB. Denn die dort geregelte Frage der Kenntnis bzw. des Kennenmüssens ist auf die einzelne Verletzungshandlung zugeschnitten und stellt gerade nicht – worauf es im Zusammenhang mit der Rechtskrafterstreckung ankommt – auf den für den Streitgegenstand maßgeblichen Sachverhalt ab. Wenn ein Schuldner mehrere, voneinander abgrenzbare offenbarungspflichtige Umstände verschwiegen hat oder ihm mehrere Beratungsfehler vorzuwerfen sind, hängt der Beginn der nach § 199 BGB zu berechnenden Verjährung vertraglicher Schadensersatzansprüche daher jeweils davon ab, wann dem Gläubiger der einzelne Pflichtverstoß bekannt geworden ist oder ihm dies hätte bekannt sein müssen. Dem Gläubiger muss es in einem solchen Fall unbenommen bleiben, eine ihm bekannt gewordene Aufklärungspflichtverletzung – selbst wenn eine

[91] Nachweise in BGH Urt. v. 9.11.2007 – V ZR 25/07, NJW 2008, 506 Rn. 15 f. = WM 2008, 89.

[92] BGH Urt. v. 9.11.2007 – V ZR 25/07, NJW 2008, 506 = WM 2008, 89; ferner BGH Urt. v. 17.6.2016 – V ZR 134/15, NJW 2017, 248 Rn. 8 = WM 2016, 2167.

[93] BGH Urt. v. 23.6.2009 – XI ZR 171/08, BKR 2009, 372 Rn. 14.

[94] BGH Urt. v. 19.11.2009 – III ZR 169/08, BKR 2010, 118 Rn. 14 f.; BGH Urt. v. 22.7.2010 – III ZR 203/09, NJW-RR 2010, 1623 Rn. 13 = WM 2010, 1690; BGH Urt. v. 18.6.2015 – III ZR 198/14, BGHZ 206, 41 Rn. 14 = NJW 2015, 2407 = BKR 2015, 383 (mAnm *Harnos*) = WM 2015, 1319; BGH Urt. v. 2.7.2015 – III ZR 149/14, NJW 2015, 2956 Rn. 14 = WM 2015, 1413.

[95] BGH Urt. v. 1.3.2011 – II ZR 16/10, NJW 2011, 1666 Rn. 13 = WM 2011, 792.

darauf gestützte Klage auf Rückabwicklung des Vertrages erfolgversprechend wäre – hinzunehmen, ohne Gefahr zu laufen, dass deshalb Ansprüche aus weiteren, ihm zunächst aber noch unbekannten Aufklärungspflichtverletzungen zu verjähren beginnen. Dem steht nicht entgegen, dass bereits ein Beratungsfehler ausreichen kann, um die Rückabwicklung des gesamten Vertrages zu erreichen. Denn jede Pflichtverletzung ist mit weiteren Nachteilen für das Vermögen des Gläubigers verbunden. Das rechtfertigt es, sie verjährungsrechtlich selbständig zu behandeln, auch wenn die Pflichtverletzungen denselben Schaden verursacht haben.[96] Die kenntnisabhängige regelmäßige Verjährungsfrist des § 195 BGB berechnet sich daher für jeden Beratungsfehler gesondert; sie beginnt zu laufen, wenn der Gläubiger die Umstände, insbesondere die wirtschaftlichen Zusammenhänge kennt oder kennen musste, aus denen sich die jeweilige Rechtspflicht zur Aufklärung ergibt.[97]

Dies hat zur **Konsequenz**, dass ein Aufklärungs- oder Beratungsfehler, für den vor Kla- 679
geerhebung Verjährung eingetreten ist, auch dann verjährt bleibt, wenn in dem Klageverfahren weitere – noch nicht verjährte – Aufklärungs- oder Beratungsfehler geltend gemacht werden.

b) Erneute Klage nach rechtskräftiger Klageabweisung

Anders ist dagegen die Fallkonstellation zu beurteilen, in der der Anleger wegen be- 680
stimmter Aufklärungsfehler gegen einen Anlagenberater oder -vermittler eine Schadensersatzklage erhoben hat, die aber – sei es wegen Nichterweislichkeit der behaupteten Pflichtverletzung, sei es wegen deren fehlender Kausalität für die Anlageentscheidung, sei es wegen Verjährung – rechtskräftig abgewiesen worden ist. Nach Eintritt der Rechtskraft – aber vor Ablauf der Verjährungshöchstfrist des § 199 Abs. 3 BGB – erkennt der Anleger, dass weitere Aufklärungs- oder Beratungsfehler vorgelegen haben, so dass er sich fragt, ob er diese – weil sie bei der an sich gebotenen isolierten Betrachtung noch nicht nach §§ 195, 199 Abs. 1 BGB verjährt sind – zum Gegenstand eines **weiteren Schadensersatzprozesses** machen kann.

Dies hat der BGH zu Recht verneint.[98] Nach der ständigen Rechtsprechung des BGH 681
steht die **materielle Rechtskraft** einer gerichtlichen Entscheidung – als negative Prozessvoraussetzung – einer neuen Verhandlung und Entscheidung über denselben Streitgegenstand entgegen. Eine erneute Klage, deren Streitgegenstand mit dem eines bereits rechtskräftig entschiedenen Rechtsstreits identisch ist, ist deshalb unzulässig.[99] Dies ist bei der – in mehreren Rechtsstreiten erfolgten – Geltendmachung verschiedener Aufklärungs- oder Beratungsfehler aus derselben Vermittlung oder Beratung der Fall, und zwar auch wenn mehrere Beratungsgespräche stattgefunden haben, die dann in die Zeichnung einer Kapitalanlage gemündet haben. Zu weiteren Einzelheiten → Rn. 856 ff.

Anders liegt es natürlich, wenn mehrere Beratungsgespräche stattgefunden haben, die 682
bei natürlicher Betrachtungsweise **selbständige Geschehensabläufe** bilden, so dass eigenständige Streitgegenstände vorliegen. Wenn bei unterschiedlichen Beratungsgesprächen verschiedene Kapitalanlagen empfohlen werden, liegt dies auf der Hand. Das kann aber auch dann der Fall sein, wenn in mehreren Gesprächen dasselbe Anlageprodukt

---

[96] BGH Urt. v. 24.3.2011 – III ZR 81/10, NJW-RR 2011, 842 Rn. 15 = WM 2011, 874.

[97] BGH Urt. v. 9.11.2007 – V ZR 25/07, NJW 2008, 506 Rn. 17 = WM 2008, 89.

[98] BGH Urt. v. 22.10.2013 – XI ZR 42/12, BGHZ 198, 294 = NJW 2014, 314 = BKR 2014, 165 = WM 2013, 2216.

[99] BGH Urt. v. 22.10.2013 – XI ZR 42/12, BGHZ 198, 294 Rn. 13 mwN = NJW 2014, 314 = BKR 2014, 165 = WM 2013, 2216; BGH Urt. v. 24.1.2013 – I ZR 60/11, NJW-RR 2013, 748 Rn. 13 mwN.

empfohlen wird.[100] In einem solchen Fall laufen dann auch die Verjährungsfristen jeweils gesondert an.

c) Verjährung nach Klageerhebung

683 Hat der Anleger in unverjährter Zeit wegen bestimmter Aufklärungsfehler gegen einen Anlagenberater oder -vermittler eine Schadensersatzklage erhoben und erkennt er im Laufe des Prozesses, dass weitere Aufklärungs- oder Beratungsfehler vorgelegen haben, die zwar im Zeitpunkt der Klageerhebung (etwa kurz vor Jahresende) noch nicht verjährt waren, deren Verjährung aber – bei isolierter Betrachtung – nunmehr eingetreten ist, kann er diese gleichwohl noch zum Gegenstand seines anhängigen Schadensersatzprozesses machen.

684 Auf den ersten Blick könnte man hier zwar geneigt sein, wegen der Rechtsprechung des BGH zum gesonderten Lauf der Verjährungsfrist für jeden einzelnen Aufklärungs- und Beratungsfehler Verjährung anzunehmen. Dies ist aber nicht der Fall. Maßgeblich ist insoweit nämlich wieder der **prozessuale Anspruch** im Sinne des Streitgegenstandsbegriffs. Denn die Erhebung der Klage hemmt die Verjährung nicht nur für die in der Klageschrift oder im Mahnbescheidsantrag bezeichneten materiell-rechtlichen Ansprüche, sondern für alle Ansprüche in der Gestalt und in dem Umfang, wie sie mit der Klage geltend gemacht werden, also für den streitgegenständlichen prozessualen Anspruch.[101] Damit kann der Anleger im Laufe des Schadensersatzprozesses sein Klagebegehren auf weitere Aufklärungs- oder Beratungsfehler, dh weitere materiell-rechtliche Ansprüche stützen, ohne die Einrede der Verjährung fürchten zu müssen. Für Prospektfehler gilt dies natürlich gleichermaßen.[102] Da der Streitgegenstand gewahrt bleibt, liegt darin auch keine Klageänderung im Sinne des § 264 Nr. 1 ZPO. Allerdings ist der Beklagte neuen Angriffen gegenüber nicht schutzlos gestellt, weil die Zivilprozessordnung die Zulässigkeit neuen, erst im Laufe des Verfahrens eingeführten Vorbringens an besondere Voraussetzungen knüpft, die der Anleger zu beachten hat (§§ 296, 296a, 530, 531 ZPO).[103]

d) Mehrere Schadenspositionen

685 Verjährungsrechtlich unerheblich ist dagegen, wenn der Anleger aufgrund *eines* Beratungsfehlers mehrere Schadenspositionen geltend macht, die er infolge der Fehlberatung erlitten hat (zB Eigenmittel, Finanzierungskosten, entgangener Gewinn, steuerliche Nachteile, außergerichtliche Anwaltskosten). Diese Vermögensnachteile sind unselbständige Faktoren des einheitlichen Schadensersatzanspruchs und begründen – jedenfalls materiell-rechtlich – keine selbständigen Einzelansprüche.[104] Für sie gelten daher auch keine unterschiedlichen Verjährungsfristen. Davon zu trennen ist allerdings die Frage, ob es sich insoweit – was der BGH bejaht (dazu → Rn. 859) – um unterschiedliche Streitgegenstände handelt.

---

[100] BGH Urt. v. 24.3.2015 – XI ZR 278/14, NJW-RR 2015, 1076 Rn. 26 = WM 2015, 1181.

[101] BGH Urt. v. 8.5.2007 – XI ZR 278/06, NJW 2007, 2560 Rn. 15 mwN = WM 2007, 1241; BGH Urt. v. 18.6.2015 – III ZR 198/14, BGHZ 206, 41 Rn. 15 mwN = NJW 2015, 2407 = BKR 2015, 383 (mAnm *Harnos*) = WM 2015, 1319; BGH Urt. v. 16.7.2015 – III ZR 238/14, NJW 2015, 3162 Rn. 15 = WM 2015, 1559; BGH Urt. v. 23.6.2015 – II ZR 166/14, NJW 2015, 3040 Rn. 26 = WM 2015, 1679.

[102] BGH Beschl. v. 21.10.2014 – XI ZB 12/12, BGHZ 203, 1 Rn. 145 = NJW 2015, 236 = WM 2015, 22.

[103] BGH Urt. v. 13.9.2012 – I ZR 230/11, BGHZ 194, 314 Rn. 22 = WM 2013, 1373; *Junglas* NJW 2014, 317; *Harnos* ZBB 2015, 176, 184 f.

[104] BGH Urt. v. 6.6.2008 – V ZR 52/07, NJW 2008, 2912 Rn. 7 mwN = WM 2008, 1797.

4. Verjährung eines Leistungsverweigerungsrechts

Die Verjährungsproblematik stellt sich auch bei einem **Prozess mit umgekehrter Parteirolle** und ist dort entsprechend zu lösen. Macht also die Bank gegen den Anleger den aus der Finanzierung der Kapitalanlage herrührenden Darlehensrückzahlungsanspruch oder etwa bei einem von ihr empfohlenen Swap-Geschäft den vertraglichen Ausgleichsanspruch geltend, kann der Anleger dem im Falle einer Aufklärungs- oder Beratungspflichtverletzung ein Leistungsverweigerungsrecht in Form seines Anspruchs auf Vertragsaufhebung entgegenhalten. Dabei handelt es sich um eine unselbständige Einwendung, die mit dem Anspruch verjährt, aus dem sie abgeleitet wird.[105] Insoweit besteht keine Regelung, die den Einwand aus §§ 242, 249 Abs. 1 BGB über den Ablauf der Verjährung des zugrunde liegenden Anspruchs hinaus aufrechterhalten würde. § 215 BGB greift nach seinem Wortlaut nicht ein, weil weder – mangels Gleichartigkeit der wechselseitigen Ansprüche – eine Aufrechnungslage besteht noch ein Zurückbehaltungsrecht gegeben ist.[106] Ebenfalls weder direkt noch analog anwendbar sind die §§ 821, 853 BGB.[107] Eine Ausnahme gilt daher gemäß § 853 BGB nur, wenn sich der Kunde auf einen deliktischen Schadensersatzanspruch berufen kann.[108] 686

5. Verjährungshemmung

a) Allgemeines

Die Hemmung der Verjährung bewirkt nach § 209 BGB, dass der Zeitraum, während dessen die Verjährung gehemmt ist, in die Verjährungsfrist nicht eingerechnet wird. Dadurch verlängert sich die Verjährungszeit um diesen Zeitraum, und zwar nicht nur die regelmäßige kenntnisabhängige Verjährungsfrist nach §§ 195, 199 Abs. 1 BGB, sondern auch die Verjährungshöchstfristen nach § 199 Abs. 3 BGB. Die wichtigsten **Hemmungstatbestände** sind die Klageerhebung (§ 204 Abs. 1 Nr. 1 BGB), die Zustellung eines Mahnbescheids (§ 204 Abs. 1 Nr. 3 BGB), die Veranlassung der Bekanntgabe eines Güteantrags (§ 204 Abs. 1 Nr. 4 BGB) und das Schweben von Verhandlungen (§ 203 BGB). Bei allen Hemmungstatbeständen stellen sich ähnliche Fragen, wie insbesondere diejenigen nach den Anforderungen an die Individualisierung des geltend gemachten Anspruchs, nach dem Umfang der Hemmungswirkung und nach den Voraussetzungen für ein rechtsmissbräuchliches Berufen auf den Hemmungstatbestand. 687

Die Hemmung setzt stets eine Klage oder einen Antrag des **materiell Berechtigten** voraus.[109] Berechtigter ist neben dem ursprünglichen Rechtsinhaber und seinem Rechts- 688

---

[105] BGH Urt. v. 28.4.2015 – XI ZR 378/13 = BGHZ 205, 117 Rn. 48 = NJW 2015, 2248 = WM 2015, 1273; BGH Urt. v. 22.3.2016 – XI ZR 425/14, NJW 2016, 2949 Rn. 49 = WM 2016, 821.

[106] BGH Urt. v. 28.4.2015 – XI ZR 378/13 = BGHZ 205, 117 Rn. 49 = NJW 2015, 2248 = WM 2015, 1273; BGH Urt. v. 22.3.2016 – XI ZR 425/14, NJW 2016, 2949 Rn. 50 = WM 2016, 821.

[107] BGH Urt. v. 28.4.2015 – XI ZR 378/13 = BGHZ 205, 117 Rn. 49 f. = NJW 2015, 2248 = WM 2015, 1273; BGH Urt. v. 22.3.2016 – XI ZR 425/14, NJW 2016, 2949 Rn. 50 = WM 2016, 821.

[108] BGH Urt. v. 28.4.2015 – XI ZR 378/13 = BGHZ 205, 117 Rn. 50 = NJW 2015, 2248 = WM 2015, 1273.

[109] BGH Urt. v. 29.10.2009 – I ZR 191/07, NJW 2010, 2270 Rn. 38; BGH Urt. v. 20.6.2013 – VII ZR 71/11, NJW-RR 2013, 1169 Rn. 12.

nachfolger auch der gesetzliche oder gewillkürte Prozessstandschafter.[110] Dementsprechend hemmt die Klage oder der Antrag eines Nichtberechtigten nicht den Lauf der Verjährung. Die Klage oder der Antrag eines Scheinzessionars kann im Fall der (nachträglichen) Genehmigung durch den Berechtigten die Hemmung nur mit Wirkung *ex nunc* herbeiführen.[111]

b) Hemmung durch Klageerhebung (§ 204 Abs. 1 Nr. 1 BGB)

689 Die Klageerhebung erfolgt durch die Zustellung der Klageschrift (§ 253 Abs. 1 ZPO), wodurch die Rechtshängigkeit der Streitsache begründet wird (§ 261 Abs. 1 ZPO). Erfolgt die Zustellung „demnächst" nach **Einreichung der Klageschrift** bei Gericht, tritt die Hemmungswirkung bereits (rückwirkend) mit Eingang der Klageschrift bei Gericht ein (§ 167 ZPO). Die reichhaltige Rechtsprechung zur Frage, wann die Zustellung einer Klageschrift noch als „demnächst" anzusehen ist, kann hier nicht im Einzelnen dargestellt werden; insoweit wird auf die einschlägigen Kommentare zur ZPO verwiesen.

690 Die Hemmung der Verjährung wird durch eine wirksame Klage bewirkt. Hierfür kommt es nicht darauf an, ob die Klage zulässig ist. Auch eine **unzulässige Klage** oder eine bei einem unzuständigen Gericht erhobene Klage hemmt die Verjährung.[112] Die Klage muss auch nicht schlüssig sein. Das Gesetz verlangt für eine Hemmung der Verjährung durch Rechtsverfolgung grundsätzlich nicht, dass der Kläger eine für ihn günstige Sachentscheidung erstreitet.[113] Erforderlich ist vielmehr nur, dass die Klageschrift den wesentlichen Erfordernissen des § 253 ZPO genügt, im Anwaltsprozess durch einen Rechtsanwalt erhoben worden ist (§ 78 ZPO) und das Klagebegehren hinreichend individualisiert, dh den Streitgegenstand bestimmt. Außerdem muss die Klage vom **Berechtigten** (Geschädigter, Zessionar) gegen den richtigen Schuldner erhoben werden.[114] Maßgebend für die Frage der Berechtigung ist die materiell-rechtliche Verfügungsbefugnis. Berechtigter ist somit der Rechtsinhaber, es sei denn, es fehlt ihm ausnahmsweise diese Befugnis, wie etwa im Falle der Insolvenz oder der Nachlassverwaltung; dann ist der Insolvenzverwalter oder der Nachlassverwalter Berechtigter. Berechtigter kann auch der materiellrechtlich wirksam zur Durchsetzung einer Forderung Ermächtigte sein, selbst wenn das für die Klageerhebung in gewillkürter Prozessstandschaft als Zulässigkeitsvoraussetzung notwendige schutzwürdige rechtliche Interesse des Klägers fehlt.[115]

691 Bei einer **Teilklage**, mit der mehrere selbständige prozessuale Ansprüche geltend gemacht werden, muss angegeben werden, wie sich der eingeklagte Betrag auf die einzelnen Ansprüche verteilen soll und in welcher Reihenfolge sie zur Entscheidung des Gerichts gestellt werden sollen. Andernfalls ergeben sich unüberwindliche Schwierigkeiten bei der Bestimmung des Streitgegenstandes und damit zusammenhängend auch bei der Bestimmung der materiellen Rechtskraft und der Verjährungshemmung.[116] Werden mit einer Teilklage mehrere Ansprüche geltend gemacht, deren Summe den geltend gemachten Teil übersteigt, hemmt diese die Verjährung aller Teilansprüche; dabei kann die Bestimmung,

---

[110] BGH Urt. v. 29.10.2009 – I ZR 191/07, NJW 2010, 2270 Rn. 38.

[111] BGH Urt. v. 20.6.2013 – VII ZR 71/11, NJW-RR 2013, 1169 Rn. 12.

[112] BGH Urt. v. 6.12.2007 – IX ZR 143/06, BGHZ 175, 1 Rn. 24 = NJW 2008, 519 = WM 2008, 266.

[113] BGH Urt. v. 6.12.2007 – IX ZR 143/06, BGHZ 175, 1 Rn. 24 = NJW 2008, 519 = WM 2008, 266.

[114] BGH Urt. v. 9.12.2010 – III ZR 56/10, NJW 2011, 2193 Rn. 9 = WM 2011, 321.

[115] BGH Urt. v. 9.12.2010 – III ZR 56/10, NJW 2011, 2193 Rn. 10 mwN = WM 2011, 321.

[116] BGH Urt. v. 6.5.2014 – II ZR 217/13, NJW 2014, 3298 Rn. 13 = WM 2014, 1544.

bis zu welcher Höhe bzw. in welcher Reihenfolge die einzelnen Teilansprüche verfolgt werden, nachgeholt werden, so dass dies „zurückwirkt“.[117]

Die Hemmungswirkung einer Klage erfasst nicht nur den einzelnen materiell-rechtlichen Anspruch, sondern den **prozessualen Anspruch** und damit den Streitgegenstand insgesamt.[118] Dies gilt auch dann, wenn dem Klageverfahren ein Mahn- oder Güteverfahren (§ 204 Abs. 1 Nr. 3 und 4 BGB) vorausgegangen ist und die Verjährung (erstmalig) hierdurch gehemmt worden ist. Für die Hemmung der Verjährung durch Rechtsverfolgung ist generell der prozessuale Anspruch maßgeblich.[119] Denn die Rechtsverfolgungsmaßnahme hemmt die Verjährung nicht nur für die in der Klageschrift bezeichneten materiell-rechtlichen Ansprüche, sondern für alle Ansprüche in der Gestalt und in dem Umfang, wie sie mit der Klage geltend gemacht werden, also für den streitgegenständlichen prozessualen Anspruch.[120] Damit kann der Anleger im Laufe des Schadensersatzprozesses sein Klagebegehren auf weitere Aufklärungs- oder Beratungsfehler, dh weitere materiell-rechtliche Ansprüche stützen, ohne die Einrede der Verjährung fürchten zu müssen, und zwar ohne Rücksicht darauf, ob diese Pflichtverletzungen vorgetragen worden sind oder vorgetragen hätten werden können. Bei einem Vorbringen erst während des laufenden Prozesses sind allerdings die zivilprozessualen Verspätungsvorschriften der §§ 296, 296a, 530, 531 ZPO zu beachten. 692

Die **Hemmung endet** gemäß § 204 Abs. 2 Satz 1 BGB sechs Monate nach der rechtskräftigen Entscheidung oder anderweitigen Erledigung des eingeleiteten Verfahrens. Gerät das Verfahren dadurch in Stillstand, dass die Parteien es nicht betreiben, so tritt an die Stelle der Beendigung des Verfahrens die letzte Verfahrenshandlung der Parteien oder des Gerichts.[121] 693

c) Hemmung durch Mahnbescheid (§ 204 Abs. 1 Nr. 3 BGB)

aa) Allgemeines

Die Hemmungswirkung wird gemäß § 204 Abs. 1 Nr. 3 BGB durch die Zustellung des Mahnbescheids bewirkt. Erfolgt die Zustellung „demnächst“ nach **Einreichung des Mahnantrags** bei Gericht, tritt die Hemmungswirkung bereits (rückwirkend) mit Eingang des Antrags bei Gericht ein (§ 167 ZPO). 694

Nach der Rechtsprechung des BGH kommt es für den Eintritt der Hemmungswirkung nach § 204 Abs. 1 Nr. 3 BGB nicht auf die **Zulässigkeit**, sondern allein auf die **Wirksamkeit** des auf den Mahnantrag erlassenen und zugestellten Mahnbescheides an, so dass bei hinreichender Individualisierung des geltend gemachten Anspruchs dessen Verjährung auch dann gehemmt wird, wenn der Mahnantrag an Mängeln leidet oder sogar unzulässig 695

---

[117] BGH Urt. v. 6.5.2014 – II ZR 217/13, NJW 2014, 3298 Rn. 16 = WM 2014, 1544.

[118] BGH Urt. v. 22.10.2013 – XI ZR 42/12, BGHZ 198, 294 Rn. 22 = NJW 2014, 314 = WM 2013, 2216; BGH Beschl. v. 21.10.2014 – XI ZB 12/12, BGHZ 203, 1 Rn. 145 = NJW 2015, 236 = WM 2015, 22.

[119] BGH Beschl. v. 21.10.2014 – XI ZB 12/12, BGHZ 203, 1 Rn. 146 = NJW 2015, 236 = WM 2015, 22; BGH Urt. v. 18.6.2015 – III ZR 198/14, BGHZ 206, 41 Rn. 15 = NJW 2015, 2407 = BKR 2015, 383 (mAnm *Harnos*) = WM 2015, 1319; BGH Urt. v. 18.6.2015 – III ZR 303/14, NJW 2015, 2411 Rn. 12 = WM 2015, 1322.

[120] BGH Urt. v. 8.5.2007 – XI ZR 278/06, NJW 2007, 2560 Rn. 15 mwN = WM 2007, 1241; BGH Urt. v. 18.6.2015 – III ZR 198/14, BGHZ 206, 41 Rn. 15 mwN = NJW 2015, 2407 = BKR 2015, 383 (mAnm *Harnos*) = WM 2015, 1319; BGH Urt. v. 16.7.2015 – III ZR 238/14, NJW 2015, 3162 Rn. 15 = WM 2015, 1559; BGH Urt. v. 23.6.2015 – II ZR 166/14, NJW 2015, 3040 Rn. 26 = WM 2015, 1679.

[121] Siehe dazu Palandt/*Ellenberger* § 204 Rn. 46 ff.

ist oder wenn für die darin erhobene Forderung – von der Sachbefugnis abgesehen – noch nicht sämtliche Anspruchsvoraussetzungen vorliegen.[122]

bb) Individualisierung des Anspruchs

696 Unverzichtbar für den Eintritt der Hemmungswirkung ist eine ausreichende Individualisierung des Anspruchs. Sie kann nach Ablauf der Verjährungsfrist auch nicht mehr verjährungshemmend nachgeholt werden.[123] Eine solche **nachträgliche Individualisierung** muss in unverjährter Zeit erfolgen.

697 Für eine **ausreichende Individualisierung** des Anspruchs ist es nach der Rechtsprechung des BGH erforderlich, dass der Anspruch durch seine Kennzeichnung von anderen Ansprüchen so unterschieden und abgegrenzt wird, dass er Grundlage eines der materiellen Rechtskraft fähigen Vollstreckungstitels sein kann und dem Schuldner die Beurteilung ermöglicht, ob er sich gegen den Anspruch zur Wehr setzen will. Wann diese Anforderungen erfüllt sind, kann nicht allgemein und abstrakt festgelegt werden; vielmehr hängen Art und Umfang der erforderlichen Angaben im Einzelfall von dem zwischen den Parteien bestehenden Rechtsverhältnis und der Art des Anspruchs ab. Voraussetzung für die verjährungshemmende Wirkung ist dabei nicht, dass aus dem Mahnbescheid für einen außenstehenden Dritten ersichtlich ist, welche konkreten Ansprüche geltend gemacht werden; es reicht aus, dass dies für den Antragsgegner – etwa aus dem vorangegangenen Schriftverkehr – erkennbar ist.[124]

698 Bei näherem Hinsehen zeigt sich allerdings, dass die **Formel des BGH** zur Abgrenzung der Hemmungswirkung des Antrags auf Erlass eines Mahnbescheids für den Fall mehrerer Beratungs- und Aufklärungsfehler in einem Kapitalanlagegespräch kein eindeutiges Ergebnis liefert. Stellt man darauf ab, dass die Kennzeichnung des geltend gemachten Anspruchs die Grundlage eines der materiellen Rechtskraft fähigen Vollstreckungstitels bilden soll, deutet dies eher darauf hin, dass es insoweit auf den prozessualen Anspruch im Sinne des Streitgegenstandsbegriffs ankommen soll. Dann würde zur Konkretisierung des Anspruchs im Mahnbescheidsantrag die Mitteilung genügen, wann das Beratungs- oder Vermittlungsgespräch stattgefunden hat und welche konkrete Kapitalanlage empfohlen oder vermittelt worden ist sowie dass ein Schadensersatzanspruch aus Beratungs- oder Aufklärungsverschulden in einer bestimmten Höhe geltend gemacht wird.[125] Stellt man

[122] BGH Urt. v. 21.12.2011 – VIII ZR 157/11, NJW 2012, 995 Rn. 8 mwN = WM 2012, 560; BGH Urt. v. 16.7.2015 – III ZR 238/14, NJW 2015, 3162 Rn. 17 = WM 2015, 1559; BGH Urt. v. 23.6.2015 – XI ZR 536/14, NJW 2015, 3160 Rn. 16 = WM 2015, 1461 (XI. Zivilsenat).

[123] Vgl. BGH Urt. v. 5.7.2007 – IX ZR 221/05, BGHZ 173, 103 Rn. 12 = NJW-RR 2007, 1693 = WM 2007, 1749; BGH Urt. 10.7.2008 – IX ZR 160/07, NJW 2008, 3498 Rn. 16 = WM 2008, 1935; BGH Urt. v. 21.10.2008 – XI ZR 466/07, NJW 2009, 56 Rn. 19 f. = WM 2009, 420; BGH Urt. v. 21.2.2013 – IX ZR 92/12, NJW-RR 2013, 992 Rn. 17 = WM 2013, 574; BGH Urt. v. 10.10.2013 – VII ZR 155/11, NJW 2013, 3509 Rn. 17; BGH Urt. v. 18.6.2015 – III ZR 198/14, BGHZ 206, 41 Rn. 17 mwN = NJW 2015, 2407 = BKR 2015, 383 (mAnm *Harnos*) = WM 2015, 1319.

[124] Vgl. nur BGH Urt. v. 17.11.2010 – VIII ZR 211/09, NJW 2011, 613 Rn. 11 = WM 2011, 333; BGH Urt. v. 4.5.2011 – VIII ZR 11/10, NJW 2011, 2423 Rn. 32 = WM 2011, 2061; BGH Urt. v. 18.6.2015 – III ZR 198/14, BGHZ 206, 41 Rn. 19 mwN = NJW 2015, 2407 = BKR 2015, 383 (mAnm *Harnos*) = WM 2015, 1319; zum Güteantrag siehe BGH Urt. v. 22.9.2009 – XI ZR 230/08, BGHZ 182, 284 = NJW 2010, 222 = WM 2009, 2032 und BGH Urt. v. 18.6.2015 – III ZR 198/14, BGHZ 206, 41 Rn. 20 ff. mwN = NJW 2015, 2407 = BKR 2015, 383 (mAnm *Harnos*) = WM 2015, 1319.

[125] Zu einem Beispielsfall siehe etwa LG Bamberg WM 2013, 1862; vgl. auch BGH Urt. v. 30.11.1999 – VI ZR 207/98, NJW 2000, 1420 = WM 2000, 686 („Schadensersatz aus Unfall/Vorfall gem. Schreiben vom …“).

dagegen in den Vordergrund, dass die Kennzeichnung des geltend gemachten Anspruchs dem Schuldner die Beurteilung ermöglichen soll, ob er sich gegen den Anspruch zur Wehr setzen will, müsste wohl auch die einzelne konkrete Pflichtverletzung des Beraters oder Vermittlers (zB fehlende Aufklärung über Totalverlustrisiko oder Verschweigen von Rückvergütungen) angegeben werden.[126]

Ohne dies näher zu problematisieren, hat der III. Zivilsenat des BGH mit Urteil vom 699
16. Juli 2015[127] zu Recht klargestellt, dass für die Frage der Hemmung der Verjährung durch Rechtsverfolgung der **prozessuale Anspruch** im Sinne des Streitgegenstandsbegriffs maßgeblich ist. Damit hat er sich der Rechtsprechung des XI. Zivilsenats in dem sog. Telekom-Beschluss vom 21. Oktober 2014 angeschlossen, der dies bereits in Bezug auf eine Prospekthaftungsklage für die einzelnen Prospektfehler so ausgesprochen hatte.[128] Danach reicht die Angabe des Zeitpunkts des Erwerbs der Anlage unter Benennung des angeblich fehlerhaften Prospekts aus, während es der Benennung der einzelnen Prospektfehler im Antrag nicht bedarf.[129] Dementsprechend genügt es, wenn in unverjährter Zeit wegen eines oder mehrerer Beratungsfehler Klage erhoben oder ein Mahn- oder Güteverfahren eingeleitet wird. Ob es darüber hinaus zur Individualisierung des geltend gemachten Anspruchs sogar genügt, wenn lediglich die Angabe der konkreten Beteiligung und des Beratungs- oder Zeichnungsdatums erfolgt, hat der III. Zivilsenat offengelassen.[130]

Die **Angabe „Schadenersatz wegen Beratungsverschulden Immobilienfonds … 700
vom …“** im Mahnantrag genügt dagegen lediglich, um die Verjährung wegen eines Schadensersatzanspruchs wegen Beratungsverschuldens zu hemmen. Sie bringt dagegen nicht zum Ausdruck, dass der Gläubiger auch Bereicherungsansprüche wegen unwirksamer Bevollmächtigung des Treuhänders oder Rückabwicklungsansprüche wegen Widerrufs des zugleich abgeschlossenen Darlehensvertrags geltend machen will. Der Schadensersatz- und der Bereicherungsanspruch sind wesensmäßig und verjährungsrechtlich verschieden.[131]

Ebenso zählt es zur notwendigen Individualisierung, dass dem Mahnbescheid zu ent- 701
nehmen sein muss, ob Rechte aus eigenem und/oder abgetretenem Recht (**Zession**) geltend gemacht werden. Denn bei Ansprüchen aus eigenem und solchen aus abgetretenem Recht handelt es sich um unterschiedliche Streitgegenstände.[132]

Werden **mehrere Einzelforderungen** und nicht nur unselbständige Rechnungsposten 702
eines einheitlichen Schadens geltend gemacht, gehört zur notwendigen Individualisierung ferner, dass die Zusammensetzung der Forderung bereits aus dem Mahnbescheid erkennbar ist.[133] Ob bei der Geltendmachung des „großen“ Schadensersatzes im Falle einer Teilfinanzierung der Kapitalanlage der Eigenkapitalanteil und die Kosten für das Fremdkapital, bei denen es sich um den Aufwand für den Erwerb der Beteiligung handelt, als unselbständige Rechnungsposten anzusehen sind, hat der III. Zivilsenat in einem Beschluss vom 26. Februar 2015 offengelassen.[134] Jedenfalls ist nach dieser Entscheidung als Teil der Schadensberechnung beanspruchter **entgangener Gewinn** kein unselbständiger Rechnungs-

---

[126] So im Ergebnis wohl *Reinhart* WuB I G 1. – 1.14.

[127] BGH Urt. v. 16.7.2015 – III ZR 238/14, NJW 2015, 3162 Rn. 15 = WM 2015, 1559.

[128] BGH Beschl. v. 21.10.2014 – XI ZB 12/12, BGHZ 203, 1 Rn. 145 f. = NJW 2015, 236 = WM 2015, 22.

[129] BGH Beschl. v. 21.10.2014 – XI ZB 12/12, BGHZ 203, 1 Rn. 146 = NJW 2015, 236 = WM 2015, 22.

[130] BGH Urt. v. 16.7.2015 – III ZR 238/14, NJW 2015, 3162 Rn. 16 = WM 2015, 1559.

[131] BGH Urt. v. 23.9.2008 – XI ZR 253/07, NJW-RR 2009, 544 Rn. 22 = WM 2008, 2158.

[132] BGH Beschl. v. 26.2.2015 – III ZR 53/14, BKR 2015, 216 Rn. 3 mwN.

[133] BGH Urt. v. 17.10.2000 – XI ZR 312/99, NJW 2001, 305, 306 = WM 2000, 2375 (Scheckklage); BGH Beschl. v. 26.2.2015 – III ZR 53/14, BKR 2015, 216 Rn. 4 mwN.

[134] BGH Beschl. v. 26.2.2015 – III ZR 53/14, BKR 2015, 216 Rn. 4.

posten, sondern ein selbständiger Streitgegenstand.[135] Dies muss dann aus dem Mahnbescheid erkennbar sein.

703 Handelt es sich um eine **Teilklage**, weil die im Klageverfahren geltend gemachten Schadenspositionen zusammen einen höheren Betrag ausmachen als geltend gemacht, muss auch bereits dem Mahnbescheid zu entnehmen sein, dass es sich um eine Teilforderung handelt und welche Teile Gegenstand der Forderung sein sollen.[136] Dies gilt erst recht, wenn ein Teilbetrag aus mehreren Einzelforderungen geltend gemacht wird.[137] Auch hier kann die nachträgliche Individualisierung des Klageanspruchs zwar die Zulässigkeit der Klage herbeiführen; sie hat aber für die Verjährung keine Rückwirkung.[138]

cc) Reichweite und Ende der Hemmung

704 Die Reichweite der **Hemmungswirkung** eines Mahnantrags (Mahnbescheids) beurteilt sich ebenso wie die materielle Rechtskraft nach § 322 Abs. 1 ZPO nicht nach dem einzelnen materiell-rechtlichen Anspruch, sondern nach dem den Streitgegenstand bildenden prozessualen Anspruch. Das gilt für sämtliche Rechtsverfolgungsmaßnahmen iSv § 204 Abs. 1 BGB.[139]

705 Die **Hemmung endet** gemäß § 204 Abs. 2 Satz 1 BGB sechs Monate nach der rechtskräftigen Entscheidung oder anderweitigen Erledigung des eingeleiteten Verfahrens. Gerät das Verfahren dadurch in Stillstand, dass die Parteien es nicht betreiben, so tritt an die Stelle der Beendigung des Verfahrens die letzte Verfahrenshandlung der Parteien oder des Gerichts.[140]

dd) Hemmung der Verjährung bei fehlerhaft ausgefülltem Mahnantrag

706 **(1) Allgemeines.** Nach § 688 Abs. 2 Nr. 2 ZPO findet das Mahnverfahren nicht statt, wenn die Geltendmachung des Anspruchs von einer noch nicht erbrachten **Gegenleistung** abhängig ist. Aufgrund dessen muss gemäß § 690 Abs. 1 Nr. 4 ZPO der Mahnantrag die Erklärung enthalten, dass der geltend gemachte Anspruch nicht von einer Gegenleistung abhängt oder dass die Gegenleistung erbracht ist. Nach der Rechtsprechung des BGH ist im Falle der Rückabwicklung einer Kapitalbeteiligung, dh im Rahmen des sog. großen Schadensersatzes, diese Zug um Zug zurückzugewähren, ohne dass es einer entsprechenden Einrede oder Gestaltungserklärung des Schädigers bedarf.[141] Diese Zug-um-Zug-Leistung stellt eine „Gegenleistung" im Sinne des § 688 Abs. 2 Nr. 2, § 690 Abs. 1 Nr. 4 ZPO dar.[142] Aufgrund dessen ist das Mahnverfahren zur Geltendmachung eines solchen schadensrechtlichen Rückabwicklungsanspruchs nicht statthaft.

707 Wird in einem solchen Fall gleichwohl die Erklärung zur Gegenleistung in dem Mahnantrag bewusst falsch beantwortet, nämlich verneint, ändert dies an der **Wirksamkeit des Mahnbescheids** nichts. Die Wirksamkeit des Mahnbescheids schließt es jedoch nicht aus,

---

[135] BGH Beschl. v. 26.2.2015 – III ZR 53/14, BKR 2015, 216 Rn. 4 mwN.

[136] BGH Beschl. v. 26.2.2015 – III ZR 53/14, BKR 2015, 216 Rn. 4 mwN.

[137] BGH Urt. v. 21.10.2008 – XI ZR 466/07, NJW 2009, 56 Rn. 18 = WM 2009, 420.

[138] BGH Urt. v. 21.10.2008 – XI ZR 466/07, NJW 2009, 56 Rn. 20 = WM 2009, 420.

[139] BGH Urt. v. 18.6.2015 – III ZR 198/14, BGHZ 206, 41 Rn. 15 = NJW 2015, 2407 Rn. 15 = BKR 2015, 383 (mAnm *Harnos*) = WM 2015, 1319.

[140] Siehe dazu Palandt/*Ellenberger* § 204 Rn. 46 ff.

[141] Siehe dazu nur BGH Urt. v. 23.6.2015 – XI ZR 536/14, NJW 2015, 3160 Rn. 21 ff. mwN = WM 2015, 1461.

[142] BGH Urt. v. 5.8.2014 – XI ZR 172/13, NJW 2014, 3435 Rn. 11 = WM 2014, 1763; BGH Urt. v. 23.6.2015 – XI ZR 536/14, NJW 2015, 3160 Rn. 21 ff. = WM 2015, 1461; BGH Urt. v. 16.7.2015 – III ZR 238/14, NJW 2015, 3162 Rn. 21 = WM 2015, 1559.

dass bei Erschleichen eines Mahnbescheides durch bewusst falsche Angaben, die seinem Erlass entgegengestanden hätten, das Berufen auf die verjährungshemmende Wirkung im Einzelfall **rechtsmissbräuchlich** sein kann. Denn der Antragsteller, dem der Gesetzgeber eine Erleichterung auf dem Weg zu einem vollstreckungsfähigen Titel nur gegen eine klare Festlegung zu den Voraussetzungen des Mahnverfahrens gewährt, überspielt damit zielgerichtet die Sicherungen, die das Mahnverfahren als Kompensation für die lediglich begrenzte Schlüssigkeitsprüfung zugunsten des Antragsgegners vorsieht.[143] Insoweit wendet der BGH § 242 BGB an.[144] Wann ein solcher Missbrauch des Mahnverfahrens vorliegt, ist Tatfrage und damit Sache des Tatrichters und seiner tatrichterlichen Würdigung. Indes muss danach unterschieden werden, ob der Anleger den „großen" oder den „kleinen" Schadensersatz geltend macht.

(2) Geltendmachung des „großen" Schadensersatzes. Beim „großen" Schadensersatz hat der Anleger die erworbene Kapitalbeteiligung Zug um Zug zurückzugewähren. Gibt er im Mahnbescheidsantrag gleichwohl an, der geltend gemachte Anspruch sei nicht von einer Gegenleistung abhängig oder die Gegenleistung sei bereits erbracht, ist diese Angabe falsch. Hat ein Rechtsanwalt den Mahnantrag ausgefüllt, ist ohne weiteres davon auszugehen, dass dies bewusst geschehen ist und damit die Voraussetzungen eines Rechtsmissbrauchs erfüllt sind. Ein Rechtsanwalt kann sich nicht darauf berufen, die gewählte Verfahrensweise „für ordnungsgemäß" gehalten zu haben.[145] Dem Antragsteller ist es dann nach § 242 BGB verwehrt, sich auf die Hemmung der Verjährung durch Zustellung des Mahnbescheids zu berufen.[146] Ein Rechtsanwalt, dessen Verhalten sich der Anleger nach § 166 BGB, § 85 Abs. 2 ZPO zurechnen lassen muss,[147] kann sich in diesem Zusammenhang insbesondere nicht auf einen Rechtsirrtum berufen. Ein solcher ist stets dann unbeachtlich, wenn die Rechtslage höchstrichterlich geklärt ist. Dass der Gläubiger einen Schadensersatzanspruch nur Zug um Zug gegen Herausgabe der Vorteile verlangen kann, hat der II. Zivilsenat bereits im Jahr 1958 festgestellt[148] und ist vom III. Zivilsenat wie auch vom XI. Zivilsenat spätestens im Jahr 2004 auch für Anlegerschutzprozesse erkannt worden.[149] Wie dies zu entscheiden ist, wenn eine Naturpartei den Mahnantrag einreicht, hat der BGH bislang nicht entschieden. 708

Bei einer bewusst fehlerhaften Angabe im Mahnantrag kann der Anleger dem Missbrauchseinwand auch nicht dadurch entgehen, dass er nach Abgabe ins streitige Verfahren vom „großen" **auf den „kleinen" Schadensersatz übergeht** und sich in Höhe des 709

[143] BGH Urt. v. 23.6.2015 – XI ZR 536/14, NJW 2015, 3160 Rn. 24 = WM 2015, 1461.

[144] BGH Urt. v. 21.12.2011 – VIII ZR 157/11, NJW 2012, 995 Rn. 9 ff. = WM 2012, 560 (VIII. ZS); BGH Urt. v. 5.8.2014 – XI ZR 172/13, NJW 2014, 3435 Rn. 11 = WM 2014, 1763 (XI. ZS); BGH Urt. v. 16.7.2015 – III ZR 238/14, NJW 2015, 3162 Rn. 18 = WM 2015, 1559 (III. ZS).

[145] BGH Beschl. v. 6.12.2016 – XI ZR 556/15, BeckRS 2016, 110294.

[146] BGH Urt. v. 23.6.2015 – XI ZR 536/14, NJW 2015, 3160 Rn. 24 = WM 2015, 1461 (XI. ZS); BGH Urt. v. 16.7.2015 – III ZR 238/14, NJW 2015, 3162 Rn. 20 = WM 2015, 1559 (III. ZS).

[147] BGH Urt. v. 23.6.2015 – XI ZR 536/14, NJW 2015, 3160 Rn. 27 = WM 2015, 1461; BGH Urt. v. 16.7.2015 – III ZR 238/14, NJW 2015, 3162 Rn. 24 = WM 2015, 1559.

[148] BGH Urt. v. 12.5.1958 – II ZR 103/57, BGHZ 27, 241, 248 f. = NJW 1958, 1232 = WM 1958, 776.

[149] BGH Urt. v. 4.3.2004 – III ZR 72/03, BGHZ 158, 188, 200 = NJW 2004, 1865 = WM 2004, 2031; BGH Urt. v. 21.10.2004 – III ZR 323/03, NJW-RR 2005, 170, 171; BGH Urt. v. 13.1.2004 – XI ZR 355/02, NJW 2004, 1868, 1870 = WM 2004, 422, 424 f.; BGH Urt. v. 23.6.2015 – XI ZR 536/14, NJW 2015, 3160 Rn. 27 = WM 2015, 1461; siehe dazu auch *Harnos* ZBB 2015, 176, 189.

„kleinen" Schadensersatzes auf eine Hemmung der Verjährung beruft. Dem hat der BGH eine Absage erteilt. Da dem Anleger in Bezug auf den „großen" Schadensersatz wegen der fehlerhaften Angabe im Mahnbescheidsantrag die Hemmungswirkung wegen Verstoßes gegen den Grundsatz von Treu und Glauben (§ 242 BGB) nicht zugutegekommen wäre, widerspräche es nämlich dem Grundsatz von Treu und Glauben, wenn dem Anleger – wie es der XI. Zivilsenat fast schon poetisch formuliert hat – die Früchte seines Tuns gleichsam risikolos in dem Umfang erhalten blieben, der einer redlichen Vorgehensweise entspräche.[150]

710 **(3) Geltendmachung des „kleinen" Schadensersatzes.** Anders liegt es dagegen, wenn der geschädigte Anleger im Mahnverfahren lediglich den „kleinen" Schadenersatz geltend macht, also die Kapitalbeteiligung behalten möchte und lediglich den Minderwert verlangt. Dies ist im Mahnverfahren statthaft, so dass die Hemmungswirkung ohne weiteres eintritt.

711 Nach der Rechtsprechung des BGH gilt dies auch dann, wenn der Anleger nach Übergang ins streitige Verfahren in der Klagebegründung zunächst **auf den „großen" Schadenersatz übergeht**, um sodann aber letztlich wieder auf den „kleinen" Schadensersatz zu wechseln. Ob die eine oder die andere Art des Schadenersatzes geltend gemacht wird, ist lediglich eine Frage der Schadensberechnung. Wechselt der Kläger die Art der Schadensberechnung, ohne seinen Antrag auf einen abgewandelten Lebenssachverhalt zu stützen, liegt keine Klageänderung vor.[151] Wie der Fall zu beurteilen ist, wenn der Kläger im Mahnverfahren nur den „kleinen" Schadensersatz geltend macht, um sodann im streitigen Verfahren den „großen" Schadensersatz geltend zu machen, hat der BGH bislang nicht entschieden. Erfolgt diese Verfahrensweise „zielgerichtet" zur Hemmung der Verjährung, könnte darin ebenfalls ein Missbrauch des Mahnverfahrens zu sehen sein. In diesem Zusammenhang stellt sich darüber hinaus die Vorfrage, ob die Einleitung des Mahnverfahrens überhaupt eine Hemmung der Verjährung auch für solche Ansprüche bewirken konnte, die nicht Gegenstand des Mahnverfahrens waren, wie etwa der weitergehende Zahlungsanspruch oder die erst im Klageverfahren geltend gemachten Ansprüche auf Freigabe bestellter Sicherheiten oder auf Feststellung des Ersatzes künftiger Schäden.[152] So könnte in dem reduzierten Zahlungsantrag im Mahnbescheidsantrag eine (verdeckte) Teilklage zu sehen sein, die die Verjährung nur in Höhe des eingeklagten Betrags hemmt.[153]

d) Hemmung durch Güteantrag (§ 204 Abs. 1 Nr. 4 BGB)

aa) Allgemeines

712 Nach der Rechtsprechung des BGH gelten die den Mahnantrag (Mahnbescheid) betreffenden Erwägungen unter Berücksichtigung der Besonderheiten des Güteverfahrens im Grundsatz auch für die Verjährungshemmung durch Bekanntgabe des Güteantrags

[150] BGH Urt. v. 23.6.2015 – XI ZR 536/14, NJW 2015, 3160 Rn. 34 = WM 2015, 1461; ebenso BGH Urt. v. 16.7.2015 – III ZR 238/14, NJW 2015, 3162 Rn. 30 = WM 2015, 1559.

[151] BGH Urt. v. 5.8.2014 – XI ZR 172/13, NJW 2014, 3435 Rn. 11 = WM 2014, 1763; BGH Urt. v. 23.6.2015 – XI ZR 536/14, NJW 2015, 3160 Rn. 33 = WM 2015, 1461.

[152] Vgl. dazu BGH Urt. v. 3.11.1987 – VI ZR 176/87, NJW 1988, 965, 966; BGH Urt. v. 21.3.2000 – IX ZR 183/98, NJW 2000, 2678, 2680 = WM 2000, 1348, 1350; von BGH Urt. v. 23.6.2015 – XI ZR 536/14, NJW 2015, 3160 Rn. 14 = WM 2015, 1461 offengelassen.

[153] Vgl. dazu BGH Urt. v. 9.1.2008 – XII ZR 33/06, NJW-RR 2008, 521; BGH Urt. v. 11.3.2009 – IV ZR 224/07, NJW 2009, 1950 Rn. 12; zur verdeckten Teilklage siehe BGH Urt. v. 2.5.2002 – III ZR 135/01, BGHZ 151, 1 = NJW 2002, 2167 = WM 2002, 2116 und BGH Urt. v. 10.10.2002 – III ZR 205/01, NJW 2002, 3769.

(§ 204 Abs. 1 Nr. 4 BGB).[154] Bei genauerer Betrachtung der Rechtsprechung des BGH stellt sich allerdings heraus, dass die „Besonderheiten des Güteverfahrens" höhere Anforderungen an die Individualisierung des Anspruchs im Güteantrag bedingen als bei einem Mahnbescheidsantrag. Dies beruht vor allem darauf, dass für die ausreichende Individualisierung des im Güteantrag geltend gemachten Anspruchs nicht nur auf den Horizont des Antragsgegners abgestellt wird, sondern auch auf denjenigen der Gütestelle.

Die Anwendbarkeit des § 204 Abs. 1 Nr. 4 BGB ist nicht auf obligatorische Güteverfahren beschränkt. Vielmehr gilt die Norm nach ihrem klaren Wortlaut auch für fakultative Güteverfahren und somit insbesondere auch in **kapitalmarktrechtlichen Massenverfahren**.[155] 713

bb) Formale Anforderungen

Der Güteantrag muss zum einen die formalen Anforderungen erfüllen, die von den für die Tätigkeit der jeweiligen Gütestelle maßgeblichen Verfahrensvorschriften gefordert werden.[156] Diese können sich unmittelbar aus landesrechtlichen Bestimmungen, dh den Gütestellen- und Schlichtungsgesetzen der Länder, oder aus einer eigenen Verfahrensordnung der Gütestelle ergeben.[157] Formale Anforderungen können zB Schriftform oder Vorlage einer Vollmacht sein. 714

Für die **Auslegung der Verfahrensordnung** der jeweiligen Gütestelle gelten die allgemeinen Auslegungsgrundsätze (Wortbedeutung, Bedeutungszusammenhang, Entstehungsgeschichte, Gesetzeszweck). Dabei ist allerdings zu berücksichtigen, dass Verfahrensvorschriften keinen Selbstzweck haben und deshalb in Zweifelsfällen so auszulegen sind, dass sie eine Verwirklichung des materiellen Rechts ermöglichen und nicht verhindern. Dementsprechend ist bei der Auslegung von Verfahrensnormen ein übermäßiges Haften am Wortlaut regelmäßig unangebracht. Formale Voraussetzungen dürfen nicht zu „förmlichen Stolperfallen" oder „Fallstricken" werden. Entscheidend ist allein, welcher Grad von Formenstrenge nach den maßgeblichen verfahrensrechtlichen Vorschriften sinnvoll zu fordern ist.[158] 715

Beispiele: 716

- Die Verfahrensordnung kann **Schriftform** des Güteantrags vorschreiben. Damit ist in der Regel nicht Schriftform iSd § 126 BGB gemeint, sondern die sog. prozessrechtliche Schriftform, die beispielsweise auch die Übermittlung über Telefax einschließt.[159]
- Zulässig ist auch das Erfordernis einer **Vollmachtsvorlage** im Falle der Vertretung insbesondere durch einen Rechtsanwalt. Dabei ist die Formulierung „Die schriftliche Vollmacht ist beizufügen oder auf Antrag nachzureichen" dahin auszulegen, dass bei anwaltlicher Vertretung des Antragstellers – in Parallele zu §§ 80, 88 ZPO – eine Prüfung der Vollmacht regelmäßig nur auf Antrag des Antragsgegners erfolgt.[160] Etwas an-

---

[154] BGH Urt. v. 18.6.2015 – III ZR 198/14, BGHZ 206, 41 Rn. 20 mwN = NJW 2015, 2407 = BKR 2015, 383 (mAnm *Harnos*) = WM 2015, 1319.

[155] BGH Beschl. v. 21.10.2014 – XI ZB 12/12, BGHZ 203, 1 Rn. 159 = NJW 2015, 236 = WM 2015, 22.

[156] BGH Urt. v. 18.6.2015 – III ZR 198/14, BGHZ 206, 41 Rn. 21 = NJW 2015, 2407 = BKR 2015, 383 (mAnm *Harnos*) = WM 2015, 1319; BGH Urt. v. 20.8.2015 – III ZR 373/14, = NJW 2015, 3297 Rn. 16 = WM 2015, 1807; BGH Urt. v. 28.10.2015 – IV ZR 405/14, NJW 2016, 236 Rn. 13 = WM 2015, 2288; BGH Beschl. v. 4.5.2016 – III ZR 100/15, NJOZ 2017, 16 Rn. 3 = MDR 2016, 1407; BGH Urt. v. 6.12.2016 – XI ZR 257/15, BeckRS 2016, 113674 Rn. 40.

[157] BGH Urt. v. 9.11.2007 – V ZR 25/07, NJW 2008, 506 Rn. 12.

[158] BGH Beschl. v. 4.5.2016 – III ZR 100/15, NJOZ 2017, 16 Rn. 4 = MDR 2016, 1407.

[159] Offengelassen von BGH Urt. v. 9.11.2007 – V ZR 25/07, NJW 2008, 506 Rn. 13.

[160] BGH Beschl. v. 4.5.2016 – III ZR 100/15, NJOZ 2017, 16 Rn. 5 ff. = MDR 2016, 1407.

deres gilt dagegen für die Formulierung „Der Antrag ist von der antragstellenden Person oder ihrem Bevollmächtigten zu unterschreiben, die schriftliche Vollmacht ist beizufügen"; hier scheidet aufgrund des klaren Wortlauts eine entsprechende Anwendung des § 88 Abs. 2 ZPO aus.[161]

- Schreibt die Verfahrensordnung der Schlichtungsstelle vor, dass Beschwerden „unter **kurzer Schilderung des Sachverhaltes** und unter Beifügung der notwendigen Unterlagen" an die Kundenbeschwerdestelle zu richten sind, sind damit bei verständiger Auslegung keine Abweichungen von den allgemeinen Grundsätzen der Individualisierung des verfolgten Anspruchs verbunden.[162]

cc) Inhaltliche Anforderungen

717 Des Weiteren muss der Güteantrag für den Schuldner erkennen lassen, welcher Anspruch gegen ihn geltend gemacht werden soll, damit er prüfen kann, ob eine Verteidigung erfolgversprechend ist und ob er in das Güteverfahren eintreten möchte. Dementsprechend muss der Güteantrag einen **bestimmten Rechtsdurchsetzungswillen** des Gläubigers unmissverständlich kundgeben und hierzu die Streitsache darstellen sowie das konkrete Begehren erkennen lassen. Der verfolgte Anspruch ist hinreichend genau zu bezeichnen.[163] Die Anforderungen an die Individualisierung des Anspruchs richten sich nach § 204 Abs. 1 Nr. 4 BGB; diese können durch die Verfahrensordnungen der Gütestellen mangels Regelungskompetenz nicht abgeschwächt werden. Praktisch wird dies aber auch nicht vorkommen, weil die Verfahrensordnungen nach den landesrechtlichen Schlichtungsgesetzen von den Landesjustizverwaltungen zu genehmigen sind.

718 An die Individualisierung sind allerdings **keine überhöhten Anforderungen** zu stellen. Denn das Güteverfahren zielt – anders als die Klageerhebung oder das Mahnverfahren – auf eine außergerichtliche gütliche Beilegung des Rechtsstreits ab und führt erst im Falle einer Einigung der Parteien zur Schaffung eines dieser Einigung entsprechenden vollstreckbaren Titels (§ 794 Abs. 1 Nr. 1 ZPO). Auch besteht keine strikte Antragsbindung wie im Mahn- oder Klageverfahren. Andererseits ist zu berücksichtigen, dass der Güteantrag an die Gütestelle als neutralen Schlichter und Vermittler gerichtet wird und diese zur Wahrnehmung ihrer Funktion ausreichend über den Gegenstand des Verfahrens informiert werden muss.[164]

719 Aufgrund dessen genügt – anders als im Mahnverfahren[165] – eine bloße **Bezugnahme** auf bisher zwischen den Parteien geführten **Schriftverkehr**, aus dem zwar für den Antragsgegner, nicht aber für die Gütestelle der verfolgte Anspruch hinreichend deutlich wird, nicht.[166] Vielmehr muss dieser Schriftverkehr dem Güteantrag stets beigefügt werden.[167] Fehlt eine solche Bezugnahme dagegen sogar zur Gänze, kann der Inhalt früheren

[161] BGH Urt. v. 22.2.2008 – V ZR 86/07, BeckRS 2008, 04680 Rn. 12, 14.

[162] BGH Urt. v. 6.12.2016 – XI ZR 257/15, BeckRS 2016, 113674 Rn. 42 (betrifft Verfahrensordnung für die Schlichtung von Kundenbeschwerden im deutschen Bankgewerbe in der Fassung vom 29.10.2009, Bundesanzeiger Nr. 169, S. 3827).

[163] BGH Urt. v. 18.6.2015 – III ZR 198/14, BGHZ 206, 41 Rn. 20 ff. mwN = NJW 2015, 2407 = BKR 2015, 383 (mAnm *Harnos*) = WM 2015, 1319.

[164] BGH Urt. v. 18.6.2015 – III ZR 198/14, BGHZ 206, 41 Rn. 24 mwN = NJW 2015, 2407 = BKR 2015, 383 (mAnm *Harnos*) = WM 2015, 1319; BGH Urt. v. 28.10.2015 – IV ZR 405/14, NJW 2016, 236 Rn. 13 = WM 2015, 2288.

[165] Vgl. dazu BGH Urt. v. 15.10.2015 – III ZR 170/14, NJW-RR 2016, 372 Rn. 20 mwN = WM 2015, 2181.

[166] BGH Urt. v. 15.10.2015 – III ZR 170/14, NJW-RR 2016, 372 Rn. 21 = WM 2015, 2181.

[167] BGH Urt. v. 15.10.2015 – III ZR 170/14, NJW-RR 2016, 372 Rn. 21 = WM 2015, 2181; BGH Urt. v. 28.10.2015 – IV ZR 405/14, NJW 2016, 236 Rn. 15 f. = WM 2015, 2288.

Schriftverkehrs bei der Frage nach der ausreichenden Individualisierung des Anspruchs im Güteantrag erst recht nicht berücksichtigt werden.[168]

Nach Eintritt der Verjährung kann die Individualisierung des Anspruchs weder in einem vorgerichtlichen Schreiben des Anspruchsstellers noch in einem Schriftsatz an das Gericht insoweit nachgeholt werden kann, dass dadurch eine **rückwirkende Heilung** herbeigeführt würde.[169] Eine solche nachträgliche Individualisierung muss in unverjährter Zeit erfolgen. 720

dd) Individualisierungsanforderungen

Wann die Anforderungen an eine ausreichende Individualisierung des Güteantrags erfüllt sind, kann nicht allgemein und abstrakt festgelegt werden; vielmehr hängen Art und Umfang der erforderlichen Angaben im Einzelfall von dem zwischen den Parteien bestehenden Rechtsverhältnis und der Art des Anspruchs ab. Nach der Grundsatzentscheidung des III. Zivilsenats vom 18. Juni 2015[170] hat ein Güteantrag in Anlageberatungsfällen aber regelmäßig folgende Angaben zu enthalten: 721

- die Bezeichnung der **konkreten Kapitalanlage**,
- die Angabe der **Zeichnungssumme**,
- die Angabe des (ungefähren) **Beratungszeitraums**,[171]
- die zumindest grobe Darstellung des **Hergangs der Beratung**,
- die Umschreibung des angestrebten **Verfahrensziels** zumindest in einer solchen Weise, dass dem Gegner und der Gütestelle ein Rückschluss auf Art und Umfang der verfolgten Forderung möglich ist.

Zur **Bezeichnung der konkreten Kapitalanlage** genügt deren Benennung und die Nennung der Vertragsnummer.[172] 722

Zur **Angabe des Beratungszeitraums** genügt die Angabe des Abschlussdatums des Anlagevertrags und die Angabe, der Anleger habe „zum Ende der Präsentation" den Vertrag abgeschlossen. Damit wird der Zeitpunkt der schädigenden Handlung hinreichend deutlich auf den Zeitraum unmittelbar vor dem genannten Abschlussdatum eingegrenzt.[173] 723

---

[168] OLG Frankfurt/Main Beschluss vom 2.7.2014 – 23 U 205/13, BeckRS 2014, 15972; die Nichtzulassungsbeschwerde zum BGH ist erfolglos geblieben (BGH Beschl. v. 15.9.2015 – XI ZR 367/14).

[169] Vgl. BGH Urt. v. 5.7.2007 – IX ZR 221/05, BGHZ 173, 103 Rn. 12 = NJW-RR 2007, 1693 = WM 2007, 1749; BGH Urt. 10.7.2008 – IX ZR 160/07, NJW 2008, 3498 Rn. 16 = WM 2008, 1935; BGH Urt. v. 21.10.2008 – XI ZR 466/07, NJW 2009, 56 Rn. 19 f. = WM 2009, 420; BGH Urt. v. 21.2.2013 – IX ZR 92/12, NJW-RR 2013, 992 Rn. 17 = WM 2013, 574; BGH Urt. v. 18.6.2015 – III ZR 198/14, BGHZ 206, 41 Rn. 17 mwN = NJW 2015, 2407 Rn. 17 mwN = BKR 2015, 383 (mAnm *Harnos*) = WM 2015, 1319; BGH Urt. v. 28.10.2015 – IV ZR 405/14, NJW 2016, 236 Rn. 12 = WM 2015, 2288.

[170] BGH Urt. v. 18.6.2015 – III ZR 198/14, BGHZ 206, 41 Rn. 25 mwN = NJW 2015, 2407 = BKR 2015, 383 (mAnm *Harnos*) = WM 2015, 1319; bestätigt von BGH Urt. v. 28.1.2016 – III ZB 88/15, WM 2016, 403 Rn. 16; ebenso BGH Urt. v. 28.10.2015 – IV ZR 405/14, NJW 2016, 236 Rn. 13 = WM 2015, 2288; BGH Urt. v. 6.12.2016 – XI ZR 257/15, BeckRS 2016, 113674 Rn. 40.

[171] Insoweit weicht die Entscheidung allerdings – wenn auch nur in einer Nuance – von der „Telekom"-Entscheidung des XI. Zivilsenats (BGH Beschl. v. 21.10.2014 – XI ZB 12/12, BGHZ 203, 1 Rn. 146 mwN = NJW 2015, 236 = WM 2015, 22) ab, der für eine ausreichende Individualisierung vor allem auf die Mitteilung des (genauen) Zeitpunkts des Beratungsgesprächs abgestellt hat.

[172] BGH Urt. v. 12.7.2016 – XI ZR 150/15, BKR 2016, 482 Rn. 21 (Swap-Vertrag).

[173] BGH Urt. v. 12.7.2016 – XI ZR 150/15, BKR 2016, 482 Rn. 21.

724 Das angestrebte **Verfahrensziel** muss der Güteantrag zumindest soweit beschreiben, dass dem Gegner und der Gütestelle ein Rückschluss auf Art und Umfang der verfolgten Forderung möglich ist; eine genaue Bezifferung der Forderung muss der Güteantrag seiner Funktion gemäß demgegenüber grundsätzlich nicht enthalten.[174] Auch bedarf es für die Individualisierung nicht der Angabe von Einzelheiten, wie sie für die Substantiierung des anspruchsbegründenden Vorbringens in einer Klage erforderlich ist.[175] Allerdings genügt es nicht, wenn im Güteantrag nur erwähnt wird, dass dem Antragsteller wegen fehlerhafter Anlageberatung Schadensersatz- und Rückabwicklungsansprüche zustünden und „die Antragstellerseite so zu stellen sei, wie sie gestanden hätte, wenn sie die Fondsbeteiligung nicht gezeichnet hätte".[176] Des Weiteren genügen insoweit auch nicht die Angaben, es sei auch der „entgangene Gewinn" zu ersetzen und erhaltene „Ausschüttungen" und „Steuervorteile" seien in Abzug zu bringen.[177] Dies lässt die Größenordnung der geltend gemachten Ansprüche weder für den Anspruchsgegner noch für die Gütestelle erkennen und auch nicht wenigstens im Groben einschätzen. In dem konkreten Fall hat der III. Zivilsenat seine Entscheidung vor allem noch darauf gestützt, dass dem Güteantrag nicht zu entnehmen gewesen sei, ob das eingebrachte Beteiligungskapital fremdfinanziert war, so dass ein etwaiger Schaden – was der Fall war – in erster Linie in den aufgebrachten Zins- und Tilgungsleistungen bestand. Ferner enthielt der Güteantrag keinen Hinweis darauf, dass der Anleger bezüglich der Darlehensverbindlichkeit gegenüber der Bank bereits klageweise einen Freistellungsanspruch geltend gemacht hatte. Schließlich hat der Senat darauf verwiesen, dass die Angabe der Beteiligungssumme in dem Güteantrag (hier: 40 903,35 €) die mit der nachfolgenden Klage erhobenen Zahlungs- und Freistellungsansprüche (hier: 61 923,48 €) nicht einmal als Größenordnung widergespiegelt hätte und auch Angaben zur Höhe der (beträchtlichen) Ausschüttungen (hier: über 17 000 €) gefehlt hätten.[178]

725 Dagegen ist es unschädlich, wenn im Güteantrag die **einzelnen Aufklärungspflichtverletzungen** nicht benannt werden. Dies ist – wie auch beim Mahnantrag – nicht zu fordern.[179]

726 Dass **Art und Umfang der erforderlichen Angaben** zur ausreichenden Individualisierung des mit dem Güteantrag geltend gemachten Anspruchs nicht allgemein und abstrakt festgelegt werden können, sondern im **Einzelfall** von dem zwischen den Parteien bestehenden Rechtsverhältnis und der Art des Anspruchs abhängen, zeigt eine Entscheidung des IV. Zivilsenats des BGH die nicht einen Schadensersatzanspruch wegen fehlerhafter Anlageberatung zum Gegenstand hatte, sondern einen solchen wegen Aufklärungsmängeln infolge ungenügender Aufklärung über Besonderheiten des von der Beklagten angebotenen (Lebens-)Versicherungsprodukts.[180] Dieser Anspruch war nicht unmittelbar vom Verlauf des Beratungsgesprächs abhängig und auch nicht allein darauf gestützt worden.

---

[174] BGH Urt. v. 18.6.2015 – III ZR 198/14, BGHZ 206, 41 Rn. 25mwN = NJW 2015, 2407 Rn. 25 mwN = BKR 2015, 383 (mAnm *Harnos*) = WM 2015, 1319; BGH Urt. v. 15.10.2015 – III ZR 170/14, NJW-RR 2016, 372 Rn. 17 = WM 2015, 2181; BGH Urt. v. 6.12.2016 – XI ZR 257/15, BeckRS 2016, 113674 Rn. 40.

[175] BGH Urt. v. 15.10.2015 – III ZR 170/14, NJW-RR 2016, 372 Rn. 17 = WM 2015, 2181; BGH Beschl. v. 4.5.2016 – III ZR 90/15, Rn. 5.

[176] BGH Urt. v. 20.8.2015 – III ZR 373/14 = NJW 2015, 3297 Rn. 22 = WM 2015, 1807; BGH Beschl. v. 4.5.2016 – III ZR 90/15, Rn. 6.

[177] BGH Urt. v. 20.8.2015 – III ZR 373/14 = NJW 2015, 3297 Rn. 22 = WM 2015, 1807.

[178] BGH Urt. v. 20.8.2015 – III ZR 373/14 = NJW 2015, 3297 Rn. 22 = WM 2015, 1807; bestätigt durch BGH Beschl. v. 4.5.2016 – III ZR 90/15, Rn. 6.

[179] Vgl. BGH Beschl. v. 21.10.2014 – XI ZB 12/12, BGHZ 203, 1 Rn. 146 mwN = NJW 2015, 236 = WM 2015, 22 (Telekom-Verfahren).

[180] BGH Urt. v. 28.10.2015 – IV ZR 405/14, NJW 2016, 236 = WM 2015, 2288.

Aufgrund dessen war es für die Verjährungshemmung unschädlich, dass in dem Güteantrag weder Angaben zum Beratungsgespräch noch zum Zeitpunkt des Vertragsschlusses fehlten.[181] Eine Divergenz in der Rechtsprechung des III. und des IV. Zivilsenats des BGH liegt daher nicht vor.

ee) Beispielsfälle

Nach diesen Maßgaben genügt es daher zur Hemmung der Verjährung nicht, wenn formularmäßige Güteanträge mit folgendem – lapidaren – Inhalt bei einer Gütestelle eingereicht werden: 727

„Die Antragstellerpartei macht Ansprüche auf Schadensersatz aus fehlerhafter Anlageberatung geltend. Hintergrund ist die Beteiligung der Antragstellerpartei am … Fonds KG. Die Antragstellerpartei erwarb Anteile an diesem geschlossenen Immobilienfonds. … Die Beratung wurde von einem Mitarbeiter der Antragsgegnerin vorgenommen."

Hier fehlt es bereits an der Angabe des Zeitpunkts des Beratungsgespräches.[182] Der Güteantrag enthielt den schlichten Vorwurf einer Fehlberatung im Zusammenhang mit dem Erwerb eines bestimmten Fonds durch den Anleger. Aufgrund dessen war die Bank nicht in der Lage, sich gegen den Vorwurf verteidigen zu können. 728

Ebenso hat der III. Zivilsenat in seinem Grundsatzurteil vom 18. Juni 2015 in Bezug auf „Musteranträge" für einen anderen geschlossenen Immobilienfonds entschieden.[183] Auch dort enthielten die **„Musteranträge"** als individuelle Angaben lediglich die Namen der Kläger (als Anleger, Gläubiger und Antragsteller) sowie die Bezeichnung des Anlagefonds, nannten aber weder die Zeichnungssumme noch den (ungefähren) Beratungszeitraum noch andere die getätigte Anlage individualisierende Tatsachen. Damit war es der Beklagten, die im Strukturvertrieb eine große Zahl von Kapitalanlagen unter Mithilfe einer Vielzahl von für sie tätigen Beratern und Vermittlern vertrieben hatte, allenfalls unter größeren Mühen möglich festzustellen, um welche Anlageberatung es im vorliegenden Fall ging. Zudem sah sich hier die Beklagte um den Jahreswechsel 2011/2012 angesichts des Ablaufs der für die vor dem Jahr 2002 stattgefundenen Anlageberatungsfälle geltenden kenntnisunabhängigen Verjährungsfrist des § 199 Abs. 3 Satz 1 Nr. 1 BGB am 2. Januar 2012 (Art. 229 § 6 Abs. 1 und 4 EGBGB) einer Vielzahl von Güteanträgen gegenüber, während die handelsrechtlichen Aufbewahrungsfristen (§ 257 HGB) für diese Beratungsfälle in den allermeisten Fällen bereits abgelaufen waren. Vor diesem Hintergrund genügten die Angaben des Güteantrags nicht für die nötige Individualisierung des dem Anspruchsbegehren zugrundeliegenden Sachverhalts.[184] 729

Schließlich wurde der zugrundeliegende **„Musterantrag"** auch nicht den Anforderungen der Rechtsprechung an eine ausreichende Beschreibung des angestrebte Verfahrensziels gerecht. In dem Antrag war zwar von *„Schadensersatz aus fehlerhafter Anlageberatung"* sowie davon die Rede, dass ein Anspruch geltend gemacht werde, *„so gestellt zu werden, als hätte/n ich/wir die Beteiligung nie getätigt"*. Damit blieb aber offen, ob der vollständige Zeichnungsschaden (und zwar: mit oder ohne Darlehenskosten?) oder nur ein Differenz- 730

---

[181] BGH Urt. v. 28.10.2015 – IV ZR 405/14, NJW 2016, 236 Rn. 18, 21 = WM 2015, 2288; BGH Urt. v. 28.10.2015 – IV ZR 526/14, NJW 2016, 233 Rn 26, 29 = WM 2015, 2292.

[182] Vgl. BGH Beschl. v. 21.10.2014 – XI ZB 12/12, BGHZ 203, 1 Rn. 146 mwN = NJW 2015, 236 = WM 2015, 22 (Telekom-Verfahren); offengelassen von BGH Urt. v. 20.8.2015 – III ZR 373/14 = NJW 2015, 3297 Rn. 22 = WM 2015, 1807.

[183] BGH Urt. v. 18.6.2015 – III ZR 198/14, BGHZ 206, 41 Rn. 27 = NJW 2015, 2407 = BKR 2015, 383 (mAnm *Harnos*) = WM 2015, 1319.

[184] BGH Urt. v. 18.6.2015 – III ZR 198/14, BGHZ 206, 41 Rn. 27 = NJW 2015, 2407 = BKR 2015, 383 (mAnm *Harnos*) = WM 2015, 1319.

schaden (zB nach zwischenzeitlicher Veräußerung der Beteiligung oder unter Geltendmachung einer günstigeren Alternativbeteiligung) begehrt wird. Die Größenordnung des geltend gemachten Anspruchs ist für die Beklagte (als Antragsgegnerin und Schuldnerin) nicht im Ansatz zu erkennen gewesen. Ein vorgängiges Anspruchsschreiben der Kläger, auf dessen Inhalt hätte Bezug genommen und das als Anlage dem Güteantrag hätte beigefügt werden können, hat es nicht gegeben. Unter diesen Umständen war es auch für die Gütestelle nicht möglich, im Wege eines Schlichtungsversuchs einen Vergleichsvorschlag zu unterbreiten.[185]

ff) Rechtsmissbrauch

731 Auch bei einer ausreichenden Individualisierung des im Güteverfahren geltend gemachten Anspruchs kann unter Umständen die Inanspruchnahme einer Gütestelle rechtsmissbräuchlich sein und es dem Gläubiger gemäß § 242 BGB verwehrt sein, sich auf eine Hemmung der Verjährung durch Bekanntgabe des Güteantrags zu berufen. Im Grundsatz ist es allerdings legitim und begründet **im Regelfall keinen Rechtsmissbrauch**, wenn ein Antragsteller eine Gütestelle ausschließlich zum Zwecke der Verjährungshemmung anruft. Dies kann auch bei ***Massenverfahren*** (zB 1000 Güteanträge in gleichgelagerten Fällen) eine sinnvolle Prozessführung darstellen, weil die Anrufung einer einzigen Gütestelle trotz der damit verbundenen Arbeitsbelastung einer sachgerechten Erledigung der Verfahren dienen kann.[186]

732 Hiervon ist aber dann eine Ausnahme zu machen, wenn schon vor der Einreichung des Güteantrags feststeht, dass der **Antragsgegner nicht bereit** ist, an einem Güteverfahren mitzuwirken und sich auf eine außergerichtliche Einigung einzulassen, und er dies dem Antragsteller schon im Vorfeld in eindeutiger Weise mitgeteilt hat. In einem solchen Fall ist von vornherein sicher, dass der Zweck des außergerichtlichen Güteverfahrens – die Entlastung der Justiz und ein dauerhafter Rechtsfrieden durch konsensuale Lösungen – nicht erreicht werden kann. Eine gleichwohl erfolgte Inanspruchnahme der Gütestelle ist dann rechtsmissbräuchlich, so dass es dem Antragsteller/Gläubiger nach § 242 BGB verwehrt ist, sich auf eine Hemmung der Verjährung durch Bekanntgabe zu berufen.[187]

gg) Beginn der Hemmung

733 Die Hemmung der Verjährung beginnt gemäß § 204 Abs. 1 Nr. 4 BGB mit der **Veranlassung der Bekanntgabe** des Güteantrags. Wird der Antrag „demnächst" nach der Einreichung bekannt gegeben, so tritt die Hemmung der Verjährung bereits mit dem Eingang des Antrags bei der Streitbeilegungsstelle ein (§ 204 Abs. 1 Nr. 4 Halbs. 2 BGB). Die etwas komplizierte Formulierung der Vorschrift ist dem Umstand geschuldet, dass eine Zustellung des Antrags vom BGB nicht gefordert wird, sondern nach § 15a Abs. 5 EGZPO der näheren Ausgestaltung des Güteverfahrens durch das Landesrecht überlassen worden ist.

734 Bei der Beurteilung der Frage, ob eine Bekanntgabe **„demnächst"** im Sinne des § 204 Abs. 1 Nr. 4 BGB veranlasst worden ist, kann auf die zu § 167 ZPO entwickelten Grundsätze zurückgegriffen werden.[188] Wie dort darf auch im Rahmen des § 204 Abs. 1 Nr. 4

---

[185] BGH Urt. v. 18.6.2015 – III ZR 198/14, BGHZ 206, 41 Rn. 28 = NJW 2015, 2407 = BKR 2015, 383 (mAnm *Harnos*) = WM 2015, 1319.

[186] BGH Urt. v. 28.10.2015 – IV ZR 405/14, NJW 2016, 236 Rn. 24 = WM 2015, 2288; BGH Urt. v. 28.10.2015 – IV ZR 526/14, NJW 2016, 233 Rn 26, 29 = WM 2015, 2292.

[187] BGH Urt. v. 28.10.2015 – IV ZR 526/14, NJW 2016, 233 Rn 34 = WM 2015, 2292.

[188] BGH Urt. v. 22.9.2009 – XI ZR 230/08, BGHZ 182, 284 Rn. 14 = NJW 2010, 222 = WM 2009, 2032.

Halbs. 2 BGB nicht auf eine rein zeitliche Betrachtungsweise abgestellt werden. Vielmehr sollen, da die Bekanntgabe von Amts wegen geschieht, die Parteien vor Nachteilen durch Verzögerungen innerhalb des Geschäftsbetriebes der Streitbeilegungsstelle bewahrt werden, weil diese Verzögerungen von ihnen nicht beeinflusst werden können. Es gibt deshalb keine absolute zeitliche Grenze, nach deren Überschreitung eine Bekanntgabe nicht mehr als „demnächst“ anzusehen ist. Dies gilt auch dann, wenn es zu mehrmonatigen Verzögerungen kommt. Denn Verzögerungen bei der Bekanntgabe, die durch eine fehlerhafte Sachbehandlung der Gütestelle oder deren Arbeitsüberlastung verursacht sind, muss sich der Antragsteller grundsätzlich nicht zurechnen lassen.[189] Insoweit genügt es, wenn der Anleger als Antragsteller alle von ihm geforderten Mitwirkungshandlungen erbringt, um die Bekanntgabe zu erreichen. Bei einer Arbeitsüberlastung der Streitschlichtungsstelle ist er zu weiteren Nachfragen oder einer sofortigen Einzahlung des Kostenvorschusses auch ohne vorherige Anforderung nicht verpflichtet, weil aufgrund der Arbeitsüberlastung nicht davon ausgegangen werden kann, dass hierdurch die Bearbeitung des Güteantrags beschleunigt werden kann.[190] Insoweit besteht für den geschädigten Kapitalanleger auch keine Verpflichtung oder Obliegenheit, nach der Auskunft durch die Gütestelle zu ihrer Arbeitsüberlastung den Klageweg zu beschreiten oder das Mahnverfahren einzuleiten. Hierfür fehlt die rechtliche Grundlage. Sie ergibt sich weder aus dem zwischen den Parteien bestehenden Schuldverhältnis noch aus einer etwaigen zwischen ihnen aufgrund der Einleitung des Güteverfahrens entstandenen Sonderverbindung.[191]

Wird der Güteantrag in Form einer als Anhang einer elektronischen Nachricht über- 735
mittelten **pdf-Datei** des eingescannten Originals eines vom Prozessbevollmächtigten unterzeichneten Schriftsatzes eingereicht, ist dem Unterschriftserfordernis des § 130 Nr. 6 ZPO erst dann genügt, wenn der Güteantrag von der Gütestelle noch vor dem Ablauf der Verjährungsfrist ausgedruckt wird.[192]

hh) Ende der Hemmung

Für das Ende der Hemmung gelten die allgemeinen Grundsätze. Grundsätzlich endet 736
ein Güteverfahren iSd § 204 Abs. 1 Nr. 4 BGB durch Abschluss eines Vergleichs, die Rücknahme des Güteantrags oder durch die Einstellung des Verfahrens wegen Scheiterns des Einigungsversuchs. Dabei kann die konkrete Beendigung des Verfahrens nur innerhalb der Verfahrensordnung der jeweiligen Gütestelle festgestellt werden.[193]

Endet ein Güteverfahren nach der Verfahrensordnung der Gütestelle dadurch, dass der 737
Schuldner mitteilt, am Verfahren nicht teilzunehmen, so endet die Hemmung der Verjährung sechs Monate nach dem Zeitpunkt, in dem die Gütestelle die **Bekanntgabe dieser Mitteilung** an den Gläubiger **veranlasst**.[194] Unmaßgeblich sind daher etwa der Zeitpunkt des Eingangs der Mitteilung des Schuldners bei der Gütestelle oder auch der – mangels förmlicher Zustellung oftmals nicht feststellbare – Zeitpunkt der Bekanntgabe der Einstel-

---

[189] BGH Urt. v. 22.9.2009 – XI ZR 230/08, BGHZ 182, 284 Rn. 15 mwN = NJW 2010, 222 = WM 2009, 2032.

[190] BGH Urt. v. 22.9.2009 – XI ZR 230/08, BGHZ 182, 284 Rn. 17 = NJW 2010, 222 = WM 2009, 2032.

[191] BGH Urt. v. 22.9.2009 – XI ZR 230/08, BGHZ 182, 284 Rn. 18 = NJW 2010, 222 = WM 2009, 2032.

[192] BGH Beschl. v. 18.3.2015 - XII ZB 424/14, NJW 2015, 1527 Rn. 10 ff.

[193] BGH Beschl. v. 21.10.2014 – XI ZB 12/12, BGHZ 203, 1 Rn. 160 = NJW 2015, 236 = WM 2015, 22; BGH Urt. v. 28.10.2015 – IV ZR 405/14, NJW 2016, 236 Rn 27 = WM 2015, 2288; BGH Beschl. v. 4.5.2016 – III ZR 100/15, NJOZ 2017, 16 Rn. 9 = MDR 2016, 1407.

[194] BGH Urt. v. 28.10.2015 – IV ZR 405/14, NJW 2016, 236 Rn. 26 ff. = WM 2015, 2288.

lungsverfügung an den Gläubiger. Dies gilt natürlich erst recht, wenn bereits die Verfahrensordnung auf die „Mitteilung“ des Scheiterns des Güteversuchs abstellt.[195] Im Falle einer Verjährungshemmung durch ein Güteverfahren bleibt die Nachlauffrist des § 204 Abs. 2 Satz 1 BGB auch dann anwendbar, wenn der Anspruchsgläubiger während der Verfahrensdauer ausreichend Zeit zur Prüfung der Erfolgsaussichten einer Rechtsverfolgung hatte; dies ergibt sich aus dem klaren Wortlaut der Vorschrift und der vom Gesetzgeber bezweckten Gleichbehandlung der verjährungshemmenden Maßnahmen.[196]

738 Unterlässt die Gütestelle verfahrensfehlerhaft die Ausstellung von Erfolglosigkeitsbescheinigungen trotz Aufforderung eines Beteiligten, vermag diese **fehlerhafte Sachbehandlung** keine (anderweitige) Beendigung des Verfahrens zu begründen.[197]

ii) Reichweite der Hemmung

739 Die Reichweite der Hemmungswirkung eines Güteantrags beurteilt sich ebenso wie die materielle Rechtskraft nach § 322 Abs. 1 ZPO nicht nach dem einzelnen materiellrechtlichen Anspruch, sondern nach dem den Streitgegenstand bildenden prozessualen Anspruch. Das gilt für sämtliche Rechtsverfolgungsmaßnahmen gemäß § 204 Abs. 1 BGB.[198] Genügt der Güteantrag den Anforderungen an eine ausreichende Individualisierung des geltend gemachten Schadensersatzanspruchs wegen fehlerhafter Angaben oder unzureichender Aufklärung im Rahmen eines Anlageberatungs- oder Anlagevermittlungsgesprächs, wird daher durch die Veranlassung der Bekanntgabe des Güteantrags nach § 204 Abs. 1 Nr. 4 BGB die Verjährung auch bezüglich solcher Pflichtverletzungen gehemmt, die in dem Antrag nicht konkret aufgeführt sind.[199]

e) Hemmung durch „Schweben von Verhandlungen“ (§ 203 BGB)

740 Schweben zwischen dem Schuldner und dem Gläubiger Verhandlungen über den Anspruch oder die den Anspruch begründenden Umstände, so ist die Verjährung nach **§ 203 BGB** gehemmt, bis der eine oder der andere Teil die Fortsetzung der Verhandlungen verweigert. Die Verjährung tritt dann frühestens drei Monate nach dem Ende der Hemmung ein.

741 Nach der Rechtsprechung des BGH ist der Begriff **„Verhandlungen“** iSv § 203 Satz 1 BGB weit auszulegen. Der Gläubiger muss dafür lediglich klarstellen, dass er einen Anspruch geltend machen und worauf er ihn stützen will. Anschließend genügt jeder ernsthafte Meinungsaustausch über den Anspruch oder seine tatsächlichen Grundlagen, sofern der Schuldner dies nicht sofort und erkennbar ablehnt. Verhandlungen schweben schon dann, wenn eine der Parteien Erklärungen abgibt, die der jeweils anderen die An-

---

[195] BGH Beschl. v. 4.5.2016 – III ZR 100/15, NJOZ 2017, 16 Rn. 10 = MDR 2016, 1407.

[196] BGH Urt. v. 22.9.2009 – XI ZR 230/08, BGHZ 182, 284 Rn. 22 = NJW 2010, 222 = WM 2009, 2032.

[197] BGH Beschl. v. 21.10.2014 – XI ZB 12/12, BGHZ 203, 1 Rn. 160 = NJW 2015, 236 = WM 2015, 22.

[198] BGH Urt. v. 18.6.2015 – III ZR 198/14, BGHZ 206, 41 Rn. 15 = NJW 2015, 2407 Rn. 15 = BKR 2015, 383 (mAnm *Harnos*) = WM 2015, 1319.

[199] BGH Urt. v. 18.6.2015 – III ZR 198/14, BGHZ 206, 41 Rn. 15 = NJW 2015, 2407 = BKR 2015, 383 (mAnm *Harnos*) = WM 2015, 1319; BGH Urt. v. 18.6.2015 – III ZR 303/14, NJW 2015, 2411 Rn. 10 ff. = WM 2015, 1322; BGH Urt. v. 20.8.2015 – III ZR 373/14, NJW 2015, 3297 Rn. 20 = WM 2015, 1807; BGH Urt. v. 15.10.2015 – III ZR 170/14, NJW-RR 2016, 372 Rn. 15 = WM 2015, 2181.

nahme gestatten, der Erklärende lasse sich auf Erörterungen über die Berechtigung des Anspruches oder dessen Umfang ein. Nicht erforderlich ist, dass dabei Vergleichsbereitschaft oder Bereitschaft zum Entgegenkommen signalisiert wird oder dass Erfolgsaussicht besteht.[200]

Nach § 203 Satz 1 BGB **endet die Hemmung**, wenn eine Partei die Fortsetzung der 742 Verhandlungen verweigert. Dies kann ausdrücklich erfolgen, indem der geltend gemachte Anspruch verneint wird. Für die Annahme, Verhandlungen seien beendet, ist ein strenger Maßstab anzulegen ist. Ein solcher **Abbruch der Verhandlungen** muss wegen seiner Bedeutung für die Durchsetzbarkeit der geltend gemachten Ansprüche durch klares und eindeutiges Verhalten zum Ausdruck gebracht werden. Für die Beendigung von Verhandlungen genügt daher nicht schon, dass der Ersatzpflichtige (derzeit) seine Einstandspflicht verneint, wenn er nicht zugleich klar und eindeutig den Abbruch der Verhandlungen zum Ausdruck bringt.[201] Andererseits ist auch eine ***höfliche Ablehnung*** weiterer Verhandlungen ein Abbruch der Verhandlungen. Dies kann zB zu bejahen sein, wenn der Schädiger mitteilt, eine Haftung sei dem Grunde nach abzulehnen, er bedauere es, keine bessere Mitteilung machen zu können und berufe sich zusätzlich auf Verjährung.[202] Unerheblich ist, ob der Schädiger seine interne Prüfung fortsetzt, wenn dies intern bleibt und beim Gläubiger nicht die berechtigte Erwartung weckt, dass die Verhandlungen nicht beendet seien.[203]

Dem Abbruch der Verhandlungen durch eindeutige Erklärung steht das **Einschlafen-** 743 **lassen der Verhandlungen** gleich. Wenn Verhandlungen nicht mehr weitergeführt werden, indem sie „einschlafen", endet die Hemmung in dem Zeitpunkt, in dem spätestens eine Erklärung der anderen Seite zu erwarten gewesen wäre.[204] Feste Fristen, wann Verhandlungen einschlafen, bestehen nicht. Der Zeitraum, den man dem einen Teil zur Reaktion auf die Äußerung des anderen Teils einräumen muss, hängt von dem Gegenstand der Verhandlungen und der Verhandlungssituation ab.[205] Die Bemessung des Zeitraums ist daher Tatfrage und unterliegt der tatrichterlichen Würdigung. Hat zB der Anwalt einer Partei darauf hingewiesen, nach seinem Urlaub auf die Angelegenheit zurückzukommen, endet die Hemmung frühestens zwei Wochen nach dem mitgeteilten Urlaubsende.[206] Unmaßgeblich ist es, welche Seite – Gläubiger oder Schuldner – auf eine Äußerung der Gegenseite nicht mehr zeitnah reagiert.[207]

Bei schwebenden Verhandlungen nach § 203 BGB wirkt die Hemmung grundsätzlich 744 auf den **Zeitpunkt** zurück, in dem der Gläubiger seinen Anspruch gegenüber dem Schuldner geltend gemacht hat.[208] Dabei gehören die Tage, in deren Verlauf der Hemmungsgrund entstanden und weggefallen ist, zur Hemmungszeit.[209] Endet die Hemmung

[200] BGH Urt. v. 14.7.2009 – XI ZR 18/08, BGHZ 182, 76 Rn. 16 = NJW-RR 2010, 975 = WM 2009, 1597; BGH Urt. v. 15.12.2016 – IX ZR 58/16, BeckRS 2016, 112253 Rn. 13 = ZIP 2017, 236.

[201] BGH Urt. v. 8.11.2016 – VI ZR 594/15, NJW 2017, 949 Rn. 18 = VersR 2017, 165.

[202] BGH Urt. v. 8.11.2016 – VI ZR 594/15, NJW 2017, 949 Rn. 19 f. = VersR 2017, 165.

[203] BGH Urt. v. 8.11.2016 – VI ZR 594/15, NJW 2017, 949 Rn. 21 = VersR 2017, 165.

[204] BGH Urt. v. 6.11.2008 – IX ZR 158/07, NJW 2009, 1806 Rn. 10 = WM 2009, 282; BGH Urt. v. 5.6.2014 – VII ZR 285/12, NJW-RR 2014, 981 Rn. 12 = WM 2014, 1925; BGH Urt. v. 8.11.2016 – VI ZR 594/15, NJW 2017, 949 Rn. 16 = VersR 2017, 165; BGH Urt. v. 15.12.2016 – IX ZR 58/16, BeckRS 2016, 112253 Rn. 15 = ZIP 2017, 236.

[205] BGH Urt. v. 15.12.2016 – IX ZR 58/16, BeckRS 2016, 112253 Rn. 17 = ZIP 2017, 236.

[206] BGH Urt. v. 5.6.2014 – VII ZR 285/12, NJW-RR 2014, 981 Rn. 12 = WM 2014, 1925.

[207] BGH Urt. v. 8.11.2016 – VI ZR 594/15, NJW 2017, 949 Rn. 25 f. = VersR 2017, 165.

[208] BGH Urt. v. 5.8.2014 – XI ZR 172/13, NJW 2014, 3435 Rn. 9 = WM 2014, 1763.

[209] BGH Urt. v. 5.8.2014 – XI ZR 172/13, NJW 2014, 3435 Rn. 9 = WM 2014, 1763.

allerdings vor Schluss des Jahres, in dem der Anspruch entstanden ist, lässt dies den Verjährungsbeginn unberührt.[210]

745 Für die **Hemmungswirkung** des § 203 BGB könnte man nach seinem Wortlaut geneigt sein, nur auf den – materiell-rechtlichen – Anspruch und damit den konkreten Aufklärungs- oder Beratungsfehler abzustellen, der Gegenstand der Verhandlungen zwischen den Parteien war. Dem ist jedoch nicht so. Nach hM ist für den Gegenstand der Verhandlung, der durch Auslegung zu ermitteln ist, von dem **Lebenssachverhalt** auszugehen, aus dem der Gläubiger seinen Anspruch herleitet. Mit dem Lebenssachverhalt ist die Gesamtheit der tatsächlichen Umstände gemeint, die nach dem Verständnis der Verhandlungsparteien einen Anspruch erzeugen, wobei das Begehren nicht besonders beziffert oder konkretisiert sein muss.[211] In der Regel ist daher anzunehmen, dass sich die Verhandlung auf alle Ansprüche erstreckt, die sich aus diesem Sachverhalt für den Gläubiger ergeben können.[212] Entscheidender Gesichtspunkt für diese weite Auslegung des § 203 BGB ist sein Sinn und Zweck. Es geht darum, das zwischen den Parteien bestehende gute Verhältnis möglichst ungetrübt zu halten und den Gläubiger nicht zu zwingen, durch Klageerhebung oder in ähnlicher Weise die Verjährung zu hemmen. Verhandlungen über einen streitigen oder einen zweifelhaften Anspruch sollen dem rechtspolitisch wünschenswerten Zweck dienen, Rechtsstreitigkeiten zu vermeiden. Der Gesetzgeber wollte die Parteien daher von dem zeitlichen Druck einer ablaufenden Verjährung befreien.[213] Mit diesem Gesetzeszweck wäre es nicht zu vereinbaren, wenn der Anleger, der sich wegen eines bestimmten Aufklärungs- oder Beratungsfehlers in (Schadensersatz-)Verhandlungen mit dem Berater oder Vermittler befindet und andere Aufklärungs- oder Beratungsfehler mangels Kenntnis (noch) nicht zum Gegenstand der Verhandlungen gemacht hat, gleichwohl schon vorsichtshalber Schadensersatzansprüche gegen den Berater oder Vermittler erheben müsste, um die Verjährung auch insoweit zu hemmen.

746 Die **Wiederaufnahme abgebrochener Verhandlungen** führt nicht zu einer auf den Beginn der Verhandlungen rückwirkenden Hemmung der Verjährung.[214]

f) Hemmung wegen höherer Gewalt (§ 206 BGB)

747 Die Verjährung ist gemäß § 206 BGB auch gehemmt, solange der Gläubiger innerhalb der letzten sechs Monate der Verjährungsfrist durch höhere Gewalt an der Rechtsverfolgung gehindert ist. Im Rahmen der Haftung einer Bank wegen Aufklärungs- oder Beratungsverschuldens spielt dieser Hemmungstatbestand in der Regel keine Rolle. Eine Hemmung der Verjährung wegen höherer Gewalt kann aber in Betracht kommen, wenn die Zustellung einer Klageschrift oder eines Mahnbescheids unwirksam ist, so dass dadurch keine Hemmung eingetreten ist, und dies auf einer **unrichtigen Sachbehandlung durch das Gericht** beruht. Dies setzt allerdings voraus, dass die verjährungshemmende Wirkung einer Zustellung infolge eines – für den Gläubiger unabwendbaren – gerichtlichen Fehlers nicht eintritt.[215] Dies kann zB der Fall sein, wenn eine öffentliche Zustellung

---

[210] Vgl. BGH Urt. v. 31.3.1969 – VII ZR 35/67, BGHZ 52, 47, 49 = WM 1969, 604; BGH Urt. v. 27.9.1995 – VIII ZR 257/94, NJW 1995, 3380, 3381 = WM 1995, 2107; jeweils zu §§ 201, 209 BGB aF.

[211] BGH Urt. v. 5.6.2014 – VII ZR 285/12, NJW-RR 2014, 981 Rn. 12 = WM 2014, 1925.

[212] Vgl. BGH Urt. v. 19.11.1997 – IV ZR 357/96, NJW 1998, 1142 = WM 1998, 871; Palandt/*Ellenberger*, § 203 Rn. 3 mwN.

[213] BGH Urt. v. 30.10.2007 – X ZR 101/06, NJW 2008, 576 Rn. 19 mwN = WM 2008, 656; MüKoBGB/*Grothe*, 7. Aufl., § 203 Rn. 3.

[214] BGH Urt. v. 15.12.2016 – IX ZR 58/16, BeckRS 2016, 112253 Rn. 21 ff. = ZIP 2017, 236.

[215] BGH Urt. v. 8.12.2016 – III ZR 89/15, WM 2017, 170 Rn. 14 mwN.

der Klageschrift erfolgt ist, obwohl die Voraussetzungen des § 185 ZPO nicht vorgelegen haben, weil zwar der Aufenthaltsort des Schuldners unbekannt war, eine Zustellung aber an einen Zustellungsbevollmächtigten möglich gewesen wäre und dies für das Gericht erkennbar gewesen ist.[216] Hat in einem solchen Fall das Gericht gleichwohl die öffentliche Zustellung der Klageschrift veranlasst, weil es – fehlerhaft – davon ausgegangen ist, für die Zustellung an den Bevollmächtigten die Anschrift des Beklagten zu benötigen, ist dies dem Kläger nicht anzulasten.[217] Dies gilt allerdings dann nicht, wenn der Kläger seinerseits nicht alle gebotene Ermittlungsmöglichkeiten genutzt hat, um eine zustellungsfähige Anschrift des Beklagten herauszufinden.[218]

6. Neubeginn der Verjährung durch Anerkenntnis (§ 212 Abs. 1 Nr. 1 BGB)

Nach § 212 Abs. 1 Nr. 1 BGB beginnt die Verjährung erneut, wenn der Schuldner 748
dem Gläubiger gegenüber den Anspruch durch Abschlagszahlung, Zinszahlung, Sicherheitsleistung oder in anderer Weise anerkennt. Nach der Rechtsprechung des BGH genügt für ein solches **Anerkenntnis** jedes tatsächliche Verhalten des Schuldners gegenüber dem Gläubiger, aus dem sich sein Bewusstsein vom Bestehen des gegen ihn erhobenen Anspruchs – wenigstens dem Grunde nach – klar und unzweideutig ergibt und das deswegen das Vertrauen des Gläubigers begründet, dass sich der Schuldner nicht nach Ablauf der Verjährungsfrist alsbald auf Verjährung berufen wird.[219] Insoweit kann der Anleger – aus Sicht eines objektiven Erklärungsempfängers – davon ausgehen, dass der auf Schadensersatz in Anspruch genommene Berater oder Vermittler, der wegen eines geltend gemachten bestimmten Aufklärungs- oder Beratungsfehlers den Anspruch dem Grunde nach anerkennt, dies auf das insgesamt zur Überprüfung gestellte Anlagegespräch, also den gesamten Lebenssachverhalt im Sinne des Streitgegenstandsbegriffs, bezieht, zumal der gesamte einem einheitlichen Beratungs- oder Vermittlungsgespräch entspringende Schaden eine Einheit darstellt.[220]

7. Verjährungshöchstfristen nach § 199 Abs. 3 BGB

Ohne Rücksicht auf Kenntnis und grob fahrlässige Unkenntnis (§ 199 Abs. 1 Nr. 2 749
BGB) verjähren Schadensersatzansprüche wegen Beratungsverschuldens nach § 199 Abs. 3 Satz 1 Nr. 1 BGB in **zehn Jahren** von ihrer Entstehung an. Die Verjährungsfrist ist gemäß § 200 Satz 1 BGB **tagegenau** und im Übrigen gemäß §§ 187, 188 BGB zu berechnen. Die Ultimo-Regel des § 199 Abs. 1 BGB gilt also für die Höchstfrist nicht.[221] Für die Anspruchsentstehung gelten die Ausführungen zu § 199 Abs. 1 BGB (→ Rn. 628 ff.).

---

[216] BGH Urt. v. 8.12.2016 – III ZR 89/15, WM 2017, 170 Rn. 11 mwN.
[217] BGH Urt. v. 8.12.2016 – III ZR 89/15, WM 2017, 170 Rn. 13.
[218] BGH Urt. v. 8.12.2016 – III ZR 89/15, WM 2017, 170 Rn. 17 f.
[219] Vgl. BGH Urt. v. 9.5.2007 – VIII ZR 347/06, NJW 2007, 2843 Rn. 12 mwN = WM 2007, 1982.
[220] Vgl. hierzu BGH Urt. v. 29.10.1985 – VI ZR 56/84, NJW-RR 1986, 324 (Anerkenntnis einzelner Schadenspositionen).
[221] BGH Urt. v. 11.3.2010 – III ZR 178/09, NJW 2010, 1956 Rn. 17 = WM 2010, 775.

750 Daneben ist zwar noch die zweite Höchstfrist des § 199 Abs. 3 Satz 1 Nr. 2 BGB zu beachten, nach der ohne Rücksicht auf die Entstehung des Anspruchs die Verjährung **30 Jahre** „von der Begehung der Handlung, der Pflichtverletzung oder dem sonstigen, den Schadensersatz auslösenden Ereignis an" eintritt. Da aber die Pflichtverletzung als Bestandteil des Beratungsgesprächs nach der Rechtsprechung des BGH auch bereits für die Anspruchsentstehung nach § 199 Abs. 3 Satz 1 Nr. 1 BGB maßgeblich ist, ist in der Praxis wegen der Regelung des § 199 Abs. 3 Satz 3 BGB die 10-Jahresfrist wohl stets vorrangig.

751 Zu beachten ist aber, dass die Höchstfristen des § 199 Abs. 3 BGB nicht starr sind. Die Vorschriften über **Hemmung, Ablaufhemmung und Neubeginn der Verjährung** gelten auch für die Berechnung der Höchstfristen nach § 199 Abs. 3 BGB, so dass im Einzelfall bis zum Eintritt der Verjährung eine erheblich längere Zeitspanne als 10 Jahre vergehen kann.

8. Sonderverjährung des § 37a WpHG aF

a) Zeitliche Geltung

752 Für Ansprüche, die **zwischen dem 1. April 1998 und 4. August 2009** entstanden sind (§ 43 WpHG aF), ist die Sondervorschrift des § 37a WpHG aF zu beachten, die in der gerichtlichen Praxis nach wie vor eine Rolle spielt. Danach verjährt der Anspruch des Kunden gegen ein Wertpapierdienstleistungsunternehmen auf Schadensersatz wegen Verletzung der Pflicht zur Information und wegen fehlerhafter Beratung im Zusammenhang mit einer Wertpapierdienstleistung oder Wertpapiernebendienstleistung in drei Jahren von dem Zeitpunkt an, in dem der Anspruch entstanden ist.[222]

b) Sachlicher Anwendungsbereich

aa) Wertpapierdienstleistungsunternehmen

753 **Wertpapierdienstleistungsunternehmen** sind nach der Legaldefinition des § 2 Abs. 4 WpHG Kreditinstitute, Finanzdienstleistungsinstitute und nach § 53 Abs. 1 Satz 1 KWG tätige Unternehmen, die Wertpapierdienstleistungen allein oder zusammen mit Wertpapiernebendienstleistungen gewerbsmäßig oder in einem Umfang erbringen, der einen in kaufmännischer Weise eingerichteten Geschäftsbetrieb erfordert. Davon enthält § 2a WpHG eine Reihe von Ausnahmen. Im Zusammenhang mit der Anlageberatung durch eine Bank spielen diese allerdings keine Rolle. Die Bank unterfällt als Kreditinstitut der Regelung des § 37a WpHG aF Diese spezielle Verjährungsvorschrift ist nur für die Haftung des Wertpapierdienstleistungsunternehmens selbst anwendbar. Für die Schadensersatzpflicht von ***Organen und Angestellten*** eines Wertpapierdienstleistungsunternehmens greift sie nicht ein, weil diesen Personenkreis nach der Rechtsprechung des BGH von vornherein keine eigene Schadensersatzpflicht bei einer (nur) fahrlässigen Beratungspflichtverletzung trifft; insoweit kommt nur ein Schadensersatzanspruch aus § 826 BGB in Betracht, der der Regelverjährung der §§ 195, 199 BGB unterliegt.[223]

---

[222] Ein Unternehmen, das ohne Erlaubnis Wertpapierdienstleistungen erbringt, macht sich nach § 823 Abs. 2 BGB iVm § 32 Abs. 1 KWG schadensersatzpflichtig; ein solcher Schadensersatzanspruch unterliegt der Regelverjährung nach §§ 195, 199 BGB (vgl. BGH Urt. 19.1.2006 – III ZR 105/05, BGHZ 166, 29 Rn. 17 = NJW-RR 2006, 630 = WM 2006, 479).

[223] BGH Urt. v. 19.2.2008 – XI ZR 170/08, BGHZ 175, 276 Rn. 15 ff. = NJW 2008, 1734 = WM 2008, 825.

bb) Wertpapierdienstleistung

Die Informations- oder Beratungspflichtverletzung muss „im Zusammenhang mit einer Wertpapierdienstleistung oder Wertpapiernebendienstleistung" erfolgt sein. Die Empfehlung des Beraters muss sich daher auf den **Erwerb eines Wertpapiers** iSd § 2 Abs. 1 WpHG gerichtet haben. Danach sind Wertpapiere, auch wenn keine Urkunden über sie ausgestellt sind, alle Gattungen von übertragbaren Wertpapieren mit Ausnahme von Zahlungsinstrumenten, die ihrer Art nach auf den Finanzmärkten handelbar sind. Dazu gehören insbesondere Aktien, andere Anteile an in- oder ausländischen juristischen Personen, Personengesellschaften und sonstigen Unternehmen, soweit sie Aktien vergleichbar sind, sowie Zertifikate, die Aktien vertreten, und Schuldtitel, wie insbesondere Genussscheine und Inhaberschuldverschreibungen und Orderschuldverschreibungen sowie Zertifikate, die Schuldtitel vertreten, sowie sonstige Wertpapiere, die zum Erwerb oder zur Veräußerung von Wertpapieren berechtigen oder zu einer Barzahlung führen, die in Abhängigkeit von Wertpapieren, von Währungen, Zinssätzen oder anderen Erträgen, von Waren, Indices oder Messgrößen bestimmt wird. Mangels Handelbarkeit auf den Finanzmärkten fallen damit nicht unter § 37a WpHG aF Beteiligungen an geschlossenen Fonds.[224] 754

Die Verjährungsvorschrift des § 37a WpHG aF erfasst ua auch zu Spekulationszwecken geschlossene **Zinssatz- oder Währungs-Swap-Verträge**. Denn dabei handelt es sich um Derivate im Sinne der Begriffsbestimmungen des WpHG. Im Hinblick auf die vielfältigen Änderungen des WpHG hat der XI. Zivilsenat des BGH dies mit Urteil vom 28. April 2015 zunächst für die gemäß § 2 Abs. 2 Nr. 1 Buchst. c, Abs. 2b und 3 Satz 1 Nr. 9 WpHG in der Zeit zwischen dem 1. November 2007 und 25. März 2009 geltenden Fassung festgestellt.[225] Mit Urteil vom 22. März 2016 hat er dies sodann auf die Zeit zwischen dem 30. Oktober 2004 und dem 19. Januar 2007 erweitert.[226] Da § 2 Abs. 2 Nr. 3, Abs. 2a Satz 1, Abs. 3a Nr. 3 WpHG zum 20. Januar 2007 keine Änderungen erfahren haben, erfasst diese Klärung auch die Zeit vom 20. Januar 2007 bis zum 31. Oktober 2007. 755

cc) Verschulden

Die kurze Verjährungsfrist des § 37a WpHG aF gilt allerdings nur für **fahrlässig begangene Pflichtverletzungen**. Ihr unterfallen nach dem Wortlaut der Norm und seinem Sinn und Zweck einer Begrenzung der Haftung von Anlageberatern nicht nur vertragliche Ansprüche, sondern auch etwaige deliktische Ansprüche aus fahrlässiger Schutzgesetzverletzung.[227] 756

Auf **vorsätzliche Beratungspflichtverletzungen** ist dagegen die Regelverjährung der §§ 195, 199 BGB anwendbar.[228] Insoweit werden die allgemeinen Verjährungsvorschrif- 757

---

[224] Vgl. BGH Urt. v. 9.2.2006 – III ZR 20/05, NJW-RR 2006, 685 Rn. 32 = WM 2006, 668.

[225] BGH Urt. v. 28.4.2015 – XI ZR 378/13 = BGHZ 205, 117 Rn. 46 = NJW 2015, 2248 = WM 2015, 1273; BGH Urt. v. 26.7.2016 – XI ZR 352/14, BKR 2017, 83 Rn. 23.

[226] BGH Urt. v. 22.3.2016 – XI ZR 425/14, NJW 2016, 2949 Rn. 47 = WM 2016, 821.

[227] BGH Urt. v. 8.3.2005 – XI ZR 170/04, BGHZ 162, 306, 311 f. = NJW 2005, 1579 = WM 2005, 929; BGH Urt. v. 19.12.2006 – XI ZR 56/05, BGHZ 170, 226 Rn. 13, 15 = NJW 2007, 1876 = WM 2007, 487; BGH Urt. v. 30.10.2014 – III ZR 493/13, NJW-RR 2015, 365 Rn. 31 = WM 2014, 2310.

[228] BGH Urt. v. 8.3.2005 – XI ZR 170/04, BGHZ 162, 306, 312 = NJW 2005, 1579 = WM 2005, 929; BGH Urt. v. 19.12.2006 – XI ZR 56/05, BGHZ 170, 226 Rn. 20 = NJW 2007, 1876 = WM 2007, 487; BGH Urt. v. 24.9.2013 – XI ZR 204/12, NJW 2013, 3574 Rn. 35 = WM 2013, 2065; BGH Urt. v. 30.10.2014 – III ZR 493/13, NJW-RR 2015, 365 Rn. 39 = WM 2014, 2310; BGH Urt. v. 27.11.2014 – III ZR 294/13, NJW-RR 2015, 368 Rn. 8 = WM 2015, 67; BGH Urt. v. 28.4.2015 – XI ZR 378/13 = BGHZ 205, 117 Rn. 73 = NJW 2015, 2248 = WM 2015, 1273.

ten von § 37a WpHG aF nicht verdrängt; dies ergibt sich aus dem – vor allem auch in der Gesetzesbegründung[229] niedergelegten – Zweck dieser Norm.[230] Insoweit genügt es, wenn das Beratungsunternehmen seine Aufklärungspflichtverletzung zumindest für möglich gehalten hat, dh also „bedingter Vorsatz“ vorliegt.[231] Unterlässt es die beratende Bank, etwa über die Vereinnahmung von Rückvergütungen aufzuklären, fällt ihr Vorsatz nur zur Last, wenn ihr die Rechtswidrigkeit des Verhaltens bewusst ist oder sie im Sinne des bedingten Vorsatzes jedenfalls für möglich hält. Ein Rechtsirrtum schließt Vorsatz aus.[232]

758 Vorsatz kann auch in Form eines vorsätzlichen **Organisationsverschuldens** vorliegen. Ein solches ist etwa anzunehmen, wenn ein Wertpapierdienstleistungsunternehmen in Kenntnis seiner Verpflichtung zur Aufklärung es gleichwohl unterlassen hat, seine als Berater tätigen Mitarbeiter anzuweisen, die Kunden entsprechend aufzuklären.[233] Auch insoweit genügt es, wenn das Unternehmen das Bestehen einer Aufklärungspflicht zumindest nur für möglich hält.[234]

759 Die **Darlegungs- und Beweislast** für vorsätzliches Handeln trägt nicht der geschädigte Anleger, weil sich dieser insoweit auf § 280 Abs. 1 Satz 2 BGB berufen kann, so dass die beratende Bank, die sich auf die Verjährungsfrist des § 37a WpHG aF beruft, beweisen muss, dass sie die Pflichtverletzung nicht vorsätzlich begangen hat.[235]

c) Beginn der Verjährung

760 Nach der Rechtsprechung des BGH beginnt die – ***tagegenau*** zu berechnende – Verjährung nach § 37a WpHG aF im Zeitpunkt des Erwerbs der Wertpapiere durch den Anleger. Mit dem **„Erwerb der Wertpapiere“** ist – was der XI. Zivilsenat des BGH mit Urteil vom 24. März 2015 nochmals bestätigt hat – nicht erst das dingliche Ausführungsgeschäft, sondern bereits der ***schuldrechtliche Vertragsschluss*** gemeint.[236] Dies legt bereits der Wortlaut des § 37a WpHG aF nahe, der im Zusammenhang mit der für den Verjährungsbeginn maßgeblichen Anspruchsentstehung an die Beratungsleistung und damit an den anschließenden schuldrechtlichen Erwerbsvorgang anknüpft. Vor allem aber ist der Anleger von diesem Zeitpunkt an nicht lediglich dem – bei spekulativen Wertpapieranlagen erhöhten – Risiko eines Vermögensnachteils ausgesetzt, sondern bereits geschädigt. Das entspricht der Rechtsprechung des BGH zur Frage der Entstehung des Schadensanspruchs nach § 199 Abs. 1 Nr. 1 BGB.

---

[229] Vgl. BT-Drucks. 13/8933, S. 97.

[230] BGH Urt. v. 8.3.2005 – XI ZR 170/04, BGHZ 162, 306, 311 f. = NJW 2005, 1579 = WM 2005, 929.

[231] BGH Urt. v. 12.5.2009 – XI ZR 586/07, NJW 2009, 2298 Rn. 14 = WM 2009, 1274; BGH Urt. v. 30.10.2014 – III ZR 493/13, NJW-RR 2015, 365 Rn. 42 = WM 2014, 2310.

[232] BGH Urt. v. 19.12.2006 – XI ZR 56/05, BGHZ 170, 226 Rn. 25 = NJW 2007, 1876 = WM 2007, 487; BGH Urt. v. 12.5.2009 – XI ZR 586/07, NJW 2009, 2298 Rn. 21 = WM 2009, 1274; BGH Urt. v. 15.7.2014 – XI ZR 418/13, NJW 2014, 2951 Rn. 14 = WM 2014, 1670.

[233] BGH Urt. v. 27.11.2014 – III ZR 294/13, NJW-RR 2015, 368 Rn. 8 = WM 2015, 67.

[234] BGH Urt. v. 30.10.2014 – III ZR 493/13, NJW-RR 2015, 365 Rn. 42 = WM 2014, 2310.

[235] BGH Urt. v. 12.5.2009 – XI ZR 586/07, NJW 2009, 2298 Rn. 16 ff. = WM 2009, 1274; BGH Urt. v. 15.7.2014 – XI ZR 418/13, NJW 2014, 2951 Rn. 14 = WM 2014, 1670; BGH Urt. v. 24.3.2015 – XI ZR 278/14, NJW-RR 2015, 1076 Rn. 17 = WM 2015, 1181; BGH Urt. v. 22.3.2016 – XI ZR 93/15, NJW-RR 2016, 1063 Rn. 23 = WM 2016, 827.

[236] BGH Urt. v. 24.3.2015 – XI ZR 278/14, NJW-RR 2015, 1076 Rn. 19 = WM 2015, 1181.

9. Sonderverjährung nach § 197 BGB aF

Für Altfälle aus der Zeit vor dem 1. Januar 2002 ist darauf hinzuweisen, dass ein Schadensersatzanspruch auf entgangene Anlagezinsen der kurzen (vierjährigen) Verjährung nach § 197 BGB in der bis zum 31. Dezember 2001 geltenden Fassung unterliegt. Denn er ist – ähnlich wie es der BGH für andere Zinsansprüche entschieden hat[237] – auf „regelmäßig wiederkehrende Leistungen" im Sinne dieser Vorschrift gerichtet und deshalb in den Anwendungsbereich des § 197 BGB aF einzubeziehen.[238] Dies gilt etwa auch für die Zins- und Tilgungsleistungen, die ein Darlehensnehmer bei Nichtigkeit des Darlehensvertrags aus Bereicherungsrecht zurückverlangt.[239] Dagegen unterfallen Schadensersatzansprüche wegen Verschuldens bei Vertragsschluss, bei denen zunächst eine wirksame vertragliche Verpflichtung des arglistig getäuschten Kreditnehmers bestand, auch insoweit nicht der kurzen Verjährungsfrist des § 197 BGB aF, als sie auf Rückzahlung geleisteter Raten gerichtet sind.[240] 761

10. Verjährungsklauseln in AGB

Verjährungsklauseln in Allgemeinen Geschäftsbedingungen unterliegen der Inhaltskontrolle nach § 307 BGB, wenn sie von der nach § 202 Abs. 2 BGB dispositiven gesetzlichen Regelverjährungsfrist des § 195 BGB abweichen.[241] Die Regelverjährungsfrist nach § 195 BGB von drei Jahren gehört zu den wesentlichen Grundgedanken des Verjährungsrechts, so dass bei einer Abweichung davon in Allgemeinen Geschäftsbedingungen nach § 307 Abs. 2 Nr. 1 BGB im Zweifel eine unangemessene Benachteiligung des Vertragspartners anzunehmen ist. Diese Vermutung kann aber widerlegt werden, wenn die betreffende Klausel auf Grundlage einer umfassenden Interessenabwägung in ihrer Gesamtheit den Kunden nicht unangemessen benachteiligt.[242] Eine Verkürzung der Verjährungsfrist zu Lasten des Anlegers ist daher mangels denkbarer Vorteile in der Regel unwirksam. 762

Die in einem Emissionsprospekt verwendete Klausel 763

„Alle etwaigen Schadensersatzansprüche aus der Beteiligung verjähren mit Ablauf von sechs Monaten seit Kenntniserlangung des Anlegers von den unzutreffenden und/oder unvollständigen Angaben, spätestens jedoch drei Jahre nach Beitritt zu der Beteiligungsgesellschaft."

---

237 BGH Beschl. v. 2.3.1993 – XI ZR 133/92, NJW 1993, 1384 = WM 1993, 752 und BGH Urt. v. 5.10.1993 – XI ZR 180/92, NJW 1993, 3318, 3320 = WM 1993, 2041 (für Anspruch auf Verzugszinsen); BGH Urt. v. 10.7.1986 – III ZR 133/85, BGHZ 98, 174, 181 = NJW 1986, 2564 = WM 1986, 991; BGH Urt. v. 23.10.1990 – XI ZR 313/89, BGHZ 112, 352, 354 = NJW 1991, 220 = WM 1990, 1989; BGH Urt. v. 12.10.1993 – XI ZR 11/93, NJW 1993, 3257, 3258 = WM 1993, 2003 (für in regelmäßigen Abständen entstandene Bereicherungsansprüche auf Rückzahlung überzahlter Zinsen); BGH Urt. v. 15.2.2000 – XI ZR 76/99, NJW 2000, 1637, 1638 = WM 2000, 811 (für Anspruch auf Herausgabe von Zinsnutzungen aus einem Geldbetrag).

238 BGH Urt. v. 15.7.2014 – XI ZR 418/13, NJW 2014, 2951 Rn. 40 = WM 2014, 1670.

239 BGH Urt. v. 6.12.2016 – XI ZR 257/15, BeckRS 2016, 113674 Rn. 38.

240 BGH Urt. v. 10.11.2009 – XI ZR 252/08, BGHZ 183, 112 Rn. 43 ff. = NJW 2010, 596 = WM 2009, 2366.

241 BGH Urt. v. 21.4.2015 – XI ZR 200/14, NJW 2015, 2571 Rn. 16 = WM 2015, 1232.

242 BGH Urt. v. 21.4.2015 – XI ZR 200/14, NJW 2015, 2571 Rn. 17 = WM 2015, 1232.

764 unterliegt der AGB-rechtlichen Kontrolle, weil es sich nicht um eine gesellschaftsvertragliche Regelung handelt und daher die Bereichsausnahme nach § 310 Abs. 4 BGB nicht einschlägig ist.[243] Sie ist bereits deshalb nach § 309 Nr. 7b BGB unwirksam, weil sie – wenn auch nur mittelbar – die Haftung auch für grobes Verschulden ausschließt.[244]

---

[243] BGH Urt. v. 23.4.2012 – II ZR 75/10, NJW-RR 2012, 1312 Rn. 29 = WM 2012, 1293.
[244] BGH Urt. v. 23.4.2012 – II ZR 75/10, NJW-RR 2012, 1312 Rn. 30 = WM 2012, 1293.

IX. Haftungsausschluss

1. Vertraglicher Haftungsausschluss

a) Individualvertraglicher Haftungsausschluss

Ein vertraglicher Haftungsausschluss für einen Beratungsfehler oder unrichtige Progno- 765
sen kann sich aus den Beratungsunterlagen ergeben. In der Praxis kommt dies allerdings kaum vor.

b) Allgemeine Geschäftsbedingungen

Bestimmungen in **Allgemeinen Geschäftsbedingungen**, die eine Freizeichnung oder 766
eine Haftungsbeschränkung, sei es auf bestimmte Verschuldensformen, sei es der Höhe nach, vorsehen, sind nach § 307 Abs. 1 Satz 1, Abs. 2 Nr. 2 BGB unwirksam. Sie würden nämlich wesentliche Rechte und Pflichten, die sich aus der Natur des Beratungsvertrags ergeben, so einschränken, dass die Erreichung des Vertragszwecks gefährdet wäre.[1] Aufgrund dessen enthalten die Allgemeinen Geschäftsbedingungen der Kreditinstitute hinsichtlich der Anlageberatung keine die gesetzlichen Regelungen einschränkenden Haftungsregelungen (siehe zB Nr. 3 AGB-Banken, Nr. 19 AGB-Sparkassen).

Formularmäßige Haftungsbeschränkungen einschließlich einer Verkürzung der Verjäh- 767
rungsfrist in dem **Verkaufsprospekt des Emittenten**, die nach ihrem Gesamtzusammenhang auch den Vermittler haftungsrechtlich entlasten sollen, sind im Verhältnis zwischen Anleger und Vermittler jedenfalls als überraschende Klausel gemäß § 305c Abs. 1 BGB unwirksam.[2]

2. Haftungsverzicht nach der Beratung

Eine nach erfolgter Beratung vereinbarte Freizeichnungsklausel hindert grundsätzlich 768
weder das Zustandekommen des Beratungsvertrags noch bringt sie die dem Grunde nach durch den Beratungsfehler bereits entstandene Schadensersatzpflicht wieder zu Fall. Eine erst in diesem Zeitpunkt vereinbarte Haftungsfreizeichnung stellt sich als **Erlass** künftig – dh mit dem Abschluss des schuldrechtlichen Erwerbsgeschäfts – entstehender Schadensersatzansprüche des Anlegers aus fehlerhafter Beratung dar.[3] Erlassverträge nach **§ 397 BGB** über noch nicht entstandene Ansprüche sind zwar zulässig. An die Feststellung des für eine solche Vereinbarung erforderlichen Erlasswillens sind aber strenge Anforderungen zu stellen; ein Verzichtswille darf nicht vermutet werden. Das gilt auch für die Annahme eines Verzichts auf künftige Ansprüche. Da bei Erklärungen, die als Verzicht, Erlass oder in ähn-

---

[1] BGH Urt. v. 16.3.2017 - III ZR 489/16, BeckRS 2017, 105998 Rn. 30 = WM 2017, 708.

[2] BGH Urt. v. 11.12.2003 – III ZR 118/03, NJW-RR 2004, 780 = WM 2004, 278; BGH, Urt. v. 9.2.2006 – III ZR 20/05, NJW-RR 2006, 685 Rn. 31 = WM 2006, 668.

[3] BGH Urt. v. 15.7.2016 – V ZR 168/15, BeckRS 2016, 20154 Rn.35 mwN = WM 2016, 2344.

licher Weise rechtsvernichtend gewertet werden sollen, das Gebot einer interessengerechten Auslegung beachtet werden muss und die der Erklärung zugrunde liegenden Umstände besondere Bedeutung haben, bedarf es konkreter Anhaltspunkte für die Feststellung des Willens des Anlegers, durch eine nachträglich vereinbarte Haftungsfreistellung auf Ansprüche aus fehlerhafter Beratung zu verzichten.[4]

[4] BGH Urt. v. 15.7.2016 – V ZR 168/15, BeckRS 2016, 20154 Rn.35 mwN = WM 2016, 2344.

X. Verwirkung, unzulässige Rechtsausübung

769 Das gesamte Zivilrecht wird von dem Grundsatz von **Treu und Glauben** (§ 242 BGB) überlagert. Treu und Glauben bilden auch im Rahmen der Anlageberatungshaftung eine immanente Inhaltsbegrenzung. Die gegen § 242 BGB verstoßende „Rechtsausübung" oder Ausnutzung einer „Rechtslage" ist als Rechtsüberschreitung missbräuchlich und unzulässig. Insoweit gelten die allgemeinen Grundsätze.[1] Welche Anforderungen sich aus Treu und Glauben ergeben, lässt sich nur unter Berücksichtigung der Umstände des Einzelfalls entscheiden. Allerdings ist dabei Zurückhaltung geboten, damit nicht die Rechtsprechung zu einer Billigkeitsjustiz ausartet.

1. Verwirkung

770 Die Verwirkung schließt als ein Fall der unzulässigen Rechtsausübung (§ 242 BGB) die illoyal verspätete Geltendmachung eines Rechts aus. Dieser **Tatbestand** ist dann erfüllt, wenn sich der Verpflichtete wegen der Untätigkeit des Anspruchsinhabers über einen gewissen Zeitraum hin („Zeitmoment") bei objektiver Beurteilung darauf einrichten darf und eingerichtet hat, dieser werde sein Recht nicht mehr geltend machen („Umstandsmoment"); zu dem Zeitablauf müssen also besondere, auf dem Verhalten des Berechtigten beruhende Umstände hinzutreten, die das Vertrauen des Verpflichteten rechtfertigen, nicht mehr in Anspruch genommen zu werden.[2]

771 In der Regel fehlt es bereits an den für das **Umstandsmoment** erforderlichen Anhaltspunkten im Verhalten der Anleger, aufgrund derer sich die Bank darauf hätte einrichten dürfen, nicht mehr in Anspruch genommen zu werden. Sie muss sich im Hinblick auf das Verhalten des Geschädigten darauf eingerichtet haben, dieser werde das ihm zustehende Recht nicht mehr geltend machen. Der bloße Irrtum des Schädigers, ein Anspruch werde nicht mehr geltend gemacht, reicht dafür nicht aus. Erforderlich ist vielmehr eine Vermögensdisposition, die der Schädiger gerade im Hinblick auf das bei ihm erweckte Vertrauen vorgenommen hat und die sich im Hinblick auf seinen Irrtum als nachteilig erweist.[3] Der BGH hat ua folgende Einwände für nicht durchgreifend erachtet:

- Einer bloß **mangelnden Nachfrage** des Anlegers kommt im Grundsatz keine Bedeutung zu. Denn er darf davon ausgehen, dass der Anlageberater auf aufklärungspflichtige Umstände von sich aus hinweist.[4] Daher ist es nicht treuwidrig, wenn der Anleger, der zB nicht wegen möglicher Rückvergütungen nachgefragt hat, sich später auf die Aufklärungspflichtverletzung beruft.[5]
- Die Bank kann sich nicht darauf berufen, nach Ablauf der sechs- bzw. zehnjährigen **handelsrechtlichen Aufbewahrungsfrist** (§ 257 Abs. 1 und 4 HGB) den das Darlehen betreffenden Schriftverkehr und die Vertragsunterlagen im Wesentlichen vernichtet zu

[1] Vgl. Palandt/*Grüneberg* § 242 Rn. 38 ff., 87 ff.

[2] Vgl. nur BGH Urteil vom 28.3.2006 – XI ZR 425/04, BGHZ 167, 25 Rn. 35 = NJW-RR 2006, 1277 = WM 2006, 1055; BGH Urt. v. 5.7.2011 – XI ZR 306/10, WM 2011, 2088 Rn. 42.

[3] BGH Urt. v. 12.2.1986 – IVa ZR 76/84, NJW-RR 1986, 1102, 1103 = WM 1986, 517.

[4] BGH Beschl. v. 19.7.2011 – XI ZR 191/10, NJW 2011, 3229 Rn. 9 = WM 2011, 1506.

[5] BGH Beschl. v. 19.7.2011 – XI ZR 191/10, NJW 2011, 3229 Rn. 9 = WM 2011, 1506.

haben. Denn dies beruht nicht auf einem Verhalten der Anleger und begründet damit für sich genommen keinen entsprechenden Vertrauenstatbestand.[6]

- Ebenso wenig kann die Bank geltend machen, sie habe deshalb berechtigterweise darauf vertrauen dürfen, dass der Anleger keine Schadensersatzansprüche mehr gegen sie erheben würden, weil das zugrunde liegende **Zwischenfinanzierungsdarlehen** bereits vor 12 Jahren – nach nur sieben Monaten – wieder vollständig zurückgeführt worden sei, so dass wegen der kurzen Laufzeit für die Bank auch nur ein begrenztes Ertragspotential bestanden habe. Der kurzfristigen Rückführung des von Anfang an nur zur Zwischenfinanzierung gedachten Darlehens kommt im Hinblick auf die künftige Geltendmachung von Schadensersatzansprüchen aus vorvertraglicher Aufklärungspflichtverletzung keinerlei Erklärungswert zu.[7]
- Der Einwand, der Anleger hätte schon kurze Zeit nach Inbetriebnahme des finanzierten Hotelappartements **Kenntnis von dessen Unwirtschaftlichkeit** gehabt, ohne Schadensersatzansprüche gegenüber der Bank geltend zu machen, so dass diese habe annehmen dürfen, dies werde auch zukünftig nicht geschehen, ist ebenfalls unbegründet. Allein die bloße – auch langwährende – Untätigkeit des Berechtigten als solche schafft noch keinen Vertrauenstatbestand für den Verpflichteten, vom Berechtigten nicht mehr in Anspruch genommen zu werden.[8]
- Der bloße Einwand im Zusammenhang mit einer als „bankgeprüft" bezeichneten und empfohlenen Kommanditbeteiligung, der Anleger habe **acht Jahre** bis zur Klageerhebung zugewartet und dabei möglicherweise auch **spekulative Überlegungen** angestellt, reicht zur Begründung einer Verwirkung nicht aus.[9]

2. Unzulässige Rechtsausübung

772 Da die Verwirkung nur ein Unterfall der unzulässigen Rechtsausübung wegen der illoyal verspäteten Geltendmachung von Rechten ist,[10] ist dann, wenn die Voraussetzungen der Verwirkung nicht vorliegen, im Einzelfall auch noch zu prüfen, ob die Geltendmachung eines Schadensersatzanspruchs eine unzulässige Rechtsausübung aus sonstigen Gründen darstellt und deshalb in Widerspruch zu § 242 BGB steht.

773 So stellt es zB ein **widersprüchliches Verhalten** dar, wenn ein Anlageinteressent im Rahmen eines Beratungsgesprächs nach der Höhe der an die Bank fließenden Provision fragt und trotz ausdrücklicher Erklärung des Anlageberaters der Bank, ihm diese Höhe nicht mitzuteilen, das Anlagegeschäft gleichwohl abschließt, später jedoch von der Bank Schadensersatz wegen fehlender Aufklärung über die Rückvergütung verlangt.[11]

774 Dagegen ist es **nicht treuwidrig**, wenn ein Anleger, der ohne Vorliegen konkreter Verdachtsmomente nicht wegen möglicher Rückvergütungen oder sonstiger Beraterprovisionen nachgefragt hat, sich später auf die Aufklärungspflichtverletzung beruft. Denn aufgrund eines Beratungsvertrags hat die beratende Bank die Pflicht, den Anleger ungefragt nicht nur über das Ob, sondern auch über die Höhe einer von ihr erhaltenen Rückvergütung aufzuklären.[12]

---

[6] BGH Urt. v. 5.7.2011 – XI ZR 306/10, WM 2011, 2088 Rn. 44.
[7] BGH Urt. v. 5.7.2011 – XI ZR 306/10, WM 2011, 2088 Rn. 45.
[8] BGH Urt. v. 5.7.2011 – XI ZR 306/10, WM 2011, 2088 Rn. 46.
[9] BGH Urt. v. 12.2.1986 – IVa ZR 76/84, NJW-RR 1986, 1102, 1103 = WM 1986, 517.
[10] BGH Urt. v. 12.7.2016 – XI ZR 564/15, NJW 2016, 3512 Rn. 37 = WM 2016, 1930; BGH Urt. v. 12.7.2016 – XI ZR 501/15, NJW 2016, 3518 Rn. 40 = WM 2016, 1835.
[11] BGH Urt. v. 8.4.2014 – XI ZR 341/12, NJW 2014, 2348 Rn. 18 = WM 2014, 1036.
[12] BGH Urt. v. 15.3.2016 – XI ZR 122/14, NJW-RR 2016, 1187 Rn. 38 = WM 2016, 780.

XI. Darlegungs- und Beweislast

Fragen der Beweislast werden zwar teilweise bereits im Zusammenhang mit den einzelnen Voraussetzungen einer Haftung des Beraters angesprochen. Sie sollen an dieser Stelle aber nochmals im Zusammenhang dargestellt werden. 775

1. Pflichtverletzung

a) Grundsatz: Darlegungs- und Beweislast des Anlegers

aa) Allgemeines

Für eine Beratungspflichtverletzung trägt der Anleger die Darlegungs- und Beweislast. 776

Für die **Schlüssigkeit** seiner Schadensersatzklage muss der Anleger **darlegen**, dass und 777 in welcher Weise gerade der von ihm verklagte Anlageberater oder Anlagevermittler fehlerhaft beraten oder falsche oder ungenügende Auskünfte gegeben hat. Der Anleger ist allerdings – zumal nach Ablauf längerer Zeit – nicht gehalten, die genauen Formulierungen darzustellen, die der (beklagte) Anlageberater oder -vermittler beim Anlagegespräch gewählt hat. Es genügt, wenn er die (behaupteten) Angaben und Versäumnisse des Beraters oder Vermittlers in ihrem inhaltlichen **Kerngehalt** wiedergibt. Allerdings ist es in Anlegerschutzprozessen nicht selten zu beobachten, dass „standardisierte", offenbar aus Textbausteinen zusammengesetzte Schriftsätze eingereicht werden, denen es am nötigen Bezug auf den konkreten Fall und den ihm zugrunde liegenden spezifischen Sachverhalt fehlt. Dann kommt es darauf an, ob neben den üblichen längeren allgemein gehaltenen Passagen die vom Kläger eingereichten Schriftsätze auch Vortrag zum konkreten Fallgeschehen (darunter auch Angaben zu seinem Vorwissen und zu der Anbahnungssituation) enthalten.[1]

bb) Beratung anhand eines Prospekts

Soweit eine Beratung anhand eines Prospekts erfolgt, muss dieser ***rechtzeitig*** übergeben 778 werden. Die Beweislast dafür trägt der Anleger.[2] Ist der Prospekt ***unrichtig***, hat der Anlageberater die falschen Angaben richtig zu stellen. Die Darlegungs- und Beweislast, dass dies erfolgt ist, trägt der Anlageberater.[3] Das gilt auch dann, wenn die mündliche Beratung lediglich anhand des Prospekts erfolgt ist, ohne dass dem Anleger zuvor oder anschließend der Prospekt ausgehändigt worden ist.[4]

---

[1] BGH Urt. v. 6.12.2012 – III ZR 66/12, NJW-RR 2013, 296 Rn. 15 = WM 2013, 68.

[2] BGH Urt. v. 11.5.2006 – III ZR 205/05, NJW-RR 2006, 1345 Rn. 6 ff. = WM 2006, 1288; BGH Urt. v. 6.12.2012 – III ZR 66/12, NJW-RR 2013, 296 Rn. 16 = WM 2013, 68; BGH Urt. v. 24.4.2014 – III ZR 389/12, NJW-RR 2014, 1075 Rn. 9 f.

[3] BGH Beschl. v. 17.9.2009 – XI ZR 264/08, BKR 2009, 471 Rn. 5; BGH Beschl. v. 19.7.2011 – XI ZR 191/10, NJW 2011, 3229 Rn. 15 = WM 2011, 1506.

[4] BGH Urt. v. 3.12.2007 – II ZR 21/06, BKR 2008, 163 Rn. 17 f. = WM 2008, 391.

cc) Beratungsdokumentation

779 Ist dagegen aus dem Beratungsbogen positiv ein **Beratungsfehler ersichtlich** (zB abschließender Hinweis auf die – unzutreffende – Höhe einer Rückvergütung oder Provision), kann dies zumindest ein Indiz für einen Beratungsfehler darstellen. Umgekehrt kann dem Kunden auch der Inhalt des Protokolls entgegengehalten werden. Unterzeichnet der Kunde den Beratungsbogen und bestätigt er nicht nur dessen Empfang, so muss er die darin enthaltenen Angaben nach allgemeinen Grundsätzen (vgl. § 416 ZPO) gegen sich gelten lassen, auch wenn der Bogen nicht von ihm selbst, sondern vom Berater durch Ankreuzen vorgegebener verschiedener Antworten ausgefüllt worden ist.[5]

780 Die aufsichtsrechtlichen **Dokumentationspflichten** (zB § 34 Abs. 2a WpHG) haben im Rahmen der Beweislast keine unmittelbare Bedeutung. Insbesondere führt eine nicht rechtzeitige, unterbliebene, unvollständige oder fehlerhafte Dokumentation nicht zu einer Umkehr der Beweislast zu Lasten der Bank. Entsprechende Bestrebungen des Bundesrates[6] zur Normierung einer solchen Beweislastumkehr im Gesetzgebungsverfahren zum Anlegerschutz- und Funktionsverbesserungsgesetz, das am 1. Juli 2011 in Kraft getreten ist,[7] sind erfolglos geblieben. Fehlende Hinweise über die Risikoaufklärung in dem Beratungsprotokoll begründen daher keinen Beweis für eine mangelhafte Risikoaufklärung. Aus einer Verletzung von Dokumentationsobliegenheiten ergeben sich weder eine Beweislastumkehr noch Beweiserleichterungen, solange bei Abschluss des Geschäfts solche (zivilrechtlichen) Obliegenheiten nicht bestehen.[8]

b) Sekundäre Darlegungslast des Beraters

781 Hat der Anleger das Kerngeschehen der Beratungs- oder Vermittlungssituation dargelegt, trifft die Bank die **sekundäre Darlegungslast** dafür, wie sie die Aufklärung vorgenommen hat. Dadurch werden die mit dem Nachweis einer negativen Tatsache für den Anleger verbundenen Schwierigkeiten ausgeglichen. Die Bank muss somit die behauptete Fehlberatung substantiiert bestreiten und darlegen, wie im Einzelnen beraten bzw. aufgeklärt worden sein soll. Dem Anspruchsteller obliegt dann der Nachweis, dass diese Gegendarstellung nicht zutrifft.[9]

c) Bestreiten mit Nichtwissen

782 Eine andere Frage ist es, ob der Berater die von dem Anleger behauptete Aufklärungspflichtverletzung in zulässiger Weise **mit Nichtwissen (§ 138 Abs. 4 ZPO) bestreiten** kann. Nach § 138 Abs. 4 ZPO ist eine Erklärung mit Nichtwissen nur über Tatsachen zulässig, die weder eigene Handlungen der Partei noch Gegenstand ihrer eigenen Wahrnehmung gewesen sind. Bei einer **juristischen Person** kommt es insoweit auf die Organe an.[10]

---

[5] MüKoHGB/*Nobbe/Zahrte* Anlageberatung Rn. 115.

[6] BR-Drucks. 584/10 (Beschluss), S. 10.

[7] BGBl. 2011 I S. 538.

[8] BGH Urt. v. 24.1.2006 – XI ZR 320/04, BGHZ 166, 56 Rn. 17 f. = NJW 2006, 1429 = WM 2006, 567 (für Februar 2000); BGH Urt. v. 27.11.2012 – XI ZR 384/11, NJW 2013, 1223 Rn. 27 (für Februar 2007).

[9] BGH Urt. v. 24.1.2006 – XI ZR 320/04, BGHZ 166, 56 Rn. 15 = NJW 2006, 1429 = WM 2006, 567.

[10] BGH Urt. v. 22.4.2016 – V ZR 256/14, NJW-RR 2016, 1251 Rn. 20 mwN = WM 2016, 1384.

Nach der ständigen Rechtsprechung des BGH trifft die Partei in diesem Zusammenhang aber die Pflicht, die ihr möglichen Informationen von Personen einzuholen, die unter ihrer Anleitung, Aufsicht oder Verantwortung tätig geworden sind.[11] Bestreitet eine Partei trotz des Bestehens einer Informationspflicht mit Nichtwissen, ist dies unzulässig und führt dazu, dass der Vortrag des Gegners gemäß § 138 Abs. 3 ZPO als zugestanden gilt. Eine Ausnahme gilt nur dann, wenn sich für die Partei nach Einholen der Erkundigungen bei diesen Personen keine weiteren Erkenntnisse ergeben oder die Partei nicht beurteilen kann, welche von mehreren unterschiedlichen Darstellungen über den Geschehensablauf der Wahrheit entspricht, und sie das Ergebnis ihrer Erkundigungen in den Prozess einführt.[12]

Dies gilt auch dann, wenn sich der Berater oder Vermittler eines **Untervermittlers** bedient. 783 Die von der Rechtsprechung vorgenommene teleologische Reduktion von § 138 Abs. 4 ZPO findet ihre Rechtfertigung in der Überlegung, dass eine Partei sich nicht durch arbeitsteilige Organisation ihres Betätigungsbereichs ihren prozessualen Erklärungspflichten entziehen kann. Ansonsten würde sie gegenüber einer selbst handelnden Partei ohne sachlichen Grund privilegiert. Eine das Bestreiten mit Nichtwissen grundsätzlich ausschließende Arbeitsteilung liegt nicht nur bezogen auf Personen vor, die im engeren Sinne in die geschäftliche Organisation der Partei eingliedert sind. Unter der Verantwortung einer Partei im Sinne der Rechtsprechung des BGH werden auch Untervermittler tätig, denen sich eine Partei bedient. Hätten die Organe der juristischen Person die Beratungsgespräche selbst geführt, müssten sie sich zu dem von dem Anleger behaupteten Inhalt äußern, ohne diesen mit Nichtwissen bestreiten zu können. Dem können sie sich nicht dadurch entziehen, dass die Beratung Untervermittlern überlassen wird. Sie müssen sich vielmehr bei dem Untervermittler nach dem Gesprächsinhalt erkundigen und sich hierzu im Prozess substantiiert (§ 138 Abs. 2 ZPO) erklären. Insoweit findet die materiellrechtliche Haftung des Beraters für eine fehlerhafte Beratung eines Untervermittlers im Rahmen eines (stillschweigend) zustande gekommenen Beratungsvertrages ihre prozessuale Fortsetzung in einer Einschränkung der in § 138 Abs. 4 ZPO vorgesehenen Möglichkeit, die Behauptung des Gegners mit Nichtwissen zu bestreiten.[13]

Nach diesen Maßgaben genügt eine Bank ihrer **Erkundigungspflicht** zB nicht, wenn 784 sie bloß behauptet, die beteiligten Mitarbeiter des Untervermittlers könnten sich nicht erinnern oder diese seien nicht mehr auffindbar. Vielmehr muss sie darlegen, dass sie sich bei dem Untervermittler und deren Mitarbeitern danach erkundigt hat, ob der von dem Anleger behauptete Inhalt des Beratungsgesprächs zutrifft, und was das Ergebnis dieser Erkundigung war. Ein Bestreiten mit Nichtwissen kommt nur dann in Betracht, wenn die Bank glaubhaft machen kann, trotz aller zumutbarer Anstrengungen keine weiteren Informationen erhalten zu haben.[14]

d) Einzelfragen

Die Feststellung, ob der Anleger hinreichend aufgeklärt worden ist, ist eine **Frage des** 785 **Einzelfalls**.

---

[11] BGH Urt. v. 22.4.2016 – V ZR 256/14, NJW-RR 2016, 1251 Rn. 20 mwN = WM 2016, 1384.
[12] BGH Urt. v. 22.4.2016 – V ZR 256/14, NJW-RR 2016, 1251 Rn. 20 mwN = WM 2016, 1384.
[13] BGH Urt. v. 22.4.2016 – V ZR 256/14, NJW-RR 2016, 1251 Rn. 22 mwN = WM 2016, 1384.
[14] Vgl. BGH Urt. v. 22.4.2016 – V ZR 256/14, NJW-RR 2016, 1251 Rn. 26 = WM 2016, 1384.

786 Die Aufklärung über das **allgemeine Emittentenrisiko** bei Schuldverschreibungen und Zertifikaten kann durch die Aushändigung der „Basisinformationen zu Festverzinslichen Wertpapieren besonderer Art“ erfolgen, die einen ausdrücklichen und unmissverständlichen Hinweis auf das allgemeine Emittentenrisiko enthalten.[15] Dies kann auch dann der Fall sein, wenn die Aushändigung dieser Broschüre einige Jahre zurück liegt, der Anleger in der Zwischenzeit aber ähnlich strukturierte Zertifikate oder Fremdwährungsanleihen gezeichnet hatte.[16]

787 Beruft sich der Anleger auf eine Verletzung der Aufklärungspflicht der Bank über erhaltene Rückvergütungen oder sonstige Provisionen und ist zwischen den Parteien streitig, ob zwischen ihnen ein **Festpreis- oder ein Kommissionsgeschäft** zustande gekommen ist, trägt der Anleger die Darlegungs- und Beweislast für den Abschluss eines Kommissionsgeschäfts, weil nur dann die behauptete Aufklärungspflicht überhaupt besteht.[17]

788 Bei der Aufklärungspflicht in Bezug auf (verschwiegene) **Rückvergütungen** stellt sich bei Altfällen, die länger als 10 Jahre zurückliegen, die Frage, ob die – einer sekundären Darlegungslast unterliegende – Bank gemäß § 138 Abs. 4 ZPO **mit Nichtwissen bestreiten** darf, dass sie über das von ihr vereinnahmte Agio hinaus weitere Rückvergütungen von der Fondsgesellschaft erhalten hat. Nach den oben dargestellten Grundsätzen kann ein substantiierter Sachvortrag einer Partei unzumutbar sein, die nach Ablauf der handelsrechtlichen Aufbewahrungsfrist nicht mehr über bestimmte Unterlagen verfügt. Dies gilt aber nur, soweit die Partei glaubhaft macht, die Schriftstücke tatsächlich nicht mehr in ihren Händen zu haben. Allein der Fristablauf berechtigt eine Partei indessen keineswegs, Wissen aus noch vorhandenem Aktenmaterial Gericht und Gegner vorzuenthalten.[18]

789 Soweit nach der Rechtsprechung des BGH eine **Innenprovision von mehr als 15%** aufklärungspflichtig ist, genügt hierzu das unter Beweis gestellte Vorbringen des Anlegers, es sei die Zahlung einer Innenprovision in Höhe von 20% des Kaufpreises durch den Verkäufer erfolgt.[19] Dies gilt erst recht, wenn der Anleger noch des Weiteren vorträgt, der als Zeuge benannte Vertriebsmitarbeiter habe ihm dies durch Rückrechnung der ihm persönlich zugeflossenen Provision bestätigt.[20]

2. Kausalität

790 Die Pflichtverletzung des Anlageberaters muss für den Schaden des Anlegers kausal gewesen sein. Da es sich bei der Kausalität um eine anspruchsbegründende Tatbestandsvoraussetzung handelt, trifft nach **allgemeinen Grundsätzen** an sich den Geschädigten die Darlegungs- und Beweislast.[21] Etwas anderes gilt nur dann, wenn dem Geschädigten eine gesetzliche oder richterrechtliche Beweiserleichterung zugutekommt. Eine solche kann in Form einer einfachen Beweiserleichterung, eines Beweises des ersten Anscheins (Anscheinsbeweis, prima-facie-Beweis) oder einer Beweislastumkehr bestehen.

[15] BGH Urt. v. 27.9.2011 – XI ZR 178/10, NJW-RR 2012, 43 Rn. 32 = WM 2011, 2261.
[16] BGH Urt. v. 27.9.2011 – XI ZR 178/10, NJW-RR 2012, 43 Rn. 32 = WM 2011, 2261.
[17] BGH Urt. v. 17.9.2013 – XI ZR 332/12, BKR 2014, 32 Rn. 13 = WM 2013, 1983.
[18] BGH Urt. v. 10.10.1994 – II ZR 95/93, NJW 1995, 130, 131 = WM 1994, 2192.
[19] BGH Urt. v. 23.6.2016 – III ZR 308/15, NJW 2016, 3024 Rn. 19 ff. = WM 2016, 1333.
[20] BGH Urt. v. 23.6.2016 – III ZR 308/15, NJW 2016, 3024 Rn. 19 = WM 2016, 1333.
[21] Vgl. nur BGH Urt. v. 10.5.1994 – XI ZR 115/93, NJW 1994, 2541 f. = WM 1994, 1466; BGH Urt. v. 23.11.2004 – XI ZR 137/03, NJW 2005, 1113, 1114 = WM 2005, 270.

a) Vermutung aufklärungsrichtigen Verhaltens

aa) Allgemeines

Im Bereich des Kapitalanlagerechts kommt dem Anleger nach der – vom Bundesverfassungsgericht gebilligten[22] – Rechtsprechung des BGH dem Anleger im Fall einer Aufklärungs- oder Beratungspflichtverletzung eine widerlegliche **Vermutung aufklärungs- und beratungsrichtigen Verhaltens** zu. Diese Vermutung gilt für alle Aufklärungs- und Beratungsfehler eines Anlageberaters und -vermittlers.[23] Sie wird damit begründet, dass der Zweck der Aufklärungs- und Beratungspflichten nur erreicht wird, wenn Unklarheiten, die durch eine Aufklärungspflichtverletzung bedingt sind, zu Lasten des Aufklärungspflichtigen gehen und dieser die Nichtursächlichkeit seiner Pflichtverletzung zu beweisen hat.[24] Danach muss der aufklärungspflichtige Berater darlegen und beweisen, dass der Anleger die Kapitalanlage auch bei ordnungsgemäßer Aufklärung erworben hätte, dh der Schaden auch eingetreten wäre, wenn er sich pflichtgemäß verhalten hätte, der Geschädigte den Rat oder Hinweis also unbeachtet gelassen hätte.[25] 791

Innerhalb des BGH ist allerdings **umstritten**, ob es sich bei dieser „Vermutung" um einen Anwendungsfall des Anscheinsbeweises,[26] um eine tatsächliche Vermutung, die durch konkreten Vortrag „entkräftet" werden kann,[27] oder um eine (echte) **Umkehr der Beweislast** handelt.[28] Richtigerweise handelt es sich dabei um eine tatsächliche widerlegliche Vermutung, die zu einer Beweislastumkehr führt, weil nur so der Zweck der Aufklärungs- und Beratungspflichten erreicht wird. Ein Anwendungsfall des Anscheinsbeweises liegt von vornherein nicht vor; dieser gilt nur für typische Geschehensabläufe, nicht aber für individuell geprägte Verhaltensweisen wie die Ursächlichkeit einer fehlerhaften Bera- 792

---

[22] BVerfG, NJW 2012, 443 Rn. 20 = WM 2012, 68.

[23] BGH Urt. v. 8.5.2012 – XI ZR 262/10, BGHZ 193, 159 Rn. 28 mwN = NJW 2012, 2427 = WM 2012, 1337; BGH Urt. v. 29.4.2014 – XI ZR 130/13, BGHZ 201, 55 Rn. 34 = NJW 2014, 2945 = WM 2014, 1221 (Aussetzung der Anteilsrücknahme).

[24] Vgl. BGH Urt. v. 5.7.1973 – VII ZR 12/73, BGHZ 61, 118, 121 f. = WM 1973, 1015; BGH Urt. v. 19.2.1975 – VIII ZR 144/73, BGHZ 64, 46, 51 f. = NJW 1975, 824 = WM 1975, 645; BGH Urt. v. 16.11.1993 – XI ZR 214/92, BGHZ 124, 151, 160 = NJW 1994, 512 = WM 1994, 149; BGH Urt. v. 8.5.2012 – XI ZR 262/10, BGHZ 193, 159 Rn. 35 = NJW 2012, 2427 = WM 2012, 1337.

[25] BGH Urt. v. 8.5.2012 – XI ZR 262/10, BGHZ 193, 159 Rn. 28 mwN = NJW 2012, 2427 = WM 2012, 1337; BGH Urt. v. 15.3.2016 – XI ZR 122/14, NJW-RR 2016, 1187 Rn. 17 = WM 2016, 780.

[26] So BGH Urt. v. 30.9.1993 – IX ZR 73/93, BGHZ 123, 311, 314 = NJW 1993, 3259 = WM 1994, 78 (IX. ZS); BGH Urt. v. 9.6.1994 – IX ZR 125/93, BGHZ 126, 217, 223 = NJW 1994, 3295 = WM 1994, 2113 (IX. ZS); BGH Beschl. v. 15.5.2014 – IX ZR 267/12, NJW 2014, 2795 Rn. 2 = WM 2014, 1379 (IX. ZS) für Verträge mit Rechts- u Steuerberatern; insoweit ist BGH Urt. v. 17.10.1989 – XI ZR 158/88, NJW 1990, 827 = WM 1990, 188 überholt.

[27] So BGH Urt. v. 14.42011 – III ZR 27/10, NJW-RR 2011, 1139 Rn. 13 (III. ZS); BGH Urt. v. 16.3.2017 - III ZR 489/16, BeckRS 2017, 105998 Rn. 32 = WM 2017, 708; offengelassen von: BGH Urt. v. 9.2.2006 – III ZR 20/05, NJW-RR 2006, 685 Rn. 23 = WM 2006, 668 (III. ZS); BGH Urt. v. 11.2.2014 – II ZR 273/12, NZG 2014, 432 Rn. 11 = WM 2014, 661 (II. ZS); BGH Urt. v. 15.7.2016 – V ZR 168/15, BeckRS 2016, 20154 Rn. 21 = WM 2016, 2344 (V. ZS).

[28] So BGH Urt. v. 5.7.1973 – VII ZR 12/73, BGHZ 61, 118, 120 ff. = WM 1973, 1015 (VII. ZS); BGH Urt. v. 19.2.1975 – VIII ZR 144/73, BGHZ 64, 46, 51 = NJW 1975, 824 = WM 1975, 645 (VIII. ZS); BGH Urt. v. 16.11.1993 – XI ZR 214/92, BGHZ 124, 151, 160 = NJW 1994, 512 = WM 1994, 149 (XI. ZS); BGH Urt. v. 8.5.2012 – XI ZR 262/10, BGHZ 193, 159 Rn. 29 = NJW 2012, 2427 = WM 2012, 1337 (XI. ZS); BGH Urt. v. 22.3.2010 – II ZR 66/08, NJW-RR 2010, 952 Rn. 23 = WM 2010, 972 (II. ZS).

tung.[29] In der Entscheidungspraxis des BGH hat sich dieser Meinungsstreit um die Rechtsnatur der Vermutung aufklärungs- und beratungsrichtigen Verhaltens allerdings – soweit ersichtlich – noch in keinem Fall als entscheidungserheblich herausgestellt.

793 Entgegen der früheren Rechtsprechung des BGH ist die Beweislastumkehr nicht davon abhängig, dass es für den Vertragspartner nicht mehrere, sondern vernünftigerweise nur eine Möglichkeit aufklärungsrichtigen Verhaltens gab, die gehörige Aufklärung beim Vertragspartner also keinen **Entscheidungskonflikt** ausgelöst hätte.[30] Diese Voraussetzung, die der XI. Zivilsenat ursprünglich der Rechtsprechung zur – insoweit anders gelagerten – Arzthaftung entnommen hatte, hat er zu Recht aufgegeben.[31] Sie hat in der Praxis kaum eine Rolle gespielt und widerspricht dem mit der Beweislastumkehr verfolgten Schutzzweck.[32]

bb) Reichweite

794 Erwirbt der Anleger aufgrund eines Beratungsgesprächs **mehrere Produkte** und unterläuft dem Berater eine Aufklärungspflichtverletzung nur im Hinblick auf ein einzelnes Produkt, greift die Vermutung aufklärungsrichtigen Verhaltens auch nur insoweit ein. Behauptet der Anleger, dass er bei gehöriger Aufklärung den Geschäftskontakt insgesamt abgebrochen und auch die anderen Anlageprodukte nicht erworben hätte, trägt er hierfür die volle Darlegens- und Beweislast.[33]

795 Wegen der Vermutung aufklärungsrichtigen Verhaltens bedarf es für die Feststellung der Kausalität im Rahmen der Berater- und Vermittlerhaftung keines Rückgriffs auf die vom BGH in anderem Zusammenhang herangezogene sog. **Anlagestimmung**. Diese spielt eine Rolle bei der Prospekthaftung für den Kausalzusammenhang zwischen einem prospektierten Unternehmensbericht und dem Kaufentschluss des Anlegers. Der Ursachenzusammenhang wird hier im Falle eines Erwerbs der Aktien nach Veröffentlichung des Unternehmensberichts auch dann vermutet, wenn der Anleger den Bericht nicht gelesen oder nicht gekannt hat. Ausschlaggebend ist, dass der Bericht die Einschätzung eines Wertpapiers in Fachkreisen mitbestimmt und damit eine sog. Anlagestimmung erzeugt. Diese Stimmung kann der Erwerber für die Dauer von bis zu 12 Monaten für sich in Anspruch nehmen.[34]

b) Widerlegung der Vermutung

796 Zur **Widerlegung der Kausalitätsvermutung** muss die beratende Bank den Beweis führen, dass der Anleger die empfohlene Kapitalanlage auch bei ordnungsgemäßer Aufklärung erworben hätte. Dazu kann sich der darlegungs- und beweispflichtige Berater zum

[29] MüKoHGB/*Nobbe/Zahrte* Anlageberatung Rn. 301.

[30] So noch BGH Urt. v. 16.11.1993 – XI ZR 214/92, BGHZ 124, 151, 161 = NJW 1994, 512 = WM 1994, 149; BGH Urt. v. 19.9.2006 – XI ZR 204/04, BGHZ 169, 109 Rn. 43 = NJW 2007, 357 = WM 2006, 2343; BGH Beschl. v. 9.3.2011 – XI ZR 191/10, NJW 2011, 3227 Rn. 34 = WM 2011, 925.

[31] So wohl schon zuvor BGH Urt. v. 9.2.2006 – III ZR 20/05, NJW-RR 2006, 685 Rn. 24 = WM 2006, 668 (III. ZS).

[32] BGH Urt. v. 8.5.2012 – XI ZR 262/10, BGHZ 193, 159 Rn. 35 f. = NJW 2012, 2427 = WM 2012, 1337; so nunmehr auch für die Beraterhaftung des Verkäufers einer Immobilie BGH Urt. v. 15.7.2016 – V ZR 168/15, BeckRS 2016, 20154 Rn. 16 ff. = WM 2016, 2344.

[33] BGH Urt. v. 19.12.2006 – XI ZR 56/05, BGHZ 170, 226 Rn. 27 = NJW 2007, 1876 = WM 2007, 487; BGH Urt. v. 12.5.2009 – XI ZR 586/07, NJW 2009, 2298 Rn. 22 = WM 2009, 1274.

[34] Vgl. dazu BGH Urt. v. 14.7.1998 – XI ZR 173/97, BGHZ 139, 225, 233 = NJW 1998, 3345 = WM 1998, 1772.

einen auf Haupttatsachen und zum anderen auf Hilfstatsachen (Indizien) berufen. Für die Anforderungen an die Darlegungslast und die Beweisführung ist danach zu unterscheiden:

aa) Haupttatsache

797 **(1) Allgemeines.** Zur Darlegung der Haupttatsache muss der Berater behaupten, dass der Anleger die empfohlene Kapitalanlage auch bei Kenntnis des aufklärungsbedürftigen Umstandes erworben hätte. Damit wird die entscheidungserhebliche Tatsache – Fehlen der haftungsbegründenden Kausalität zwischen Pflichtverletzung und Schaden – unmittelbar selbst zum Gegenstand des Beweisantrags gemacht. Stellt sich der Sachvortrag in der Beweisaufnahme als richtig heraus, steht die fehlende Kausalität der Pflichtverletzung fest. Weitere Einzelheiten oder Erläuterungen sind zur Substantiierung des Beweisantrags grundsätzlich nicht erforderlich.[35] Das gilt nicht nur für den Zeugenbeweis, sondern auch für die Parteivernehmung nach § 445 ZPO. Für diese unmittelbare Beweisführung steht dem Berater – im Hinblick auf den rein subjektiven Charakter der behaupteten „inneren" Tatsache – in der Regel auch kein weiteres Beweismittel zur Verfügung, so dass der Grundsatz der Subsidiarität der Parteivernehmung nicht entgegensteht. Die Parteivernehmung nach § 445 Abs. 1 ZPO setzt keinen vorherigen sonstigen Beweis und auch nicht die Wahrscheinlichkeit der unter Beweis gestellten Behauptung voraus.[36]

798 Da bei der Parteivernehmung ein **Missbrauch zur Ausforschung** besonders naheliegt, ist allerdings zu prüfen, ob ein unbeachtlicher Beweisermittlungsantrag vorliegt. Dabei ist zu bedenken, dass der Beweisführer grundsätzlich nicht gehindert ist, Tatsachen zu behaupten, über die er keine genauen Kenntnisse hat, die er aber nach Lage der Dinge für wahrscheinlich hält; ein unzulässiger Ausforschungsbeweis liegt erst dann vor, wenn der Beweisführer ohne greifbare Anhaltspunkte für das Vorliegen eines bestimmten Sachverhalts willkürlich Behauptungen „aufs Geratewohl" oder „ins Blaue hinein" aufstellt. Insoweit ist aber Zurückhaltung geboten; in der Regel wird dies nur bei Fehlen jeglicher tatsächlicher Anhaltspunkte anzunehmen sein.[37] Ausreichende Anhaltspunkte liegen insbesondere in einem Verweis auf die Motivation des Anlegers zur Steuerersparnis oder dem Hinweis auf sein nachfolgendes Anlageverhalten.[38]

799 Soweit der Beweisführer die Parteivernehmung des Gegners nach § 445 Abs. 1 ZPO beantragt, muss das Gericht dem nachkommen; eine bloße **Anhörung nach § 141 Abs. 1 ZPO** genügt jedenfalls dann nicht, wenn der Gegner die in sein Wissen gestellte Tatsachenbehauptung nicht bestätigt oder der Tatrichter von der Wahrheit der Behauptung nicht überzeugt ist. Es entspricht zwar ständiger Rechtsprechung des BGH dass das Tatgericht im Rahmen der Beweiswürdigung nach § 286 Abs. 1 ZPO in bestimmten Fällen seine Überzeugung auch ohne förmliche Parteivernehmung auf die Angaben einer Partei stützen kann, die diese im Rahmen ihrer Anhörung nach § 141 Abs. 1 ZPO gemacht hat.[39] Beantragt der Gegner aber die Parteivernehmung, kann diese nicht unter Hinweis

---

[35] BGH Urt. v. 8.5.2012 – XI ZR 262/10, BGHZ 193, 159 Rn. 39 mwN = NJW 2012, 2427 = WM 2012, 1337; BGH Urt. v. 23.9.2014 – XI ZR 215/13, BKR 2015, 339 Rn. 19 f.; BGH Urt. v. 26.7.2016 – XI ZR 352/14, BKR 2017, 83 Rn. 16; BGH Beschl. v. 10.1.2017 – XI ZR 365/14, BKR 2017, 164 Rn. 16.

[36] BGH Urt. v. 8.5.2012 – XI ZR 262/10, BGHZ 193, 159 Rn. 39 mwN = NJW 2012, 2427 = WM 2012, 1337; BGH Beschl. v. 10.1.2017 – XI ZR 365/14, BKR 2017, 164 Rn. 19.

[37] BGH Urt. v. 8.5.2012 – XI ZR 262/10, BGHZ 193, 159 Rn. 40 mwN = NJW 2012, 2427 = WM 2012, 1337; BGH Beschl. v. 10.1.2017 – XI ZR 365/14, BKR 2017, 164 Rn. 17.

[38] BGH Beschl. v. 10.1.2017 – XI ZR 365/14, BKR 2017, 164 Rn. 17.

[39] Vgl. BGH Urt. v. 16.7.1998 – I ZR 32/96, NJW 1999, 363, 364; BGH Urt. v. 19.12.2002 – VII ZR 176/02, NJW-RR 2003, 1002, 1003 = WM 2003, 1740.

auf die Anhörung nach § 141 Abs. 1 ZPO abgelehnt werden.[40] Anders ist dies aber, wenn die Angaben des Anlegers in dessen informatorischer Anhörung vom Gericht zu dessen Nachteil verwertet werden und die Kausalitätsvermutung als widerlegt angesehen wird; in einem solchen Fall bedarf es einer Parteivernehmung nicht mehr.

800 Von einer Vernehmung des Anlegers als Partei darf der Tatrichter auch bei dessen **Weigerung nach § 446 ZPO** nicht von vornherein absehen. Lässt zB der Anleger auf die Anordnung seines persönlichen Erscheinens durch seinen Prozessbevollmächtigten erklären, er sei „nicht bereit, persönlich vor Gericht zu erscheinen", und wolle „auch keine Angaben zum Sachverhalt machen", vielmehr werde er sich „daher" gemäß § 141 Abs. 3 Satz 2 ZPO von seinem Prozessbevollmächtigten „vertreten lassen", liegt darin keine hinreichende Erklärung im Sinne des § 446 ZPO. Im Übrigen ist in einem solchen Fall das Gericht – die Voraussetzungen des § 446 ZPO als gegeben unterstellt – gehalten, die Gründe für die Weigerung des Anlegers zu würdigen.[41]

801 Die vorstehenden Anforderungen an die Substantiierung des Vorbringens der Bank zur Widerlegung der Kausalitätsvermutung gelten entsprechend, wenn der Anleger seinen vermeintlichen Schadensersatzanspruch abgetreten hat und nunmehr im Prozess als Zeuge benannt wird.[42] Insoweit ist zu beachten, dass dem Zedenten ein **Zeugnisverweigerungsrecht** aus persönlichen Gründen nach § 383 Abs. 1 Nr. 1 bis 3 ZPO oder aus sachlichen Gründen nach § 384 Nr. 1 ZPO nicht zusteht (§ 385 Abs. 2 ZPO).

802 Ist der Anleger eine **juristische Person** (zB auch Kommune), ist im Rahmen der Widerlegung der Kausalitätsvermutung auf deren **verantwortlich handelnde Vertreter** abzustellen (zB Bürgermeister, Kämmerer oder Leiter der Abteilung „Finanzwirtschaft" der Stadtverwaltung). Dies folgt aus § 166 Abs. 1 BGB. Nicht maßgeblich ist daher, ob intern an der Entscheidung mitwirkende „Gremien" oder „hierarchisch strukturierte Entscheidungsträger" des Kunden dem Anlagegeschäft bei Kenntnis aller aufklärungsbedürftigen Umstände zugestimmt hätten.[43]

803 **(2) Einzelfragen. (a) Verschweigen von Rückvergütungen/Zuwendungen.** Im Zusammenhang mit der Aufklärungsbedürftigkeit von Rückvergütungen oder sonstigen Zuwendungen genügt es für einen substantiierten Vortrag, wenn der Berater Anhaltspunkte vorträgt, die zumindest in ihrer Gesamtschau dafür sprechen, dass der Anleger auch in Kenntnis der Zuwendungen die empfohlene Kapitalanlage gezeichnet hätte. Der BGH hat in folgenden Fällen einen solchen Vortrag als substantiiert angesehen:

- das Vorbringen der Bank zum Anlageziel des Anlegers, dass es ihm **allein auf die Steuerersparnis** und allenfalls noch auf Renditechancen und ggfs. ein Sicherungskonzept der Schuldübernahme angekommen sei;[44] insoweit kann auch der Umstand erheblich sein, dass der Anleger erst auf Empfehlung seines Steuerberaters die Bank zum Zwecke der Anlageberatung aufgesucht hat;[45]
- das Vorbringen der Bank, dass der Anleger, wenn er über ihr Eigeninteresse hinreichend aufgeklärt worden wäre, seine Liquidität nicht in sichere Anleihen investiert hätte, weil es ihm ausschließlich auf die **Erzielung von Steuervorteilen** angekommen sei, so dass er sich – über „die genaue Höhe der Provision" der Beklagten un-

---

[40] BGH Urt. v. 8.4.2014 – XI ZR 341/12, NJW 2014, 2348 Rn. 22 mwN = WM 2014, 1036.
[41] BGH Beschl. v. 24.6.2014 – XI ZR 219/13, Rn. 14.
[42] BGH Urt. v. 26.2.2013 – XI ZR 345/10, BKR 2013, 283 Rn. 21 ff.; BGH Beschl. v. 1.4.2014 – XI ZR 171/12, BKR 2014, 295 Rn. 13 ff.
[43] BGH Urt. v. 26.7.2016 – XI ZR 352/14, BKR 2017, 83 Rn. 17.
[44] BGH Urt. v. 26.2.2013 – XI ZR 345/10, BKR 2013, 283 Rn. 23; BGH Beschl. v. 1.4.2014 – XI ZR 171/12, BKR 2014, 295 Rn. 13 ff.
[45] BGH Urt. v. 26.2.2013 – XI ZR 240/10, Rn. 30.

terrichtet – „keinesfalls von dem Entschluss, seine Steuerlast zu senken", hätte abbringen lassen; dies gilt erst recht, wenn die Bank außerdem noch vorträgt, dass der Kläger Beratungsbedarf „jeweils im Herbst mehrerer Vorjahre, also immer dann, wenn sich ein hohes zu versteuerndes Einkommen sicher" abgezeichnet habe, angemeldet habe;[46]

- als weiterer Anhaltspunkt kommt insoweit in Betracht, dass der Anleger bereits zuvor eine Beteiligung an einer anderen **ähnlichen Kapitalanlage in Kenntnis von Provisionszahlungen** an die beratende Bank gezeichnet hatte;[47] dies gilt insbesondere dann, wenn der Anleger, nachdem er von der Zahlung von Rückvergütungen Kenntnis erlangt hatte, nur bei den Fondsbeteiligungen eine Rückabwicklung verlangt hat, die sich wirtschaftlich nicht wie prognostiziert entwickelt haben.[48]

(b) Nichtaufklärung über den negativen Marktwert. Entsprechendes gilt für die **804** unterbliebene Aufklärung über den negativen Marktwert eines Swap-Vertrags. Zur Widerlegung der Kausalitätsvermutung genügt für einen substantiierten Vortrag die Behauptung, der Kunde habe Kenntnis davon gehabt, dass die Bank eine Bruttomarge in die Bedingungen des Swap-Vertrags einpreise. Denn die Kenntnis von der Realisierung einer Bruttomarge kann auch ohne Wissen um deren Umfang nach den Umständen des Einzelfalls den Schluss zulassen, der Kunde hätte das Swap-Geschäft auch im Fall einer Unterrichtung über die Höhe des eingepreisten anfänglichen negativen Marktwerts abgeschlossen.[49]

(c) Sonstige Einzelfälle. Bei der unterbliebenen Aufklärung über ein **Sonderkündigungsrecht** der Emittentin einer Schuldverschreibung, bei dessen Ausübung für den **805** Anleger das Risiko eines teilweisen oder vollständigen Kapitalverlustes besteht, genügt es zur Widerlegung der Kausalitätsvermutung nicht, wenn die Bank beweisbewehrt vorträgt, dass es dem Kunden bei seiner Anlageentscheidung auf das Risiko einer vorzeitigen Rückzahlung nicht angekommen sei, sondern für ihn die Rendite bzw. die Ertragserwartung der Zertifikate, deren Laufzeit und Beobachtungszeitpunkte sowie ein Strategiewechsel bezüglich früherer Direktinvestments in Aktien ausschlaggebend gewesen seien. Denn diese Motive des Anlegers sind für seine Entscheidung zum Erwerb gerade der streitgegenständlichen Zertifikate mit 100%igem Kapitalschutz unergiebig. Insoweit kann sogar als wahr unterstellt werden, dass der Anleger gegen eine vorzeitige Rückzahlung seines Anlagekapitals nichts einzuwenden gehabt hätte und er mit seiner Anlageentscheidung (auch) die andere behaupten Anlageziele verfolgt hat. Maßgebend für die Kausalität der Aufklärungspflichtverletzung der Bank für den Anlageentschluss des Kunden ist jedoch die Frage, ob es ihm darüber hinaus – auch im Falle einer vorzeitigen Rückzahlung – auf einen 100%igen Kapitalschutz ankam oder nicht. Dass Letzteres der Fall gewesen wäre, hat die Bank mit ihrem Vortrag gerade nicht behauptet.[50] Dies wäre auch nicht plausibel.

Eine unzulängliche oder irreführende Darstellung in einem Prospekt hinsichtlich der **806** **Mittelverwendung im Investitionsplan** schließt eine Widerlegung der Kausalitätsvermutung nicht aus.[51]

---

[46] BGH Urt. v. 4.2.2014 – XI ZR 398/12, BKR 2014, 200 Rn. 13.

[47] BGH Urt. v. 8.5.2012 – XI ZR 262/10, BGHZ 193, 159 Rn. 41 = NJW 2012, 2427 = WM 2012, 1337; BGH Urt. v. 26.2.2013 – XI ZR 345/10, BKR 2013, 283 Rn. 23; BGH Urt. v. 15.3.2016 – XI ZR 122/14, NJW-RR 2016, 1187 Rn. 21 = WM 2016, 780.

[48] BGH Beschl. v. 10.1.2017 – XI ZR 365/14, BKR 2017, 164 Rn. 22.

[49] BGH Urt. v. 12.7.2016 – XI ZR 150/15, BKR 2016, 482 Rn. 15.

[50] BGH Urt. v. 25.11.2014 – XI ZR 480/13, BKR 2015, 163 Rn. 34.

[51] Zu einem Grenzfall tatrichterlicher Würdigung vgl. BGH Beschl. v. 17.12.2009 – III ZR 319/08, NZG 2010, 272 Rn. 3 = WM 2010, 301.

807 Die Kausalitätsvermutung wird auch nicht dadurch widerlegt, dass der Anleger einen **Prospekt mit unrichtigen oder irreführenden Angaben** nicht zur Kenntnis genommen hat, weil er sich auf die Angaben des Beraters oder Vermittlers verlassen hat. Deren Pflicht wäre es gewesen, die fehlerhaften Prospektangaben richtig zu stellen.[52]

bb) Hilfstatsachen

808 **(1) Allgemeines.** Gelingt der beweisbelasteten Partei der Hauptbeweis nicht, genügt sie ihrer Darlegungslast nach ständiger Rechtsprechung des BGH auch dann, wenn sie diejenigen Umstände vorträgt, aus denen sich die gesetzlichen Voraussetzungen der begehrten Rechtsfolge ergeben. Hierbei ist es grundsätzlich unerheblich, wie wahrscheinlich das Vorbringen ist. Erfüllt das Parteivorbringen diese Anforderungen, können grundsätzlich weitere Einzelheiten oder Erläuterungen nicht gefordert werden. Es ist dann vielmehr Sache des Tatrichters, in die Beweisaufnahme einzutreten und dabei gegebenenfalls Zeugen nach weiteren Einzelheiten zu befragen.[53] Der Tatrichter muss und darf bei einem Indizienbeweis vor der Beweiserhebung prüfen, ob die vorgetragenen Indizien – ihre Richtigkeit unterstellt – ihn von der Wahrheit der Haupttatsache überzeugen würden, ob der **Indizienbeweis** also **schlüssig** ist. Deshalb stellt es keinen Verfahrensfehler dar, wenn der Tatrichter von der beantragten Beweiserhebung absieht, weil die unter Beweis gestellten Hilfstatsachen für den Nachweis der Haupttatsache nach seiner Überzeugung nicht ausreichen.[54] Werden mehrere Hilfstatsachen vorgetragen, die jeweils für sich allein betrachtet keine sicheren Rückschlüsse auf die Haupttatsache zulassen, ist vom Tatrichter aber auch zu prüfen, ob die Hilfstatsachen in einer ***Gesamtschau***, gegebenenfalls im Zusammenhang mit dem übrigen Prozessstoff, geeignet sind, ihn von der beweisbedürftigen Behauptung zu überzeugen.[55]

809 Ein **substantiierter Beweisantrag** zur Vernehmung eines Zeugen setzt somit nicht voraus, dass sich der Beweisführer darüber äußert, welche Anhaltspunkte er für die Richtigkeit der in das Wissen des Zeugen gestellten Behauptungen hat. Ergibt sich zB die aufklärungspflichtige Tatsache aus einer bestimmten Urkunde, genügt es, wenn die Bank behauptet, der Anleger habe anlässlich des notariellen Beurkundungstermins Kenntnis vom Inhalt auch dieser Urkunde erhalten. Der Beweisantrag setzt nicht die (weitere) Angabe voraus, welche Anhaltspunkte die Bank für die Richtigkeit der in das Wissen der Zeugen (hier: Notar und dessen Bürovorsteher) gestellten Behauptungen hat.[56]

810 Anders liegt es dagegen nach der Rechtsprechung dann, wenn ein Zeuge **über innere Vorgänge** bei einer anderen Person vernommen werden soll, die der direkten Wahrnehmung durch den Zeugen naturgemäß entzogen sind. In einem solchen Fall kann der Zeuge allenfalls Angaben zu äußeren Umständen machen, die einen Rückschluss auf den zu beweisenden inneren Vorgang zulassen. Es handelt sich insoweit um einen Indizienbeweis. Für einen solchen Beweisantrag sind die äußeren Umstände, die unmittelbarer Ge-

---

[52] BGH Urt. v. 9.2.2006 – III ZR 20/05, NJW-RR 2006, 685 Rn. 25 ff. = WM 2006, 668; BGH Urt. v. 16.3.2017 - III ZR 489/16, BeckRS 2017, 105998 Rn. 33 = WM 2017, 708.

[53] BGH Urt. v. 8.5.2012 – XI ZR 262/10, BGHZ 193, 159 Rn. 43 = NJW 2012, 2427 = WM 2012, 1337.

[54] BGH Urt. v. 8.5.2012 – XI ZR 262/10, BGHZ 193, 159 Rn. 45 = NJW 2012, 2427 = WM 2012, 1337; BGH Urt. v. 25.11.2014 – XI ZR 480/13, BKR 2015, 163 Rn. 34.

[55] BGH Urt. v. 8.5.2012 – XI ZR 262/10, BGHZ 193, 159 Rn. 45 = NJW 2012, 2427 = WM 2012, 1337; BGH Beschl. v. 3.6.2014 – XI ZR 435/12, BKR 2014, 430 Rn. 17; BGH Beschl. v. 10.1.2017 – XI ZR 365/14, BKR 2017, 164 Rn. 32.

[56] BGH Urt. v. 3.6.2014 – XI ZR 147/12, BGHZ 201, 310 Rn. 41 ff. = NJW 2014, 2947 = WM 2014, 1382.

genstand der Beweisaufnahme sein sollen, darzulegen.[57] Als Zeugen können insoweit ua der Anlageberater[58] oder der Ehepartner[59] des Anlegers benannt werden.

(2) Einzelfragen. (a) Verschweigen von Rückvergütungen/Zuwendungen. 811
Im Zusammenhang mit der Aufklärungsbedürftigkeit von Rückvergütungen hat sich der BGH ua mit der Relevanz folgender Indizien befasst, die aber generell für Zuwendungen jeder Art gelten:

- Relevante Indizien für die fehlende Kausalität können sich sowohl aus dem vorangegangenen als auch aus dem nachfolgenden **Anlageverhalten** des Anlegers ergeben. Insbesondere die Kenntnis des Anlegers von Provisionen oder Rückvergütungen, die die beratende Bank bei vergleichbaren früheren oder späteren Anlagegeschäften erhalten hat, kann ein Indiz dafür sein, dass der Anleger die empfohlene Kapitalanlage auch in Kenntnis der Zuwendung erworben hätte. Das gilt auch dann, wenn ihm die konkrete Höhe der Zuwendung im aktuellen Fall nicht bekannt ist, wobei insoweit die Umstände des Einzelfalls zu würdigen sind.[60] Andererseits genügt es nicht, wenn der Anleger nur allgemein davon ausgeht, dass dem Berater eine Provision zufließt.[61]
- Die Kenntnis des Zuflusses von Zuwendungen bei **vergleichbaren früheren Kapitalanlagen** kann sich nach den allgemeinen Grundsätzen auch daraus ergeben, dass dem Anleger der **Verkaufsprospekt**, aus dem dies ersichtlich war, rechtzeitig vor der damaligen Anlageentscheidung ausgehändigt worden war.[62] Insoweit kann der Anleger nicht mit dem Einwand gehört werden, den Prospekt nicht gelesen zu haben. Nimmt er die Information nicht zur Kenntnis, geht dies zu seinen Lasten.[63] Dies kann dann auch bei der Neuanlage ein Indiz dafür sein, dass ihm auch hier der Zufluss von Rückvergütungen oder sonstigen Zuwendungen an die Bank gleichgültig gewesen wäre.[64]
- Ein Indiz für die fehlende Kausalität der unterlassenen Mitteilung über Rückvergütungen kann sich auch daraus ergeben, dass der Anleger in Bezug auf eine **vergleichbare Kapitalanlage**, die er vor oder nach der streitgegenständlichen erworben hat, erst nach dem Erwerb der jeweiligen Beteiligung **Kenntnis** von Rückvergütungen erhält und an diesen – möglicherweise gewinnbringenden – Kapitalanlagen festhält, ohne unverzüglich Rückabwicklung wegen eines Beratungsfehlers zu begehren,[65] oder sogar nur die Rückabwicklung bei den (wenigen) verlustbringenden Fondsbeteiligungen verlangt.[66] Dies setzt allerdings die Kenntnis des Anlegers von Rückvergütungen bei diesen Anlagen voraus.[67]

---

57 BGH Urt. v. 8.5.2012 – XI ZR 262/10, BGHZ 193, 159 Rn. 44 = NJW 2012, 2427 = WM 2012, 1337; BGH Beschl. v. 3.6.2014 – XI ZR 435/12, BKR 2014, 430 Rn. 15 ff.

58 BGH Beschl. v. 3.6.2014 – XI ZR 435/12, BKR 2014, 430 Rn. 15 ff.

59 BGH Beschl. v. 19.2.2013 – XI ZR 404/11, NZG 2013, 502 Rn. 20.

60 BGH Urt. v. 24.9.2013 – XI ZR 204/12, NJW 2013, 3574 Rn. 39 = WM 2013, 2065; BGH Beschl. v. 15.1.2013 – XI ZR 8/12, BKR 2013, 203 Rn. 22; BGH Beschl. v. 3.6.2014 – XI ZR 435/12, BKR 2014, 430 Rn. 13 f.; BGH Urt. v. 15.3.2016 – XI ZR 122/14, NJW-RR 2016, 1187 Rn. 21 ff. = WM 2016, 780.

61 BGH Urt. v. 4.4.2013 – XI ZR 188/11 Rn. 23.

62 BGH Beschl. v. 3.6.2014 – XI ZR 435/12, BKR 2014, 430 Rn. 13 f.

63 BGH Urt. v. 26.2.2013 – XI ZR 345/10, BKR 2013, 283 Rn. 33.

64 BGH Urt. v. 26.2.2013 – XI ZR 345/10, BKR 2013, 283 Rn. 33.

65 BGH Urt. v. 8.5.2012 – XI ZR 262/10, BGHZ 193, 159 Rn. 50 = NJW 2012, 2427 = WM 2012, 1337; BGH Urt. v. 28.4.2015 – XI ZR 378/13, BGHZ 205, 117 Rn. 81 = NJW 2015, 2248 = WM 2015, 1273.

66 BGH Beschl. v. 10.1.2017 – XI ZR 365/14, BKR 2017, 164 Rn. 22 (drei von 14 Fonds).

67 BGH Urt. v. 8.5.2012 – XI ZR 262/10, BGHZ 193, 159 Rn. 50 = NJW 2012, 2427 = WM 2012, 1337; BGH Beschl. v. 19.7.2011 – XI ZR 191/10, NJW 2011, 3229 Rn. 9 = WM 2011, 1506; BGH Urt. v. 15.7.2014 – XI ZR 418/13, NJW 2014, 2951 Rn. 29 = WM 2014, 1670.

- Die **Anlagemotive** des Anlegers, wie zB der Wunsch nach einer steueroptimierten Anlage oder die Wahrung von Renditechancen, wie auch sonstige Umstände der Anlage (zB ein besonderes Sicherungskonzept) stehen für sich gesehen der Kausalitätsvermutung nicht entgegen.[68] Ist dieses Anlageziel, wie etwa die vom Anleger gewünschte ***Steuerersparnis***, aber nur mit dem empfohlenen Produkt oder anderen Kapitalanlagen mit vergleichbaren Rückvergütungen zu erzielen, kann das den Schluss darauf zulassen, dass an die Bank geflossene Rückvergütungen für die Anlageentscheidung unmaßgeblich waren.[69] Dies gilt erst recht, wenn der Anleger erst auf Empfehlung seines Steuerberaters die Bank zum Zwecke der Anlageberatung aufsucht.[70] Anders kann dies aber sein, wenn durch die Provisionszahlungen die Werthaltigkeit der Kapitalanlage herabgesetzt ist und der Anleger deshalb – trotz der Erwartung von Steuervorteilen – von einer Zeichnung abgesehen hätte, weil die Erzielung von Steuervorteilen nur ausnahmsweise ein Selbstzweck ist.[71]
- Dagegen kann allein aus dem vorherigen und **allgemeinen Einverständnis** des Anlegers mit Provisionszahlungen bei Wertpapiergeschäften (wie zB in einem sogenannten Vermögensanlage-Bogen) nicht auf ein Einverständnis des Anlegers mit Provisionszahlungen bei einem nachfolgenden konkreten Wertpapiergeschäft geschlossen werden.[72]
- Der Umstand, dass der Anleger das Anlagekapital hälftig **durch Bankdarlehen finanziert** hat, steht für sich gesehen der Kausalitätsvermutung nicht entgegen. Denn die Teilfinanzierung einer Kapitalanlage kann auf steuerlichen Gründen beruhen. Dass allein die Teilfinanzierung als solche wegen der damit verbundenen Finanzierungskosten dafür sprechen soll, dass ein Anleger auch bei Kenntnis der Rückvergütungen die Anlage gezeichnet hätte, ist im Hinblick auf den Schutzzweck der entsprechenden Offenbarungspflicht nicht zwingend.[73]
- Soweit der Anleger (bei seiner Vernehmung) einräumt, gegen die Bank **keine Klage** erhoben zu haben, wenn der Fonds keinen Verlust erzielt hätte, muss dies die Ursächlichkeit der Aufklärungspflichtverletzung nicht in Zweifel zu ziehen.[74]
- Kein Indiz stellt es dar, wenn sich der Anleger **nicht** von sich aus nach möglichen Rückvergütungen oder sonstigen Provisionen **erkundigt**. Denn dies stünde dazu in Widerspruch, dass der Bankberater ungefragt über das Ob und die Höhe der Rückvergütungen aufklären muss.[75]

812 **(b) Nichtaufklärung über den negativen Marktwert.** Hat eine beratende Bank bei der Empfehlung eines spekulativen Swap-Vertrags ihren Kunden nicht über den negativen Marktwert informiert, fällt ihr eine Aufklärungspflichtverletzung (nur) unter dem

[68] BGH Urt. v. 8.5.2012 – XI ZR 262/10, BGHZ 193, 159 Rn. 53 = NJW 2012, 2427 = WM 2012, 1337; BGH Urt. v. 26.2.2013 – XI ZR 345/10, BKR 2013, 283 Rn. 26; BGH Beschl. v. 3.6.2014 – XI ZR 435/12, BKR 2014, 430 Rn. 16; BGH Urt. v. 23.9.2014 – XI ZR 215/13, BKR 2015, 339 Rn. 23.

[69] BGH Urt. v. 8.5.2012 – XI ZR 262/10, BGHZ 193, 159 Rn. 52 ff. = NJW 2012, 2427 = WM 2012, 1337; BGH Urt. v. 26.2.2013 – XI ZR 345/10, BKR 2013, 283 Rn. 26; BGH Beschl. v. 3.6.2014 – XI ZR 435/12, BKR 2014, 430 Rn. 16; BGH Urt. v. 23.9.2014 – XI ZR 215/13, BKR 2015, 339 Rn. 23; BGH Beschl. v. 10.1.2017 – XI ZR 365/14, BKR 2017, 164 Rn. 25 ff.

[70] BGH Urt. v. 26.2.2013 – XI ZR 240/10, Rn. 30.

[71] BGH Urt. v. 9.2.2006 – III ZR 20/05, NJW-RR 2006, 685 Rn. 24 = WM 2006, 668.

[72] BGH Urt. v. 8.5.2012 – XI ZR 262/10, BGHZ 193, 159 Rn. 48 = NJW 2012, 2427 = WM 2012, 1337; BGH Beschl. v. 19.7.2011 – XI ZR 191/10, NJW 2011, 3229 Rn. 9 = WM 2011, 1506.

[73] BGH Urt. v. 15.7.2014 – XI ZR 418/13, NJW 2014, 2951 Rn. 30 = WM 2014, 1670.

[74] BGH Urt. v. 15.7.2014 – XI ZR 418/13, NJW 2014, 2951 Rn. 29 = WM 2014, 1670.

[75] BGH Beschl. v. 19.7.2011 – XI ZR 191/10, NJW 2011, 3229 Rn. 9 = WM 2011, 1506.

Aspekt einer unzureichenden Unterrichtung über einen schwerwiegenden Interessenkonflikt zur Last. Insoweit gelten die allgemeinen Grundsätze, so dass sich der Kunde zunächst auf die Vermutung aufklärungsrichtigen Verhaltens berufen kann.[76] Aufgrund dessen muss die Bank darlegen und beweisen, dass der Kunde den Swap-Vertrag auch bei Unterrichtung über das Einpreisen einer Bruttomarge als solcher und über die Höhe des eingepreisten Betrags abgeschlossen hätte.[77] Die beratende Bank muss aber dagegen nicht widerlegen, dass der Kunde seine Anlageentscheidung von der Art und Weise der Realisierung des Gewinns über Hedging-Geschäfte, also von der anfänglichen Marktbewertung, abhängig gemacht hätte.[78]

Hatte der Kunde **Kenntnis** davon, dass die Bank eine Bruttomarge in die Bedingungen 813 der Zinssatz-Swap-Verträge einpreist, kann dies – und zwar auch ohne Wissen um deren Umfang – nach den Umständen des Einzelfalls den Schluss zulassen, dass der Kunde das Swap-Geschäft auch im Falle einer Unterrichtung über die Höhe des eingepreisten anfänglichen negativen Marktwerts abgeschlossen hätte.[79]

Ferner kann auch im Rahmen von Swap-Verträgen das **Festhalten an wirtschaftlich** 814 **günstig verlaufenden Verträgen** ein Indiz dafür sein, dass sich der Beratungsfehler auf den Anlageentschluss nicht ursächlich ausgewirkt hat, sofern der Bank bei der Erfüllung beratungsvertraglicher Pflichten der gleiche Beratungsfehler unterlaufen ist und der Kunde trotz (nachträglicher) Kenntniserlangung von der Falschberatung nicht unverzüglich die Rückabwicklung auch solcher für ihn vorteilhafter Verträge geltend macht.[80] Darüber hinaus kann auch ein Beharren auf den zusammen mit den streitgegenständlichen Zinssatz-Swap-Geschäften geschlossenen Auflösungsverträgen - gegebenenfalls in der Zusammenschau mit weiteren Umständen - dafür sprechen, dass der Kunde das Einpreisen einer Bruttomarge wegen der mit den Auflösungsverträgen verbundenen Vorteile hingenommen hätte.[81]

Des Weiteren kann ein Indiz zur Widerlegung der Kausalitätsvermutung darin gesehen 815 werden, dass das Einpreisen eines anfänglichen negativen Marktwerts **mangels vorhandener Alternativen** für die Anlageentscheidung unmaßgeblich gewesen ist, weil das von dem Kunden gewünschte Anlageziel nur mit dem empfohlenen Produkt oder anderen Anlagen mit vergleichbar eingepreister Bruttomarge erreicht werden konnte.[82]

Wie der BGH zu sog. Kommunal-Swaps entschieden hat, aber durchaus allgemein 816 gilt, kann die Bank die Kausalitätsvermutung auch mit dem beweisbaren Vortrag widerlegen, dass ihr Kunde, eine Gemeinde in Nordrhein-Westfalen, in Person des früheren Bürgermeisters und des Kämmerers die Zinssatz-Swap-Geschäfte ohne Rücksicht auf eine eingepreiste Bruttomarge abschlossen hätten, weil sie die **Verluste aus früheren Geschäften nicht publik** machen wollten. Dies gilt selbst dann, wenn die Vorgeschäfte wegen der Verjährung schadensersatzrechtlicher Rückabwicklungsansprüche anders nicht mehr hätten aufgelöst werden können. Denn bei der Entscheidung der Frage, ob ein Beratungsfehler ursächlich für die Anlageentscheidung geworden ist, kommt es nur darauf an, ob er die Willensentschließung ausschlaggebend beeinflusst hat. Waren andere Mo-

---

[76] BGH Urt. v. 22.3.2016 – XI ZR 425/14, NJW 2016, 2949 Rn. 34 = WM 2016, 821.

[77] BGH Urt. v. 22.3.2016 – XI ZR 425/14, NJW 2016, 2949 Rn. 34 = WM 2016, 821.

[78] BGH Urt. v. 28.4.2015 – XI ZR 378/13, BGHZ 205, 117 Rn. 44 = NJW 2015, 2248 = WM 2015, 1273.

[79] BGH Urt. v. 28.4.2015 – XI ZR 378/13, BGHZ 205, 117 Rn. 80 = NJW 2015, 2248 = WM 2015, 1273; BGH Urt. v. 12.7.2016 – XI ZR 150/15, BKR 2016, 482 Rn. 15.

[80] BGH Urt. v. 28.4.2015 – XI ZR 378/13, BGHZ 205, 117 Rn. 81 = NJW 2015, 2248 = WM 2015, 1273; BGH Urt. v. 22.3.2016 – XI ZR 425/14, NJW 2016, 2949 Rn. 54 = WM 2016, 821.

[81] BGH Urt. v. 22.3.2016 – XI ZR 425/14, NJW 2016, 2949 Rn. 54 = WM 2016, 821.

[82] BGH Urt. v. 12.7.2016 – XI ZR 150/15, BKR 2016, 482 Rn. 16.

tive entscheidend, ist ohne Rücksicht auf deren Entstehungsgrund der Beratungsfehler nicht kausal.[83]

817 **(c) Sonstige Einzelfälle.** Diese Indizien sind bei anderen Aufklärungs- und Beratungsfehlern entsprechend heranzuziehen. Kein Indiz stellt es dar, wenn sich der Anleger nach bestimmten aufklärungsbedürftigen Punkten der Anlage nicht erkundigt hat.[84] Dies stünde zu dem Schutzzweck der Aufklärungs- und Beratungspflichten in Widerspruch.

818 Bei der Empfehlung zum **Erwerb einer Immobilie** wird die Kausalitätsvermutung nicht dadurch widerlegt, dass der Anleger die Lasten der Immobilie trägt und das zur Finanzierung aufgenommene ***Darlehen weiterhin bedient***. Dies ist schon deshalb für den Anleger geboten, um eine Kreditkündigung oder Vollstreckungsmaßnahmen zu vermeiden.[85] Auch ein ***Zuwarten mit einem außergerichtlichen oder gerichtlichen Vorgehen*** gegen den Berater nach Erkennen des Beratungsfehlers (zB aufgrund der Erforderlichkeit monatlicher Zuzahlungen) kann die Kausalitätsvermutung nicht entkräften, weil ein Zuwarten lediglich ein Indiz dafür ist, dass die Belastung für den Anleger wirtschaftlich tragbar ist, nicht aber dafür, dass der Beratungsfehler für seinen Kaufentschluss irrelevant gewesen ist.[86]

819 Bei der Empfehlung eines Garantiezertifikats mit „100%-igen" Kapitalschutz muss der Anleger ungefragt über ein **Sonderkündigungsrecht** des Emittenten aufgeklärt werden, wenn bei dessen Ausübung für den Anleger das Risiko eines teilweisen oder vollständigen Kapitalverlustes besteht.[87] Zur Widerlegung der Kausalitätsvermutung ist das Vorbringen des Beraters unerheblich, dass es dem Kläger bei seiner Anlageentscheidung auf das Risiko einer vorzeitigen Rückzahlung nicht angekommen sei, sondern für ihn die Rendite bzw. die Ertragserwartung der Zertifikate, deren Laufzeit und Beobachtungszeitpunkte sowie ein Strategiewechsel bezüglich früherer Direktinvestments in Aktien ausschlaggebend gewesen seien. Denn dies betrifft gerade nicht den aufklärungspflichtigen Kernpunkt, dass die Ausübung des Sonderkündigungsrechts zu einem Kapitalverlust führen kann.[88]

820 Bei dem unterbliebenen Hinweis auf die **besonderen Risiken von Aktien** des sog. Neuen Markts wird die tatsächliche Vermutung für die Schadensursächlichkeit der Aufklärungspflichtverletzung nicht dadurch ausgeräumt, dass der Anleger trotz erlittener Verluste und ungeachtet eines nachgeholten Hinweises auf den spekulativen Charakter der Kapitalanlage weitere Geschäfte abschließt. Die **Fortsetzung der Spekulation** trotz eingetretener Verluste lässt nicht darauf schließen, dass der Anleger das Erstgeschäft auch nach gehöriger Aufklärung abgeschlossen hätte, sondern ist eher darauf zurückzuführen, dass er sich trotz der Verluste über die Geschäftsrisiken nicht im Klaren ist. Ein nach dem Erstgeschäft erteilter warnender Hinweis rechtfertigt keine andere Beurteilung, weil der Anleger diesem Hinweis unter dem Eindruck des Erstgeschäfts nicht mehr unvoreingenommen gegenübersteht.[89]

821 Bei Vermittlung oder Empfehlung der Beteiligung an einer **Windkraftanlage** kann der unterbliebene Hinweis auf die Risiken der Kapitalanlage im Hinblick auf die möglicherweise zu geringe Windausbeute zwar mit der Behauptung widerlegt werden, der Anleger hätte die allein aus **steuerlichen Gründen** erfolgte Beteiligung mangels einer steuerlich vernünftigen Alternative auch bei ordnungsgemäßer Aufklärung gezeichnet. Soweit von

---

[83] BGH Urt. v. 22.3.2016 – XI ZR 425/14, NJW 2016, 2949 Rn. 36 = WM 2016, 821.

[84] BGH Urt. v. 9.2.2006 – III ZR 20/05, NJW-RR 2006, 685 Rn. 28 = WM 2006, 668; BGH Beschl. v. 19.7.2011 – XI ZR 191/10, NJW 2011, 3229 Rn. 9 = WM 2011, 1506.

[85] BGH Urt. v. 15.7.2016 – V ZR 168/15, BeckRS 2016, 20154 Rn. 23 = WM 2016, 2344.

[86] BGH Urt. v. 15.7.2016 – V ZR 168/15, BeckRS 2016, 20154 Rn. 26 = WM 2016, 2344.

[87] BGH Urt. v. 25.11.2014 – XI ZR 480/13, BKR 2015, 163 Rn. 19 ff.

[88] BGH Urt. v. 25.11.2014 – XI ZR 480/13, BKR 2015, 163 Rn. 34.

[89] BGH Urt. v. 13.7.2004 – XI ZR 178/03, BGHZ 160, 58, 64 = NJW 2004, 2967 = WM 2004, 1774.

der Bank aber nicht der Hauptbeweis geführt wird, ist der Tatrichter grundsätzlich frei, welche Aussagekraft er den behaupteten Hilfstatsachen im Einzelnen und in einer Gesamtschau für seine Überzeugungskraft beimisst.[90] Insoweit ist zu bedenken, dass ein wirtschaftlich vernünftig denkender Anleger auch aus Gründen der Steuerersparnis nicht jedes Risiko der gezeichneten Kapitalanlage in Kauf zu nehmen bereit ist.

c) Sonstige Kausalitätsfragen

Im Übrigen gelten die allgemeinen Grundsätze. Hat der Berater oder Vermittler den Verkaufsprospekt nicht der gebotenen, von ihm geschuldeten Plausibilitätsprüfung unterzogen, ist er für die Behauptung, die **Fehlerhaftigkeit des Prospekts** wäre auch im Fall einer (hypothetischen) ordnungsgemäßen Plausibilitätskontrolle nicht aufgefallen, darlegungs- und beweispflichtig.[91] Denn dabei handelt es sich nicht um ein Problem des Schutzzwecks der Prüfungs- und Offenbarungspflicht, weil dieser gerade bei Vorliegen von Prospektmängeln eingreift. Vielmehr erhebt der Berater oder Vermittler den Einwand des rechtmäßigen Alternativverhaltens, für dessen tatsächliche Voraussetzungen derjenige darlegungs- und beweisbelastet ist, der ihn geltend macht. Für die **mangelnde Plausibilität** trägt dagegen der Anleger die Darlegungs- und Beweislast dafür, dass die empfohlene oder vermittelte Anlage aufklärungsbedürftige Plausibilitätsdefizite aufwies. Aufgrund dessen kann der Anleger seinen Schadensersatzanspruch nicht allein darauf stützen, dass die gebotene Plausibilitätsprüfung unterblieben ist.[92] 822

3. Vertretenmüssen, Mitverschulden

a) Vertretenmüssen

Das Vertretenmüssen des Anlageberaters wird bei einer Aufklärungs- und Beratungspflichtverletzung nach **§ 280 Abs. 1 Satz 2 BGB** vermutet. Daher muss der Anlageberater darlegen und beweisen, dass er die Pflichtverletzung nicht zu vertreten hat. Diese **Vermutung** gilt insoweit nicht nur für fahrlässiges, sondern auch für vorsätzliches Verhalten.[93] Dies gilt auch dann, wenn die Haftung für fahrlässiges Verhalten – wie etwa nach der inzwischen aufgehobenen Vorschrift des § 37a WpHG aF – verjährt ist, während die Haftung für vorsätzliches Handeln der allgemeinen dreijährigen kenntnisabhängigen Verjährung gemäß §§ 195, 199 BGB unterliegt.[94] 823

Etwas anderes gilt nur bei Ansprüchen, bei denen Vorsatz **Voraussetzung der Norm selbst** ist (zB § 826 BGB),[95] oder soweit das **arglistige Verhalten eines Dritten** (Kapitalanlagevermittler) nach § 123 BGB zugleich eine Haftung der den Erwerb der Kapitalanlage finanzierenden Bank für ein vorsätzliches Verschulden bei Vertragsverhandlungen nach § 311 Abs. 2 BGB begründet.[96] In diesen Fällen muss der geschädigte Anleger den 824

[90] BGH Urt. v. 5.3.2009 – III ZR 17/08, NZG 2009, 471 Rn. 21 = WM 2009, 739.
[91] BGH Urt. v. 5.3.2009 – III ZR 17/08, NZG 2009, 471 Rn. 14 = WM 2009, 739.
[92] BGH Urt. v. 30.3.2017 - III ZR 139/15, WM 2017, 800 Rn. 15.
[93] BGH Urt. v. 12.5.2009 – XI ZR 586/07, NJW 2009, 2298 Rn. 16 ff. = WM 2009, 1274.
[94] BGH Urt. v. 12.5.2009 – XI ZR 586/07, NJW 2009, 2298 Rn. 18 = WM 2009, 1274.
[95] BGH Urt. v. 1.7.2008 – XI ZR 411/06, NJW 2008, 2912 Rn. 23 mwN = WM 2008, 1596; BGH Urt. v. 20.12.2011 – VI ZR 309/10, NJW-RR 2012, 404 Rn. 8 = WM 2012, 260.
[96] BGH Urt. v. 1.7.2008 – XI ZR 411/06, NJW 2008, 2912 Rn. 23 = WM 2008, 1596; BGH Urt. v. 12.5.2009 – XI ZR 586/07, NJW 2009, 2298 Rn. 19 = WM 2009, 1274.

Vorsatz oder die Arglist darlegen und beweisen. Allerdings können auch hier dem geschädigten Anleger Beweiserleichterungen zugutekommen. So kann sich im Rahmen des § 826 BGB aus der Art und Weise des sittenwidrigen Handelns, insbesondere dem Grad der Leichtfertigkeit des Schädigers, die Schlussfolgerung ergeben, dass er mit Schädigungsvorsatz gehandelt hat.[97] Auch kann es im Einzelfall beweisrechtlich naheliegen, dass der Schädiger einen pflichtwidrigen Erfolg gebilligt hat, wenn er sein Vorhaben trotz starker Gefährdung des betroffenen Rechtsguts durchführt, ohne auf einen glücklichen Ausgang vertrauen zu können, und es dem Zufall überlässt, ob sich die von ihm erkannte Gefahr verwirklicht oder nicht.[98] Allerdings kann der Grad der Wahrscheinlichkeit eines Schadenseintritts nicht allein das Kriterium für die Frage sein, ob der Handelnde mit dem Erfolg auch einverstanden war. Vielmehr ist immer eine umfassende Würdigung sämtlicher Umstände des Einzelfalls erforderlich.[99]

825 Ob dem Schädiger ein Verschulden angelastet werden kann, hat das Gericht nach § 286 ZPO unter Berücksichtigung des gesamten Inhalts der Verhandlungen und des Ergebnisses einer Beweisaufnahme nach freier Überzeugung zu entscheiden. Diese Würdigung ist grundsätzlich **Sache des Tatrichters**. An dessen Feststellungen ist das Revisionsgericht nach § 559 ZPO gebunden. Revisionsrechtlich ist lediglich zu überprüfen, ob sich der Tatrichter mit dem Prozessstoff und den Beweisergebnissen umfassend und widerspruchsfrei auseinandergesetzt hat, die Würdigung also vollständig und rechtlich möglich ist und nicht gegen Denkgesetze oder Erfahrungssätze verstößt.[100]

b) Mitverschulden

826 Ein Mitverschulden des Kapitalanlegers ist vom Berater oder Vermittler darzulegen und zu beweisen.

4. Verjährung

827 Die Darlegungs- und Beweislast der für den Beginn und den Ablauf der Verjährung maßgeblichen Umstände, insbesondere damit auch für die Kenntnis oder grob fahrlässige Unkenntnis des Gläubigers nach § 199 Abs. 1 Nr. 2 BGB, trägt der Schuldner, weil es sich bei der Verjährung um eine Einrede handelt.[101] Soweit allerdings die maßgeblichen Umstände in der Sphäre des Gläubigers liegen, hat er an der Sachaufklärung mitzuwirken und erforderlichenfalls darzulegen, was er zur Ermittlung der Voraussetzungen seiner Ansprüche und der Person des Schuldners getan hat. Insoweit trifft ihn die sog. sekundäre Darlegungslast.[102]

---

[97] BGH Urt. v. 9.3.2010 – XI ZR 93/09, BGHZ 184, 365, Rn. 39 = NZG 2010, 550 = WM 2010, 749.

[98] BGH Urt. v. 20.12.2011 – VI ZR 309/10, NJW-RR 2012, 404 Rn. 11 mwN = WM 2012, 260.

[99] BGH Urt. v. 20.12.2011 – VI ZR 309/10, NJW-RR 2012, 404 Rn. 11 mwN = WM 2012, 260.

[100] BGH Urt. v. 20.12.2011 – VI ZR 309/10, NJW-RR 2012, 404 Rn. 13 mwN = WM 2012, 260.

[101] BGH Urt. v. 23.1.2007 – XI ZR 44/06, BGHZ 171, 1 Rn. 32 = NJW 2007, 1584 = WM 2007, 639; BGH Urt. v. 3.6.2008 – XI ZR 319/06, NJW 2008, 2576 Rn. 25 = WM 2008, 1346; BGH Urt. v. 28.2.2012 – XI ZR 192/11, NJW 2012, 1645 Rn. 20 = WM 2012, 688.

[102] BGH Urt. v. 3.6.2008 – XI ZR 319/06, NJW 2008, 2576 Rn. 25 = WM 2008, 1346; BGH Urt. v. 17.4.2010 – VI ZR 108/11, BGHZ 193, 67 Rn. 23 = NJW 2012, 2644; BGH Urt. v. 17.6.2016 – V ZR 134/15, NJW 2017, 248 Rn. 12 = WM 2016, 2167.

5. Verfahrensrechtliches

a) Würdigung des Tatsachenvortrags

Die **Würdigung des Tatsachenvortrags** der Parteien und der erhobenen Beweise ist Sache des Tatrichters. Die tatrichterliche Würdigung kann in der Revisionsinstanz nur eingeschränkt daraufhin überprüft werden, ob sie vollständig und rechtlich möglich ist und nicht gegen Denkgesetze oder Erfahrungssätze verstößt.[103] Im Falle eines ***non-liquet*** verbleibt es bei der Kausalitätsvermutung. 828

b) Wiederholung der Beweisaufnahme

Eine **Wiederholung der Beweisaufnahme** durch das Berufungsgericht kann bei allen beweisbedürftigen Fragen (zB Zustandekommen eines Beratungsvertrags, Vorliegen einer Pflichtverletzung, Widerlegung der Kausalitätsvermutung) in Betracht kommen. 829

Das Berufungsgericht ist nach **§ 529 Abs. 1 Nr. 1 ZPO** grundsätzlich an die Tatsachenfeststellungen des Gerichts des ersten Rechtszuges gebunden. Bestehen **Zweifel an der Richtigkeit** und Vollständigkeit der entscheidungserheblichen Feststellungen im erstinstanzlichen Urteil, ist in aller Regel eine erneute Beweisaufnahme geboten.[104] Das Berufungsgericht ist in einem solchen Fall nach § 398 ZPO verpflichtet, in erster Instanz vernommene Zeugen erneut zu vernehmen, wenn es deren protokollierte Aussagen anders als die Vorinstanz verstehen oder würdigen will.[105] Unterlässt es dies und wendet damit § 529 Abs. 1 Nr. 1 ZPO fehlerhaft an, ist die dadurch benachteiligte Partei in ihrem Anspruch auf rechtliches Gehör nach Art. 103 Abs. 1 GG verletzt.[106] 830

Die **erneute Vernehmung eines Zeugen** kann allenfalls dann unterbleiben, wenn sich das Berufungsgericht lediglich auf Umstände stützt, die weder die Urteilsfähigkeit, das Erinnerungsvermögen oder die Wahrheitsliebe des Zeugen noch die Vollständigkeit oder Widerspruchsfreiheit seiner Aussage betreffen.[107] Dagegen ist eine erneute Vernehmung zwingend geboten, wenn das Berufungsgericht die Glaubwürdigkeit des Zeugen und die Glaubhaftigkeit seiner Aussage anders beurteilen will als das erstinstanzliche Gericht.[108] 831

---

[103] BGH Urt. v. 8.5.2012 – XI ZR 262/10, BGHZ 193, 159 Rn. 46 = NJW 2012, 2427 = WM 2012, 1337; BGH Urt. v. 23.9.2014 – XI ZR 215/13, BKR 2015, 339 Rn. 18.

[104] BVerfG, NJW 2005, 1487; NJW 2011, 49 Rn. 14; BGH Beschl. v. 9.2.2010 – XI ZR 140/09, BKR 2010, 515, 516; BGH Beschl. v. 5.5.2015 – XI ZR 326/14, Rn. 11.

[105] BVerfG, NJW 2011, 49 Rn. 14; BGH Beschl. v. 1.4.2014 – XI ZR 171/12, BKR 2014, 295 Rn. 18; BGH Beschl. v. 5.5.2015 – XI ZR 326/14, Rn. 11.

[106] BVerfG, NJW 2005, 1487; BGH Beschl. v. 9.2.2010 – XI ZR 140/09, BKR 2010, 515, 516; BGH Beschl. v. 5.5.2015 – XI ZR 326/14, Rn. 11.

[107] BGH Beschl. v. 9.2.2010 – XI ZR 140/09, BKR 2010, 515, 516; BGH Beschl. v. 1.4.2014 – XI ZR 171/12, BKR 2014, 295 Rn. 19.

[108] BGH Beschl. v. 17.9.2013 – XI ZR 394/12, NZG 2013, 1436 Rn. 12; BGH Beschl. v. 1.4.2014 – XI ZR 171/12, BKR 2014, 295 Rn. 19; BGH Beschl. v. 5.5.2015 – XI ZR 326/14, Rn. 14 ff.

XII. Prozessuales

1. Feststellungsantrag

a) Allgemeines

832 Die Feststellung der Schadensersatzpflicht setzt die **Möglichkeit des Schadenseintritts** voraus. Bei reinen Vermögensschäden, wie sie bei der Beraterhaftung entstehen, hängt die Zulässigkeit der Feststellungsklage darüber hinaus von der hinreichenden Wahrscheinlichkeit eines auf die Verletzungshandlung zurückgehenden Schadenseintritts ab.[1]

833 Soweit der Feststellungsantrag auf die Möglichkeit weiterer wirtschaftlicher oder steuerlicher Nachteile abzielt, muss die **hinreichende Wahrscheinlichkeit** solcher Schäden substantiiert dargelegt werden. Beispiele aus der Rechtsprechung:

- Der pauschale Vortrag, es könne zur Ermöglichung der Übertragung des Fondsanteils gemäß dem Gesellschaftsvertrag nötig werden, dass der Kläger (Anleger) den Fonds von ***etwaigen Gewerbesteuerschäden*** durch den Gesellschafterwechsel freistelle, genügt nicht. Vielmehr muss auch vorgetragen werden, dass bzw. aus welchen Gründen eine solche Freistellung im konkreten Fall wahrscheinlich notwendig sein wird.[2]
- Das allgemeine Vorbingen, es sei absehbar, dass es nicht nur zu Steuerrückforderungen kommen werde, sondern der Anleger ***weitere steuerliche Schäden***, zum Beispiel in Form von Säumniszinsen, erleiden würde, genügt nicht. Vielmehr müsste im Hinblick darauf, dass bei der Schadensberechnung die „Steuerschäden" nach Möglichkeit umfassend berücksichtigt werden, substantiiert dargelegt werden, dass solche weiteren steuerlichen Schäden im konkreten Fall wahrscheinlich sind.[3]
- Das Vorbringen, es bestünden ***steuerliche Risiken*** im Hinblick auf einen entgangenen Gewinn oder eine Nutzungsherausgabe, ist unsubstantiiert.[4]
- Das Vorbringen des Anlegers, er erleide zukünftig dadurch ***Steuernachteile***, weil er nicht sogleich ohne Berücksichtigung der gewählten Fondsbeteiligung einkommenssteuerlich veranlagt worden sei, genügt nicht, wenn er gleichzeitig vorträgt, dass ihm Steuervorteile aus der Einkommenssteuerveranlagung durch eine geänderte Steuerfestsetzung aberkannt worden seien.[5]

b) Ersatz steuerlicher Nachteile

834 Gegenstand des Feststellungsbegehrens können nur solche steuerlichen Nachteile sein, die nicht aus der Einkommensbesteuerung der Ersatzleistungen resultieren. Denn diese Nachteile sind bereits bei der Bemessung der Ersatzleistungen aufgrund pauschalierender

---

[1] BGH, Urt. v. 8.5.2012 – XI ZR 262/10, BGHZ 193, 159 Rn. 73 = NJW 2012, 2427 = WM 2012, 1337; BGH, Urt. v. 26.2.2013 – XI ZR 445/10, BKR 2013, 506 Rn. 31; BGH, Urt. v. 15.3.2016 – XI ZR 122/14, NJW-RR 2016, 1187 Rn. 43 = WM 2016, 780; BGH, Urt. 5.7.2016 – XI ZR 254/15, NJW 2017, 61 Rn. 36 = WM 2016, 1831.

[2] BGH, Urt. v. 15.3.2016 – XI ZR 122/14, NJW-RR 2016, 1187 Rn. 45 = WM 2016, 780.

[3] BGH, Urt. v. 15.3.2016 – XI ZR 122/14, NJW-RR 2016, 1187 Rn. 46 = WM 2016, 780.

[4] BGH, Urt. 5.7.2016 – XI ZR 254/15, NJW 2017, 61 Rn. 37 = WM 2016, 1831.

[5] BGH, Urt. v. 26.2.2013 – XI ZR 445/10, BKR 2013, 506 Rn. 33.

Betrachtungsweise der steuerlichen Vor- und Nachteile im Rahmen der Vorteilsausgleichung zu berücksichtigen.[6] Aufgrund dessen ist ein Antrag auf Feststellung der Ersatzpflicht steuerlicher Nachteile regelmäßig dahin auszulegen, dass die Ersatzpflicht des Beraters nicht jene steuerlichen Nachteile umfasst, die aus der ***Einkommensbesteuerung der Ersatzleistung*** resultieren. Der Geschädigte muss daher im Rahmen der Zulässigkeit seines Feststellungsbegehrens zu darüber hinausgehenden steuerlichen Nachteilen vortragen. Insoweit genügt die allgemeine Behauptung, dass solche weiteren steuerlichen Schäden im konkreten Fall wahrscheinlich seien, nicht. Dagegen kommt ein Schadensersatzanspruch bei einer Aberkennung von Verlustzuweisungen und einer damit einhergehenden steuerlichen Nachforderung wegen der hierauf zu entrichtenden Zinsen in Betracht, auf den allerdings die Vorteile aus der über Jahre währenden Anerkennung von Verlustzuweisungen anzurechnen wären.[7]

c) Freistellung von „sämtlichen" Verpflichtungen

Im Falle der Finanzierung eines Kapitalanlagegeschäfts ist zu beachten, dass die beantragte Feststellung, dass die (finanzierende und beratende) Bank zur Freistellung des Anlegers von sämtlichen Ansprüchen der Bank aus dem bei dieser aufgenommenen **Finanzierungsdarlehen** verpflichtet sei, insoweit nicht zulässig ist. Sollte ein Schaden des Anlegers in Gestalt von Darlehensansprüchen der Bank bestehen und haftet die Bank für diesen Schaden, kann sie die Darlehensansprüche gegenüber dem Anleger nicht geltend machen. Einer Freistellung von diesen Ansprüchen bedarf es in diesem Fall nicht.[8] Dies gilt entsprechend für eine Verurteilung zur Freistellung von sämtlichen Verpflichtungen aufgrund eines **Swap-Vertrags**.[9] 835

d) Negative Feststellungsklage bei Swap-Vertrag

Bei dem Klagebegehren, an die Bank aus einem bestimmten mit ihr geschlossenen Swap-Vertrag keine Zahlungen mehr leisten zu müssen, handelt es sich um einen (negativen) Feststellungsantrag, der im Urteil entsprechend zu tenorieren ist; das Gericht darf in einem solchen Fall nicht auf „Freistellung" erkennen.[10] Der in einem Feststellungsantrag enthaltene Zusatz „soweit nicht diesen Zahlungen anzurechnende Vorteile gegenüberstehen" ist nicht hinreichend bestimmt, weil er offen lässt, um welche wie zu ermittelnden Vorteile es sich genau handeln soll.[11] Vielmehr sind die Vorteile genau zu beziffern. 836

e) Annahmeverzug

Bei einer Zug-um-Zug-Verurteilung hat der Gläubiger wegen **§ 756 ZPO** ein Interesse, den Annahmeverzug des Schuldners mit der Annahme der zurückzugewährenden 837

---

[6] BGH, Urt. v. 1.3.2011 – XI ZR 96/09, NJW-RR 2011, 986 Rn. 8 f. = WM 2011, 740; BGH, Urt. v. 4.2.2014 – XI ZR 398/12, BKR 2014, 200 Rn. 23; BGH, Urt. v. 15.3.2016 – XI ZR 122/14, NJW-RR 2016, 1187 Rn. 44 = WM 2016, 780; BGH, Urt. 5.7.2016 – XI ZR 254/15, NJW 2017, 61 Rn. 37 = WM 2016, 1831.

[7] BGH, Urt. v. 22.4.2010 – III ZR 318/08, NZG 2010, 750 Rn. 32 = WM 2010, 1017.

[8] BGH, Urt. v. 22.10.2015 – III ZR 264/14, NJW-RR 2016, 169 Rn. 33 = WM 2015, 2238.

[9] BGH, Urt. v. 26.7.2016 – XI ZR 352/14, BKR 2017, 83 Rn. 26; BGH, Urt. v. 25.10.2016 – XI ZR 292/14, Rn. 21.

[10] BGH, Urt. v. 28.7.2016 – XI ZR 354/14, Rn. 30.

[11] BGH, Urt. v. 28.7.2016 – XI ZR 354/14, Rn. 30.

Leistung feststellen zu lassen. Dazu genügt es, wenn der Schuldner während des Rechtsstreits seine Haftung und insoweit auch in Abrede stellt, dem Anleger zum Schadensersatz Zug um Zug gegen Übertragung der Gegenleistung (also der Beteiligung an einem Immobilienfonds, eines Zertifikats usw.) verpflichtet zu sein. Eines weiteren Vortrags des Gläubigers zu den Voraussetzungen des Annahmeverzugs bedarf es nicht.[12]

838 Bei **mittelbaren Fondsbeteiligungen** genügt für die Feststellung des Annahmeverzugs (§ 756 ZPO) ein Angebot auf Abtretung der Rechte aus der Beteiligung oder aus dem Treuhandvertrag.[13]

2. Zug-um-Zug-Verurteilung

a) Bestimmtheit und Auslegung

839 Für die **Bestimmtheit der Gegenleistung** im Rahmen einer Zug-um-Zug-Verurteilung gelten dieselben Anforderungen wie für die Bestimmtheit der Leistung im Rahmen der Leistungsklage. Die Zug-um-Zug-Einschränkung muss daher so bestimmt sein, dass sie ihrerseits zum Gegenstand einer Leistungsklage gemacht werden könnte. Bei einer Verurteilung zur Zahlung von Schadensersatz Zug um Zug gegen Abtretung einer Forderung, muss die Forderung deshalb so genau bezeichnet sein, dass sie identifiziert werden kann.[14] Dies gilt auch für eine abzutretende Fondsbeteiligung. Diese ist durch die Angabe des Gläubigers hinreichend bestimmt, wenn er nur Inhaber eines Anteils und nicht mehrerer Beteiligungen an dem Investmentfonds ist. Einer Angabe der Fondsnummer bedarf es dann nicht.[15]

840 Besteht die Kapitalanlage in der Rechtsposition als **Treuhandkommanditist**, genügt es, wenn der Geschädigte im Rahmen des geltend gemachten Schadensersatzanspruchs als Zug um Zug zu gewährende Leistung die Abtretung sämtlicher Rechte aus dem Treuhandvertrag anbietet.[16] Dies gilt auch dann, wenn die Übertragung der Fondsanteile von der Zustimmung Dritter abhängig ist.[17] Aufgrund dessen kann eine vom Gericht erkannte Zug-um-Zug-Verurteilung „Übertragung der vom Kläger … gezeichneten Beteiligung(en)“ in der Regel dahin ausgelegt werden, dass sie sich nur auf die Rechtsposition beziehen soll, die der Kläger aufgrund der Zeichnung erworben hat.[18] Das kann auch eine nur mittelbare Fondsbeteiligung sein, bei der an sich richtigerweise die Zug-um-Zug-Verurteilung auf die Abtretung der aus der Fondsbeteiligung erworbenen Rechte lauten müsste. Eine solche Auslegung ist nur dann nicht möglich, wenn sich etwas anderes aus den Entscheidungsgründen ergibt, weil der Tenor in deren Lichte auszulegen ist.[19]

841 Nach der Rechtsprechung des BGH stehen etwaige **gesellschaftsrechtliche Schwierigkeiten bei der Übertragung von Fondsbeteiligungen** der Verurteilung zur Zahlung von Schadensersatz Zug um Zug gegen Übertragung aller Ansprüche aus der Fondsbetei-

---

[12] BGH, Urt. v. 17.2.2011 – III ZR 144/10, NJW-RR 2011, 910 Rn. 25 = WM 2011, 505.
[13] BGH, Beschl. v. 20.12.2011 – XI ZR 295/11, BKR 2013, 158 Rn. 3.
[14] BGH, Beschl. v. 16.6.2016 – I ZB 58/15, NJW-RR 2016, 3455 Rn. 20 = WM 2016, 1699.
[15] BGH, Beschl. v. 16.6.2016 – I ZB 58/15, NJW-RR 2016, 3455 Rn. 21 = WM 2016, 1699.
[16] BGH, Urt. v. 7.12.2009 – II ZR 15/08, NJW 2010, 1077 Rn. 29 = WM 2010, 262.
[17] BGH, Beschl. v. 6.7.2010 – XI ZB 40/09, NJW-RR 2010, 1295 Rn. 14 = WM 2010, 1673.
[18] BGH, Beschl. v. 6.7.2010 – XI ZB 40/09, NJW-RR 2010, 1295 Rn. 14 = WM 2010, 1673.
[19] Siehe dazu BGH, Beschl. v. 20.12.2011 – XI ZR 295/11, BKR 2013, 158 Rn. 2.

ligung nicht entgegen, weil diese Schwierigkeiten in den Risikobereich der schadensersatzpflichtigen Bank und nicht in denjenigen des geschädigten Anlegers fallen.[20]

b) Rechtsschutzbedürfnis

Eine Zug-um-Zug-Verurteilung gegen Abtretung der – treuhänderisch gehaltenen – Beteiligung an einem Publikumsfonds kann auch nach **Liquidation der Fondsgesellschaft** erfolgen, weil die abzutretenden Rechte mit der Beendigung der Liquidation nicht automatisch in Fortfall geraten. Einer entsprechenden Klage fehlt damit nicht das Rechtsschutzbedürfnis.[21] 842

c) Rechtsmittel

Hängt die Vollstreckung von einer Zug um Zug zu bewirkenden Leistung des Gläubigers an den Schuldner ab, so darf der Gerichtsvollzieher die Zwangsvollstreckung nach § 756 Abs. 1 ZPO nicht beginnen, bevor er dem Schuldner die diesem gebührende Leistung in einer den Verzug der Annahme begründenden Weise angeboten hat. Der Einwand des Schuldners, der Gerichtsvollzieher habe die Zwangsvollstreckung begonnen, bevor er die Gegenleistung in einer den Annahmeverzug begründenden Weise angeboten habe, betrifft das vom Gerichtsvollzieher bei der Zwangsvollstreckung zu beachtende Verfahren und kann vom Schuldner daher mit der **Erinnerung nach § 766 ZPO** geltend gemacht werden.[22] 843

Dagegen können mit der Erinnerung nach § 766 ZPO keine **materiell-rechtlichen Einwendungen** gegen den durch den Vollstreckungstitel rechtskräftig zuerkannten Anspruch geltend gemacht werden.[23] Der Einwand des Schuldners, die zur Abtretung aller Ansprüche aus der Beteiligung des Gläubigers an dem streitgegenständlichen Investmentfonds erforderlichen Zustimmungen zur Verfügung über den Kommanditistenanteil und die Rechte aus dem Treuhandverhältnis hätte nicht vorgelegen, betrifft nicht das vom Gerichtsvollzieher bei der Zwangsvollstreckung zu beachtende Verfahren, sondern stellt eine materiell-rechtliche Frage dar, die im Erkenntnisverfahren vom Prozessgericht zu beantworten ist.[24] 844

3. Auskunftsklage

Dem Kapitalanleger und Darlehensnehmer steht gegen die (finanzierende) Bank kein Anspruch auf **Auskunft über die Ergebnisse von Ermittlungen** zu, die die Bank vorprozessual zu Darlehensverträgen unternommen haben soll, die möglicherweise einer Finanzierung der Kapitalanlage dienten. Prozessparteien sind nach der Rechtsprechung des BGH grundsätzlich nicht gehalten, dem Gegner das Beweismaterial zu verschaffen, über 845

---

[20] BGH, Beschl. v. 6.7.2010 – XI ZB 40/09, NJW-RR 2010, 1295 Rn. 14 = WM 2010, 1673 und BGH, Beschl. v. 20.12.2011 – XI ZR 295/11, BKR 2013, 158 Rn. 1.

[21] BGH, Urt. v. 12.7.2016 – XI ZR 501/15, NJW 2016, 3518 Rn. 9 = WM 2016, 1835.

[22] BGH, Beschl. v. 16.6.2016 – I ZB 58/15, NJW-RR 2016, 3455 Rn. 11 = WM 2016, 1699.

[23] BGH, Beschl. v. 16.6.2016 – I ZB 58/15, NJW-RR 2016, 3455 Rn. 16 mwN = WM 2016, 1699.

[24] BGH, Beschl. v. 16.6.2016 – I ZB 58/15, NJW-RR 2016, 3455 Rn. 17 mwN = WM 2016, 1699.

das er nicht schon von sich aus verfügt. Eine allgemeine prozessuale Aufklärungspflicht der nicht darlegungs- und beweispflichtigen Partei besteht nicht.[25]

846 Ein materiell-rechtlicher **Auskunftsanspruch nach § 242 BGB** kommt nach der Rechtsprechung des BGH zwar bei Vertragsverletzungen in Betracht, wenn der die Auskunft Begehrende in entschuldbarer Weise über das Bestehen oder den Umfang seines Rechts im Ungewissen ist, während der Verpflichtete unschwer in der Lage ist, die erbetene Auskunft zu erteilen. Mit dem Auskunftsverlangen darf aber nicht das Ziel verfolgt werden, Beweismittel zur Durchsetzung dieses Anspruchs zu gewinnen.[26] Dies ist aber der Fall, wenn die von dem Anleger begehrten Informationen zu Ergebnissen vorprozessualer Aufklärungsbemühungen der Bank nicht Voraussetzungen des von ihnen behaupteten, gegen die Bank gerichteten Anspruchs aus Vertragsverletzung betreffen, sondern der Gewinnung von Beweismitteln dienen. Letzteres ist etwa anzunehmen, wenn der Anleger mit den Informationen die Glaubwürdigkeit von Zeugenaussagen erschüttern will.[27]

847 Entsprechendes gilt für das **Einsichtsrecht nach § 810 BGB**. Nach der Rechtsprechung des BGH fehlt ein schutzwürdiges rechtliches Interesse an der Einsicht in eine Urkunde im Sinne von § 810 Fall 2 BGB, wenn der Anspruchsteller die Einsicht nur aufgrund vager Vermutungen über den Inhalt der Urkunde verlangt, um erst durch die Einsicht Anhaltspunkte für eine spätere Rechtsverfolgung zu gewinnen.[28] Davon abgesehen muss die vorzulegende Urkunde stets genau bezeichnet werden, insbesondere wenn sie sich in Akten befindet. Deshalb genügt es nicht, wenn der Anspruchsteller beantragt, ihm Einsicht in komplette Akten, andere Urkundensammlungen oder in sämtliche, einen bestimmten Vertrag betreffende Schriftstücke zu gewähren.[29]

4. Widerklage

a) Herausgabe steuerlicher Vorteile

848 Eine vom Berater erhobene (Hilfs-)Widerklage auf Feststellung, dass der Anleger verpflichtet ist, an ihn alle aus der Kapitalanlage gezogenen Steuervorteile herauszugeben, ist in der Regel unbegründet. Nach der Rechtsprechung des BGH kommt zwar ein Anspruch des Schädigers auf Herausgabe der dem Geschädigten zukünftig zufließenden anrechenbaren Vorteile, die bei der Bemessung des Ersatzanspruchs noch nicht berücksichtigt werden konnten, in Betracht.[30] Ein solcher Anspruch steht dem Schädiger jedoch im Rahmen der schadensrechtlichen Rückabwicklung einer empfohlenen Kapitalanlage regelmäßig nicht zu. Aufgrund der pauschalierenden Betrachtungsweise bei der Bemessung des Ersatzanspruchs scheidet eine „Herausgabe“ steuerlicher Vorteile, die der Anleger aus seiner Kapitalbeteiligung erlangt hat, aus, wenn die entsprechende Ersatzleistung - wie in Kapitalanlagefällen - ihrerseits der Besteuerung unterworfen ist.[31] Weitergehende Ansprüche der einen oder der anderen Partei des Abwicklungsschuldverhältnisses bestehen auch

---

[25] BGH, Urt. v. 19.3.2013 – XI ZR 46/11, NJW 2013, 2015 Rn. 33 = WM 2013, 924.
[26] BGH, Urt. v. 19.3.2013 – XI ZR 46/11, NJW 2013, 2015 Rn. 34 = WM 2013, 924.
[27] BGH, Urt. v. 19.3.2013 – XI ZR 46/11, NJW 2013, 2015 Rn. 34 = WM 2013, 924.
[28] BGH, Urt. v. 27.5.2014 – XI ZR 264/13, NJW 2014, 3312 Rn. 24 = WM 2014, 1379.
[29] BGH, Urt. v. 27.5.2014 – XI ZR 264/13, NJW 2014, 3312 Rn. 25 mwN = WM 2014, 1379.
[30] BGH, Urt. v. 23.4.2012 – II ZR 75/10, NJW-RR 2012, 1312 Rn. 41 f. = WM 2012, 1293; BGH, Urt. v. 28.1.2014 – XI ZR 42/13, BKR 2014, 247 Rn. 28.
[31] → Rn. 597 ff.

dann nicht, wenn und sobald eine endgültige Gegenüberstellung der steuerlichen Vor- und Nachteile möglich ist, weil es sich insoweit um einzelne Elemente des einheitlich zu behandelnden Rückabwicklungsanspruchs des Klägers handelt, über deren Bestehen oder Nichtbestehen bereits mit der Klage zu entscheiden ist. Etwas anderes würde dem Zweck der pauschalierenden Betrachtungsweise, dem Zivilgericht unter Außerachtlassung der vielfältigen Besonderheiten der konkreten Besteuerung zu ermöglichen, einmalig und abschließend über den Ersatzanspruch zu entscheiden, zuwiderlaufen. Die Herausgabe dieser Vorteile durch den Anleger hätte insbesondere steuerrechtliche Auswirkungen, die wiederum zivilrechtlich nachvollzogen werden müssten. Damit zwangsläufig einhergehende Unschärfen sind im Rahmen der Schätzung nach § 287 ZPO hinzunehmen. Etwas anderes kann nur dann gelten, wenn Anhaltspunkte dafür bestehen, dass der Anleger in Zukunft noch derart außergewöhnliche Steuervorteile erzielen wird, dass es unbillig wäre, ihm diese zu belassen.[32] Dies müsste indes von dem hierfür darlegungs- und beweisbelasteten Schädiger substantiiert vorgetragen werden.

b) Herausgabe von Ausschüttungen und ähnlicher Vorteile

Zulässig ist eine Feststellungswiderklage jedoch insoweit, als sie Abzugsposten zum Gegenstand hat, die in dem auf den Tag der letzten mündlichen Verhandlung errechneten Zahlungsantrag nicht als „Elemente“ enthalten sind. Insoweit zielt die Zwischenfeststellungswiderklage auf die – vorgreifliche – Feststellung von Pflichten, die sich aus dem Rechtsverhältnis der Parteien ergeben, nämlich auf die Pflicht des Anlegers, sich im Rahmen der Vorteilsausgleichung aus dem schädigenden Ereignis erlangte Vorteile anspruchsmindernd auf seinen Schaden anrechnen zu lassen. Für eine Zwischenfeststellungsklage nach § 256 Abs. 2 ZPO genügt die bloße Möglichkeit, dass aus dem streitigen Rechtsverhältnis zwischen den Parteien weitere Ansprüche erwachsen.[33] Das ist insbesondere bei Ausschüttungen und ähnlichen anrechenbaren Vorteilen der Fall, die der Anleger nach Schluss der mündlichen Verhandlung in der Berufungsinstanz bis zu seinem endgültigen Ausscheiden aus dem Anlageobjekt (zB Fonds) noch erlangt.[34] 849

5. Vollstreckungsgegenklage

a) Prozessstandschaft bei Eheleuten

In Kapitalanlagefällen schließen auf Anlegerseite häufig Ehepartner den Darlehensvertrag ab. Dabei ist zu beachten, dass eine Vollstreckungsabwehrklage, mit der ausschließlich die Vollstreckung wegen eines Anspruchs aus § 780 BGB bekämpft wird, nur vom Vollstreckungsschuldner selbst erhoben werden kann. Eine gewillkürte Prozessstandschaft findet nicht statt. Das gilt auch im Falle der Abtretung des Anspruchs, der Grundlage der mit der Vollstreckungsgegenklage geltend gemachten Einwendung sein soll, an den gewillkürten Prozessstandschafter.[35] 850

---

[32] BGH, Urt. v. 23.9.2014 – XI ZR 215/13, BKR 2015, 339 Rn. 39 mwN.
[33] BGH, Urt. v. 23.4.2012 – II ZR 75/10, NJW-RR 2012, 1312 Rn. 41 = WM 2012, 1293.
[34] BGH, Urt. v. 23.4.2012 – II ZR 75/10, NJW-RR 2012, 1312 Rn. 41 = WM 2012, 1293.
[35] BGH, Urt. v. 10.12.2013 – XI ZR 508/12, NJW-RR 2014, 653 Rn. 12 = WM 2014, 124.

b) Rechtskraft

851 Im Zusammenhang mit der Finanzierung von Kapitalanlagen kann es dazu kommen, dass der Darlehensnehmer, der die Bank wegen Aufklärungsverschuldens für schadensersatzpflichtig hält und das Darlehen deshalb nicht mehr bedient, sich zunächst gegen die Vollstreckung der Bank aus einer vollstreckbaren Urkunde wendet und danach in einem gesonderten Prozess die Bank im Wege der Leistungsklage auf Schadensersatz in Anspruch nimmt. In einem solchen Fall steht die Rechtskraft eines die Vollstreckungsgegenklage gegen eine vollstreckbare Urkunde abweisenden Urteils der Begründetheit einer Klage des Schuldners entgegen, die auf Tatsachen gestützt ist, die schon zur Zeit der letzten mündlichen Verhandlung im Vollstreckungsabwehrprozess vorgelegen haben, und die im Ergebnis einer Vollstreckung aus diesem Titel zuwiderliefe.[36]

6. Streitgegenstand und Rechtskraft

a) Allgemeines

852 Nach der ständigen Rechtsprechung des BGH steht die materielle Rechtskraft einer gerichtlichen Entscheidung – als **negative Prozessvoraussetzung** – einer neuen Verhandlung und Entscheidung über denselben Streitgegenstand entgegen. Eine erneute Klage, deren Streitgegenstand mit dem eines bereits rechtskräftig entschiedenen Rechtsstreits identisch ist, ist deshalb unzulässig.[37] Der Streitgegenstand ist – anders als dies für die Verjährung maßgeblich ist – nicht ein bestimmter ***materiell-rechtlicher Anspruch***, sondern der als Rechtsschutzbegehren oder Rechtsfolgebehauptung aufgefasste eigenständige ***prozessuale Anspruch***.

853 Nach der Rechtsprechung des BGH wird der Streitgegenstand durch den **Klageantrag**, in dem sich die vom Kläger in Anspruch genommene Rechtsfolge konkretisiert, und den **Lebenssachverhalt (Klagegrund)** bestimmt, aus dem der Kläger die begehrte Rechtsfolge herleitet. In diesem Sinn geht der Klagegrund über die Tatsachen, die die Tatbestandsmerkmale einer Anspruchsgrundlage ausfüllen, hinaus. Zum Anspruchsgrund sind alle Tatsachen zu rechnen, die bei einer natürlichen, vom Standpunkt der Parteien ausgehenden, den Sachverhalt seinem Wesen nach erfassenden Betrachtungsweise zu dem zur Entscheidung gestellten Tatsachenkomplex gehören, den der Kläger zur Stützung seines Rechtsschutzbegehrens dem Gericht vorträgt.[38] Eine Mehrheit von Streitgegenständen liegt dagegen vor, wenn die materiell-rechtliche Regelung die zusammentreffenden Ansprüche durch eine Verselbständigung der einzelnen Lebensvorgänge erkennbar unterschiedlich ausgestaltet.[39]

---

[36] BGH, Urt. v. 18.10.2016 – XI ZR 145/14, NJW 2017, 1313 Rn. 42 ff. = WM 2016, 2384.

[37] BGH, Urt. v. 22.10.2013 – XI ZR 42/12, BGHZ 198, 294 Rn. 13 mwN = NJW 2014, 314 = BKR 2014, 165 = WM 2013, 2216; BGH, Urt. v. 24.1.2013 – I ZR 60/11, NJW-RR 2013, 748 Rn. 13 mwN.

[38] BGH, Urt. v. 22.10.2013 – XI ZR 42/12, BGHZ 198, 294 Rn. 15 = NJW 2014, 314 = WM 2013, 2216; BGH, Urt. v. 5.7.2016 – XI ZR 254/15, NJW 2017, 61 Rn. 24 = WM 2016, 1831.

[39] BGH, Urt. v. 13.9.2012 – I ZR 230/11, BGHZ 194, 314 Rn. 19 = WM 2013, 1373; BGH, Urt. v. 22.10.2013 – XI ZR 42/12, BGHZ 198, 294 Rn. 15 mwN = NJW 2014, 314 = BKR 2014, 165 = WM 2013, 2216; BGH, Urt. v. 5.7.2016 – XI ZR 254/15, NJW 2017, 61 Rn. 24 mwN = WM 2016, 1831.

Die **Einheitlichkeit des Klageziels** genügt nicht, um einen einheitlichen Streitgegenstand anzunehmen.[40] Der Streitgegenstand wird vielmehr durch den gesamten historischen Lebensvorgang bestimmt, auf den sich das Rechtsschutzbegehren der Klagepartei bezieht, unabhängig davon, ob einzelne Tatsachen dieses Lebenssachverhalts von den Parteien vorgetragen worden sind oder nicht, und auch unabhängig davon, ob die Parteien die nicht vorgetragenen Tatsachen des Lebensvorgangs kannten und hätten vortragen können. Kann der Kläger die Klagesumme nur einmal beanspruchen, liegt bei einer Mehrheit von Streitgegenständen eine ***alternative Klagehäufung*** iSd § 260 ZPO vor, bei der der Kläger allerdings angeben muss, in welcher Reihenfolge er sein Klagebegehren im Hinblick auf die verschiedenen Streitgegenstände stützt.[41] Dies kann sich auch nur auf einen Teil des Klageverlangens beziehen und noch im Laufe des Verfahrens, und zwar auch noch in der Revisionsinstanz nachgeholt werden.[42] 854

Der Annahme desselben Streitgegenstands steht andererseits nicht entgegen, dass die **Klageanträge in den beiden Prozessen nicht identisch** sind, soweit darin nicht eine Verselbständigung der einzelnen Lebensvorgänge erkennbar ausgestaltet wird. So schadet es etwa nicht, wenn in dem ersten Prozess ein Zahlungsantrag mit einem Feststellungsantrag verbunden war, während der Anleger in dem neuen Prozess seinen Schaden in voller Höhe beziffert und im Gegenzug den Feststellungsantrag fallen lässt.[43] Ebenso wenig stellt es eine Änderung des Lebenssachverhalts dar, wenn sich der Anleger auf seinen Schadensersatzanspruch – anders als noch im Vorprozess – nun nicht mehr im Wege der Vorteilsausgleichung Steuervorteile anspruchsmindernd anrechnen lassen möchte.[44] 855

b) Mehrere Aufklärungs- und Beratungsfehler

Nach diesen Maßgaben liegt bei mehreren Aufklärungs- und Beratungsfehlern in einem Vermittlungs- oder Beratungsgespräch bei natürlicher Betrachtungsweise ein **einheitlicher Lebensvorgang** vor, der nicht in einzelne Aufklärungs- und Beratungspflichtverletzungen aufgespalten werden kann. Denn der vom Anleger in einem Schadensersatzprozess zur Entscheidung gestellte Lebensvorgang ist durch die Gesamtumstände der Aufklärungs- und Beratungssituation gekennzeichnet. Die vom Vermittler oder Berater erteilten oder unterlassenen Informationen stellen keine selbständigen Geschehensabläufe, sondern Bestandteile der einheitlich zu betrachtenden Vermittlung oder Beratung dar. Ob dem Anleger ein zutreffendes Bild von der Kapitalanlage vermittelt worden ist oder nicht, kann nur aufgrund einer Zusammenschau der verschiedenen Informationen des Vermittlers oder Beraters während der gesamten Beratung beurteilt werden.[45] Dem steht nicht entgegen, dass der Verjährungsbeginn von Schadensersatzansprüchen, die auf mehrere abgrenzbare Aufklärungs- oder Beratungsfehler gestützt werden, jeweils gesondert zu betrachten ist. Denn der Verjährung unterliegt gemäß §§ 194 ff. BGB der materiell- rechtliche Anspruch im 856

---

[40] BGH, Urt. v. 22.10.2013 – XI ZR 42/12, BGHZ 198, 294 Rn. 15 mwN = NJW 2014, 314 = BKR 2014, 165 = WM 2013, 2216; BGH, Urt. v. 13.1.2009 – XI ZR 66/08, NJW-RR 2009, 790 Rn. 17 = WM 2009, 402.

[41] BGH, Urt. v. 5.7.2016 – XI ZR 254/15, NJW 2017, 61 Rn. 25 mwN = WM 2016, 1831.

[42] BGH, Urt. v. 5.7.2016 – XI ZR 254/15, NJW 2017, 61 Rn. 25 mwN = WM 2016, 1831.

[43] OLG Stuttgart, Urteil vom 5.6.2013 – 9 U 226/12, n.v.; die Nichtzulassungsbeschwerde zum BGH ist erfolglos geblieben (BGH, Beschluss vom 25.2.2014 – XI ZR 226/13).

[44] OLG Stuttgart, Urteil vom 5.6.2013 – 9 U 226/12, n.v.; die Nichtzulassungsbeschwerde zum BGH ist erfolglos geblieben (BGH, Beschluss vom 25.2.2014 – XI ZR 226/13).

[45] BGH, Urt. v. 22.10.2013 – XI ZR 42/12, BGHZ 198, 294 Rn. 18 mwN = NJW 2014, 314 = BKR 2014, 165 = WM 2013, 2216.

Sinne des § 194 Abs. 1 BGB, während für den von der Rechtskraft erfassten Streitgegenstand der als Rechtsschutzbegehren aufgefasste eigenständige prozessuale Anspruch maßgeblich ist, der mehrere materiell-rechtliche Ansprüche umfassen kann.[46]

857 Damit steht für die Frage der Rechtskrafterstreckung auch fest, dass es nicht entscheidend ist, ob die Vermittlung oder Beratung in einem einzigen Gespräch erfolgt ist oder sich diese – was des Öfteren der Fall ist – über **mehrere Vermittlungs- oder Beratungstermine** hingezogen hat. Maßgeblich ist allein, ob es sich dabei – in tatsächlicher Hinsicht – um einen einheitlichen Lebensvorgang gehandelt hat, der sich bei natürlicher Betrachtungsweise nicht in selbständige Geschehensabläufe aufspalten lässt. In aller Regel wird es sich auch bei mehreren Gesprächen über die schließlich vom Anleger gezeichnete Anlage um einen einheitlichen Lebenssachverhalt handeln. Denn die Frage, ob ein Anlagevermittler oder -berater Aufklärungs- oder Beratungspflichten verletzt hat, lässt sich nur auf Grund einer Betrachtung der Gesamtumstände der Vermittlung oder Beratung beurteilen. Dies folgt insbesondere daraus, dass der Vermittler oder Berater im Verlauf der Vermittlung oder Beratung unzutreffende Angaben berichtigen oder unzureichende Informationen präzisieren kann. Darüber hinaus hängen auch die aufklärungspflichtigen Umstände und eine anlegergerechte Empfehlung von den Angaben des Anlegers während des – gesamten – Verlaufs der Beratung ab.[47]

858 Anders liegt es natürlich, wenn mehrere Beratungsgespräche stattgefunden haben, die bei natürlicher Betrachtungsweise **selbständige Geschehensabläufe** bilden, so dass eigenständige Streitgegenstände vorliegen. Wenn bei unterschiedlichen Beratungsgesprächen verschiedene Kapitalanlagen empfohlen werden, liegt dies auf der Hand. Das kann aber auch dann der Fall sein, wenn in mehreren Gesprächen dasselbe Anlageprodukt empfohlen wird.[48] In einem solchen Fall laufen dann auch die Verjährungsfristen jeweils gesondert an.

c) Mehrere Schadenspositionen

859 Bei unterschiedlichen Schadenspositionen, die der Anleger infolge der fehlerhaften Beratung erlitten hat (zB Eigenmittel, Finanzierungskosten, entgangener Gewinn, steuerliche Nachteile, außergerichtliche Anwaltskosten), handelt es sich um unterschiedliche Streitgegenstände, wenn es sich dabei nicht nur um unselbständige Rechnungsposten eines einheitlichen Schadens handelt.[49] Danach ist entgangener Gewinn kein unselbständiger Rechnungsposten, sondern ein selbständiger Streitgegenstand.[50] Ob es sich dagegen bei dem Eigenkapitalanteil und den Kosten für Fremdkapital, das zusammen zur Finanzierung der Kapitalanlage eingesetzt worden ist, um unselbständige Rechnungsposten oder selbständige Streitgegenstände handelt, hat der BGH bislang offengelassen.[51]

[46] BGH, Urt. v. 22.10.2013 – XI ZR 42/12, BGHZ 198, 294 Rn. 25 mwN = NJW 2014, 314 = BKR 2014, 165 = WM 2013, 2216.

[47] BGH, Urt. v. 22.10.2013 – XI ZR 42/12, BGHZ 198, 294 Rn. 18 mwN = NJW 2014, 314 = BKR 2014, 165 = WM 2013, 2216.

[48] BGH, Urt. v. 24.3.2015 – XI ZR 278/14, NJW-RR 2015, 1076 Rn. 26 = WM 2015, 1181.

[49] BGH, Urt. v. 6.6.2008 – V ZR 52/07, NJW 2008, 2912 Rn. 7 mwN = WM 2008, 1797; BGH, Beschl. v. 26.2.2015 – III ZR 53/14, BKR 2015, 216 Rn. 4.

[50] BGH, Beschl. v. 26.2.2015 – III ZR 53/14, BKR 2015, 216 Rn. 4.

[51] BGH, Beschl. v. 26.2.2015 – III ZR 53/14, BKR 2015, 216 Rn. 4.

d) Abtretung

Bei Ansprüchen aus eigenem oder abgetretenem Recht handelt es sich um unterschiedliche Streitgegenstände.[52] 860

e) Schadensersatz und Widerruf

Bei einem auf einen Widerruf gestützten Rückabwicklungsanspruch aus §§ 355 ff. BGB und dem mit einem oder mehreren Aufklärungsfehlern begründeten (vor-)vertraglichen Schadensersatzanspruch handelt es sich nicht nur um unabhängig nebeneinander stehende materiell-rechtliche Ansprüche, sondern um unterschiedliche Streitgegenstände. Zwar haben sie in dem Abschluss des Finanzierungsvertrags einen gemeinsamen Tatsachenkern. Darin erschöpft sich aber auch die Gemeinsamkeit. Während es für das Entstehen des Rückabwicklungsanspruchs aus §§ 355 ff. BGB auf die Ordnungsgemäßheit der – möglicherweise nachgeholten – Widerrufsbelehrung und vor allem auf den zeitlich deutlich später erklärten Widerruf ankommt, wird der im Zusammenhang mit dem Schadensersatzanspruch zur Entscheidung gestellte Lebensvorgang, unabhängig von den konkret geltend gemachten Aufklärungsmängeln, durch die Gesamtumstände der Vertragsverhandlungen gekennzeichnet und ist mit dem Zustandekommen des Finanzierungsvertrags abgeschlossen.[53] Werden mit einer Klage beide Ansprüche verfolgt, muss daher hinsichtlich des identischen Klagebegehrens die Reihenfolge der in Betracht kommenden Anspruchsgrundlagen bestimmt werden. Dies kann sich auch nur auf einen Teil des Klageverlangens beziehen und noch im Laufe des Verfahrens, und zwar auch noch in der Revisionsinstanz nachgeholt werden.[54] 861

Eine **Feststellungsklage** der Bank, dass der zur Finanzierung einer Kapitalanlage geschlossene **Darlehensvertrag trotz eines Widerrufs nach § 1 HWiG oder § 312g BGB wirksam** sei, ist nicht wegen anderweitiger Rechtshängigkeit nach § 261 Abs. 3 Nr. 1 ZPO unzulässig, weil der Anleger seinerseits zuvor gegen die Bank eine Klage auf Schadensersatz wegen einer Aufklärungspflichtverletzung erhoben hat. Insoweit liegt keine Identität der Streitsache im Sinne des § 261 Abs. 3 Nr. 1 ZPO vor.[55] Dies gilt selbst dann, wenn der Anleger das mit seiner Klage geltend gemachte Rückabwicklungsbegehren hilfsweise auf einen Widerruf seiner Darlehensvertragserklärung stützt.[56] 862

f) Schadensersatz und Bereicherungsanspruch

Bei dem im Zusammenhang mit der Rückabwicklung eines finanzierten Immobilienkaufs entstandenen Bereicherungsanspruch wegen unwirksamer Bevollmächtigung des Geschäftsbesorgers (Treuhänders) und einem Schadensersatzanspruch wegen vorvertraglichen Aufklärungsverschuldens handelt es sich um zwei selbständige prozessuale Ansprüche. Der Schadensersatz- und der Bereicherungsanspruch sind wesensmäßig und verjährungsrechtlich verschieden. Sie unterscheiden sich hinsichtlich des relevanten Sachverhalts, der Anspruchsvoraussetzungen und der Rechtsfolgen. Während der Schadensersatzanspruch aus den Umständen der Darlehensvermittlung und des Vertragsschlusses hergeleitet wird, eine 863

---

[52] BGH, Beschl. v. 26.2.2015 – III ZR 53/14, BKR 2015, 216 Rn. 3.
[53] BGH, Urt. v. 5.7.2016 – XI ZR 254/15, NJW 2017, 61 Rn. 26 = WM 2016, 1831.
[54] BGH, Urt. v. 5.7.2016 – XI ZR 254/15, NJW 2017, 61 Rn. 25 mwN = WM 2016, 1831.
[55] BGH, Urt. v. 15.12.2009 – XI ZR 110/09, NJW-RR 2010, 640 Rn. 15 = WM 2010, 331.
[56] BGH, Urt. v. 15.12.2009 – XI ZR 110/09, NJW-RR 2010, 640 Rn. 15 = WM 2010, 331.

schuldhafte, schadensverursachende Verletzung von Sorgfaltspflichten voraussetzt und auf Ersatz sämtlicher Schäden gemäß §§ 249 ff. BGB gerichtet ist, knüpft der Bereicherungsanspruch an die unwirksame Bevollmächtigung der Treuhänderin (zB wegen Verstoß der Vollmacht gegen Art. 1 § 1 RBerG oder RDG) und das Fehlen von Rechtsscheintatbeständen gemäß §§ 171 f. BGB an und führt zur Rückgewähr der wechselseitig erbrachten Vertragsleistungen.[57]

7. Inhaltliche Anforderungen an Berufungsbegründung

864 Hat das erstinstanzliche Gericht die Abweisung eines prozessualen Anspruchs auf zwei voneinander unabhängige, **selbständig tragende Erwägungen** gestützt (zB fehlende Erweislichkeit einer Aufklärungspflichtverletzung und unsubstantiierte Darlegung des geltend gemachten Schadens), so muss sich die Berufungsbegründung mit beiden Erwägungen befassen. Andernfalls ist die Berufung unzulässig.[58]

865 Wird mit der Berufungsbegründung die **Verletzung des Anspruchs auf rechtliches Gehör** (Art. 103 Abs. 1 GG) gerügt, hat sie gemäß § 520 Abs. 3 Satz 2 Nr. 2 ZPO zur Entscheidungserheblichkeit des Verfahrensfehlers darzulegen, was bei Gewährung des rechtlichen Gehörs vorgetragen worden wäre und dass nicht auszuschließen ist, dass dieser Vortrag zu einer anderen Entscheidung des Erstgerichts geführt hätte. Dieser Darlegung bedarf es nur dann nicht, wenn die Entscheidungserheblichkeit der Verletzung des Anspruchs auf rechtliches Gehör unmittelbar und zweifelsfrei aus dem bisherigen Prozessstoff ersichtlich ist.[59]

866 Diese Grundsätze gelten auch für die **Rüge des Verstoßes gegen § 285 Abs. 1 ZPO** (Verhandlung nach Beweisaufnahme). Eine auf die Verletzung von § 285 Abs. 1 ZPO gestützte Berufungsbegründung muss regelmäßig darlegen, was die berufungsführende Partei im Rahmen einer Verhandlung zum Ergebnis der Beweisaufnahme vorgetragen hätte und dass nicht auszuschließen ist, dass dieser Vortrag zu einer anderen Beweiswürdigung des erstinstanzlichen Gerichts geführt hätte.[60]

8. Revisionszulassung

867 Nach der Rechtsprechung des BGH kann die Zulassung der Revision nicht auf einzelne Rechtsfragen oder Anspruchselemente beschränkt werden, wohl aber auf einen tatsächlich und rechtlich selbstständigen und damit **abtrennbaren Teil des Gesamtstreitstoffs**, auf den auch die Partei selbst ihre Revision beschränken könnte. Ist die Rechtsfrage, wegen der das Berufungsgericht die Revision zugelassen hat, nur für einen Teil der entschiedenen Ansprüche von Bedeutung, kann die gebotene Auslegung ergeben, dass in der Angabe dieses Zulassungsgrundes die Beschränkung der Zulassung der Revision auf diese Ansprüche zu sehen ist.[61]

---

57 BGH, Urt. v. 23.9.2008 – XI ZR 253/07, NJW-RR 2009, 544 Rn. 22 = WM 2008, 2158. Die entgegenstehenden Ausführungen in BGH, Urteil vom 26.10.2004 – XI ZR 255/03, BGHZ 161, 15, 17 = NJW 2005, 664 = WM 2005, 127 sind überholt.

58 BGH, Urt. v. 20.3.2001 – XI ZR 260/00, BGHReport 2001, 525 f.; BGH Beschl. v. 11.10.2016 - XI ZB 32/15, NJW-RR 2017, 365 Rn. 10.

59 BGH, Beschl. v. 28.7.2016 – III ZB 127/15, NJW 2016, 2890 Rn. 11 = WM 2016, 1636.

60 BGH, Beschl. v. 28.7.2016 – III ZB 127/15, NJW 2016, 2890 Rn. 15 = WM 2016, 1636.

61 Vgl. nur BGH, Urteil vom 17.1.2008 – IX ZR 172/06, NJW-RR 2008, 786 Rn. 8 = WM 2008, 748; BGH, Urt. v. 27.9.2011 – XI ZR 178/10, NJW-RR 2012, 43 Rn. 8 = WM 2011, 2261.

Aufgrund dessen kann bei einer Klage wegen einer Aufklärungspflichtverletzung aus einem Beratungs- oder Vermittlungsvertrag die Revision auf eine von mehreren zur Begründung des Schadensersatzanspruchs gegen einen Anlageberater oder -vermittler vorgetragenen **Pflichtverletzungen** beschränkt werden.[62] 868

Ebenso kann in einem Rechtsstreit über die Rückabwicklung des finanzierten Kaufs einer Eigentumswohnung im Rahmen eines Schadensersatzanspruchs wegen Beratungsfehlern die Zulassung der Revision auf den die erzielten und ggfs. anzurechnenden **Steuervorteile** betreffenden Anspruch wirksam beschränkt werden, weil es sich bei diesem Anspruch um einen abtrennbaren Teil des Gesamtstreitstoffs handelt, auf den auch der Kläger selbst seine Revision hätten beschränken können. Die Rechtsfrage der Anrechnung erzielter Steuervorteile ist unabhängig von der Höhe des vom Berufungsgericht für gerechtfertigt gehaltenen Zinsanspruchs.[63] 869

9. Musterfeststellungsverfahren

Nach der **bis zum 31. Oktober 2012** geltenden Rechtslage konnten Schadensersatzansprüche gegen einen Anlageberater oder Anlagevermittler wegen Verletzung der Pflichten aus einem Anlageberatungs- oder Auskunftsvertrag nicht Gegenstand eines **Musterfeststellungsverfahrens** nach dem Kapitalanleger-Musterverfahrensgesetz sein.[64] Denn nach dem klaren Wortlaut des § 1 Abs. 1 Nr. 1 KapMuG aF erfasste die Vorschrift über den Anwendungsbereich des Gesetzes lediglich Schadensersatzansprüche, die *unmittelbar* wegen einer fehlerhaften, irreführenden oder unterlassenen öffentlichen Kapitalmarktinformation (§ 1 Abs. 2 KapMuG; zB Anlageprospekt) geltend gemacht wurden. Individuelle Pflichten aus bestehenden vertraglichen Vereinbarungen und die Frage, ob und inwieweit diese gegebenenfalls verletzt worden sind, waren daher nicht musterverfahrensfähig. Dies galt insbesondere auch dann, wenn im Zuge der Beratungs- oder Auskunftstätigkeit dem Anleger ein Prospekt ausgehändigt wurde, und dieser (fehlerhafte) Prospekt eine wesentliche Grundlage für die Anlageentscheidung darstellte.[65] 870

Mit Wirkung **ab 1. November 2012** wurde das Kapitalanleger-Musterverfahrensgesetz unter anderem dahin neu gefasst, dass das Gesetz nunmehr nach § 1 Abs. 1 Nr. 2 KapMuG auch auf einen Schadensersatzanspruch *wegen Verwendung* einer falschen oder irreführenden öffentlichen Kapitalmarktinformation oder *wegen Unterlassung* der gebotenen Aufklärung darüber, dass eine öffentliche Kapitalmarktinformation (§ 1 Abs. 2 KapMuG; zB Anlageprospekt) falsch oder irreführend ist, anwendbar ist.[66] Damit soll nach dem Willen des Gesetzgebers der Anwendungsbereich des Gesetzes „moderat" dahin ausgeweitet werden, dass es auf die Unterscheidung zwischen unmittelbarer oder bloß mittelbarer Bedeutung der öffentlichen Kapitalmarktinformation für den geltend gemachten Schadensersatzanspruch nicht mehr ankommen soll.[67] Aufgrund dessen können auch Klagen, die auf einen vertraglichen Anspruch wegen fehlerhafter Anlageberatung oder -vermittlung 871

---

62 BGH, Beschl. v. 16.12.2010 – III ZR 127/10, WM 2011, 526 Rn. 6; BGH, Urt. v. 27.9.2011 – XI ZR 178/10, NJW-RR 2012, 43 Rn. 8 = WM 2011, 2261.

63 BGH, Urt. v. 20.3.2012 – XI ZR 340/10, Rn. 10.

64 BGH, Beschl. v. 10.6.2008 – XI ZB 26/07, BGHZ 177, 88 Rn. 15 = NZG 2008, 592 = WM 2008, 1353; BGH, Beschl. v. 30.10.2008 – III ZB 92/07, NJW 2009, 513 = WM 2009, 110; BGH, Beschl. v. 11.9.2012 – XI ZB 32/11, NZG 2012, 1268 Rn. 15 = WM 2012, 2146.

65 BGH, Beschl. v. 30.10.2008 – III ZB 92/07, NJW 2009, 513 Rn. 12 = WM 2009, 110.

66 BGBl. I 2012, S. 2182.

67 BT-Drucks. 17/8799, S. 14, 16 und 38.

oder einen Anspruch aus § 241 Abs. 2, § 311 Abs. 2 und 3 BGB gestützt werden, musterverfahrensfähig sein.[68] Nach dem Willen des Gesetzgebers soll der Anwendungsbereich des Gesetzes aber nur dann eröffnet sein, wenn ein Bezug zu einer öffentlichen Kapitalmarktinformation besteht.[69] Durch die Ausweitung des Anwendungsbereichs soll nicht jeder Schadensersatzanspruch aus fehlerhafter Anlageberatung oder -vermittlung musterverfahrensfähig sein, sondern nur jene Fälle, bei denen sich die Haftung aus der Verwendung einer falschen oder irreführenden Kapitalmarktinformation (zB Anlageprospekt) ergibt.[70]

872 Danach wäre ein **Schadensersatzanspruch wegen fehlerhafter Anlageberatung** oder -vermittlung musterverfahrensfähig, wenn er auf einen Fehler im Anlageprospekt gestützt wird, der als solcher zum Gegenstand des Beratungs- oder Vermittlungsgesprächs gemacht worden ist, sei es auch nur im Wege der Aushändigung des Prospekts als Mittel der objektgerechten Beratung. Nicht musterverfahrensfähig wären dagegen Ansprüche, die auf eine mündliche Abschwächung oder Falschdarstellung einer an sich richtigen Prospektinformation oder auf das Verschweigen von aufklärungsbedürftigen Informationen (zB Rückvergütungen), die aber nicht im Prospekt enthalten sein müssen, gestützt werden. Erst recht nicht musterverfahrensfähig sind Ansprüche, die auf eine nicht anlegergerechte Beratung gestützt werden.

10. Internationale Zuständigkeit

873 Die internationale Zuständigkeit der Gerichte richtet sich nach der Verordnung (EU) Nr. 1215/2012 des Europäischen Parlaments und des Rates über die gerichtliche Zuständigkeit und die Anerkennung und Vollstreckung von Entscheidungen in Zivil- und Handelssachen vom 12. Dezember 2012 (ABl. L 351 S. 1), die seit dem 10. Januar 2015 gilt (**EuGVVO**, auch **Brüssel Ia-VO** genannt). Sie hat ab diesem Zeitpunkt die Verordnung (EG) Nr. 44/2001 des Rates vom 22. Dezember 2000 über die gerichtliche Zuständigkeit und die Anerkennung und Vollstreckung von Entscheidungen in Zivil- und Handelssachen (ABl. 2001 Nr. L 12 S. 1; auch **Brüssel I-VO** genannt) abgelöst. Wegen der Einzelheiten des Anwendungsbereichs und des Regelungsinhalts dieser Verordnungen muss auf die Spezialliteratur verwiesen werden. Insoweit seien lediglich folgende Entscheidungen des XI. Zivilsenats des BGH erwähnt, die zwar zur Brüssel I-VO ergangen sind, aber für die entsprechenden Regelungen der EuGVVO Fortgeltung beanspruchen können:

874 Ist die Klage nach Inkrafttreten der Brüssel I-VO am 1. März 2002 erhoben worden (Art. 76, 66 Brüssel I-VO) und der sachliche und räumliche Geltungsbereich der Verordnung (Art. 1 Abs. 1 und 3 Brüssel I-VO) im Verhältnis der Bundesrepublik Deutschland zu einem Mitgliedstaat eröffnet,[71] ist das international und örtlich zuständige Gericht das **Wohnsitzgericht des Anlegers**; dieses geht nach den für Verbrauchersachen geltenden Regelungen der Art. 15 Abs. 1 Buchst. c, Art. 16 Abs. 1 Fall 2 Brüssel I-VO einem aus Art. 5 Nr. 1 Brüssel I-VO begründeten Gerichtsstand vor.[72] Bei einem Schadensersatzanspruch wegen Aufklärungsverschulden handelt es sich um einen Anspruch „aus einem Vertrag“ iSv Art. 15 Abs. 1 Brüssel I-VO (nunmehr Art. 17 Abs. 1 EuGVVO). Dabei richtet sich die Frage, welche Anforderungen an den klägerischen Vortrag zur Darlegung der internationalen Zuständigkeit zu stellen sind, nicht nach der – insoweit keine Rege-

[68] BT-Drucks. 17/8799, S. 16.
[69] BT-Drucks. 17/8799, S. 16 f.
[70] BT-Drucks. 17/8799, S. 38.
[71] BGH, Urt. v. 29.11.2011 – XI ZR 172/11, NJW 2012, 455 Rn. 9 = WM 2012, 36.
[72] BGH, Urt. v. 29.11.2011 – XI ZR 172/11, NJW 2012, 455 Rn. 10 = WM 2012, 36.

lungen enthaltenden – Brüssel I-VO, sondern nach deutschem internationalen Zivilprozessrecht, wonach die schlüssige Behauptung aller erforderlichen Tatsachen ausreicht.[73]

Die internationale Zuständigkeit deutscher Gerichte gemäß Art. 24 Satz 1 Brüssel I-VO (nunmehr Art. 26 Abs. 1 EuGVVO) wird durch eine **rügelose Einlassung** in der Klageerwiderung begründet.[74] Die Entscheidung betraf die Schadensersatzklage eines in Deutschland wohnhaften Anlegers gegen eine in einem anderen Mitgliedstaat (hier: Irland) ansässige Bank wegen vorvertraglicher Aufklärungspflichtverletzung. **875**

[73] BGH, Urt. v. 29.11.2011 – XI ZR 172/11, NJW 2012, 455 Rn. 12 = WM 2012, 36.
[74] BGH, Urt. v. 19.5.2015 – XI ZR 27/14, NJW 2015, 2667 Rn. 15 ff. = WM 2015, 1381.

XIII. Streitwert und Beschwer

876 Für die Bemessung des Streitwerts und des Werts der Beschwer in Kapitalanlagefällen gelten die allgemeinen Grundsätze, wegen der auf die einschlägigen Kommentare verwiesen wird. Hier sollen nur die wichtigsten Punkte aufgeführt werden:

1. Rückabwicklung von Darlehensverträgen zur Finanzierung von Kapitalbeteiligungen

877 In Fällen der Rückabwicklung von Darlehensverträgen zur Finanzierung von Kapitalbeteiligungen bemisst sich der Gesamtstreitwert nach der Höhe des Nettodarlehensvertrags (§ 43 Abs. 1 GKG, § 4 Abs. 1 Halbs. 2 ZPO).[1] Soweit auch die Rückerstattung bereits gezahlter Zinsen geltend gemacht wird, rechnen diese als Nebenforderungen iSd § 4 Abs. 1 Halbs. 2 ZPO nicht mit.[2] Dabei ist unerheblich, ob der Rückabwicklungsanspruch im Wege des Schadensersatzes geltend gemacht wird oder auf Bereicherungsrecht gestützt wird.[3]

2. Positive Feststellungsklage auf Befreiung von Darlehen

878 Auszugehen ist vom Nominalbetrag des Darlehens (§ 43 Abs. 1 GKG, § 4 Abs. 1 Halbs. 2 ZPO). Ausgerechnete Zinsen rechnen – wie etwa auch bei einer Befreiung von einer Bürgschaftsverpflichtung – nicht mit.[4] Bei einer positiven Feststellungsklage ist davon üblicherweise ein Abschlag von 20% zu machen, so dass der Streitwert 80% der Nettodarlehenssumme beträgt.[5]

---

[1] BGH, Beschl. v. 29.9.2009 – XI ZR 498/07, BeckRS 2009, 27675; BGH, Beschl. v. 7.4.2015 – XI ZR 121/14, BeckRS 2015, 08006 Rn. 3; BGH, Beschl. v. 29.5.2015 – XI ZR 335/13, BeckRS 2015, 10627 Rn. 3.

[2] BGH, Beschl. v. 29.9.2009 – XI ZR 498/07, BeckRS 2009, 27675; BGH, Beschl. v. 7.4.2015 – XI ZR 121/14, BeckRS 2015, 08006 Rn. 3 und BGH, Beschl. v. 29.5.2015 – XI ZR 335/13, BeckRS 2015, 10627 Rn. 4.

[3] BGH, Beschl. v. 15.2.2000 – XI ZR 273/99, NJW-RR 2000, 1015; BGH, Beschl. v. 7.4.2015 – XI ZR 121/14, BeckRS 2015, 08006 Rn. 5.

[4] Vgl. BGH, Beschl. v. 14.7.1958 – VII ZR 188/57, WM 1958, 1018.

[5] BGH, Beschl. v. 15.1.2013 – XI ZR 40/11; BGH, Beschl. v. 10.12.2014 – IV ZR 116/14, VersR 2015, 912 Rn. 1.

3. Freigabe von Sicherheiten bei Rückabwicklung eines finanzierten Geschäfts

Der Anspruch auf Rückgabe einer zur Sicherheit abgetretenen Lebensversicherung 879
oder sonstiger Sicherheiten bleibt nach dem Grundsatz des Additionsverbots bei wirtschaftlicher Einheit unberücksichtigt.[6]

4. Freistellung von künftigen steuerlichen und wirtschaftlichen Nachteilen

Der Streitwert eines im Rahmen der verlangten Rückabwicklung einer finanzierten 880
Beteiligung gestellten Feststellungsantrags bezüglich der Pflicht der Bank zur Freistellung des Anlegers von allen künftigen steuerlichen und wirtschaftlichen Nachteilen, die unmittelbar oder mittelbar aus der empfohlenen Beteiligung resultieren, kann mit 10% der Darlehenssumme bemessen werden.[7] Dies gilt auch dann, wenn der Anleger lediglich pauschal geltend macht, ihm drohe eine Inanspruchnahme durch die Treuhänderin auf Freistellung von Ansprüchen aus § 172 Abs. 4, § 171 Abs. 1 HGB auf Rückzahlung ausgeschütteter Beträge.[8]

5. Vorgerichtliche Rechtsanwaltskosten

Vorgerichtliche Rechtsanwaltskosten, die sich auf die geltend gemachte Hauptforde- 881
rung beziehen, sind eine Nebenforderung und bleiben nach § 4 Abs. 1 ZPO unberücksichtigt.[9]

6. Entgangene Anlagezinsen, entgangener Gewinn

Entgangene **Anlagezinsen**, die sich auf die geltend gemachte Hauptforderung bezie- 882
hen, bleiben nach § 4 Abs. 1 ZPO unberücksichtigt.[10] Dies ist dagegen anders, wenn und soweit die Anlagezinsen Hauptforderung sind.

Wird dagegen entgangener Gewinn aus einer **alternativen Anlage in Gold** geltend ge- 883
macht, handelt es sich dabei nicht um eine Nebenforderung iSd § 4 Abs. 1 Halbs. 2 ZPO, wenn dieser Schaden nicht wie bei Zinsen als gleichbleibender Vom-Hundert-Satz einer

[6] BGH, Beschl. v. 11.4.2006 – XI ZR 199/04, NJW-RR 2006, 997; BGH, Beschl. vom 29. Mai 2015 – XI ZR 335/13, BeckRS 2015, 10627 Rn. 4.

[7] BGH, Beschl. v. 29.9.2009 – XI ZR 498/07, BeckRS 2009, 27675; BGH, Beschl. v. 15.1.2013 – XI ZR 370/11, BeckRS 2013, 02155; BGH, Beschl. v. 6.12.2016 – XI ZR 242/16, BeckRS 2016, 110291.

[8] BGH, Beschl. v. 15.1.2013 – XI ZR 370/11, BeckRS 2013, 02155.

[9] BGH, Beschl. v. 25.9.2007 – VI ZB 22/07, NJW-RR 2008, 374 Rn. 4 ff.; BGH, Beschl. v. 27.6.2013 – III ZR 143/12, NJW 2013, 3100 Rn. 11 = WM 2013, 1504.

[10] BGH, Beschl. v. 8.5.2012 – XI ZR 261/10, NJW 2012, 2446 Rn. 14 = WM 2012, 1211; BGH, Beschl. v. 27.6.2013 – III ZR 143/12, NJW 2013, 3100 Rn. 6 = WM 2013, 1504; aA OLG Frankfurt/Main NJW-RR 2014, 219.

bestimmten Summe, sondern anhand des an bestimmten Stichtagen jeweils aktuellen Goldkurses berechnet worden ist.[11] Entsprechendes gilt, wenn als entgangener Gewinn eine alternative (Direkt-)Anlage in Aktien oder Ähnlichem geltend gemacht wird.

7. Feststellung des Annahmeverzugs

884 Der begehrten Feststellung des Annahmeverzugs kommt bei der Bemessung von Streitwert und Beschwer neben der in der Hauptsache geltend gemachten Zug-um-Zug-Verurteilung keine eigenständige wirtschaftliche Bedeutung zu. Die Frage des Annahmeverzugs ist lediglich ein rechtlich unselbständiges Element der im Streit befindlichen Leistungsverpflichtung und deshalb mit dieser wirtschaftlich identisch.[12]

8. Einfache Streitgenossen

885 Machen einfache Streitgenossen nach §§ 59, 60 ZPO ihre Schadensersatz- oder Bereicherungsansprüche gegen eine Bank in einem Prozess geltend, sind die Ansprüche für die Ermittlung des Wertes der Beschwer grundsätzlich zu addieren.[13] Dies wird dann relevant, wenn einer oder mehrere Streitgenossen einen Anspruch unterhalb einer maßgeblichen Wertgrenze geltend machen. Wird diese Wertgrenze (nur) durch die Zusammenrechnung überschritten, ist das Rechtsmittel insgesamt statthaft.

9. Zug-um-Zug-Verurteilung

886 Erstrebt der Kläger die Beseitigung oder Abänderung einer Zug-um-Zug-Verurteilung (zB Übertragung einer Fondsbeteiligung), bemisst sich die Berufungsbeschwer nach seinem Interesse an diesem Ziel. Dabei richtet sich das Interesse in der Regel nach dem Zeit- und Kostenaufwand, der ihm bei der Erfüllung des Gegenanspruchs entsteht.[14]

10. Auskunft

887 Der Wert der Beschwer des zur Erteilung einer Auskunft verurteilten Beklagten bemisst sich nach dem Aufwand an Zeit und Kosten, die die Erfüllung des titulierten Anspruchs erfordert, und einem etwaigen Geheimhaltungsinteresse des Verurteilten.[15]

---

[11] BGH, Beschl. v. 26.1.2017 – XI ZR 410/14, BeckRS 2017, 101484 Rn. 2.

[12] BGH, Beschl. v. 6.7.2010 – XI ZB 40/09, NJW-RR 2010, 1295 Rn. 16 = WM 2010, 1673; BGH, Beschl. v. 27.6.2013 – III ZR 143/12, NJW 2013, 3100 Rn. 10 = WM 2013, 1504.

[13] BGH, Beschl. v. 23.7.2015 – XI ZR 263/14, NJW 2015, 2816 Rn. 2 ff. = WM 2015, 1669.

[14] BGH, Beschl. v. 6.7.2010 – XI ZB 40/09, NJW-RR 2010, 1295 Rn. 9 f., 14 = WM 2010, 1673.

[15] BGH, Beschl. v. 22.11.2016 – XI ZR 305/14, NJW 2017, 739 Rn. 4.

11. Mehrere Forderungen

Bei der Festsetzung der Beschwer des Klägers durch das Berufungsurteil sind gemäß § 5 ZPO mehrere in einer Klage geltend gemachte Ansprüche zusammenzurechnen; Zinsen werden nach § 4 Abs. 1 Halbs. 2 ZPO nicht berücksichtigt, wenn sie Nebenforderungen der noch im Streit stehenden Hauptforderung sind. Dies gilt auch dann, wenn Zinsen gesondert oder in kapitalisierter Form zusammen mit der Hauptforderung in einem Betrag geltend gemacht werden.[16] 888

[16] BGH, Beschl. v. 15.2.2000 – XI ZR 273/99, NJW-RR 2000, 1015; BGH, Beschl. v. 26.2.2002 – XI ZR 326/01, BeckRS 2002, 02678.

Sachverzeichnis

Die Zahlen hinter den Stichworten verweisen auf die Randnummern.

Sachverzeichnis

Sachverzeichnis